史念海讀史札記

文獻中的歷史解讀，探索漢朝歷史文化

王雙懷　著

精心整理的歷史手稿，不但一一彙整資料出處，
也能從中看見史學家眼中對於史料的著重點！
而藉由書中的一張張手稿更是展現其書法藝術性！

手札內容多選自《漢書》、《後漢書》、《三國志》，
不僅是對漢朝歷史文化的一次探索，
也透露了此時期史先生對古文獻的研究興趣所在！

前言

丙申年秋偶得念海師手稿一疊不勝欣喜先生乃史地泰斗道德君子著作等身名重士林二十四年前我在先生門下受業承蒙耳提面命至今記憶猶新先生曾言早年所撰讀史劄記不少惜文革抄家散失殆盡此稿爲先生在重慶北碚國立編譯館供職時所寫劄記之一部內容與

漢書後漢書三國志有闕雖非完璧亦足珍貴初觀此稿書法精美筆力遒勁翰逸神飛拜讀審思受益良深時先生尚不到三十歲即有如此功力實在令人敬佩戊戌夏月複觀此稿愛不釋手遂逐條編次略加注釋以饗讀者

王雙懷識於長安負道齋

目錄

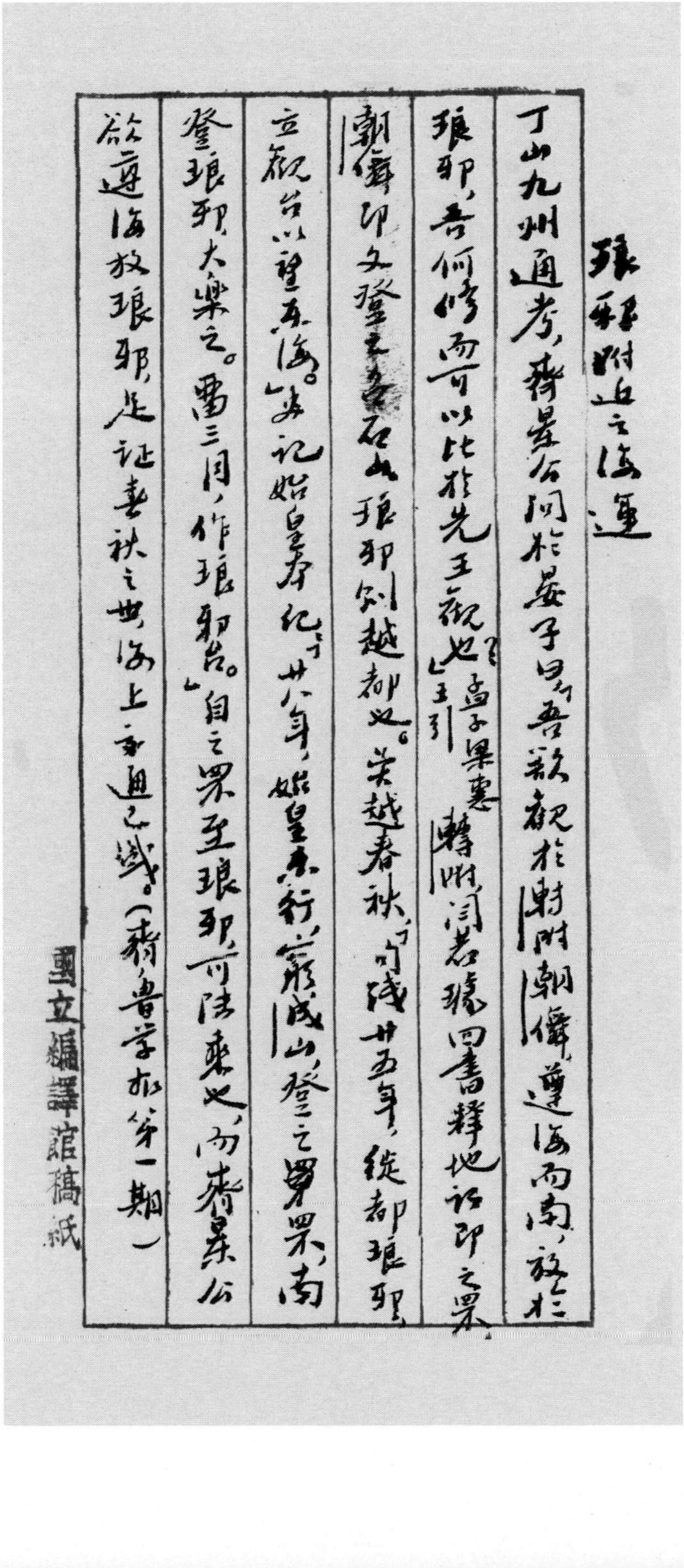

琅邪附近之海運

丁山九州通考，齊景公問於晏子曰：吾欲觀於轉附、朝儛，遵海而南，放於琅邪。吾何脩而可以比於先王觀也（孟子梁惠王引）。轉附，閻若璩四書釋地謂即之罘，朝儛即文登之召石山。琅邪則越都也。吳越春秋，勾踐廿五年，徙都琅邪，立觀台以望東海。史記始皇本紀，廿八年，始皇東行，窮成山，登之罘，南登琅邪，大樂之。留三月，作琅邪台。自之罘至琅邪，可陸乘也，而齊景公欲遵海放琅邪，足證春秋之世，海上交通已盛。（齊魯學報第一期）

國立編譯館稿紙

琅邪附近之海運

丁山九州通考：齊景公問於晏子曰：「吾欲觀於轉附、朝儛，遵海而南，放於琅邪。吾何脩而可以比于先王觀也？」（孟子·梁惠王引）。轉附，閻若璩四書釋地謂即之罘，朝儛即文登之召石山。琅邪則越都也。吳越春秋：勾踐二十五年，徙都琅邪，立觀台以望東海。史記·始皇本紀：二十八年，始皇東行，窮成山，登之罘，南登琅邪，大樂之。留三月，作琅邪台。」自之罘至琅邪，可陸乘也，而齊景公欲遵海放琅邪，足證春秋之世，海上交通已盛。（齊魯學報第一期）

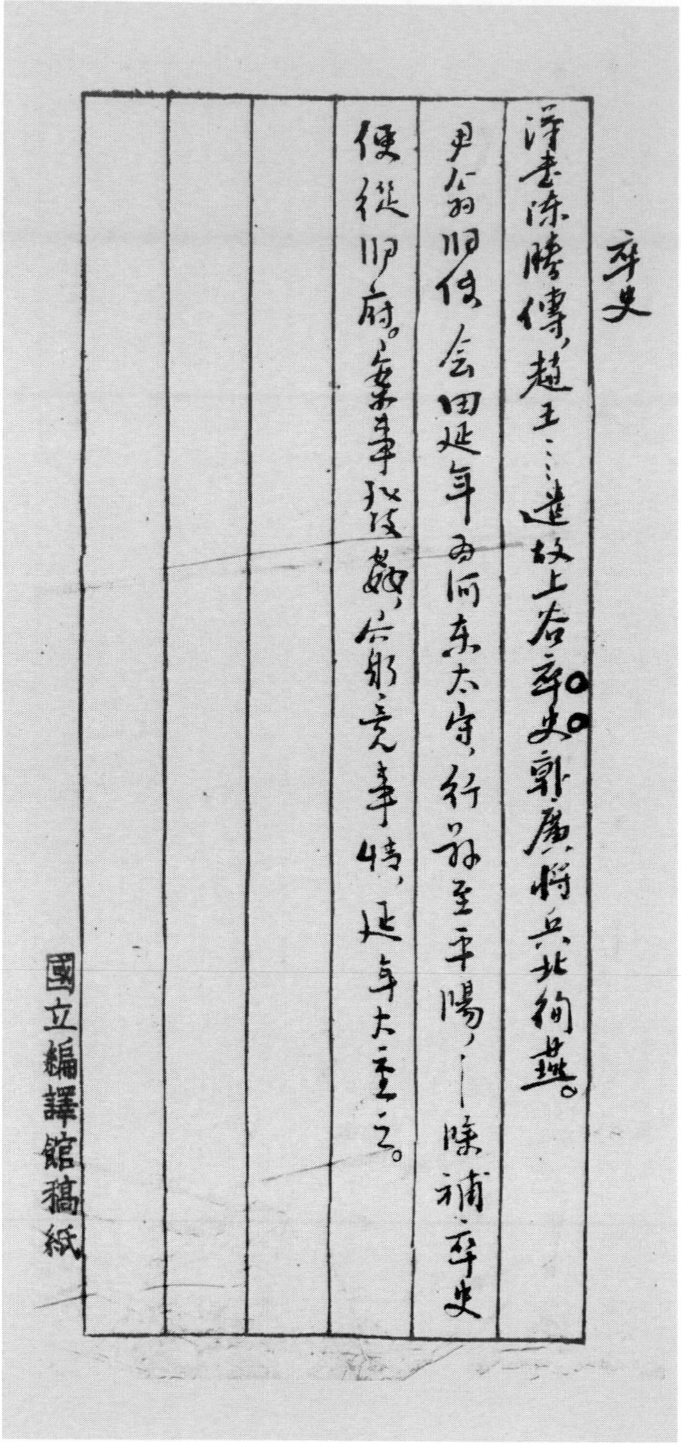
卒史
漢書陳勝傳，趙王……遣故上谷卒史韓廣將兵北徇燕。
尹翁歸傳，會田延年為河東太守，行縣至平陽，……除補卒史
便從歸府。案事發奸，窮竟事情，延年大重之。
國立編譯館稿紙

卒史

漢書·陳勝傳：趙王……遣故上谷卒史韓廣將兵北徇燕。[一]尹翁歸傳：會田延年為河東太守，行縣至平陽，……除補卒史，便從歸府。案事發奸，窮竟事情，延年大重之。[二]

[一]班固：漢書 卷三十一陳勝傳，中華書局，1962年，第1791頁。

[二]班固：漢書 卷七十六尹翁歸傳，第3206頁。

漢登庸守相

漢書・張耳陳餘傳：上賢張王諸客，皆以為諸侯相、郡守……及孝惠、高后、文、景時，張王客子孫皆為二千石。[一]萬石君傳：孝景即位，以奮為九卿。迫近，憚之，徙奮為諸侯相。又，(石)慶為太僕……出為齊相……元狩元年，上立太子，選群臣可傅者，慶自沛守為太子太傅。[二]賈誼傳：超遷，歲中至太中大夫……為長沙王太傅。[三]

[一] 班固：漢書卷三十二陳餘傳，第1842頁。
[二] 班固：漢書卷四十六石奮傳，第2193頁，2194頁，第2197頁。
[三] 班固：漢書卷四十八賈誼傳，第2221頁。

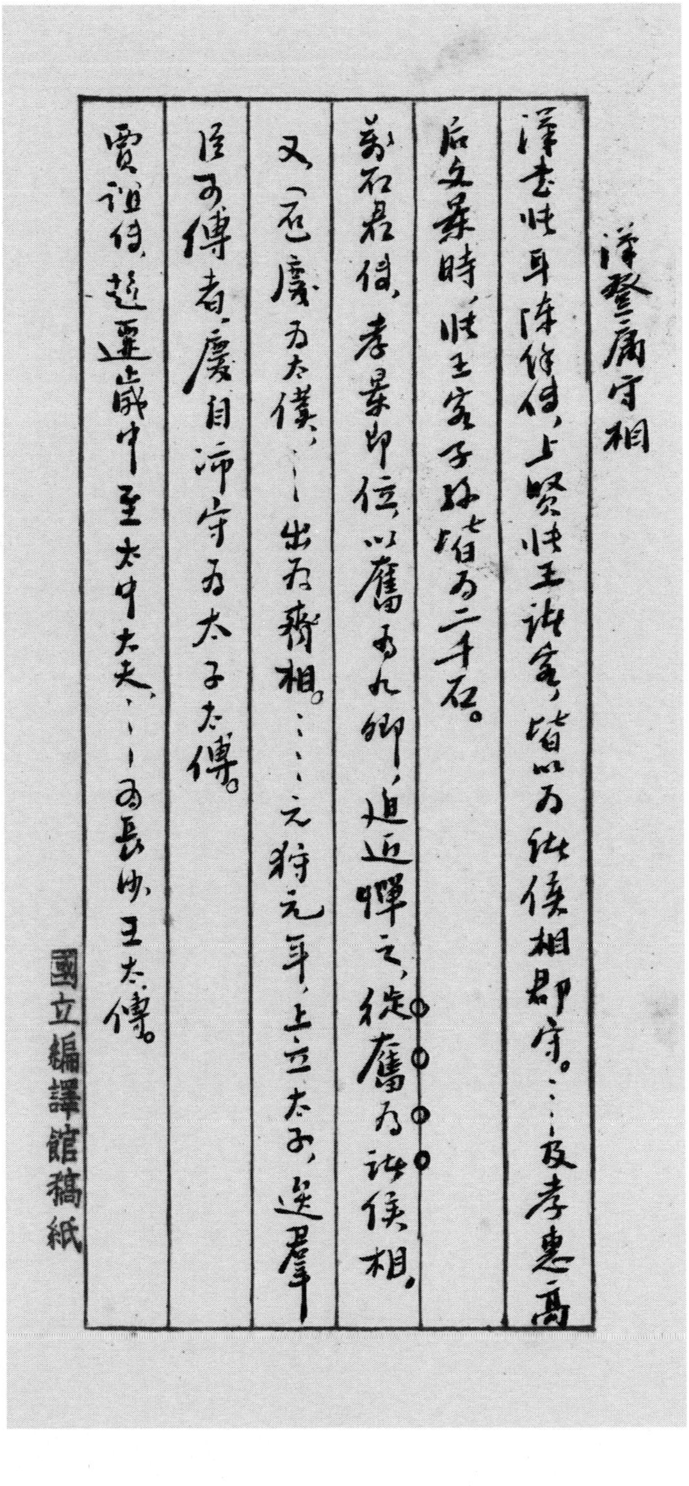

漢登庸守相

漢書張耳陳餘傳，上賢張王諸客，皆以為諸侯相郡守。……及孝惠高后文景時，張王客子孫皆為二千石。萬石君傳，孝景即位，以奮為九卿，迫近憚之，徙奮為諸侯相。又（石）慶為太僕，……出為齊相。……元狩元年，上立太子，選群臣可傅者，慶自沛守為太子太傅。賈誼傳，超遷，歲中至太中大夫，……為長沙王太傅。

國立編譯館稿紙

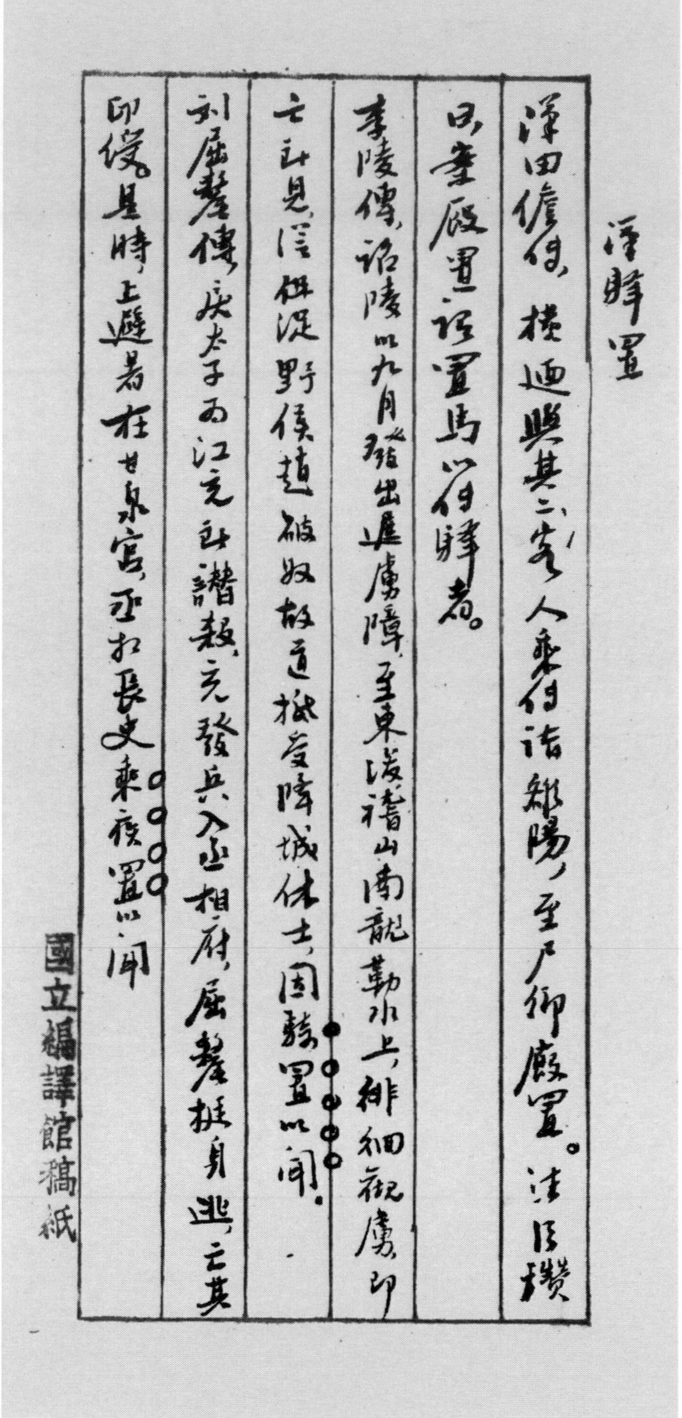
漢驛置

漢田儋傳，横迺與其二客人乘傳詣雒陽，至尸鄉廄置。注臣瓚曰：廄置謂置馬以傳驛者。

李陵傳，詔陵以九月發，出遮虜障，至東浚稽山南龍勒水上，徘徊觀虜，即亡所見，從浞野侯趙破奴故道抵受降城休士，因騎置以聞。

劉屈氂傳，戾太子為江充所譖殺，充發兵入丞相府，屈氂挺身逃，亡其印綬。是時上避暑在甘泉宮，丞相長史乘疾置以聞。

漢驛置

漢・田儋傳：橫乃與其客二人乘傳詣雒陽。至尸鄉廄置。注：臣瓚曰：案廄置謂置馬以傳驛者。[一]李陵傳：詔陵，以九月發，出遮虜鄣，至東浚稽山南龍勒水上，徘徊觀虜，即亡所見，從浞野侯趙破奴故道抵受降城休士，因騎置以聞。[二]劉屈氂傳：戾太子為江充所譖殺，充發兵入丞相府，屈氂挺身逃，亡其印綬。是時上避暑在甘泉宮，丞相長史乘疾置以聞。[三]

[一] 班固：漢書卷三十三田儋傳，第1851頁。
[二] 班固：漢書卷五十四李陵傳，第2451頁。
[三] 班固：漢書卷六十六劉屈氂傳，第2880頁。

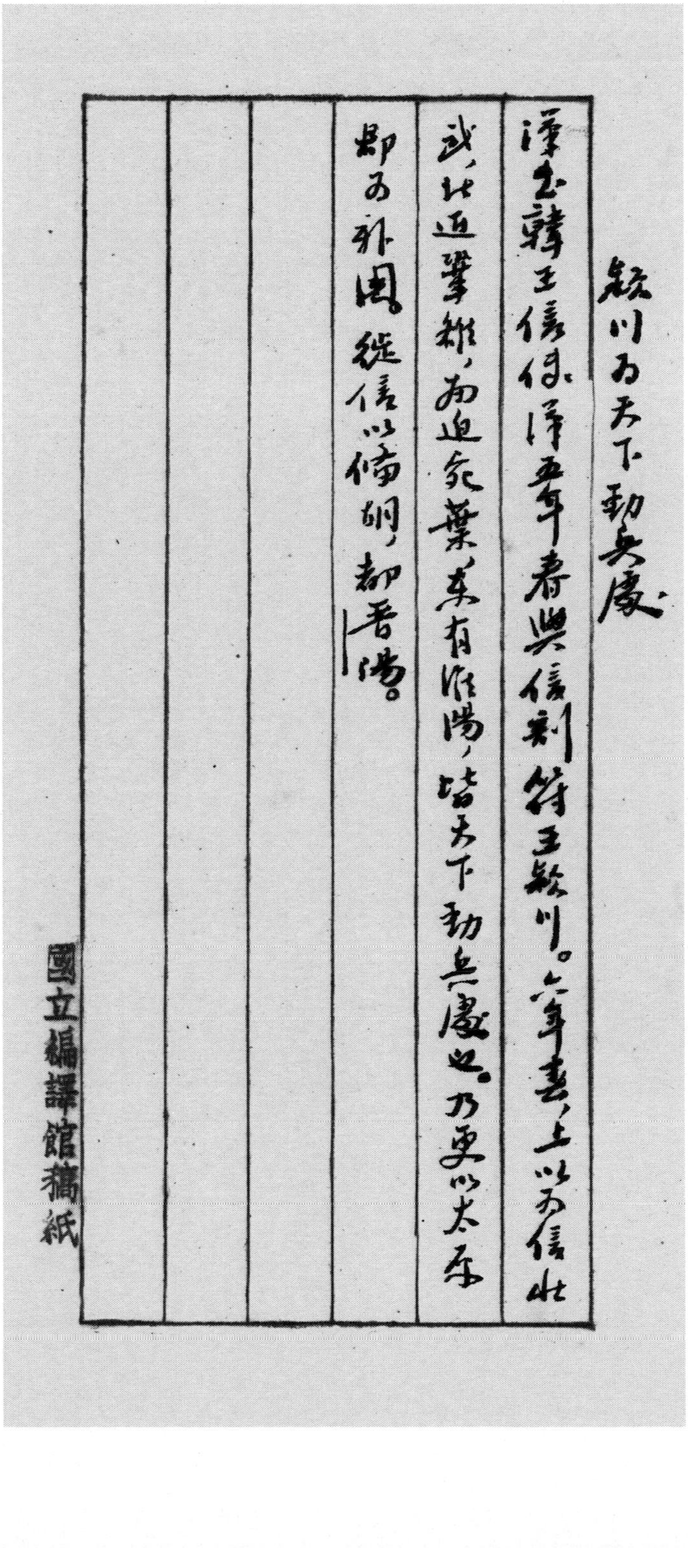
穎川為天下勁兵處
漢書韓王信傳：漢五年春，與信剖符，王穎川。六年春，上以為信壯
武，北近鞏、雒，南迫宛、葉，東有淮陽，皆天下勁兵處也。乃更以太原
郡為韓國，徙信以備胡，都晉陽。
國立編譯館稿紙

穎川為天下勁兵處

漢書·韓王信傳：（漢）五年春，與信剖符，王穎川。六年春，上以為信壯武，北近鞏、雒，南迫宛、葉，東有淮陽，皆天下勁兵處也，乃更以太原郡為韓國，徙信以備胡，都晉陽。[一]

[一]班固：漢書卷三十三韓王信傳，第1853頁。

諸侯王得以罪殺其屬縣令

漢·荊王劉賈傳：（燕王）定國有所欲誅殺臣肥如令郢人，郢人等告定國。定國使謁者以它法劾捕格殺郢人滅口。[一]

［一］班固：漢書卷三十三荊王劉賈傳，第1903頁。

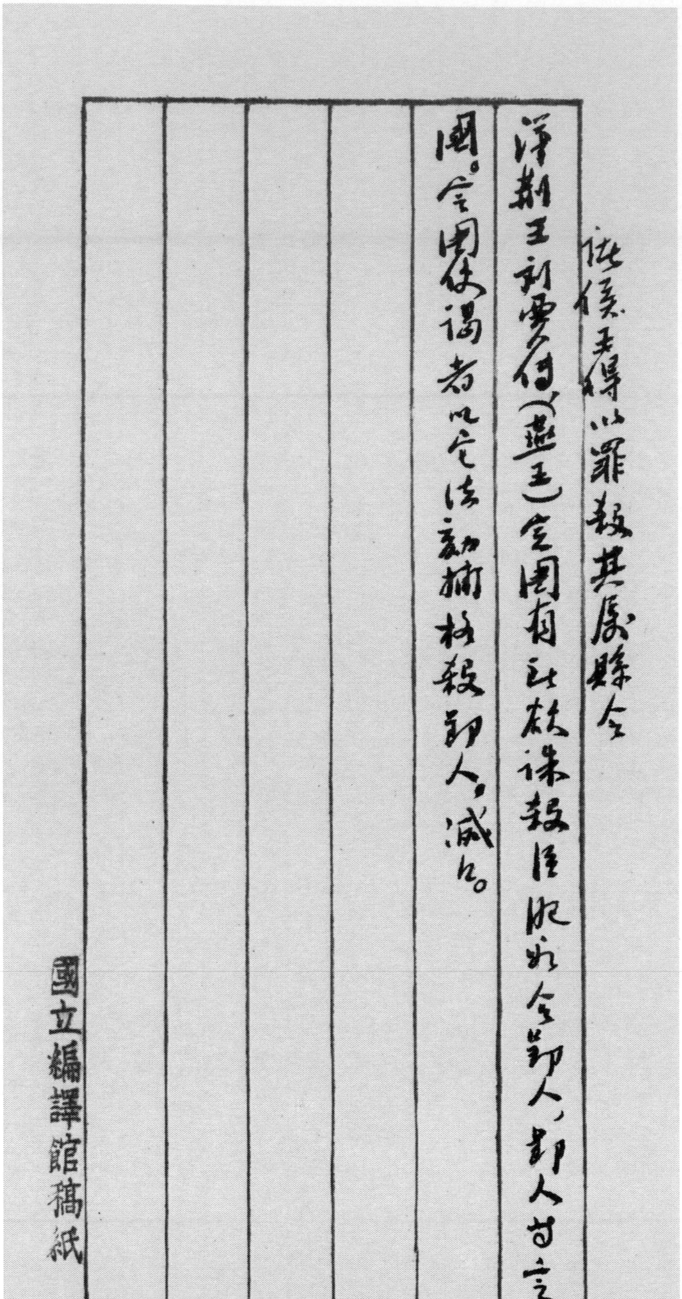
諸侯王得以罪殺其屬縣令
漢荊王劉賈傳：（燕王）定國有所欲誅殺臣肥如令郢人，郢人告言
國。定國使謁者以它法劾捕格殺郢人，滅口。
國立編譯館稿紙

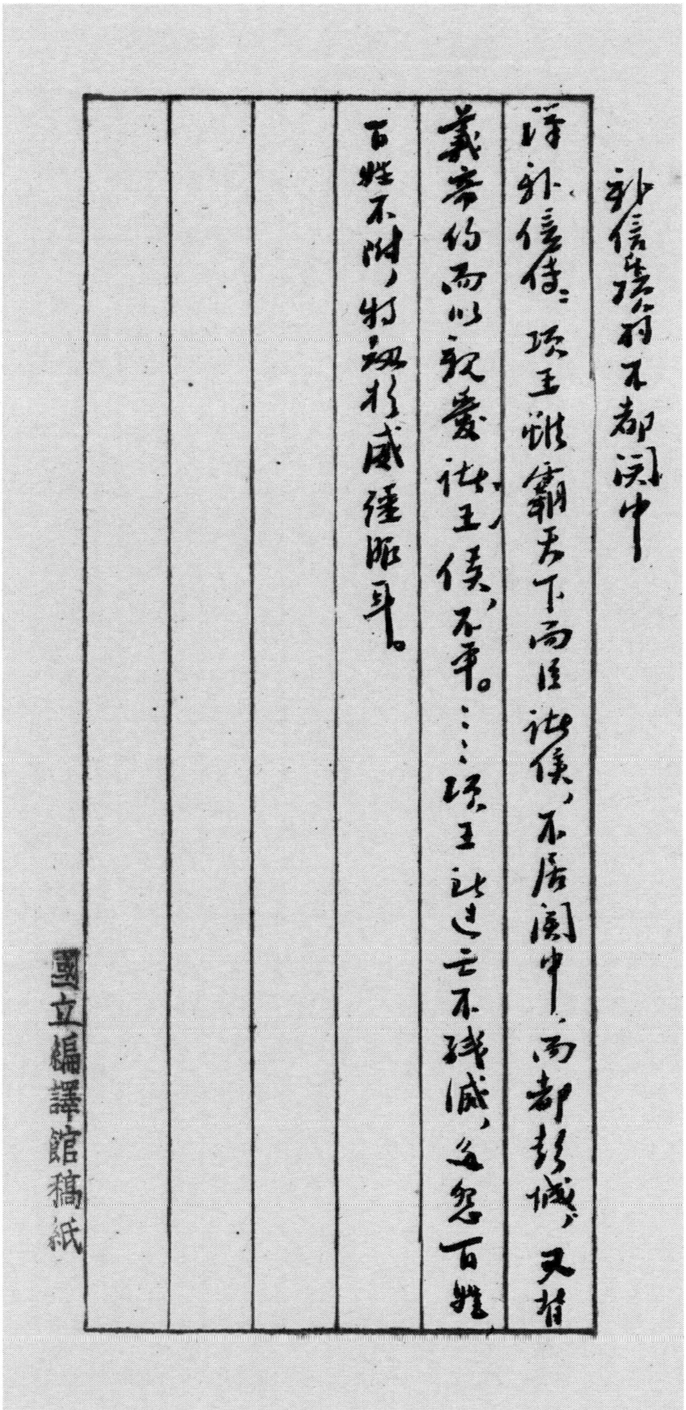
韓信斥項羽不都關中
漢書韓信傳：項王雖霸天下而臣諸侯，不居關中，而都彭城，又背
義帝約，而以親愛王諸侯，不平。……項王所過亡不殘滅，多怨百姓，
百姓不附，特劫於威，彊服耳。

韓信斥項羽不都關中

漢·韓信傳：項王雖霸天下而臣諸侯，不居關中而都彭城；又背義帝約，而以親愛王，諸侯不平……項王所過亡不殘滅，多怨百姓，百姓不附，特劫於威，彊服耳。[一]

[一] 班固：漢書卷三十四韓信傳，第1864頁。

傳舍

漢書·韓信傳：漢王出成皋，度河，獨與滕公從張耳軍修武。至，宿傳舍。[一]

[一] 班固：漢書卷三十四韓信傳，第1872頁。

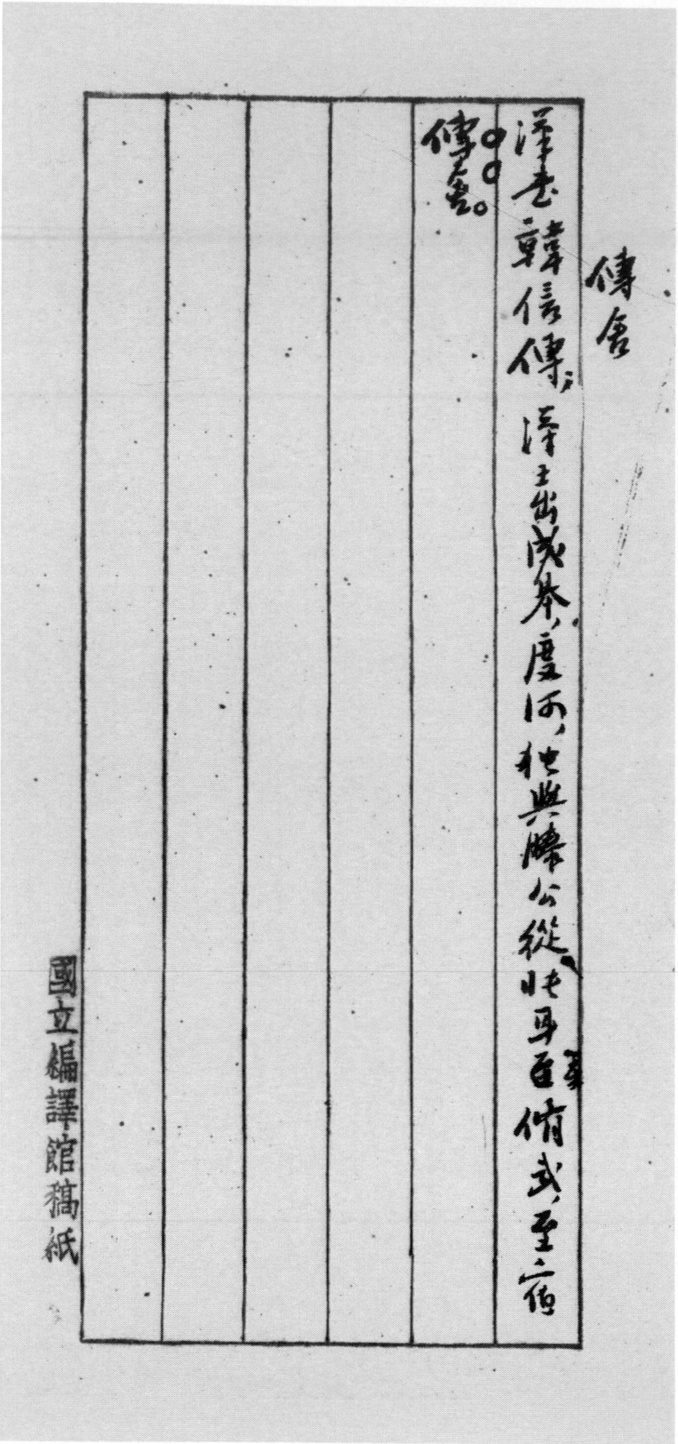

代為天下精兵處

漢書·韓信傳：陳豨為代相監邊，辭信……信曰：「公之所居，天下精兵處也。」[一]

[一] 班固：漢書卷三十四韓信傳，第1877頁。

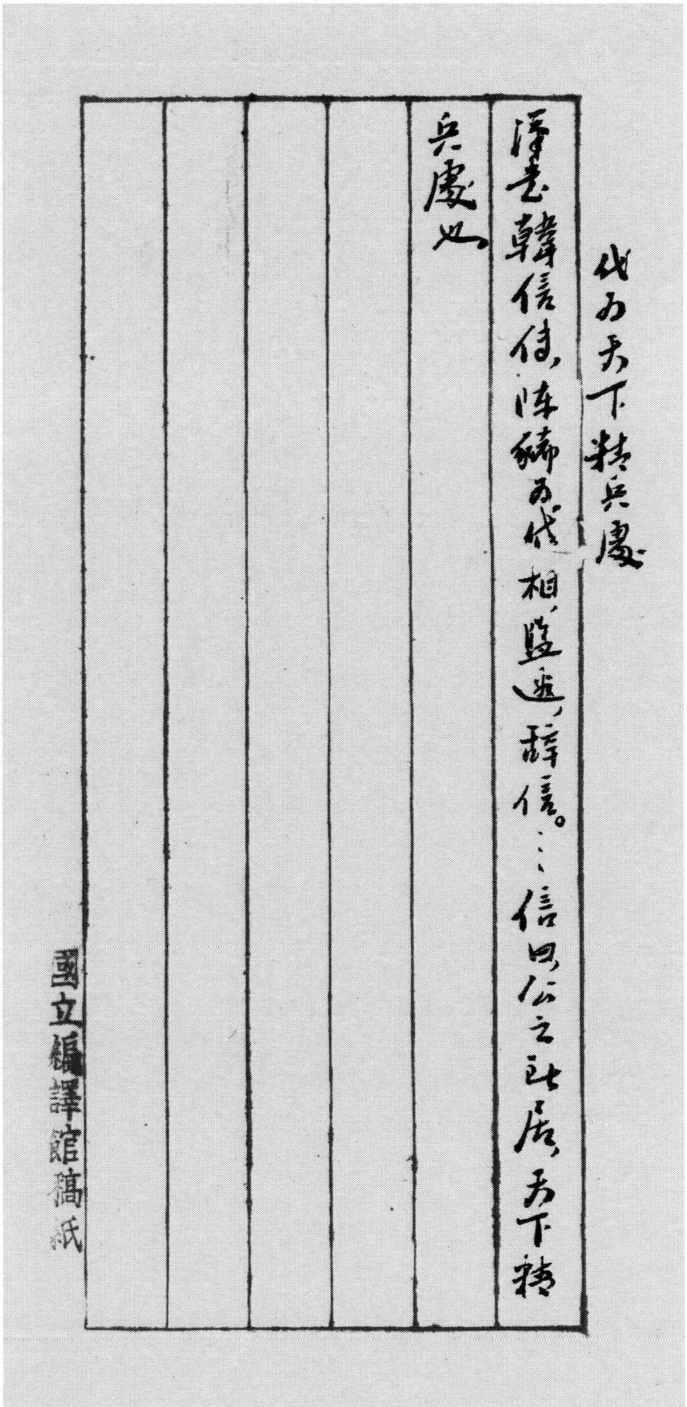

代為天下精兵處

漢書韓信傳，陳豨為代相，監邊，辭信。……信曰，公之所居，天下精兵處也。

國立編譯館稿紙

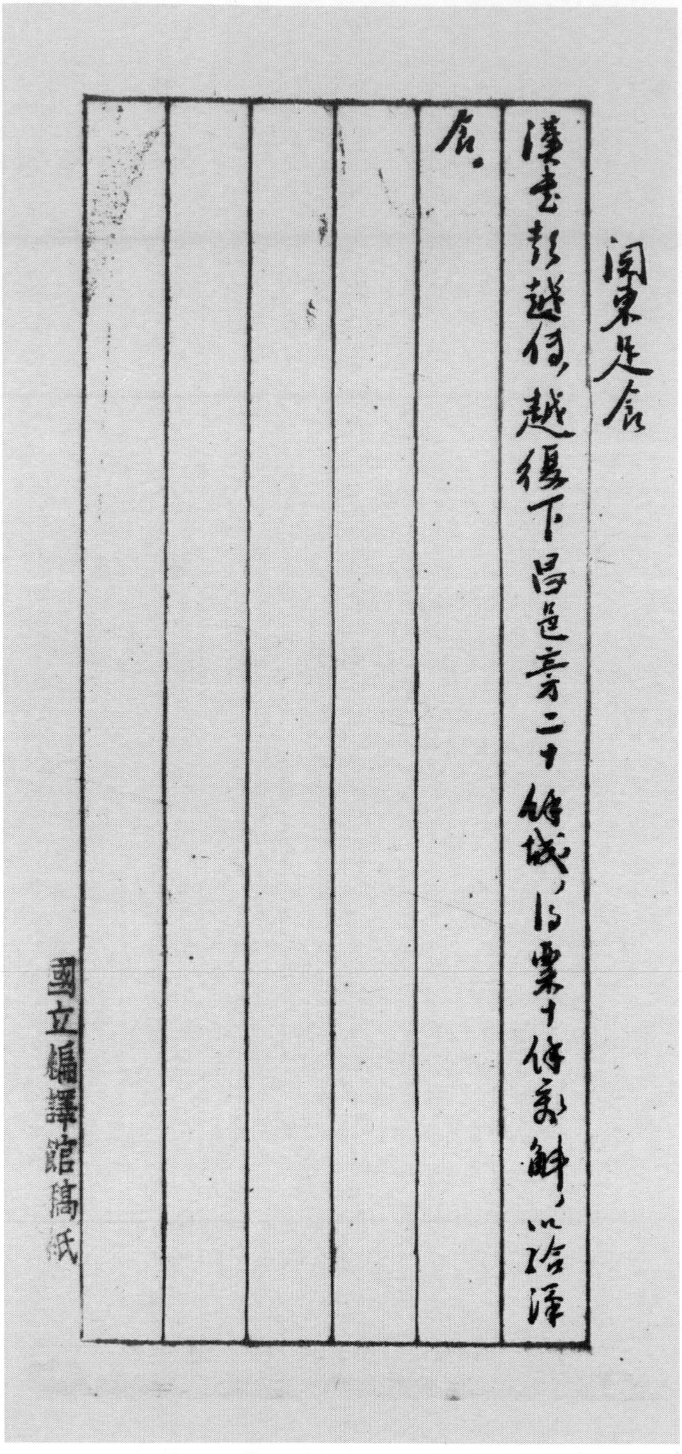

關東足食

漢書彭越傳，越復下昌邑旁二十餘城，得粟十餘萬斛，以給漢食。

國立編譯館稿紙

關東足食

漢書·彭越傳：越復下昌邑旁二十餘城，得粟十餘萬斛，以給漢食。[一]

[一] 班固：漢書卷三十四彭越傳，第1880頁。

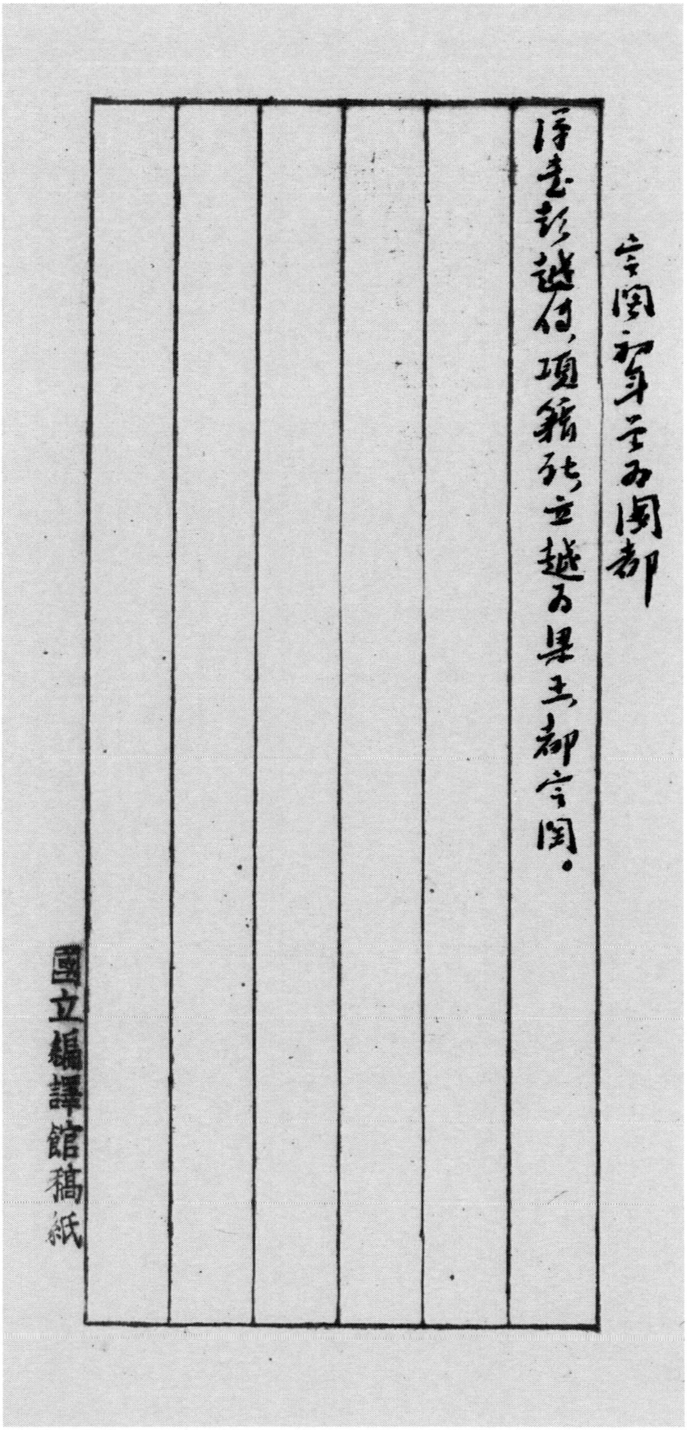
定陶初年曾為國都
漢書彭越傳，項籍死，立越為梁王，都定陶。
國立編譯館稿紙

定陶初年曾為國都

漢書·彭越傳：項籍死，立越為梁王，都定陶。[一]

[一] 班固：漢書卷三十四彭越傳，第1880頁。

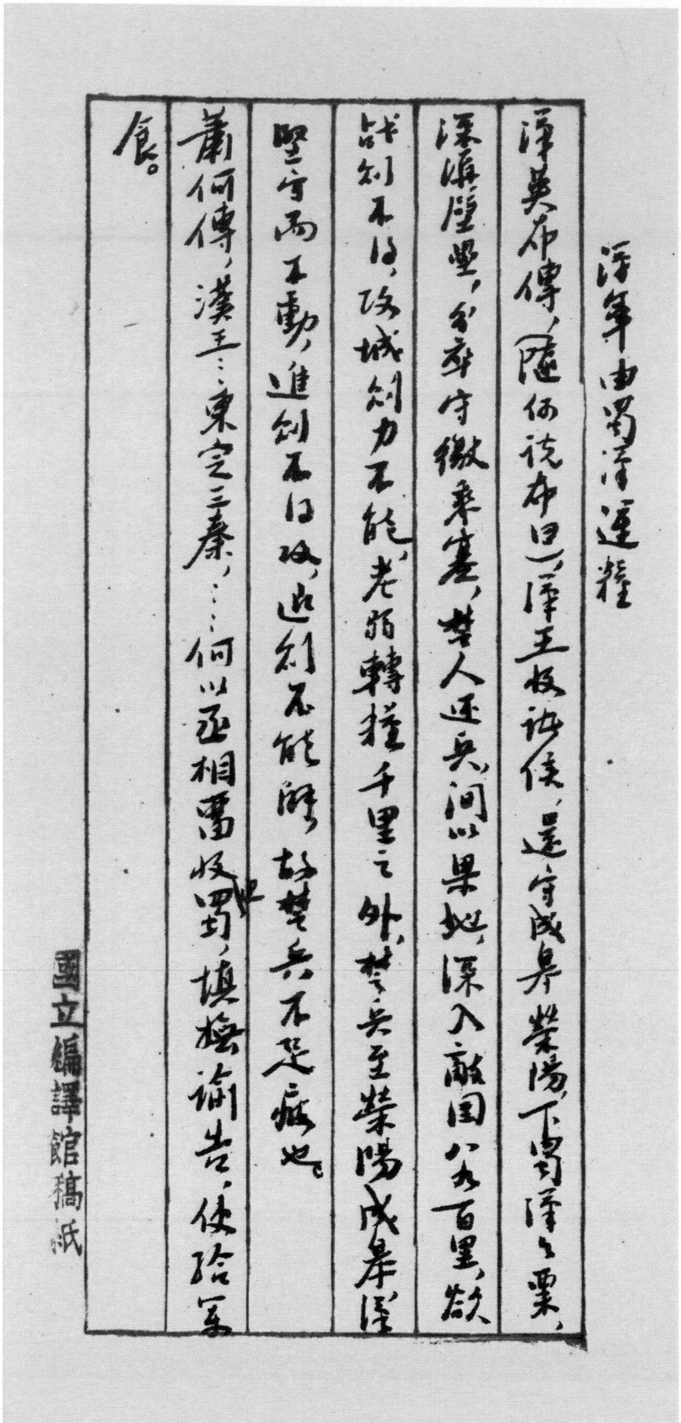
漢軍由蜀漢運糧
漢英布傳，(隨何說布曰)漢王收諸侯，還守成皋滎陽，下蜀漢之粟，深溝壁壘，分卒守徼乘塞，楚人還兵，間以梁地，深入敵國八九百里，欲戰則不得，攻城則力不能，老弱轉糧千里之外，楚兵至滎陽成皋，漢堅守而不動，進則不得攻，退則不能解，故楚兵不足罷也。蕭何傳，漢王……東定三秦，……何以丞相留收巴蜀，填撫諭告，使給軍食。
國立編譯館稿紙

漢軍由蜀漢運糧

漢·英布傳：(隨何說布曰)「漢王收諸侯，還守成皋、滎陽，下蜀、漢之粟，深溝壁壘，分卒守徼乘塞。楚人還兵，間以梁地，深入敵國八九百里，欲戰則不得，攻城則力不能，老弱轉糧千里之外。楚兵至滎陽、成皋，漢堅守而不動，進則不得攻，退則不能解，故楚兵不足罷也。」[一]蕭何傳：漢王……東定三秦，……何以丞相留收巴蜀，填撫諭告，使給軍食。[二]

[一]班固：漢書卷三十四黥布傳，第1884頁。

[二]班固：漢書卷三十九蕭何傳，第2007頁。

諸侯王相得將邊兵　諸侯相以漢法治國

漢·盧綰傳：（陳）豨以郎中封為列侯，以趙相國將監趙、代邊，邊兵皆屬焉。[一]膠西王端傳：相二千石至者，奉漢法以治，端輒求其罪告之，無罪者詐藥殺之。所以設詐究變，彊足以距諫，知足以飾非。相二千石從王治，則漢繩以法。故膠西小國，而所殺傷二千石甚衆。[二]

[一] 班固：漢書卷三十四盧綰傳，第1891頁。

[二] 班固：漢書卷五十三膠西于王劉端傳，第2419頁。

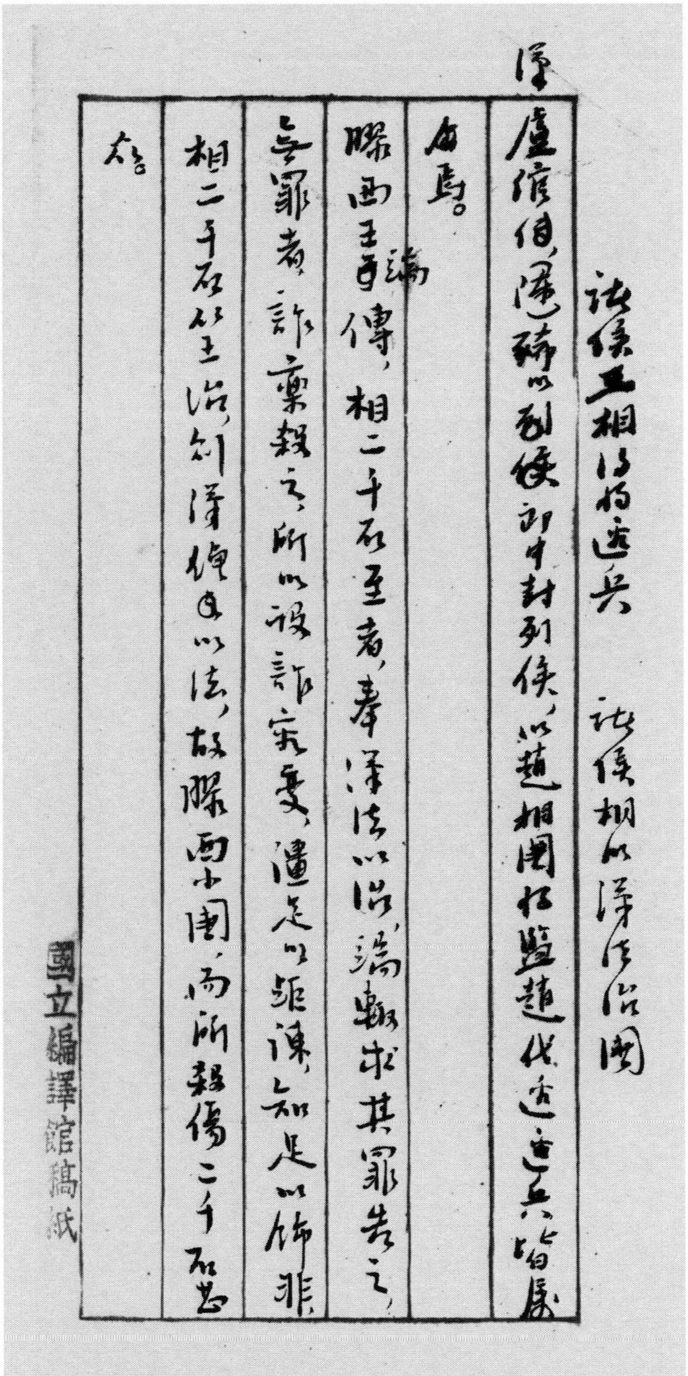
諸侯王相得將邊兵　諸侯相以漢法治國
盧綰傳，陳豨以郎中封列侯，以趙相國將監趙代邊，邊兵皆屬焉。
膠西王端傳，相二千石至者，奉漢法以治，端輒求其罪告之，無罪者詐藥殺之，所以設詐究變，彊足以距諫，知足以飾非。相二千石從王治，則漢繩以法，故膠西小國，而所殺傷二千石甚衆。

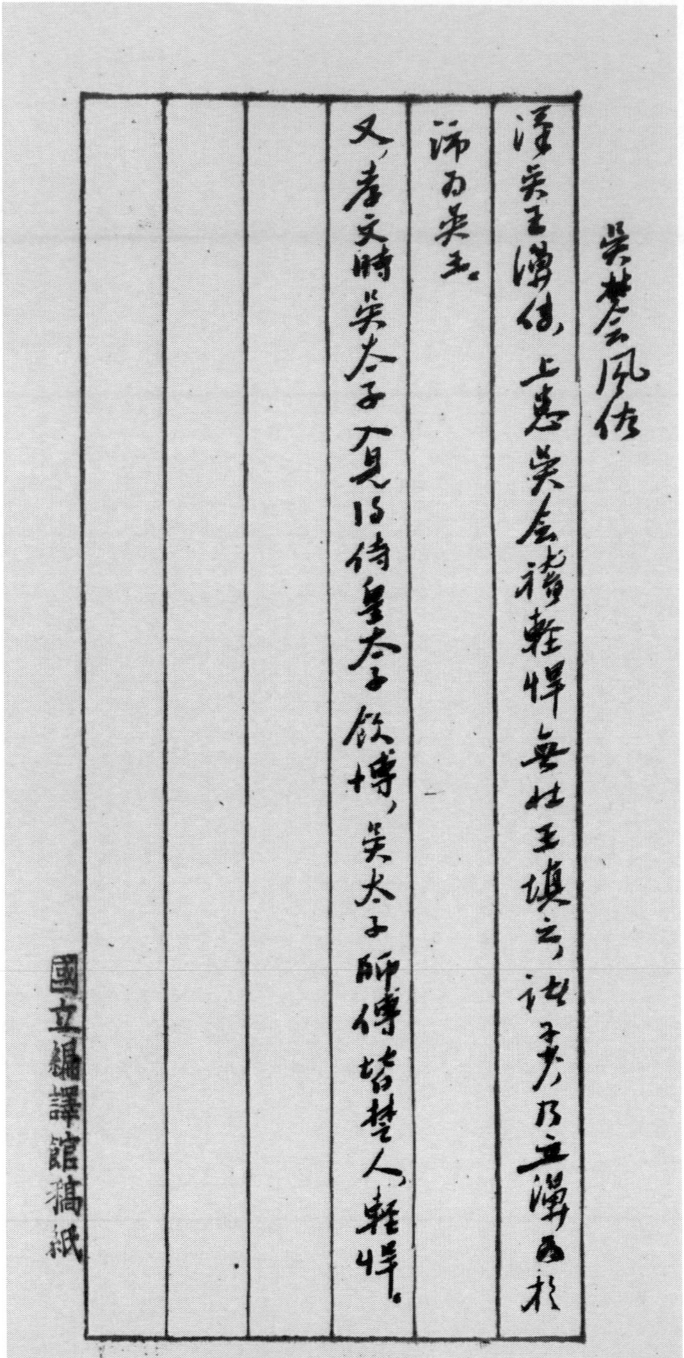

吳會風俗

漢·吳王濞傳：上患吳會稽輕悍，無壯王填之，諸子少，乃立濞於沛，為吳王。[一]又，孝文時，吳太子入見，得侍皇太子飲博。吳太子師傅皆楚人，輕悍。[二]

[一]班固：漢書卷三十五吳王劉濞傳，第1903頁。

[二]班固：漢書卷三十五吳王劉濞傳，第1904頁。

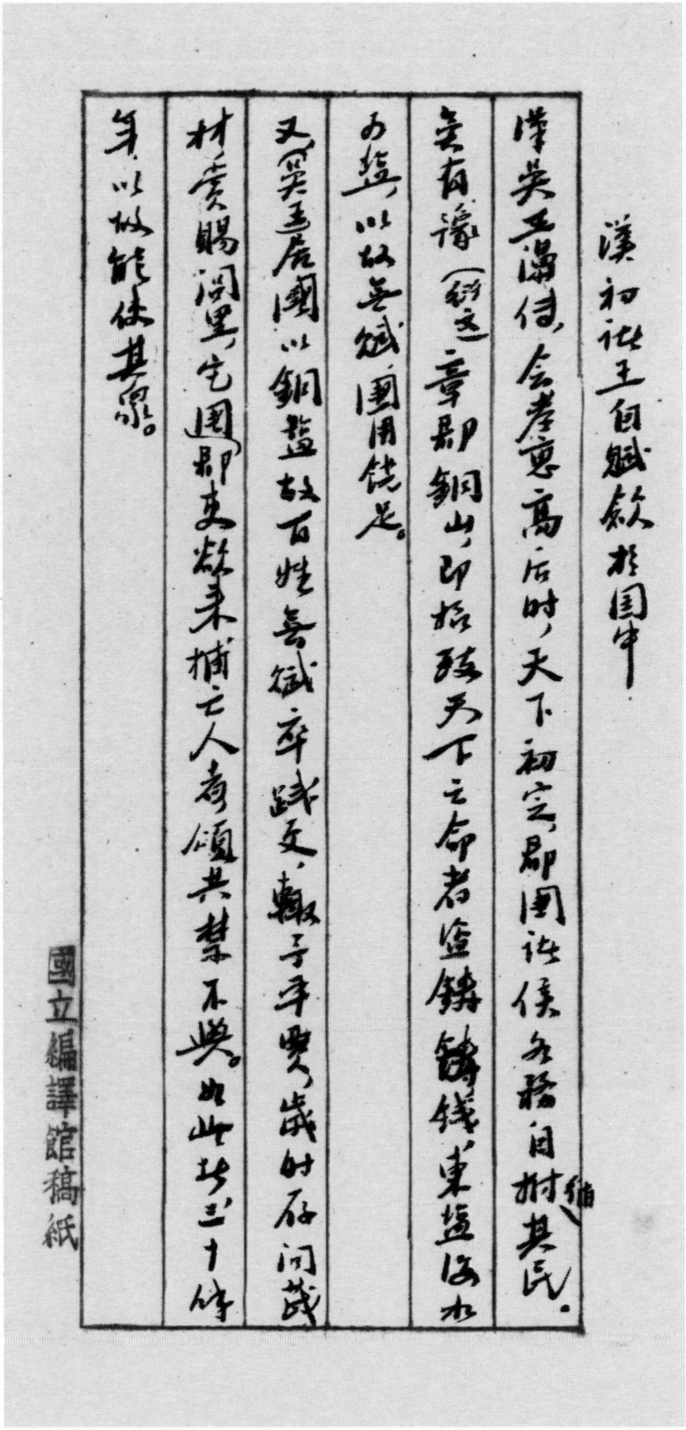
漢初諸王自賦斂於國中

漢吳王濞傳，會孝惠高后時，天下初定，郡國諸侯各務自拊循其民。吳有豫（衍文）章郡銅山，即招致天下亡命者盜鑄錢，東煮海水為鹽，以故無賦，國用饒足。

又吳王居國以銅鹽故，百姓無賦，卒踐更，輒予平賈，歲時存問茂材，賞賜閭里，它郡國吏欲來捕亡人者，頌共禁不與。如此者三十餘年，以故能使其眾。

漢初諸王自賦斂於國中

漢·吳王濞傳：會孝惠、高后時，天下初定，郡國諸侯各務自拊循其民。吳有豫（衍文）章郡銅山，卽招致天下亡命者盜鑄錢，東煑海水為鹽，以故無賦，國用饒足。[一]

又，（吳王）居國以銅鹽故，百姓無賦。卒踐更，輒予平賈。歲時存問茂材，賞賜閭里，它郡國吏欲來捕亡人者，頌共禁不與。如此者三十餘年，以故能使其衆。[二]

[一] 班固：漢書卷三十五吳王劉濞傳，第1904頁。

[二] 班固：漢書卷三十五吳王劉濞傳，第1905頁。

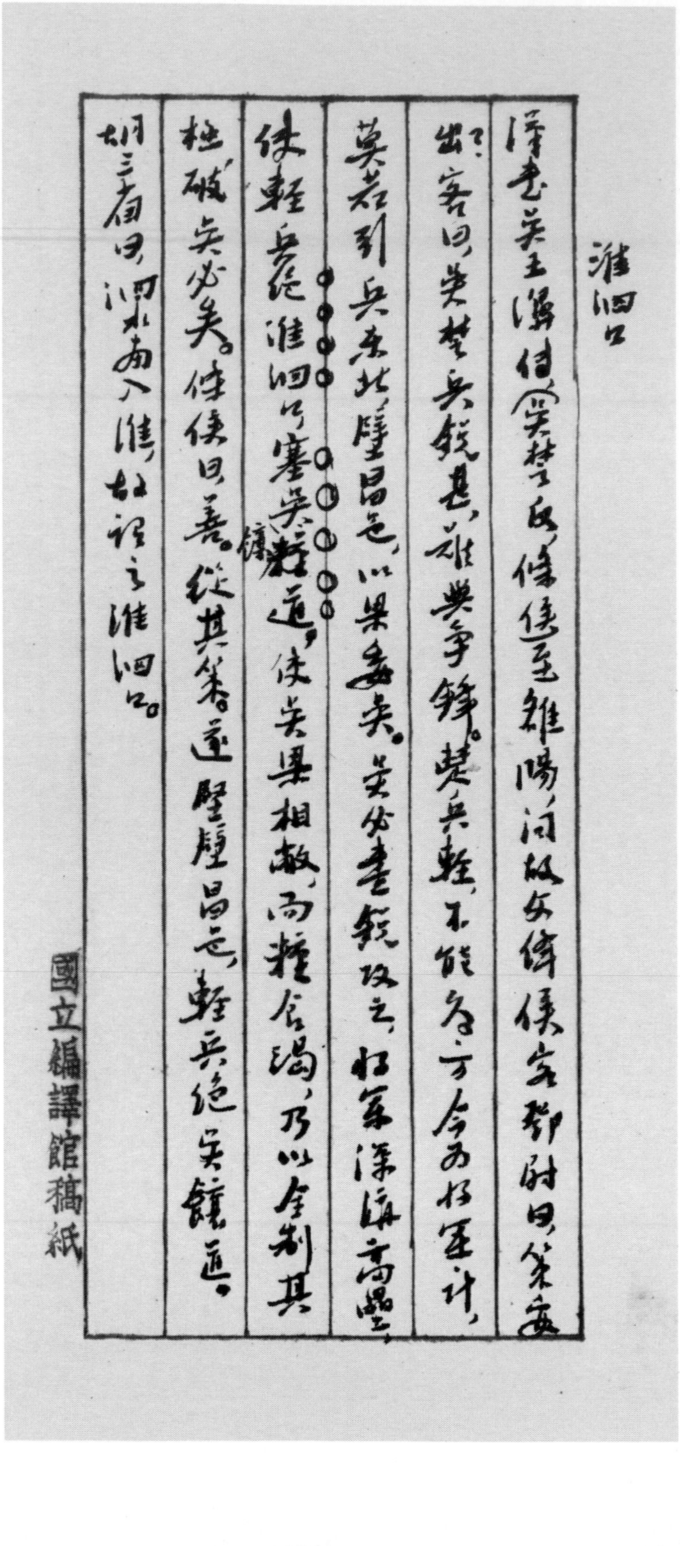

淮泗口

漢書吳王濞傳：吳楚反，條侯至雒陽，問故父絳侯客鄧都尉曰：策安出？客曰：吳楚兵銳甚，難與爭鋒。楚兵輕，不能久。方今為將軍計，莫若引兵東北壁昌邑，以梁委吳，吳必盡銳攻之，將軍深溝高壘，使輕兵絕淮泗口，塞吳饟道，使吳梁相敝，而糧食竭，乃以全制其極，破吳必矣。條侯曰：善。從其策，遂堅壁昌邑，輕兵絕吳饟道。

胡三省曰：泗水南入淮，故謂之淮泗口。

淮泗口

漢書·吳王濞傳：（吳楚反，條侯）至（雒）〔淮〕陽，問故父絳侯客鄧都尉曰：「策安出？」客曰：「吳（楚）兵銳甚，難與爭鋒。楚兵輕，不能久。方今為將軍計，莫若引兵東北壁昌邑，以梁委吳，吳必盡銳攻之。將軍深溝高壘，使輕兵絕淮泗口，塞吳饟道。使吳、梁相敝而糧食竭，乃以全制其極，破吳必矣。」條侯曰：「善。」從其策，遂堅壁昌邑南，輕兵絕吳饟道。胡三省曰：泗水南入淮，故謂之淮泗口。[一]

〔一〕班固：漢書卷三十五吳王劉濞傳，第1913頁。

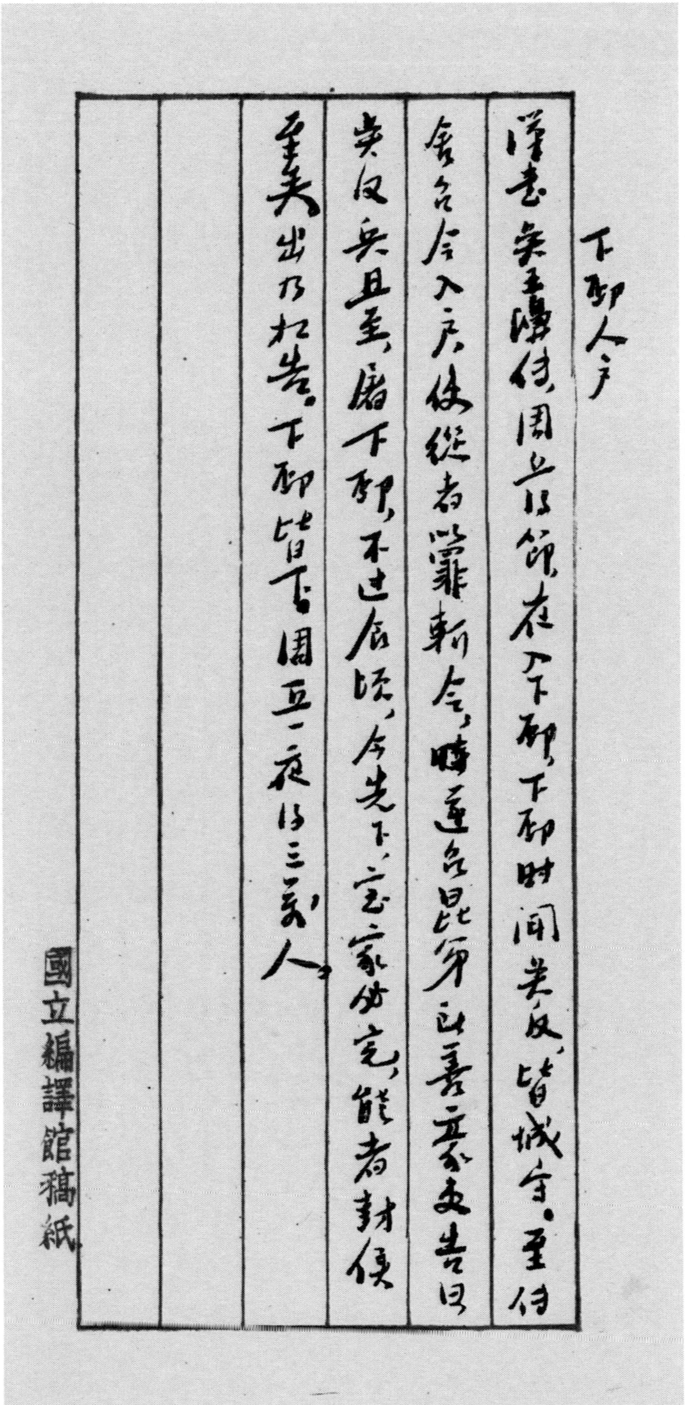
下邳人户
漢書吳王濞傳，周丘以節夜入下邳，下邳時聞吳反，皆城守。至傳舍召令入户，使從者以罪斬令，遂召昆弟所善豪吏告曰：吳反兵且至，屠下邳不過食頃，今先下，家室必完，能者封侯至矣，出乃相告，下邳皆下，周丘一夜得三萬人
國立編譯館稿紙

下邳人户

漢書·吳王濞傳：周丘得節，夜馳入下邳。下邳時聞吳反，皆城守。至傳舍，召令入户，使從者以罪斬令。遂召昆弟所善豪吏告曰：「吳反兵且至，屠下邳不過食頃。今先下，家室必完，能者封侯至矣。」出乃相告，下邳皆下。周丘一夜得三萬人。[一]

[一] 班固：漢書卷三十五吳王劉濞傳，第1914頁。

王國官吏

漢·楚元王交傳：申公為博士，失官，隨郢客歸，復以為中大夫。[一]

[一]班固：漢書卷三十六楚元王傳，第1923頁。

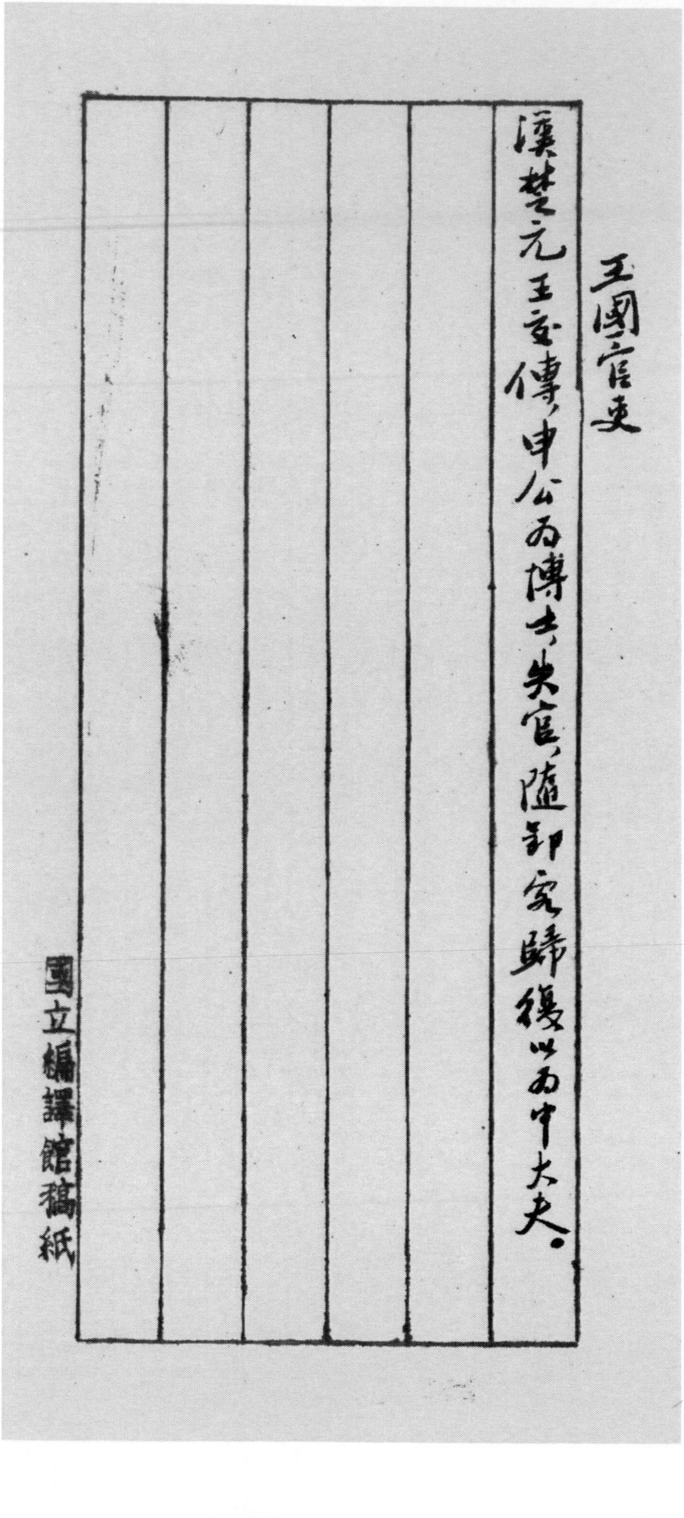

王國官吏

漢楚元王交傳，申公為博士，失官，隨郢客歸，復以為中大夫。

國立編譯館稿紙

刺史郡守任免遷徙　刺史察吏

漢・楚元王傳：（霍光）復白召德守青州刺史。歲餘，復為宗正。[一]河間獻王傳：（河間王）元取故廣陵厲王、厲王太子及中山懷王故姬廉等以為姬。甘露中，冀州刺史敞奏元，事下廷尉，逮召廉等。元迫脅凡七人，令自殺。有司奏請誅元，有詔削二縣，萬一千戶。[二]趙王彭祖傳：大鴻臚禹奏：「元前以刃賊殺奴婢，子男殺謁者，為刺史所舉奏，罪名明白。」[三]

[一] 班固：漢書卷三十六楚元王傳，第1927頁。

[二] 班固：漢書卷五十三河間獻王劉德傳，第2411頁。

[三] 班固：漢書卷五十三趙敬肅王劉彭祖傳，第2421頁。

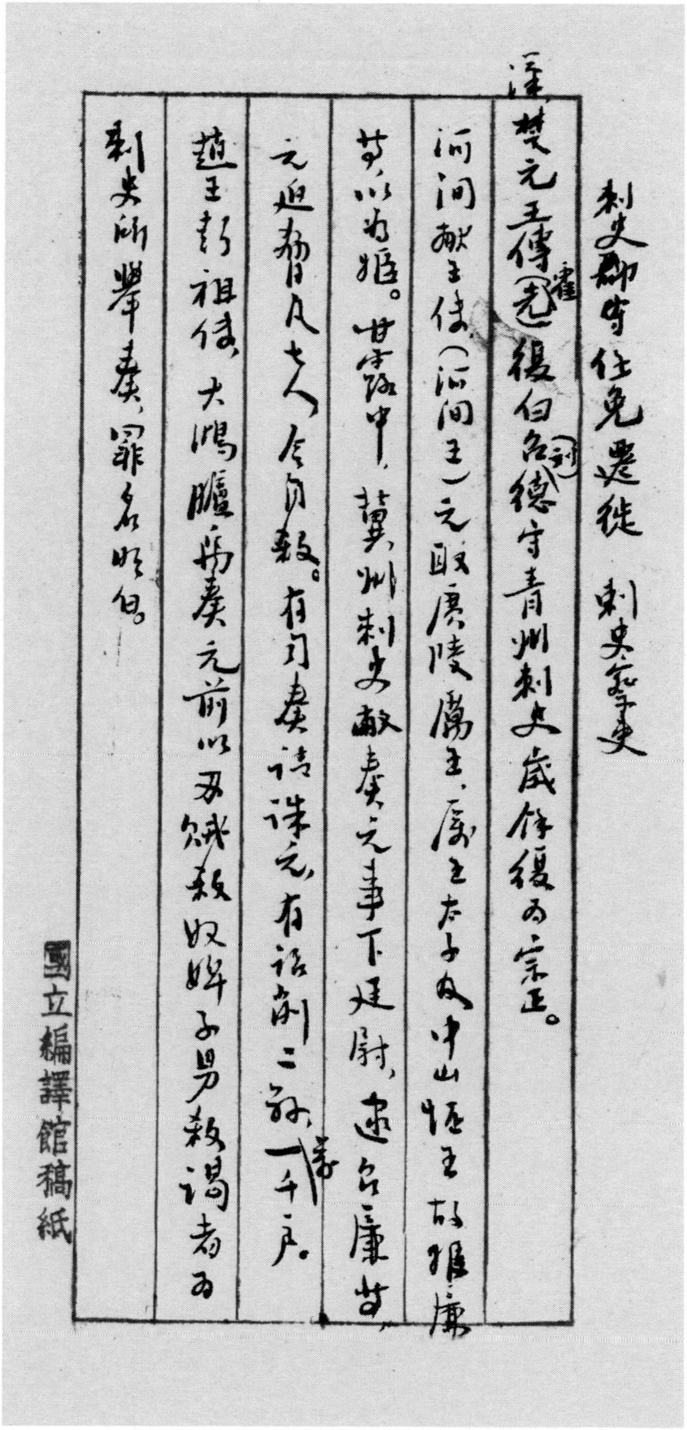

刺史郡守任免遷徙　刺史察吏

漢楚元王傳（光）復白召德守青州刺史，歲餘復為宗正。

河間獻王傳（河間王）元取故廣陵厲王、厲王太子及中山懷王故姬廉

等以為姬。甘露中，冀州刺史敞奏元事下廷尉，逮召廉等，

元迫脅凡七人，令自殺。有司奏請誅元，有詔削二縣，萬一千戶。

趙王彭祖傳，大鴻臚禹奏元前以刃賊殺奴婢子男殺謁者為

刺史所舉奏，罪名明白。

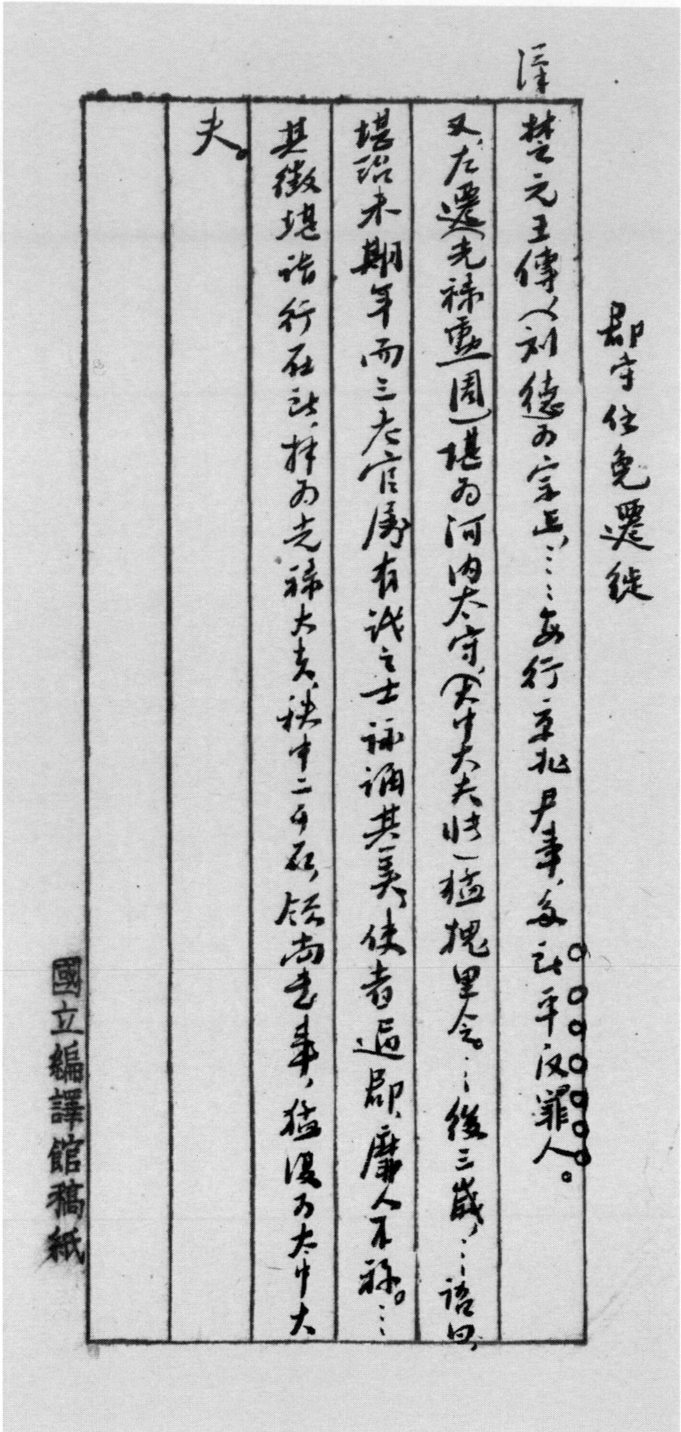
郡守任免遷徙
漢楚元王傳：（劉德）為宗正，……每行京兆尹事，多所平反罪人。
又，左遷（光祿勳周）堪為河內太守，（太中大夫張）猛槐里令……後三歲，……詔曰：
「堪治未期年，而三老官屬有識之士詠頌其美，使者過郡，靡人不稱。……
其徵堪詣行在所。」拜為光祿大夫，秩中二千石，領尚書事，猛復為太中大夫。
國立編譯館稿紙

郡守任免遷徙

漢·楚元王傳：（劉德）為宗正，……每行京兆尹事，多所平反罪人。又，左遷（光祿勳周）堪為河（內）〔東〕太守，（太中大夫张）猛槐里令……後三年，……詔曰：「堪治未期年，而三老官屬有識之士詠頌其美，使者過郡，靡人不稱……其徵堪詣行在所。」拜為光祿大夫，秩中二千石，領尚書事。猛復為太中大夫。〔一〕

〔一〕班固：漢書卷三十六楚元王傳，第1927、1928頁，第1948頁。

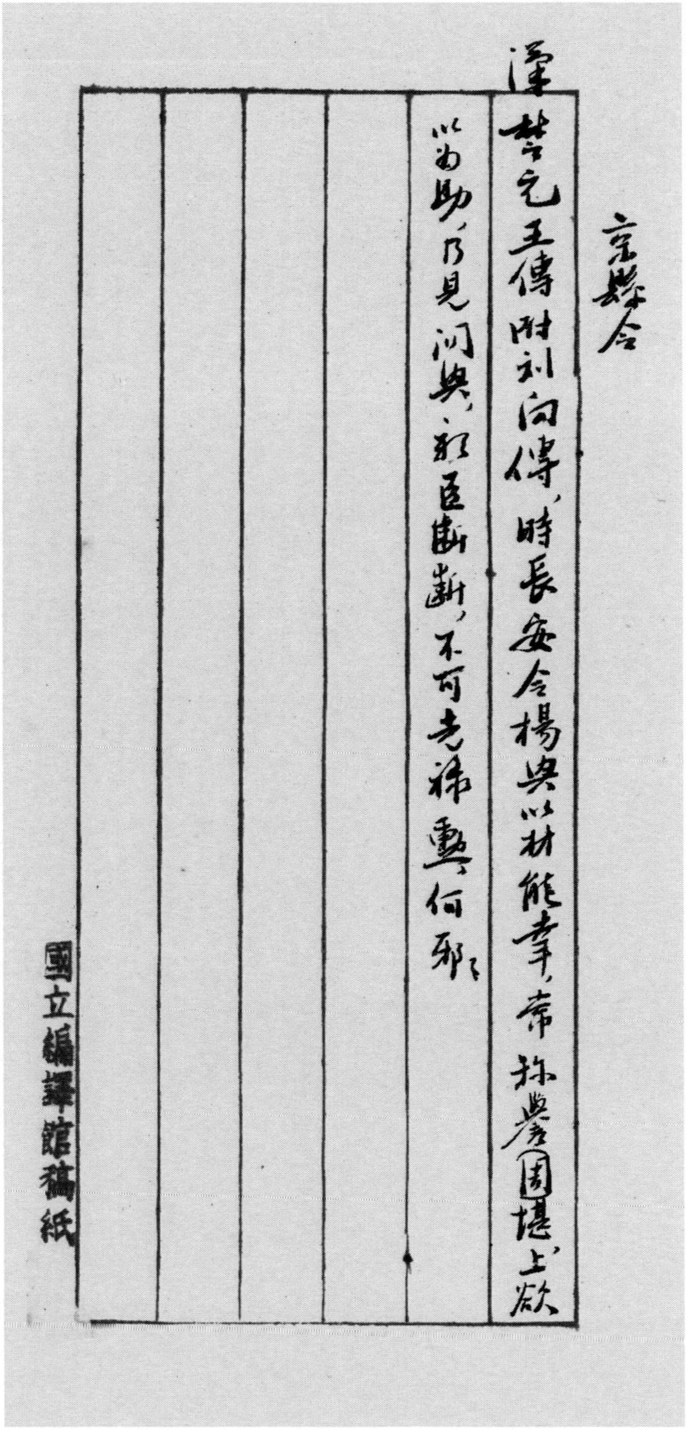
京縣令

漢楚元王傳附劉向傳，時長安令楊興以材能幸，常稱譽(周)堪，上欲

以為助，乃見問興，朝臣斷斷，不可光祿勳，何邪？

京縣令

漢·楚元王傳附劉向傳：時長安令楊興以材能幸，常稱譽(周)堪。上欲以為助，乃見問興：「朝臣斷斷不可光祿勳，何邪？」[一]

[一]班固：漢書卷三十六楚元王傳，第1947頁。

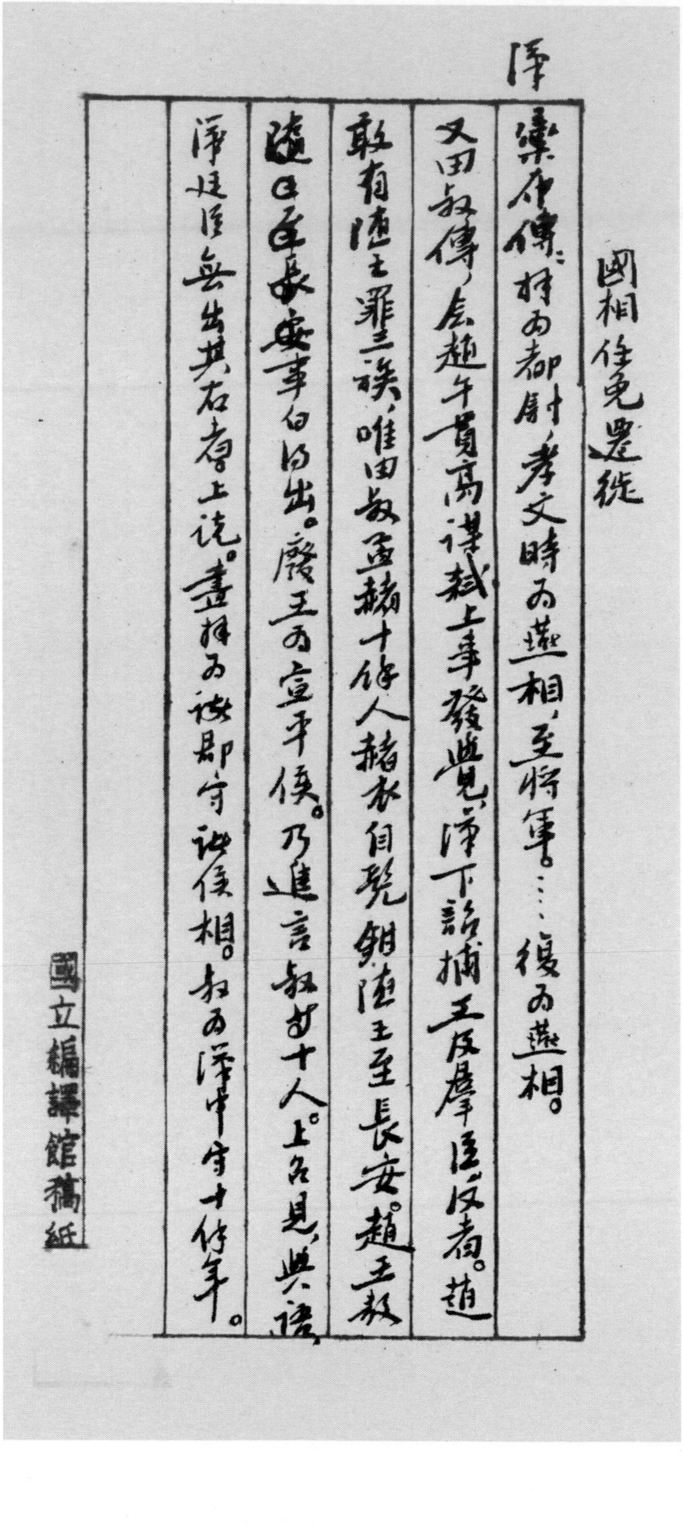
漢
國相任免遷徙
漢欒布傳：拜為都尉，孝文時為燕相，至將軍……復為燕相。
又田叔傳，會趙午、貫高謀弒上，事發覺，漢下詔捕趙王及群臣反者。趙
敢有隨王，罪三族，唯田叔、孟舒等十餘人赭衣自髡鉗，隨王至長安。趙王敖
事白，得出。廢王為宣平侯。乃進言叔等十人。上召見，與語，
漢廷臣無能出其右者。上說，盡拜為郡守、諸侯相。叔為漢中守十餘年。
國立編譯館稿紙

國相任免遷徙

漢·欒布傳：拜為都尉。孝文時為燕相，至將軍……復為燕相。[一]又，田叔傳：會趙午、貫高等謀弒上，事發覺，漢下詔捕趙王及群臣反者。趙有敢隨王，罪三族。唯田叔、孟舒等十餘人赭衣自髡鉗，隨王至長安。趙王敖事白，得出，廢王為宣平侯，乃進言叔等十人。上召見，與語，漢廷臣無能出其右者。上說，盡拜為郡守、諸侯相。叔為漢中守十餘年。[二]

[一] 班固：漢書卷三十七欒布傳，第1981頁。

[二] 班固：漢書卷三十七田叔傳，第1982頁。

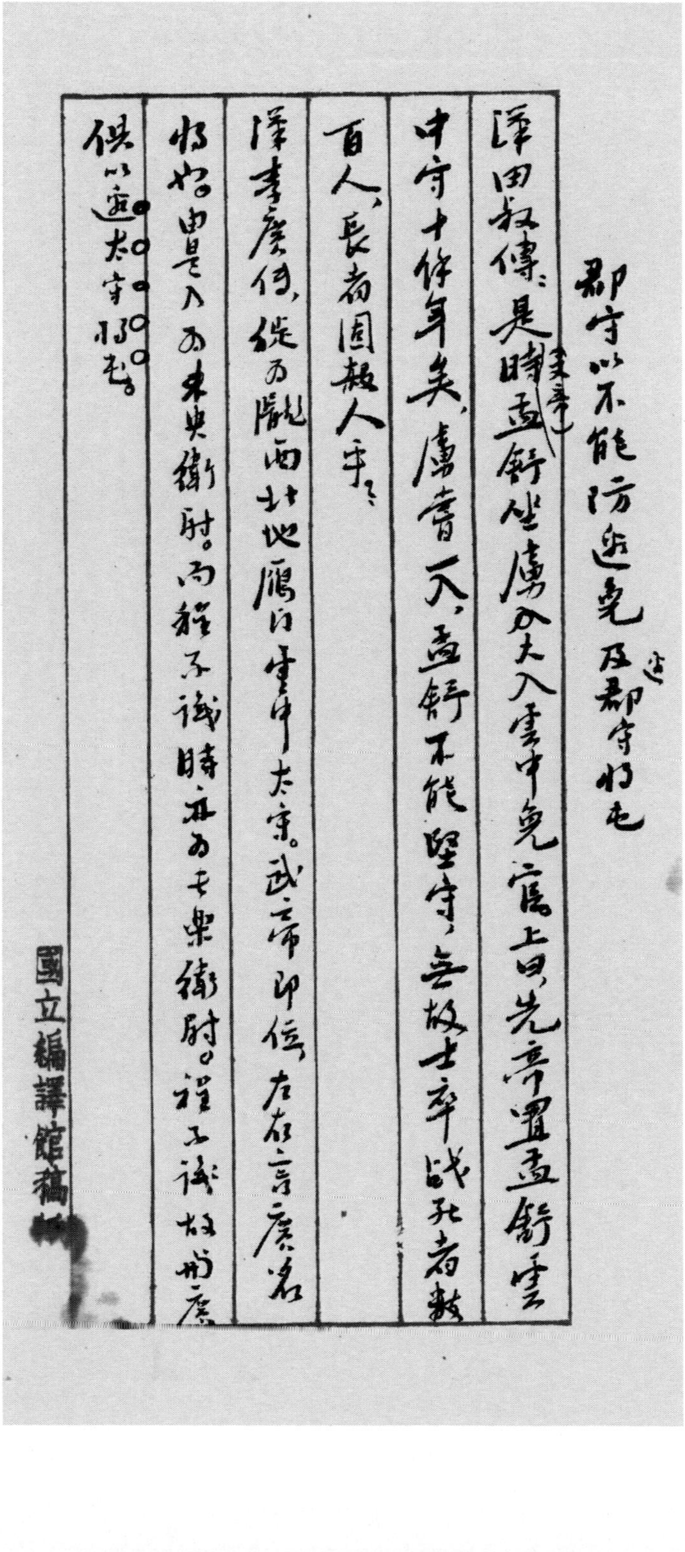

郡守以不能防邊免及郡守將屯

漢田叔傳：是時（文帝）孟舒坐虜大入雲中免。上曰：先帝置孟舒雲中守十餘年矣，虜嘗一入，孟舒不能堅守，無故士卒戰死者數百人，長者固殺人乎？

漢李廣傳，徙為隴西北地雁門雲中太守。武帝即位，左右言廣名將也，由是入為未央衛尉。而程不識時亦為長樂衛尉。程不識故與廣俱以邊太守將屯。

國立編譯館稿紙

郡守以不能防邊免及郡守將屯

漢・田叔傳：是時（文帝）孟舒坐虜大入雲中免。上曰：「先帝置孟舒雲中十餘年矣，虜常一入，孟舒不能堅守，無故士卒戰死者數百人。長者固殺人乎？」[一]漢・李廣傳：徙為隴西、北地、雁門、雲中太守。武帝即位，左右言廣名將也，由是入為未央衛尉，而程不識時亦為長樂衛尉。程不識故與廣俱以邊太守將屯。[二]

[一] 班固：漢書卷三十七田叔傳，第1982頁。

[二] 班固：漢書卷五十四李廣傳，第2440頁，2241頁。

國相可受理人民控王事　王將兵

漢・田叔傳：（景帝時）為魯相。相初至官，民以王取其財物自言者百餘人。叔取其渠率二十人笞，怒之，曰：「王非汝主邪？何敢自言主！」魯王聞之，大慚，發中府錢，使相償之。相曰：「王自使人償之，不爾，是王為惡而相為善也。」[一]傅寬傳：為齊右丞相，備齊，五歲為齊相國。四月，擊陳豨，屬太尉勃，以相國代丞相噲擊豨。一月，徙為代相國，將屯。二歲，為丞相，將屯。[二]

[一] 班固：漢書卷三十七田叔傳，第1983頁。

[二] 班固：漢書卷四十一傅寬傳，第2085頁。

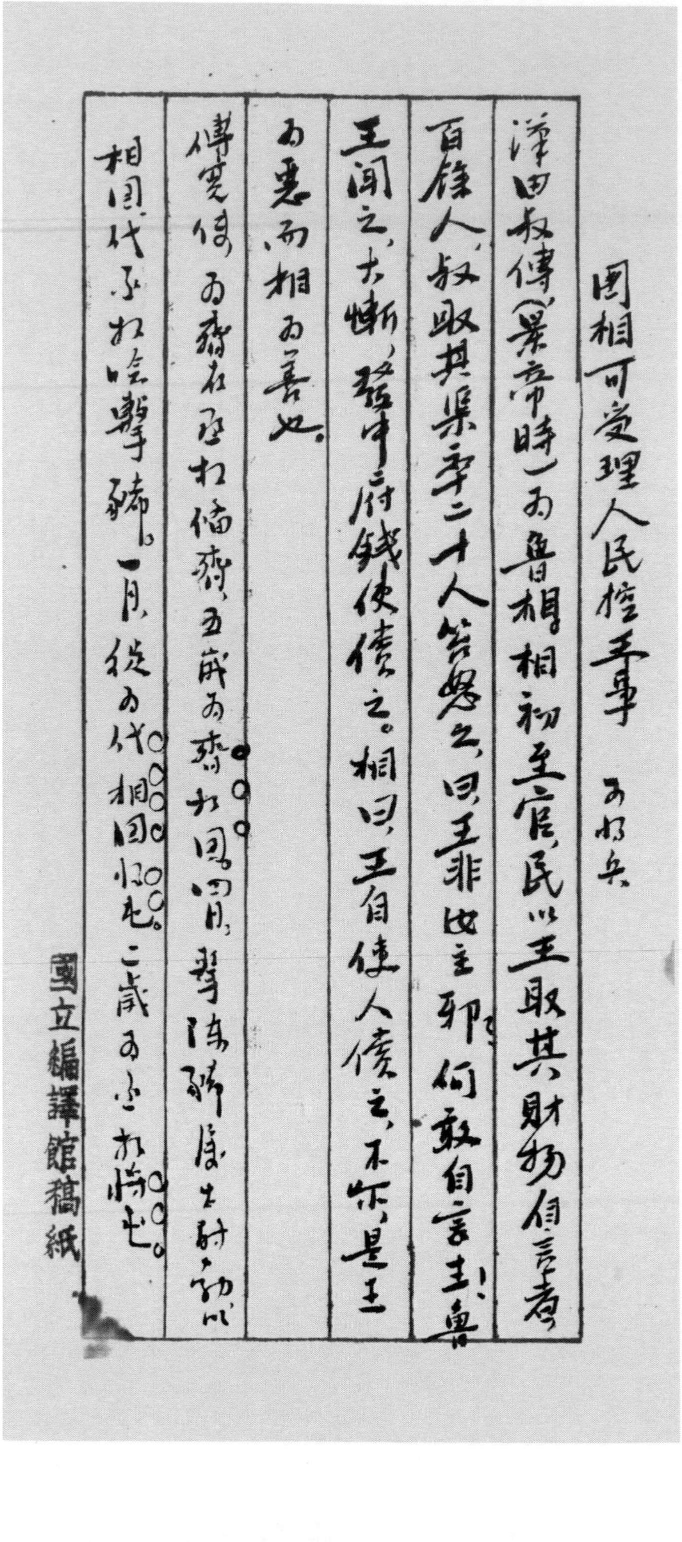
國相可受理人民控王事　王將兵

漢田叔傳（景帝時）為魯相。相初至官，民以王取其財物自言者百餘人，叔取其渠率二十人笞，怒之，曰：王非汝主耶？何敢自言主！魯王聞之，大慚，發中府錢使償之。相曰：王自使人償之，不爾，是王為惡而相為善也。

傅寬傳：為齊右丞相，備齊，五歲為齊相國。四月，擊陳豨，屬太尉勃，以相國代丞相噲擊豨。一月，徙為代相國，將屯。二歲，為丞相，將屯。

國立編譯館稿紙

齊臨菑人戶財富

漢·高五王傳：（主父）偃方幸用事，因言齊臨菑十萬戶，市租千金，人衆殷富，鉅於長安。[一]

[一] 班固：漢書卷三十八高五王傳，第2000頁。

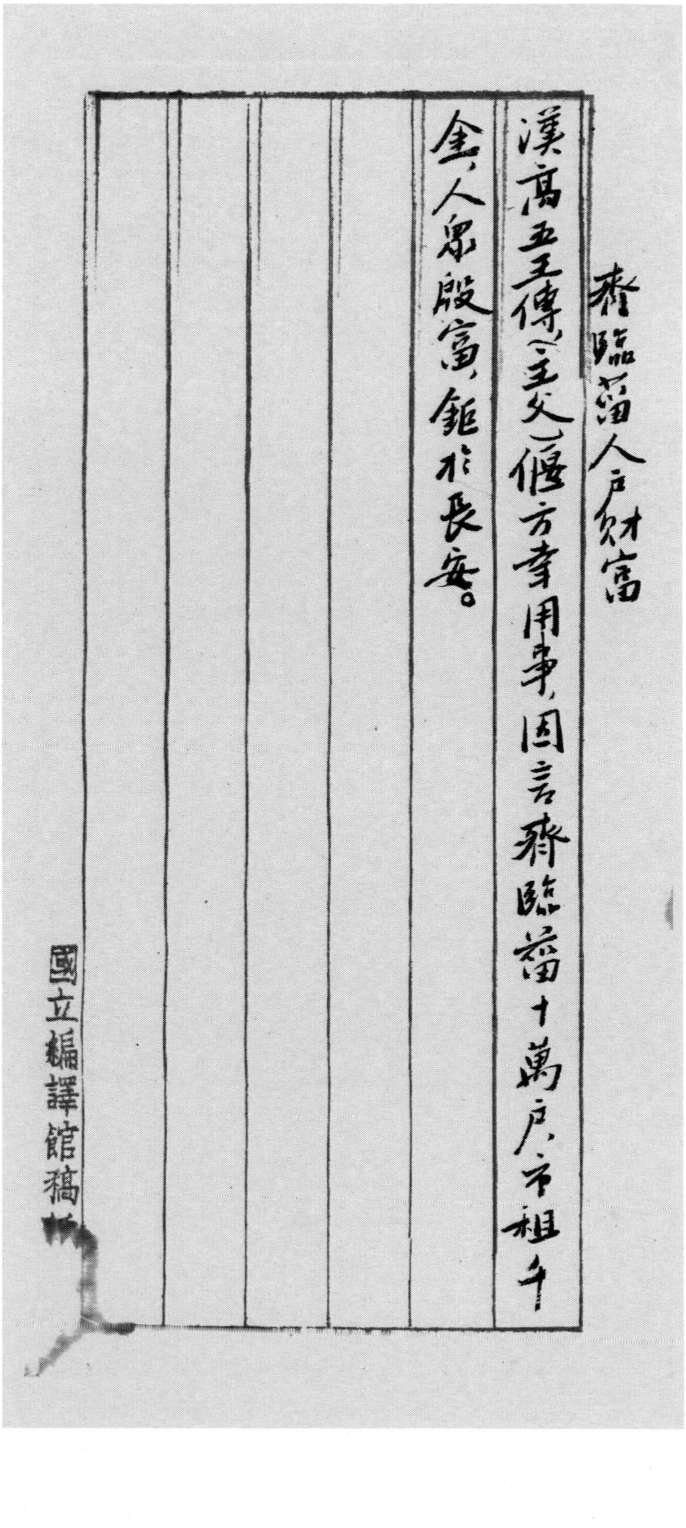
齊臨菑人戶財富
漢高五王傳，（主父）偃方幸用事，因言齊臨菑十萬戶，市租千金，人衆殷富，鉅於長安。

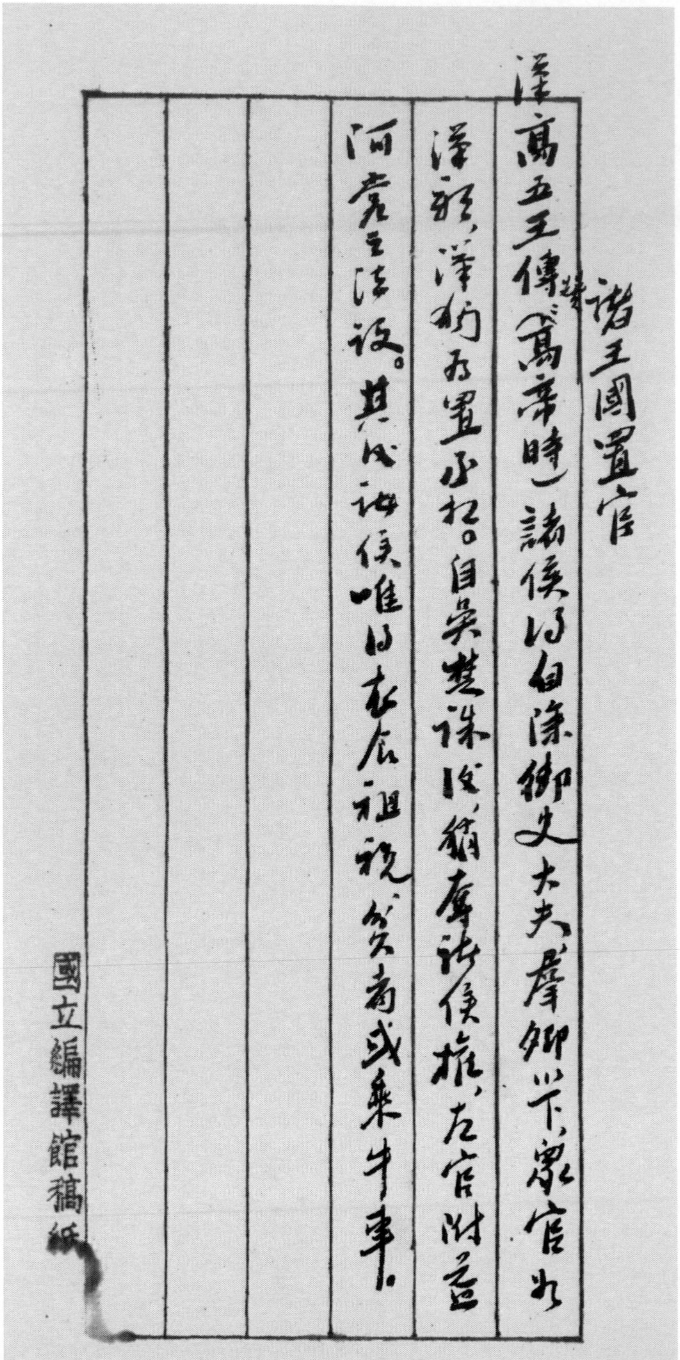
諸王國置官
漢高五王傳（高帝時）諸侯得自除御史大夫羣卿以下眾官，如漢朝，漢獨為置丞相。自吳楚誅後，稍奪諸侯權，左官附益阿黨之法設。其後諸侯唯得衣食租稅，貧者或乘牛車。
國立編譯館稿紙

諸王國置官

漢·高五王傳：（高帝時）諸侯得自除御史大夫羣卿以下衆官，如漢朝，漢獨為置丞相。自吳楚誅後，稍奪諸侯權，左官附益阿黨之法設。其後諸侯唯得衣食租稅，貧者或乘牛車。[一]

[一] 班固：漢書卷三十八高五王傳，第2002頁。

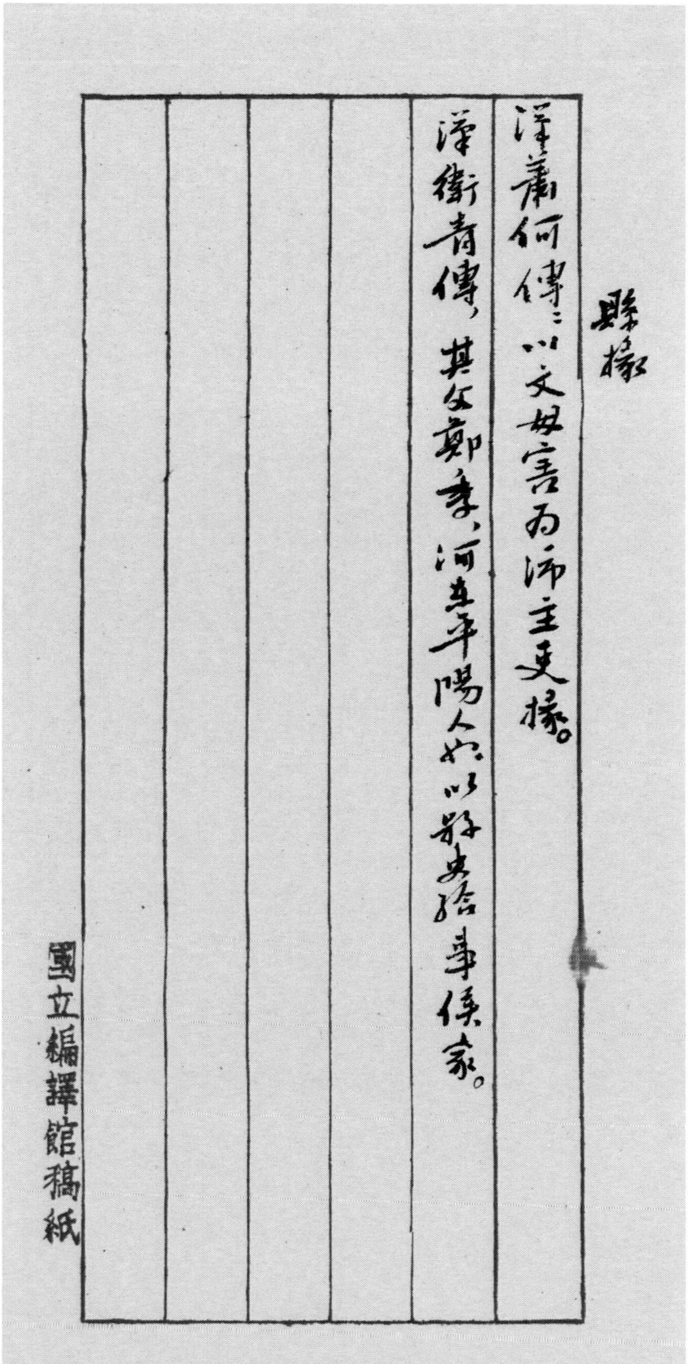
縣掾
漢蕭何傳：以文毋害為沛主吏掾。
漢衛青傳，其父鄭季，河東平陽人也，以縣吏給事侯家。
國立編譯館稿紙

縣掾

漢·蕭何傳：以文毋害為沛主吏掾。[一] 漢·衛青傳：其父鄭季，河東平陽人也，以縣吏給事侯家。[二]

[一] 班固：漢書卷三十九蕭何傳，第2005頁。
[二] 班固：漢書卷五十五衛青傳，第2471頁。

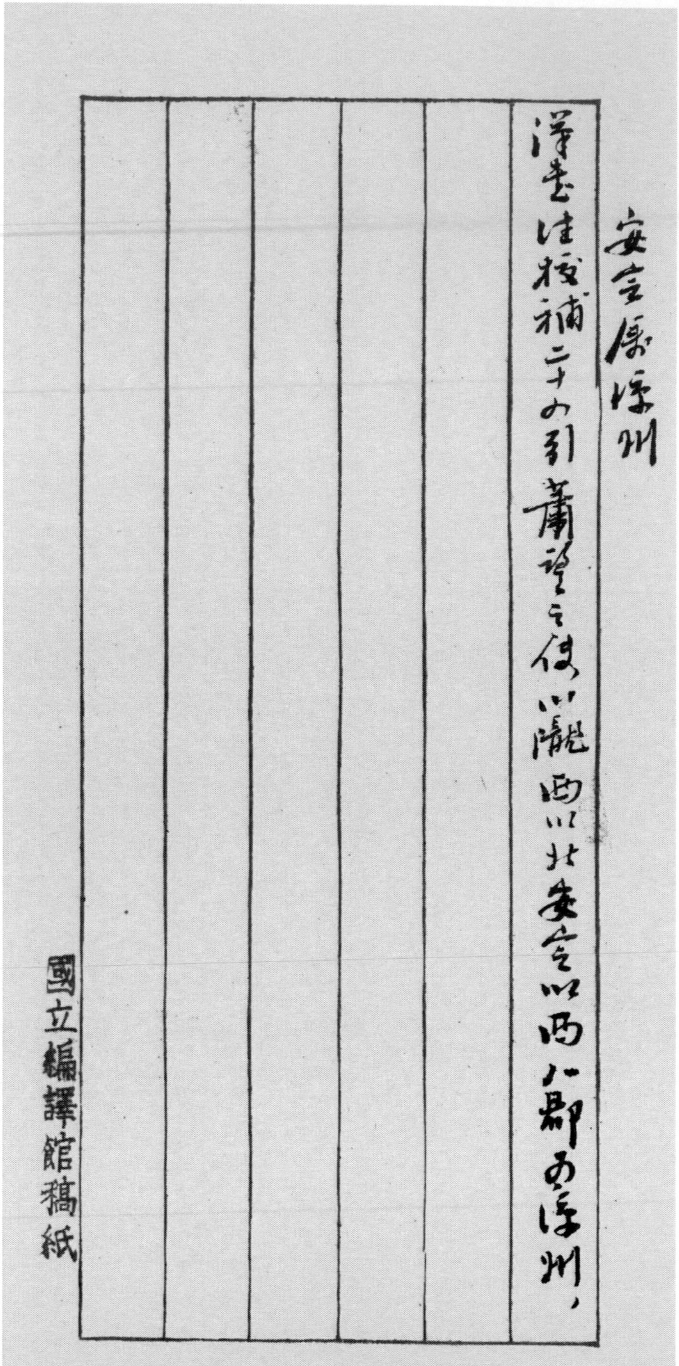
安定屬涼州
漢書注校補二十四引蕭望之傳以隴西以北安定以西八郡為涼州，
國立編譯館稿紙

安定屬涼州

漢書注校補二十四引蕭望之傳，以隴西以北安定以西八郡為涼州。

睢陽出繒

灌嬰傳：嬰，睢陽販繒者也。[一]

[一]班固：漢書 卷四十一灌嬰傳，第2080頁。

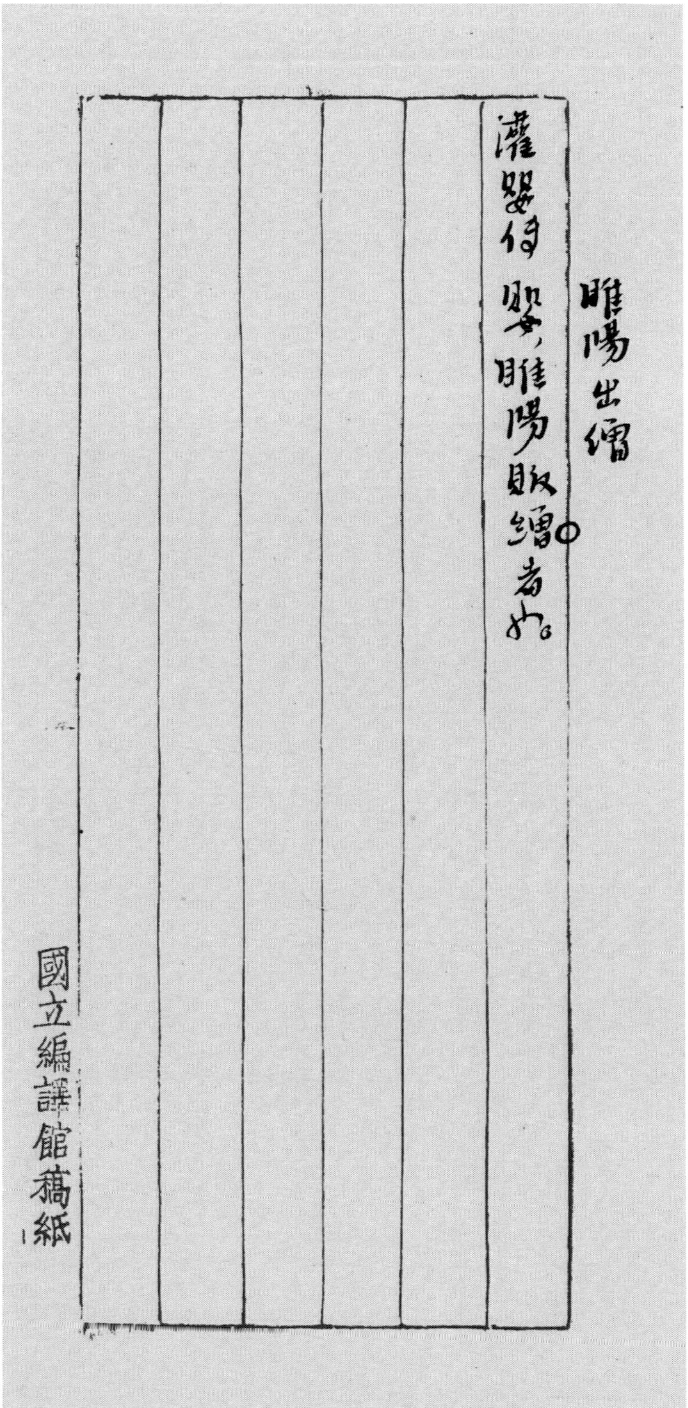
睢陽出繒

灌嬰傳 嬰，睢陽販繒者也。

國立編譯館稿紙

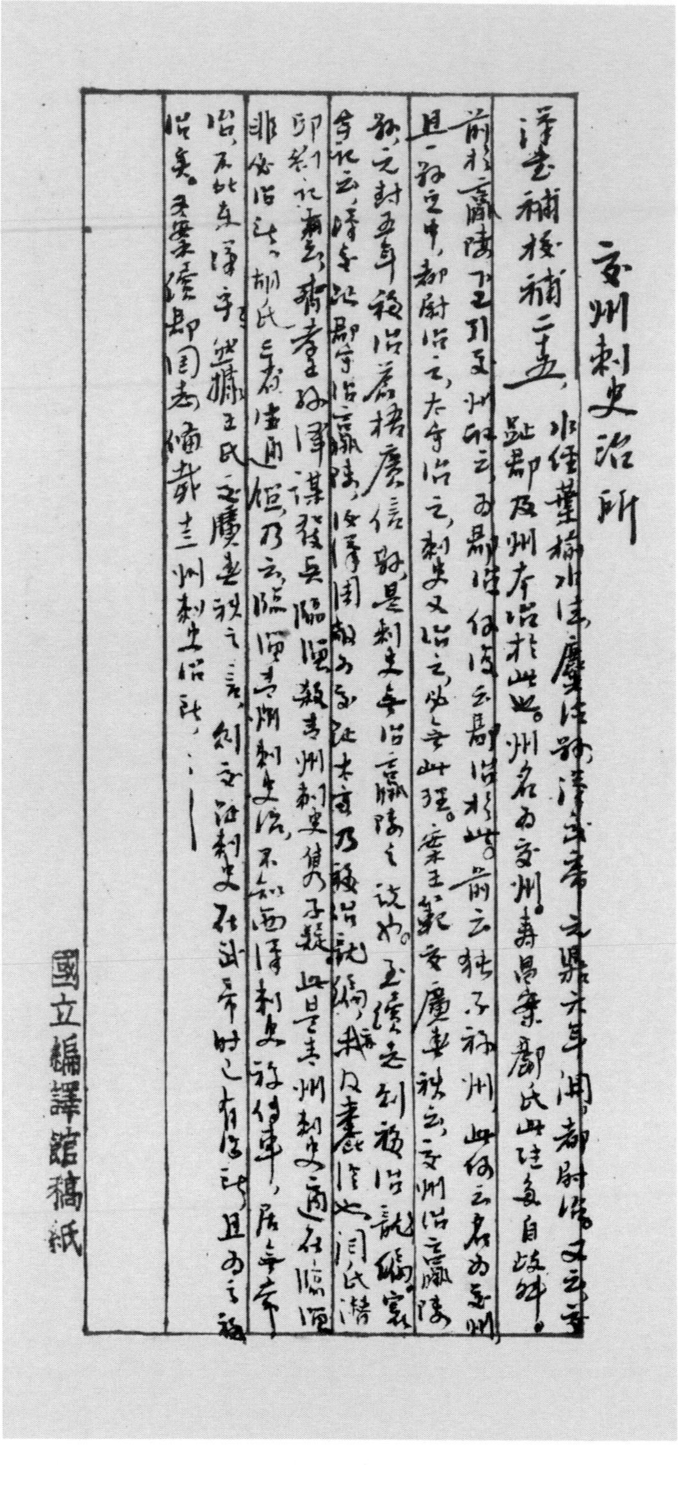

交州刺史治所

漢書(補)〔注〕校補二十五：水經葉榆水注：麊泠縣，漢武帝元鼎六年開，都尉治。又云：交趾郡及州本治於此也。州名為交州。壽昌案，酈氏此注多自歧舛。前於羸𨻻下已引交州記云為郡治，何復云郡治於此。前云獨不稱州，此何云名為交州？且一縣之中，都尉治之，太守治之，刺史又治之，必無此理。案王範交廣春秋云：交州治羸𨻻縣，元封五年移治蒼梧廣信縣，是刺史無治羸𨻻(麊泠)之說也。至續志則(郡)移治龍編。寰宇記云：交趾郡守治羸𨻻，後漢周敞為交趾太守，乃移治龍編，亦未及麊泠也，閻氏潛邱劄記有云：齊孝王孫澤謀發兵臨淄，殺青州刺史雋不疑。此是青州刺史適在臨淄，非必治所。胡氏三省注通鑑，乃云：「臨淄，青州刺史治」，不知西漢刺史稱傳車，居無常治，不比東漢乎？……然據王氏交廣春秋之言，則交趾刺史在武帝時已有治所，且為之移治矣。又案續郡國志備載十三州刺史治所。……

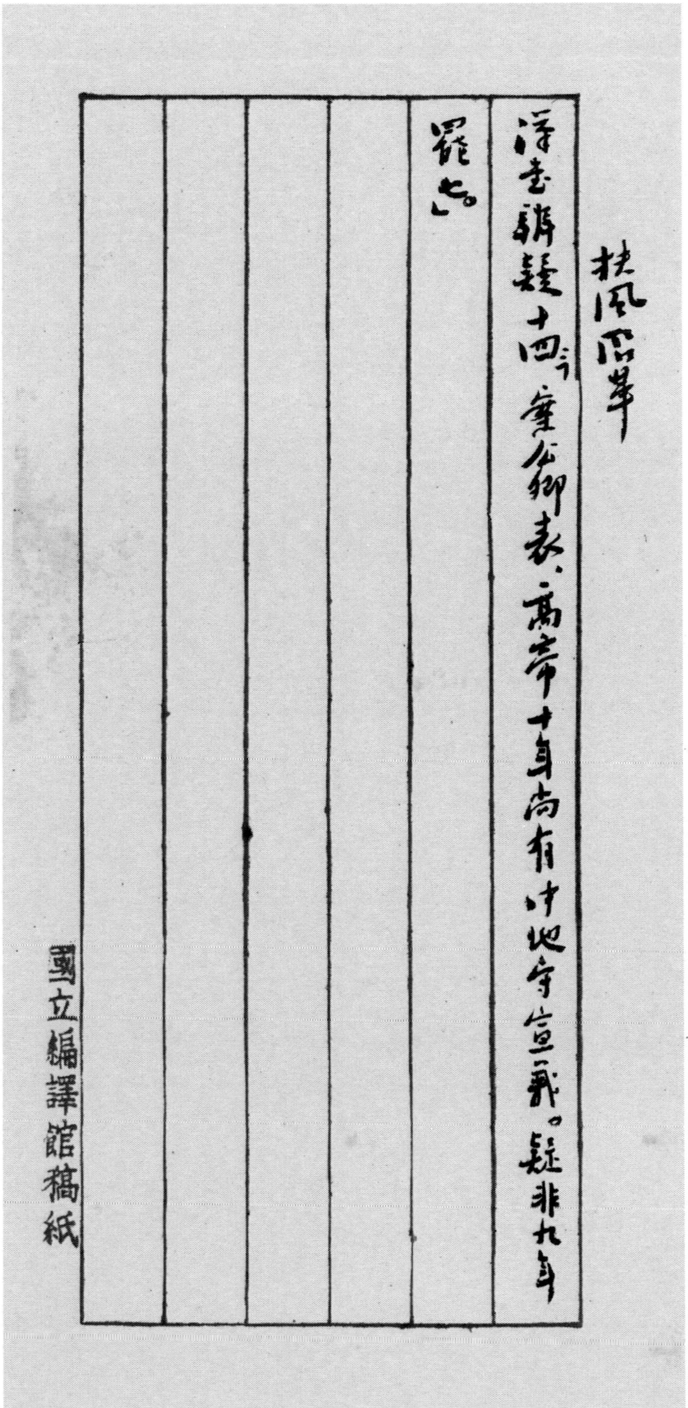
扶風沿革
漢書辨疑十四:「案公卿表,高帝十年尚有中地守宣義。疑非九年罷也。」

扶風沿革

漢書辨疑十四:「案公卿表,高帝十年尚有中地守宣義。疑非九年罷也。」

濟南郡

漢書辨疑十四，景帝二年為郡。二年當作三年。

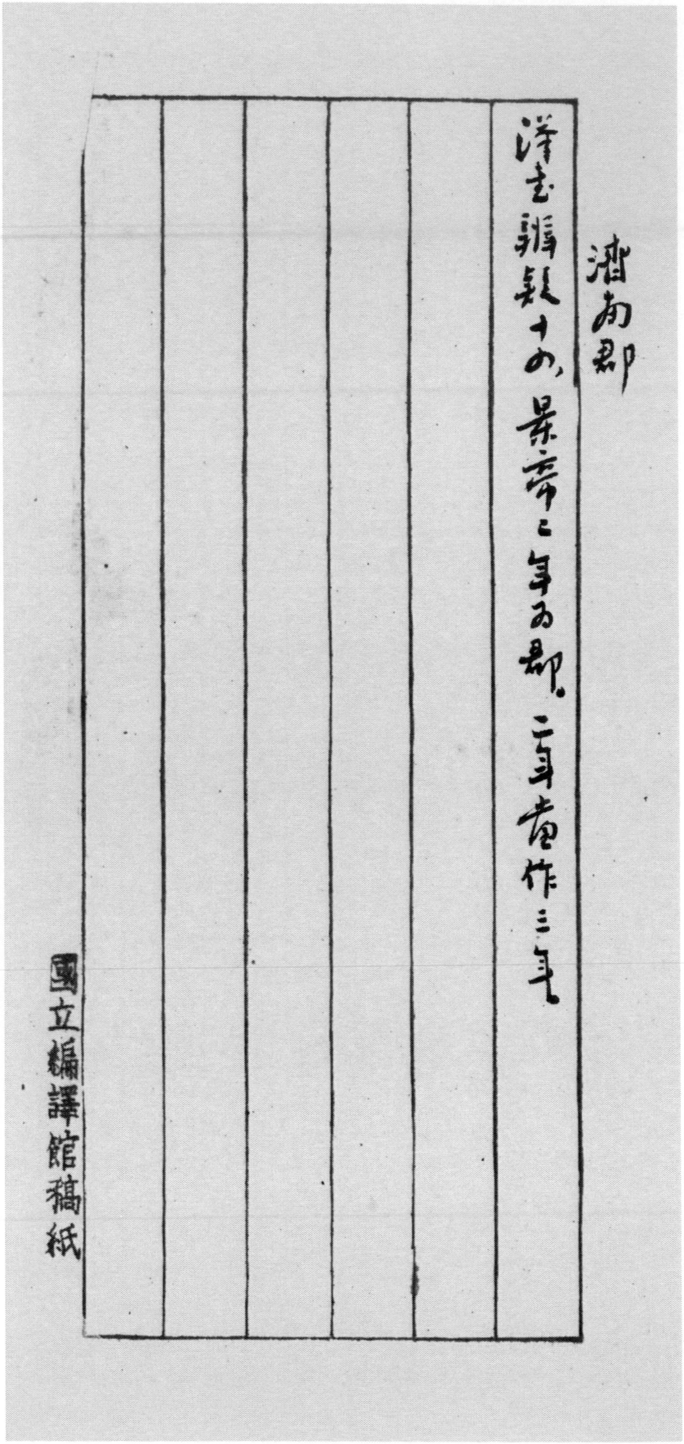
濟南郡
漢書辨疑十四，景帝二年為郡。二年當作三年
國立編譯館稿紙

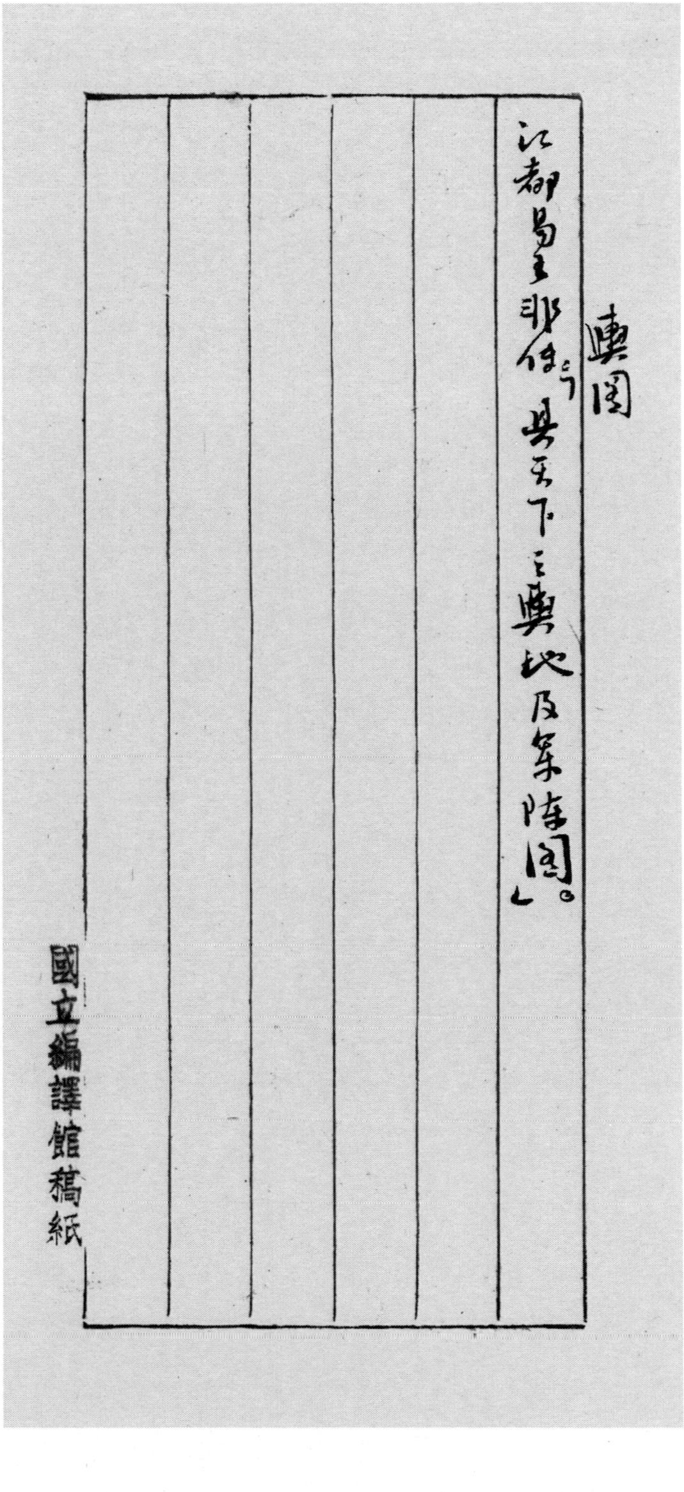
輿圖
江都易王非傳：具天下之輿地及軍陣圖。
國立編譯館稿紙

輿圖

江都易王非傳：具天下之輿地及軍陣圖。[一]

[一]班固：漢書卷五十三江都易王非傳，第2417頁。

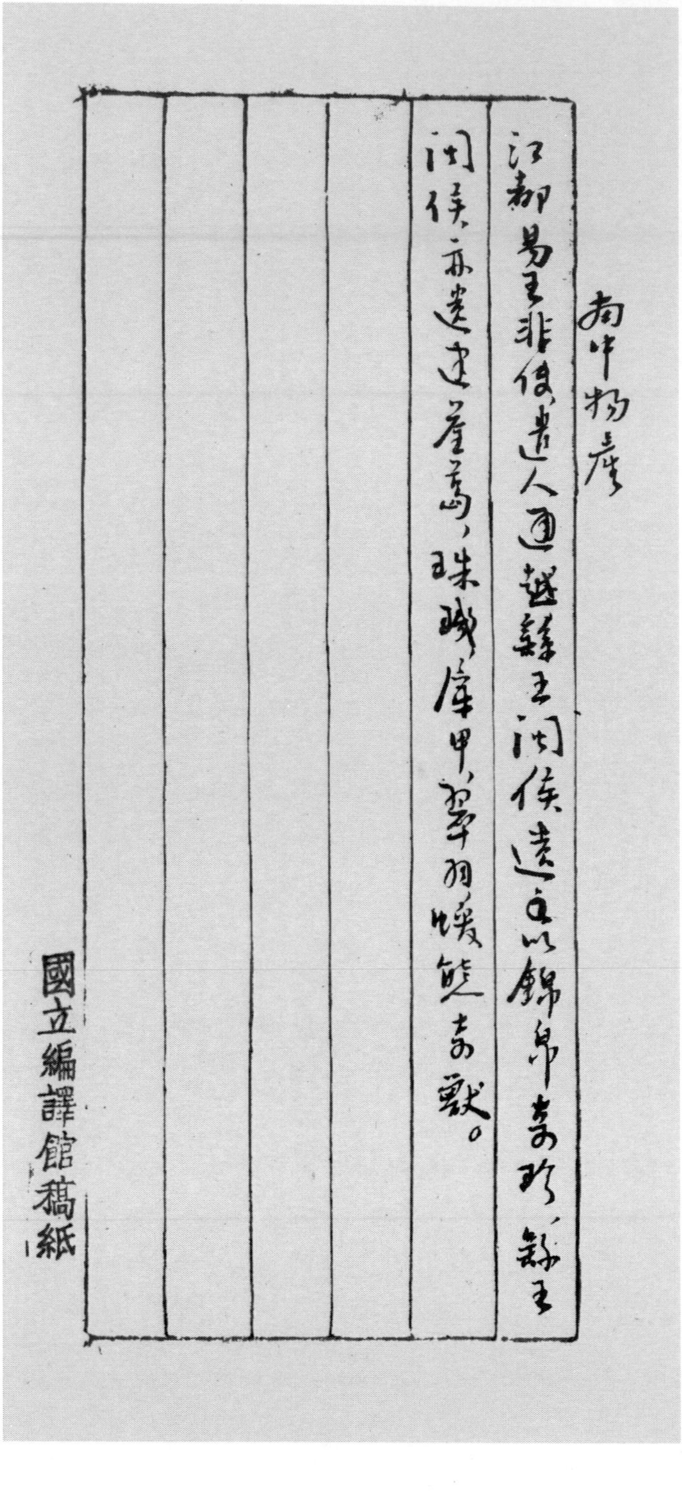
南中物產

江都易王非傳，遣人通越繇王閩侯，遺以錦帛奇珍，繇王閩侯亦遺建荃、葛、珠璣、犀甲、翠羽、蝯熊奇獸。

國立編譯館稿紙

南中物產

江都易王非傳：遣人通越繇王閩侯，遺以錦帛奇珍，繇王閩侯亦遺建荃、葛、珠璣、犀甲、翠羽、蝯熊奇獸。[一]

[一]班固：漢書卷五十三江都易王非傳，第2417頁。

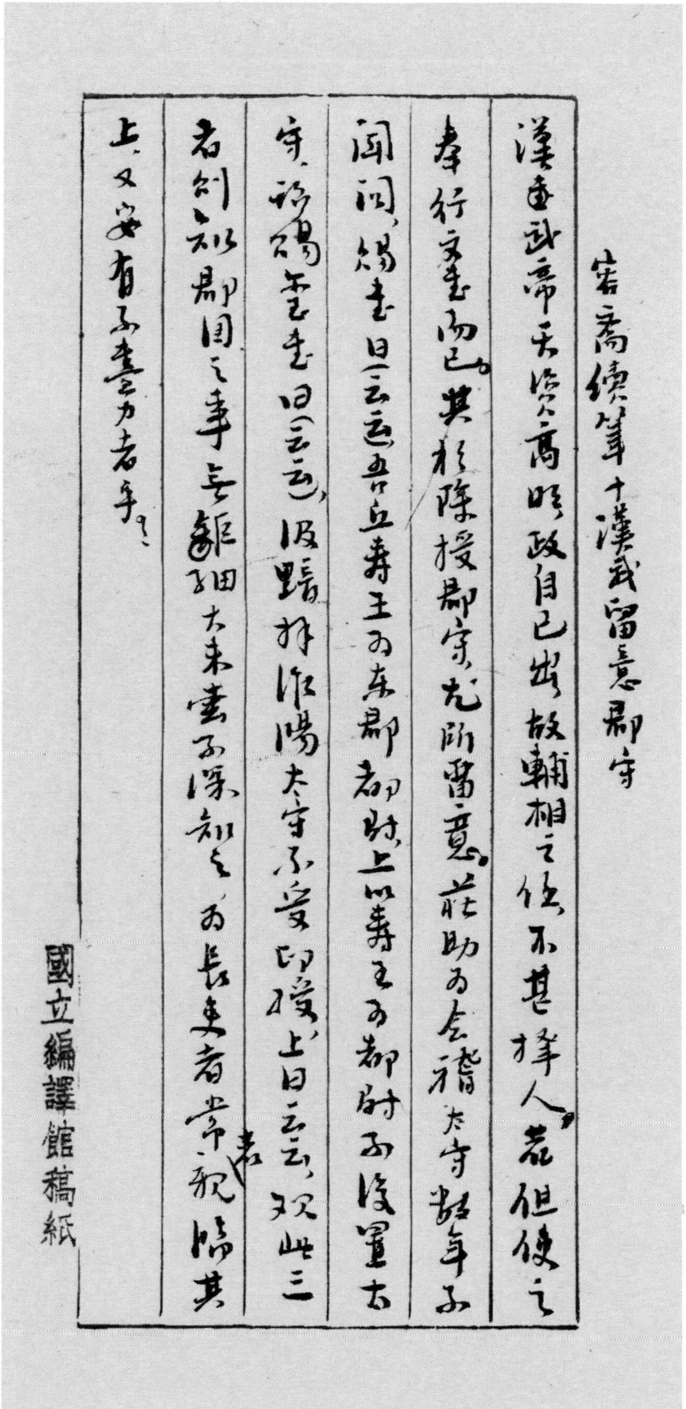
容齋續筆十漢武留意郡守

漢武帝天資高明，政自己出，故輔相之任，不甚擇人，若但使之奉行文書而已。其於除授郡守，尤所留意。莊助為會稽太守，數年不聞問，賜書曰(云云)，吾丘壽王為東郡都尉，上以壽王為都尉，不復置太守，詔賜璽書曰(云云)，汲黯拜淮陽太守，不受印綬，上曰(云云)，觀此三者，則知郡國之事無細大，未嘗不深知之，為長吏者，常若親臨其上，又安有不盡力者乎。

國立編譯館稿紙

容齋續筆十漢武留意郡守

漢武帝天資高明，政自己出，故輔相之任，不甚擇人，若但使之奉行文書而已。其於除授郡守，尤所留意。莊助為會稽太守，數年不聞問，賜書曰（云云），吾丘壽王為東郡都尉，上以壽王為都尉，復置太守，詔賜璽書曰（云云），汲黯拜淮陽太守，不受印綬，上曰（云云），觀此三者，則知郡國之事無細大，未嘗不深知之，為長吏者，常若親臨其上，又安有不盡力者乎！[一]

[一] 洪迈：容斋续笔卷十汉武留意郡守。

州牧行部事

光武紀上：更始至洛陽，乃遣光武以破虜將軍行大司馬事。十月，持節北度河，鎮慰州郡。所到部縣，輒見二千石、長吏、三老、官屬，下至佐史，考察黜陟，如州牧行部事。注引漢官典儀曰：「刺史行郡國，省察政教，黜陟能不，斷理冤獄」也。[一]

[一]范曄：後漢書卷一上光武帝紀，第10頁。

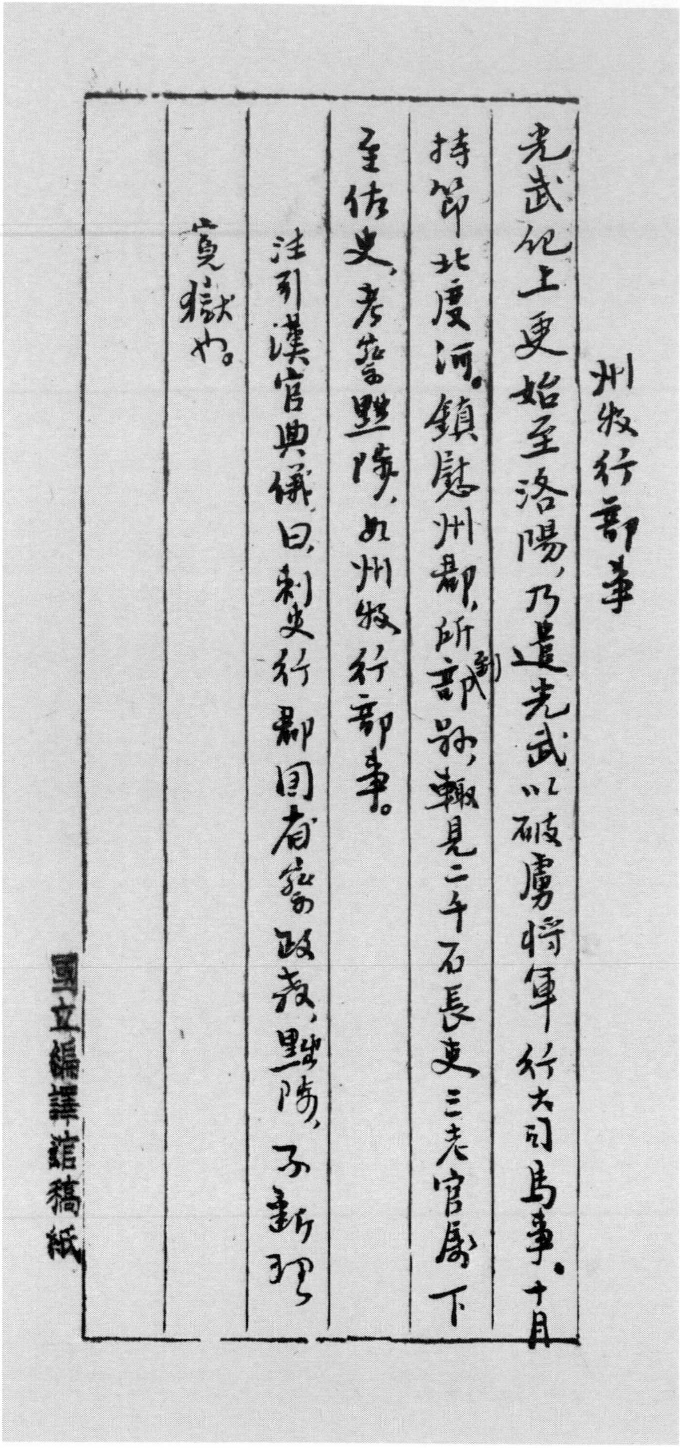
州牧行部事
光武紀上：更始至洛陽，乃遣光武以破虜將軍行大司馬事。十月持節北度河。鎮慰州郡，所到部縣，輒見二千石長吏三老官屬，下至佐史，考察黜陟，如州牧行部事。
注引漢官典儀曰：刺史行郡國，省察政教，黜陟，不斷理冤獄也。
國立編譯館稿紙

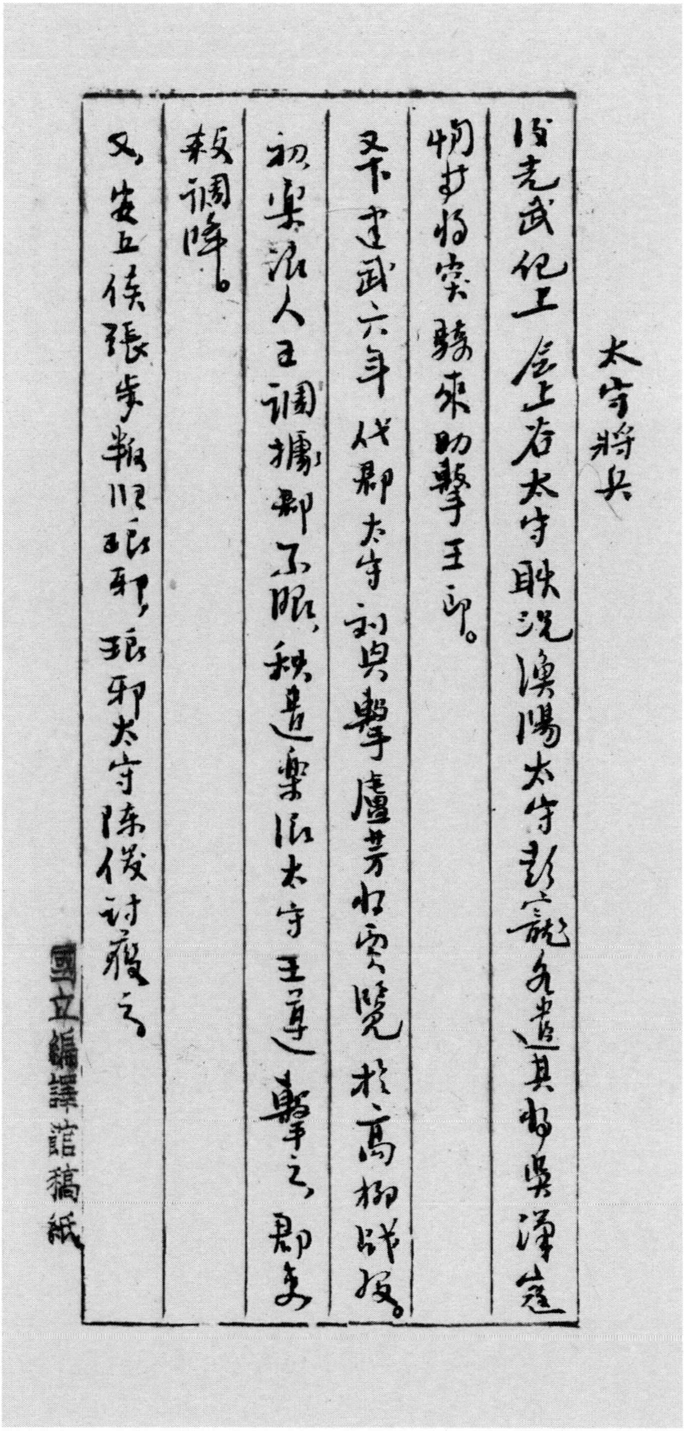
太守將兵
後光武紀上 會上谷太守耿況漁陽太守彭寵各遣其將吳漢寇
恂等將突騎來助擊王郎。
又建武六年代郡太守劉興擊盧芳將賈覽於高柳戰歿。
初樂浪人王調據郡不服秋遣樂浪太守王遵擊之郡吏殺
調降。
又安丘侯張步叛歸琅邪琅邪太守陳俊討獲之
國立編譯館稿紙

太守將兵

漢·光武紀上：會上谷太守耿況、漁陽太守彭寵，各遣其將吳漢、寇恂等，將突騎來助擊王郎。[一]又，建武六年，代郡太守劉興擊盧芳將賈覽于高柳，戰歿。初，樂浪人王調據郡不服。秋，遣樂浪太守王遵擊之，郡吏殺調降。[二]又，安丘侯張步叛歸琅邪，琅邪太守陳俊討獲之。[三]

[一] 范曄：後漢書卷一上光武帝紀，第14頁。
[二] 范曄：後漢書卷一下光武帝紀，第49頁。
[三] 范曄：後漢書卷一下光武帝紀，第54頁。

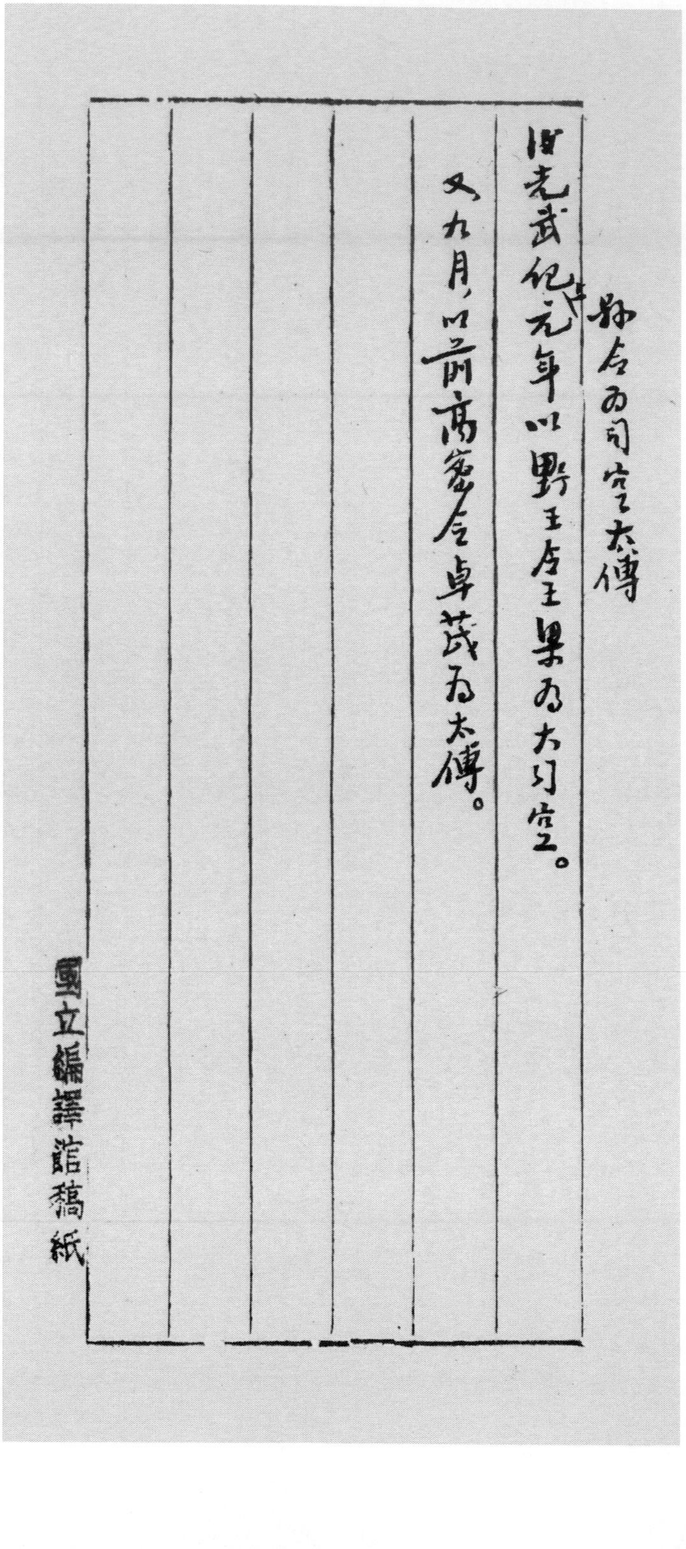
縣令為司空太傅
見光武紀元年以野王令王梁為大司空。
又九月以前高密令卓茂為太傅。
國立編譯館稿紙

縣令為司空太傅

後·光武紀上：元年，以野王令王梁為大司空。[一]又，九月，以前高密令卓茂為太傅。[二]

[一]范曄：後漢書卷一上光武帝紀，第23頁。

[二]范曄：後漢書卷一上光武帝紀，第25頁。

長吏有罪　不得輒殺

後・光武紀上，建武三年七月庚辰，詔曰：「吏不滿六百石，下至墨綬長、相，有罪先請。」[一]又，建武四年八月，太中大夫徐惲擅殺臨淮大守劉度，惲坐誅。[二]

[一] 范曄：後漢書卷一上光武帝紀，第35頁。

[二] 范曄：後漢書卷一上光武帝紀，第37頁。

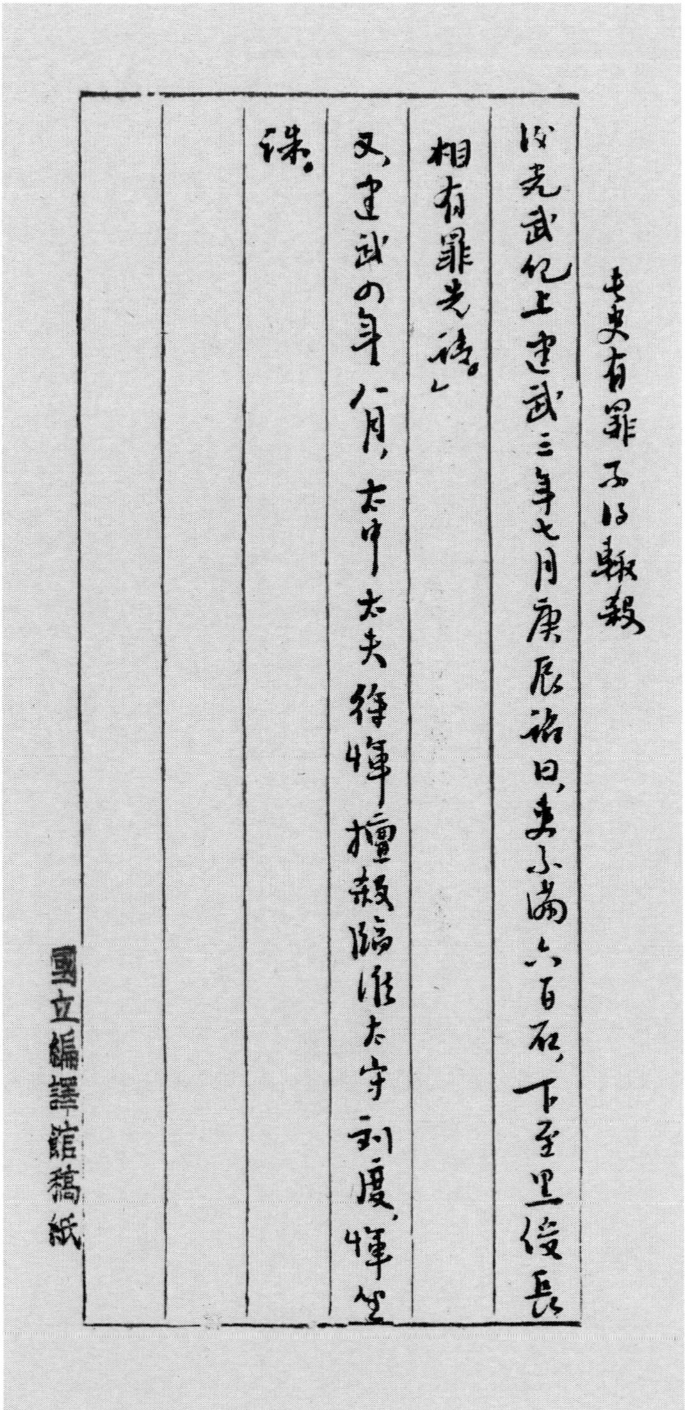
長吏有罪不得輒殺
後光武紀上建武三年七月庚辰詔曰，吏不滿六百石，下至墨綬長
相有罪先請。
又建武四年八月，太中大夫徐惲擅殺臨淮大守劉度，惲坐
誅。
國立編譯館稿紙

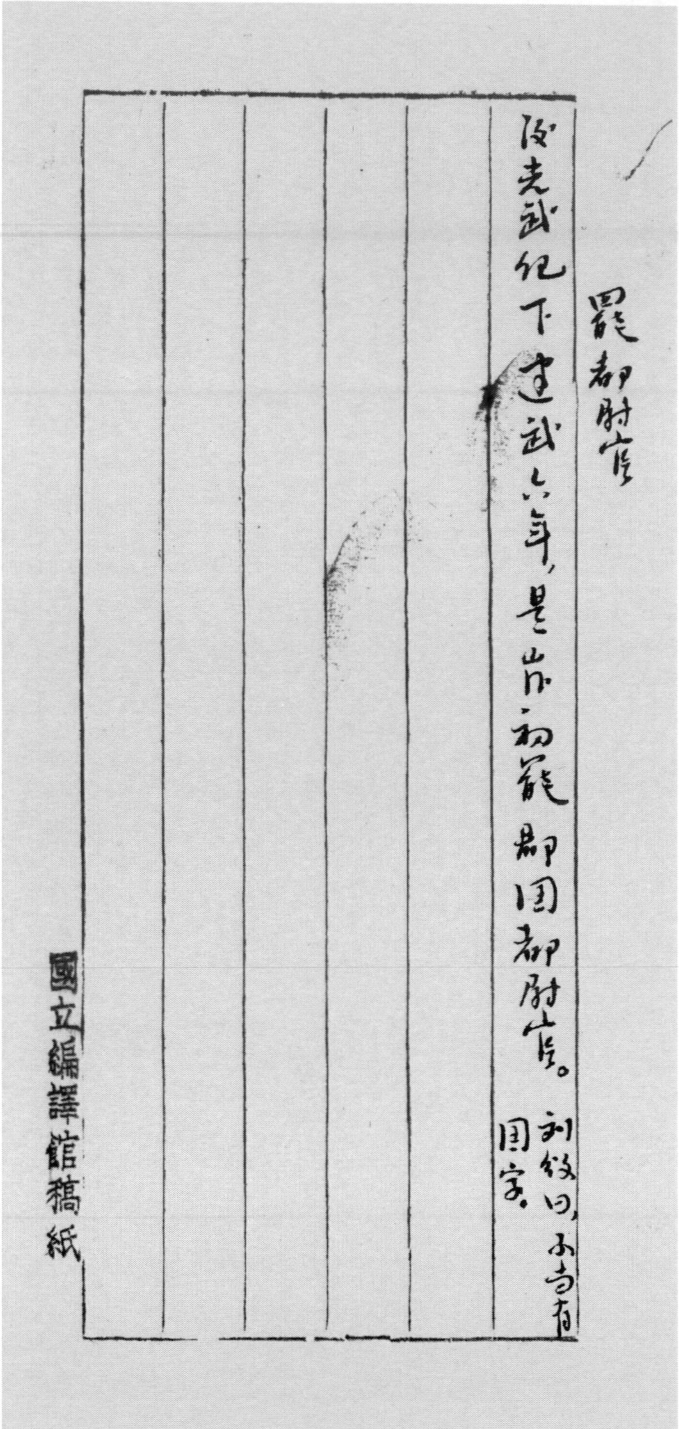
罷都尉官
後光武紀下建武六年，是歲初罷郡國都尉官。劉攽曰，不當有國字。
國立編譯館稿紙

罷都尉官

後·光武紀下：建武六年，是歲，初罷郡國都尉官。[一]劉攽曰：「不當有國字。」

[一]范曄：後漢書卷一下光武帝紀，第51頁。

初斷州牧自還奏事

後・光武紀下：建武十一年，初斷州牧自還奏事。[一]

[一] 范曄：後漢書卷一下光武帝紀，第58頁。

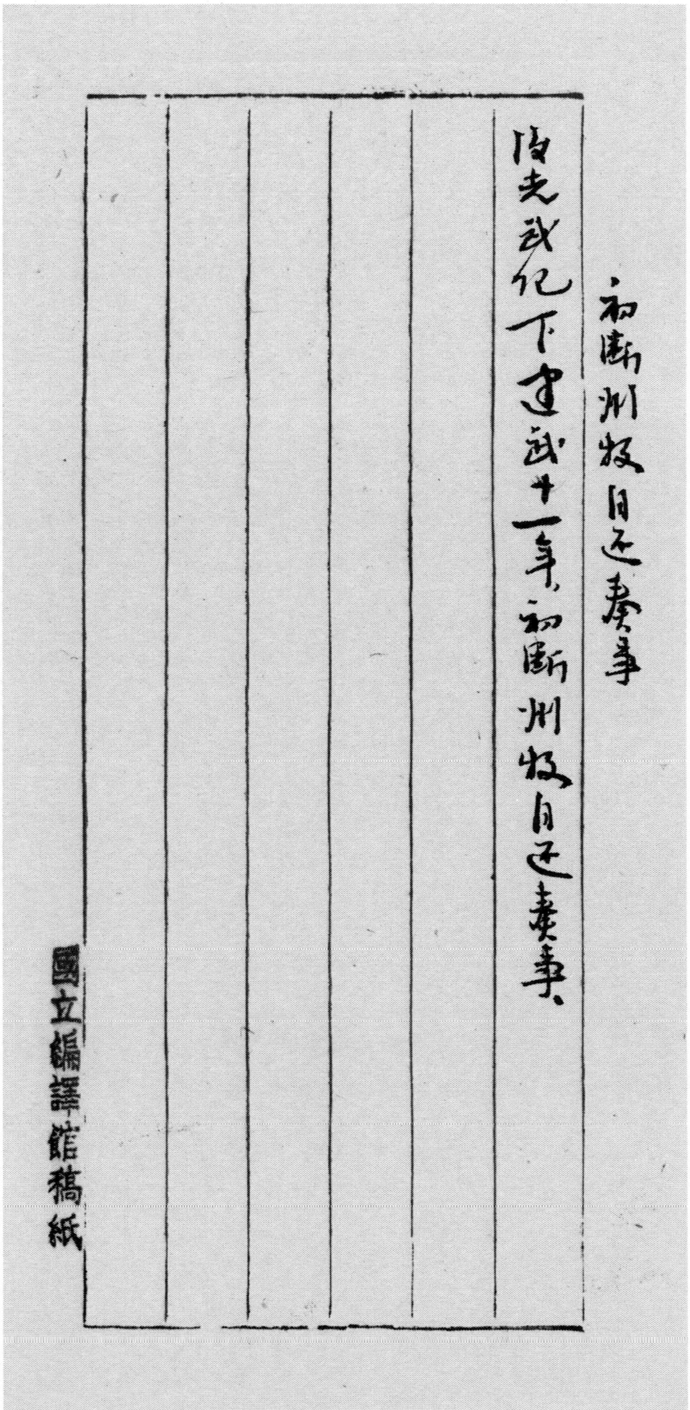
初斷州牧自还奏事
後光武紀下建武十一年，初斷州牧自还奏事
國立編譯館稿紙

太守將兵

後・光武紀下：建武十二年十二月，參狼羌寇武都，隴西太守馬援討降之。[一]又，二十一年，鮮卑寇遼東，遼東太守祭肜大破之。[二]又，二十四年，武陵蠻寇臨沅，遣謁者李嵩、中山太守馬成討蠻，不克。[三]又，二十五年，遼東徼外貊人寇右北平、漁陽、上谷、太原，遼東太守祭肜招降之。[四]

[一] 范曄：後漢書卷一下光武帝紀，第60頁。

[二] 范曄：後漢書卷一下光武帝紀，第73頁。

[三] 范曄：後漢書卷一下光武帝紀，第76頁。

[四] 范曄：後漢書卷一下光武帝紀，第76頁。

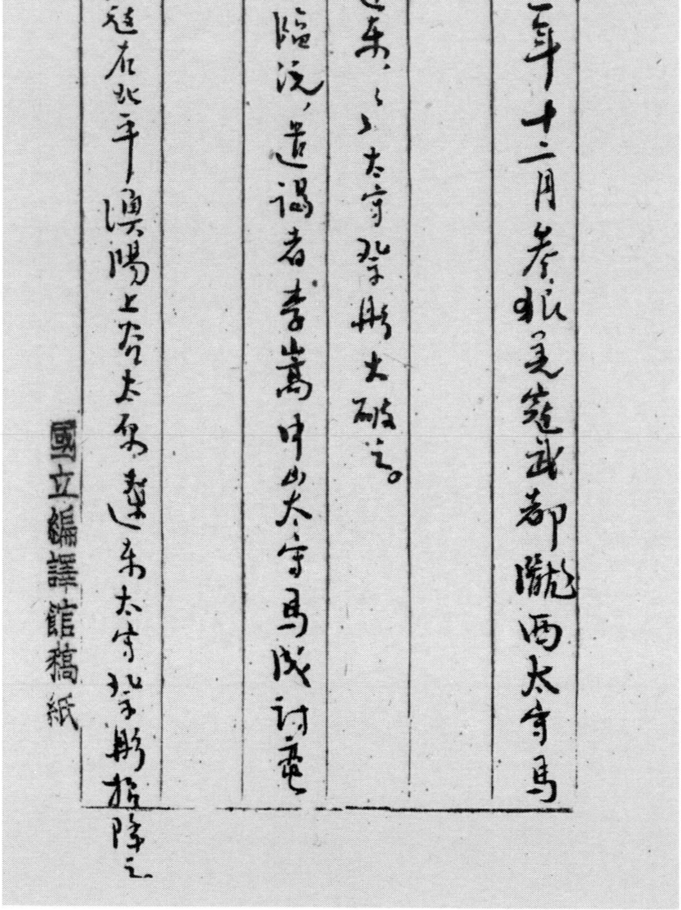
太守將兵
後光武紀下建武十二年十二月參狼羌寇武都隴西太守馬援討降之。
又廿一年，鮮卑寇遼東，〻〻太守祭肜大破之。
又廿四年，武陵蠻寇臨沅，遣謁者李嵩中山太守馬成討蠻而不克。
又廿五年，遼東徼外貊人寇右北平漁陽上谷太原遼東太守祭肜招降之
國立編譯館稿紙

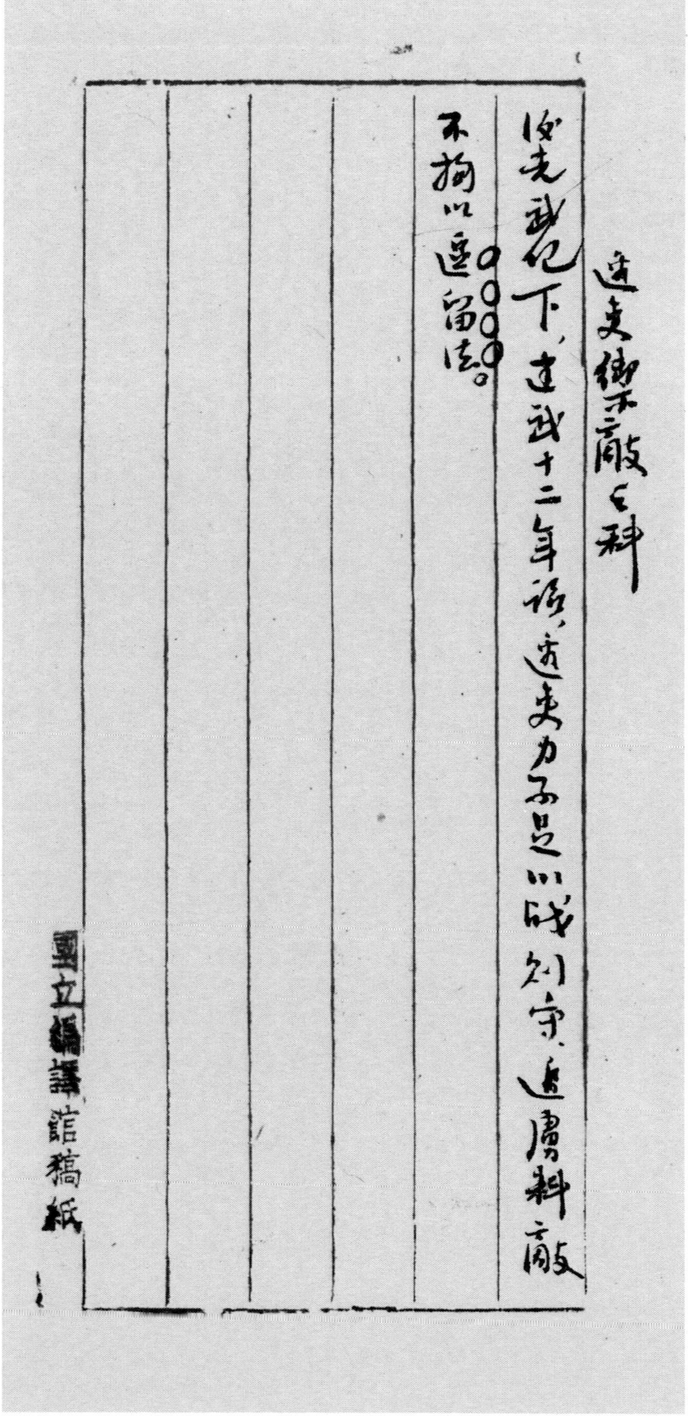
邊吏禦敵之科

後光武紀下，建武十二年詔，邊吏力不足以戰則守，追虜料敵不拘以逗留法。

國立編譯館稿紙

邊吏禦敵之科

後·光武紀下：建武十二年，詔邊吏力不足戰則守，追虜料敵不拘以逗留法。〔一〕

〔一〕范曄：後漢書卷一下光武帝紀，1965年，第60頁

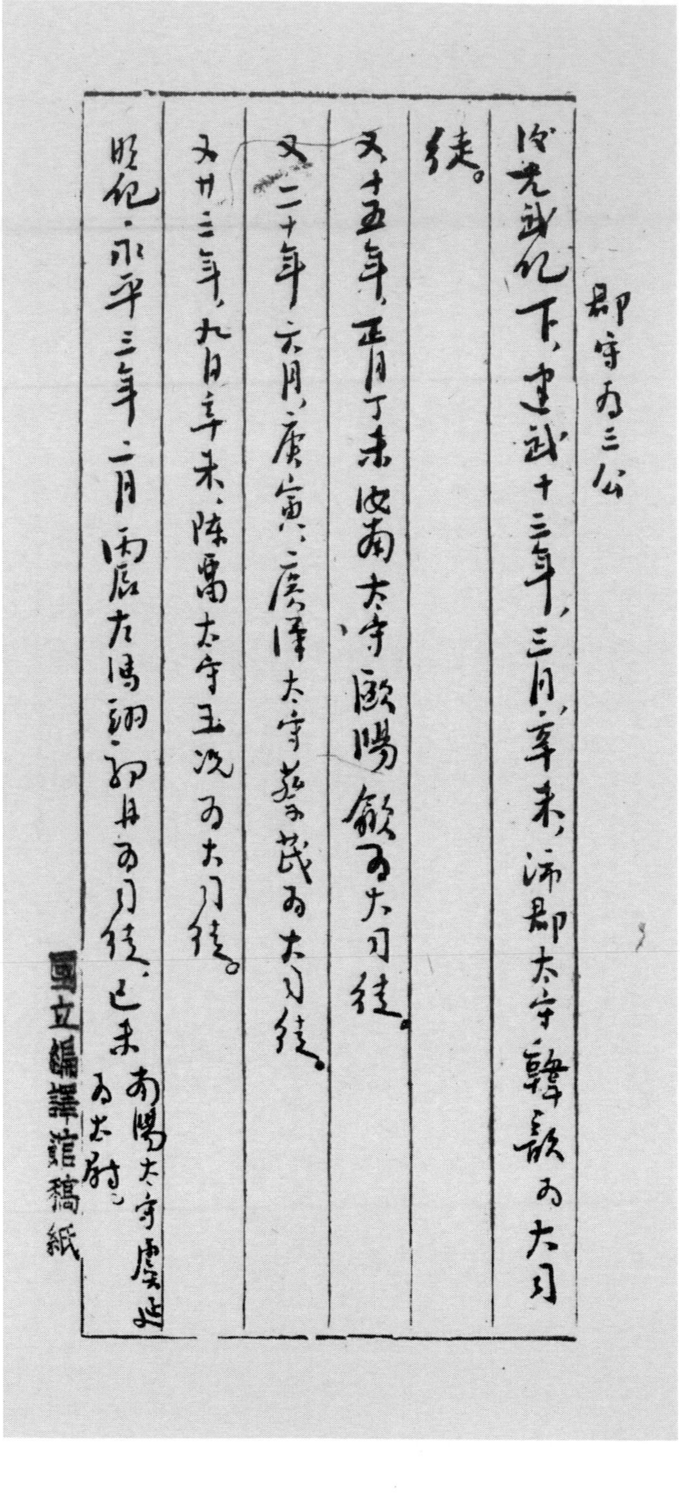
郡守為三公
後光武紀下，建武十三年，三月，辛未，沛郡太守韓歆為大司徒。
又十五年，正月丁未，汝南太守歐陽歙為大司徒。
又二十年，六月，庚寅，廣漢太守蔡茂為大司徒。
又廿三年，九月辛未，陳留太守玉況為大司徒。
明紀，永平三年，二月丙辰，左馮翊郭丹為司徒，己未，南陽太守虞延為太尉。
國立編譯館稿紙

郡守為三公

後·光武紀下：建武十三年，三月辛未，沛郡太守韓歆為大司徒。[一]又，十五年，正月丁未，汝南太守歐陽歙為大司徒。[二]又，二十年六月，庚寅，廣漢太守蔡茂為大司徒。[三]又，二十三年，九月辛未，陳留太守玉況為大司徒。[四]明紀：永平三年，二月丙辰，左馮翊郭丹為司徒。己未，南陽太守虞延為太尉。[五]

[一]范曄：後漢書卷一下光武帝紀，第62頁。
[二]范曄：後漢書卷一下光武帝紀，第64頁。
[三]范曄：後漢書卷一下光武帝紀，第72頁。
[四]范曄：後漢書卷一下光武帝紀，第75頁。
[五]范曄：後漢書卷二顯宗孝明帝紀，第105頁。

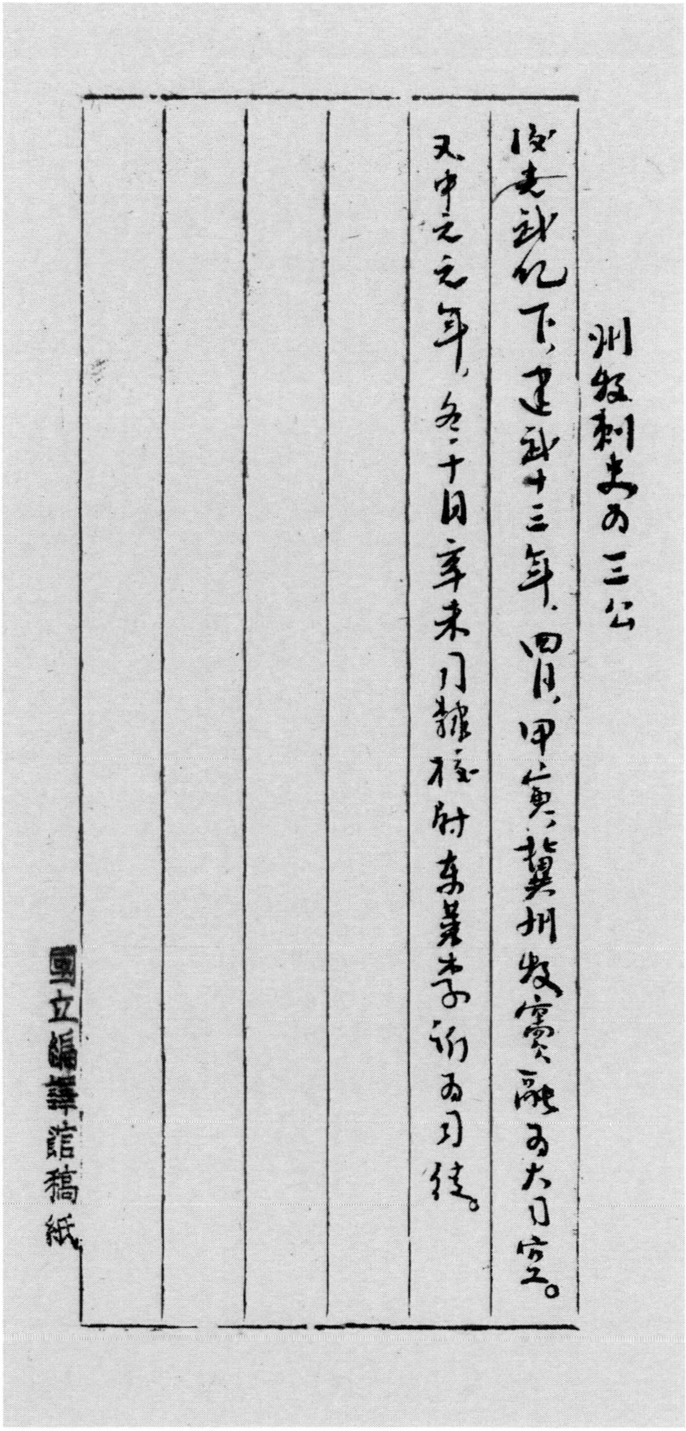

州牧刺史為三公

後光武紀下，建武十三年，四月，甲寅，冀州牧竇融為大司空。

又中元元年，冬十月辛未司隸校尉東萊李訢為司徒。

國立編譯館稿紙

州牧刺史為三公

後・光武紀下：建武十三年，四月，甲寅，冀州牧竇融為大司空。[一]又，中元元年，冬十月辛未，司隸校尉東萊李訢為司徒。[二]

[一]范曄：後漢書卷一下光武帝紀，第62頁。

[二]范曄：後漢書卷一下光武帝紀，第83頁。

邊民自稱太守

後・光武紀下：建武十四年四月，越巂人任貴自稱太守，遣使奉計。[一]

[一] 范曄：後漢書卷一下光武帝紀，第63頁。

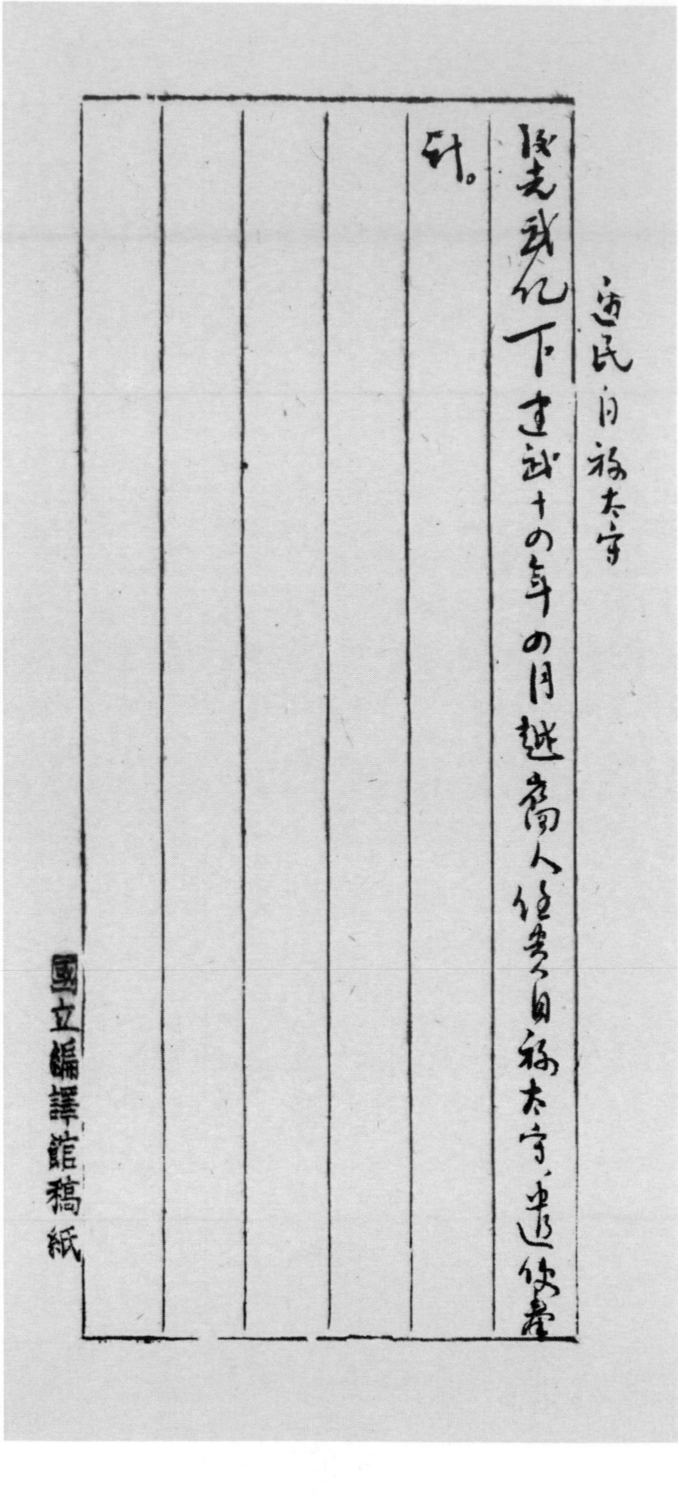
邊民自稱太守

後光武紀下建武十四年四月越巂人任貴自稱太守，遣使奉計。

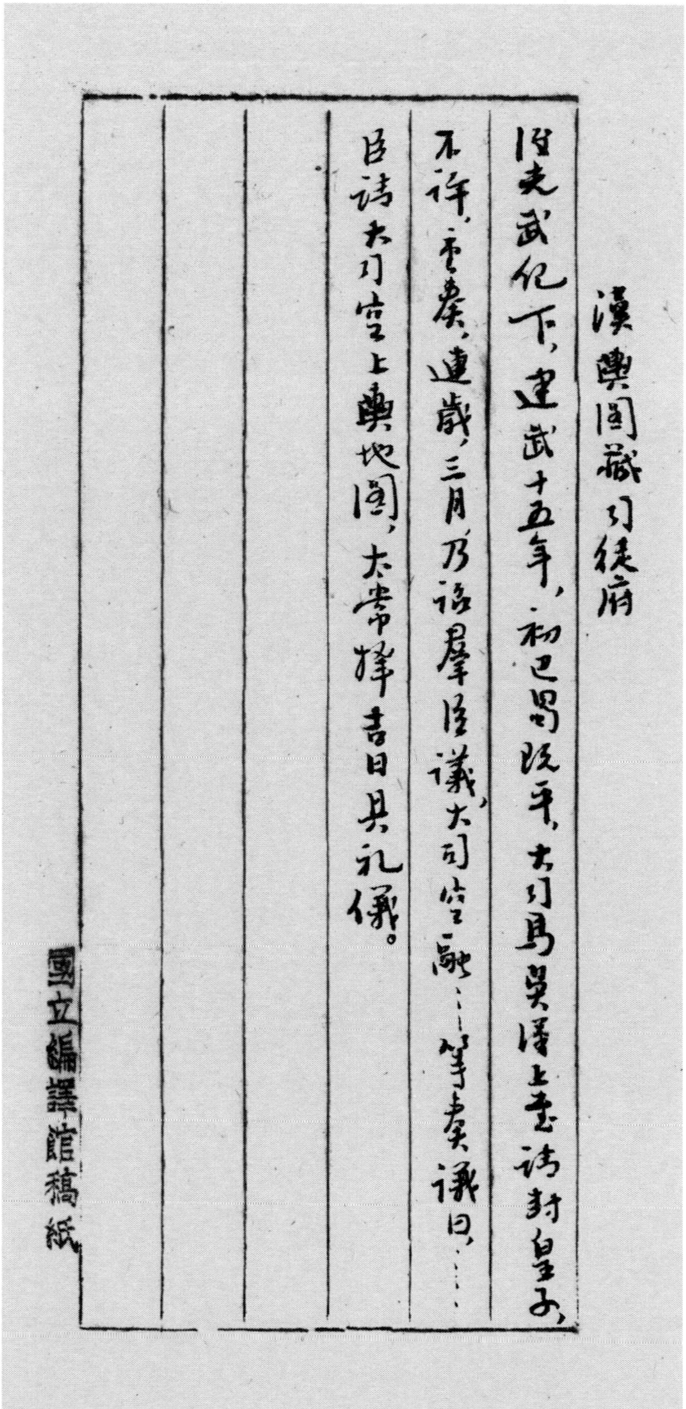
漢輿圖藏司徒府

後漢光武紀下，建武十五年，初巴蜀既平，大司馬吳漢上書請封皇子，
不許，重奏連歲，三月，乃詔羣臣議，大司空融……等奏議曰，……
臣請大司空上輿地圖，太常擇吉日具禮儀。

國立編譯館稿紙

漢輿圖藏司徒府

後·光武紀下：建武十五年，初，巴蜀既平，大司馬吳漢上書請封皇子，不許，重奏連歲。三月，乃詔羣臣議。
大司空融，……等奏議曰：「……臣請大司空上輿地圖，太常擇吉日，具禮儀。」〔一〕

〔一〕范曄：後漢書卷一下光武帝紀，第64頁。

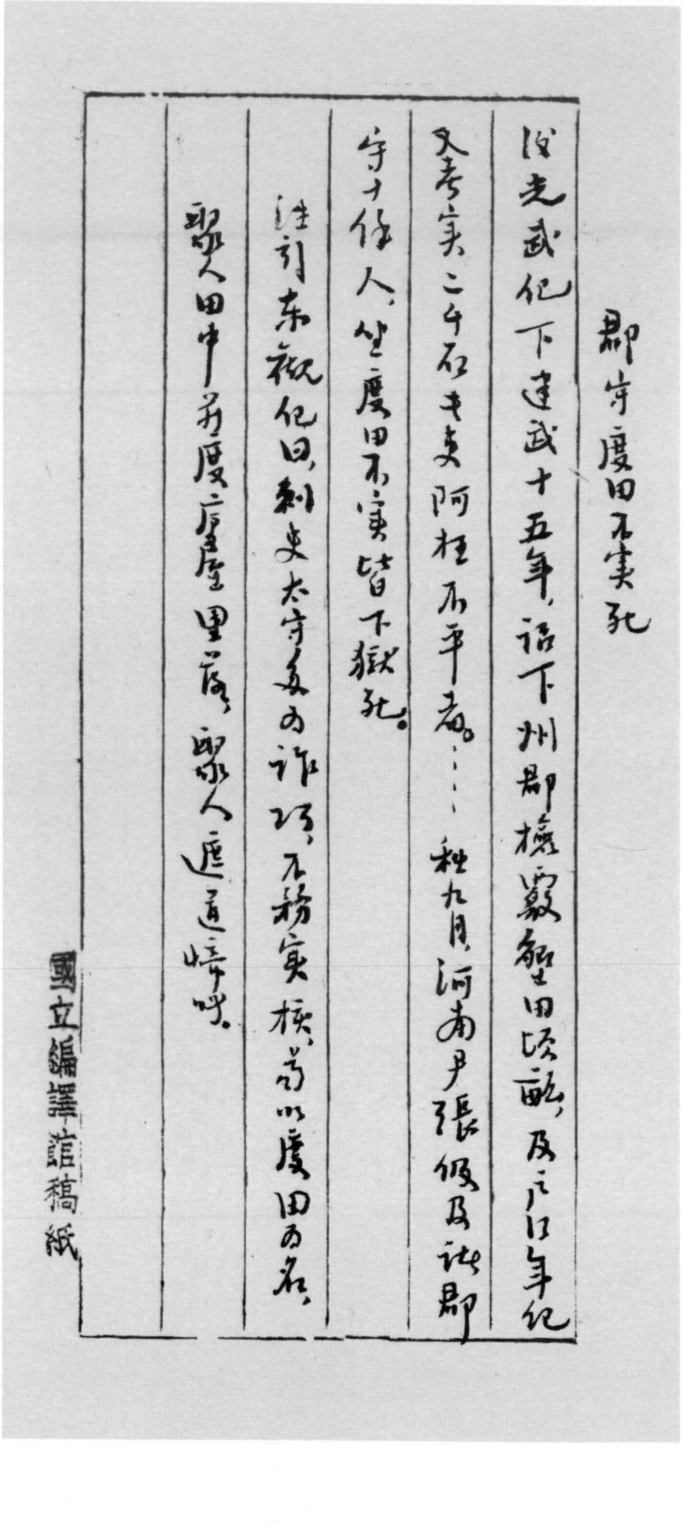
郡守度田不实死
後光武紀下建武十五年，詔下州郡檢覈墾田頃畝，及户口年紀
又考实二千石長吏阿枉不平者……秋九月，河南尹張伋及諸郡
守十餘人，坐度田不实，皆下獄死。
注引东观紀曰，刺史太守多為詐巧，不務实核，苟以度田為名，
聚人田中，並度廬屋里落，聚人遮道啼呼。
國立編譯館稿紙

郡守度田不實死

後·光武紀下：建武十五年，詔下州郡檢覈墾田頃畝，及戶口年紀，又考實二千石長吏阿枉不平者……秋九月，河南尹張伋及諸郡守十餘人，坐度田不實，皆下獄死。[一]注引東觀記曰：「刺史太守多為詐巧，不務實核，苟以度田為名，聚人田中，並度廬屋里落，聚人遮道啼呼。」

[一]范曄：後漢書卷一下光武帝紀，第66頁。

令長郡守捕盜

後·光武紀下：建武十(五)(六)年，郡國大姓及兵長、羣盜處處並起，攻劫在所，害殺長吏。郡縣追討，到則解散，去復屯結。青、徐、幽、冀四州尤甚。冬十月，遣使者下郡國，聽羣盜自相糾擿，五人共斬一人者，除其罪。吏雖逗留回避故縱者，皆勿問，聽以禽討為效。其牧守令長坐界內盜賊而不收捕者，又以畏愞捐城委守者，皆不以為負，但取獲賊多少為殿最，唯蔽匿者乃罪之。[一]

[一] 范曄：後漢書卷一下光武帝紀，第67頁。

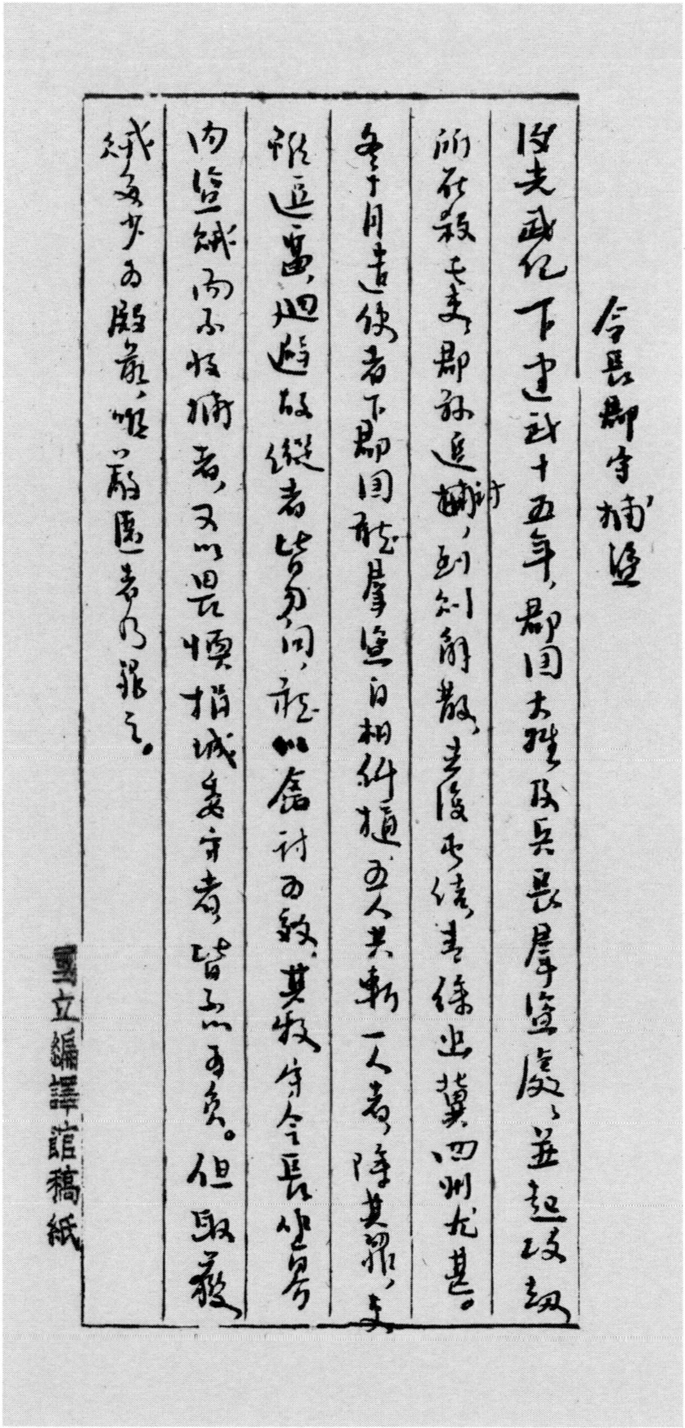
令長郡守捕盜
後光武紀下建武十五年，郡國大姓及兵長羣盜處處並起攻劫
所在殺長吏郡縣追捕(討)，到則解散，去復屯結，青徐幽冀四州尤甚。
冬十月遣使者下郡國聽羣盜自相糾擿，五人共斬一人者除其罪，吏
雖逗留迴避故縱者皆勿問，聽以禽討為效，其牧守令長坐界
內盜賊而不收捕者，又以畏愞捐城委守者皆不以為負。但取獲
賊多少為殿最，唯蔽匿者乃罪之。
國立編譯館稿紙

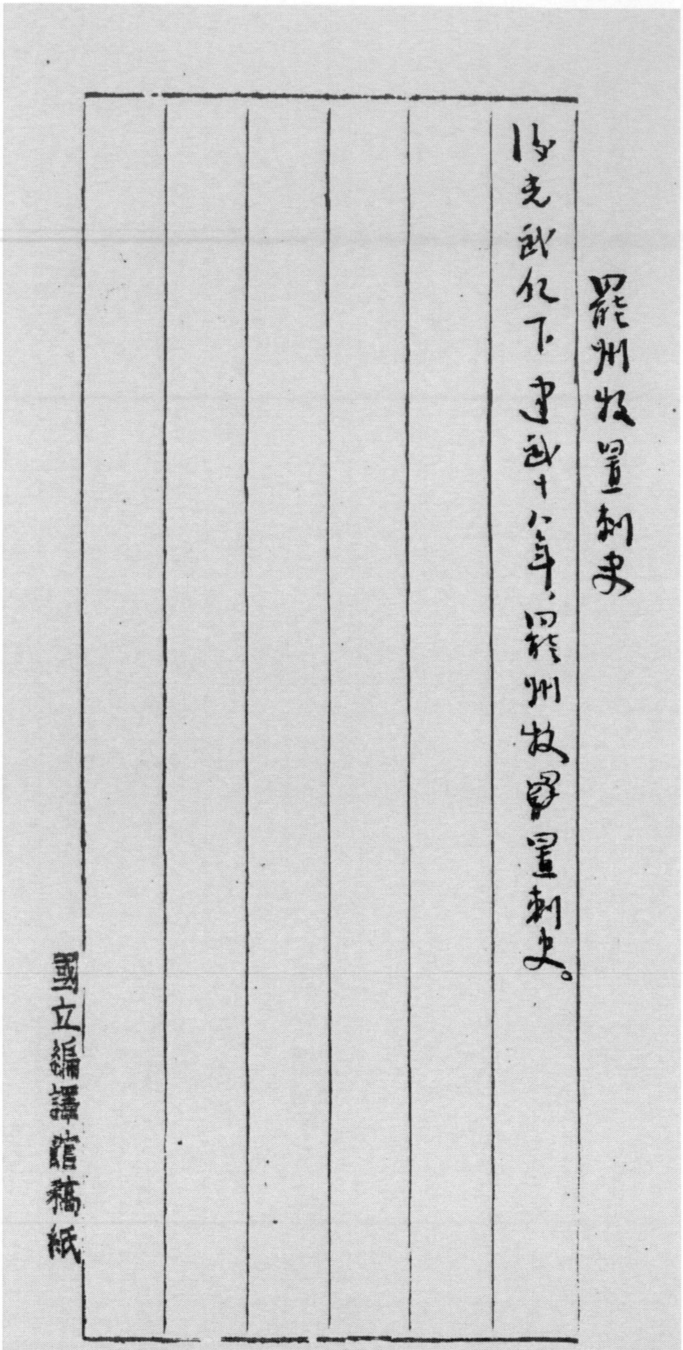
罷州牧置刺史
後光武紀下：建武十八年，罷州牧，置刺史。
國立編譯館稿紙

罷州牧置刺史

後·光武紀下：建武十八年，罷州牧，置刺史。[一]

[一]范曄：後漢書卷一下光武帝紀，第70頁。

牧吏下獄死

後・光武紀下：建武二十二年，秋七月，司隸校尉蘇鄴下獄死。[一]明紀：永平十一年，秋七月，司隸校尉郭霸下獄死。[二]又，十二年冬十月，司隸校尉王康下獄死。[三]又，十三年三月，河南尹薛昭下獄死。[四]

[一]范曄：後漢書卷一下光武帝紀，第74頁。

[二]范曄：後漢書卷二顯宗孝明帝紀，第114頁。

[三]范曄：後漢書卷二顯宗孝明帝紀，第115頁。

[四]范曄：後漢書卷二顯宗孝明帝紀，第116頁。

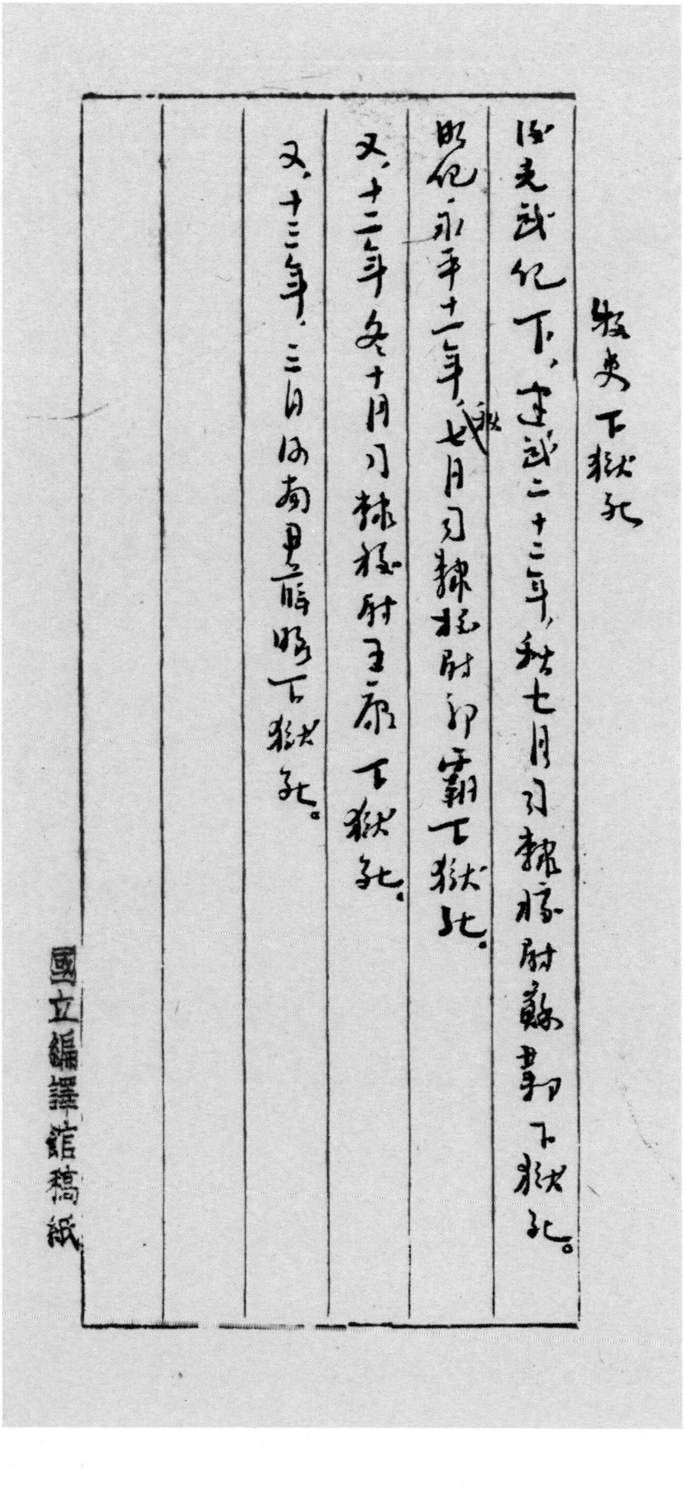

牧吏下獄死

後光武紀下，建武二十二年，秋七月司隸校尉蘇鄴下獄死。

明紀，永平十一年，秋七月司隸校尉郭霸下獄死。

又，十二年冬十月司隸校尉王康下獄死。

又，十三年，三月河南尹薛昭下獄死。

國立編譯館稿紙

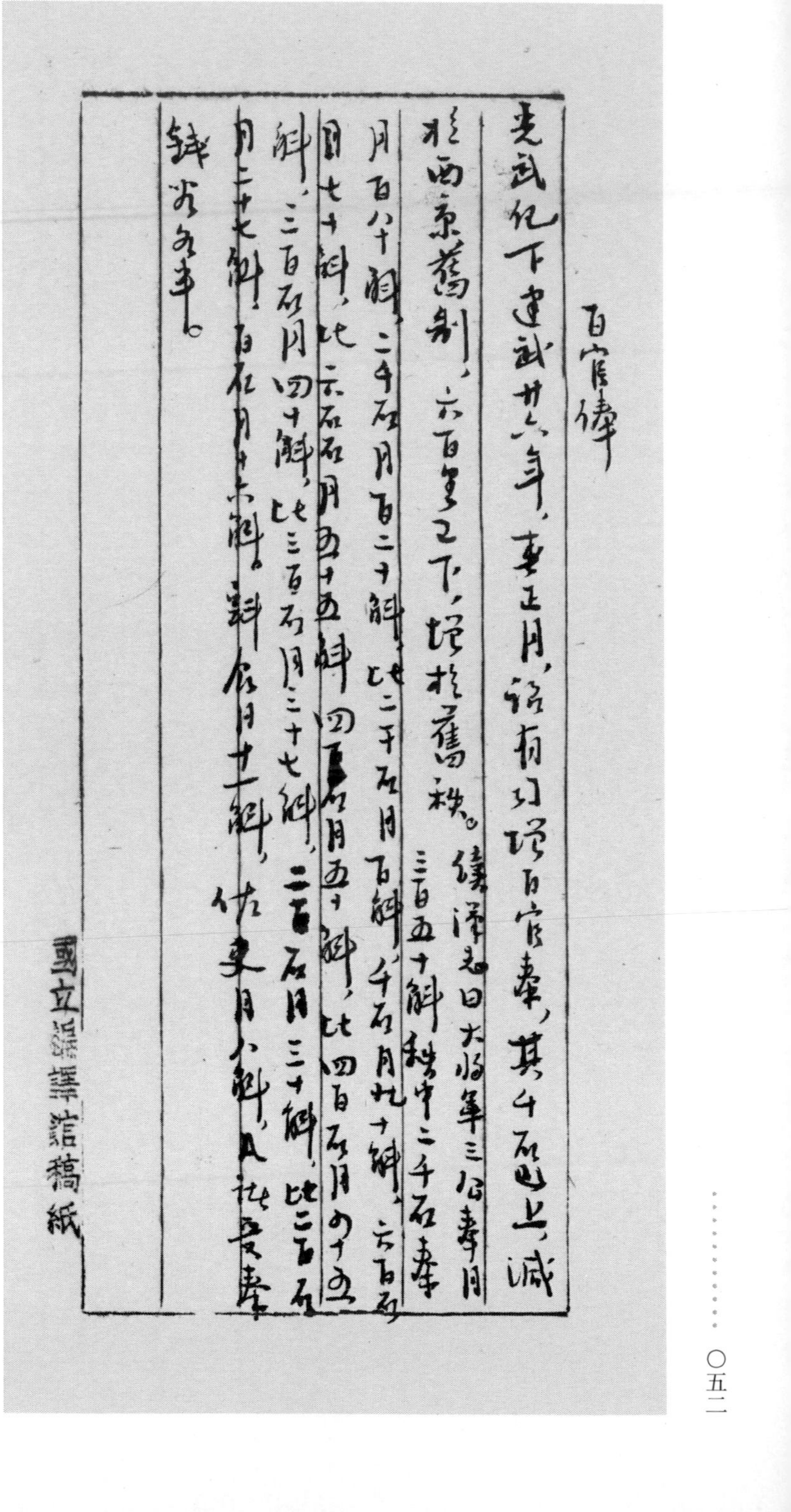
百官俸
光武紀下，建武廿六年，春正月，詔有司增百官奉，其千石已上，減於西京舊制，六百石已下，增於舊秩。續漢志曰大將軍三公奉月三百五十斛，秩中二千石奉月百八十斛，二千石月百二十斛，比二千石月百斛，千石月九十斛，六百石月七十斛，比六百石月五十五斛，四百石月五十斛，比四百石月四十五斛，三百石月四十斛，比三百石月三十七斛，二百石月三十斛，比二百石月二十七斛，百石月十六斛，斗食月十一斛，佐史月八斛，凡諸受奉，錢穀各半。
國立編譯館稿紙

百官俸

光武紀下：建武二十六年，春正月，詔有司增百官奉。其千石已上，減於西京舊制；六百石已下，增於舊秩。[一]續漢志曰：「大將軍、三公奉月三百五十斛，秩中二千石奉月百八十斛，二千石月百二十斛，比二千石月百斛，千石月九十斛，比千石月八十斛，六百石月七十斛，比六百石月五十五斛，四百石月五十斛，比四百石月四十五斛，三百石月四十斛，比三百石月三十七斛，二百石月三十斛，比二百石月二十七斛，百石月十六斛，斗食月十一斛，佐史月八斛。凡諸受奉，錢穀各半。」

[一]范曄：後漢書卷一下光武帝紀，第77頁。

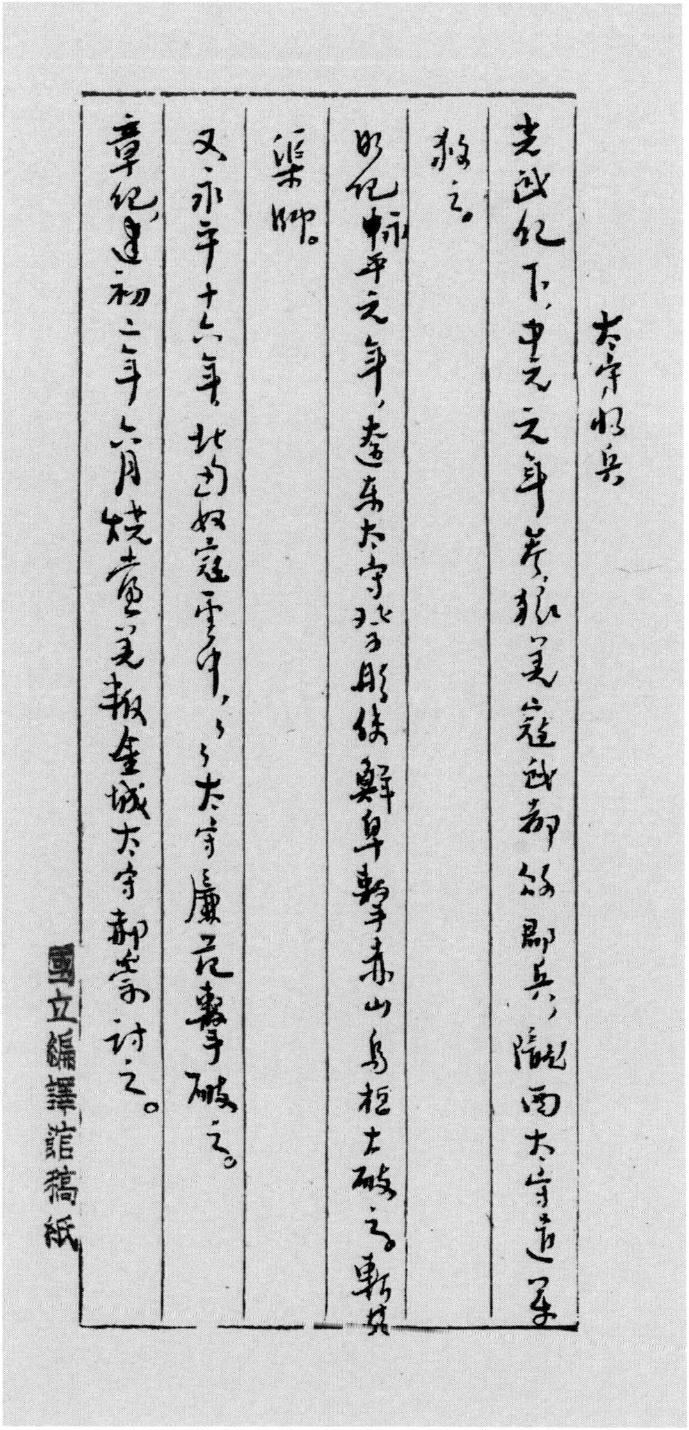
太守將兵
光武紀下：中元元年，參狼羌寇武都，敗郡兵，隴西太守遣軍救之。
明紀：永平元年，遼東太守祭肜使鮮卑擊赤山烏桓，大破之，斬其渠帥。
又，永平十六年，北匈奴寇雲中，雲中太守廉范擊破之。
章紀：建初二年六月，燒當羌叛，金城太守郝崇討之。

太守將兵

光武紀下：中元元年，參狼羌寇武都，敗郡兵，隴西太守劉盱遣軍救之。[一]明紀：永平元年，遼東太守祭肜使鮮卑擊赤山烏桓，大破之，斬其渠帥。[二]又，永平十六年，北匈奴寇雲中，雲中太守廉范擊破之。[三]章紀：建初二年六月，燒當羌叛，金城太守郝崇討之。[四]

[一] 范曄：後漢書卷一下光武帝紀，第84頁。
[二] 范曄：後漢書卷二顯宗孝明帝紀，第99頁。
[三] 范曄：後漢書卷二顯宗孝明帝紀，第121頁。
[四] 范曄：後漢書卷二肅宗孝章帝紀，第135頁。

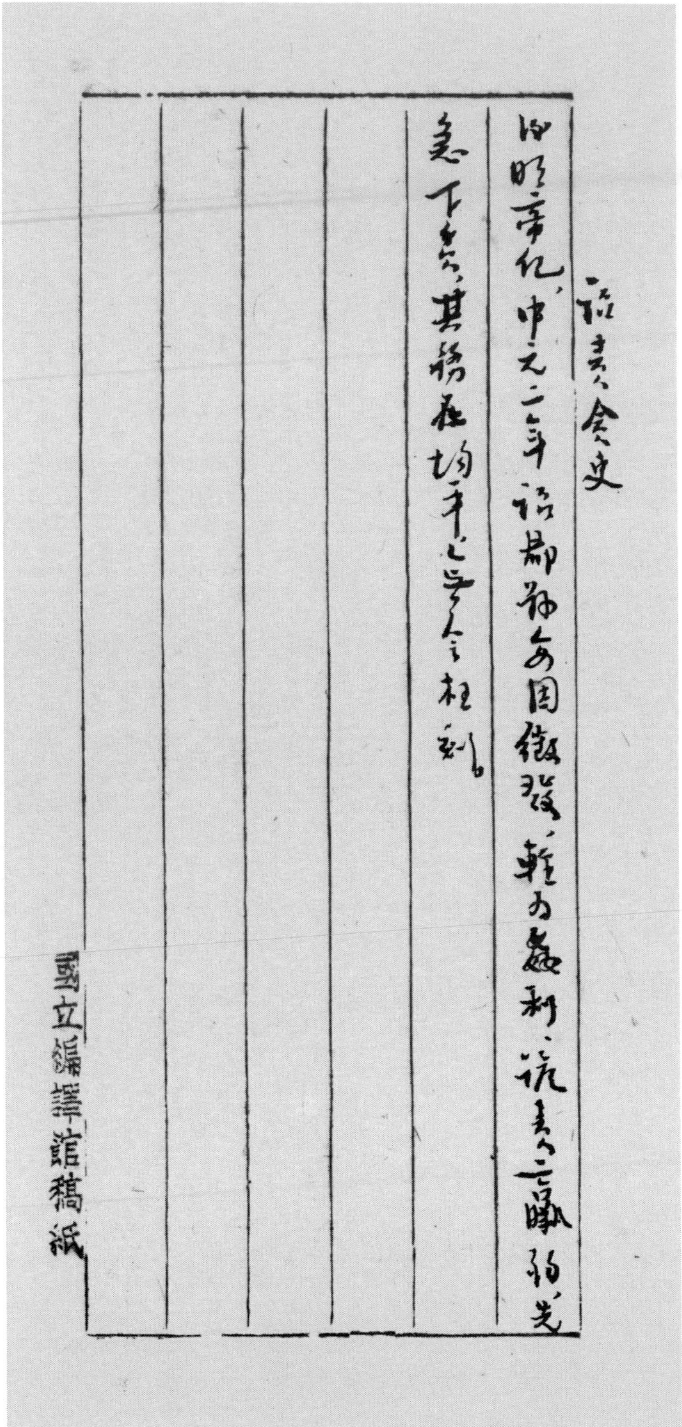

詔責貪吏

明帝紀，中元二年詔，郡縣每因徵發，輕為姦利，詭責羸弱，先急下貧，其務在均平，無令枉刻。

國立編譯館稿紙

詔責貪吏

後·明帝紀：中元二年詔，郡縣每因徵發，輕為姦利，詭責羸弱，先急下貧。其務在均平，無令枉刻。[一]

[一]范曄：後漢書卷二顯宗孝明帝紀，第98頁。

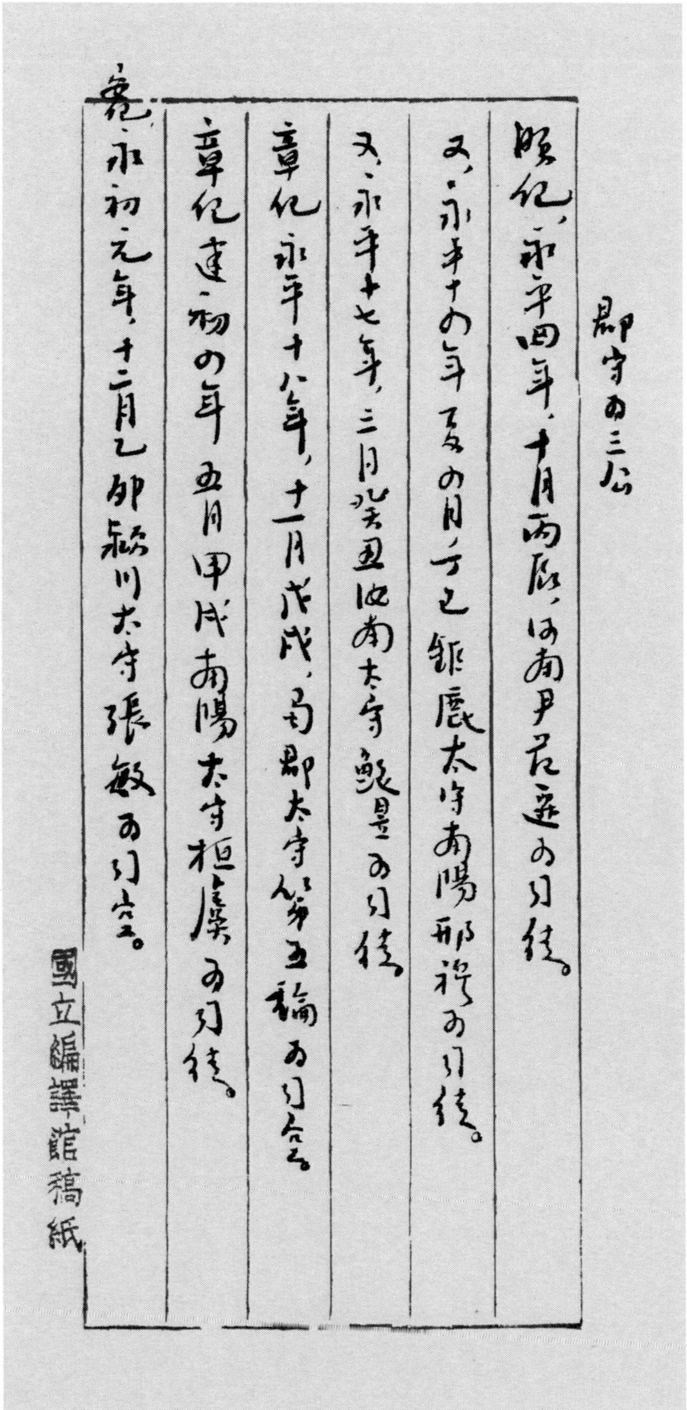

郡守為三公

明紀、永平四年、十月丙辰、河南尹范遷為司徒。

又、永平十四年夏四月丁巳鉅鹿太守南陽邢穆為司徒。

又、永平十七年、三月癸丑汝南太守鮑昱為司徒。

章紀永平十八年、十一月戊戌、蜀郡太守第五倫為司空

章紀建初四年五月甲戌南陽太守桓虞為司徒。

安紀永初元年、十二月乙卯潁川太守張敏為司空。

國立編譯館稿紙

郡守為三公

明紀：永平四年，十月丙辰，河南尹范遷為司徒。[一]又永平十四年，夏四月丁巳，鉅鹿太守南陽邢穆為司徒。[二]又永平十七年，三月癸丑，汝南太守鮑昱為司徒。[三]章紀：永平十八年，十一月戊戌，蜀郡太守第五倫為司空。[四]章紀：建初四年，五月甲戌，南陽太守桓虞為司徒。[五]安紀：永初元年，十二月乙卯，潁川太守張敏為司空。[六]

[一] 范曄：後漢書卷二顯宗孝明帝紀，第108頁。

[二] 范曄：後漢書卷二顯宗孝明帝紀，第118頁。

[三] 范曄：後漢書卷二顯宗孝明帝紀，第121頁。

[四] 范曄：後漢書卷三肅宗孝章帝紀，第130頁。

[五] 范曄：後漢書卷三肅宗孝章帝紀，第137頁。

[六] 范曄：後漢書卷五孝安帝紀，第209頁。

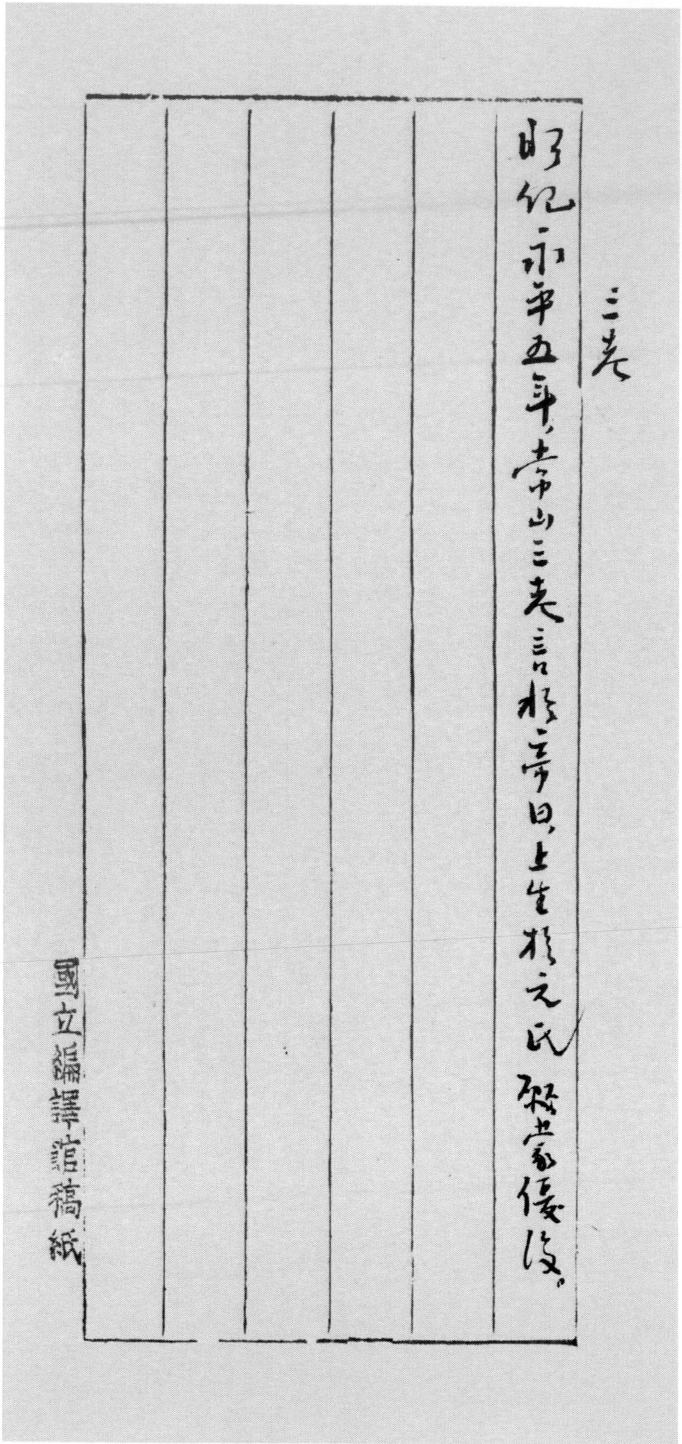
三老
明紀永平五年，常山三老言於帝曰上生於元氏願蒙優復。
國立編譯館稿紙

三老

明紀：永平五年，常山三老言於帝曰：「上生於元氏，願蒙優復。」[一]

[一]范曄：後漢書卷二顯宗孝明帝紀，第108頁。

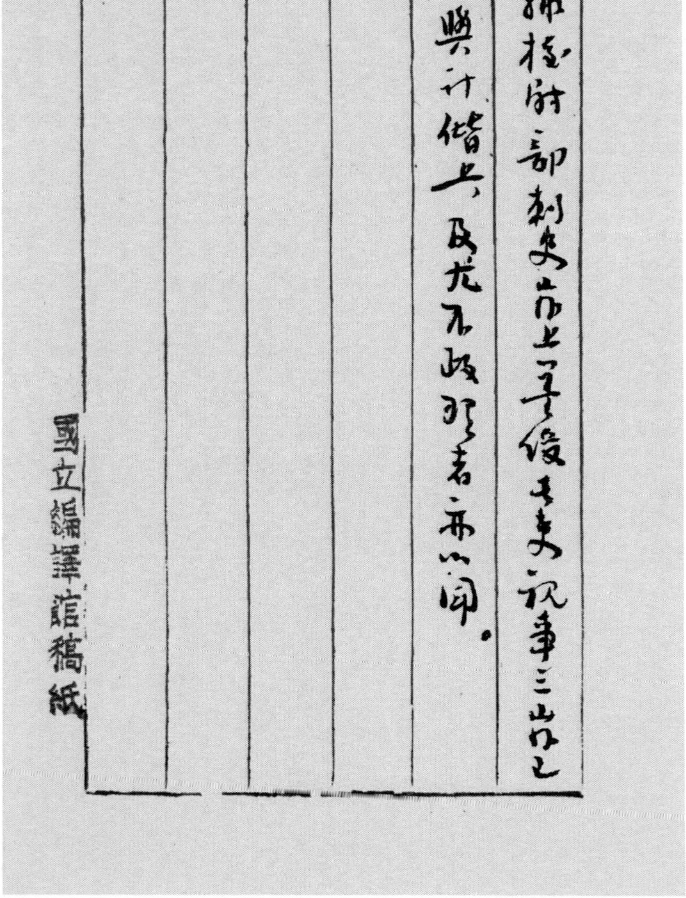
長吏考績
明紀永平九年令司隸校尉部刺史歲上墨綬長吏視事三歲已上理狀尤異者各一人與計偕上及尤不政理者亦以聞。
國立編譯館稿紙

長吏考績

明紀：永平九年，令司隸校尉、部刺史歲上墨綬長吏視事三歲已上理狀尤異者各一人，與計偕上。及尤不政理者，亦以聞。[一]

[一]范曄：後漢書卷二顯宗孝明帝紀，第112頁。

郎官出宰百里（孝廉）

明紀：館陶公主為子求郎，不許，而賜錢千萬。謂羣臣曰：「郎官上應列宿，出宰百里，有非其人，則民受其殃，是以難之。」[一]章紀：建初元年，五月辛酉，初舉孝廉、郎中寬博有謀，任典城者，以補長、相。[二]和紀：元興元年春正月戊午，引三署郎召見禁中，選除七十五人，補謁者、長、相。[三]

[一] 范曄：後漢書卷二顯宗孝明帝紀，第124頁。

[二] 范曄：後漢書卷三肅宗孝章帝紀，第134頁。

[三] 范曄：後漢書卷四和帝紀，第193頁。

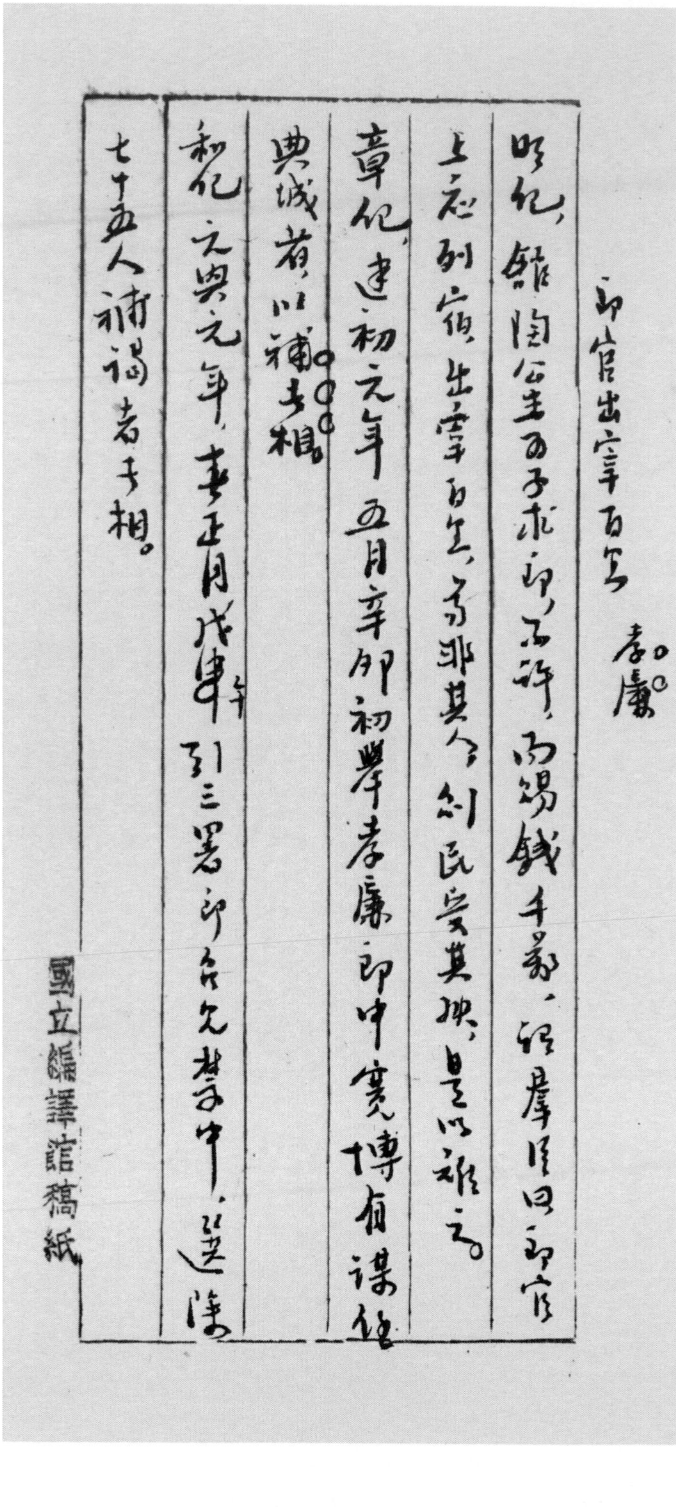
郎官出宰百里　孝廉。
明紀，館陶公主為子求郎，不許，而賜錢千萬，謂群臣曰郎官
上應列宿，出宰百里，有非其人，則民受其殃，是以難之。
章紀，建初元年五月辛卯初舉孝廉郎中寬博有謀任
典城者，以補長相。
和紀，元興元年春正月戊午
引三署郎召見禁中，選除
七十五人補謁者長相。
國立編譯館稿紙

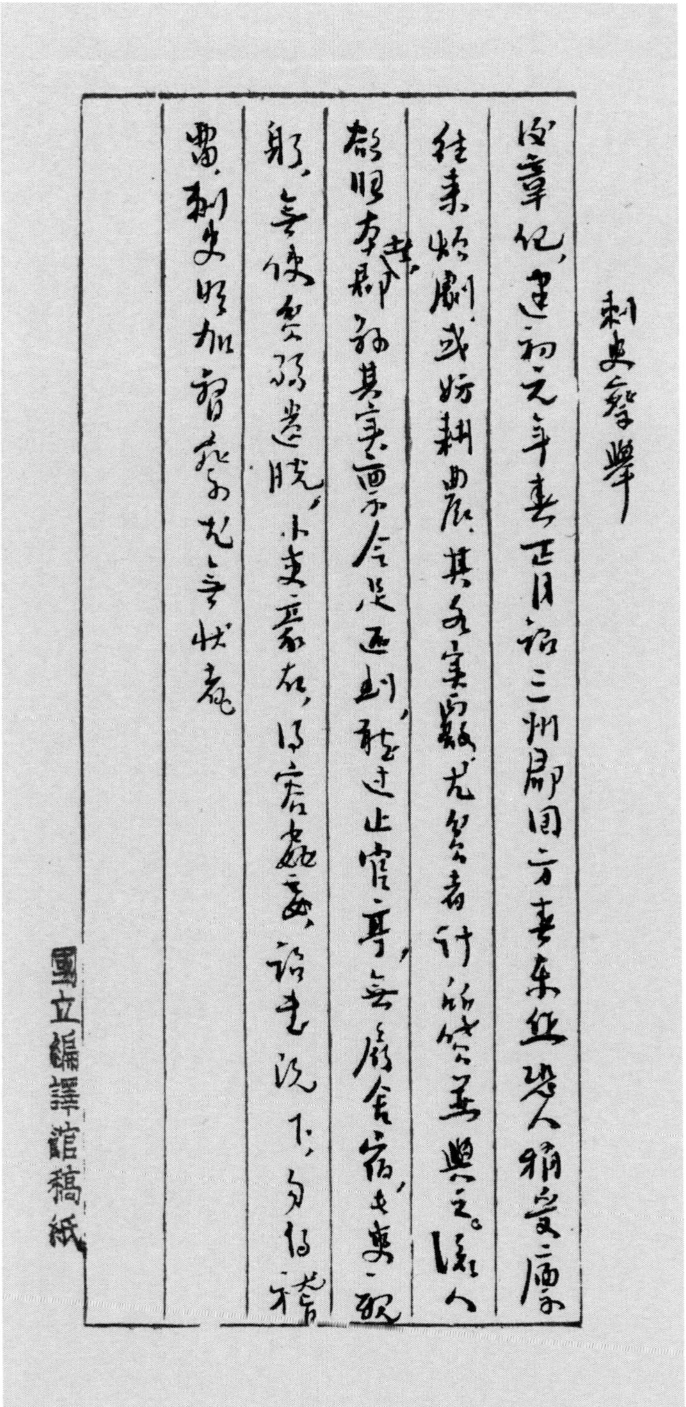

刺史察舉

後漢章紀，建初元年春正月詔三州郡國方春東作恐人稍受廩往來煩劇或妨耕農其各實覈尤貧者計所貸並與之。流人欲歸本者郡縣其實稟令足還到聽過止官亭無雇舍宿長吏親躬無使貧弱遺脫小吏豪右得容姦妄詔書既下勿得稽留刺史明加督察尤無狀者

國立編譯館稿紙

刺史察舉

後・章紀：建初元年春正月，詔三州郡國：「方春東作，恐人稍受稟，往來煩劇，或妨耕農。其各實覈尤貧者，計所貸並與之。流人欲歸本者，郡縣其實稟，令足還到，聽過止官亭，無雇舍宿。長吏親躬，無使貧弱遺脫，小吏豪右得容姦妄。詔書既下，勿得稽留，刺史明加督察尤無狀者。」[一]

［一］范曄：後漢書卷三肅宗孝章帝紀，第132頁。

呼沲水道

章紀：建初三年，夏四月己巳，罷常山呼沲石臼河漕。[一]

[一]范曄：後漢書卷三肅宗孝章帝紀，第136頁。

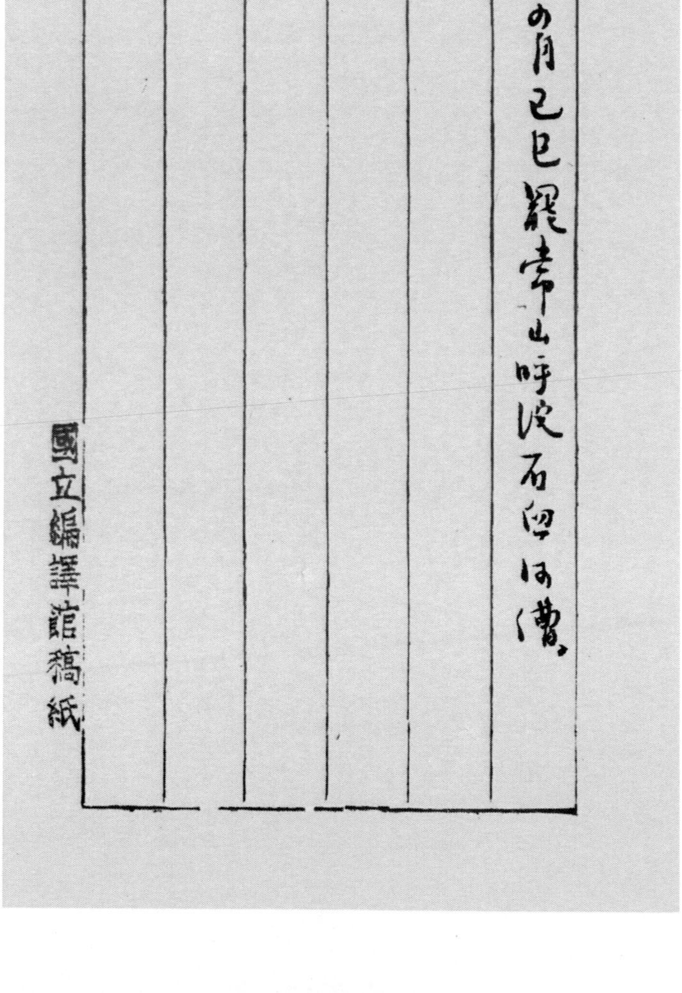
34.
呼沱水道
章紀建初三年夏四月己巳罷常山呼沱石臼河漕
國立編譯館稿紙

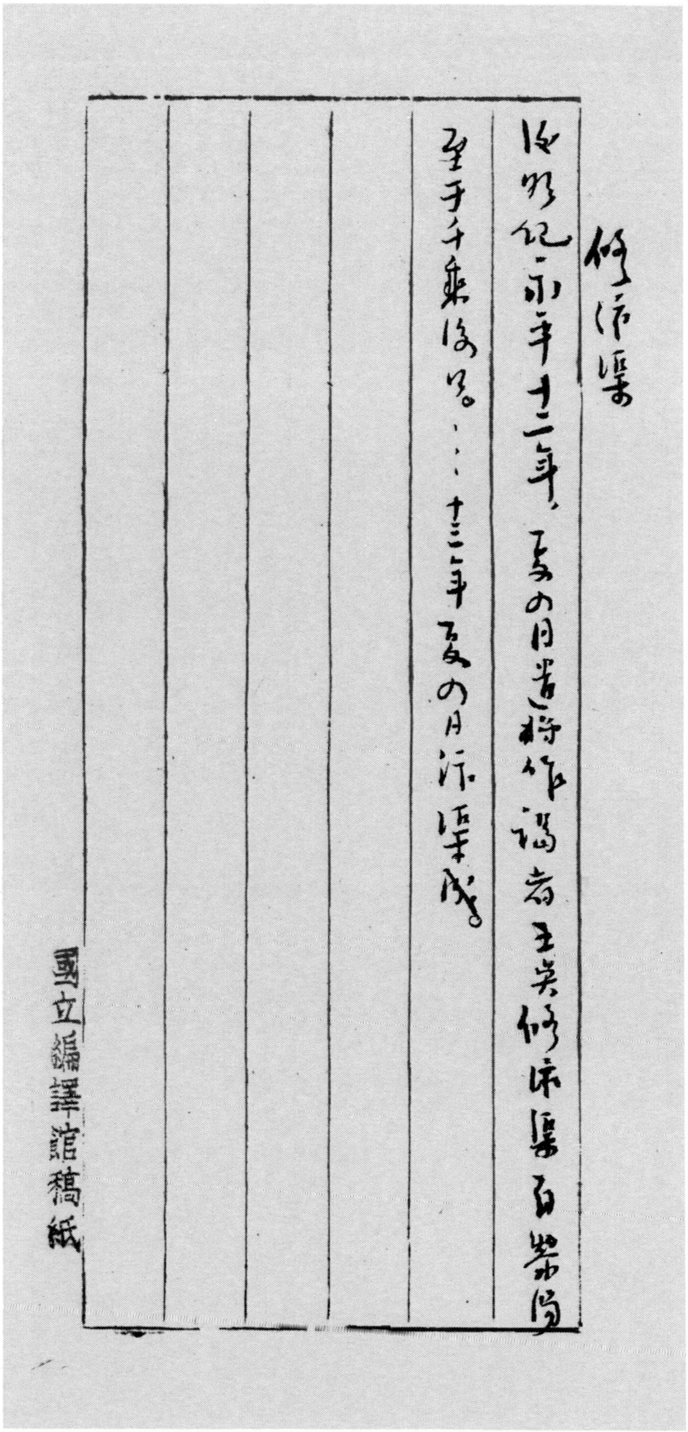

修汴渠

後明紀：永平十二年，夏四月，遣將作謁者王吳修汴渠，自滎陽至于千乘海口……十三年夏四月汴渠成。

國立編譯館稿紙

修汴渠

後·明紀：永平十二年，夏四月，遣將作謁者王吳修汴渠，自滎陽至于千乘海口……十三年，夏四月，汴渠成。[一]

[一]范曄：後漢書卷三顯宗孝明帝紀，第114頁，116頁。

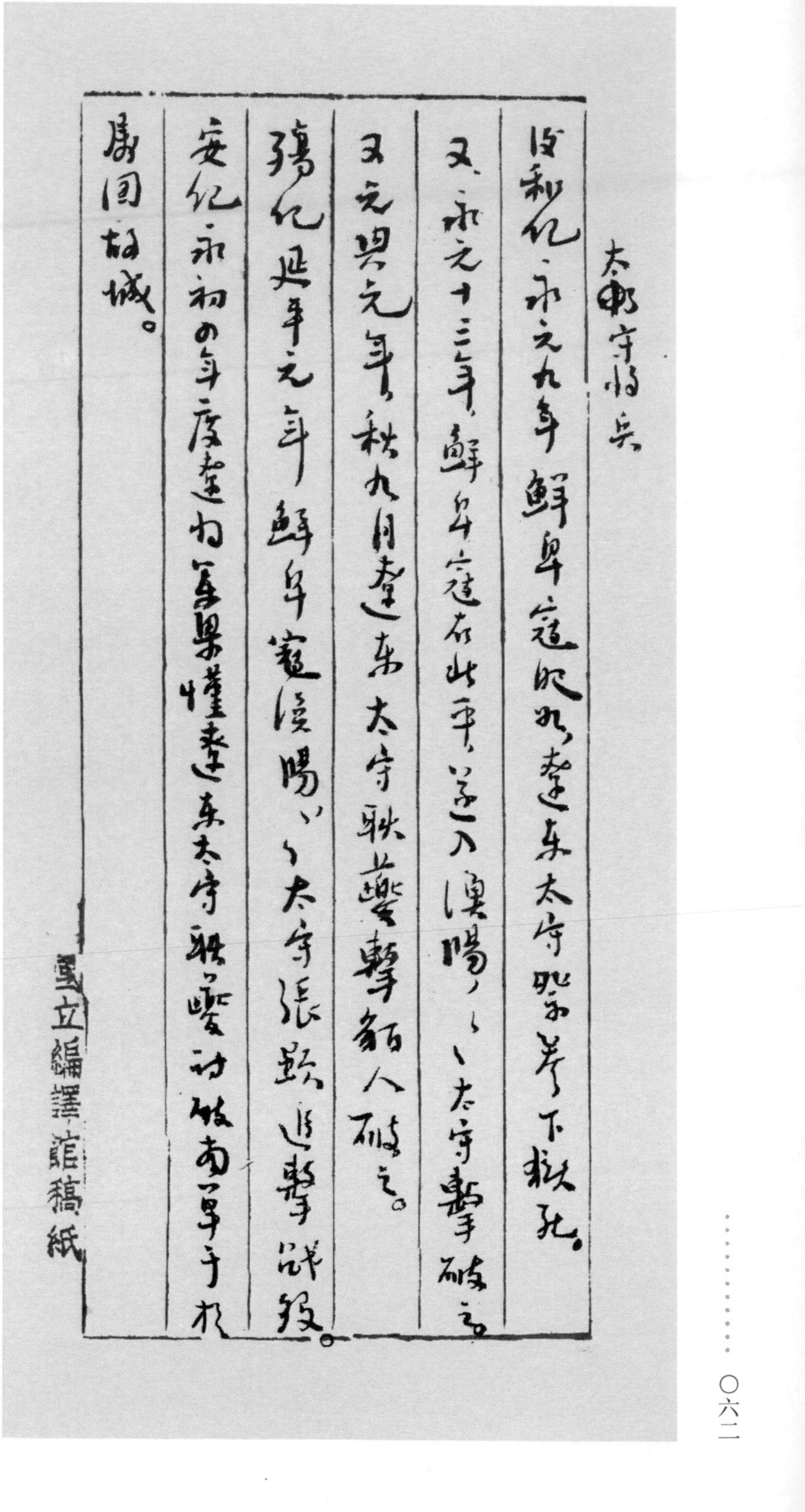
太守將兵
後和紀：永元九年，鮮卑寇肥如，遼東太守祭參下獄死。
又，永元十三年，鮮卑寇右北平，遂入漁陽，漁陽太守擊破之。
又元興元年，秋九月，遼東太守耿夔擊貊人破之。
殤紀延平元年鮮卑寇漁陽，漁陽太守張顯追擊戰歿。
安紀永初四年度遼將軍梁慬、遼東太守耿夔討破南單于於屬國故城。
國立編譯館稿紙

太守將兵

後·和紀：永元九年，鮮卑寇肥如，遼東太守祭參下獄死。[一]又，永元十三年，鮮卑寇右北平，遂入漁陽，漁陽太守擊破之。[二]又，元興元年，秋九月，遼東太守耿夔擊貊人，破之。[三]殤紀：延平元年，鮮卑寇漁陽，漁陽太守張顯追擊，戰沒。[四]安紀：永初四年，度遼將軍梁慬、遼東太守耿夔討破南單于於屬國故城。[五]

[一]范曄：後漢書卷四和帝紀，第183頁。
[二]范曄：後漢書卷四和帝紀，第189頁。
[三]范曄：後漢書卷四和帝紀，第194頁。
[四]范曄：後漢書卷四殤帝紀，第196頁。
[五]范曄：後漢書卷五孝安帝紀，第214頁。

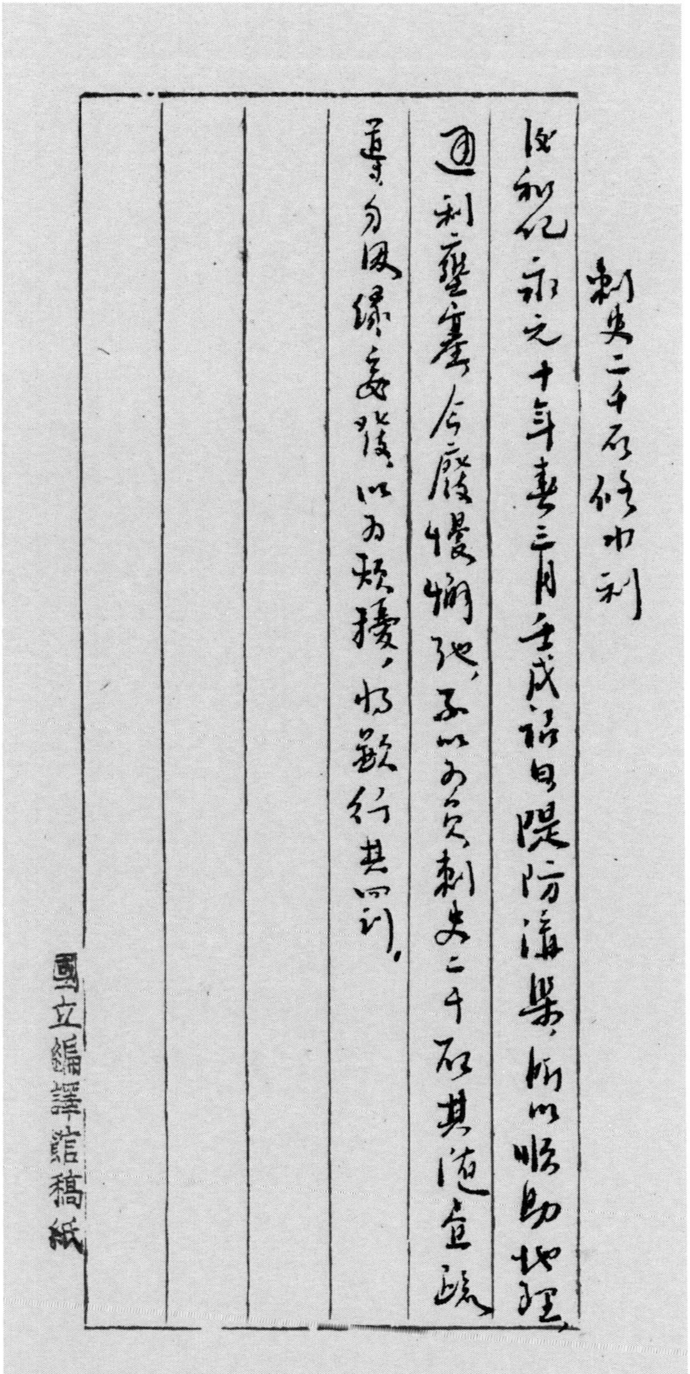
刺史二千石修水利
後和紀永元十年春三月壬戌詔曰隄防溝渠所以順助地理通利壅塞今廢慢懈弛不以為負刺史二千石其隨宜疏導勿因緣妄發以為煩擾將顯行其罰
國立編譯館稿紙

刺史、二千石修水利

後·和紀：永元十年春三月壬戌，詔曰：「隄防溝渠，所以順助地理，通利壅塞。今廢慢懈弛，不以為負。刺史、二千石其隨宜疏導。勿因緣妄發，以為煩擾，將顯行其罰。」[一]

[一] 范曄：後漢書卷四和帝紀，第184頁。

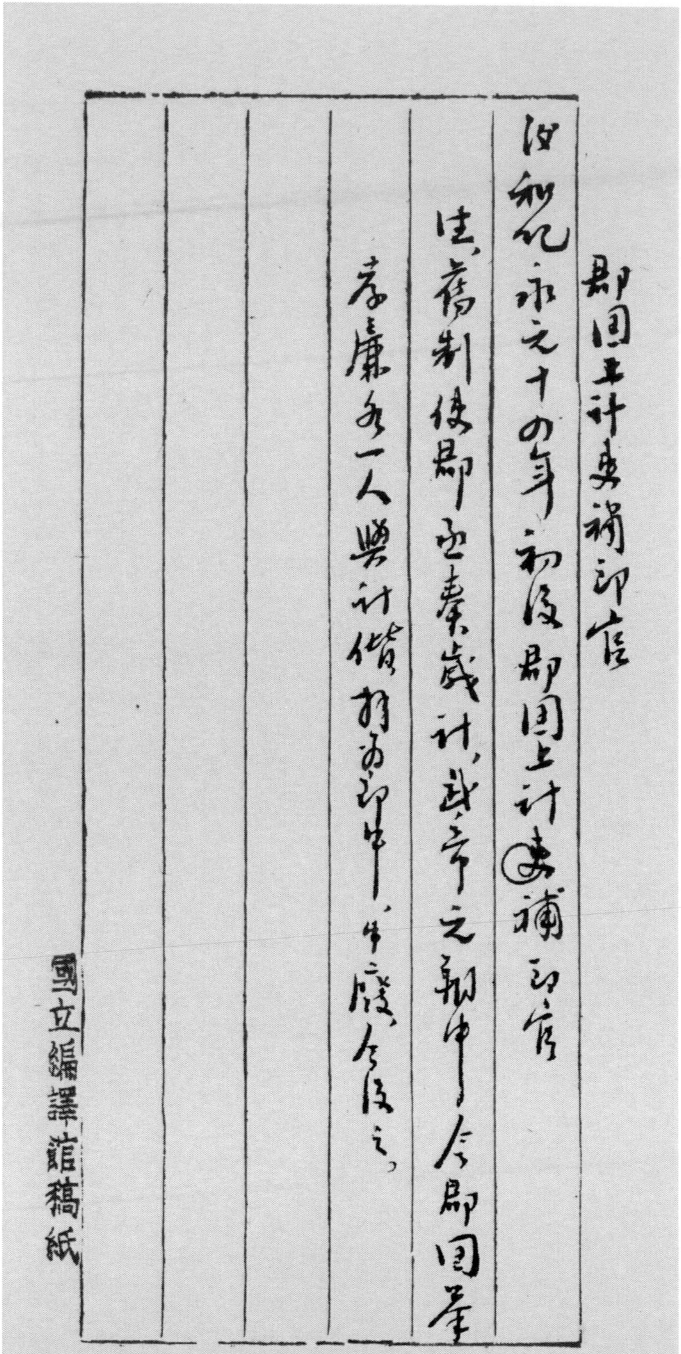
郡國上計吏補郎官
後和紀永元十四年初復郡國上計吏補郎官
注舊制使郡丞奉歲計武帝元朔中令郡國舉
孝廉各一人與計偕拜為郎中中廢今復之
國立編譯館稿紙

郡國上計吏補郎官

後·和紀：永元十四年，初復郡國上計補郎官。[一]注：「舊制，使郡丞奉歲計，武帝元朔中令郡國舉孝廉各一人與計偕，拜為郎中。」中廢，今復之。

[一] 范曄：後漢書卷四和帝紀，第190頁。

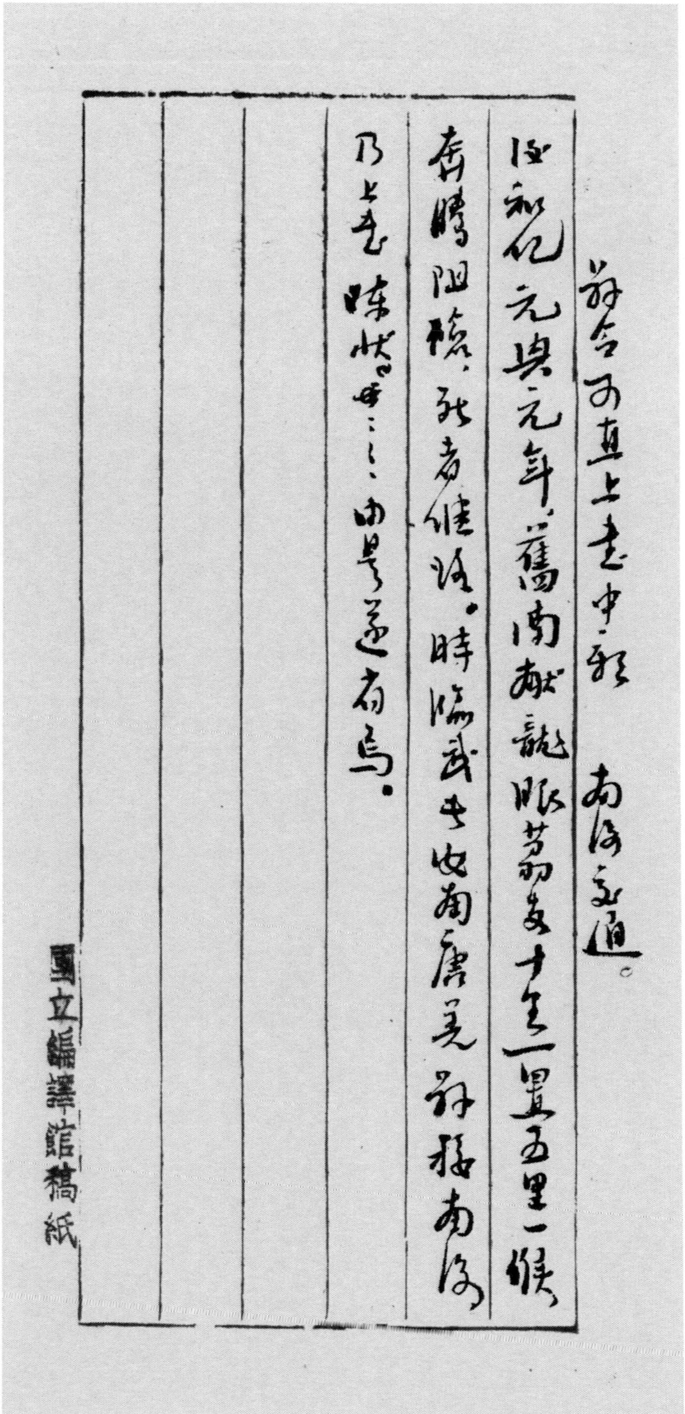
縣令可直上書中朝　南海交通。
後和紀元興元年，舊南海獻龍眼荔支十里一置五里一候
奔騰阻險，死者繼路。時臨武長汝南唐羌縣接南海
乃上書陳狀……由是遂省焉。
國立編譯館稿紙

縣令可直上書中朝南海交通

後·和紀：元興元年，舊南海獻龍眼、荔支，十里一置，五里一候，奔騰阻險，死者繼路。時臨武長汝南唐羌，縣接南海，乃上書陳狀……由是遂省焉。[一]

[一] 范曄：後漢書卷四和帝紀，第194頁。

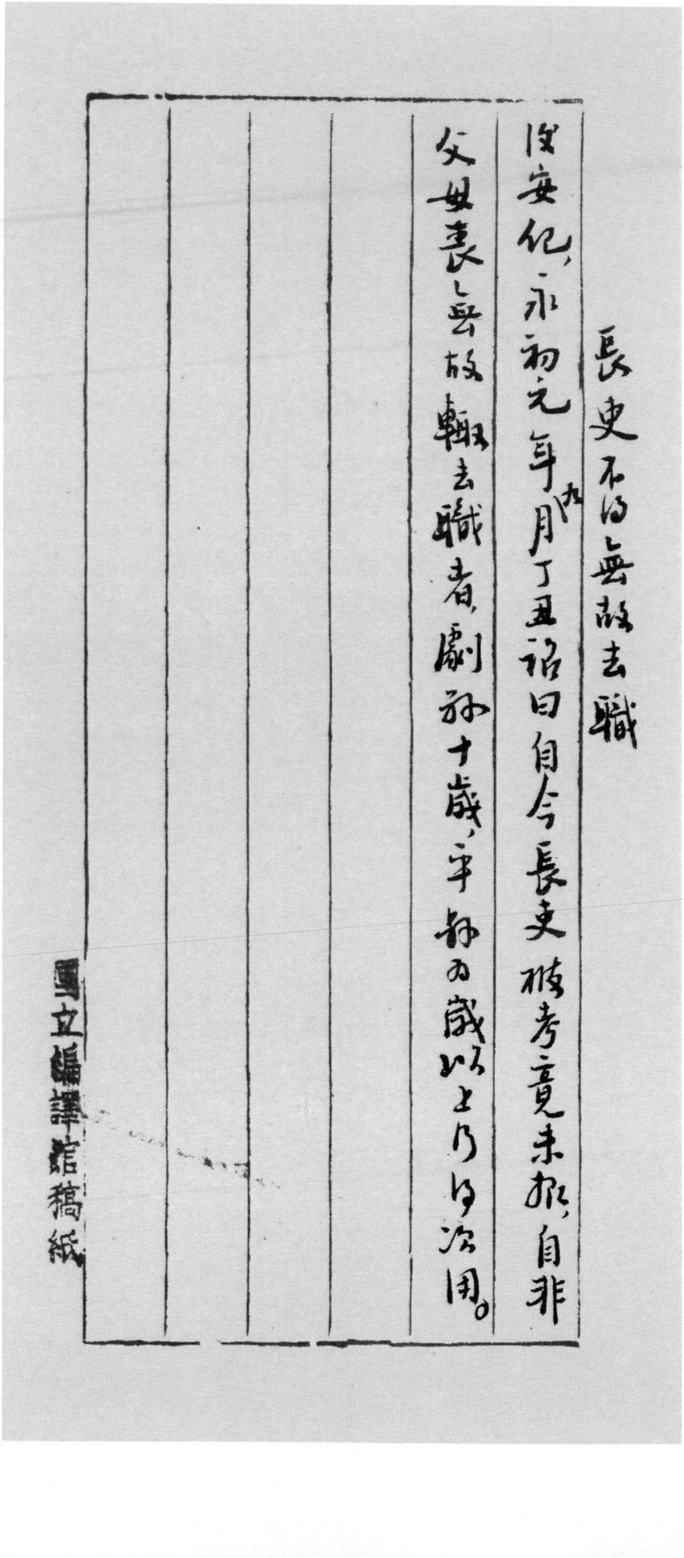

長史不得無故去職

後安紀，永初元年九月丁丑詔曰自今長史被考竟未報，自非父母喪無故輒去職者，劇縣十歲，平縣五歲以上乃得次用。

國立編譯館稿紙

長史不得無故去職

後・安紀：永初元年九月丁丑，詔曰：「自今長史被考竟未報，自非父母喪無故輒去職者，劇縣十歲、平縣五歲以上，乃得次用。」[一]

[一] 范曄：後漢書卷五孝安帝紀，第208頁。

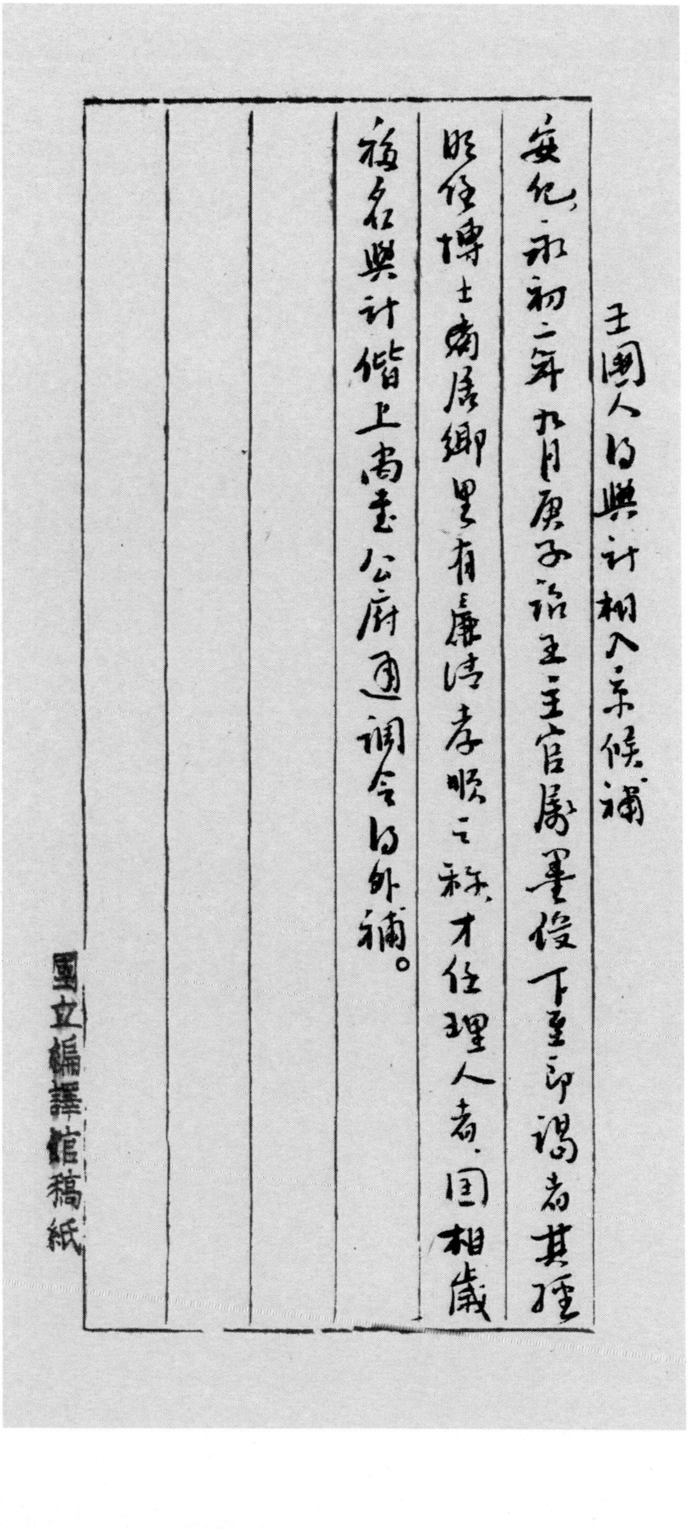
王國人得與計相入京候補
安紀：永初二年九月庚子，詔王主官屬墨綬下至郎謁者，其經明任博士，居鄉里有廉清孝順之稱，才任理人者，國相歲移名與計偕上尚書公府通調，令得外補。
國立編譯館稿紙

王國人得與計相入京候補

安紀：永初二年九月庚子，詔王（主）〔國〕官屬墨綬下至郎、謁者，其經明任博士，居鄉里有廉清孝順之稱，才任理人者，國相歲移名，與計偕上尚書，公府通調，令得外補。[一]

〔一〕范曄：後漢書卷五孝安帝，第211頁。

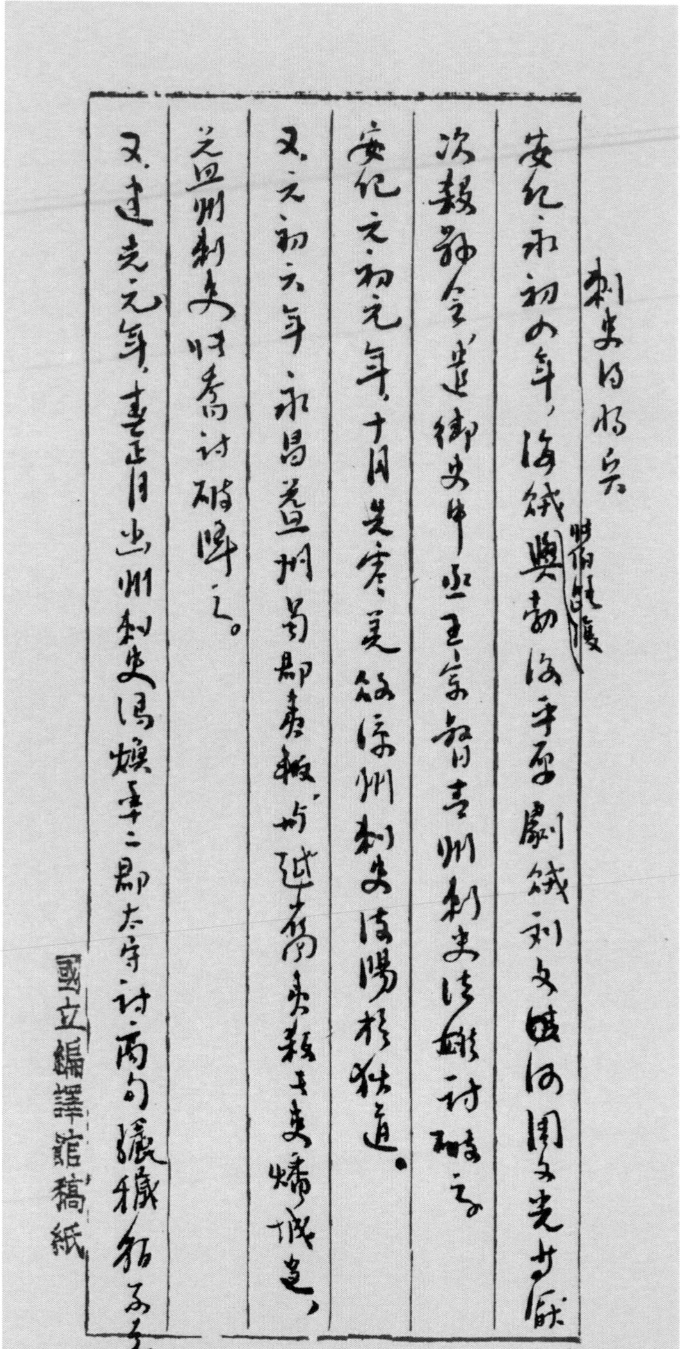
刺史得將兵
安紀：永初四年，海賊張伯路復與勃海平原劇賊劉文河周文光等厭次殺縣令。遣御史中丞王宗督青州刺史法雄討破之。
安紀：元初元年，十月先零羌敗涼州刺史皮陽於狄道。
又：元初六年，永昌、益州、蜀郡夷叛，與越巂夷殺長吏，燔城邑，益州刺史張喬討破降之。
又：建光元年，春正月，幽州刺史馮煥率二郡太守討高句驪穢貊不克。
國立編譯館稿紙

刺史得將兵

安紀：永初四年，海賊張伯路復與勃海、平原劇賊劉文河、周文光等攻厭次，殺縣令。遣御史中丞王宗督青州刺史法雄討破之。[一]安紀：元初元年，十月先零羌敗涼州刺史皮陽於狄道。[二]又，元初六年，永昌、益州、蜀郡夷叛，與越巂夷殺長吏，燔城邑，益州刺史張喬討破降之。[三]又，建光元年，春正月，幽州刺史馮煥率二郡太守討高句驪、穢貊，不克。[四]

[一] 范曄：後漢書卷五孝安帝紀，第214頁。
[二] 范曄：後漢書卷五孝安帝紀，第221頁。
[三] 范曄：後漢書卷五孝安帝紀，第230頁。
[四] 范曄：後漢書卷五孝安帝紀，第232頁。

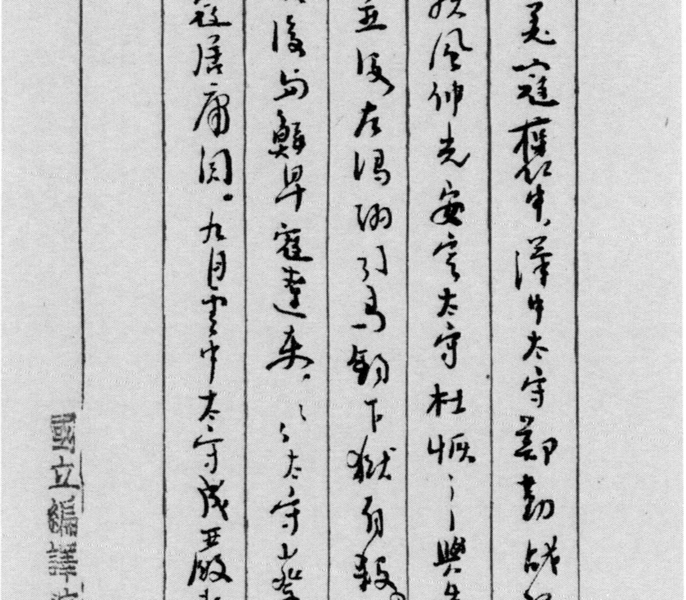
太守將兵

安紀：永初四年先零羌寇褒中漢中太守鄭勤戰歿。

又元初二年十月右扶風仲光安定太守杜恢……與先零羌戰於丁奚城。光等大敗，並沒。左馮翊司馬鈞下獄，自殺。

又建光元年四月穢貊復與鮮卑寇遼東，遼東太守蔡諷追擊，戰歿。……九月鮮卑寇居庸關。九月雲中太守成嚴擊之，戰歿。

又

太守將兵

安紀：，永初四年，先零羌寇褒中，漢中太守鄭勤戰歿。[一]又，元初二年十月，右扶風仲光、安定太守杜恢……與先零羌戰於丁奚城，光等大敗，並沒。左馮翊司馬鈞下獄，自殺。[二]又，建光元年四月，穢貊復與鮮卑寇遼東，遼東太守蔡諷追擊，戰歿……八月，鮮卑寇居庸關。九月，雲中太守成嚴擊之，戰歿。[三]

[一] 范曄：後漢書卷五孝安帝紀，第215頁。

[二] 范曄：後漢書卷五孝安帝紀，第224頁。

[三] 范曄：後漢書卷五孝安帝紀，第232頁。

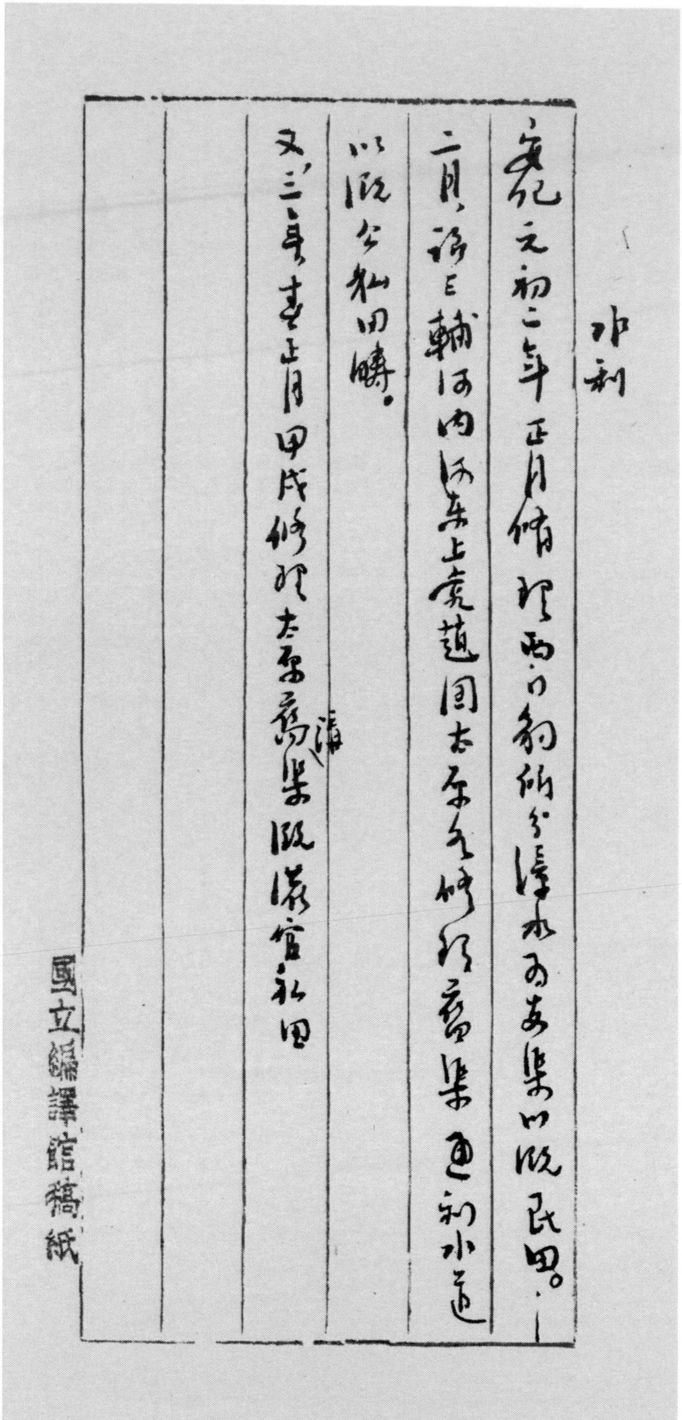

水利

安紀元初二年正月修理西門豹所分漳水爲支渠以溉民田。二月詔三輔河内河東上黨趙國太原各修理舊渠通利水道以溉公私田疇。又三年春正月甲戌修理太原舊溝渠溉灌官私田

國立編譯館稿紙

水利

安紀：元初二年正月，修理西門豹所分漳水為支渠，以溉民田……二月，詔三輔、河內、河東、上黨、趙國、太原各修理舊渠，通利水道，以溉公私田疇。[一]又，三年春正月甲戌，修理太原舊溝渠，溉灌官私田。[二]

[一] 范曄：後漢書卷五孝安帝紀，第222頁。

[二] 范曄：後漢書卷五孝安帝紀，第224頁。

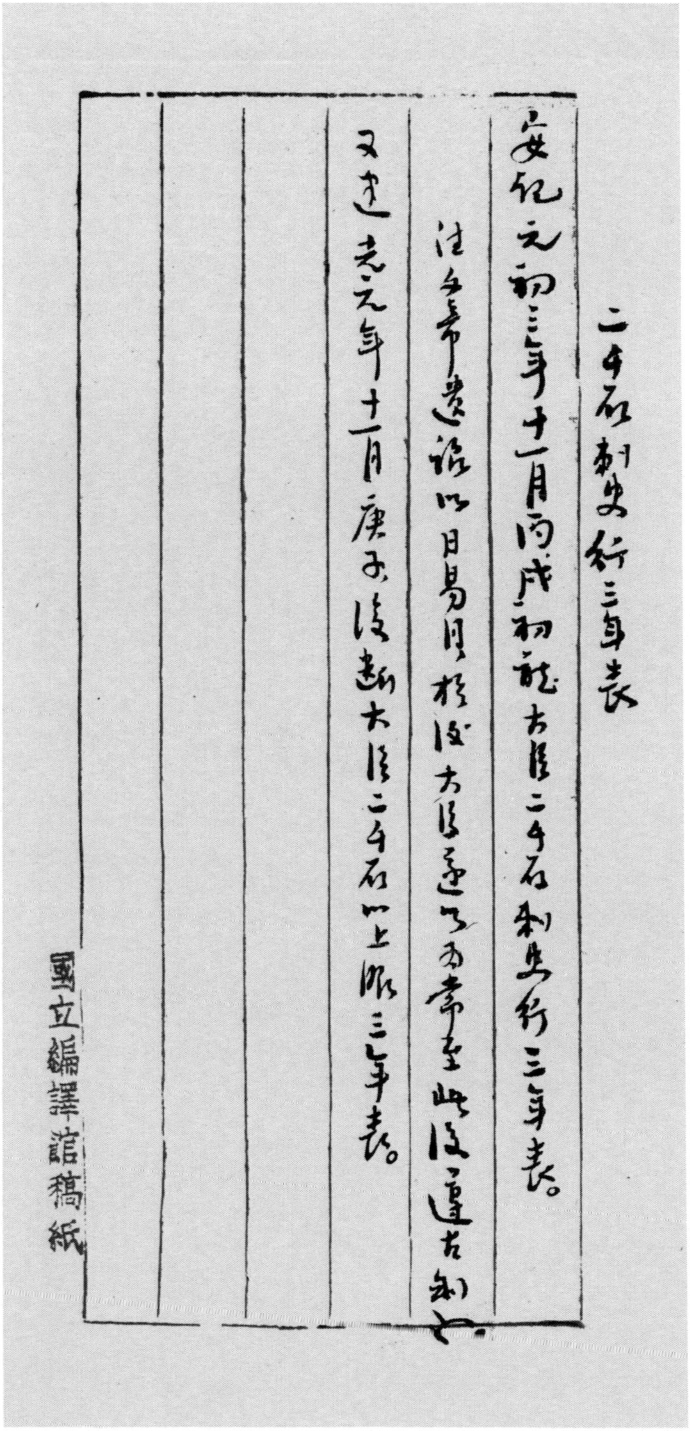

二千石刺史行三年喪

安紀元初三年十一月丙戌初聽大臣二千石刺史行三年喪。

注文帝遺詔以日易月於後大臣遂以為常至此復遵古制也。

又建光元年十一月庚子復斷大臣二千石以上服三年喪。

二千石、刺史行三年喪

安紀：元初三年十一月丙戌，初聽大臣、二千石、刺史行三年喪。[一]注文帝遺詔以日易月，於後大臣遂以為常，至此復遵古制也。又建光元年十一月庚子，復斷大臣二千石以上服三年喪。[二]

[一] 范曄：後漢書卷五孝安帝紀，第226頁。

[二] 范曄：後漢書卷五孝安帝紀，第234頁。

中朝掾屬出補吏

安紀：元初六年二月壬子，詔三府選掾屬高第，能惠利牧養者各五人；光祿勳與中郎將選孝廉郎寬博有謀，清白行高者五十人，出補令、長、丞、尉。[一]

[一] 范曄：後漢書卷五孝安帝紀，第229頁。

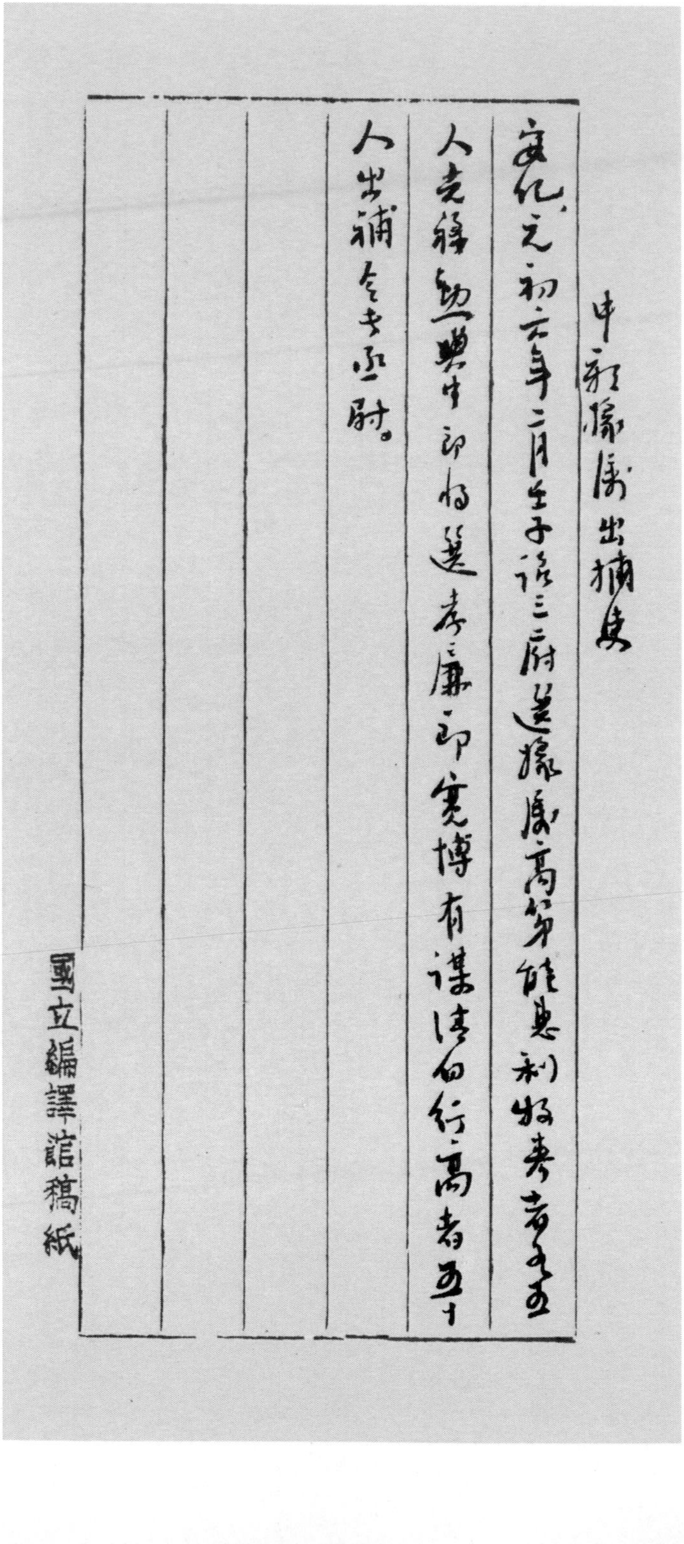
中朝掾屬出補吏

安紀，元初六年二月壬子詔三府選掾屬高第能惠利牧養者各五人，光祿勳與中郎將選孝廉郎寬博有謀清白行高者五十人出補令長丞尉。

國立編譯館稿紙

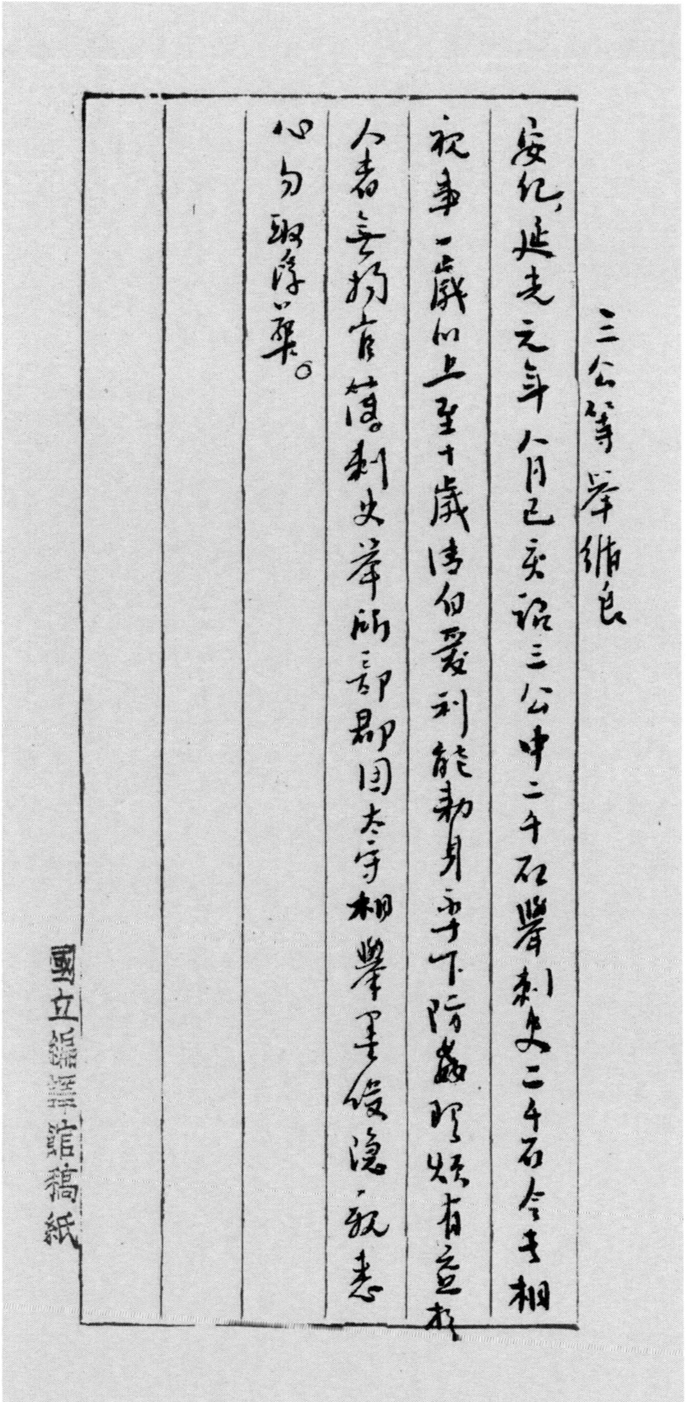

三公等舉循良

安紀，延光元年八月己亥詔三公中二千石舉刺史二千石令長相
視事一歲以上至十歲清白愛利能敕身率下防姦理煩有益於
人者無拘官簿刺史舉所部郡國太守相舉墨綬隱親悉
心勿取浮華。

三公等舉循良

安紀：延光元年八月己亥，詔三公、中二千石，舉刺史、二千石、令、長、相，視事一歲以上至十歲，清白愛利，能敕身率下，防姦理煩，有益於人者，無拘官簿。刺史舉所部，郡國太守相舉墨綬，隱親悉心，勿取浮華。[一]

[一]范曄：後漢書卷五孝安帝紀，第236頁。

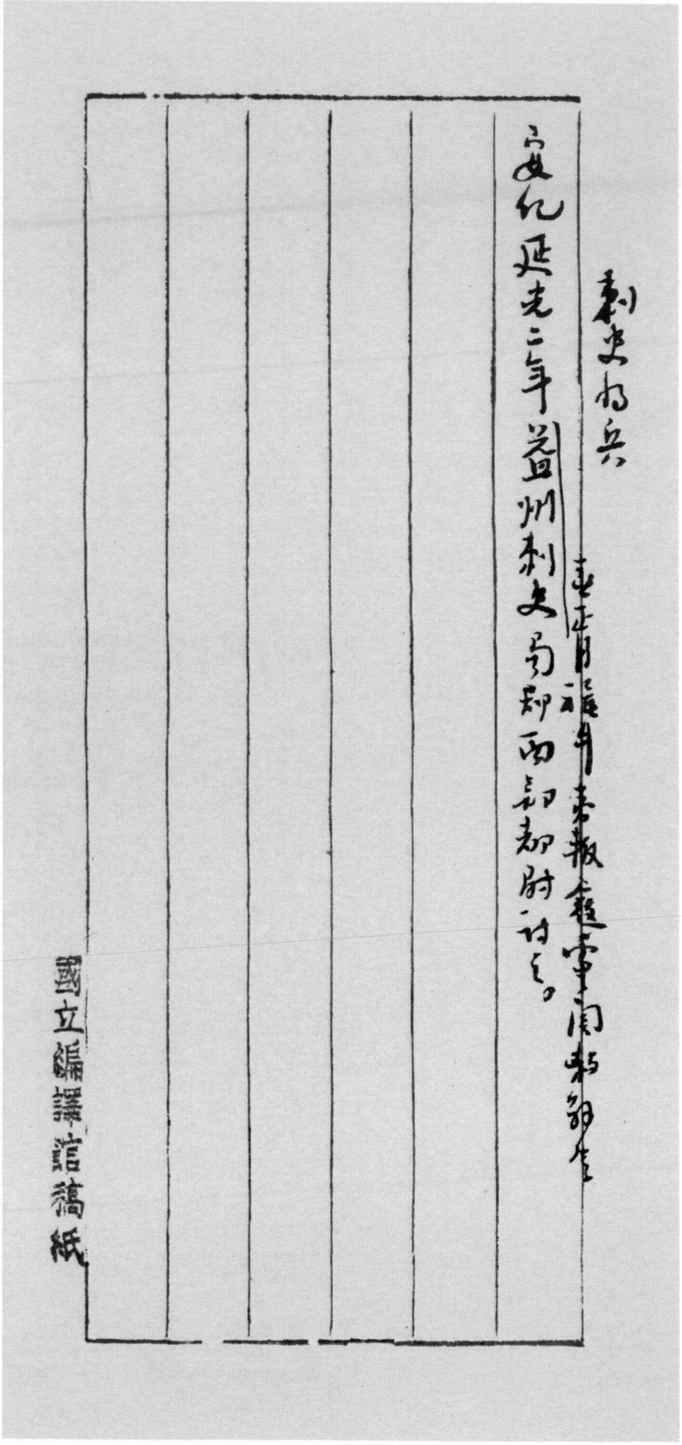
刺史將兵
安紀延光二年（春正月旄牛夷叛寇靈關殺縣令）益州刺史蜀郡西部都尉討之。
國立編譯館稿紙

刺史將兵

安紀：延光二年春正月，旄牛夷叛，寇靈關，殺縣令。益州刺史蜀郡西部都尉討之。[一]

[一]范曄：後漢書卷五孝安帝紀，第236頁。

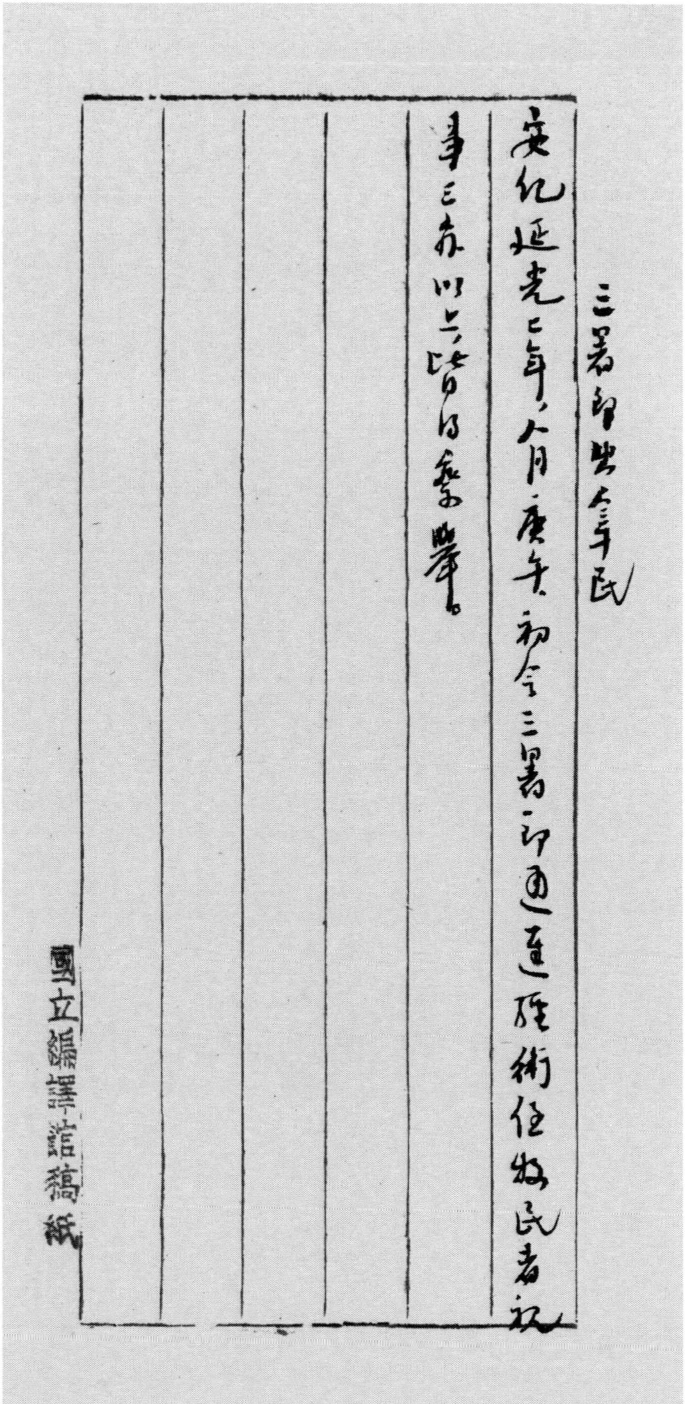
三署郎出宰民
安紀延光二年，八月庚午，初令三署郎通達經術任牧民者視
事三歲以上皆得察舉
國立編譯館稿紙

三署郎出宰民

安紀：延光二年，八月庚午，初令三署郎通達經術任牧民者，視事三歲以上，皆得察舉。[一]

[一] 范曄：後漢書卷五孝安帝紀，第237頁。

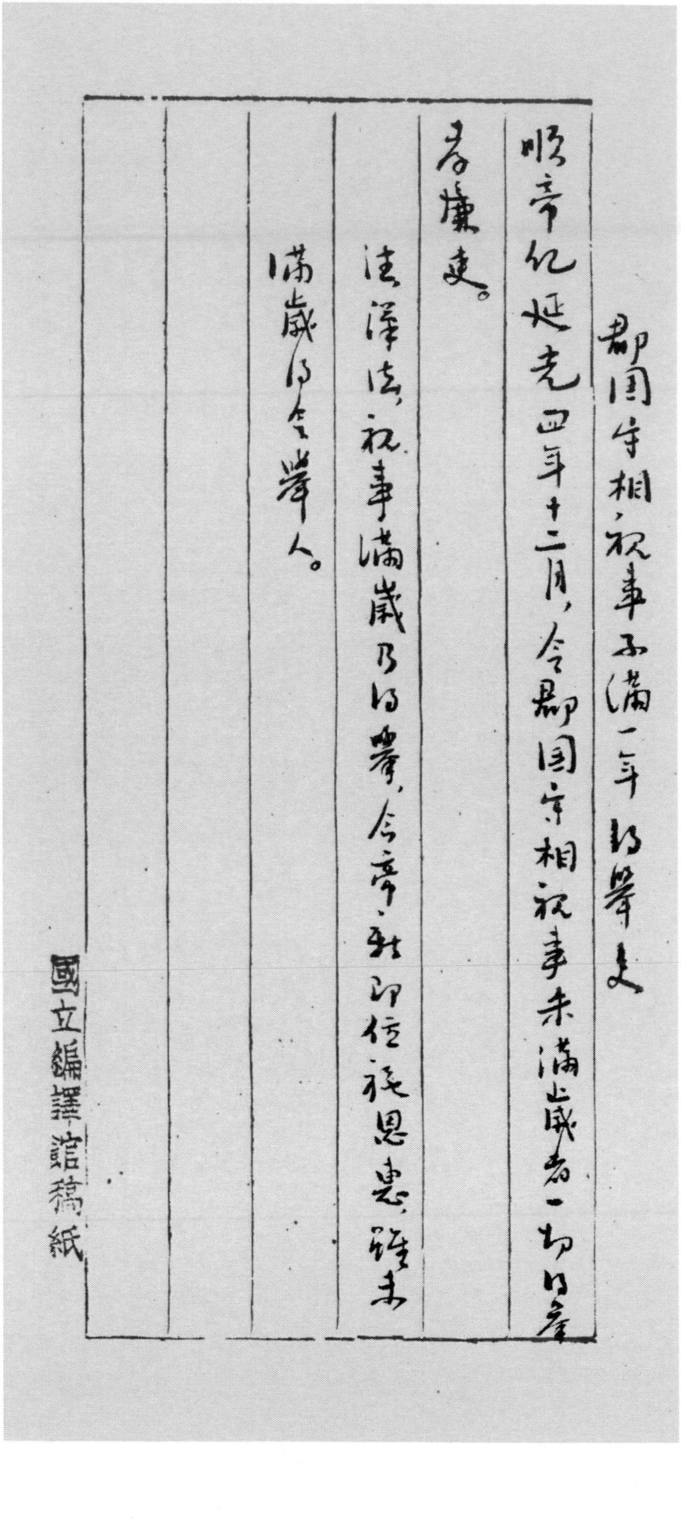
郡國守相視事不滿一年得舉吏

順帝紀延光四年十二月，令郡國守相視事未滿歲者一切得舉孝廉吏。

注漢法，視事滿歲乃得舉，今帝新即位，施恩惠，雖未滿歲得令舉人。

國立編譯館稿紙

郡國守相視事不滿一年得舉吏

順帝紀：延光四年十二月，令郡國守相視事未滿歲者，一切得舉孝廉吏。[一]注：「漢法，視事滿歲乃得舉。今帝新即位，施恩惠，雖未滿歲，得令舉人。」

[一] 范曄：後漢書卷六孝順帝紀，第251頁。

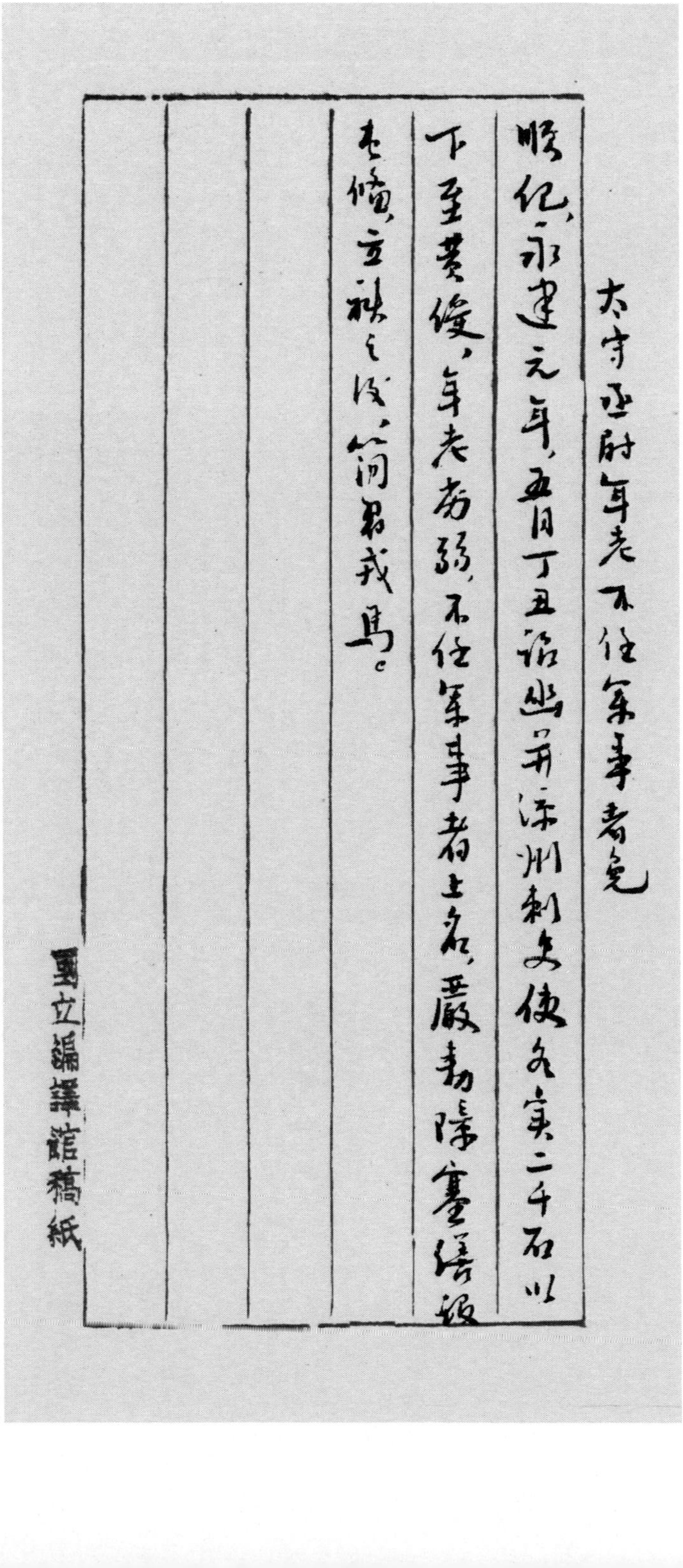
太守丞尉年老不任軍事者免
順紀，永建元年，五月丁丑詔幽并涼州刺史使各實二千石以下至黃綬，年老劣弱不任軍事者上名，嚴勑障塞繕設屯備，立秋之後，簡習戎馬。
國立編譯館稿紙

太守丞尉年老不任軍事者免

順紀：永建元年，五月丁丑，詔幽、并、涼州刺史，使各實二千石以下至黃綬，年老劣弱不任軍事者，上名。嚴勑障塞，繕設屯備；立秋之後，簡習戎馬。[一]

[一] 范曄：後漢書卷六孝順帝紀，第252頁。

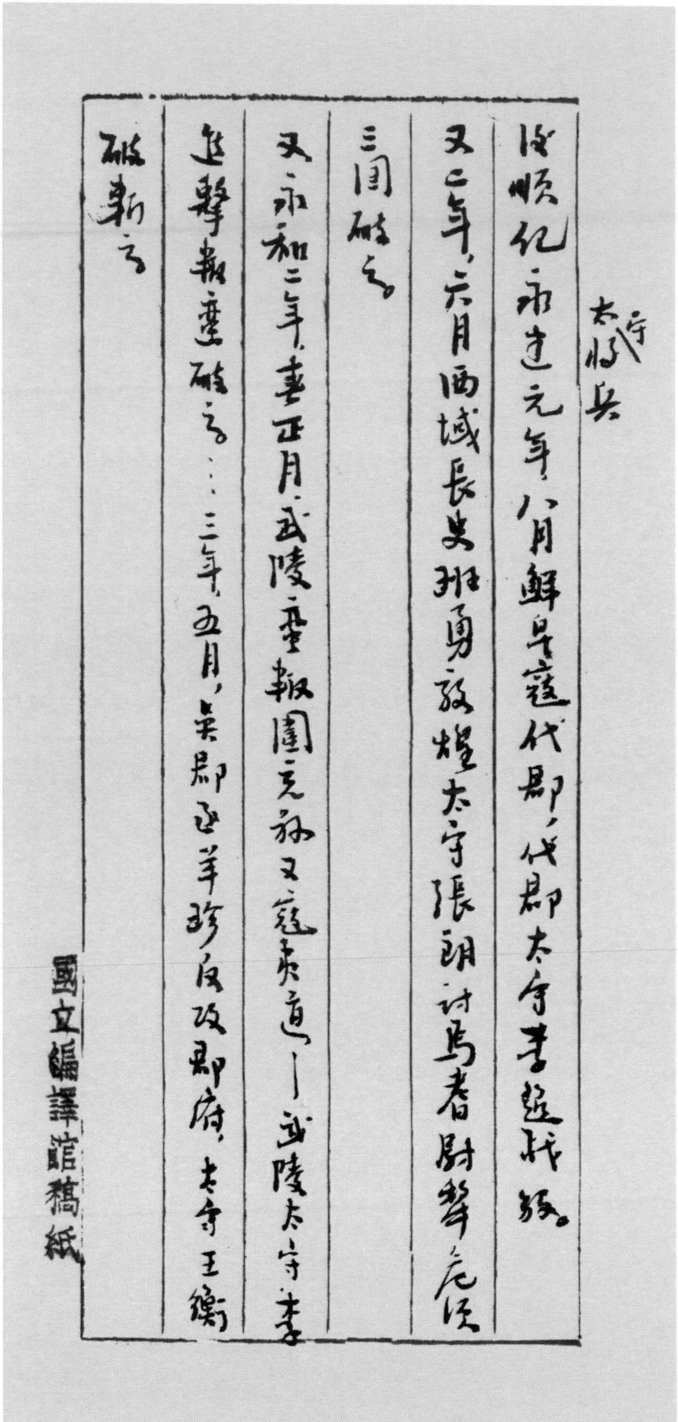
後順紀：永建元年，八月鮮卑寇代郡，代郡太守李超戰歿。
又二年，六月西域長史班勇、敦煌太守張朗討焉耆、尉犁、危須三國破之。
又永和二年，春正月，武陵蠻叛，圍充縣，又寇夷道……武陵太守李進擊叛蠻破之……三年，五月，吳郡丞羊珍反，攻郡府，太守王衡破斬之。

太守將兵

後·順紀：永建元年，八月鮮卑寇代郡，代郡太守李超戰歿。[一]又二年，六月西域長史班勇、敦煌太守張朗討焉耆、尉犁、危須三國，破之。[二]又永和二年，春正月武陵蠻叛，圍充縣，又寇夷道……武陵太守李進擊叛蠻，破之……三年五月，吳郡丞羊珍反，攻郡府，太守王衡破斬之。[三]

[一] 范曄：後漢書卷六孝順帝紀，第253頁。

[二] 范曄：後漢書卷六孝順帝紀，第254頁。

[三] 范曄：後漢書卷六孝順帝紀，第266頁。

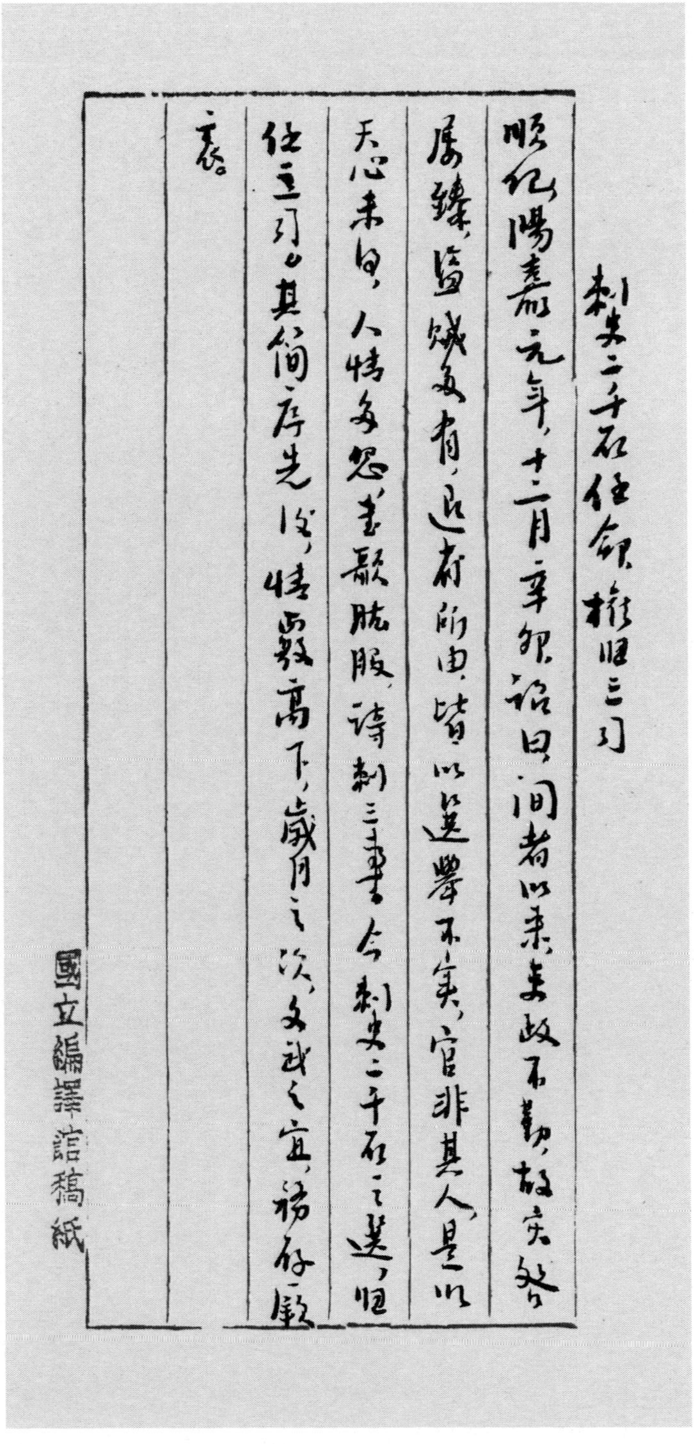

刺史二千石任命權歸三司

順紀，陽嘉元年，十二月，辛卯，詔曰，間者以來，吏政不勤，故灾咎屢臻，盜賊多有，退省所由，皆以選舉不實，官非其人，是以天心未得，人情多怨，書歌股肱，詩刺三事，今刺史二千石之選，歸任三司，其簡序先後，精覈高下，歲月之次，文武之宜，務存厥衷。

國立編譯館稿紙

刺史、二千石任命權歸三司

順紀：陽嘉元年，辛卯，詔曰：「間者以來，吏政不勤，故灾咎屢臻，盜賊多有。退省所由，皆以選舉不實，官非其人，是以天心未得，人情多怨。書歌股肱，詩刺三事。今刺史、二千石之選，歸任三司。其簡序先後，精覈高下，歲月之次，文武之宜，務存厥衷。」[一]

[一] 范曄：後漢書卷六孝順帝紀，第261頁。

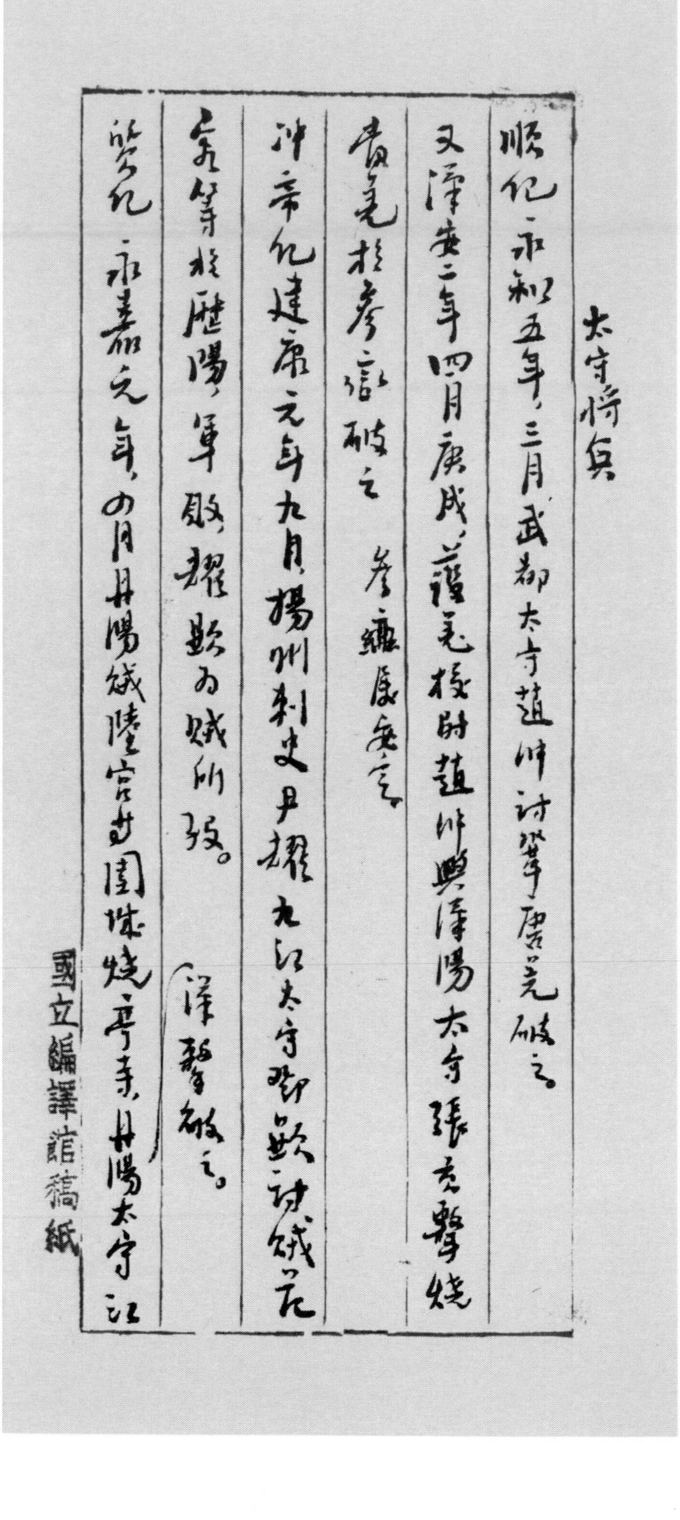
太守將兵
順紀：永和五年，三月，武都太守趙沖討鞏唐羌，破之。
又漢安二年四月庚戌，護羌校尉趙沖與漢陽太守張貢擊燒
當羌於參亦，破之。 參亦屬安定
沖帝紀：建康元年九月，揚州刺史尹耀、九江太守鄧顯討賊范
容等於歷陽，軍敗，耀、顯為賊所歿。
質紀：永嘉元年，四月，丹陽賊陸宮等圍城，燒亭寺，丹陽太守江
漢擊破之。

太守將兵

順紀：永和六年，三月，武（都）〔威〕太守趙沖討鞏唐羌，破之。[一] 又漢安二年四月，庚戌，護羌校尉趙沖與漢陽太守張貢擊燒（當）〔何〕羌於參亦，破之。參亦屬安定。[二] 沖帝紀：建康元年九月，揚州刺史尹耀、九江太守鄧顯討賊范容等於歷陽，軍敗，耀、顯為賊所歿。[三] 質紀：永嘉元年四月，丹陽賊陸宮等圍城，燒亭寺，丹陽太守江漢擊破之。[四]

［一］范曄：後漢書卷六孝順帝紀，第270頁。

［二］范曄：後漢書卷六孝順帝紀，第273頁。

［三］范曄：後漢書卷六孝沖帝紀，第275頁。

［四］范曄：後漢書卷六孝質帝紀，第278頁。

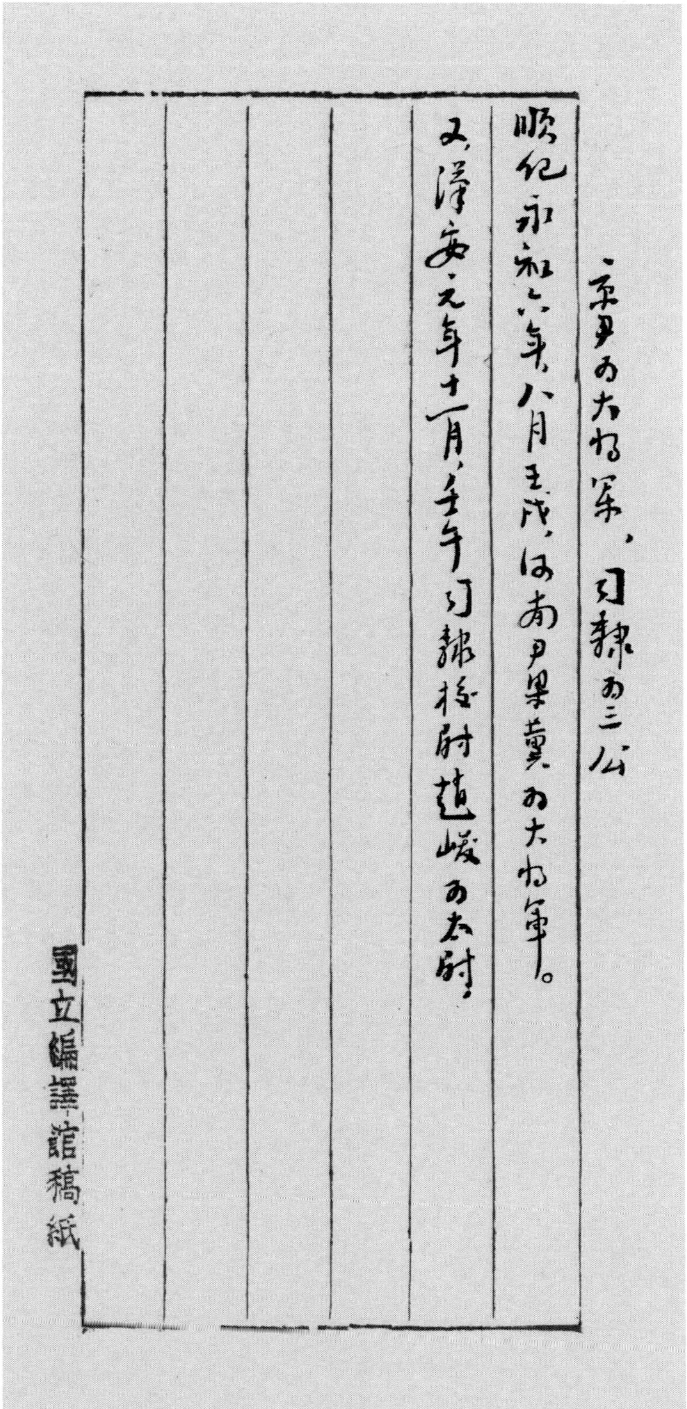

京尹為大將軍　司隸為三公

順紀：永和六年，八月壬戌，河南尹梁冀為大將軍。[一]又漢安元年十一月，壬午，司隸校尉趙峻為太尉。[二]

[一]范曄：後漢書卷六孝順帝紀，第271頁。
[二]范曄：後漢書卷六孝順帝紀，第272頁。

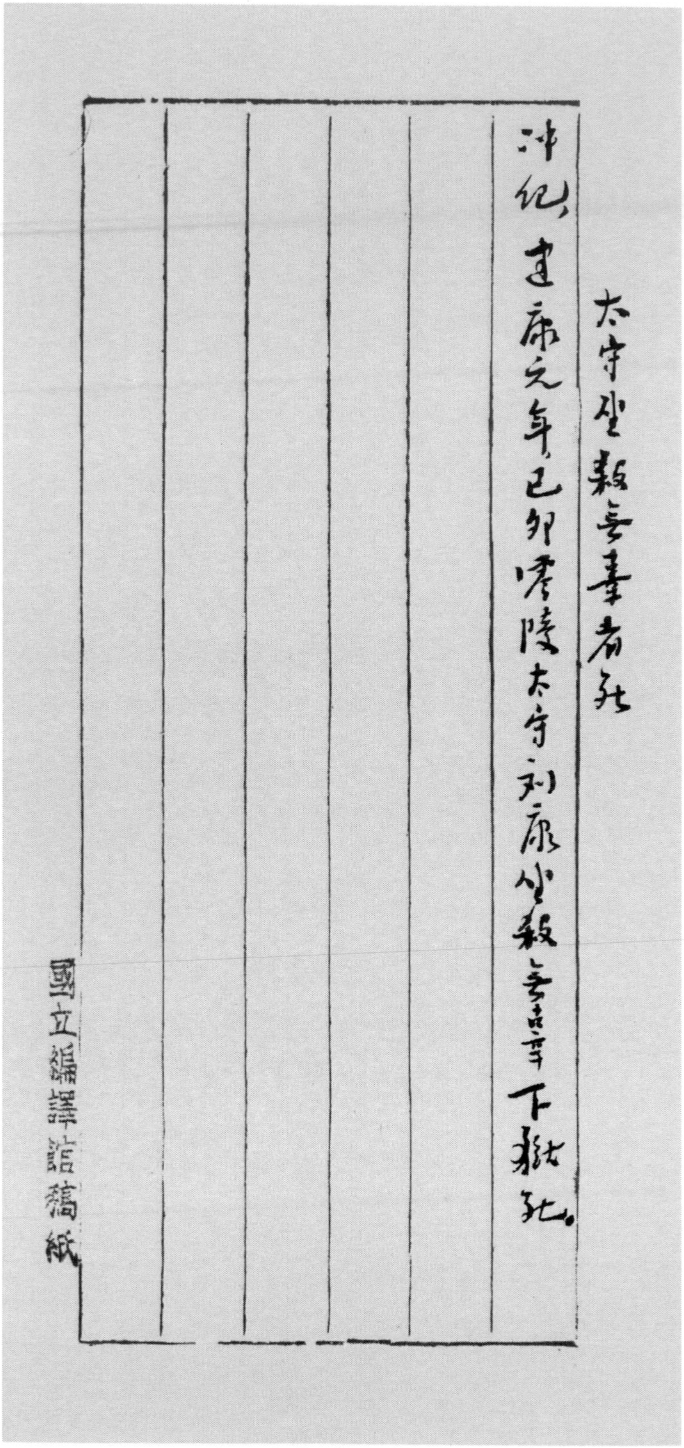
太守坐殺無辜者死

沖紀，建康元年，己卯零陵太守劉康坐殺無辜，下獄死。

國立編譯館稿紙

太守坐殺無辜者死

沖紀：建康元年，己卯，零陵太守劉康坐殺無辜，下獄死。[一]

[一] 范曄：後漢書卷六孝沖帝紀，第276頁。

太守貪贓者死

質紀：「永嘉元年十一月己丑，南陽太守韓昭坐贓下獄死。[一]注東觀記曰：「強賦一億五千萬，檻車徵下獄。」

桓紀：「元嘉二年十二月，右北平太守和旻坐臧，下獄死。[二]又延熹九年，三月陳留太守韋毅坐贓自殺。[三]

[一] 范曄：後漢書卷六孝質帝紀，第279頁。

[二] 范曄：後漢書卷七孝桓帝紀，第298頁。

[三] 范曄：後漢書卷七孝桓帝紀，第317頁。

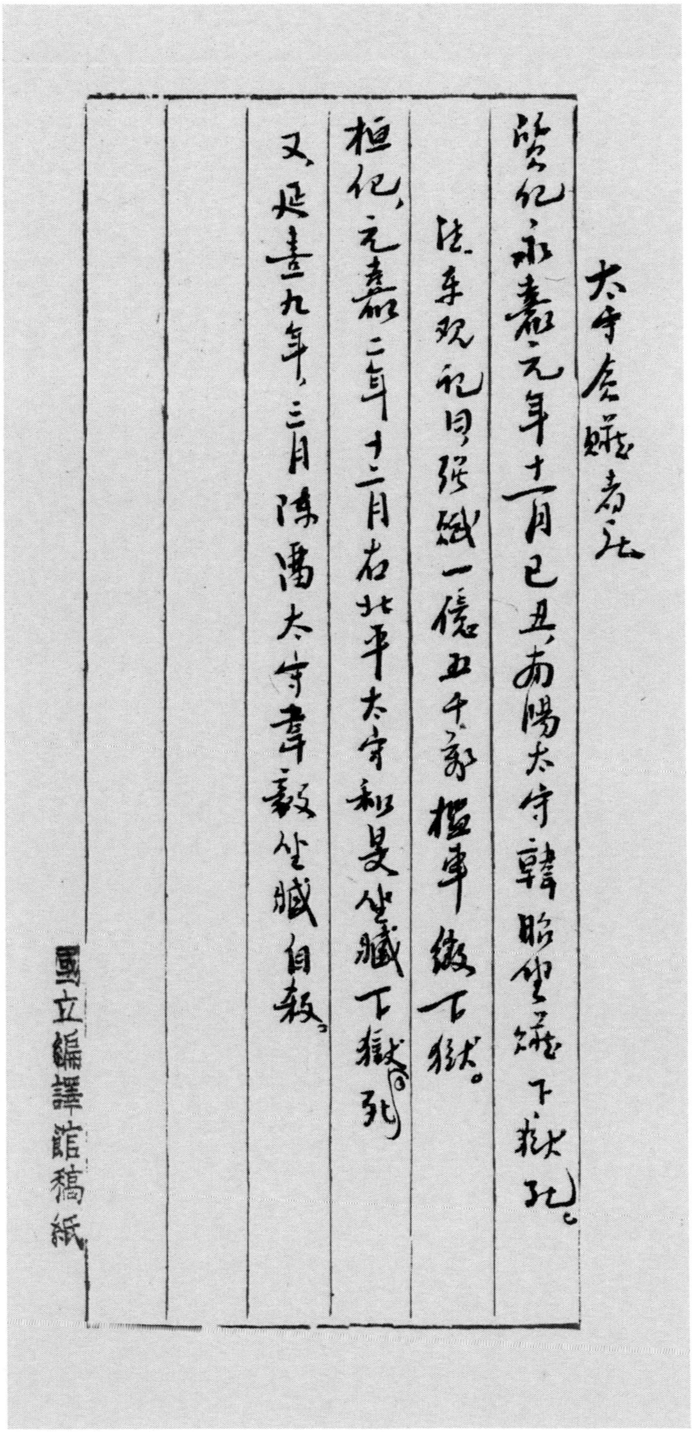
太守貪贓者死
質紀，永嘉元年十一月己丑，南陽太守韓昭坐贓下獄死。
注，東觀記曰強賦一億五千萬，檻車徵下獄。
桓紀，元嘉二年十二月右北平太守和旻坐贓下獄死
又延熹九年，三月陳留太守韋毅坐贓自殺。
國立編譯館稿紙

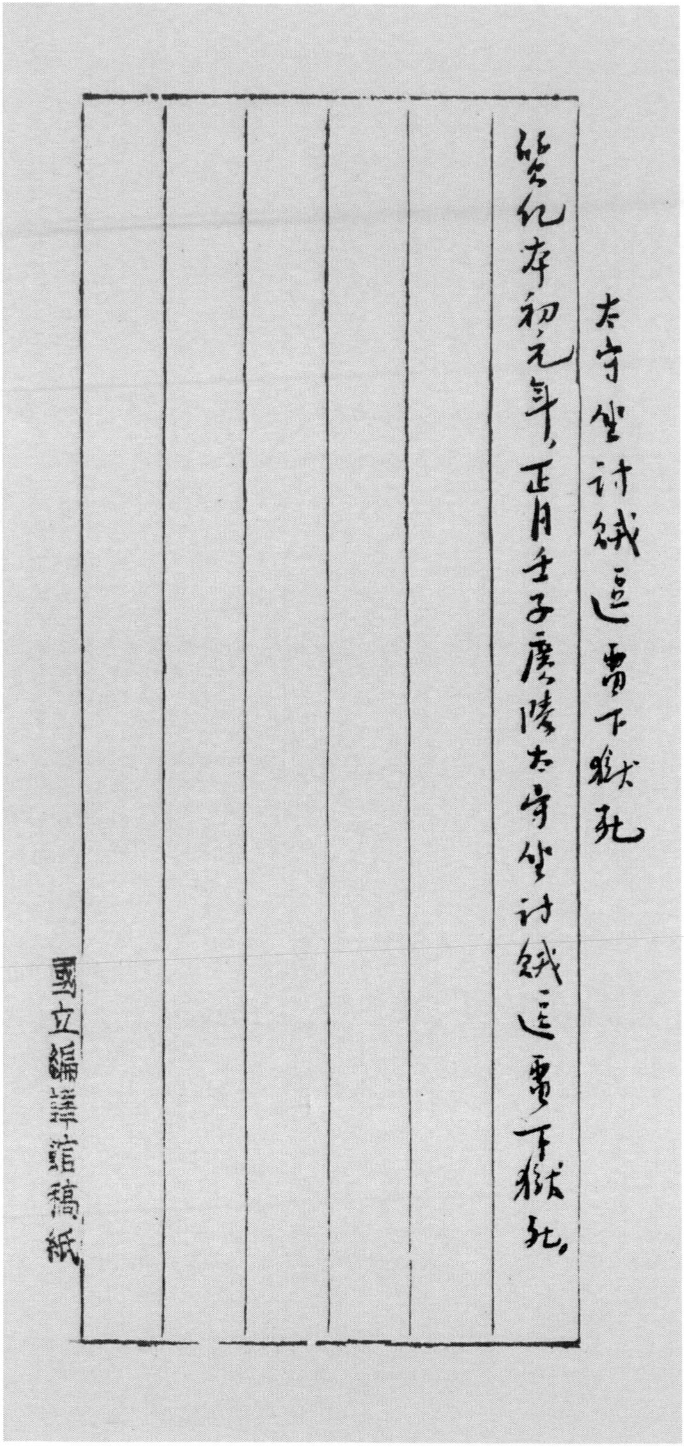
太守坐討賊逗留下獄死
質紀本初元年，正月壬子廣陵太守坐討賊逗留下獄死。
國立編譯館稿紙

太守坐討賊逗留下獄死

質紀：本初元年，正月壬子，廣陵太守王喜坐討賊逗留，下獄死。[一]

[一] 范曄：後漢書卷六孝質帝紀，第280頁。

長吏參選條件

桓紀：，本初元年七月丙戌，詔曰：「孝廉、廉吏皆當典城牧民，禁姦舉善，興化之本，恒必由之。詔書連下，分明懇惻，而在所翫習，遂至怠慢，選舉乖錯，害及元元。頃雖頗繩正，猶未懲改。方今淮夷未殄，軍師屢出，百姓疲悴，困於徵發。庶望羣吏，惠我勞民，蠲滌貪穢，以祈休祥。其令秩滿百石，十歲以上，有殊才異行，乃得參選。杜絕邪偽請託之原，令廉白守道者得信其操。」[一]

［一］范曄：後漢書卷七孝桓帝紀，第288頁。

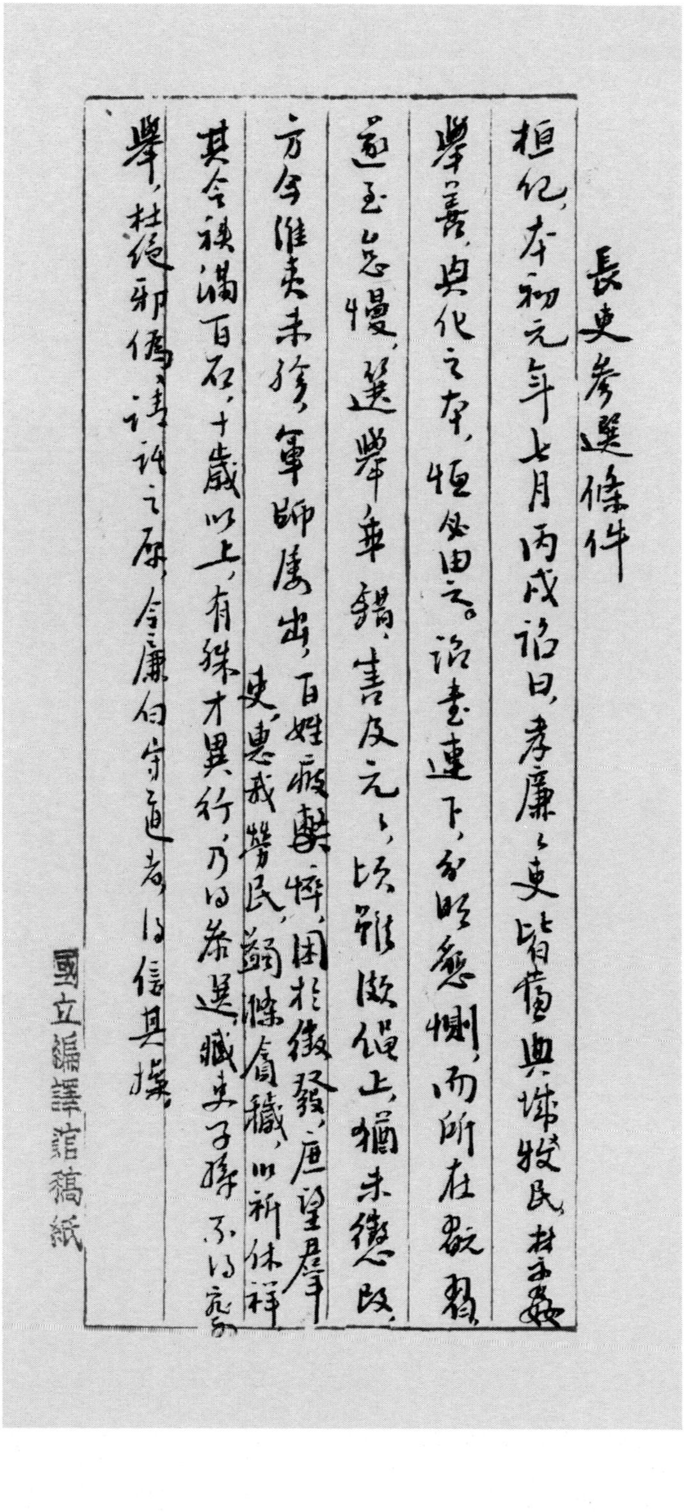
長吏參選條件
桓紀，本初元年七月丙戌詔曰，孝廉、廉吏皆當典城牧民，禁姦舉善，興化之本，恒必由之。詔書連下，分明懇惻，而所在翫習，遂至怠慢，選舉乖錯，害及元元。頃雖頗繩正，猶未懲改。方今淮夷未殄，軍師屢出，百姓疲悴，困於徵發，庶望群吏，惠我勞民，蠲滌貪穢，以祈休祥。其令秩滿百石，十歲以上，有殊才異行，乃得參選。臧吏子孫，不得察舉，杜絕邪偽請託之原，令廉白守道者得信其操。

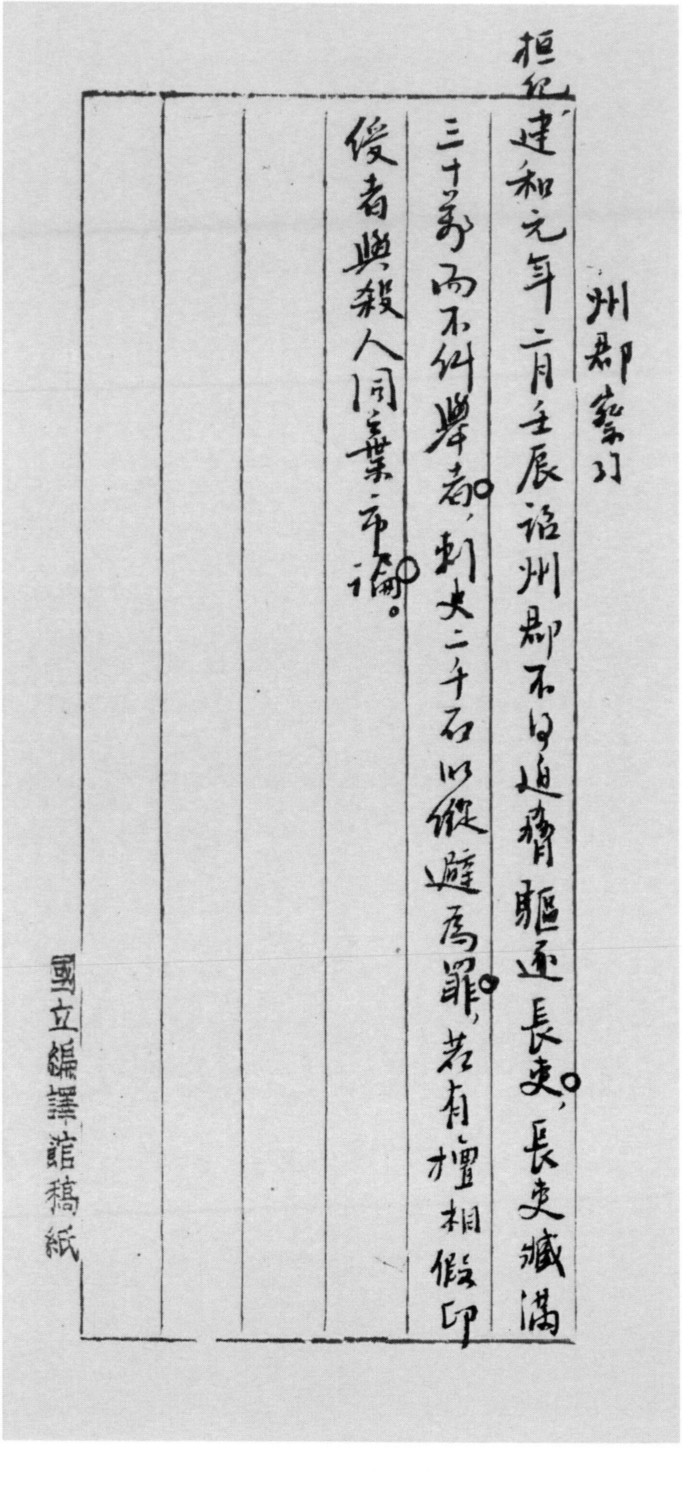
州郡察司

桓紀 建和元年二月壬辰詔州郡不得迫脅驅逐長吏，長吏臧滿三十萬而不糾舉者，刺史二千石以縱避為罪。若有擅相假印綬者與殺人同棄市論。

國立編譯館稿紙

州郡察司

桓紀：建和元年(二)〔四〕月壬辰，詔州郡不得迫脅驅逐長吏。長吏臧滿三十萬而不糾舉者，刺史、二千石以縱避為罪。若有擅相假印綬者，與殺人同棄市論。[一]

[一] 范曄：後漢書卷七孝桓帝紀，第289頁。

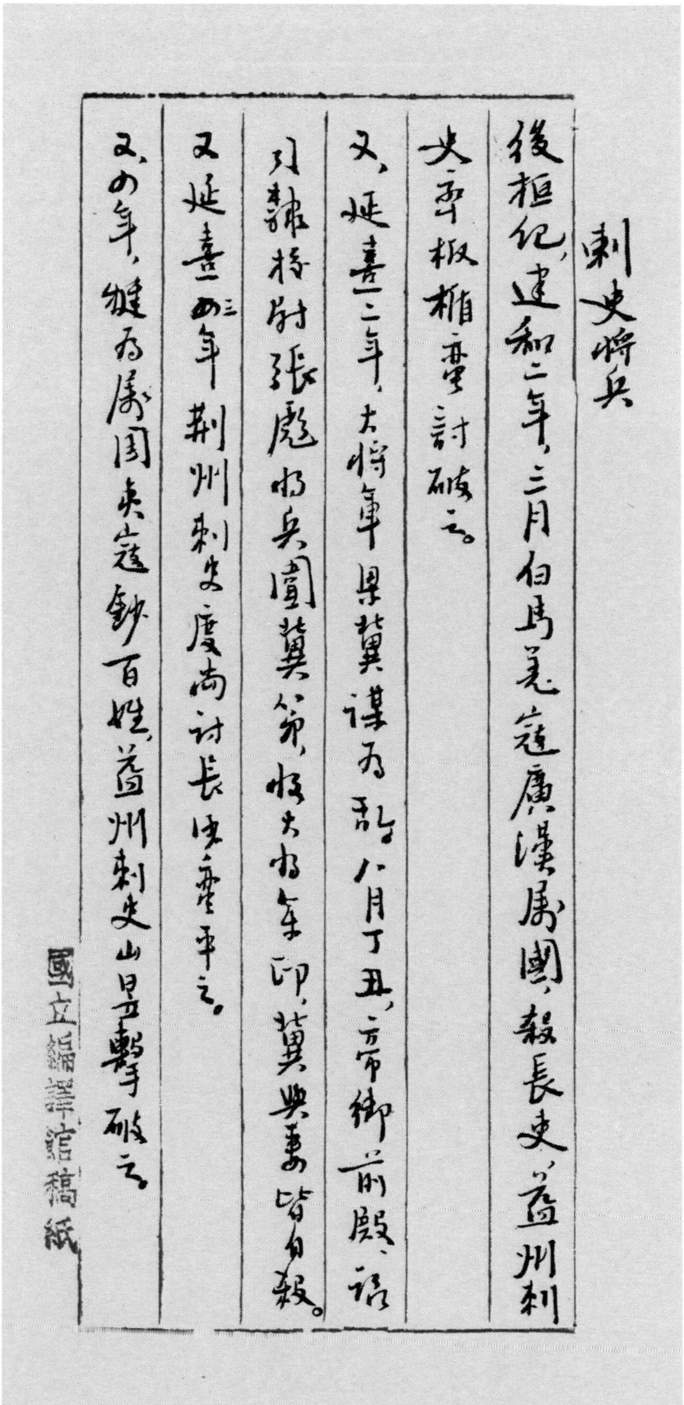
刺史將兵

後桓紀，建和二年，三月白馬羌寇廣漢屬國，殺長吏，益州刺史率板楯蠻討破之。

又，延熹二年，大將軍梁冀謀為亂，八月丁丑，帝御前殿，詔司隸校尉張彪將兵圍冀第，收大將軍印，冀與妻皆自殺。

又延熹三年，荊州刺史度尚討長沙蠻平之。

又四年，犍為屬國夷寇鈔百姓，益州刺史山昱擊破之。

國立編譯館稿紙

刺史將兵

後·桓紀：，建和二年，三月白馬羌寇廣漢屬國，殺長吏，益州刺史率板楯蠻討破之。[一]又延熹二年，大將軍梁冀謀為亂。八月丁丑，帝御前殿，詔司隸校尉張彪將兵圍冀第，收大將軍印綬，冀與妻皆自殺。[二]又延熹三年，荊州刺史度尚討長沙蠻，平之。[三]又四年，犍為屬國夷寇鈔百姓，益州刺史山昱擊破之。[四]

[一] 范曄：後漢書卷七孝桓帝紀，第292頁。

[二] 范曄：後漢書卷七孝桓帝紀，第304頁。

[三] 范曄：後漢書卷七孝桓帝紀，第307頁。

[四] 范曄：後漢書卷七孝桓帝紀，第308頁。

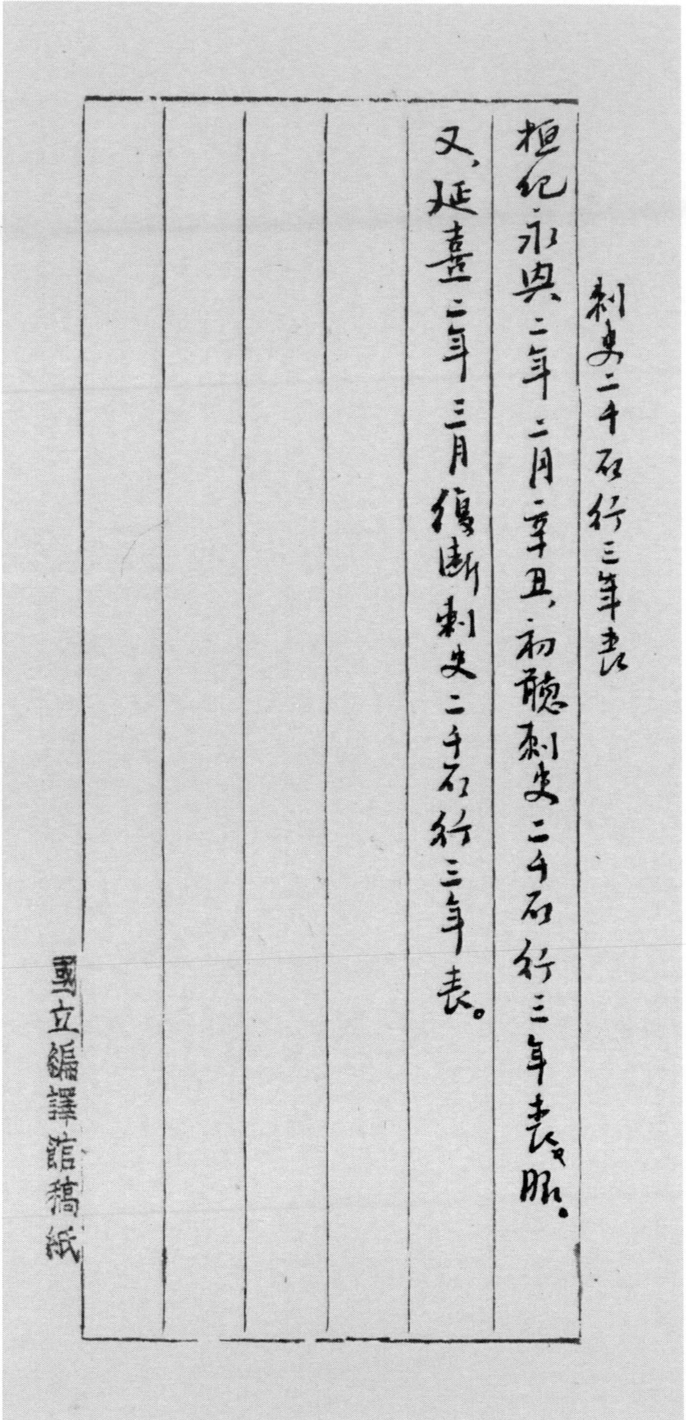
刺史二千石行三年喪
桓紀：永興二年二月辛丑，初聽刺史二千石行三年喪服。
又，延熹二年三月，復斷刺史二千石行三年喪。
國立編譯館稿紙

刺史、二千石行三年喪

桓紀：永興二年二月辛丑，初聽刺史、二千石行三年喪服。[一]又延熹二年三月，復斷刺史、二千石行三年喪。[二]

[一]范曄：後漢書卷七孝桓帝紀，第299頁。
[二]范曄：後漢書卷七孝桓帝紀，第304頁。

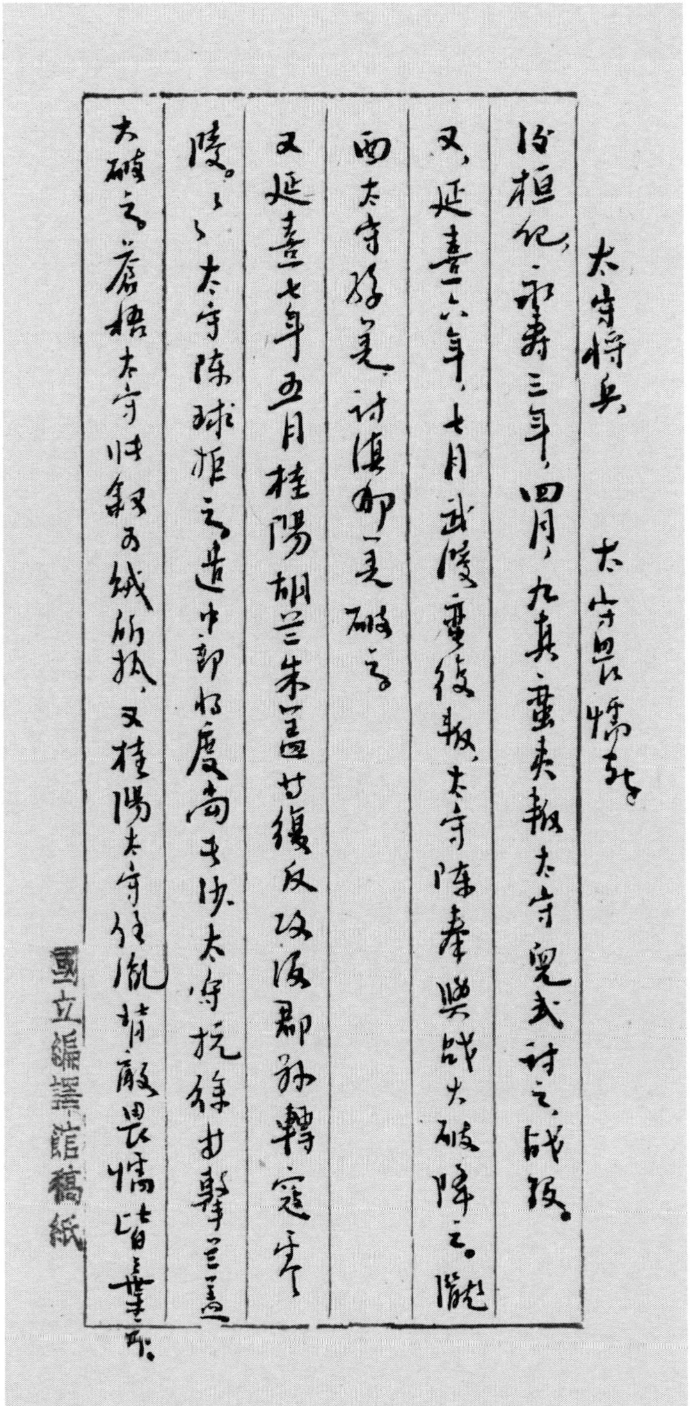
太守將兵　太守畏懦死
後桓紀：永壽三年，四月，九真蠻夷叛，太守兒式討之，戰殁。
又，延熹六年，七月，武陵蠻復叛，太守陳奉與戰，大破降之。隴
西太守孫羌，討滇那羌，破之。
又延熹七年五月，桂陽胡蘭、朱蓋等復反，攻沒郡縣，轉寇零
陵。零陵太守陳球拒之。遣中郎將度尚、長沙太守抗徐等擊蘭、蓋，
大破之。蒼梧太守張敍為賊所執。又桂陽太守任胤背敵畏懦，皆棄市。

太守將兵　太守畏懦死

後·桓紀：永壽三年，四月，九真蠻夷叛，太守兒式討之，戰歿。[一]又延熹六年，七月武陵蠻復叛，太守陳奉與戰，大破降之。[二]隴西太守孫羌討滇那羌，破之。[二]又延熹（七年五月）（八年六月），桂陽胡蘭、朱蓋等復反，攻沒郡縣，轉寇零陵，零陵太守陳球拒之；遣中郎將度尚、長沙太守抗徐等擊蘭、蓋，大破斬之。蒼梧太守張敍為賊所執，又桂陽太守任胤背敵畏懦，皆棄市。[三]

[一] 范曄：後漢書卷七孝桓帝紀，第302頁。

[二] 范曄：後漢書卷七孝桓帝紀，第312頁。

[三] 范曄：後漢書卷七孝桓帝紀，第315頁。

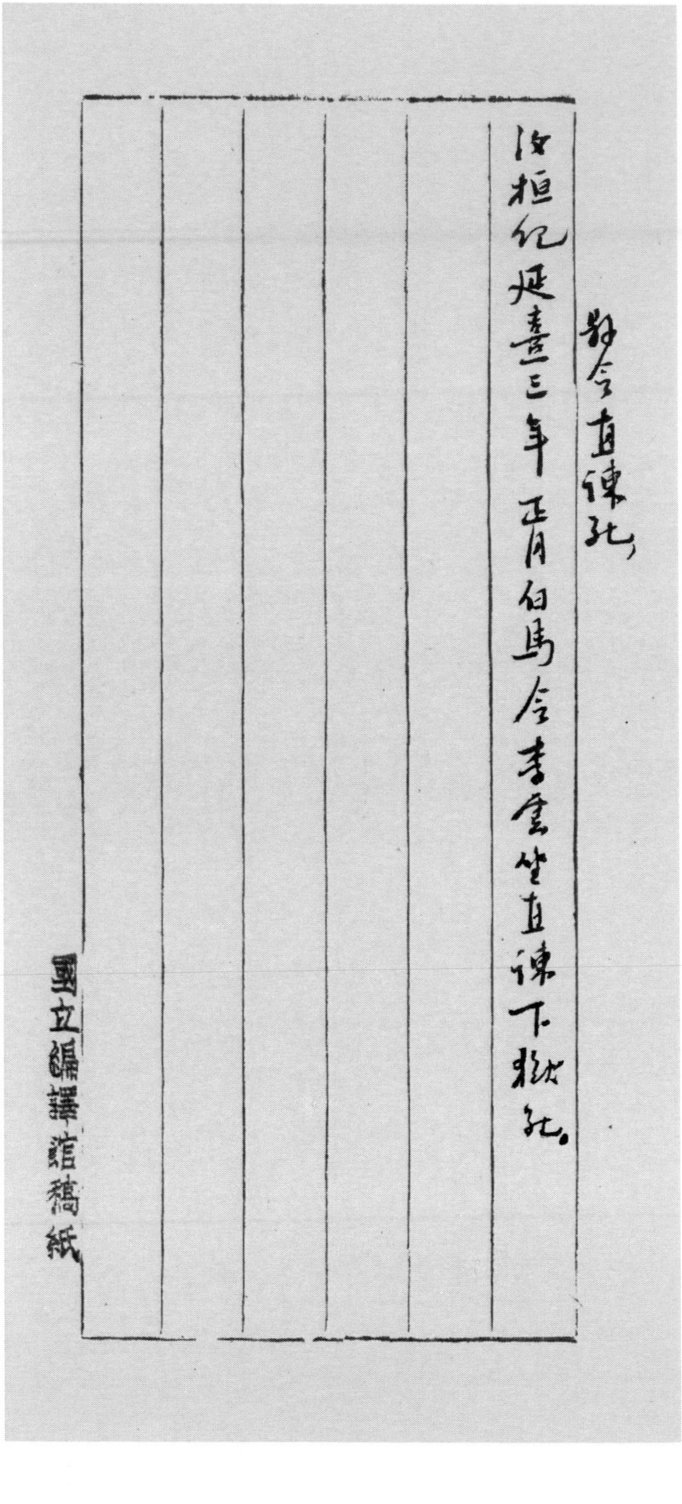
縣令直諫死

後桓紀延熹三年正月白馬令李雲坐直諫下獄死。

國立編譯館稿紙

縣令直諫死

後·桓紀：延熹三年正月，白馬令李雲坐直諫，下獄死。[一]

[一] 范曄：後漢書卷七孝桓帝紀，第307頁。

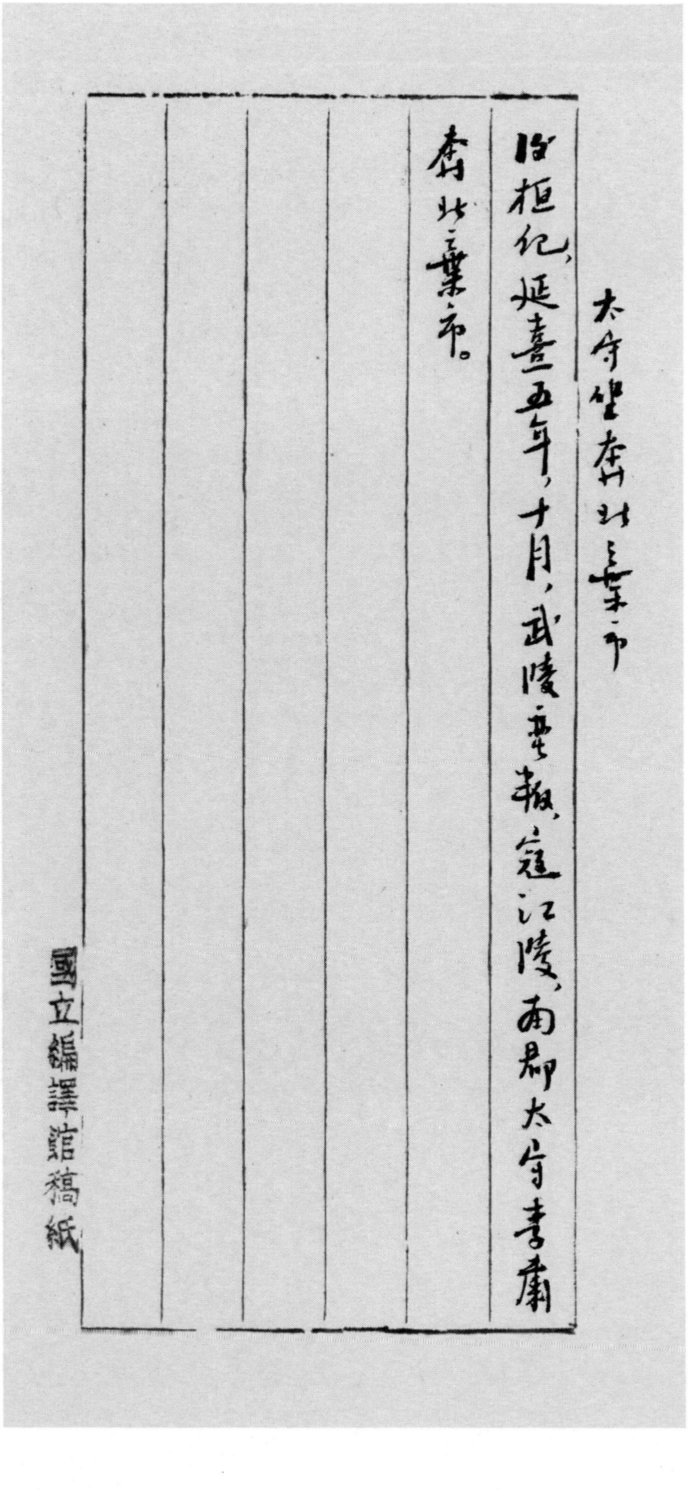
太守坐奔北棄市
後桓紀，延熹五年，十月，武陵蠻叛，寇江陵，南郡太守李肅
奔北棄市。

太守坐奔北棄市

後·桓紀：延熹五年，十月，武陵蠻叛，寇江陵，南郡太守李肅坐奔北棄市。[一]

[一] 范曄：後漢書卷七孝桓帝紀，第311頁。

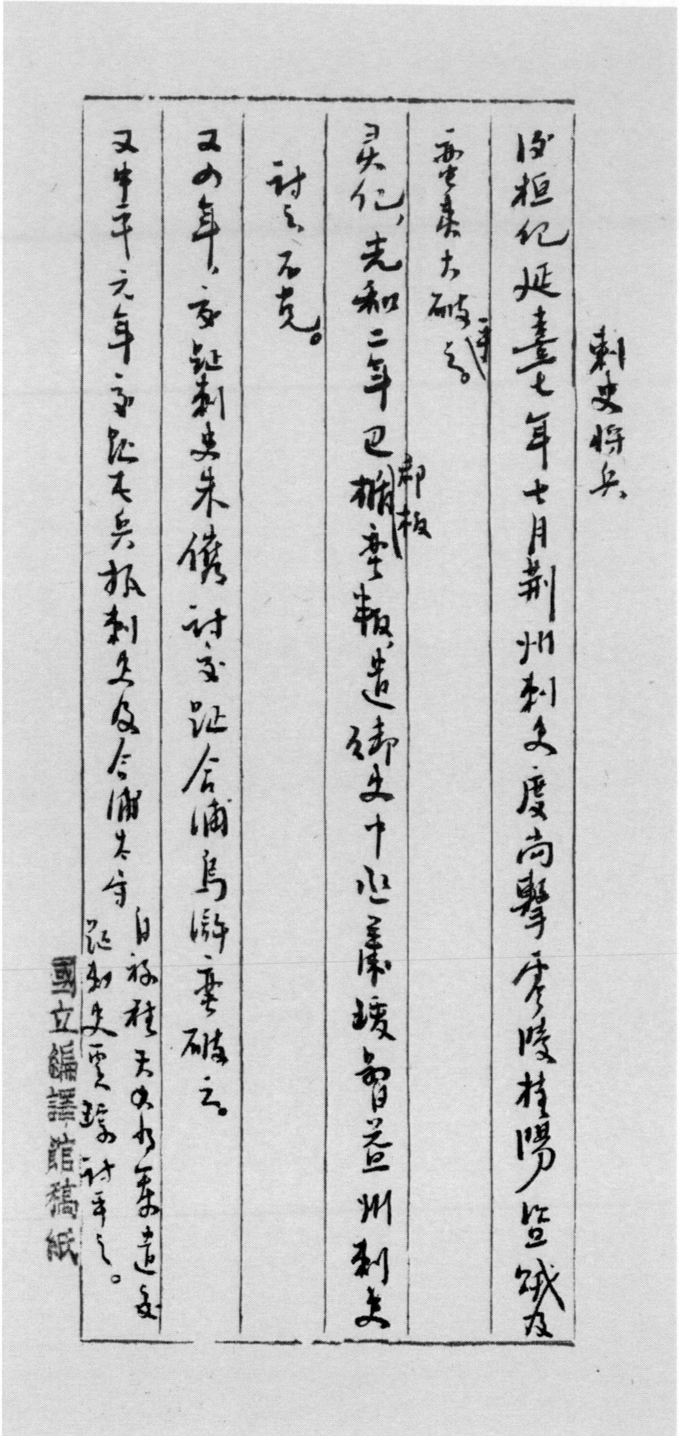
刺史將兵

後桓紀延熹七年七月荊州刺史度尚擊零陵桂陽盜賊及蠻夷大破平之。

靈紀，光和二年巴郡板楯蠻叛，遣御史中丞蕭瑗督益州刺史討之不克。

又四年，交阯刺史朱儁討交阯合浦烏滸蠻破之。

又中平元年，交阯屯兵執刺史及合浦太守來達，自稱柱天將軍，遣交阯刺史賈琮討平之。

國立編譯館稿紙

刺史將兵

後·桓紀：延熹七年七月，荊州刺史度尚擊零陵、桂陽盜賊及蠻夷，大破平之。[一]靈紀：光和二年，巴郡板楯蠻叛，遣御史中丞蕭瑗督益州刺史討之，不克。[二]又四年，交阯刺史朱儁討交阯、合浦烏滸蠻，破之。[三]又中平元年，交阯屯兵執刺史及合浦太守來達，自稱「柱天將軍」，遣交阯刺史賈琮討平之。[四]

[一]范曄：後漢書卷七孝桓帝紀，第313頁。

[二]范曄：後漢書卷八孝靈帝紀，第343頁。

[三]范曄：後漢書卷八孝靈帝紀，第345頁。

[四]范曄：後漢書卷八孝靈帝紀，第349頁。

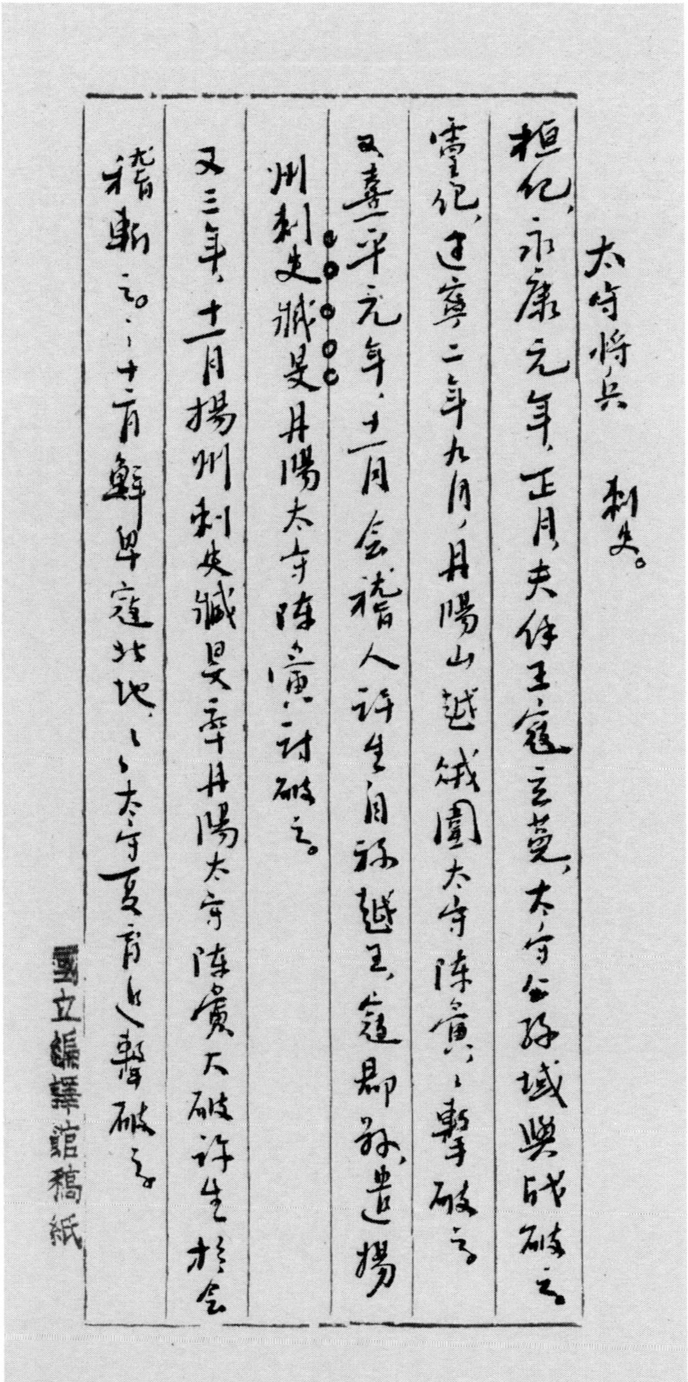
太守將兵　刺史。
桓紀，永康元年，正月夫餘王寇玄菟，太守公孫域與戰破之
靈紀，建寧二年九月，丹陽山越賊圍太守陳夤，夤擊破之
又熹平元年，十一月會稽人許生自稱越王，寇郡縣，遣揚州刺史臧旻丹陽太守陳夤討破之
又三年，十一月揚州刺史臧旻率丹陽太守陳夤大破許生於會稽斬之……十二月鮮卑寇北地，北地太守夏育追擊破之
國立編譯館稿紙

太守將兵　刺史

桓紀：永康元年，正月，夫餘王寇玄菟，太守公孫域與戰，破之。[一]靈紀：建寧二年九月，丹陽山越賊圍太守陳夤，夤擊破之。[二]又熹平元年，十一月，會稽人許生自稱「越王」，寇郡縣，遣揚州刺史臧旻、丹陽太守陳夤討破之。[三]又三年，十一月揚州刺史臧旻率丹陽太守陳夤，大破許生於會稽，斬之……十二月，鮮卑寇北地，北地太守夏育追擊破之。[四]

[一] 范曄：後漢書卷七孝桓帝紀，第319頁。
[二] 范曄：後漢書卷八孝靈帝紀，第330頁。
[三] 范曄：後漢書卷八孝靈帝紀，第334頁。
[四] 范曄：後漢書卷八孝靈帝紀，第336頁。

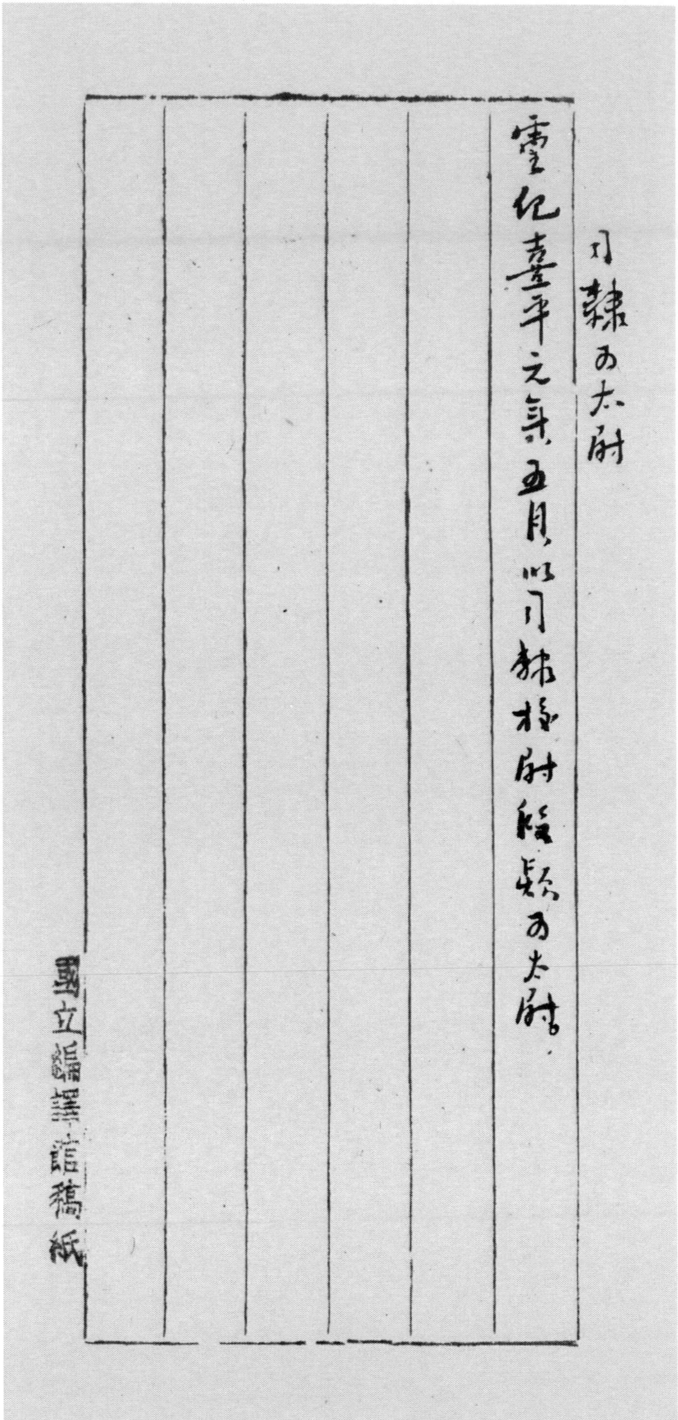
司隸為太尉
靈紀熹平元年五月以司隸校尉段熲為太尉
國立編譯館稿紙

司隸為太尉

靈紀：熹平（元）〔二〕年，五月，以司隸校尉段熲為太尉。〔一〕

〔一〕范曄：後漢書卷八孝靈帝紀，第334頁。

國相誣王死

靈紀：熹平(元)〔二〕年五月，沛(當作陳)相師遷坐誣罔國王，下獄死。〔一〕

〔一〕范曄：後漢書卷八孝靈帝紀，第334頁。

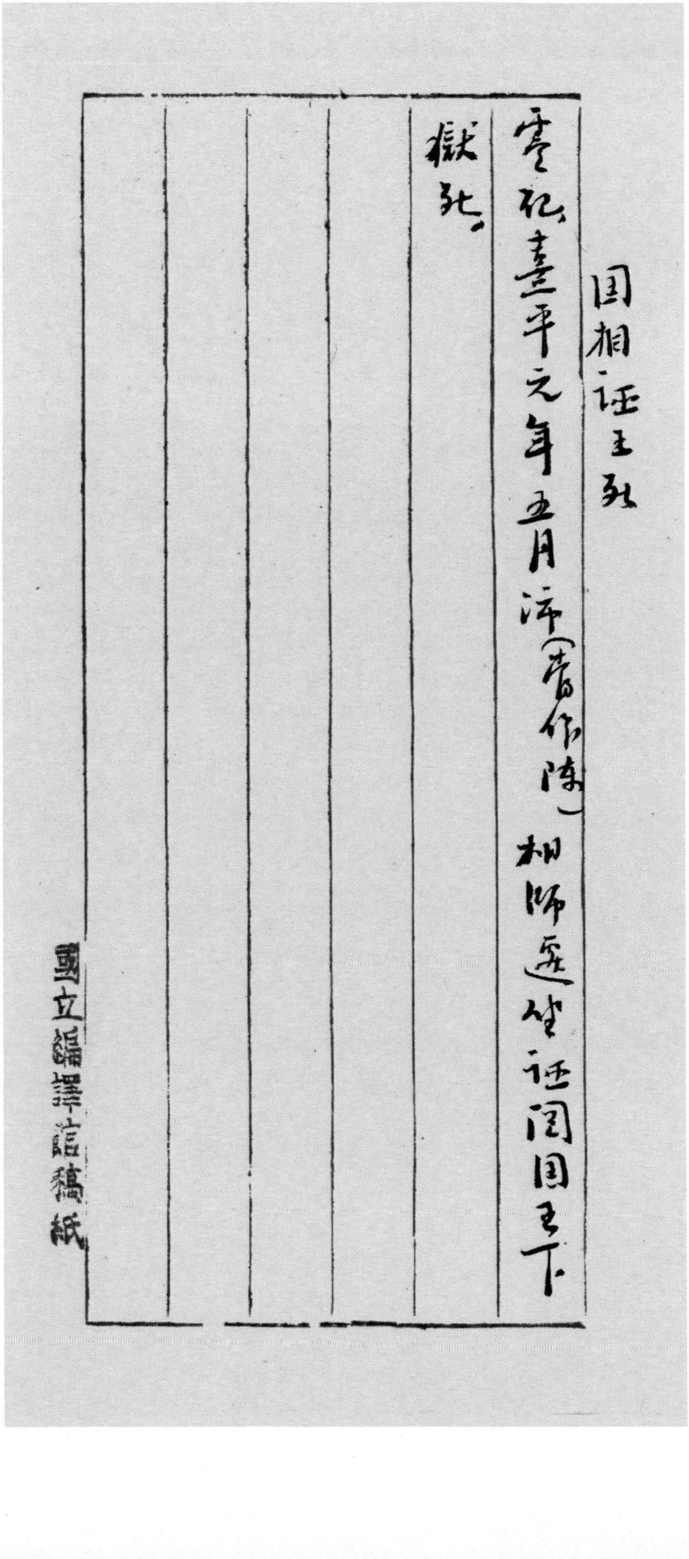
國相誣王死

靈紀：熹平元年五月沛（當作陳）相師遷坐誣罔國王下獄死。

國立編譯館稿紙

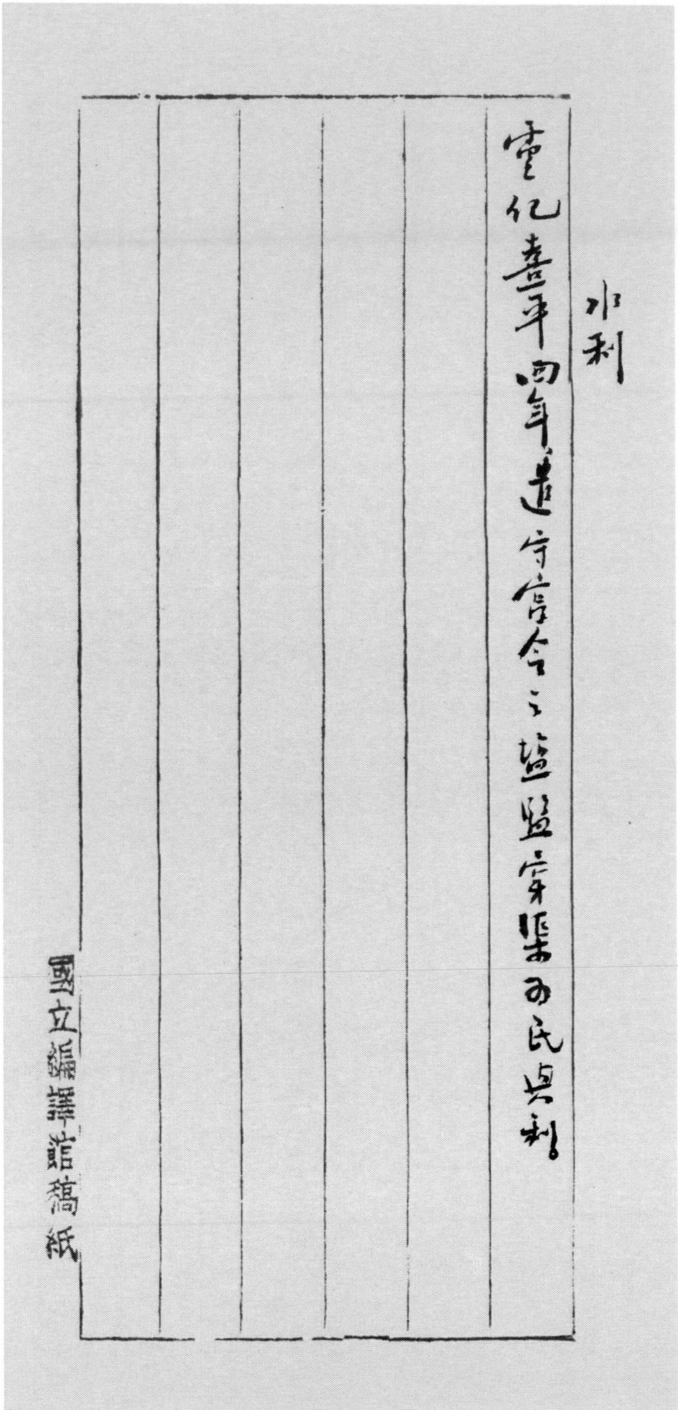
水利
靈紀熹平四年遣守宮令之鹽監穿渠為民興利
國立編譯館稿紙

水利

靈纪：熹平四年，遣守宮令之鹽監，穿渠為民興利。[一]

[一] 范曄：後漢書卷八孝靈帝紀，第337頁。

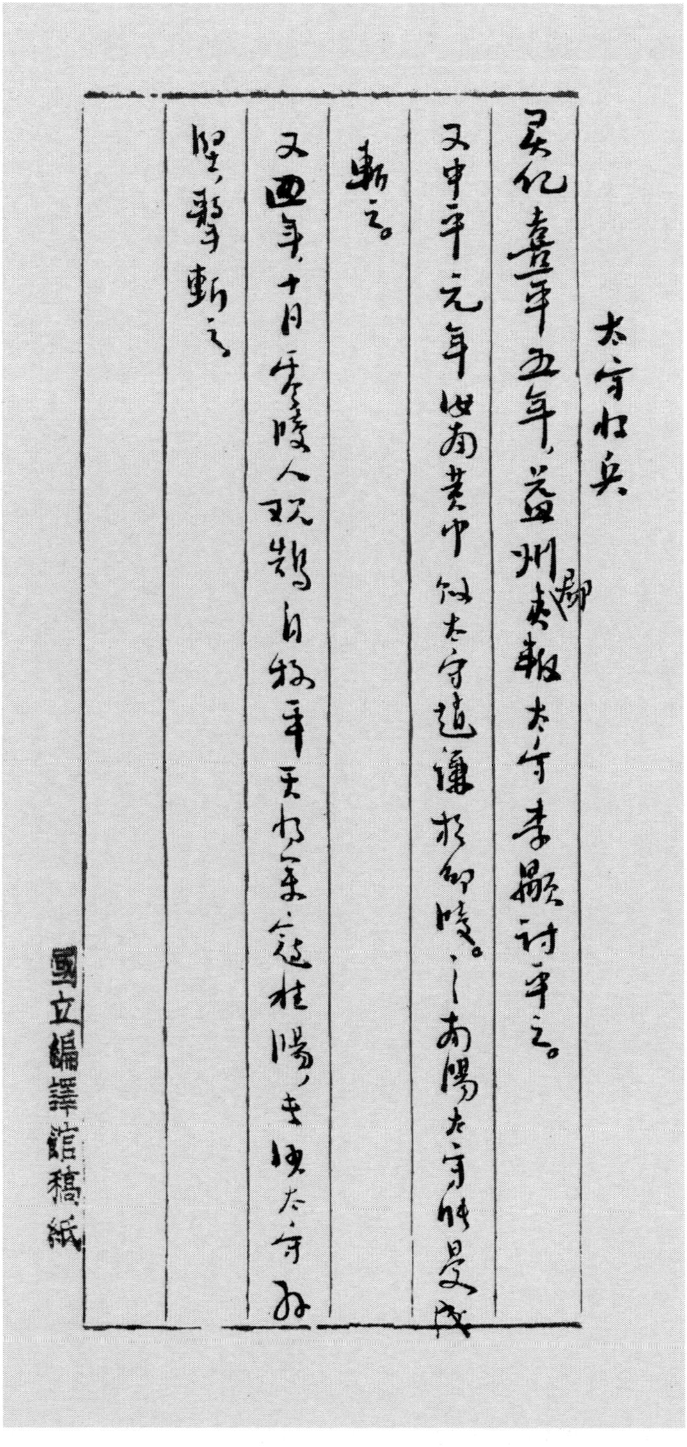
太守將兵
靈紀熹平五年，益州郡夷叛，太守李顒討平之。
又中平元年，汝南黃巾敗太守趙謙於邵陵。……南陽太守秦頡擊張曼成，
斬之。
又四年十月，零陵人觀鵠自稱平天將軍，寇桂陽，長沙太守孫
堅，擊斬之。
國立編譯館稿紙

太守將兵

靈紀：熹平五年，益州郡夷叛，太守李顒討平之。[一]又中平元年，汝南黃巾敗太守趙謙於邵陵……南陽太守秦頡擊張曼成，斬之。[二]又四十月，年零陵人觀鵠自稱「平天將軍」，寇桂陽，長沙太守孫堅擊斬之。[三]

[一] 范曄：後漢書卷八孝靈帝紀，第337頁。

[二] 范曄：後漢書卷八孝靈帝紀，第349頁。

[三] 范曄：後漢書卷八孝靈帝紀，第354頁。

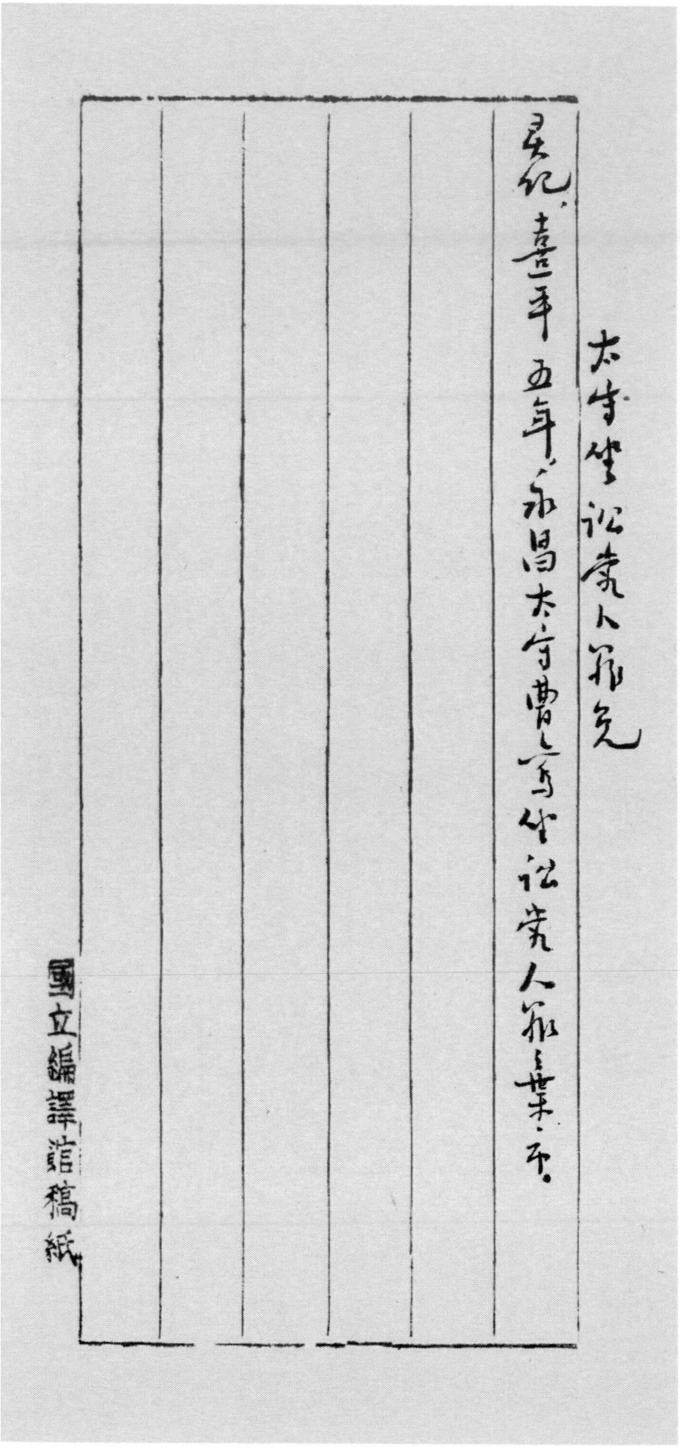
太守坐訟黨人罪免
靈紀，熹平五年，永昌太守曹鸞坐訟黨人罪，棄市。
國立編譯館稿紙

太守坐訟黨人罪免

靈纪：熹平五年，永昌太守曹鸞坐訟黨人，棄市。[一]

[一] 范曄：後漢書卷八孝靈帝紀，第338頁。

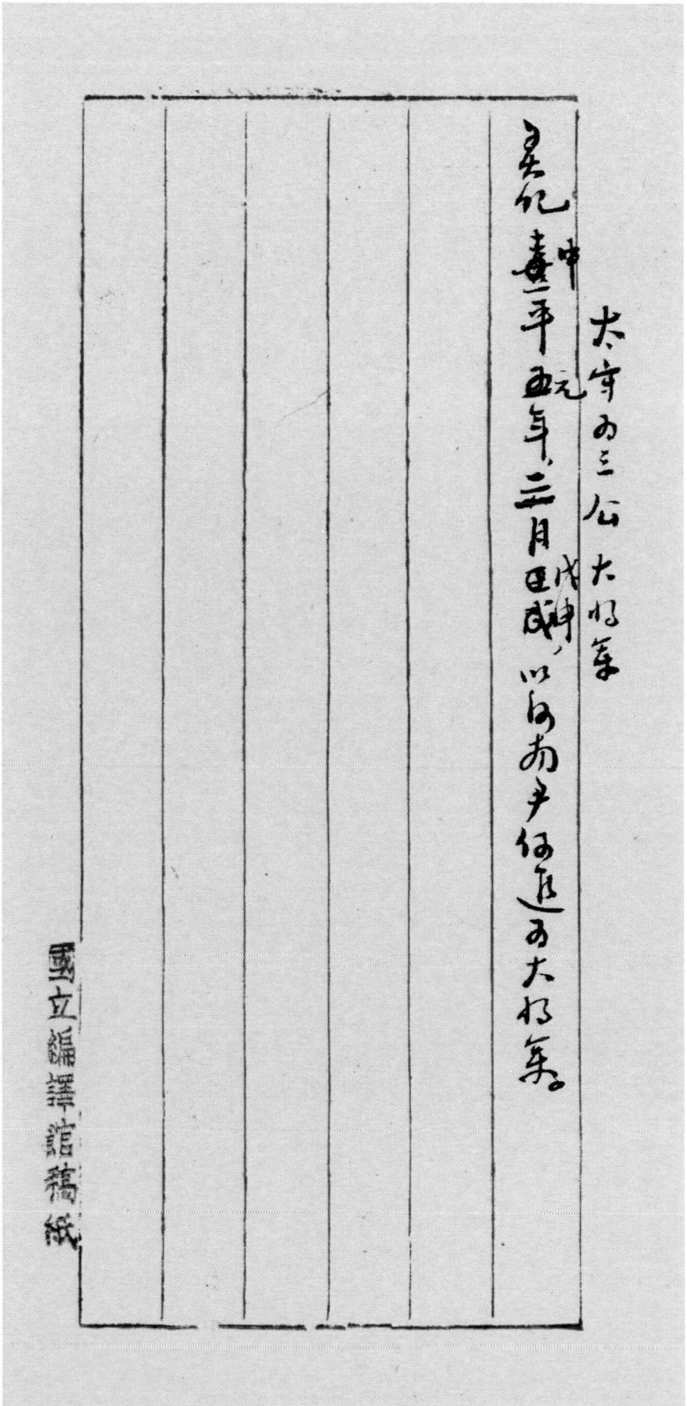

太守為三公、大將軍

靈紀：中平元年，三月戊申，以河南尹何進為大將軍。[一]

[一] 范曄：後漢書卷八孝靈帝紀，第348頁。

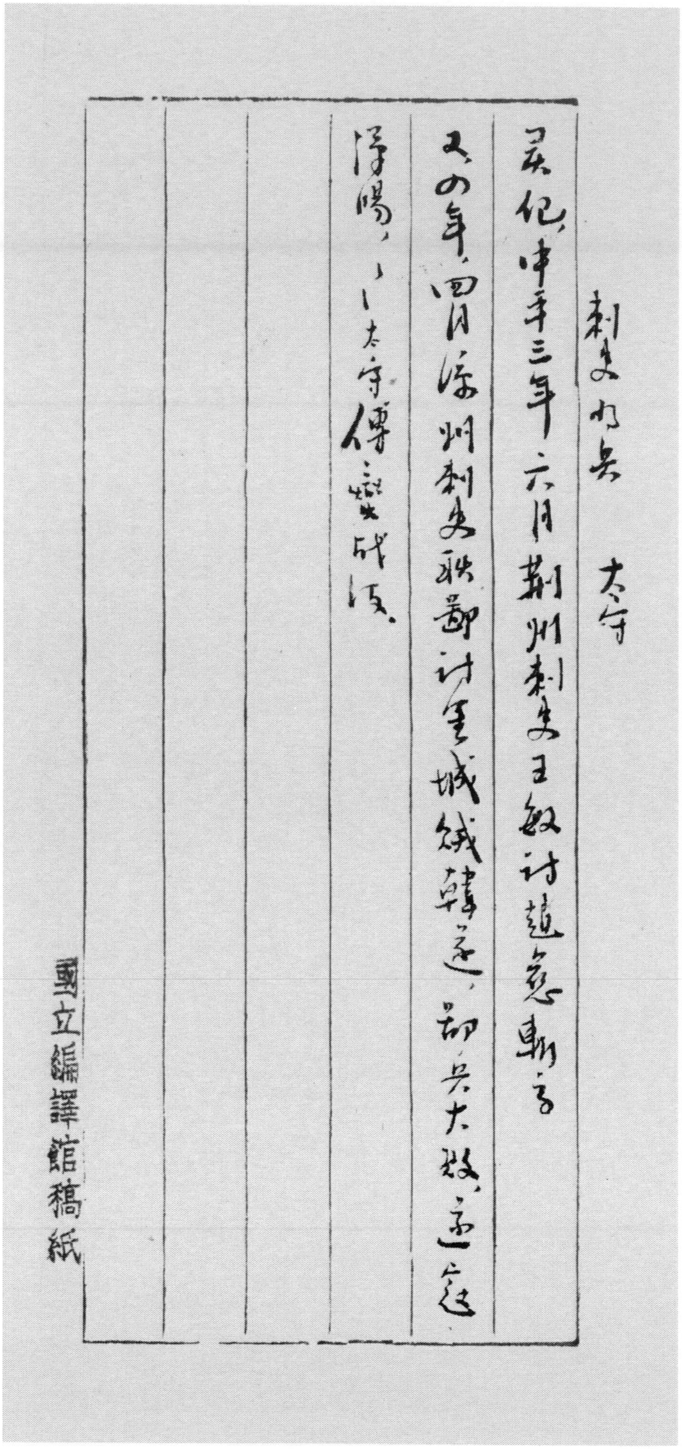

刺史將兵　太守

靈紀，中平三年，六月，荊州刺史王敏討趙慈，斬之

又四年，四月，涼州刺史耿鄙討金城賊韓遂，鄙兵大敗，遂寇

漢陽，漢陽太守傅燮戰沒。

國立編譯館稿紙

刺史將兵　太守

靈紀：中平三年，六月，荊州刺史王敏討趙慈，斬之。[一]又四年，四月，涼州刺史耿鄙討金城賊韓遂，鄙兵大敗，遂寇漢陽，漢陽太守傅燮戰沒。[二]

[一] 范曄：後漢書卷八孝靈帝紀，第353頁。

[二] 范曄：後漢書卷八孝靈帝紀，第354頁。

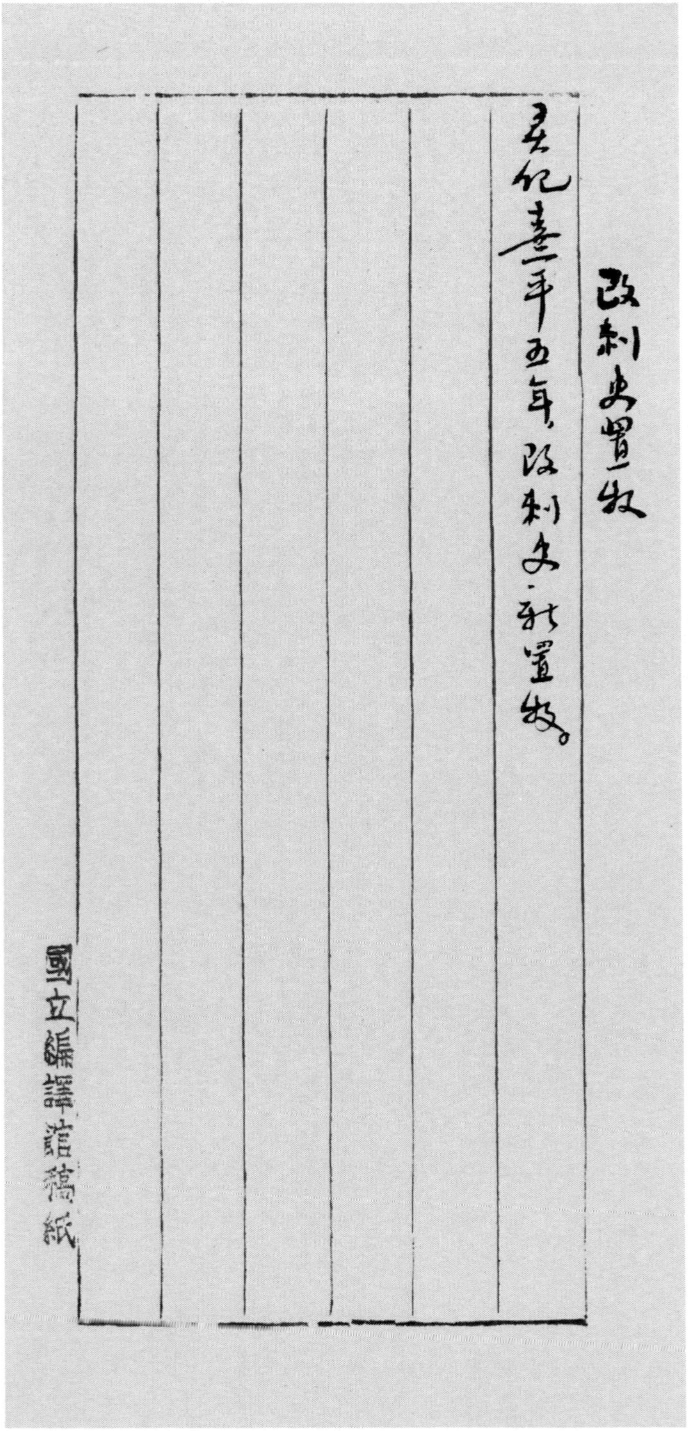
改刺史置牧

靈紀：中平五年，改刺史，新置牧。

改刺史置牧

靈纪：中平五年，改刺史，新置牧。[一]

[一] 范曄：後漢書卷八孝靈帝紀，第357頁。

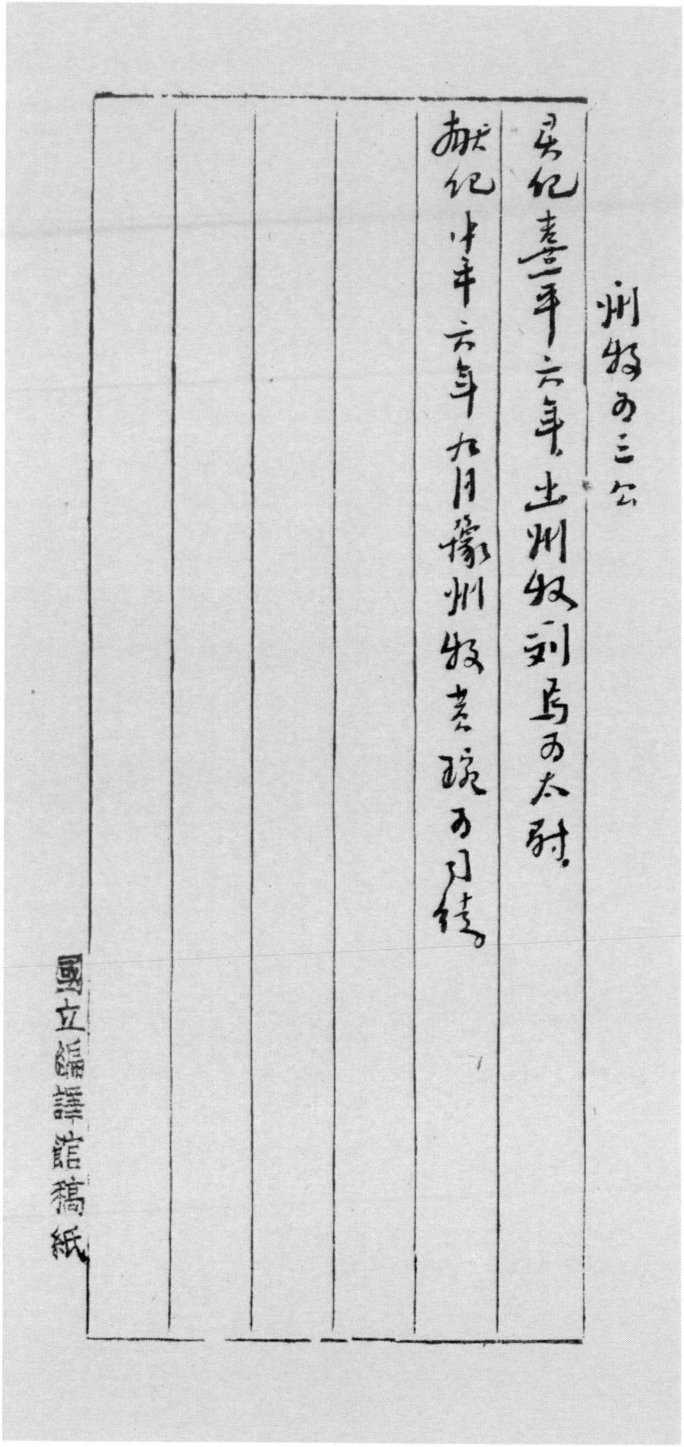
州牧為三公
靈紀中平六年幽州牧劉虞為太尉
獻紀中平六年九月豫州牧黃琬為司徒
國立編譯館稿紙

州牧為三公

靈紀：中平六年，幽州牧劉虞為太尉。[一]獻紀：中平六年九月，豫州牧黃琬為司徒。[二]

[一] 范曄：後漢書卷八孝靈帝紀，第357頁。
[二] 范曄：後漢書卷九孝獻帝紀，第368頁。

太守將兵

後·龐萌傳：萌潛出，襲取贛榆，琅邪太守陳俊攻之。[一]

[一] 范曄：後漢書卷十二龐萌傳，第497頁。

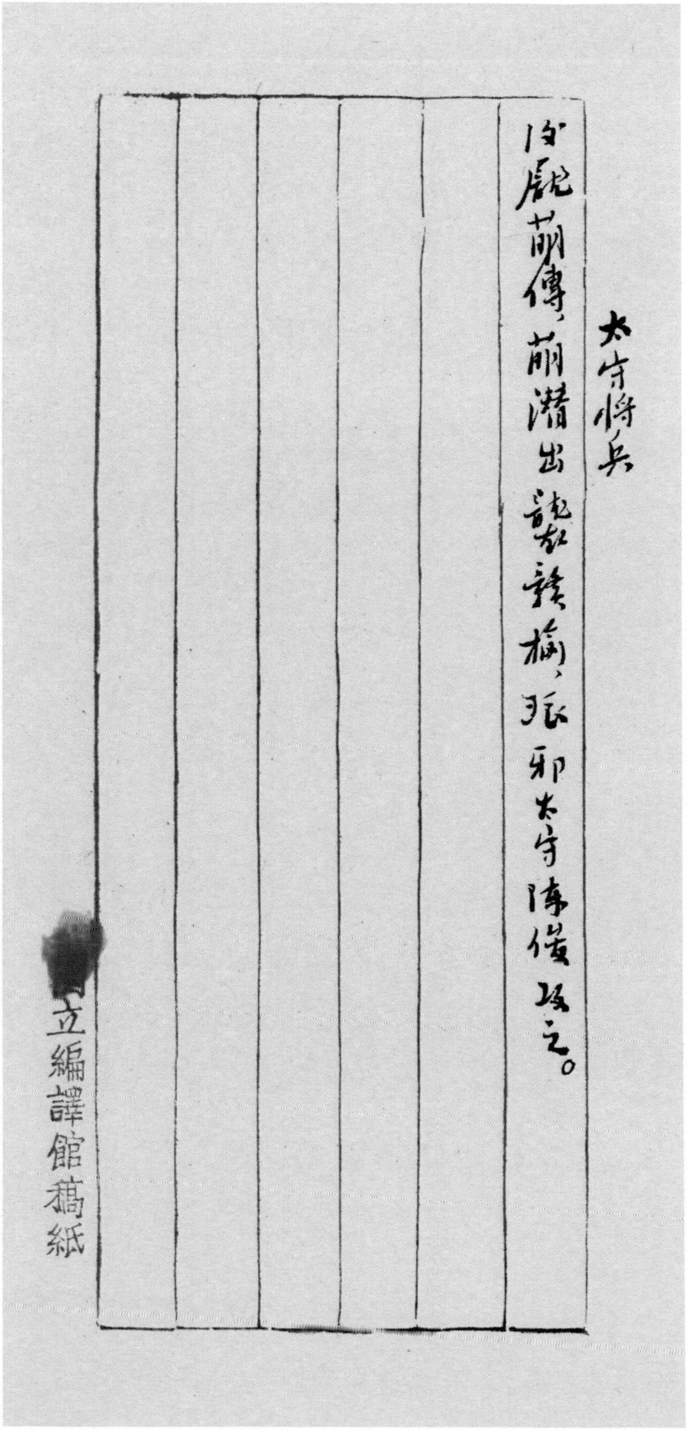

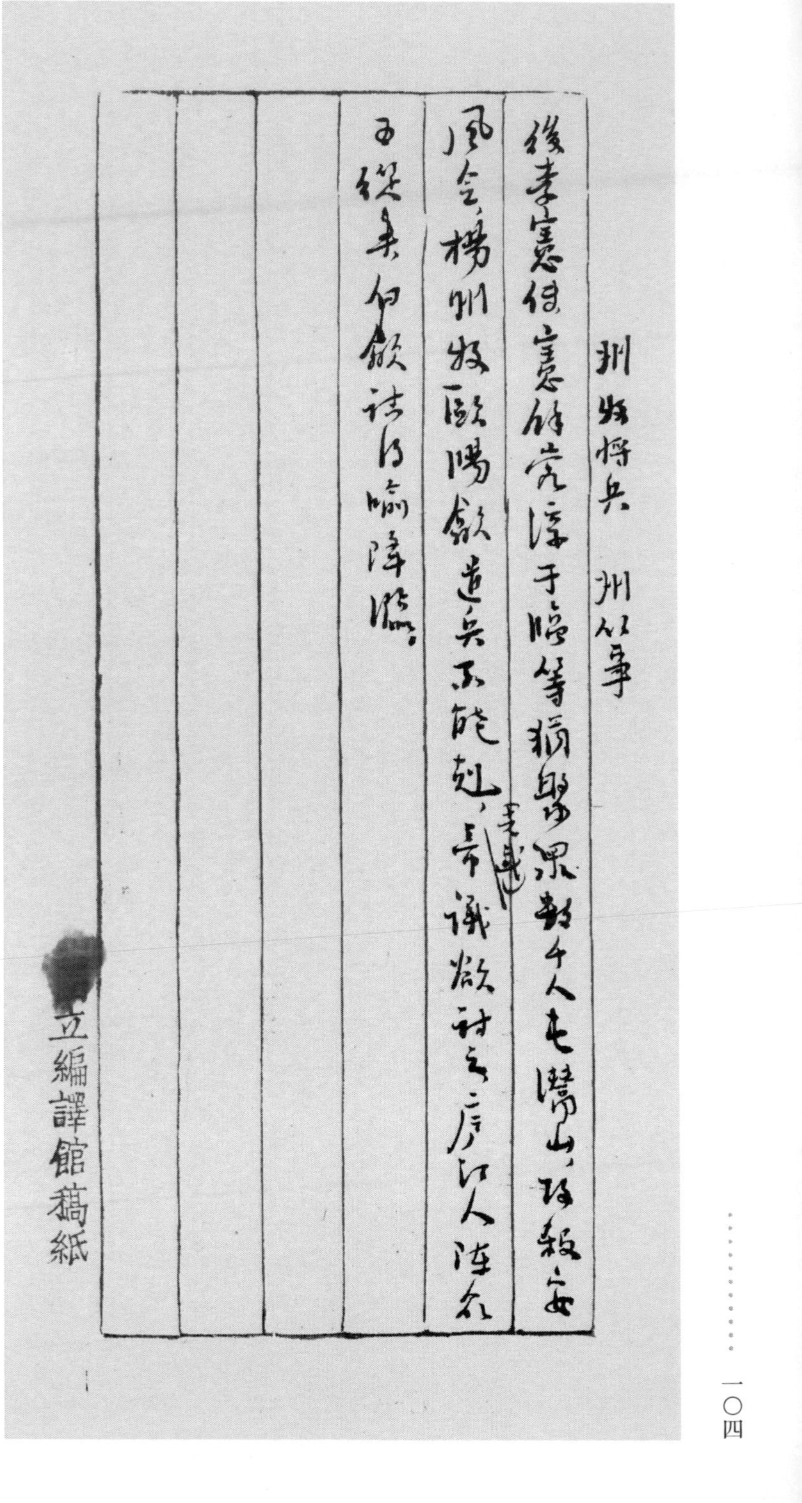

州牧將兵　州從事

後李憲傳：憲餘黨淳于臨等猶聚衆數千人，屯灊山，攻殺安風令。揚州牧歐陽歆遣兵不能克，帝議欲討之。廬江人陳衆為從事，白歆請得喻降臨。

州牧將兵　州從事

後・李憲傳：憲餘黨淳于臨等猶聚衆數千人，屯灊山，攻殺安風令。揚州牧歐陽歆遣兵不能克，帝議欲討之。廬江人陳衆為從事，白歆請得喻降臨。[一]

[一] 范曄：後漢書卷十二李憲傳，第501頁。

縣令、相國以墾田不實死

後・隗囂傳：（王）元字惠孟，初拜上蔡令，遷東平相，坐墾田不實，下獄死。[一]公孫述傳：哀帝時，以父任為郎。後父仁為河南都尉，而述補清水長。仁以述年少，遣門下掾隨之官。月餘，掾辭歸，白仁曰：「述非待教者也。」後，太守以其能，使兼攝五縣，政事修理，姦盜不發，郡州謂有鬼神。[二]

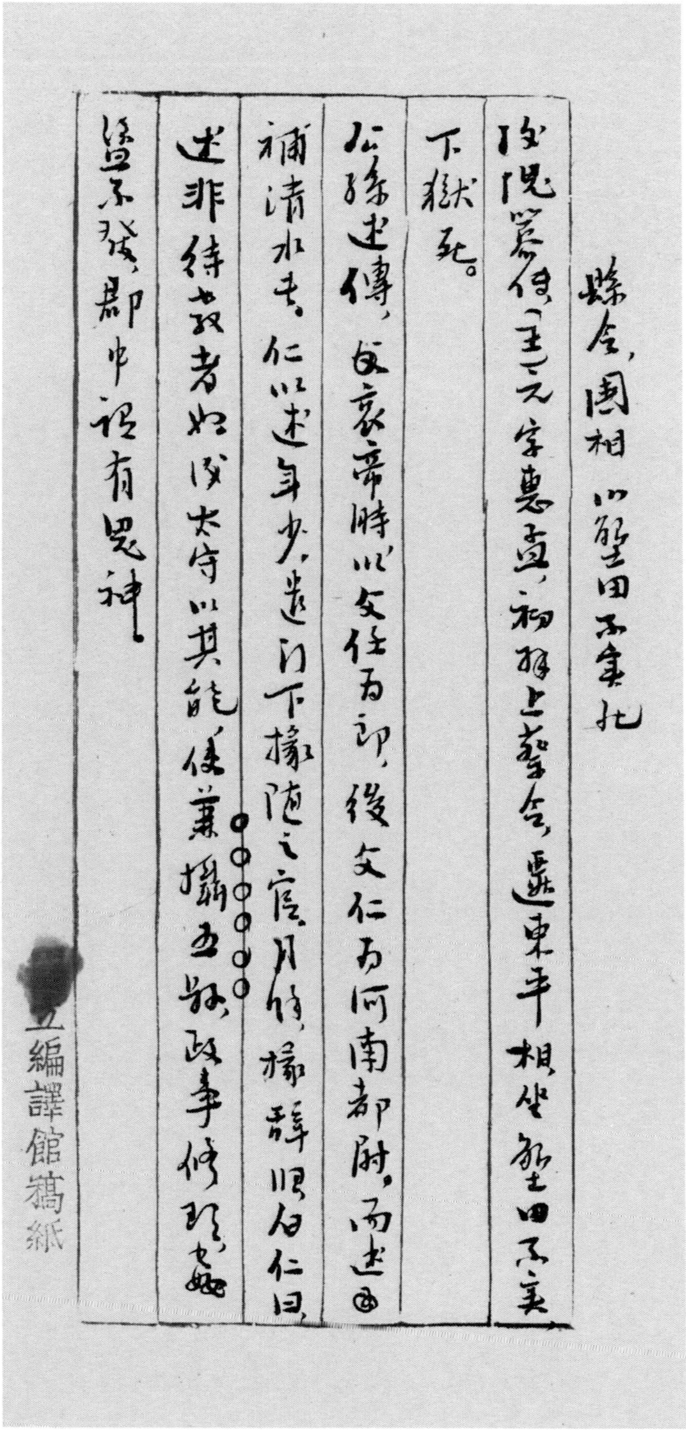

縣令，國相以墾田不實死

後隗囂傳，（王）元字惠孟，初拜上蔡令，遷東平相，坐墾田不實

下獄死。

公孫述傳，哀帝時以父任為郎，後父仁為河南都尉，而述西

補清水長，仁以述年少，遣門下掾隨之官，月餘，掾辭歸，白仁曰，

述非待教者如此太守以其能，使兼攝五縣，政事修理，姦

盜不發，郡中謂有鬼神

[一] 范曄：後漢書卷十三隗囂傳，第531頁。

[二] 范曄：後漢書卷十三公孫述傳，第533頁。

王侯為縣令

後・齊武王縯傳：（縯子）章少孤，光武感伯升功業不就，撫育恩愛甚篤，以其少貴，欲令親吏事，故使試守平陰令，遷梁郡太守。[一] 宗室四王傳：（北海靖王）興，其歲（建武十五年）試守緱氏令。為人有明略，善聽訟，甚得名稱。遷弘農太守，亦有善政。視事四年，上疏乞骸骨。[二]

[一] 范曄：後漢書 卷十四齊武王縯傳，第553頁。

[二] 范曄：後漢書卷十四北海靖王興傳，第556頁。

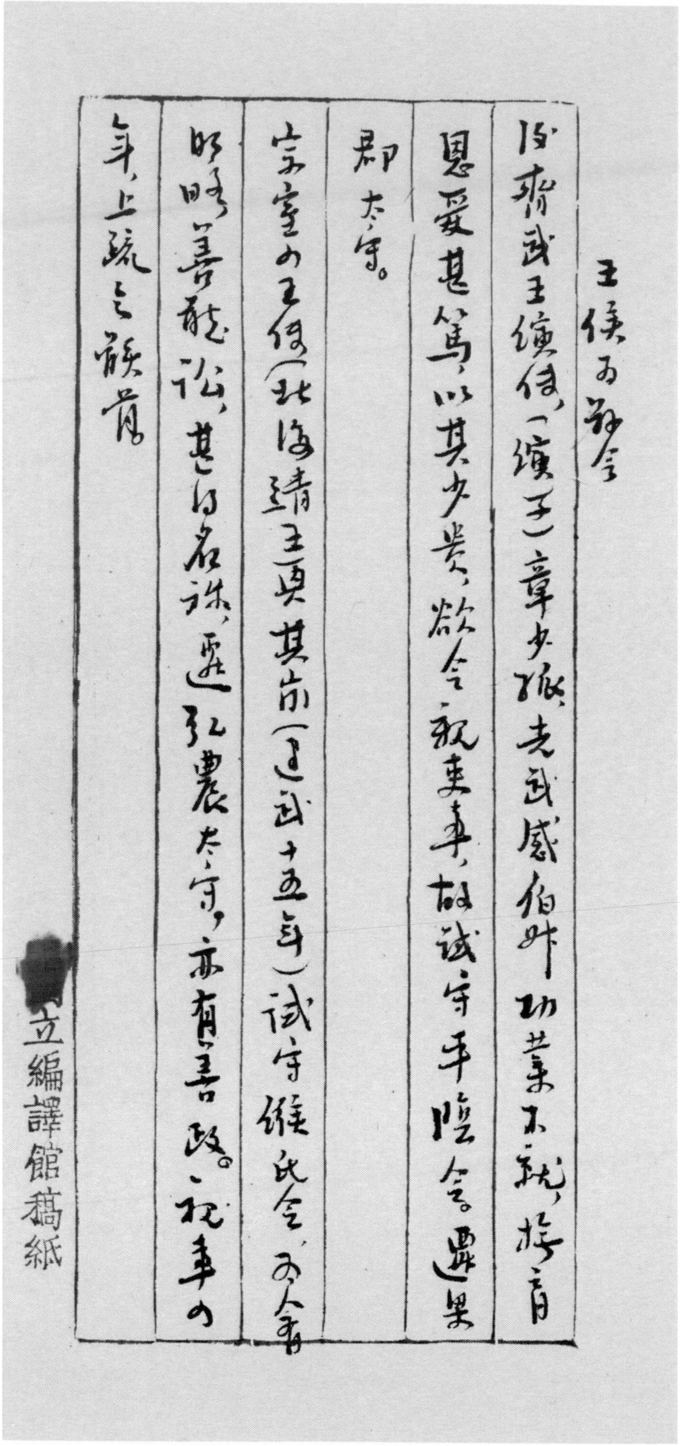
王侯為縣令

後齊武王縯傳，（縯子）章少孤，光武感伯升功業不就，撫育恩愛甚篤，以其少貴，欲令親吏事，故試守平陰令，遷梁郡太守。

宗室四王傳（北海靖王）興其歲（建武十五年）試守緱氏令，為人有明略，善聽訟，甚得名稱，遷弘農太守，亦有善政。視事四年，上疏乞骸骨

立編譯館稿紙

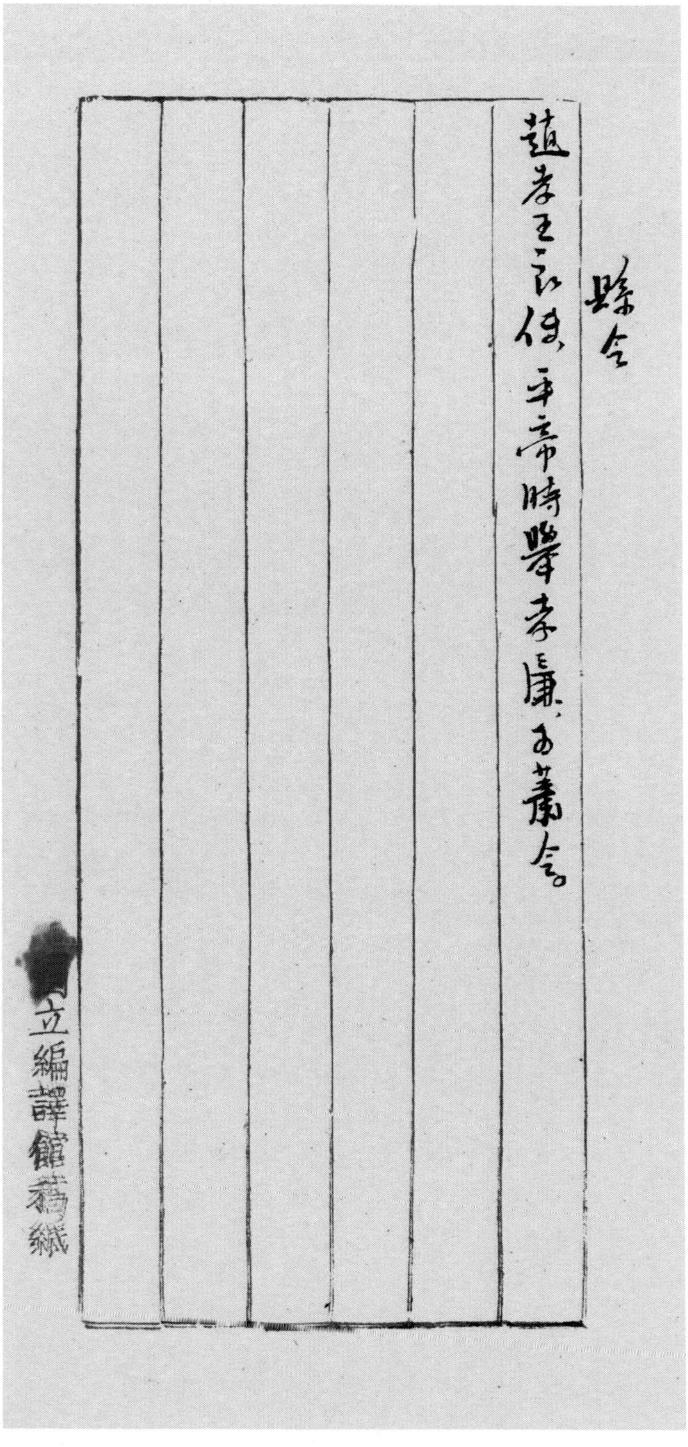

縣令

趙孝王良傳：平帝時舉孝廉，為蕭令。[一]

[一] 范曄：後漢書卷十四趙孝王良傳，第558頁。

太守治行州自為第　縣令

後・鄧晨傳：晨好樂郡職，由是復拜為中山太守。吏民稱之，常為冀州高第……入奉朝請，復為汝南太守……復徵奉朝請。[一]後・黨錮・劉祐傳：除任城令，兗州舉為尤異，遷揚州刺史。[二]後・儒林・伏恭傳：以任為郎，建武四年，除劇令。視事十三年，以惠政公廉聞。青州舉為尤異，太常試經第一，拜博士。[三]

[一]范曄：後漢書卷十五鄧晨傳，第584頁。

[二]范曄：後漢書卷六十七劉祐傳，第2199頁。

[三]范曄：後漢書卷六十九下伏恭傳，第2571頁。

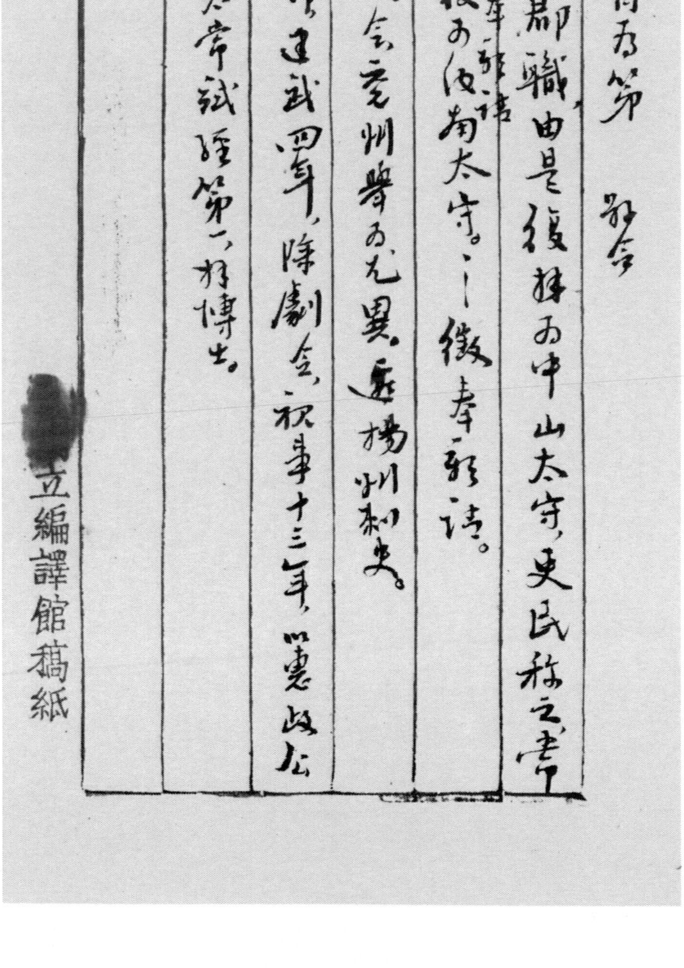
太守治行州自為第　縣令
後鄧晨傳，晨好樂郡職，由是復拜為中山太守，吏民稱之，常
為冀州高第。……入奉朝請，復為汝南太守。……徵奉朝請。
後黨錮劉祐傳，除任城令，兗州舉為尤異，遷揚州刺史。
後儒林伏恭傳，以任為郎，建武四年，除劇令，視事十三年，以惠政公
廉聞，青州舉為尤異，太常試經第一，拜博士。
立編譯館稿紙

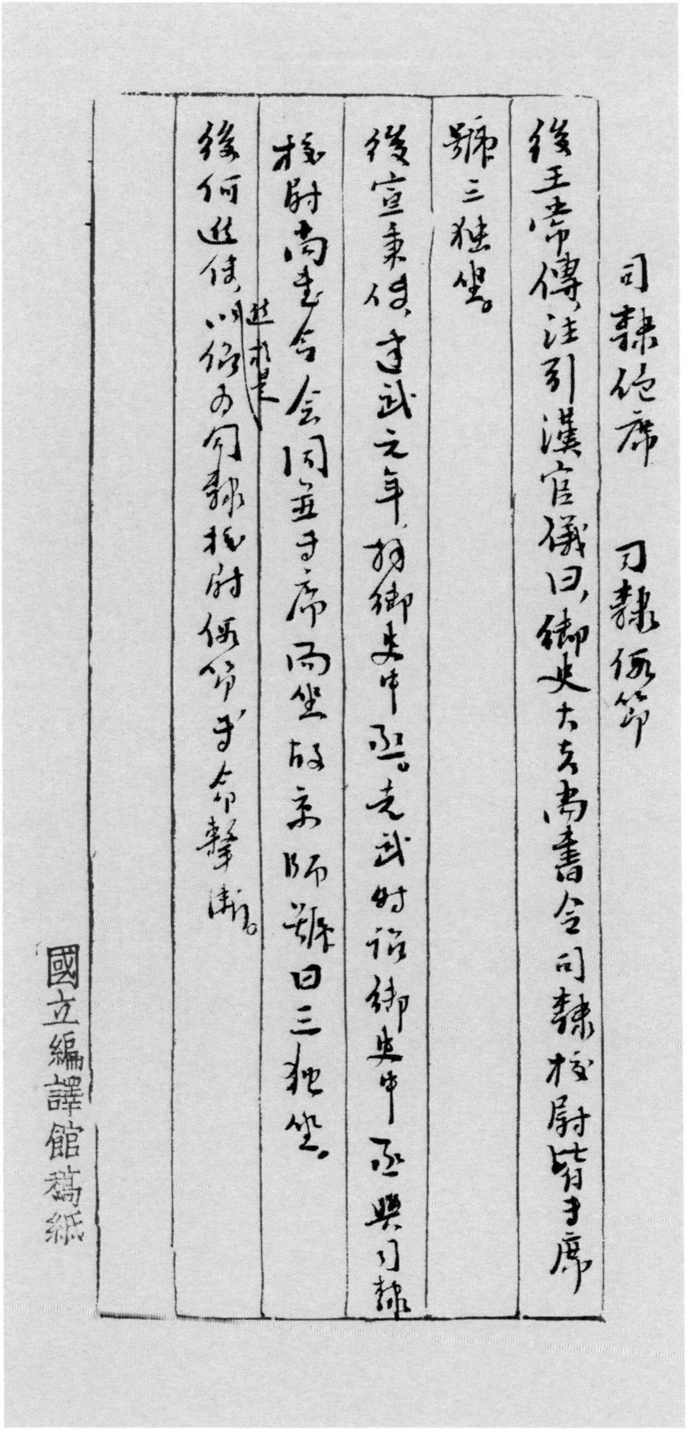
司隸專席　司隸假節
後王常傳，注引漢官儀曰，御史大夫尚書令司隸校尉皆專席
號三獨坐。
後宣秉傳，建武元年，拜御史中丞。光武特詔御史中丞與司隸
校尉尚書令會同並專席而坐，故京師號曰三獨坐。
後何進傳，進於是以紹為司隸校尉假節，專命擊斷。

司隸專席　司隸假節

後·王常傳：注引漢官儀曰：「御史大夫、尚書令、司隸校尉，皆專席，號三獨坐。」[一]後·宣秉傳：建武元年，拜御史中丞……與司隸校尉、尚書令會同並專席而坐，故京師號曰「三獨坐」。[二]後·何進傳：進於是以紹為司隸校尉，假節，專命擊斷。[三]

[一] 范曄：後漢書卷十五王常傳，第582頁。

[二] 范曄：後漢書卷二十七宣秉傳，第927頁。

[三] 范曄：後漢書卷六十九何進傳，第2250頁。

縣掾

後・李通傳：通亦為五威將軍從事，出補巫丞，有能名……自免歸。[一]後・郅惲傳：縣令卑身崇禮，請以為門下掾。[二]後・袁安傳：初為縣功曹。注引續漢志曰：「縣功曹史，主選署功勞。」[三]後・种暠傳：始為縣門下史。[四]後・吳祐傳：遷膠東侯相。時濟北戴宏父為縣丞。[五]後・朱儁傳：為縣門下書佐。[六]

[一]范曄：後漢書卷十五李通傳，第573頁。
[二]范曄：後漢書卷二十九郅惲傳，第1027頁。
[三]范曄：後漢書卷四十五袁安傳，第1517頁。
[四]范曄：後漢書卷五十六种暠傳，第1826頁。
[五]范曄：後漢書卷六十四吳祐傳，第2101頁。
[六]范曄：後漢書卷七十一朱儁傳，第2308頁。

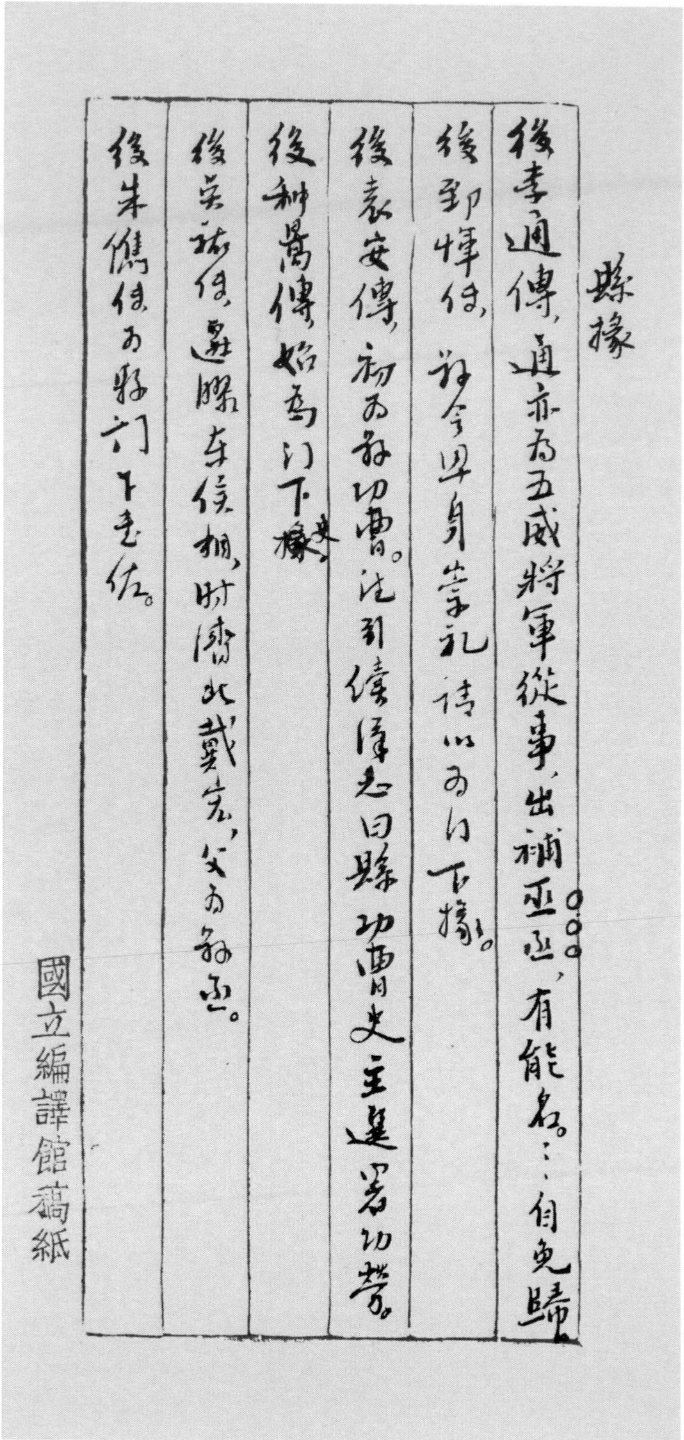
縣掾
後李通傳，通亦為五威將軍從事，出補巫丞，有能名。……自免歸。
後郅惲傳，縣令卑身崇禮，請以為門下掾。
後袁安傳，初為縣功曹。注引續漢志曰縣功曹史，主選署功勞。
後种暠傳，始為門下掾史。
後吳祐傳，遷膠東侯相，時濟北戴宏，父為縣丞。
後朱儁傳，為縣門下書佐。
國立編譯館稿紙

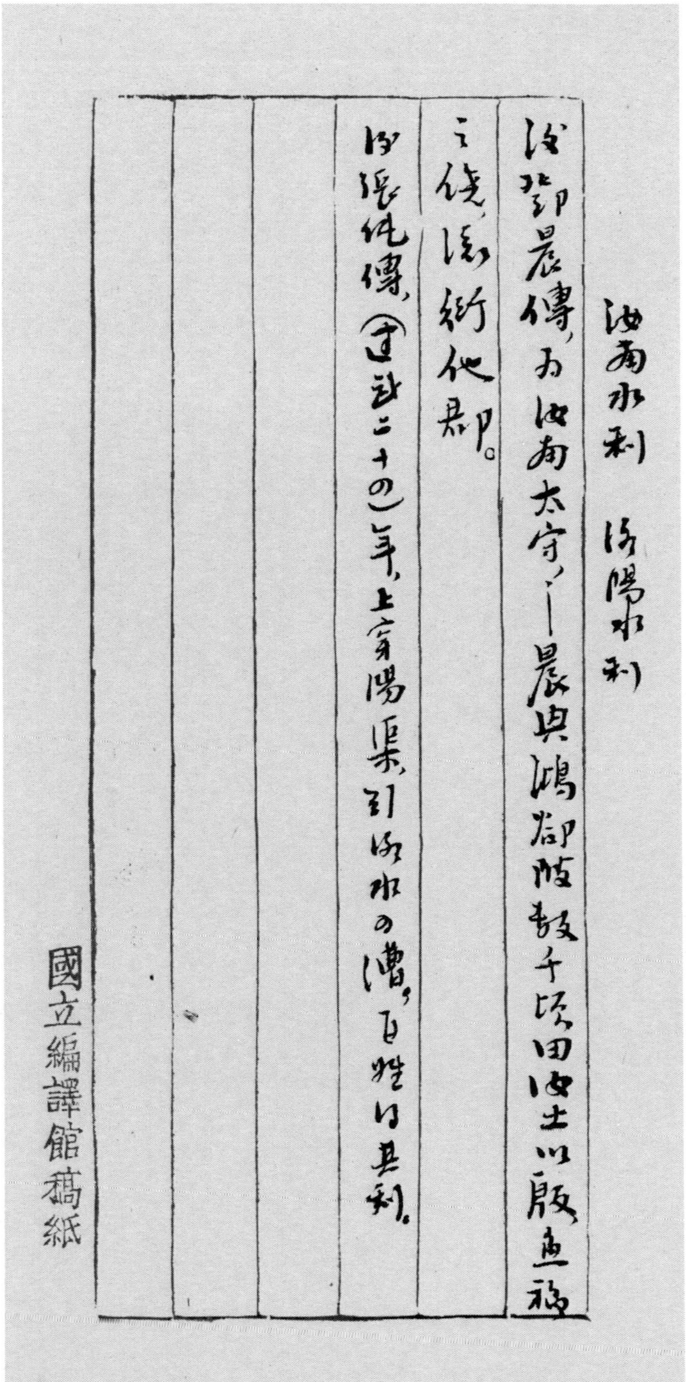
汝南水利　洛陽水利
後鄧晨傳，為汝南太守，……晨興鴻郤陂數千頃田汝土以殷魚稻
之饒，流衍他郡。
後張純傳，(建武二十四)年，上穿陽渠，引洛水為漕，百姓得其利。
國立編譯館稿紙

汝南水利　洛陽水利

後・鄧晨傳：為汝南太守，……晨興鴻郤陂數千頃田，汝土以殷，魚稻之饒，流衍它郡。[一]後・張純傳：（建武二十四）年，上穿陽渠，引洛水為漕，百姓得其利。[二]

[一] 范曄：後漢書卷十五鄧晨傳，第584頁。
[二] 范曄：後漢書卷三十五張純傳，第1195頁。

太守帶大將軍銜

後·寇恂傳：拜恂河內太守，行大將軍事。[一]後·馮異傳：拜異為征西大將軍……使異進軍義渠，並領北地太守事。青山胡率萬餘人降異。異又擊盧芳將賈覽、匈奴薁鞬日逐王，破之。上郡、安定皆降，異復領安定太守事。九年春，祭遵卒，詔異守征虜將軍，並將其營。及隗囂死，其將王元、周宗等復立囂子純，猶總兵據冀，公孫述遣將趙匡等救之。帝復令異行天水太守事。[二]

[一]范曄：後漢書卷十六寇恂傳，第621頁。

[二]范曄：後漢書卷十七馮異傳，第646、651頁。

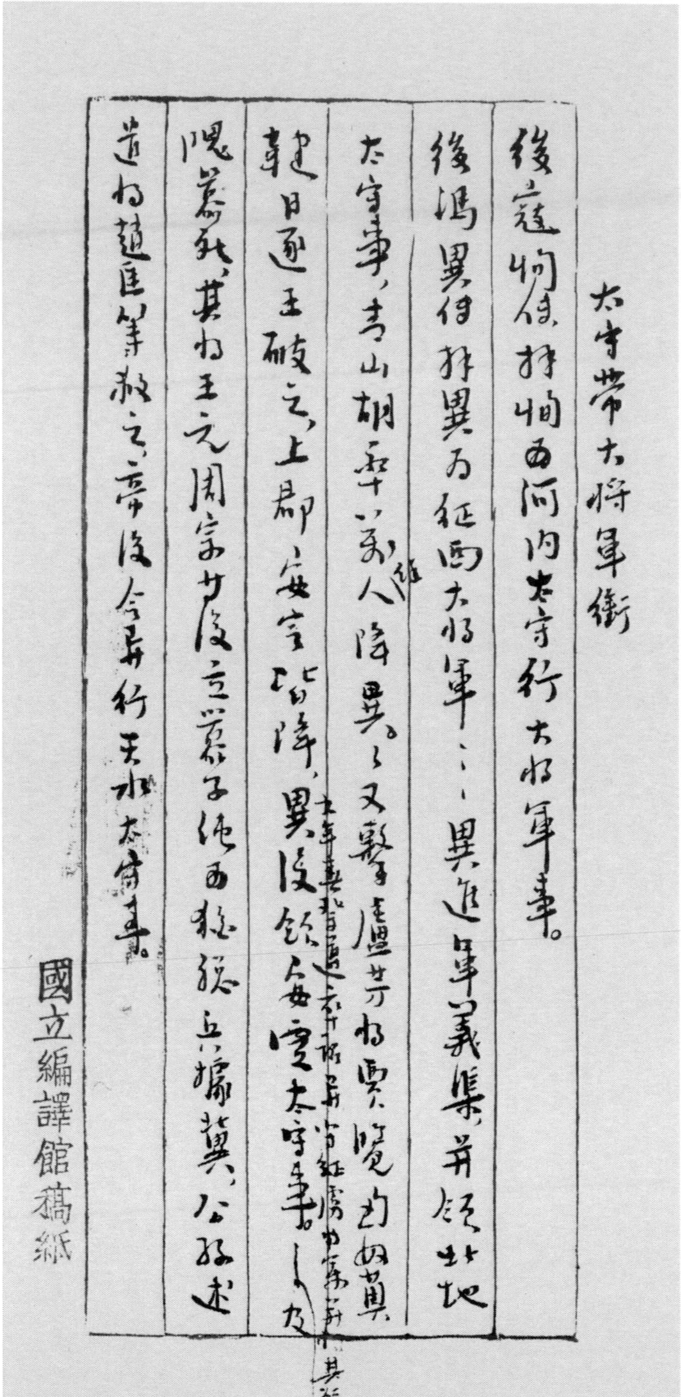
太守帶大將軍銜
後寇恂傳拜恂為河內太守行大將軍事。
後馮異傳拜異為征西大將軍……異進軍義渠并領北地
太守事，青山胡率萬餘人降異。又擊盧芳將賈覽匈奴薁
鞬日逐王破之，上郡安定皆降，異復領安定太守事。九年春祭遵卒詔異守征虜將軍並將其營 及
隗囂死，其將王元周宗等復立囂子純猶總兵據冀，公孫述
遣將趙匡等救之，帝復令異行天水太守事。
國立編譯館稿紙

太守遷為護羌校尉

後・鄧訓傳：元和三年，盧水胡反畔，以訓為謁者，乘傳到武威，拜張掖太守……章和二年，……公卿舉訓代(張)紆為(護羌)校尉。[一]

[一] 范曄：後漢書卷十六鄧訓傳，第609頁。

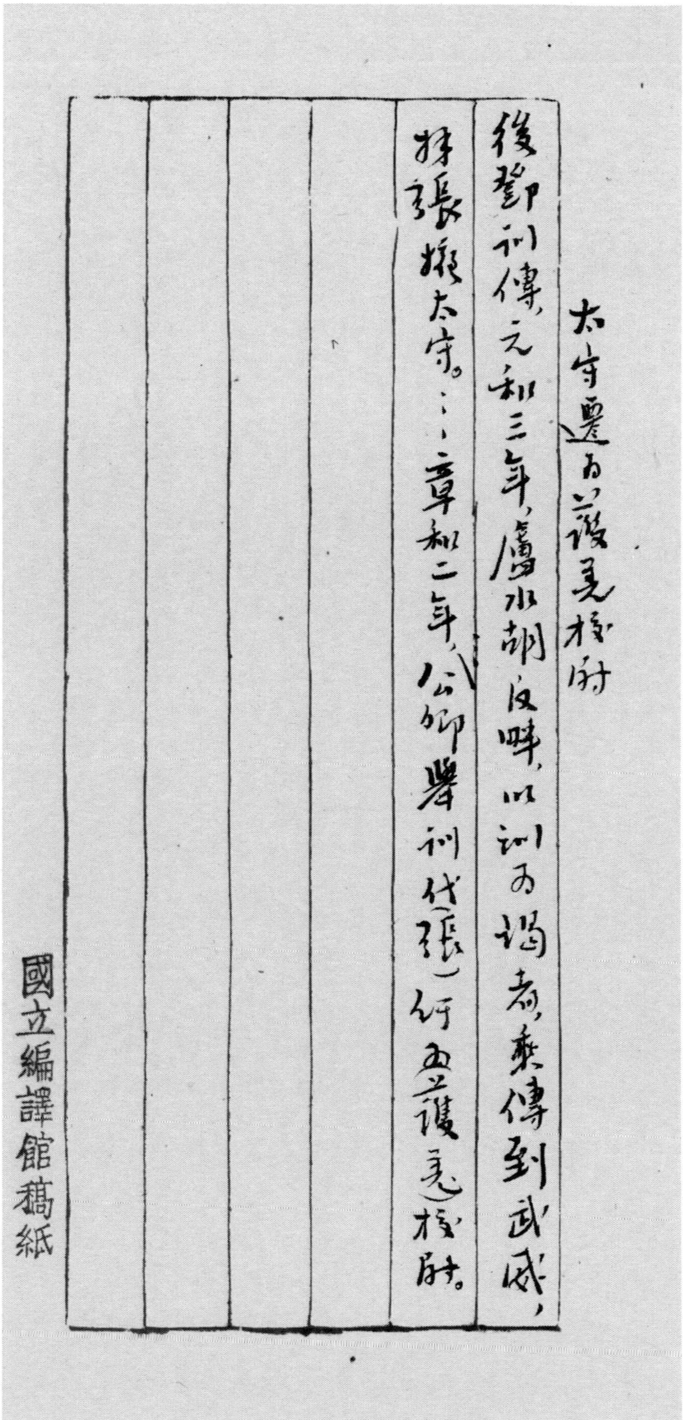
太守遷為護羌校尉
後鄧訓傳，元和三年，盧水胡反畔，以訓為謁者，乘傳到武威，拜張掖太守。……章和二年，公卿舉訓代(張)紆為(護羌)校尉。

輿地圖

後·鄧禹傳：從至廣阿，光武舍城樓上，披輿地圖，指示禹曰：「天下郡國如是，今始乃得其一。」[一]後·岑彭傳：注：「辛臣為(田)戎作地圖，圖彭寵、張步、董憲、公孫述等所得郡國，云洛陽所得如掌耳。」[二]後漢·馬援傳：前披輿地圖，見天下郡國百有六所，奈何欲以區區二邦以當諸夏百有四乎？[三]

[一]范曄：後漢書卷十六鄧禹傳，第600頁。

[二]范曄：後漢書卷十七岑彭傳，第658頁。

[三]范曄：後漢書卷二十四馬援傳，第833頁。

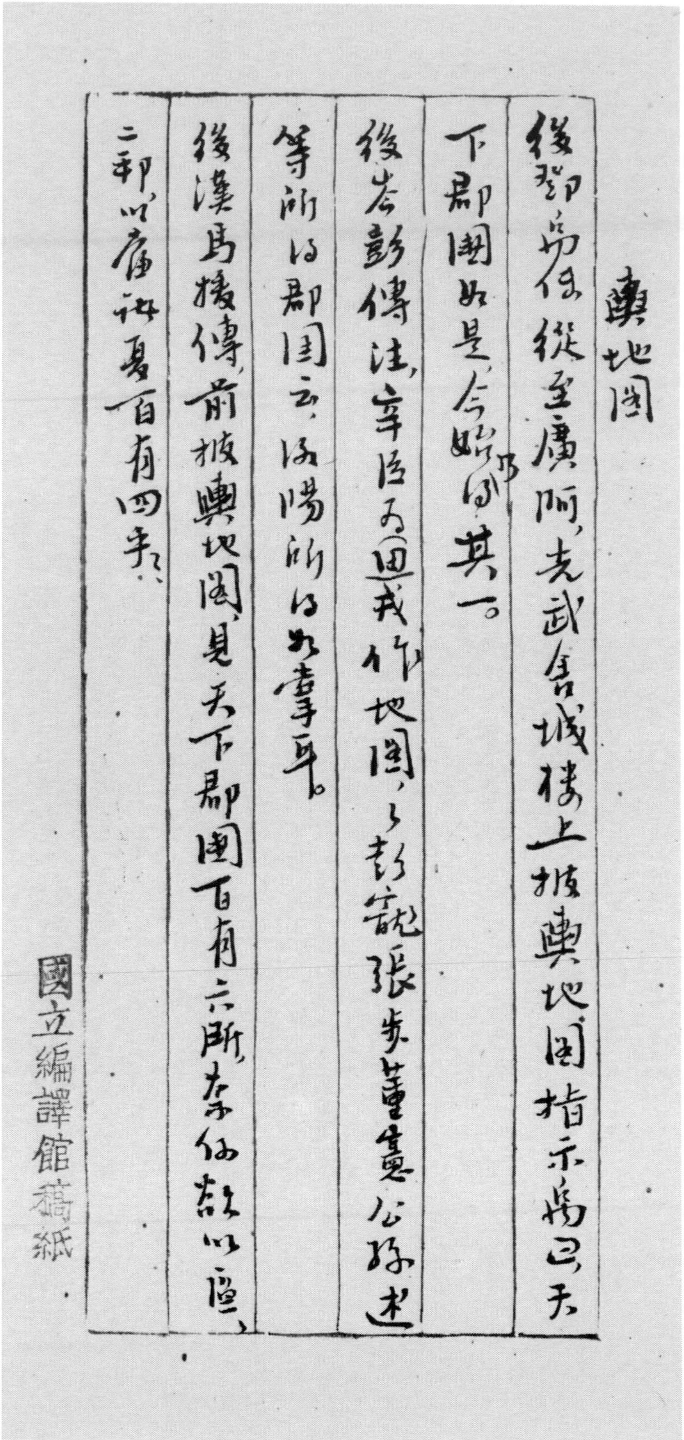

輿地圖

後鄧禹傳從至廣阿，光武舍城樓上披輿地圖指示禹曰天

下郡國如是，今始乃得其一

後岑彭傳注，辛臣為(田)戎作地圖，圖彭寵張步董憲公孫述

等所得郡國云，洛陽所得如掌耳。

後漢馬援傳，前披輿地圖，見天下郡國百有六所，奈何欲以區區、

二邦以當諸夏百有四乎、

國立編譯館稿紙

徵拜縣令

鄧禹傳:(鄧)甫德更召徵為開封令。學傳父業。喪母,遂不仕。[一]第五倫傳:倫出,有詔以為扶夷長,未到官,追拜會稽太守。[二]又,拜為宕渠令。[三]又第五種傳:永壽中,以司徒掾清詔使冀州,廉察災害,……還以奉使稱職,拜高密侯相……以能換為衛相。[四]

[一] 范曄:後漢書卷十六鄧禹傳,第618頁。
[二] 范曄:後漢書卷四十一第五倫傳,第1397頁。
[三] 范曄:後漢書卷四十一第五倫傳,第1397頁。
[四] 范曄:後漢書卷四十一第五倫傳,第1403頁。

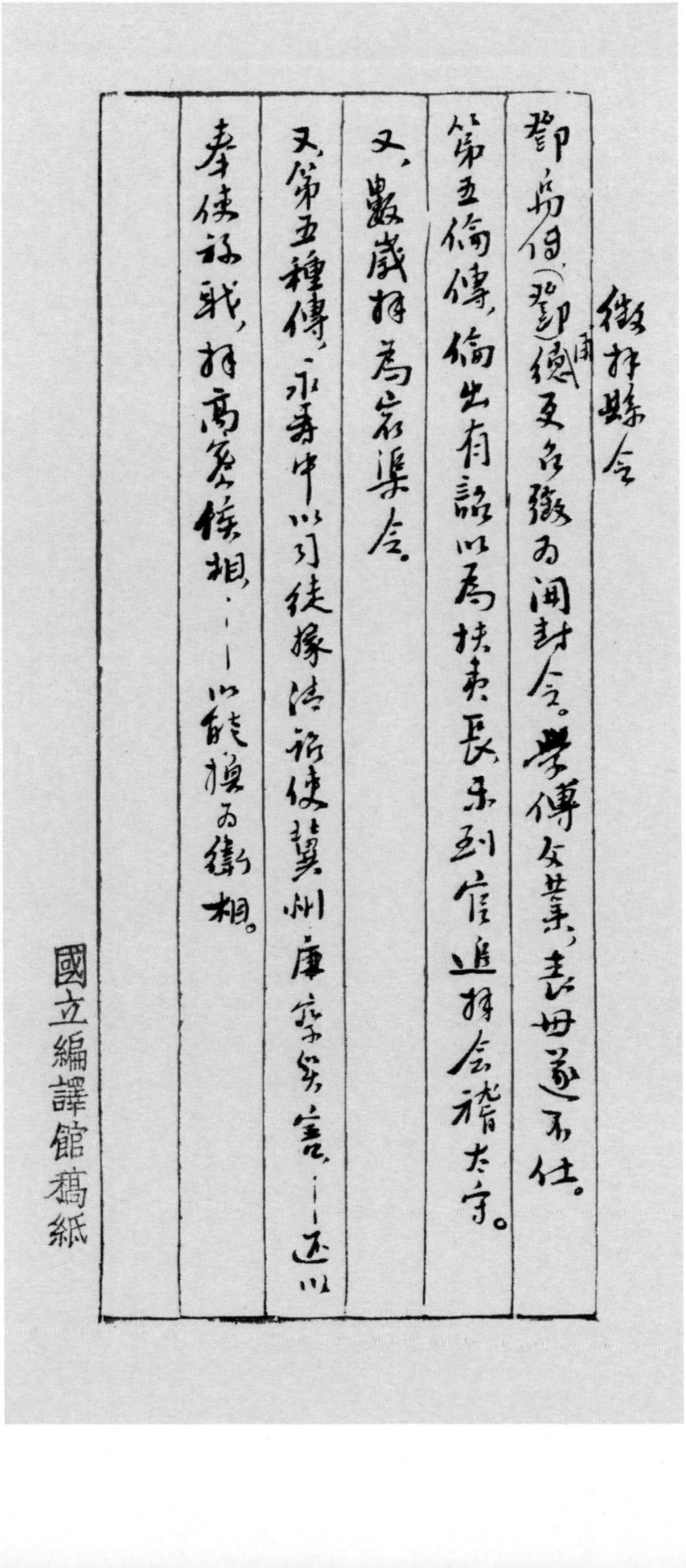
徵拜縣令
鄧禹傳,(鄧)甫德更召徵為開封令。學傳父業,喪母,遂不仕。
第五倫傳,倫出,有詔以為扶夷長,未到官,追拜會稽太守。
又,數歲拜為宕渠令。
又,第五種傳,永壽中以司徒掾清詔使冀州廉察災害,……還以
奉使稱職,拜高密侯相,……以能換為衛相。
國立編譯館稿紙

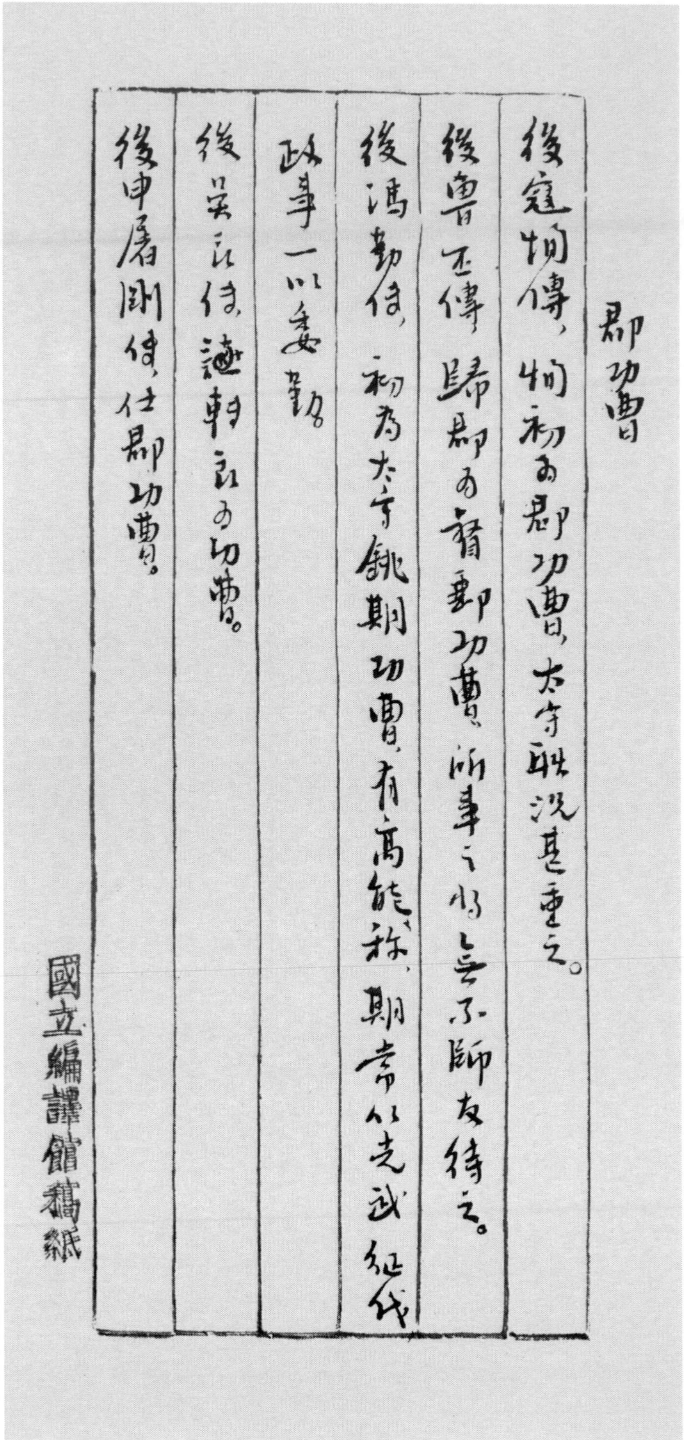
郡功曹
後寇恂傳，恂初為郡功曹，太守耿況甚重之。
後魯丕傳，歸郡為督郵功曹，所事之將無不師友待之。
後馮勤傳，初為太守銚期功曹，有高能稱，期常從光武征伐
政事一以委勤
後吳良傳，遂轉良為功曹。
後申屠剛傳，仕郡功曹。
國立編譯館稿紙

郡功曹

後·寇恂傳：恂初為郡功曹，太守耿況甚重之。[一]後·魯丕傳：歸郡，為督郵功曹，所事之將，無不師友待之。[二]

後·馮勤傳：初為太守銚期功曹，有高能稱。期常從光武征伐，政事一以委勤。[三]後·吳良傳：轉良為功曹。[四]

後·申屠剛傳：仕郡功曹。[五]

[一]范曄：後漢書卷十六寇恂傳，第620頁。

[二]范曄：後漢書卷二十五魯丕傳，第883頁。

[三]范曄：後漢書 卷二十六馮勤傳，第909頁。

[四]范曄：後漢書卷二十七吳良傳，第942頁。

[五]范曄：後漢書卷二十九申屠剛傳，第1011頁。

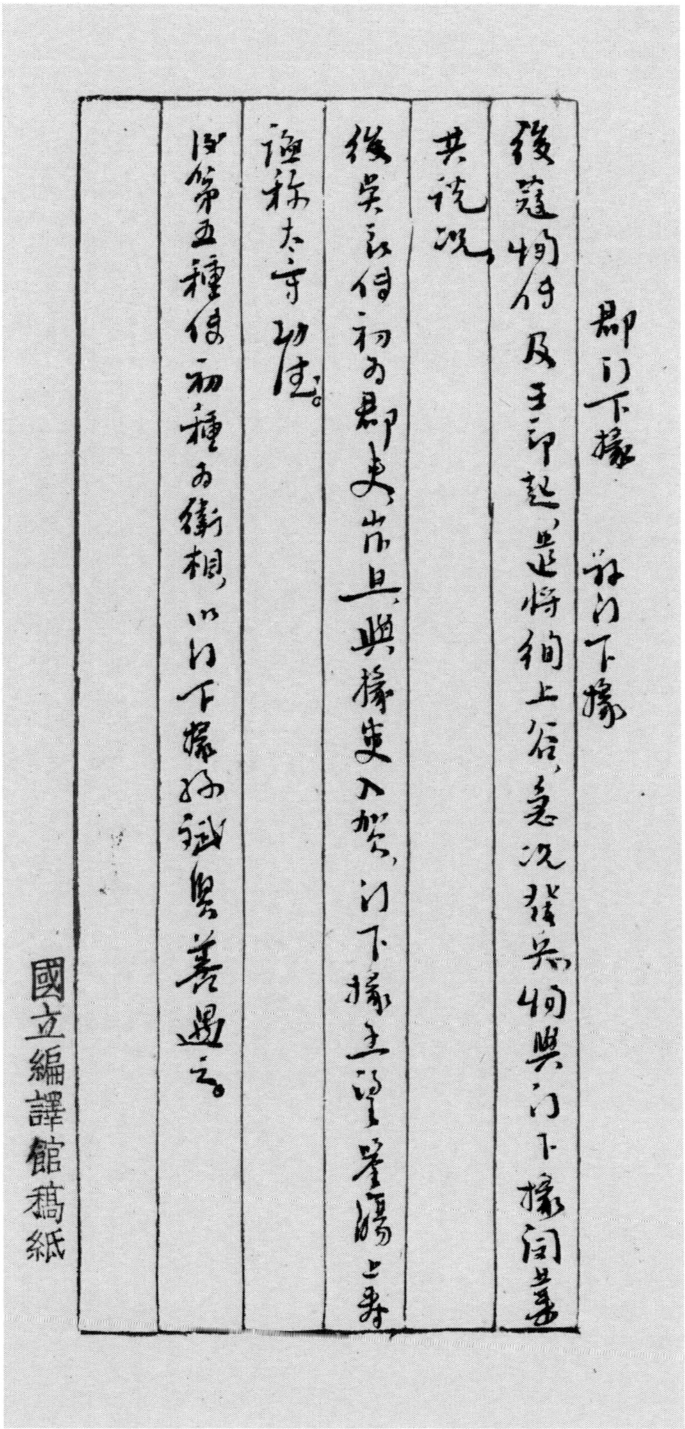
郡门下掾　縣门下掾

後寇恂傳及王郎起，遣將徇上谷，急況發兵，恂與门下掾閔業共說況。

後吳良傳初為郡吏，歲旦與掾史入賀，门下掾王望舉觴上壽，諂稱太守功德。

後第五種傳初，種為衛相，以门下掾孫斌賢，善遇之。

國立編譯館稿紙

郡門下掾　縣門下掾

後·寇恂傳：及王郎起，遣將徇上谷，急況發兵。恂與門下掾閔業共說況。[一]後·吳良傳：初為郡吏，歲旦與掾史入賀，門下掾王望舉觴上壽，諂稱太守功德。[二]後·第五種傳：初，種為衛相，以門下掾孫斌賢，善遇之。[三]

[一] 范曄：後漢書卷十六寇恂傳，第621頁。

[二] 范曄：後漢書卷二十七吳良傳，第942頁。

[三] 范曄：後漢書卷四十一第五種傳，第1404頁。

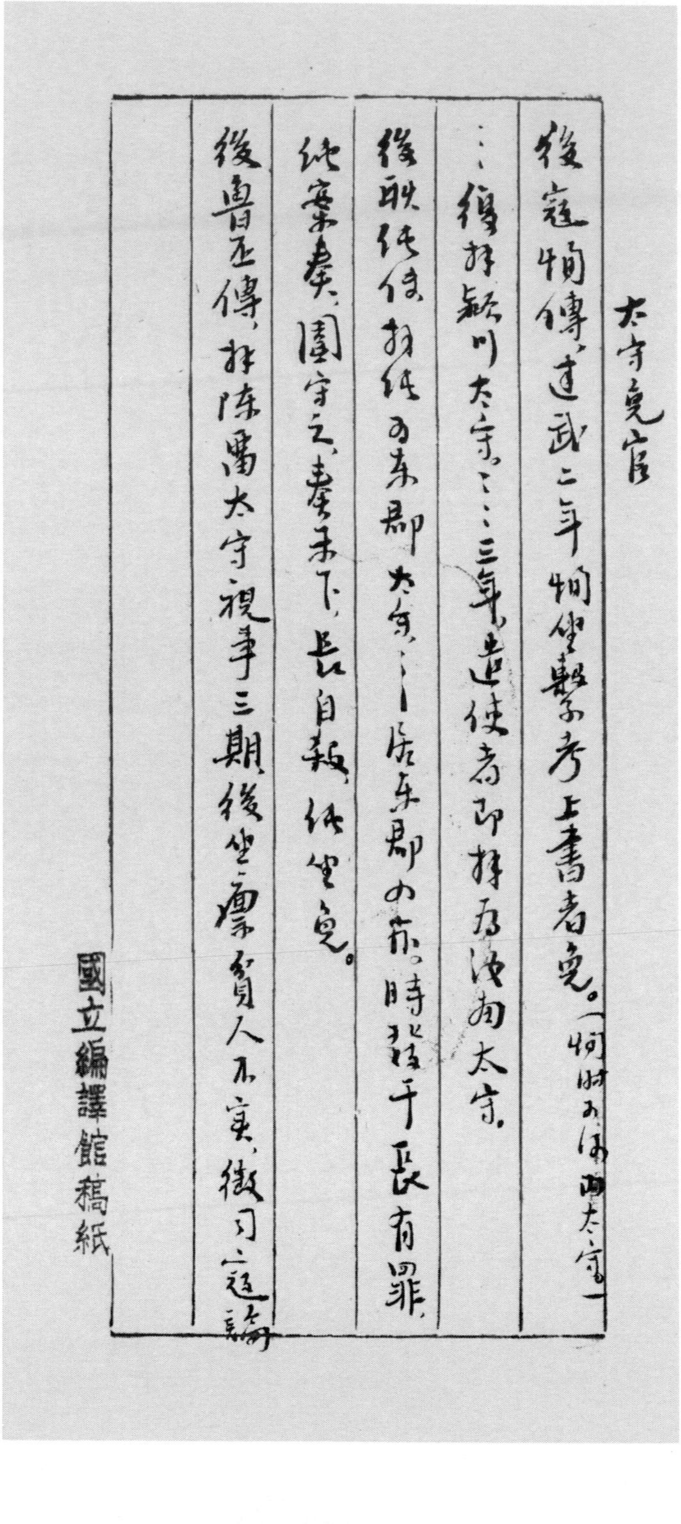
太守免官
後寇恂傳，建武二年恂坐繫考上書者免。（恂時為河內太守）
……復拜潁川太守……三年遣使者即拜為汝南太守。
後耿純傳，拜純為東郡太守……居東郡四歲，時發干長有罪，
純案奏，圍守之，奏未下，長自殺，純坐免。
後魯丕傳，拜陳留太守，視事三期，後坐稟貧人不實，徵司寇論
國立編譯館稿紙

太守免官

後·寇恂傳：建武二年，恂坐系考上書者免。（恂時為河內太守）……復拜潁川太守……三年，遣使者即拜為汝南太守。[一]後·耿純傳：拜純為東郡太守……居東郡四歲，時發干長有罪，純案奏，圍守之，奏未下，長自殺。純坐免。[二]後·魯丕傳：拜陳留太守。視事三期，後坐稟貧人不實，徵司寇論。[三]

[一]范曄：後漢書卷十六寇恂傳，第623頁。

[二]范曄：後漢書 卷二十一耿純傳，第764頁。

[三]范曄：後漢書卷二十五魯丕傳，第884頁。

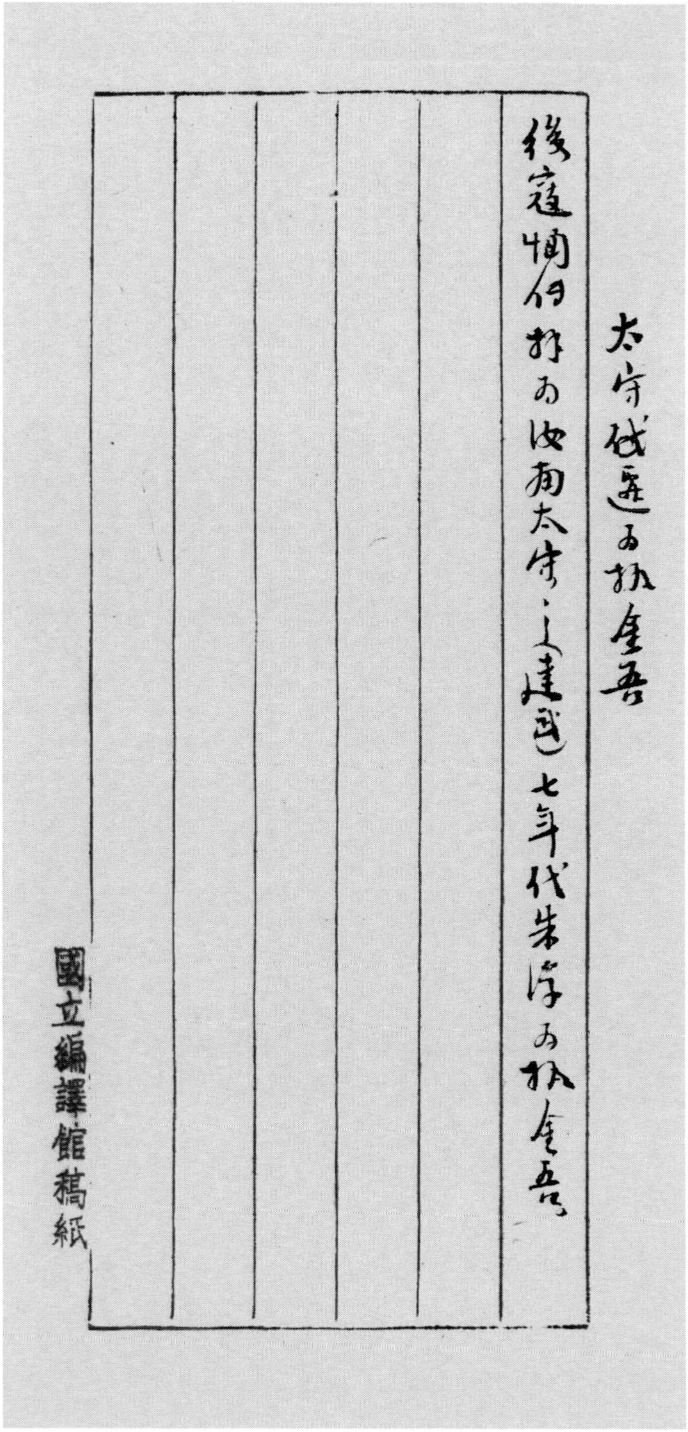

太守遷為執金吾

後·寇恂傳：拜為汝南太守，……（建武）七年，代朱浮為執金吾。[一]

[一] 范曄：後漢書卷十六寇恂傳，第624頁。

東漢初年將帥得上薦太守

後·岑彭傳：彭上劉隆為南郡太守。[一]

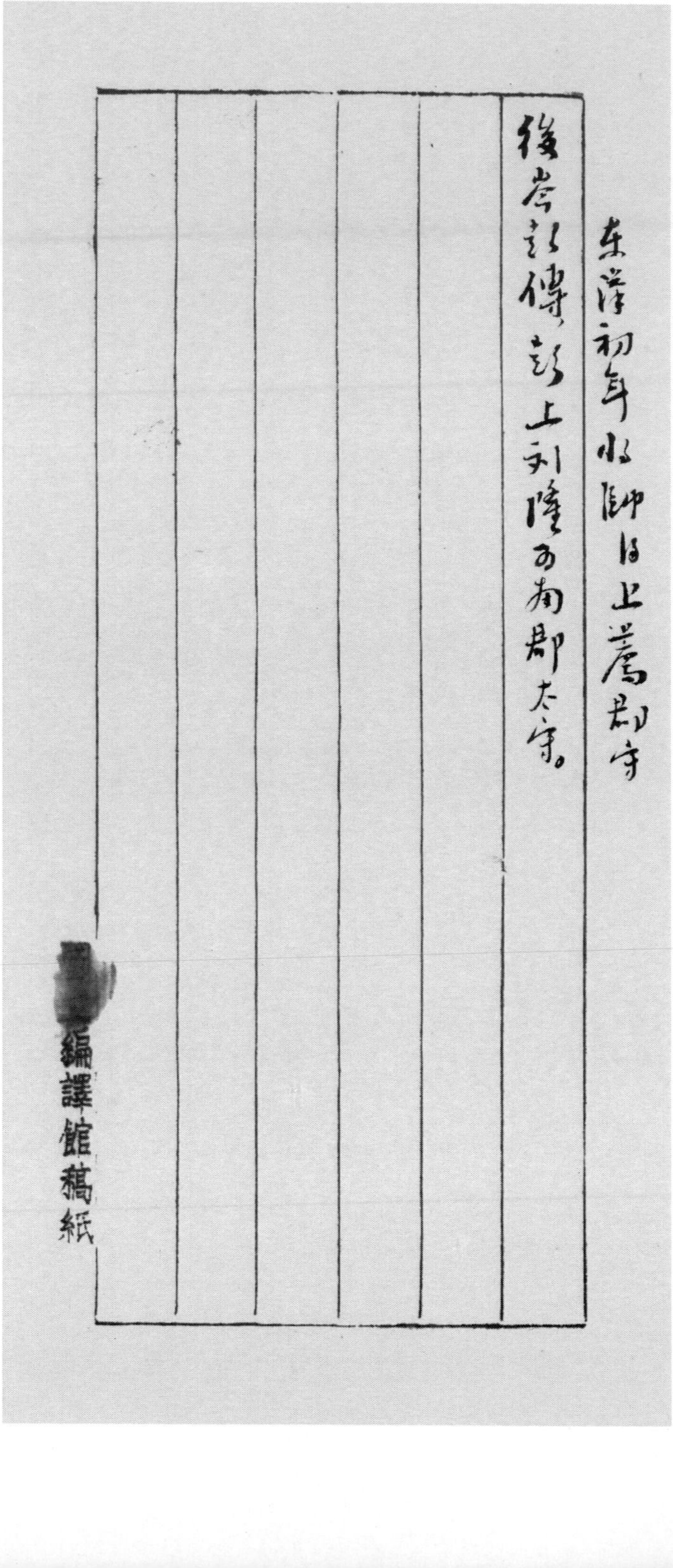

[一]范曄：後漢書卷十七岑彭傳，第661頁。

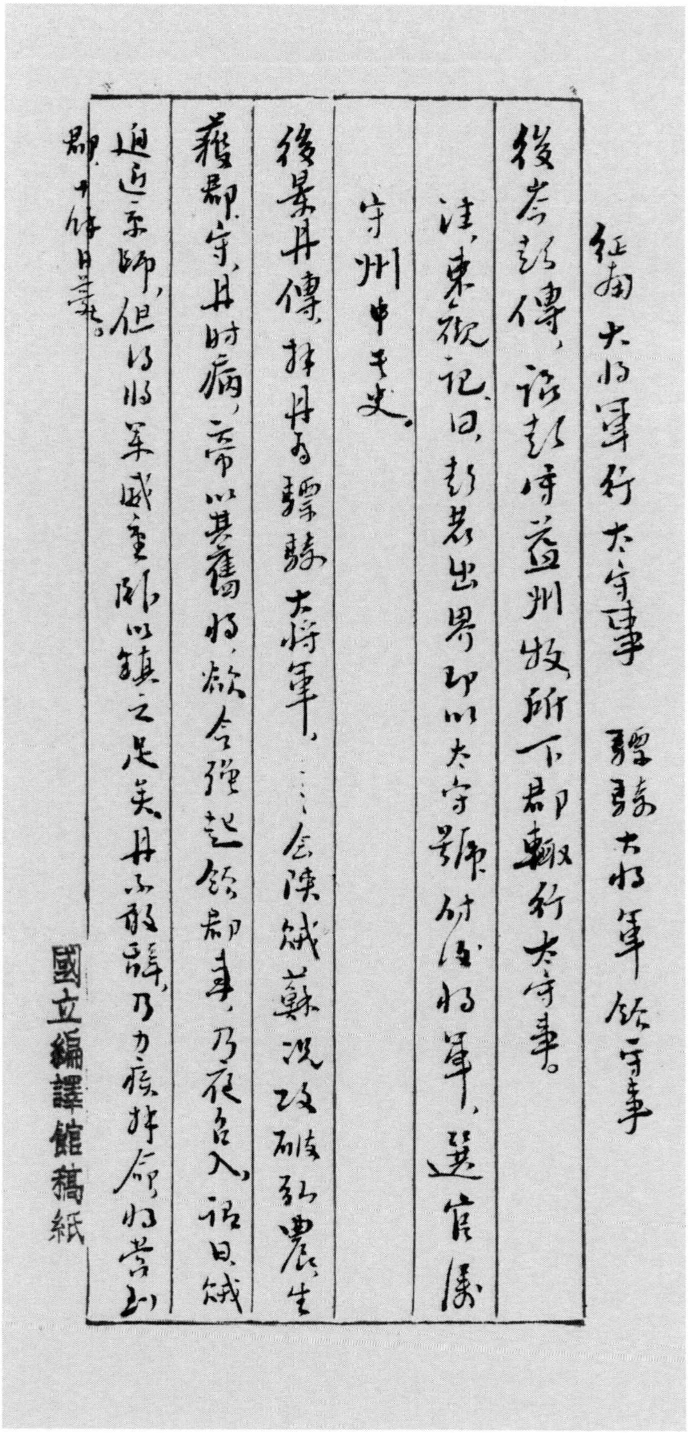

征南大將軍行太守事　驃騎大將軍領守事

後岑彭傳，詔彭守益州牧，所下郡輒行太守事。

注，東觀記曰，彭若出界，即以太守號付後將軍，選官屬

守州中長史。

後景丹傳，拜丹為驃騎大將軍，……會陝賊蘇況攻破弘農，生

獲郡守，丹時病，帝以其舊將，欲令強起領郡事，乃夜召入，謂曰賊

迫近京師，但得將軍威重，臥以鎮之足矣。丹不敢辭，乃力疾拜命，將營到

郡，十餘日薨。

國立編譯館稿紙

征南大將軍行太守事　驃騎大將軍領守事

後・岑彭傳：詔彭守益州牧，所下郡，輒行太守事。[一]注，東觀記曰：「彭若出界，即以太守號付後將軍，選官屬守州中長史。」後・景丹傳：拜丹為驃騎大將軍……會陝賊蘇況攻破弘農，生獲郡守。丹時病，帝以其舊將，欲令強起領郡事，乃夜召入，謂曰：「賊迫近京師，但得將軍威重，臥以鎮之足矣。」丹不敢辭，乃力疾拜命，將營到郡，十餘日薨。[二]

[一] 范曄：後漢書卷十七岑彭傳，第661頁。

[二] 范曄：後漢書 卷二十二景丹傳，第773頁。

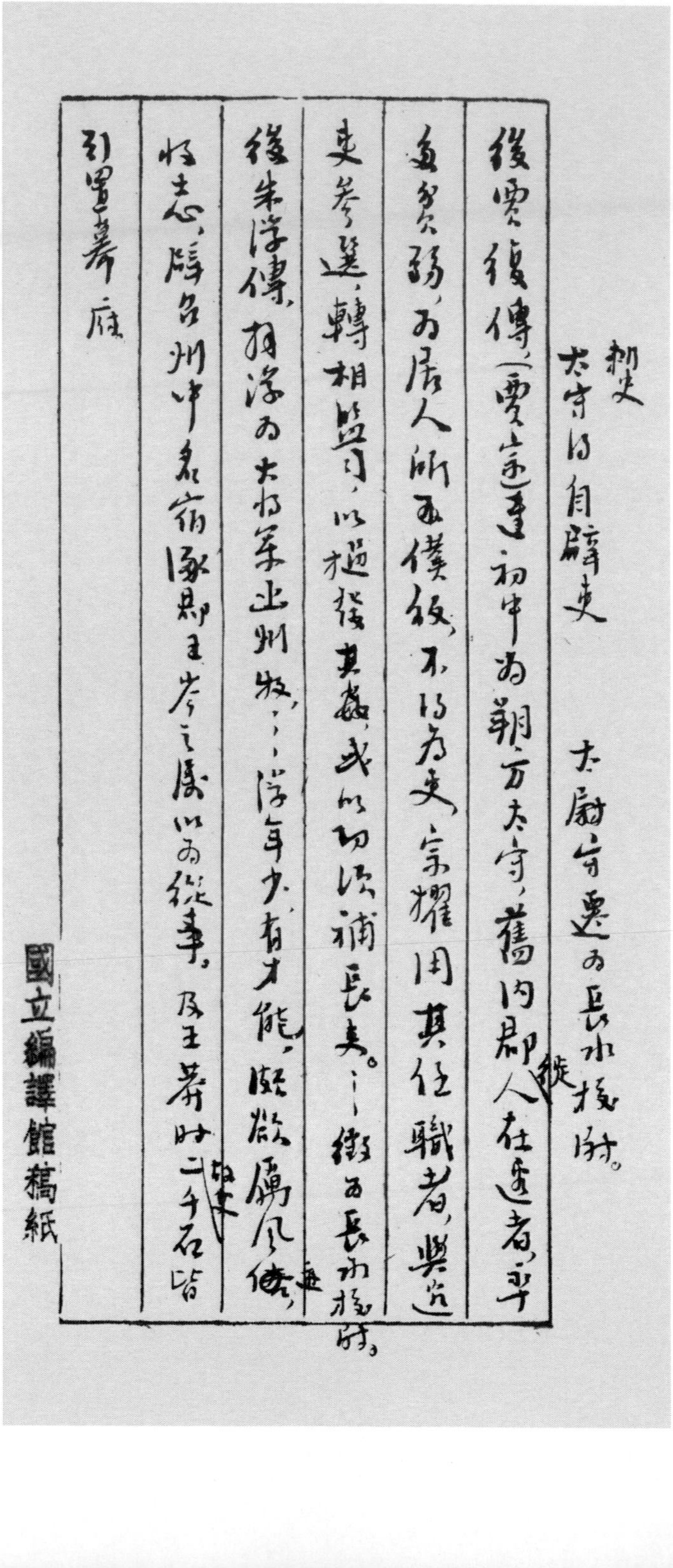
刺史
太守得自辟吏　太守遷為長水校尉。
後賈復傳（賈宗）建初中為朔方太守，舊内郡人在邊者，率多貧弱，為居人所僕役，不得為吏。宗擢用其任職者，與邊吏參選，轉相監司，以擿發其姦，或以功次補長吏。……徵為長水校尉。
後朱浮傳，拜浮為大將軍幽州牧，……浮年少有才能，頗欲厲風迹，收士心，辟召州中名宿涿郡王岑之屬以為從事。及王莽時二千石皆引置幕府

太守、刺史得自辟吏　太守遷為長水校尉

後・賈復傳：（賈宗）建初中為朔方太守。舊內郡徙人在邊者，率多貧弱，為居人所僕役，不得為吏。宗擢用其任職者，與邊吏參選，轉相監司，以擿發其姦，或以功次補長吏，……徵為長水校尉。[一]後・朱浮傳：拜浮為大將軍、幽州牧，……浮年少有才能，頗欲厲風迹，收士心，辟召州中名宿涿郡王岑之屬，以為從事，及王莽時故吏二千石，皆引置幕府。[二]

[一] 范曄：後漢書卷十七賈復傳，第667頁。

[二] 范曄：後漢書卷三十三朱浮傳，第1137頁。

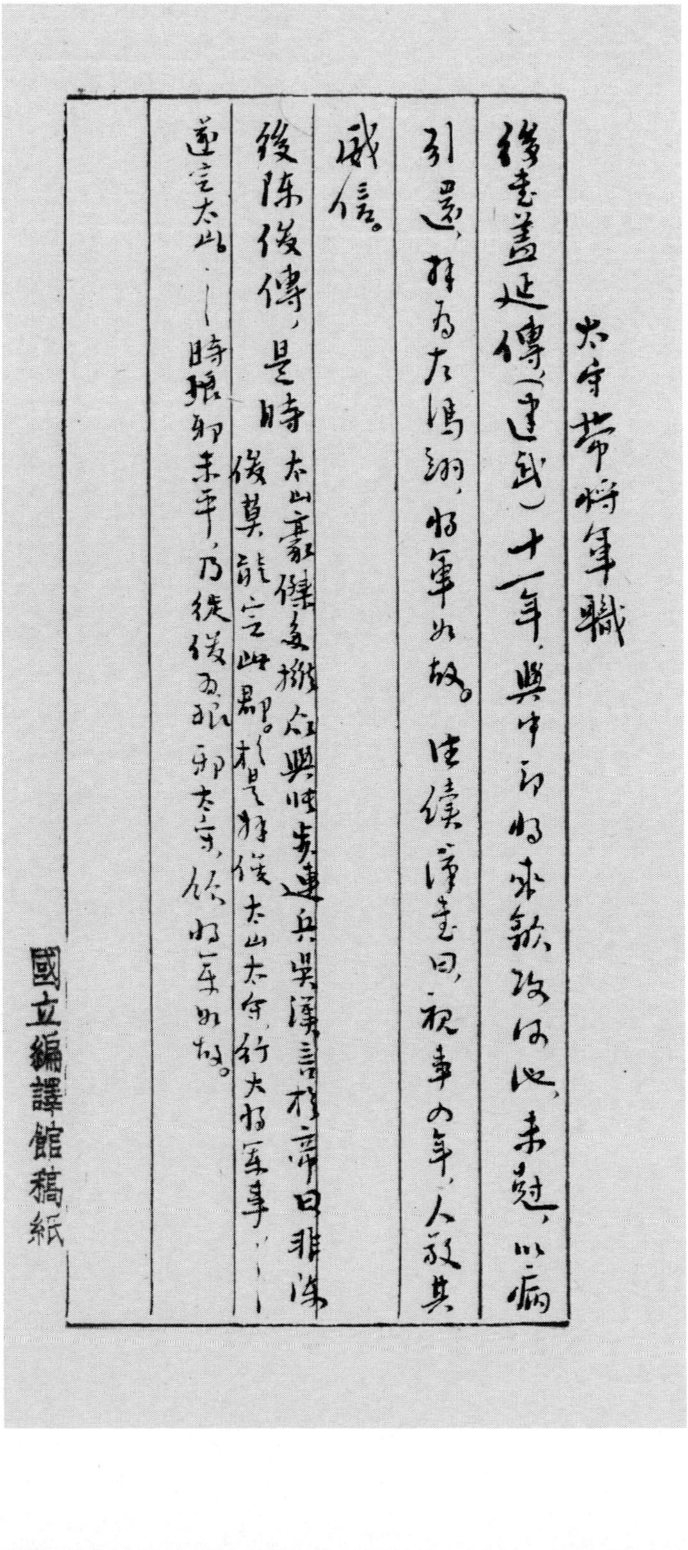

太守帶將軍職
後漢蓋延傳，（建武）十一年，與中郎將來歙攻河池，未克，以病引還，拜為左馮翊，將軍如故。注，續漢書曰，視事四年，人敬其威信。
後陳俊傳，是時太山豪傑多擁眾與張步連兵，吳漢言於帝曰非陳俊莫能定此郡。於是拜俊太山太守，行大將軍事，……遂定太山，……時琅邪未平，乃徙俊為琅邪太守，領將軍如故。
國立編譯館稿紙

太守帶將軍職

後・蓋延傳：（建武）十一年，與中郎將來歙攻河池，未克，以病引還，拜為左馮翊，將軍如故。[一]注，續漢書曰：「視事四年，人敬其威信。」後・陳俊傳：是時太山豪傑多擁眾與張步連兵，吳漢言於帝曰：「非陳俊莫能定此郡。」於是拜俊太山太守，行大將軍事……遂定太山……時琅邪未平，乃徙俊為琅邪太守，領將軍如故。[二]

[一] 范曄：後漢書卷十八蓋延傳，第689頁。

[二] 范曄：後漢書卷十八陳俊傳，第691頁。

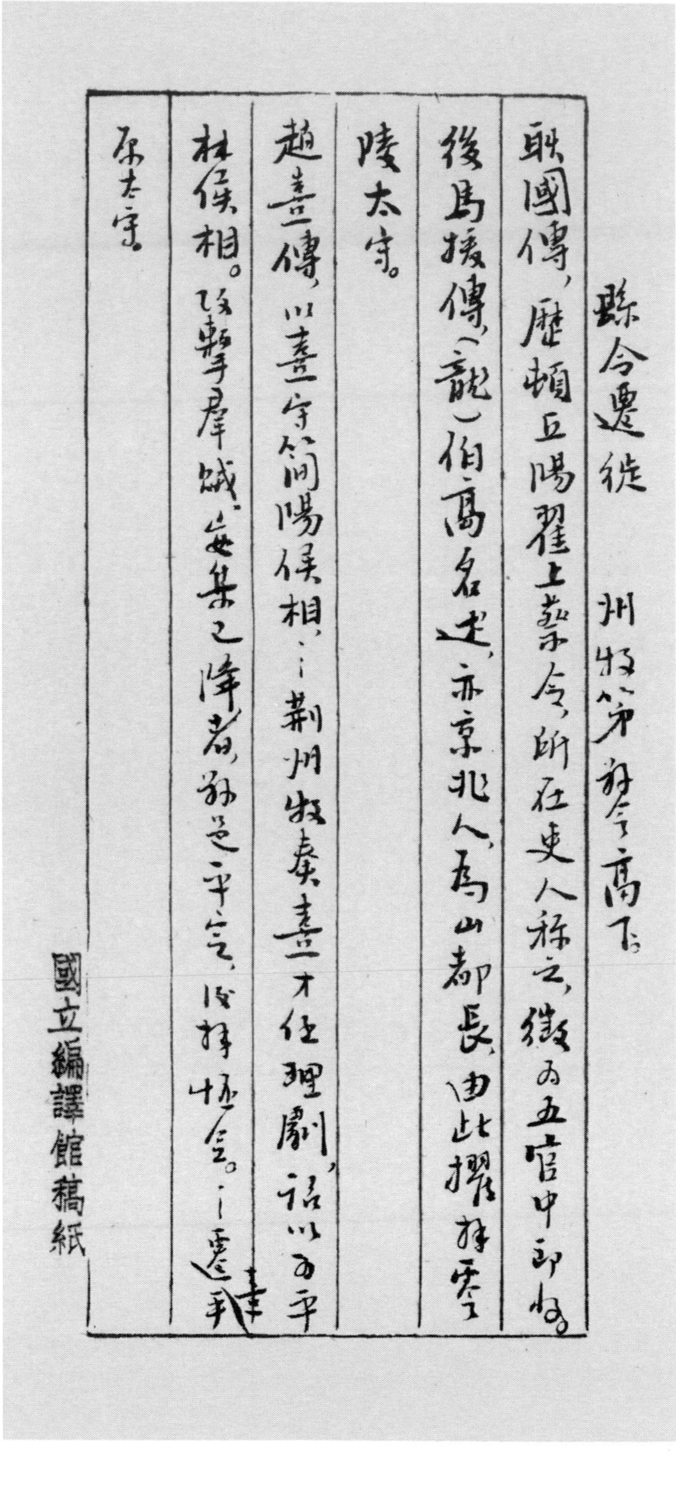

縣令遷徙　州牧第縣令高下

耿國傳，歷頓丘陽翟上蔡令，所在吏人稱之，徵為五官中郎將。

後馬援傳（龍）伯高名述，亦京兆人，為山都長，由此擢拜零陵太守。

趙熹傳，以熹守簡陽侯相，……荊州牧奏熹才任理劇，詔以為平林侯相。攻擊群賊，安集已降者，縣邑平定。後拜懷令。……遷平原太守

國立編譯館稿紙

縣令遷徙　州牧第縣令高下

耿國傳：歷頓丘、陽翟、上蔡令，所在吏人稱之。徵為五官中郎將。[一]後・馬援傳：（龍）伯高名述，亦京兆人，為山都長，由此擢拜零陵太守。[二]趙熹傳：以熹守簡陽侯相……荊州牧奏熹才任理劇，詔以為平林侯相。攻擊羣賊，安集已降者，縣邑平定……遷熹平原太守。後拜懷令。[三]

[一]范曄：後漢書卷十九耿國傳，第715頁。

[二]范曄：後漢書卷二十四馬援傳，第845頁。

[三]范曄：後漢書卷二十六趙熹傳，第913頁。

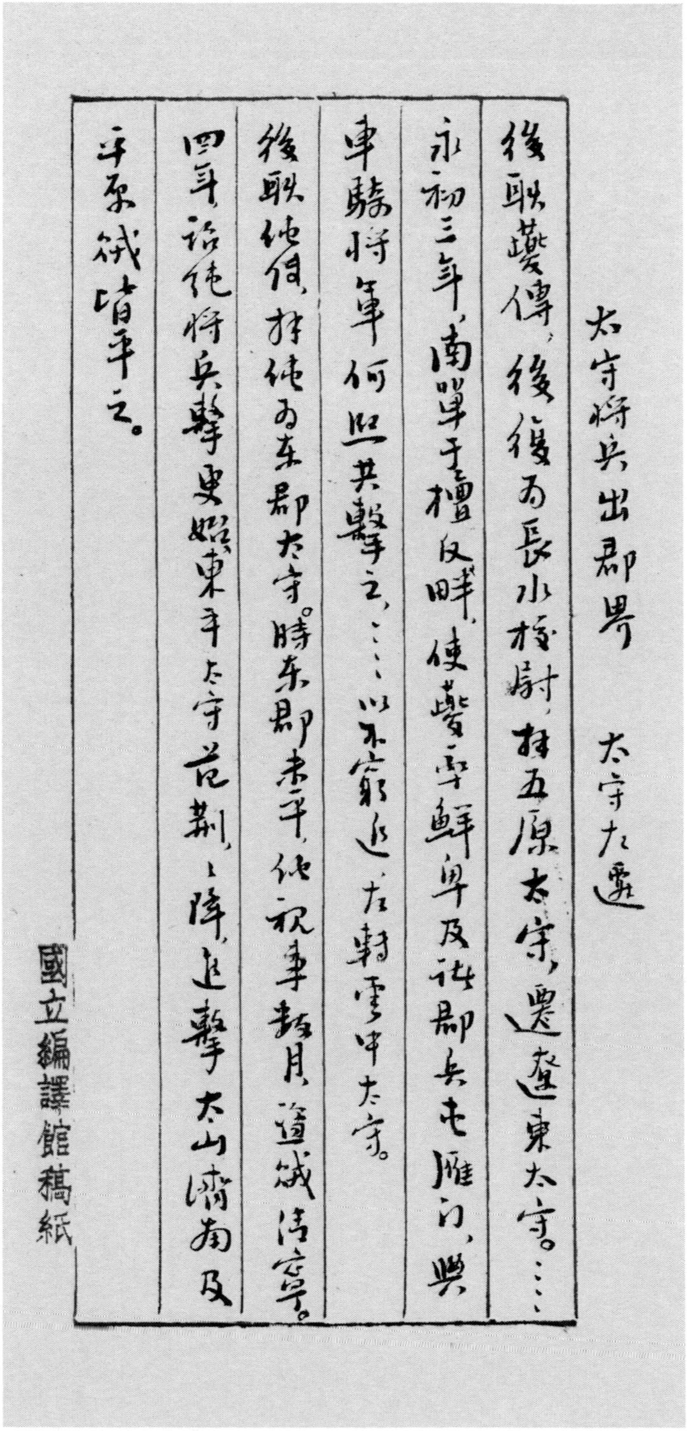

太守將兵出郡界　太守左遷

後耿夔傳，後復為長水校尉，拜五原太守，遷遼東太守……

永初三年，南單于檀反畔，使夔率鮮卑及諸郡兵屯雁門，與

車騎將軍何熙共擊之……以不窮追，左轉雲中太守。

後耿純傳，拜純為東郡太守。時東郡未平，純視事數月，盜賊清寧。

四年，詔純將兵擊更始東平太守范荊，荊降，進擊太山濟南及

平原賊，皆平之。

國立編譯館稿紙

太守將兵出郡界　太守左遷

後·耿夔傳：後復為長水校尉，拜五原太守，遷遼東太守……永初三年，南單于檀反畔，使夔率鮮卑及諸郡兵屯雁門，與車騎將軍何熙共擊之……以不窮追，左轉雲中太守。[一] 後·耿純傳：拜純為東郡太守。時東郡未平，純視事數月，盜賊清寧。四年，詔純將兵擊更始東平太守范荊，荊降。進擊太山濟南及平原賊，皆平之。[二]

[一] 范曄：後漢書卷十九耿夔傳，第719頁。

[二] 范曄：後漢書卷二十一耿純傳，第764頁。

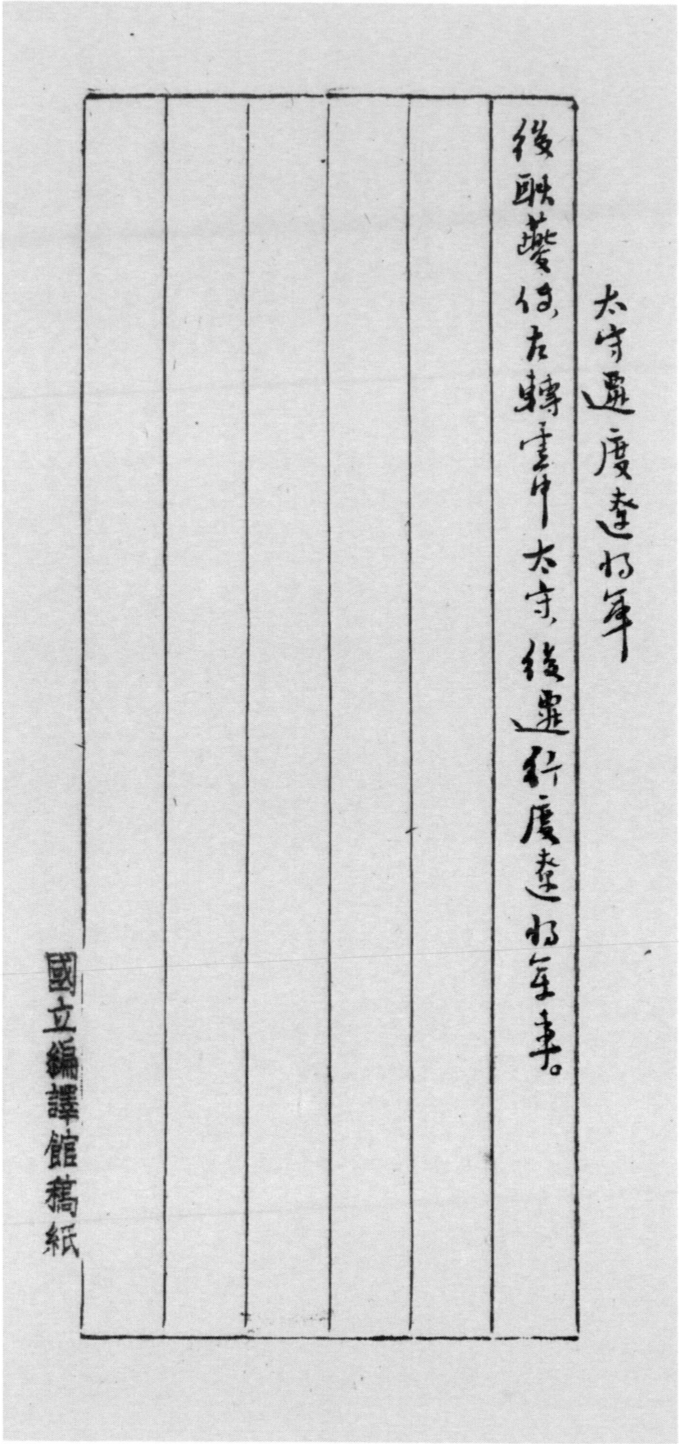
太守遷度遼將軍
後耿夔傳，左轉雲中太守，後還行度遼將軍事。

太守遷度遼將軍

後·耿夔傳：左轉雲中太守，後還行度遼將軍事。[一]

[一]范曄：後漢書卷十九耿夔傳，第719頁。

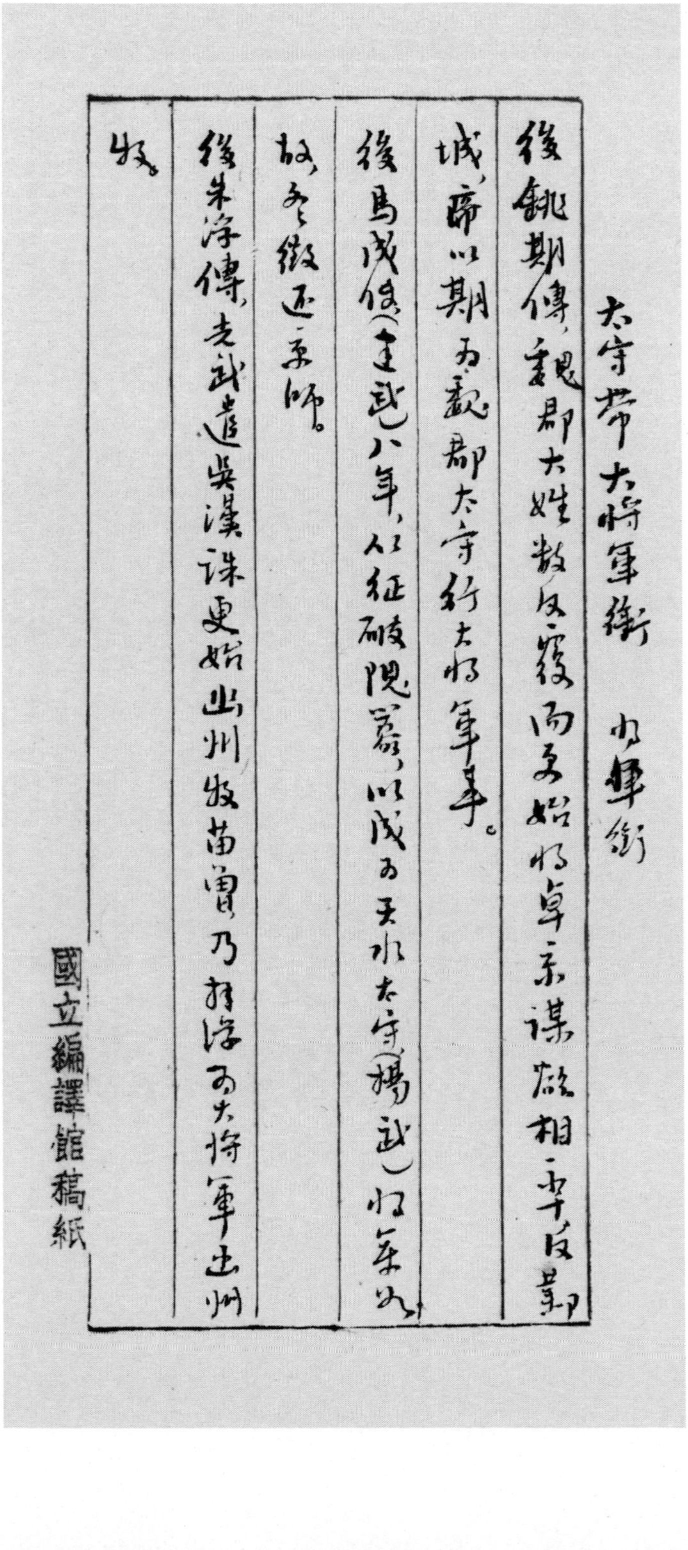
太守帶大將軍銜　將軍銜
後銚期傳，魏郡大姓數反覆，而更始將卓京謀欲相率反鄴城，帝以期為魏郡太守，行大將軍事。
後馬成傳（建武）八年，以征破隗囂，以成為天水太守（揚武）將軍如故，冬徵還京師。
後朱浮傳，光武遣吳漢誅更始幽州牧苗曾，乃拜浮為大將軍幽州牧。
國立編譯館稿紙

太守帶大將軍銜、將軍銜

後・銚期傳：魏郡大姓數反覆，而更始將卓京謀欲相率反鄴城。帝以期為魏郡太守，行大將軍事。[一]後・馬成傳：（建武）八年，從征破隗囂，以成為天水太守，將軍如故。冬，徵還京師。[二]後・朱浮傳：光武遣吳漢誅更始幽州牧苗曾，乃拜浮為大將軍、幽州牧。[三]

[一] 范曄：後漢書 卷二十銚期傳，第732頁。

[二] 范曄：後漢書卷二十二馬成傳，第779頁。

[三] 范曄：後漢書 卷三十三朱浮傳，第1137頁。

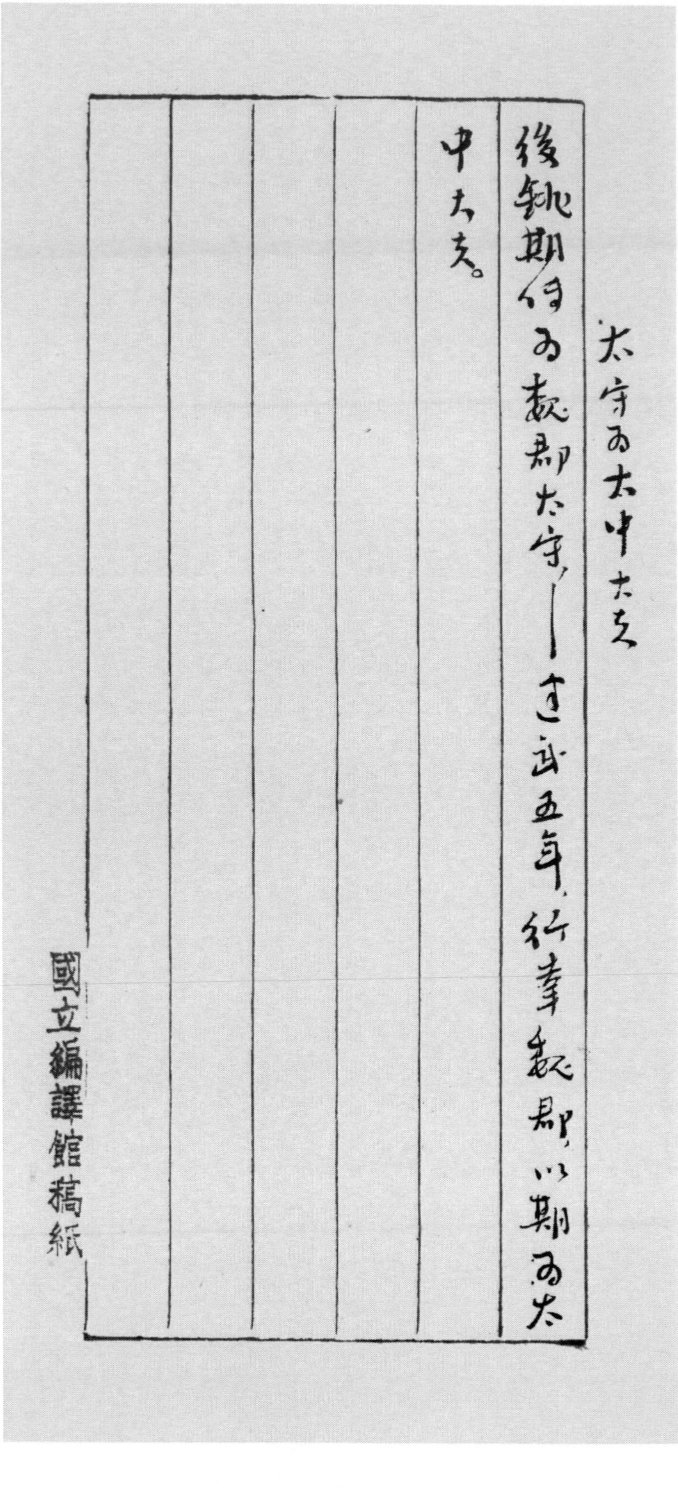
太守為太中大夫
後銚期傳為魏郡太守，……建武五年，行幸魏郡，以期為太
中大夫。
國立編譯館稿紙

太守為太中大夫

後·銚期傳：為魏郡太守，……建武五年，行幸魏郡，以期為太中大夫。[一]

[一]范曄：後漢書卷二十銚期傳，第733頁。

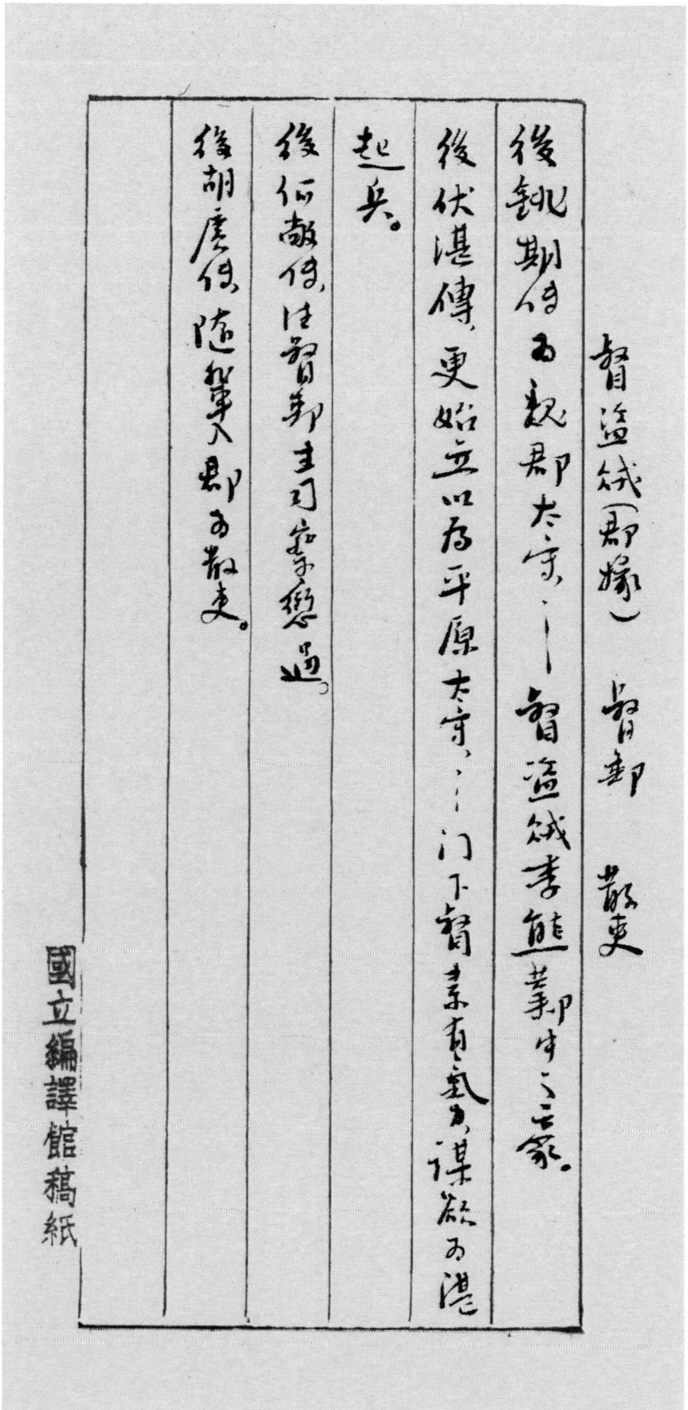
督盜賊（郡掾） 督郵 散吏
後銚期傳為魏郡太守，……督盜賊李熊，鄴中之豪。
後伏湛傳，更始立，以為平原太守，……門下督素有氣力，謀欲為湛起兵。
後何敞傳，注，督郵主司察愆過。
後胡廣傳，隨輩入郡為散吏。
國立編譯館稿紙

督盜賊（郡掾） 督郵 散吏

後‧銚期傳：為魏郡太守，……督盜賊李熊，鄴中之豪。[一]後‧伏湛傳：更始立，以為平原太守，……門下督素有氣力，謀欲為湛起兵。[二]後‧何敞傳：注，督郵主司察愆過。[三]後‧胡廣傳：隨輩入郡為散吏。[四]

[一]范曄：後漢書卷二十銚期傳，第733頁。
[二]范曄：後漢書卷二十六伏湛傳，第893頁。
[三]范曄：後漢書卷四十三何敞傳，第1487頁
[四]范曄：後漢書卷四十四胡廣傳，第1505頁。

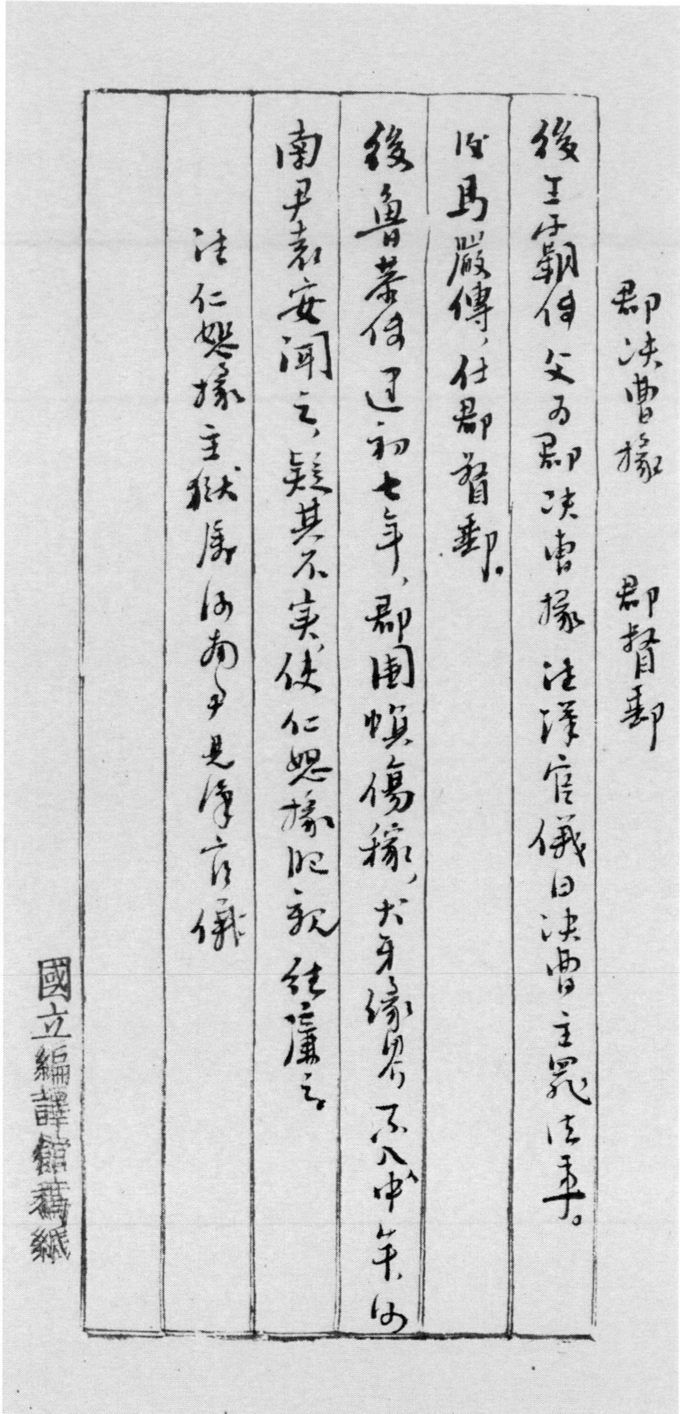
郡決曹掾　郡督郵

後王霸傳父為郡決曹掾 注漢官儀曰決曹主罪法事。

後馬嚴傳，仕郡督郵。

後魯恭傳建初七年，郡國螟傷稼，犬牙緣界不入中牟。河南尹袁安聞之，疑其不實，使仁恕掾肥親往廉之

注仁恕掾主獄屬河南尹見漢官儀

郡決曹掾　郡督郵

後·王霸傳：父為郡決曹掾。注，漢舊儀：「決曹，主罪法事。」[一]後·馬嚴傳：仕郡督郵。[二]後·魯恭傳：建初七年，郡國螟傷稼，犬牙緣界，不入中牟。河南尹袁安聞之，疑其不實，使仁恕掾肥親往廉之。[三]注，仁恕掾，主獄，屬河南尹，見漢官儀。

[一] 范曄：後漢書卷二十王霸傳，第734頁。

[二] 范曄：後漢書卷二十四馬嚴傳，第858頁。

[三] 范曄：後漢書卷二十五魯恭傳，第874頁。

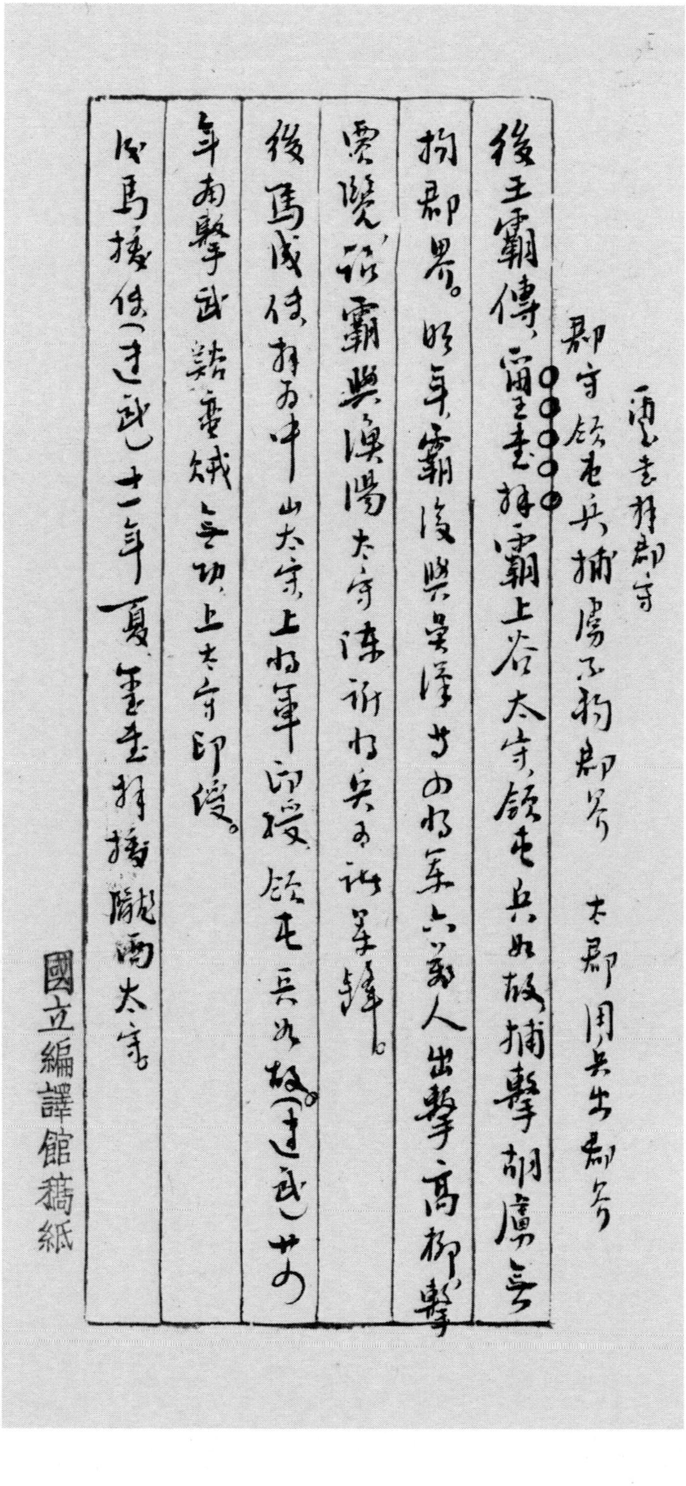
璽書拜郡守
郡守領屯兵捕虜不拘郡界
太郡用兵出郡界
後王霸傳，璽書拜霸上谷太守，領屯兵如故，捕擊胡虜無
拘郡界。明年，霸復與吳漢等四將軍六萬人出擊高柳擊
賈覽，詔霸與漁陽太守陳訢將兵為諸軍鋒。
後馬成傳，拜為中山太守，上將軍印綬，領屯兵如故。（建武）廿四
年南擊武谿蠻賊，無功，上太守印綬。
後馬援傳（建武）十一年夏，璽書拜援隴西太守
國立編譯館稿紙

璽書拜郡守　郡守領屯兵捕虜無拘郡界　太〔郡〕〔守〕用兵出郡界

後·王霸傳：璽書拜霸上谷太守，領屯兵如故，捕擊胡虜，無拘郡界。明年，霸復與吳漢等四將軍六萬人出高柳擊賈覽，詔霸與漁陽太守陳訢將兵為諸軍鋒。〔一〕後·馬成傳：拜為中山太守，上將軍印綬，領屯兵如故。（建武）二十四年，南擊武溪蠻賊，無功，上太守印綬。〔二〕後·馬援傳：（建武）十一年夏，璽書拜援隴西太守。〔三〕

〔一〕范曄：後漢書卷二十王霸傳，第737頁。
〔二〕范曄：後漢書卷二十二馬成傳，第779頁。
〔三〕范曄：後漢書卷二十四馬援傳，第835頁。

太守遷太僕　太守久任職

後・祭肜傳：建武十七年，拜遼東太守……（永平）十二年，徵為太僕。肜在遼東幾三十年，衣無兼副。顯宗既嘉其功，又美肜清約，拜日，賜錢百萬，馬三匹，衣被刀劍下至居室什物，大小無不悉備。[一]後・馮魴傳：（建武）十三年，遷魏郡太守。二十七年，以高第入代趙憙為太僕。[二]

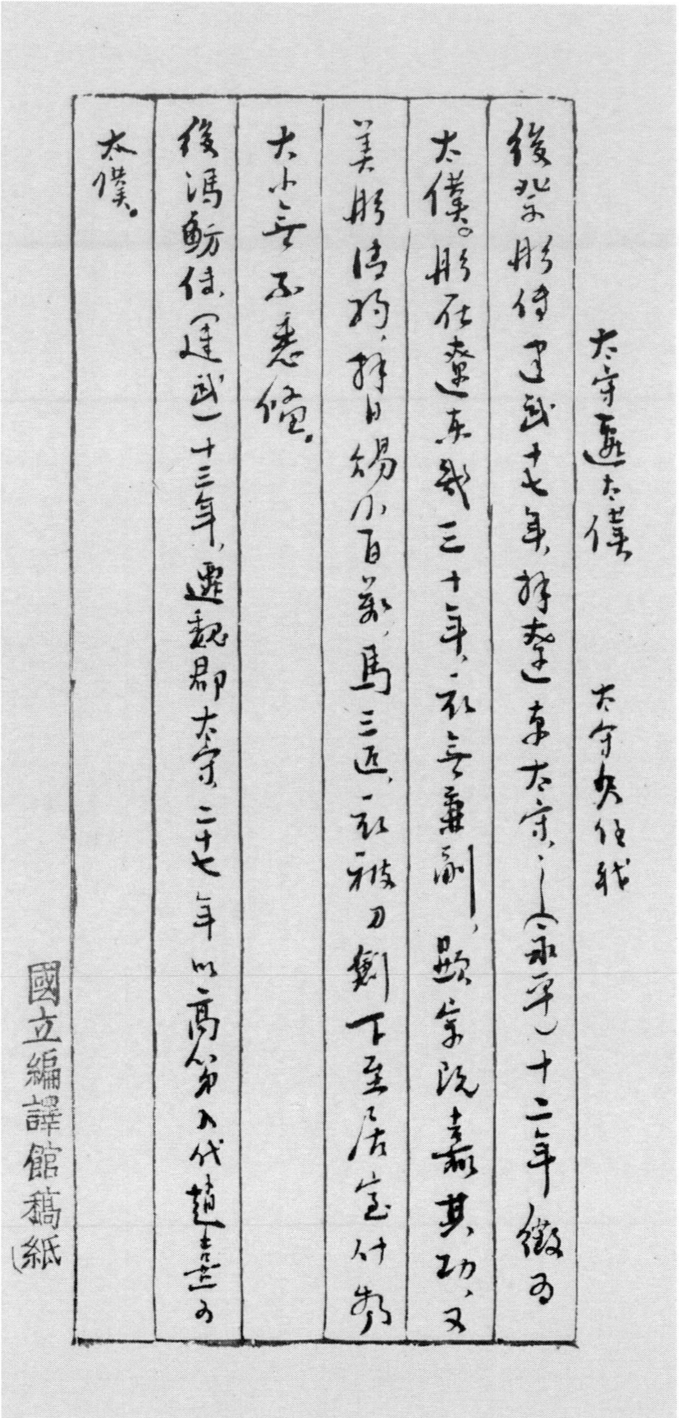
太守遷太僕　太守久任職
後祭肜傳：建武十七年，拜遼東太守。……（永平）十二年，徵為
太僕。肜在遼東幾三十年，衣無兼副。顯宗既嘉其功，又
美肜清約，拜日，賜錢百萬，馬三匹，衣被刀劍，下至居室什物，
大小無不悉備。
後馮魴傳：（建武）十三年，遷魏郡太守。二十七年，以高第入代趙憙為
太僕。
國立編譯館稿紙

[一] 范曄：後漢書卷二十祭肜傳，第744頁。
[二] 范曄：後漢書卷三十三馮魴傳，第1149頁。

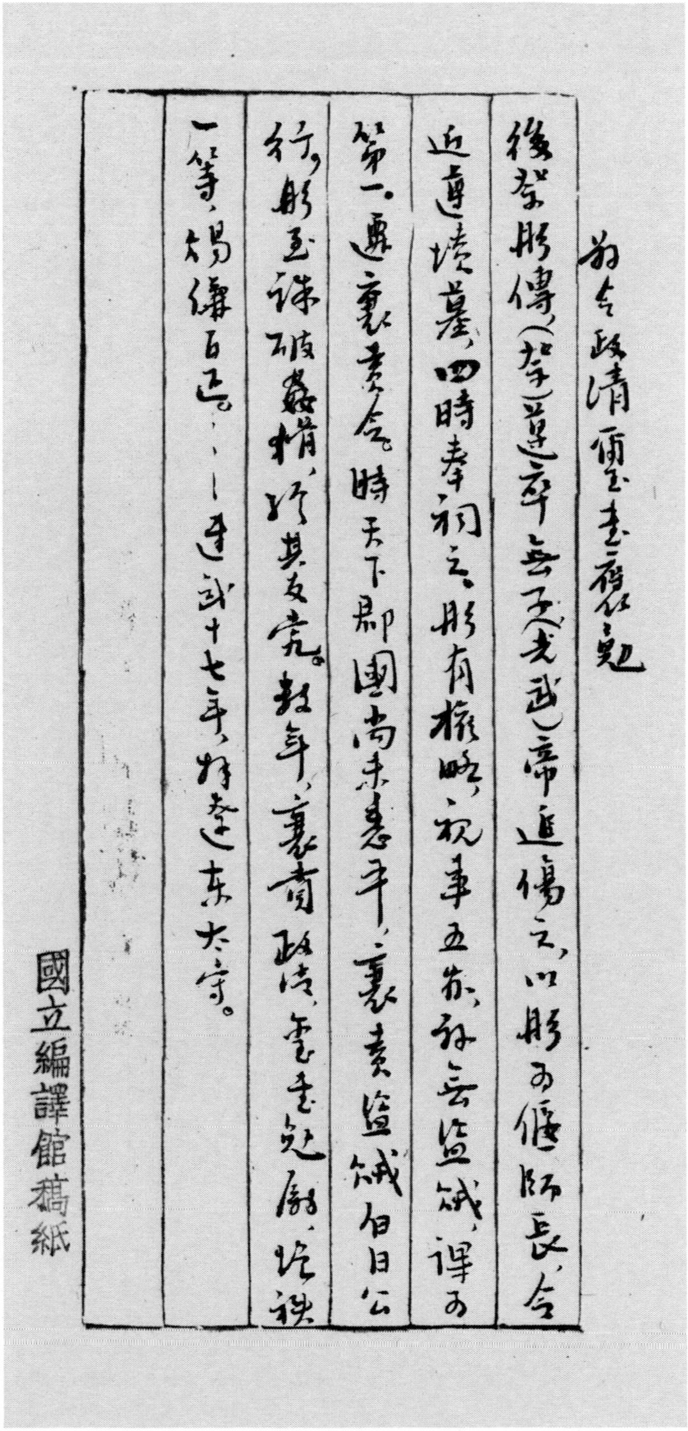
縣令政清璽書褒勉
後漢祭肜傳：(祭)遵卒無子，(光武)帝追傷之，以肜為偃師長，令近遵墳墓，四時奉祠之。肜有權略，視事五歲，縣無盜賊，課為第一，遷襄賁令。時天下郡國尚未悉平，襄賁盜賊白日公行。肜至，誅破姦猾，殄其支黨，數年，襄賁政清。璽書勉勵，增秩一等，賜縑百匹……建武十七年，拜遼東太守。
國立編譯館稿紙

縣令政清璽書褒勉

後·祭肜傳：（祭）遵卒無子，（光武）帝追傷之，以肜為偃師長，令近遵墳墓，四時奉祠之。肜有權略，視事五歲，縣無盜賊，課為第一，遷襄賁令。時天下郡國尚未悉平，襄賁盜賊白日公行。肜至，誅破姦猾，殄其支黨，數年襄賁政清。璽書勉勵，增秩一等，賜縑百匹……建武十七年，拜遼東太守。[一]

[一] 范曄：後漢書卷二十祭肜傳，第744頁。

鄉嗇夫

後·任光傳：少忠厚，為鄉里所愛。初為鄉嗇夫，郡縣吏。[一]注，續漢志曰：「三老、遊徼，郡所署也，秩百石，掌一鄉人。其鄉小者，縣署嗇夫一人，主知人善惡，為役先後；知人貧富，為賦多少。」後·鄭玄傳：玄少為鄉嗇夫。注，前書曰：「鄉有嗇夫，掌聽訟收賦稅」也。[二]

[一] 范曄：後漢書卷二十一任光傳，第751頁。

[二] 范曄：後漢書卷三十五鄭玄傳，第1207頁。

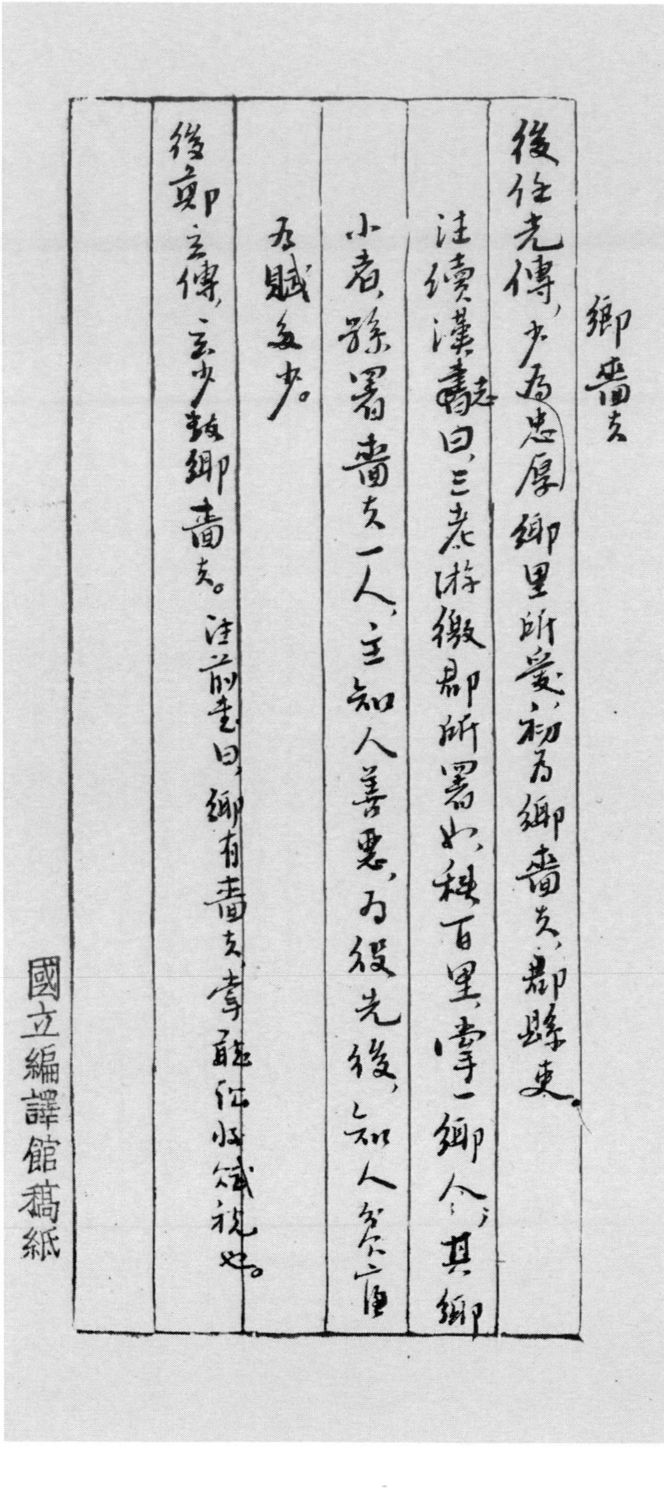
鄉嗇夫
後任光傳，少為忠厚，鄉里所愛，初為鄉嗇夫，郡縣吏。
注續漢書志曰，三老游徼郡所署也，秩百里，掌一鄉人，其鄉
小者，縣署嗇夫一人，主知人善惡，為役先後，知人貧富
為賦多少。
後鄭玄傳，玄少為鄉嗇夫。注前書曰，鄉有嗇夫，掌聽訟收賦稅也。
國立編譯館稿紙

郡五官掾

後·任光傳：更始至洛陽，以光為信都太守。及王郎起，郡國皆降之，光獨不肯，遂與都尉李忠、令萬修、功曹阮況、五官掾郭唐等同心固守。[一]注，續漢志曰：「五官掾，掌署諸曹事。」後·蘇不韋傳：為郡五官掾[二]

[一] 范曄：後漢書卷二十一任光傳，第751頁。

[二] 范曄：後漢書卷三十一蘇不韋傳，第1109頁。

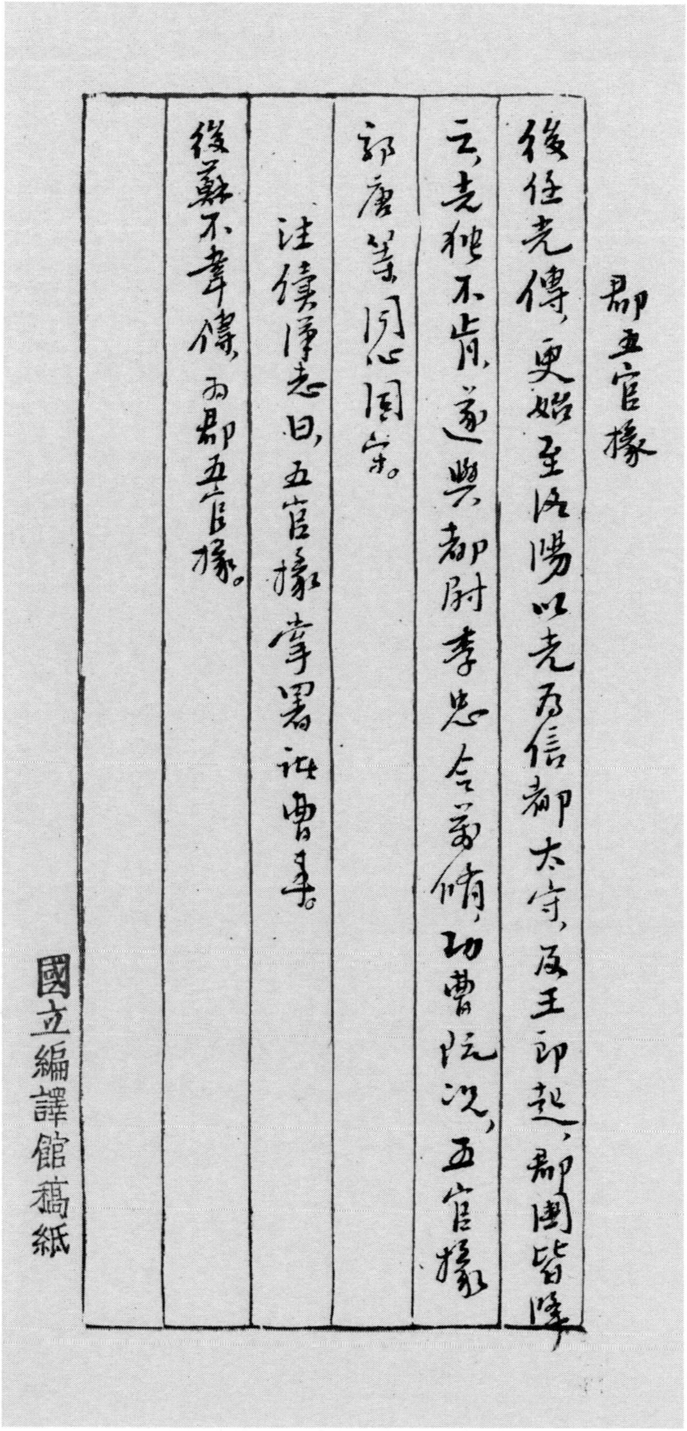

郡五官掾

後任光傳，更始至洛陽以光為信都太守，及王郎起，郡國皆降之，光獨不肯，遂與都尉李忠、令萬修、功曹阮況、五官掾郭唐等同心固守。

注續漢志曰，五官掾掌署諸曹事。

後蘇不韋傳，為郡五官掾。

國立編譯館稿紙

領太守事　行太守事

後·任光傳：留南陽，宗廣領信都太守事，使光將兵從……旬日之間，兵眾大盛，因攻城邑，遂屠邯鄲，乃遣光歸郡。[一]後·李忠傳：世祖因使忠還，行太守事，……及任光歸郡，忠乃還復都尉。[二]後·蓋勳傳：初舉孝廉，為漢陽長史……（涼州）刺史楊雍即表勳領漢陽太守。[三]

[一] 范曄：後漢書卷二十一任光傳，第752頁。

[二] 范曄：後漢書卷二十一李忠傳，第756頁。

[三] 范曄：後漢書卷五十八蓋勳傳，第1879—1881頁。

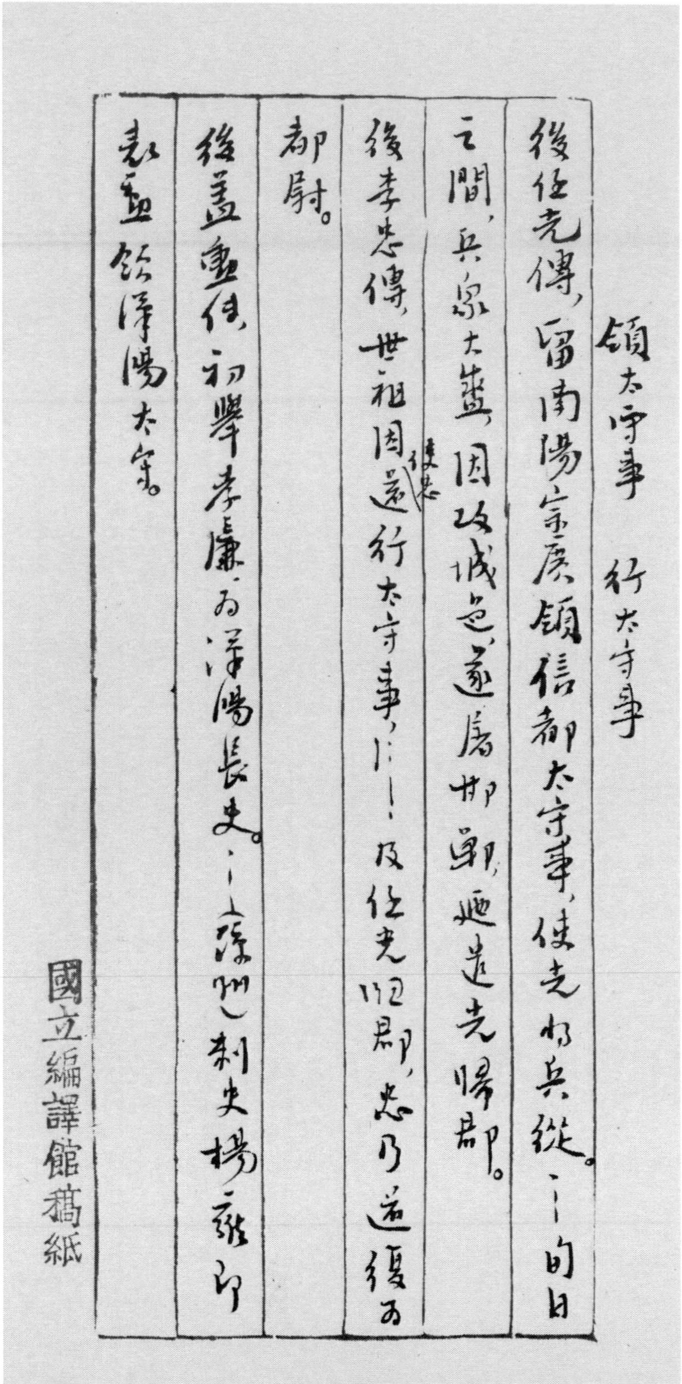

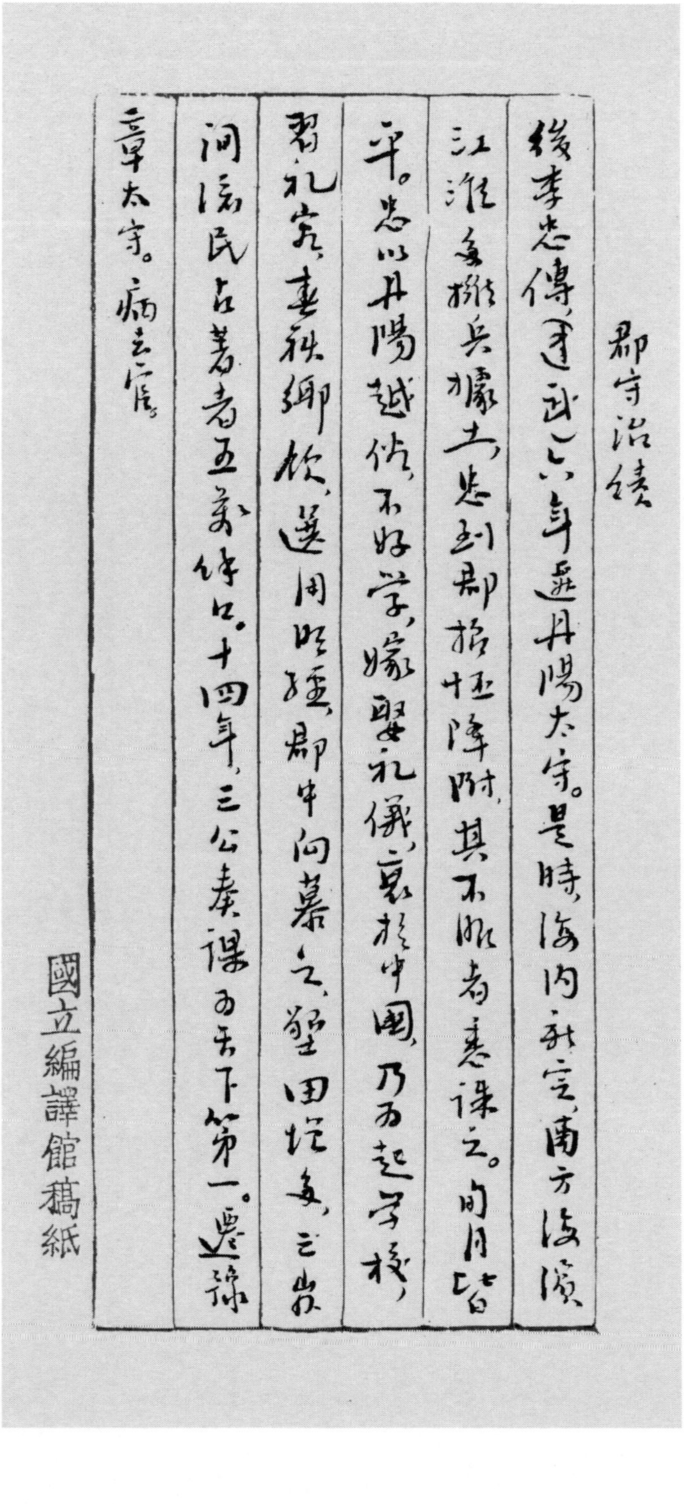
郡守治績
後李忠傳，建武六年遷丹陽太守。是時海內新定，南方海濱
江淮多擁兵據土，忠到郡招懷降附，其不服者悉誅之。旬月皆
平。忠以丹陽越俗不好學，嫁娶禮儀衰於中國，乃為起學校，
習禮容，春秋鄉飲，選用明經，郡中向慕之。墾田增多，三歲
間流民占著者五萬餘口。十四年，三公奏課為天下第一。遷豫
章太守。病去官。
國立編譯館稿紙

郡守治績

後·李忠傳：（建武）六年，遷丹陽太守。是時海內新定，南方海濱江淮，多擁兵據土。忠到郡，招懷降附，其不服者悉誅之，旬月皆平。忠以丹陽越俗不好學，嫁娶禮儀，衰於中國，乃為起學校，習禮容，春秋鄉飲，選用明經，郡中向慕之。墾田增多，三歲間流民占著者五萬餘口。十四年，三公奏課為天下第一，遷豫章太守。病去官。〔一〕

〔一〕范曄：後漢書卷二十一李忠傳，第756頁。

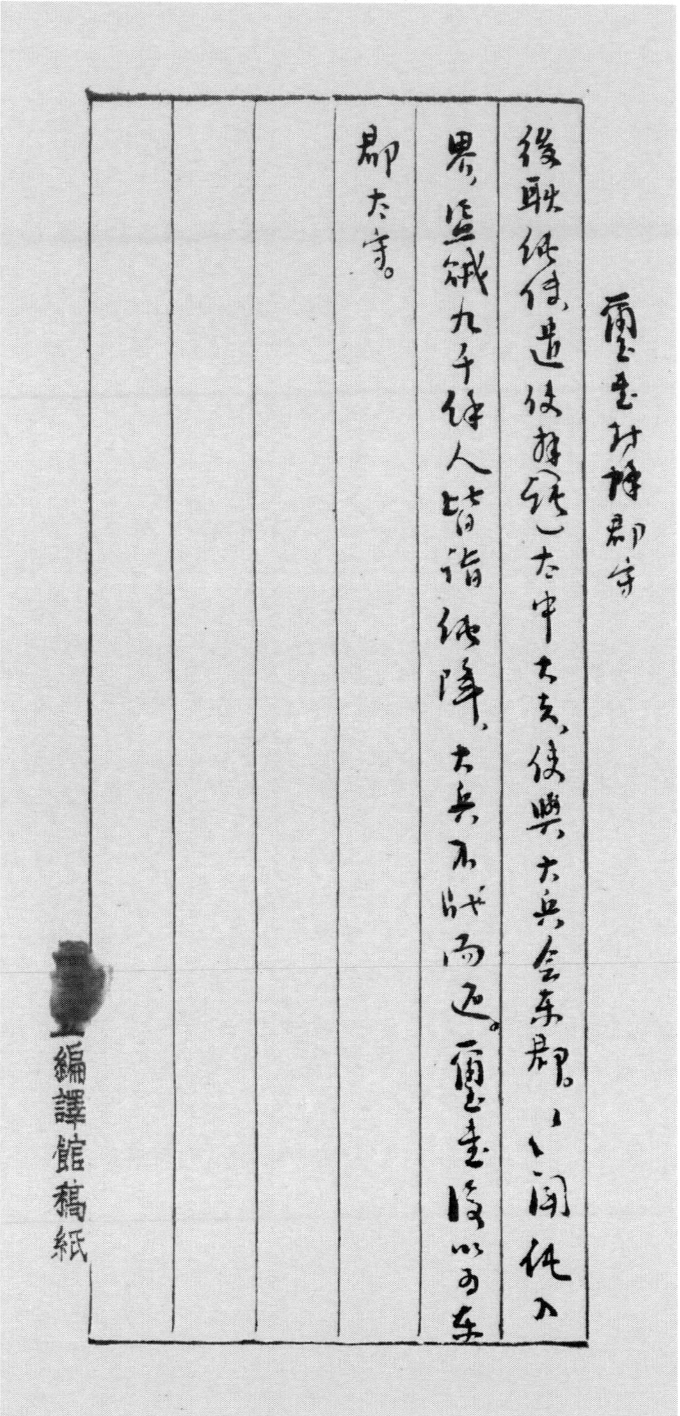
璽書封拜郡守

後耿純傳，遣使拜(純)太中大夫，使與大兵會東郡。東郡聞純入界，盜賊九千餘人皆詣純降，大兵不戰而還。璽書復以為東郡太守。

璽書封拜郡守

後·耿純傳：遣使拜(純)太中大夫，使與大兵會東郡。東郡聞純入界，盜賊九千餘人皆詣純降，大兵不戰而還。璽書復以為東郡太守。[一]

[一] 范曄：後漢書卷二十一耿純傳，第765頁。

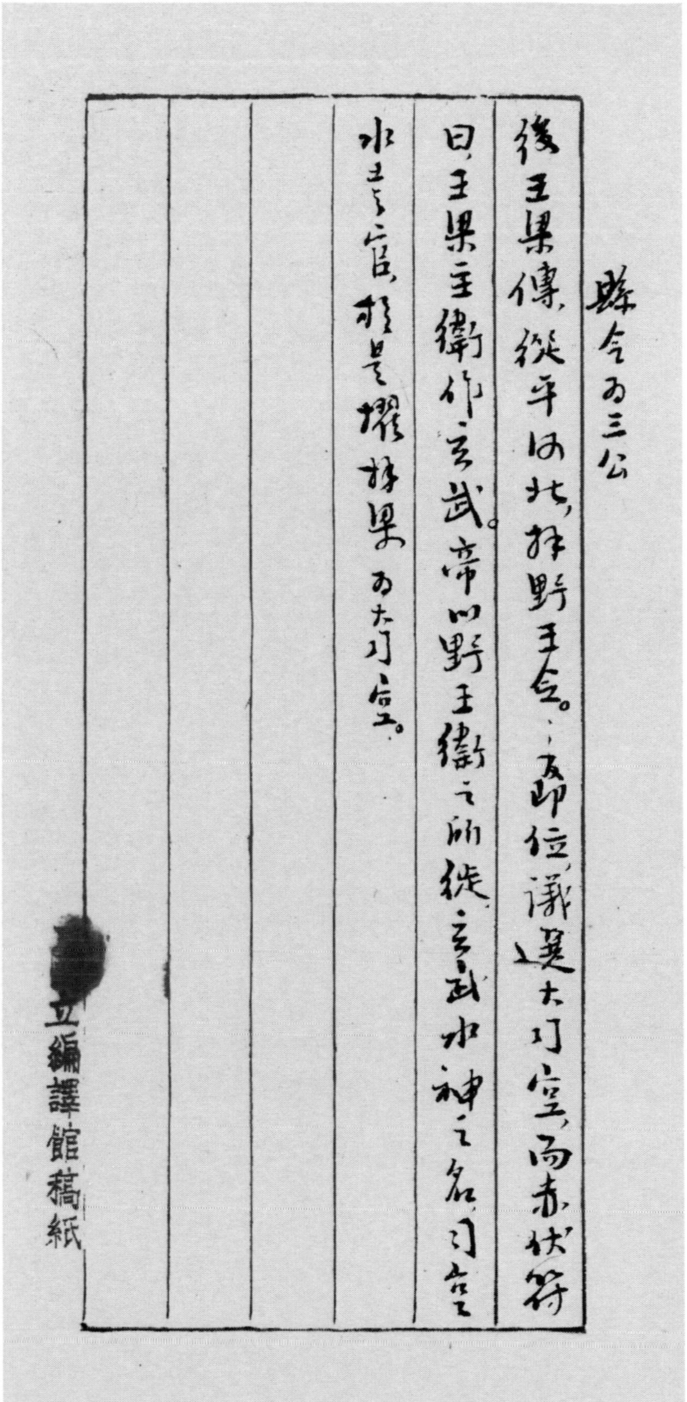
縣令為三公
後王梁傳，從平河北，拜野王令。……及即位，議選大司空，而赤伏符曰：王梁主衛作玄武。帝以野王衛之所徙，玄武水神之名，司空水土之官，於是擢拜梁為大司空。

縣令為三公

後‧王梁傳：從平河北，拜野王令，……及即位，議選大司空，而赤伏符曰：「王梁主衛作玄武」，帝以野王衛之所徙，玄武水神之名，司空水土之官也，於是擢拜梁為大司空。[一]

[一] 范曄：後漢書卷二十一王梁傳，第774頁。

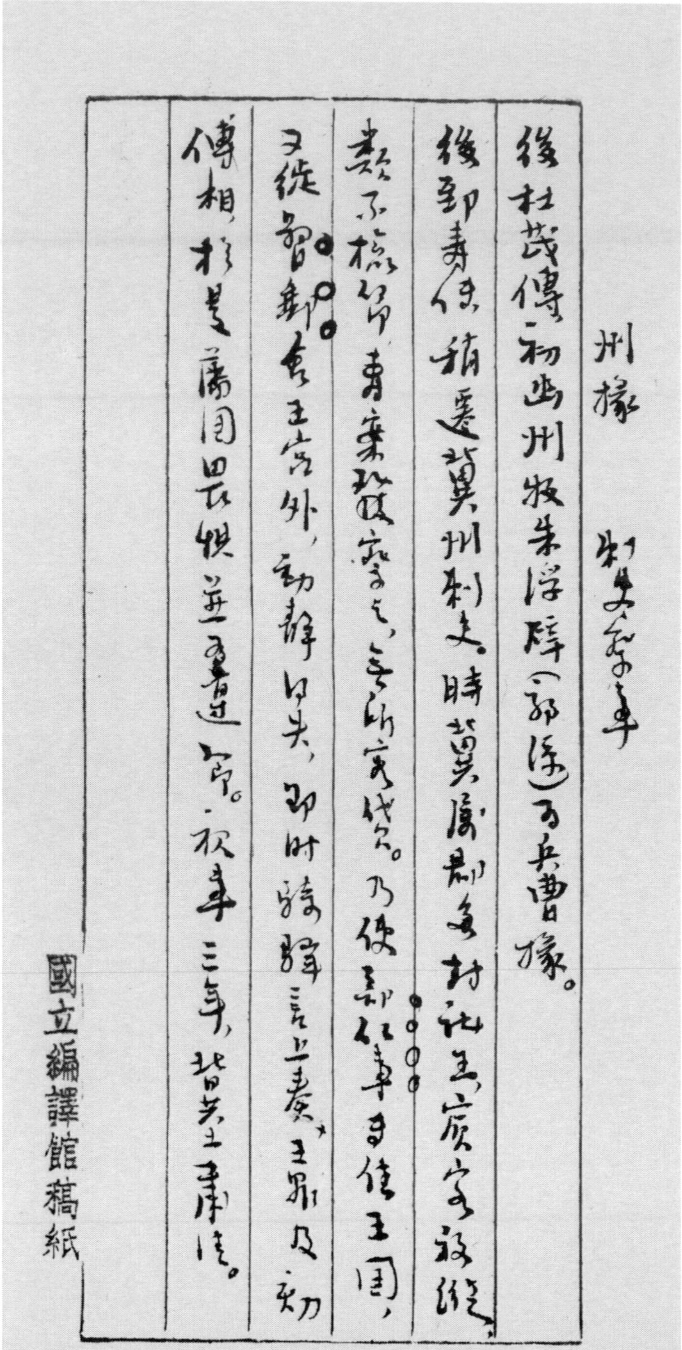

州掾　刺史察舉

後杜茂傳，初幽州牧朱浮辟（郭涼）為兵曹掾。

後郅壽傳，稍遷冀州刺史，時冀部屬郡多封諸王，賓客放縱，類不檢節，壽案察之，無所容貸。乃使部從事專住王國，又徙督郵舍王宮外，動靜失得，即時騎驛言上奏王罪及劾傳相，於是藩國畏懼，並為遵節。視事三年，冀土肅清。

國立編譯館稿紙

州掾　刺史察舉

後·杜茂傳：初，幽州牧朱浮辟（郭涼）為兵曹掾。[一]後·郅壽傳：稍遷冀州刺史。時冀部屬郡多封諸王，賓客放縱，類不檢節，壽案察之，無所容貸。乃使部從事專住王國，又徙督郵舍王宮外，動靜失得，即時騎驛言上奏王罪及劾傳相，於是藩國畏懼，並為遵節。視事三年，冀土肅清。[二]

[一]范曄：後漢書卷二十二杜茂傳，第777頁。[二]范曄：後漢書卷二十九郅壽傳，第1032頁。

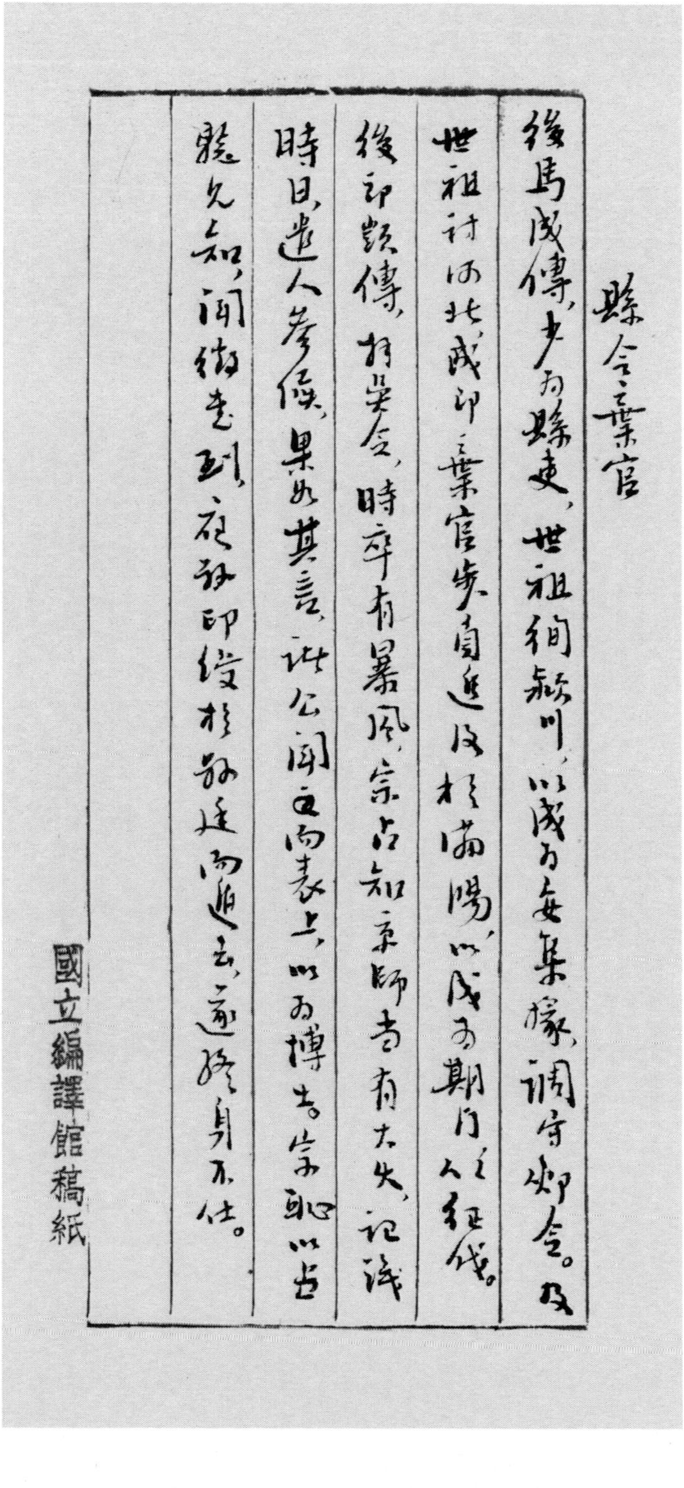

縣令棄官

後馬成傳，少為縣吏，世祖徇潁川，以成為安集掾，調守郟令。及
世祖討河北，成即棄官步負追及於滿陽，以成為期門，從征伐。
後郎顗傳，拜吳令，時卒有暴風，宗占知京師當有大火，記識
時日，遣人參候，果如其言，諸公聞而表上，以為博士。宗恥以占
驗見知，聞徵書到，夜縣印綬於縣廷而遁去，遂終身不仕。

國立編譯館稿紙

縣令棄官

後・馬成傳：少為縣吏。世祖徇潁川，以成為安集掾，調守郟令。及世祖討河北，成即棄官步負，追及於滿陽，以成為期門，從征伐。[一]後・郎顗傳：拜吳令，時卒有暴風，宗占知京師當有大火，記識時日，遣人參候，果如其言。諸公聞而表上，(以為博士)〔以博士徵之〕。宗恥以占驗見知，聞徵書到，夜縣印綬于縣廷而遁去，遂終身不仕。[二]

〔一〕范曄：後漢書卷二十二馬成傳，第778頁。 〔二〕范曄：後漢書卷三十下郎顗傳，第1053頁。

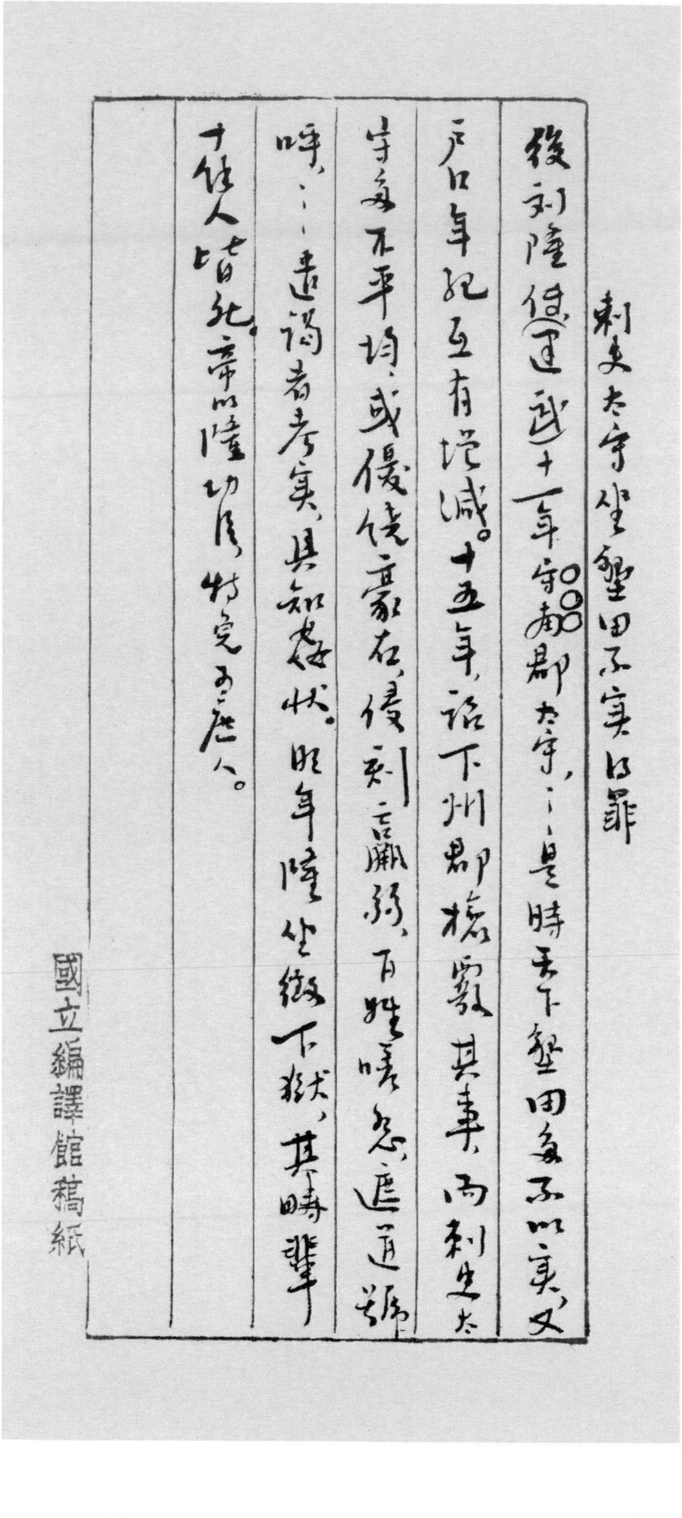
刺史太守坐墾田不實得罪
後劉隆傳（建武）十一年，守南郡太守……是時天下墾田多不以實，又戶口年紀互有增減。十五年，詔下州郡檢覈其事，而刺史太守多不平均，或優饒豪右，侵刻羸弱，百姓嗟怨，遮道號呼……遣謁者考實，具知姦狀。明年隆坐徵下獄，其疇輩十餘人皆死。帝以隆功臣，特免為庶人。

刺史太守坐墾田不實得罪

後·劉隆傳：（建武）十一年，守南郡太守……是時，天下墾田多不以實，又戶口年紀互有增減。十五年，詔下州郡檢覈其事，而刺史太守多不平均，或優饒豪右，侵刻羸弱，百姓嗟怨，遮道號呼……遣謁者考實，具知姦狀。明年，隆坐徵下獄，其疇輩十餘人皆死。帝以隆功臣，特免為庶人。[一]

[一] 范曄：後漢書卷二十二劉隆傳，第780頁。

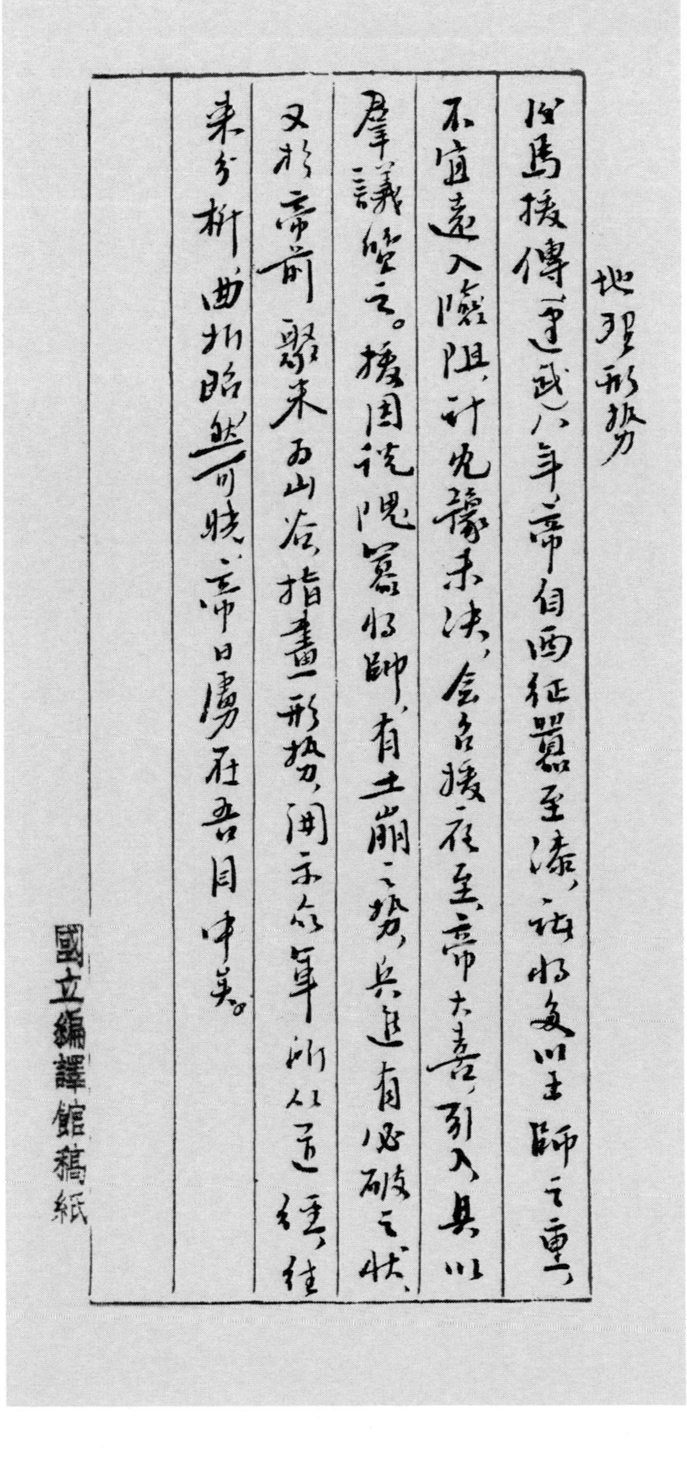
地理形勢
後馬援傳（建武）八年，帝自西征囂至漆，諸將多以王師之重，
不宜遠入險阻，計冘豫未決，會召援夜至，帝大喜，引入，具以
羣議質之。援因說隗囂將帥有土崩之勢，兵進有必破之狀，
又於帝前聚米為山谷，指畫形勢，開示眾軍所從道徑往
來，分析曲折，昭然可曉，帝曰虜在吾目中矣。

地理形勢

後·馬援傳：（建武）八年，帝自西征囂，至漆，諸將多以王師之重，不宜遠入險阻，計冘豫未決。會召援，夜至，帝大喜，引入，具以羣議質之。援因說隗囂將帥有土崩之勢，兵進有必破之狀。又于帝前聚米為山谷，指畫形勢，開示眾軍所從道徑往來，分析曲折，昭然可曉。帝曰：「虜在吾目中矣。」[一]

[一] 范曄：後漢書卷二十四馬援傳，第834頁。

太守遷虎賁中郎將

後・馬援傳：（建武）十一年夏，璽書拜援隴西太守……視事六年，徵入為虎賁中郎將。[一]

[一]范曄：後漢書卷二十四馬援傳，第835頁。

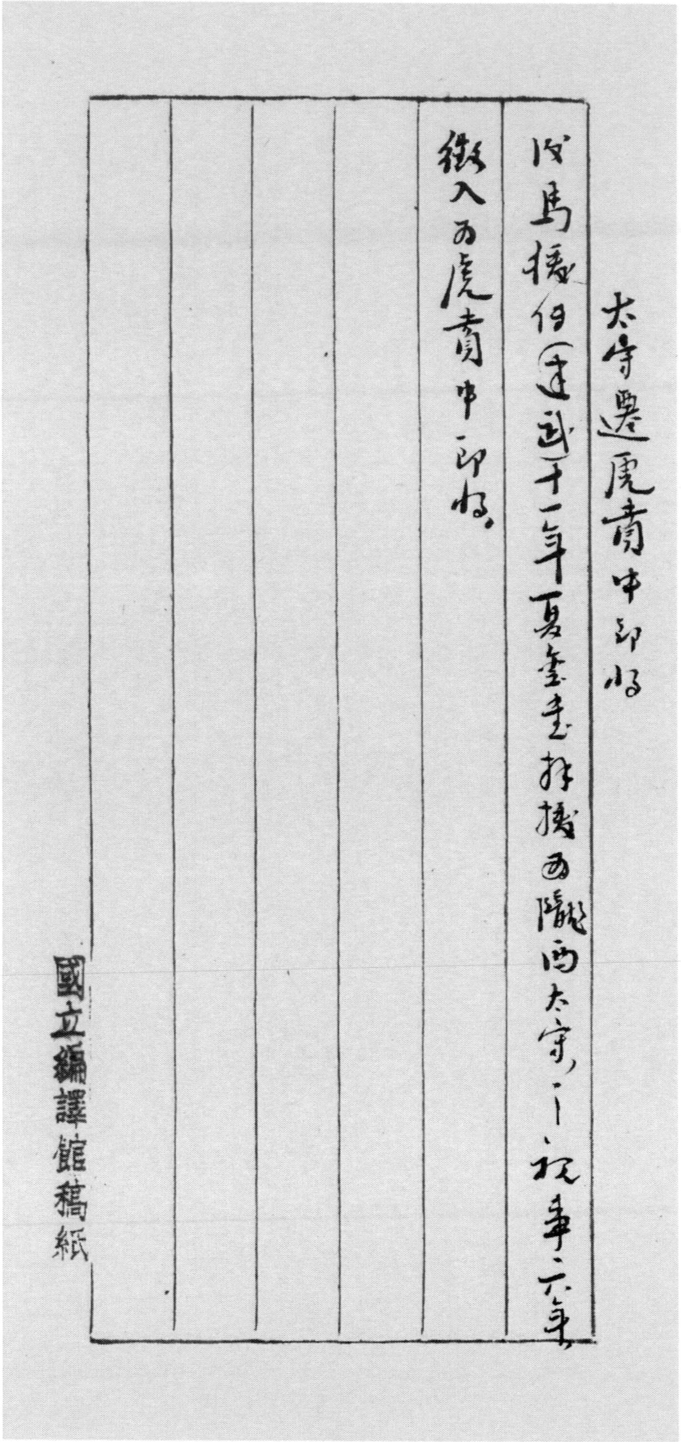
太守遷虎賁中郎將

後馬援傳（建武）十一年夏璽書拜援為隴西太守……視事六年

徵入為虎賁中郎將。

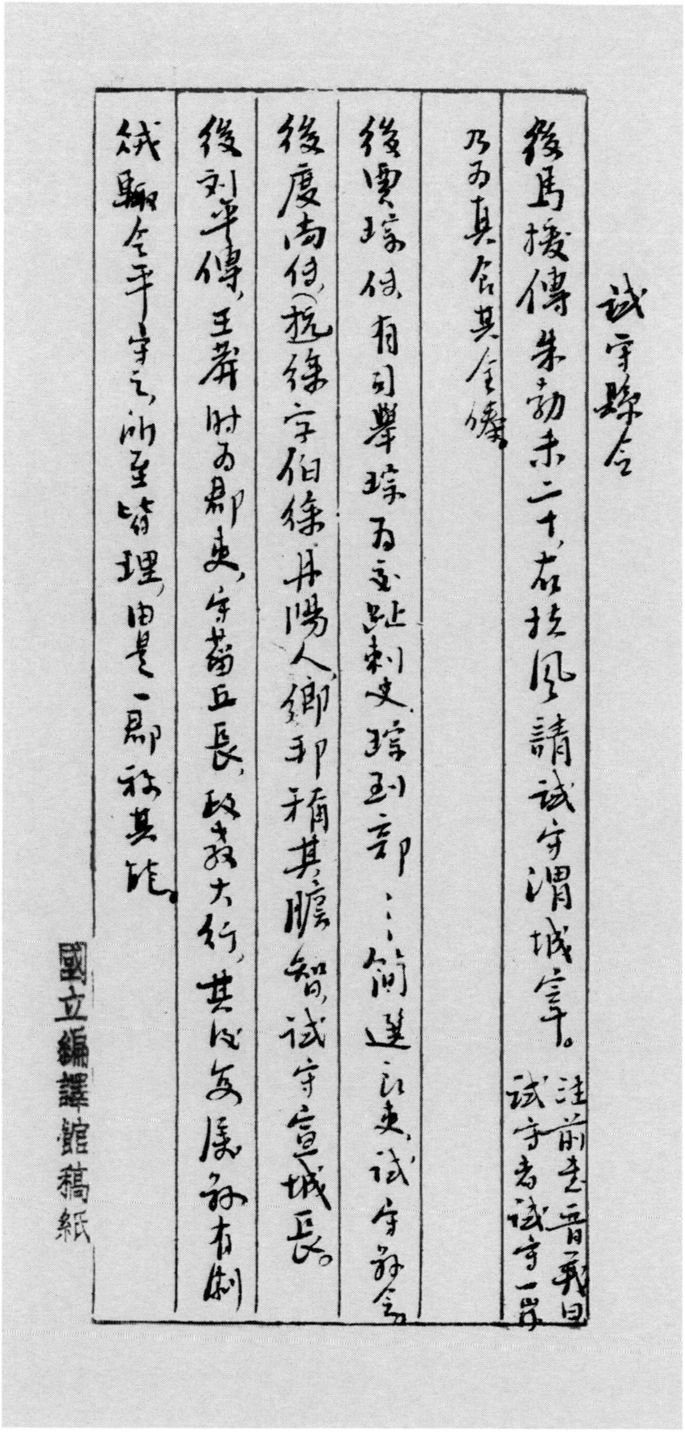
試守縣令
後馬援傳，朱勃未二十，右扶風請試守渭城宰。注，前書音義曰：試守者，試守一歲
乃為真，食其全俸
後賈琮傳，有司舉琮為交趾刺史，琮到部……簡選良吏試守諸令
後度尚傳，(抗)徐，徐字伯徐，丹陽人，鄉邦稱其膽智，試守宣城長。
後劉平傳，王莽時為郡吏，守菑丘長，政教大行，其後每屬縣有劇
賊，輒令平守之，所至皆理，由是一郡稱其能。
國立編譯館稿紙

試守縣令

後‧馬援傳：朱勃未二十，右扶風請試守渭城宰，[一]注，前書音義曰：「試守者，試守一歲」。後‧賈琮傳：有司舉琮為交阯刺史。琮到部，……簡選良吏試守諸縣。[二]後‧度尚傳：(抗)徐字伯徐，丹陽人，鄉邦稱其膽智。初試守宣城長。[三]後‧劉平傳：。王莽時為郡吏，守菑丘長，政教大行。其後每屬縣有劇賊，輒令平守之，所至皆理，由是一郡稱其能。[四]

[一] 范曄：後漢書卷二十四馬援傳，第850頁。
[二] 范曄：後漢書卷三十一賈琮傳，第1111頁。
[三] 范曄：後漢書卷三十八度尚傳，第1286頁。
[四] 范曄：後漢書卷三十九劉平傳，第1295頁。

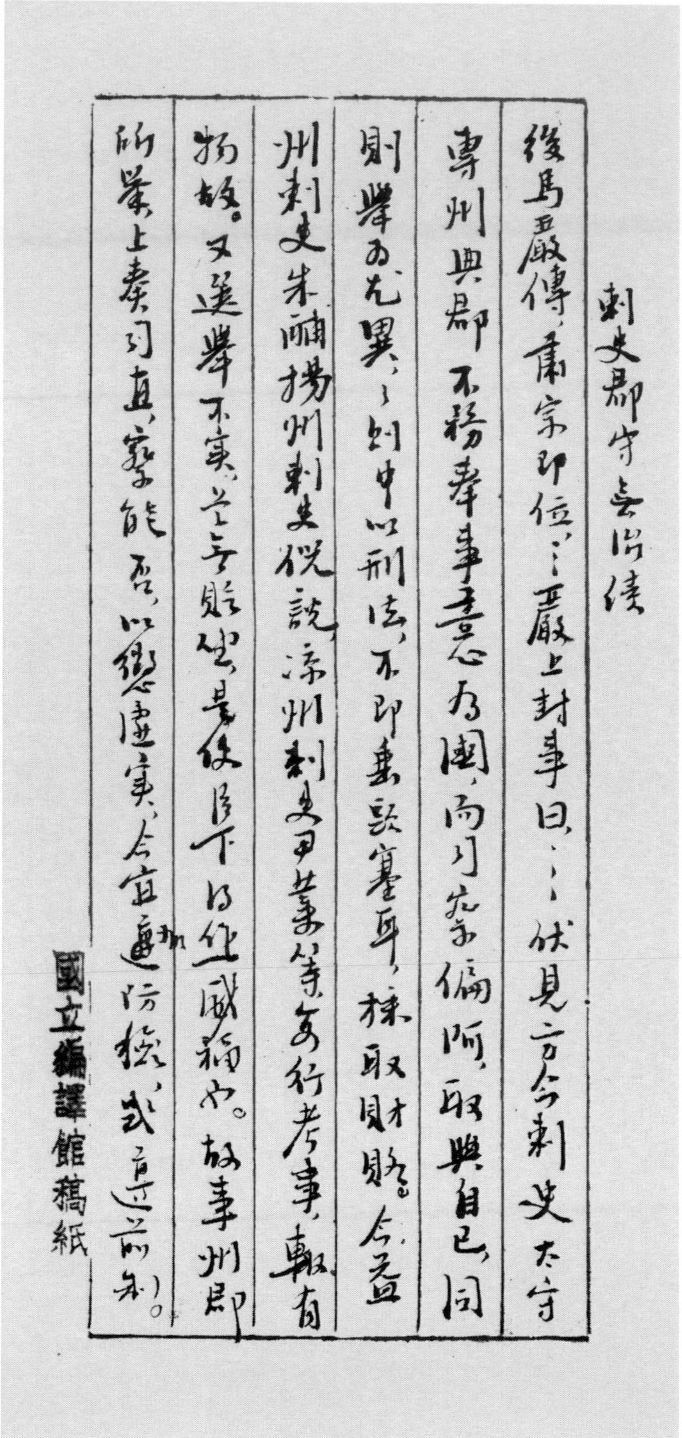
刺史郡守無治績
後馬嚴傳，肅宗即位，……嚴上封事曰，……伏見方今刺史太守專州典郡，不務奉事盡心為國，而司察偏阿，取與自己，同則舉為尤異，異則中以刑法，不即垂頭塞耳，採取財賂。今益州刺史朱酺、揚州刺史倪說、涼州刺史尹業等，每行考事，輒有物故。又選舉不實，曾無貶坐，是使臣下得作威福也。故事州郡所舉上奏，司直察能否，以懲虛實，今宜加防檢，式遵前制。
國立編譯館稿紙

刺史郡守無治績

後・馬嚴傳：肅宗即位，……嚴上封事曰：「……伏見方今刺史、太守專州典郡，不務奉事盡心為國，而司察偏阿，取與自己，同則舉為尤異，異則中以刑法，不即垂頭塞耳，采求財賂。今益州刺史朱酺、揚州刺史倪說、涼州刺史尹業等，每行考事，輒有物故，又選舉不實，曾無貶坐，是使臣下得作威福也。故事，州部所舉上奏，司直察能否以懲虛實。今宜加防檢，式遵前制。」[一]

[一]范曄：後漢書卷二十四馬嚴傳，第860頁。

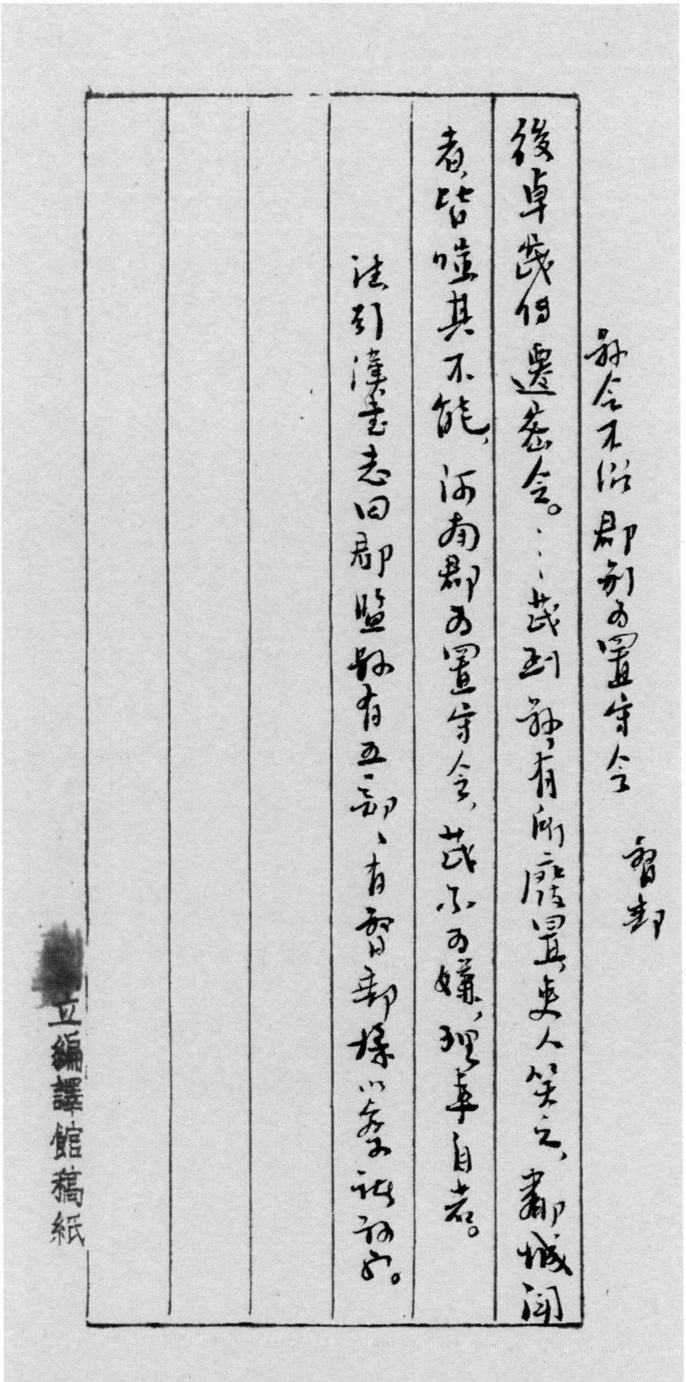
縣令不治郡別為置守令　督郵
後卓茂傳遷密令。……茂到縣，有所廢置，吏人笑之，鄰城聞者皆嗤其不能，河南郡為置守令，茂不為嫌，理事自若。
注引續漢志曰郡監縣有五部，有督郵掾以察諸縣也。

縣令不治郡別為置守令　督郵

後·卓茂傳：遷密令……茂到縣，有所廢置，吏人笑之，鄰城聞者皆蚩其不能。河南郡為置守令，茂不為嫌，理事自若。[一]注，續漢志曰：「郡監縣有五部，部有督郵掾，以察諸縣也。」

［一］范曄：後漢書卷二十五卓茂傳，第869頁。

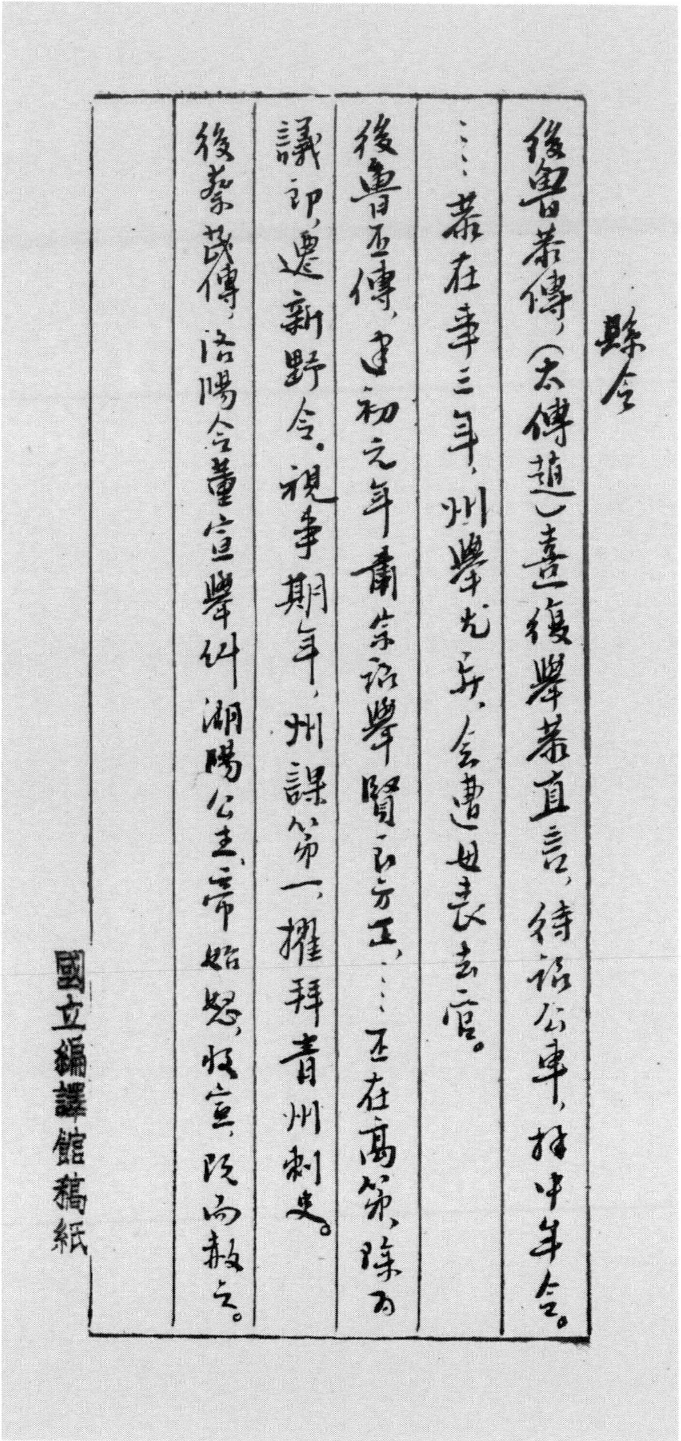
縣令

後魯恭傳,(太傅趙)憙復舉恭直言,待詔公車,拜中牟令。
……恭在事三年,州舉尤異,會遭母喪去官。
後魯丕傳,建初元年肅宗詔舉賢良方正,……丕在高第,除為
議郎,遷新野令。視事期年,州課第一,擢拜青州刺史。
後蔡茂傳,洛陽令董宣舉糾湖陽公主,帝始怒收宣,既而赦之。

國立編譯館稿紙

縣令

後·魯恭傳：（太傅趙）憙復舉恭直言，待詔公車，拜中牟令……恭在事三年，州舉尤異，會遭母喪去官。[一]後·魯丕傳：建初元年肅宗詔舉賢良方正，……丕在高第，除為議郎，遷新野令。視事期年，州課第一，擢拜青州刺史。[二]後·蔡茂傳：洛陽令董宣舉糾湖陽公主，帝始怒收宣，既而赦之。[三]

[一] 范曄：後漢書卷二十五魯恭傳，第874頁。　[二] 范曄：後漢書卷二十五魯丕傳，第883頁。
[三] 范曄：後漢書卷二十六蔡茂傳，第907頁。

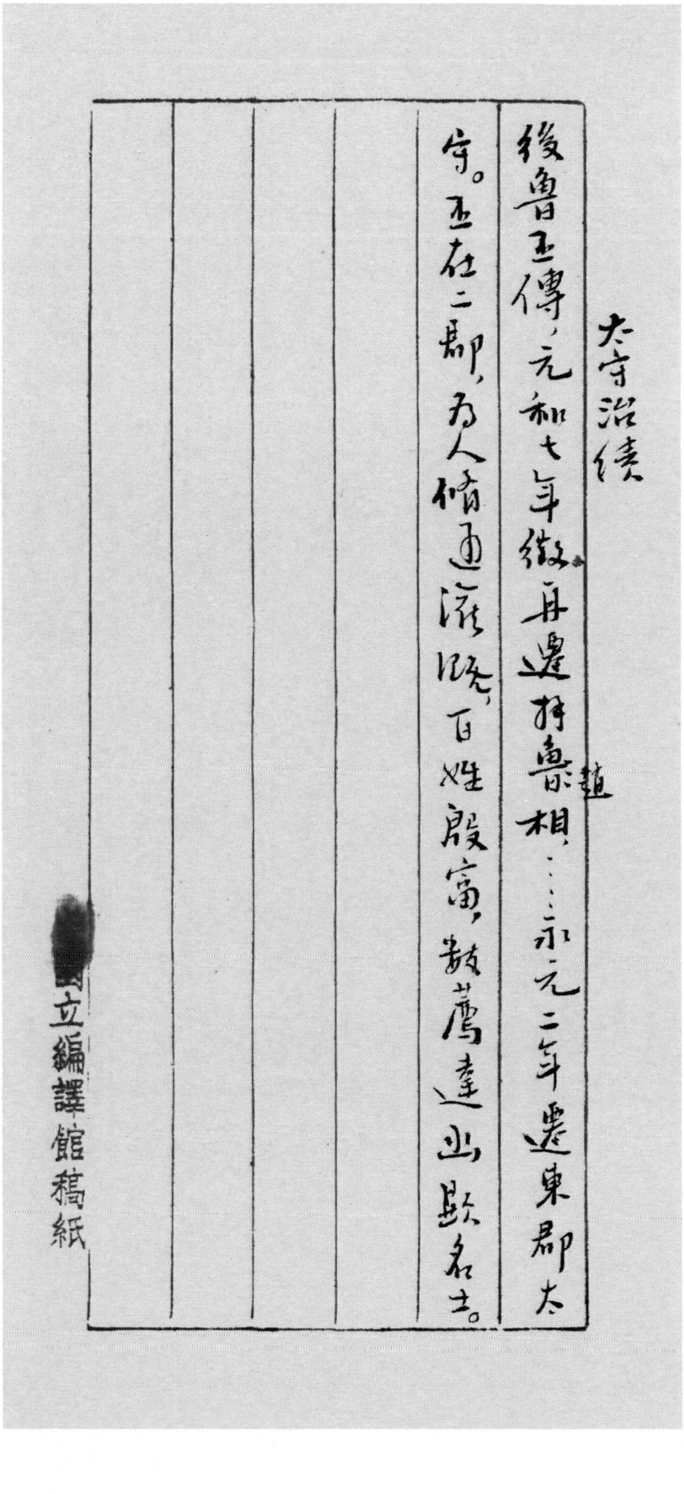
太守治績
後魯丕傳，元和七年徵，再遷，拜趙相，……永元二年，遷東郡太守。丕在二郡，為人修通溉灌，百姓殷富，數薦達幽隱名士。

太守治績

後·魯丕傳：元和（七）〔元〕年徵，再遷，拜趙相……永元二年，遷東郡太守。丕在二郡，為人修通溉灌，百姓殷富。數薦達幽隱名士。〔一〕

〔一〕范曄：後漢書卷二十五魯丕傳，第883頁。

郡督郵 督郵領縣

後·伏隆傳：少以節操立名，仕郡督郵。[一]後·蘇不韋傳：父謙，初為郡督郵。時魏郡李暠為美陽令，與中常侍具瑗交通，貪暴為民患，前後監司畏其勢援，莫敢糾問。及謙至部，案得其臧，論輸左校。[二]後·鍾離意傳：少為郡督郵……太守甚賢之，遂任以縣事。[三]

[一] 范曄：後漢書卷二十六伏隆傳，第898頁。 [二] 范曄：後漢書卷三十一蘇不韋傳，第1107頁。

[三] 范曄：後漢書卷四十一鍾離意傳，第1406頁。

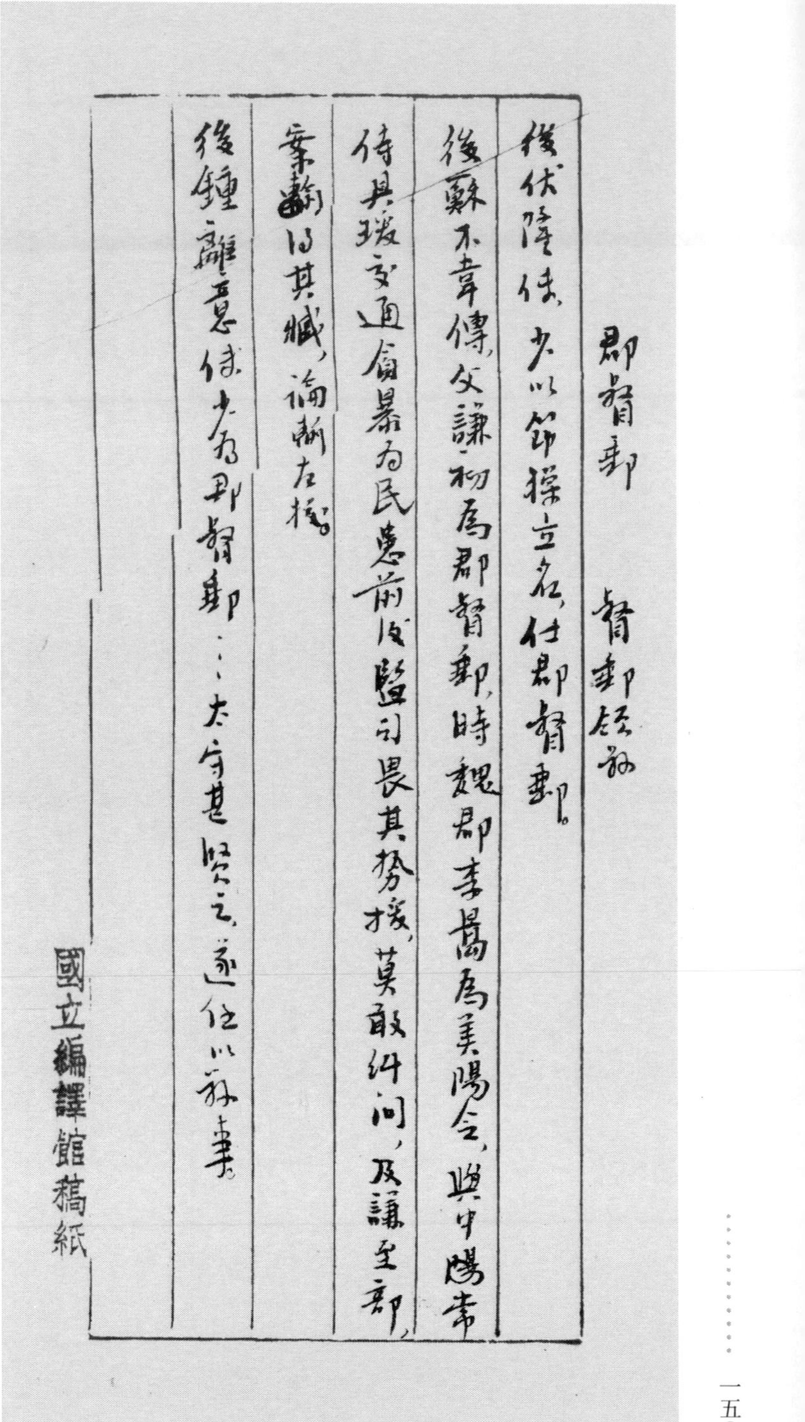

郡督郵 督郵領縣

後伏隆傳，少以節操立名，仕郡督郵。

後蘇不韋傳，父謙，初為郡督郵，時魏郡李暠為美陽令，與中常侍具瑗交通，貪暴為民患，前後監司畏其勢援，莫敢糾問，及謙至部，案得其臧，論輸左校。

後鍾離意傳，少為郡督郵……太守甚賢之，遂任以縣事。

國立編譯館稿紙

使臣得輒拜令長

後·伏隆傳：拜隆光祿大夫，復使于(张)步，並與新除青州牧守及都尉俱東，詔隆輒拜令、長以下。[一]後·王丹傳：前將軍鄧禹西征關中，軍糧乏，丹率宗族上麥一千斛。禹表丹領左馮翊。[二]後·宋均傳：後為謁者。會武陵蠻反，……伏波將軍馬援至，詔因令均監軍，與諸將俱進，賊拒阸不得前。及馬援卒于師，……乃矯制調伏波司馬呂种守沅陵長，……為置長吏而還。均未至，先自劾矯制之罪。[三]

[一] 范曄：後漢書 卷二十六伏隆傳，第896頁。[二] 范曄：後漢書卷二十七王丹傳，第931頁。

[三] 范曄：後漢書 卷四十一宋均傳，第1412頁。

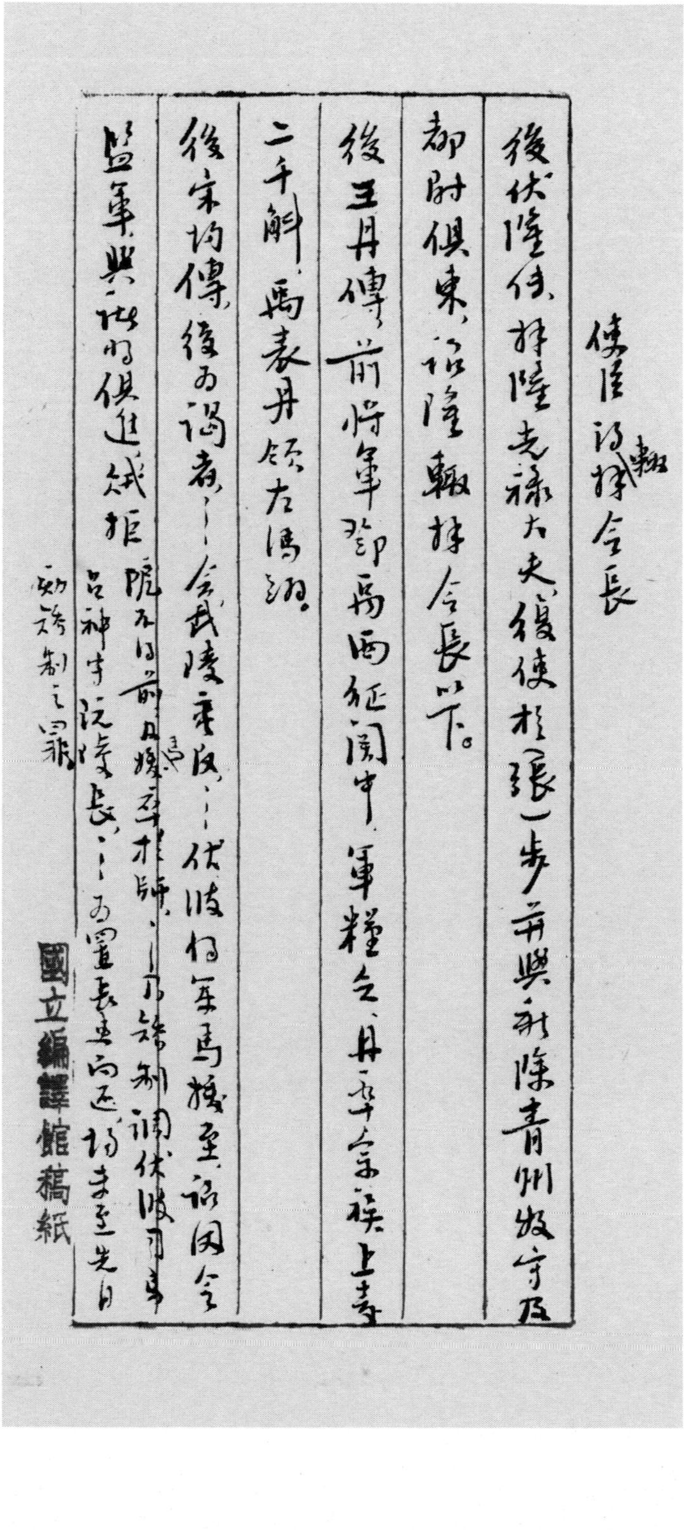
使臣得輒拜令長
後伏隆傳，拜隆光祿大夫，復使於(張)步，並與新除青州牧守及都尉俱東，詔隆輒拜令長以下。
後王丹傳，前將軍鄧禹西征關中，軍糧乏，丹率宗族上麥二千斛，禹表丹領左馮翊。
後宋均傳，後為謁者。……會武陵蠻反，……伏波將軍馬援至，詔因令均監軍，與諸將俱進，賊拒阸不得前。及馬援卒於師，……乃矯制調伏波司馬呂种守沅陵長，……為置長吏而還。均未至，先自劾矯制之罪。
國立編譯館稿紙

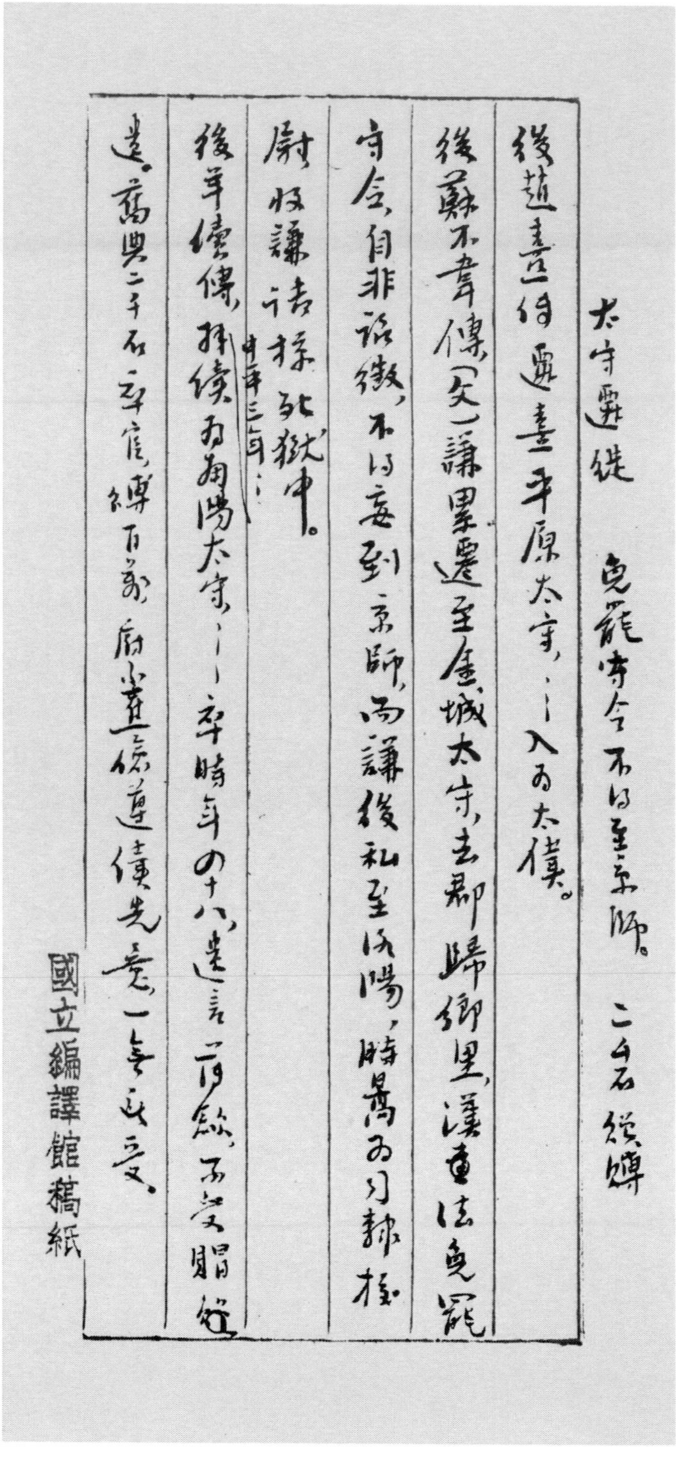
太守遷徙　免罷守令不得至京師　二千石贈賻
後趙憙傳：遷憙平原太守，……入為太僕。
後蘇不韋傳：（父）謙累遷至金城太守，去郡歸鄉里，漢法免罷守令，自非詔徵，不得妄到京師，而謙後私至洛陽，時暠為司隸校尉，收謙詰掠，死獄中。
後羊續傳，中平三年，拜續為南陽太守，……卒，時年四十八，遺言薄斂，不受賵遺。舊典二千石卒官，賻百萬，府丞焦儉遵續先意，一無所受。
國立編譯館稿紙

太守遷徙　免罷守令不得至京師　二千石贈賻

後·趙憙傳：遷憙平原太守，……入為太僕。[一]後·蘇不韋傳：（父）謙累遷至金城太守，去郡歸鄉里。漢法，免罷守令，自非詔徵，不得妄到京師。而謙後私至洛陽，時暠為司隸校尉，收謙詰掠，死獄中。[二]後·羊續傳：中平三年，拜續為南陽太守……卒，時年四十八。遺言薄斂，不受賵遺。舊典，二千石卒，官賻百萬，府丞焦儉遵續先意，一無所受。[三]

[一] 范曄：後漢書卷二十六趙憙傳，第914頁。　[二] 范曄：後漢書卷三十一蘇不韋傳，第1107頁。

[三] 范曄：後漢書卷三十一蘇不韋傳，第1110頁。

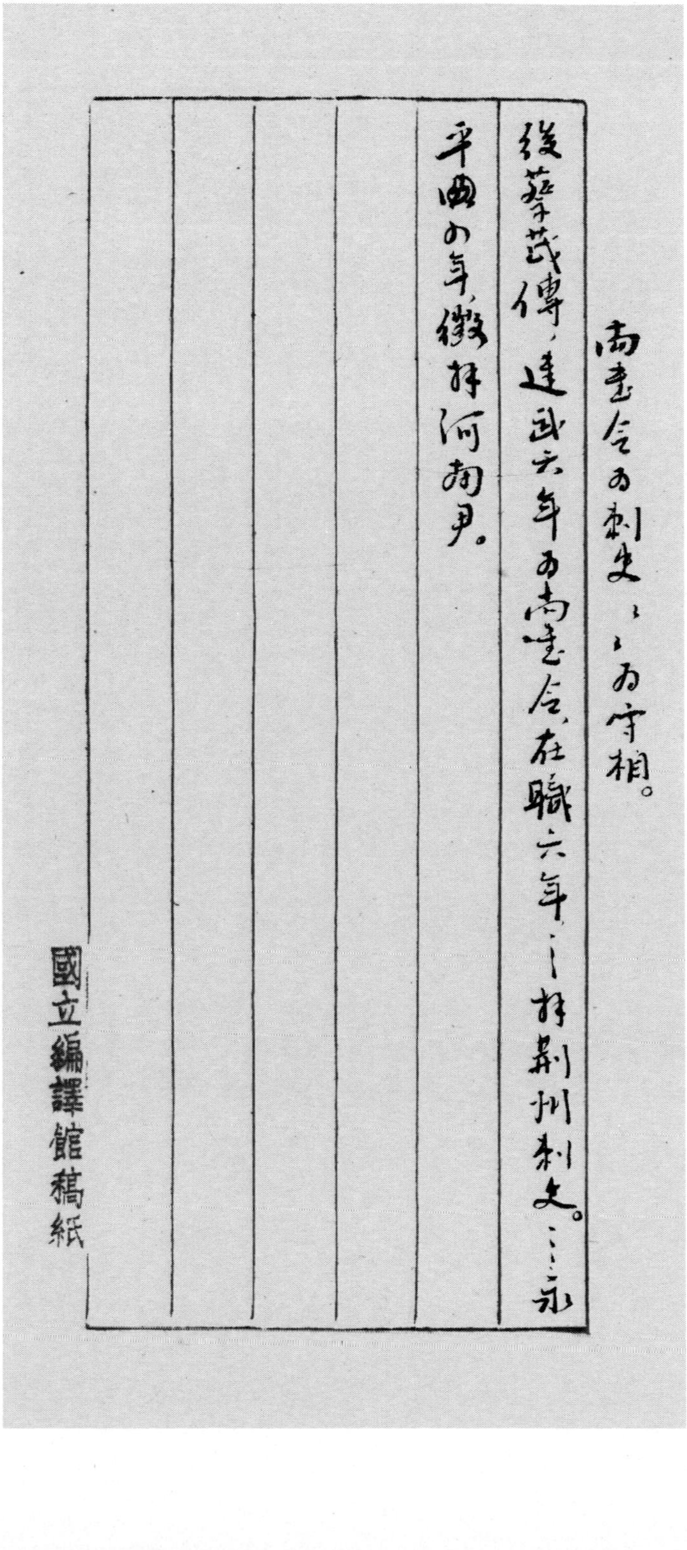
尚書令為刺史、、為守相。
後漢蔡茂傳，建武六年為尚書令，在職六年，、、拜荊州刺史。、、永平四年，徵拜河南尹。
國立編譯館稿紙

尚書令為刺史　刺史為守相

後・蔡茂傳：建武中為尚書令。在職六年，……拜荊州刺史，……永平四年，徵拜河南尹。[一]

[一] 范曄：後漢書卷二十六蔡茂傳，第908頁。

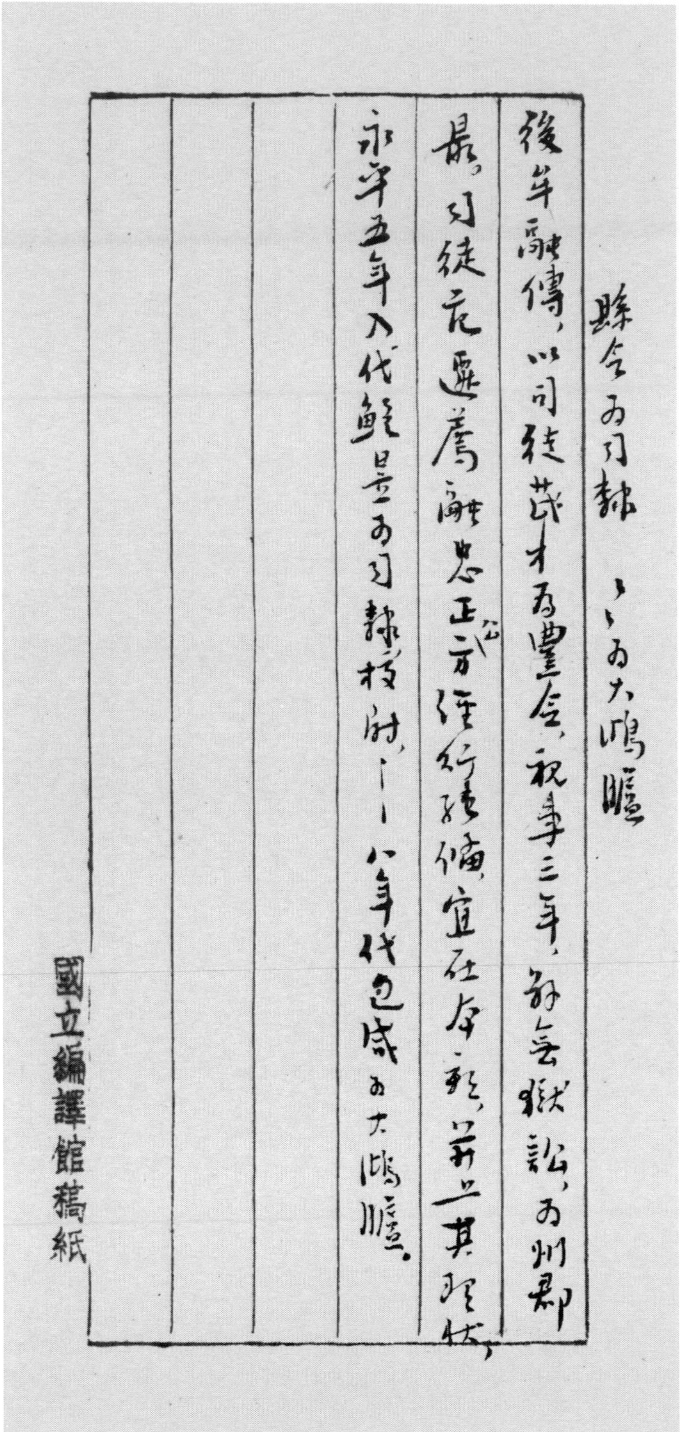
縣令為司隸　……為大鴻臚

後牟融傳，以司徒茂才為豐令，視事三年，縣無獄訟，為州郡最，司徒范遷薦融忠正公方，經行純備，宜在本朝，并上其理狀，永平五年入代鮑昱為司隸校尉，……八年代包咸為大鴻臚。

國立編譯館稿紙

縣令為司隸　司隸為大鴻臚

後·牟融傳：以司徒茂才為豐令，視事三年，縣無獄訟，為州郡最。司徒范遷薦融忠正公方，經行純備，宜在本朝，并上其理狀。永平五年，入代鮑昱為司隸校尉，……八年，代包咸為大鴻臚。[一]

[一] 范曄：後漢書卷二十六牟融傳，第915—916頁。

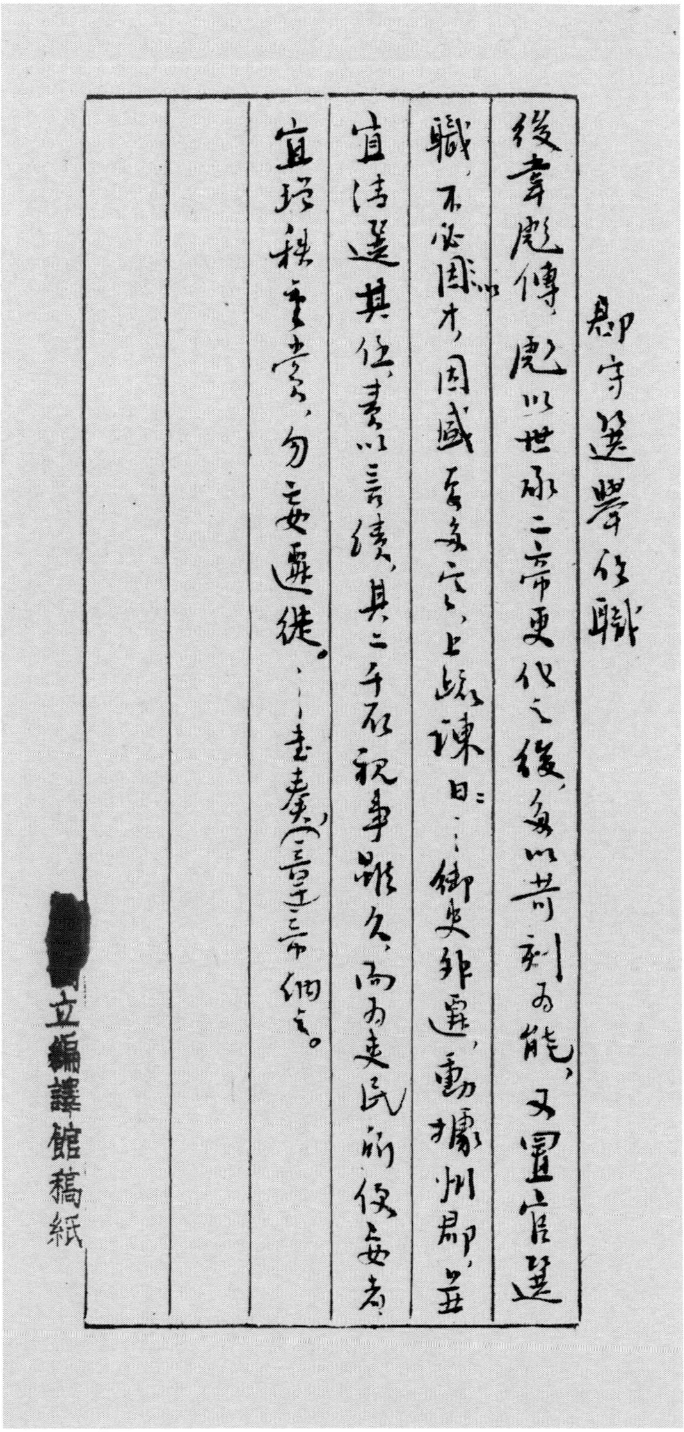
郡守選舉任職
後韋彪傳：彪以世承二帝吏化之後，多以苛刻為能，又置官選職，不必以才，因盛夏多寒，上疏諫曰：「……御史外遷，動據州郡，並宜清選其任，責以言績，其二千石視事雖久，而為吏民所便安者，宜增秩重賞，勿妄遷徙。……」書奏，（章）帝納之。
[redacted]立編譯館稿紙

郡守選舉任職

後・韋彪傳：彪以世承二帝吏化之後，多以苛刻為能，又置官選職，不必以才，因盛夏多寒，上疏諫曰：「……御史外遷，動據州郡。並宜清選其任，責以言績。其二千石視事雖久，而為吏民所便安者，宜增秩重賞，勿妄遷徙……」書奏，（章）帝納之。[一]

[一] 范曄：後漢書卷二十六韋彪傳，第918頁。

縣令

後・韋彪傳：太傅桓焉辟舉（韋義）理劇，為廣都長，甘陵、陳二縣令，政甚有績，官曹無事，牢獄空虛。數上書順帝，陳宜依古典，考功黜陟，徵集名儒，大定其制。又譏切左右，貶刺竇氏。言既無感，而久抑不遷，以兄順喪去官。[一]後・杜林傳：除子喬為郎。詔曰：「公侯子孫，必復其始；賢者之後，宜宰城邑。其以喬為丹水長。」[二]

[一] 范曄：後漢書卷二十六韋彪傳，第921頁。 [二] 范曄：後漢書卷二十七杜林傳，第939頁。

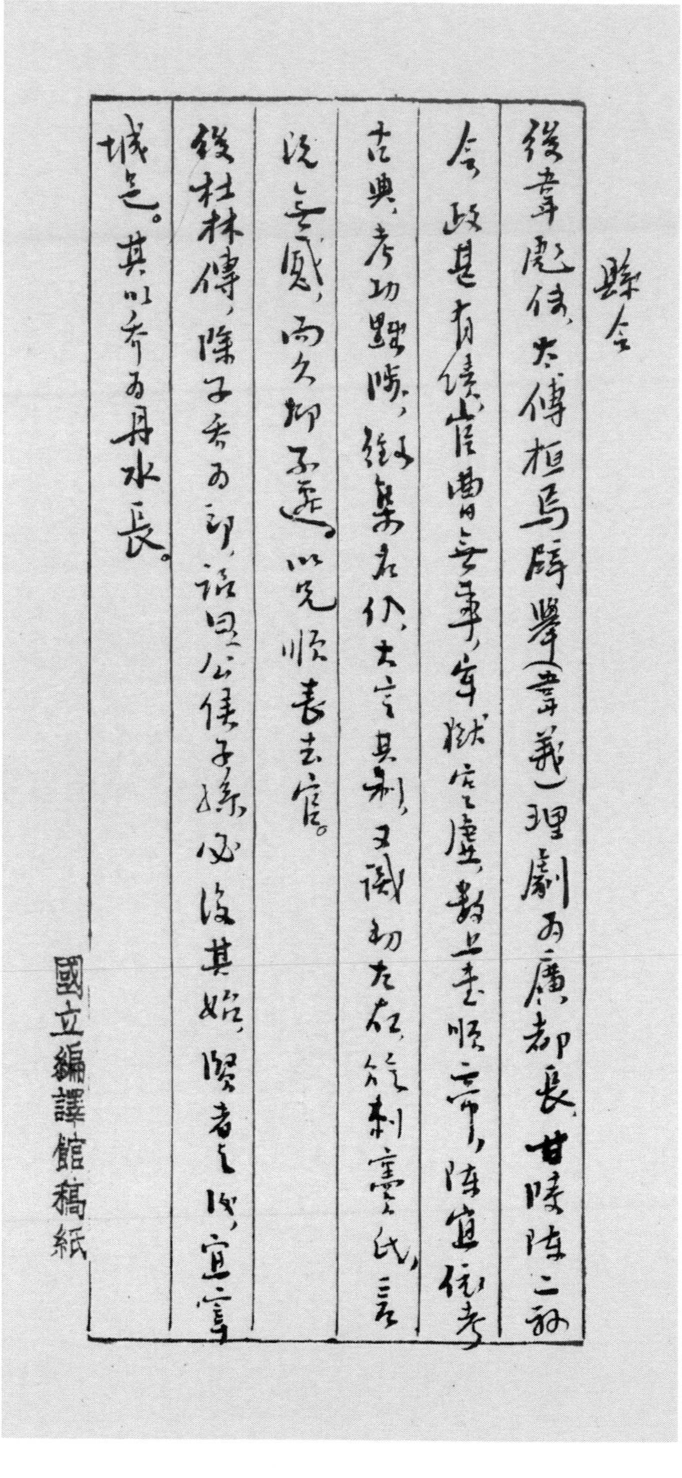

縣令

後韋彪傳，太傅桓焉辟舉（韋義）理劇，為廣都長，甘陵陳二縣令，政甚有績，官曹無事，牢獄空虛，數上書順帝，陳宜依古典，考功黜陟，徵集名儒，大定其制，又譏切左右，貶刺竇氏，言既無感，而久抑不遷，以兄順喪去官。

後杜林傳，除子喬為郎，詔曰公侯子孫，必復其始，賢者之後，宜宰城邑。其以喬為丹水長。

國立編譯館稿紙

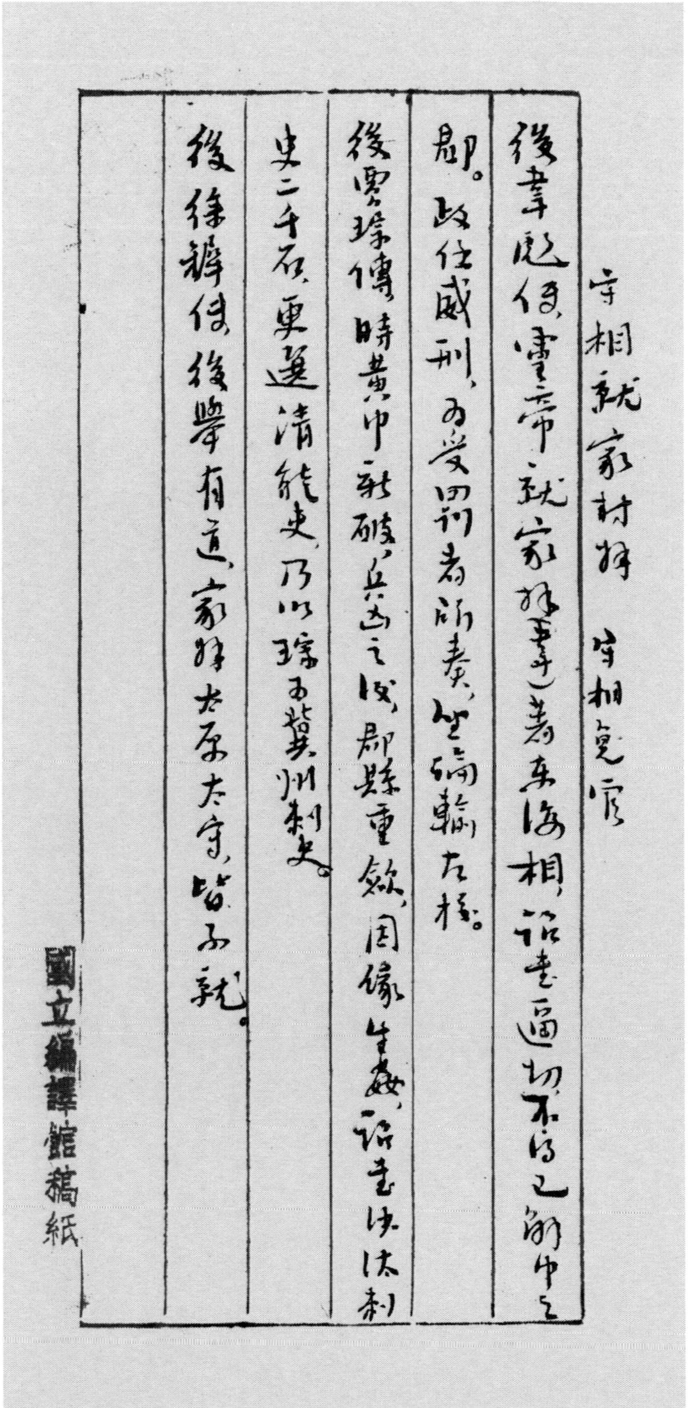
守相就家封拜　守相免官

後韋彪傳，靈帝就家拜(韋)著東海相，詔書逼切，不得已，解巾之郡。政任威刑，為受罰者所奏，坐論輸左校。

後賈琮傳，時黃巾新破，兵凶之後，郡縣重斂，因緣生姦。詔書沙汰刺史二千石，更選清能吏，乃以琮為冀州刺史。

後徐穉傳，後舉有道，家拜太原太守，皆不就。

國立編譯館稿紙

守相就家封拜　守相免官

後·韋彪傳：靈帝就家拜(韋)著東海相。詔書逼切，不得已，解巾之郡。政任威刑，為受罰者所奏，坐論輸左校。[一]後·賈琮傳：時黃巾新破，兵凶之後，郡縣重斂，因緣生奸。詔書沙汰刺史、二千石，更選清能吏，乃以琮為冀州刺史。[二]後·徐穉傳：後舉有道，家拜太原太守，皆不就。[三]

[一] 范曄：後漢書卷二十六韋彪傳，第921頁。 [二] 范曄：後漢書卷三十一賈琮傳，第1112頁。

[三] 范曄：後漢書卷五十三徐穉傳，第1746頁。

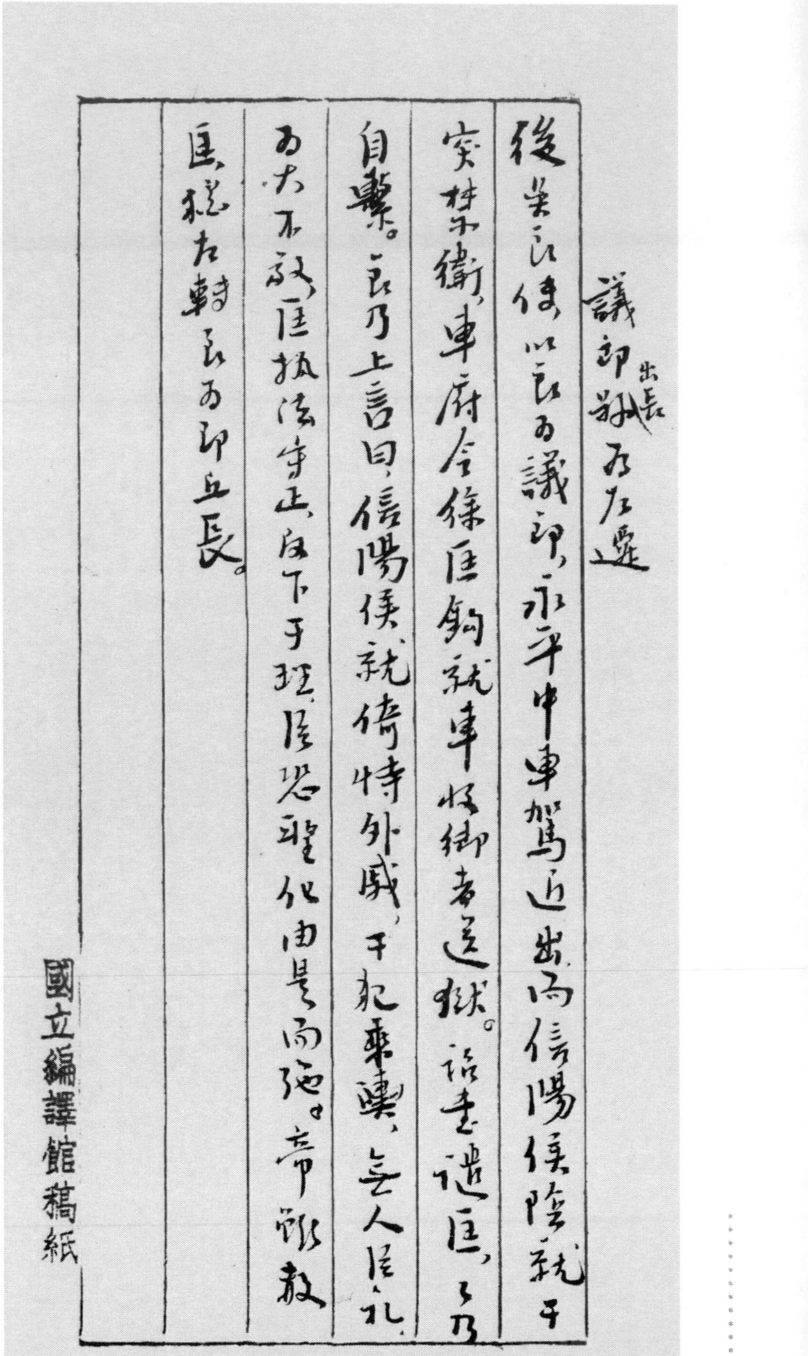
議郎出長縣為左遷

後吳良傳，以良為議郎，永平中車駕近出，而信陽侯陰就干突禁衛，車府令徐匡鉤就車，收御者送獄。詔書譴匡，匡乃自繫。良乃上言曰：信陽侯就倚恃外戚，干犯乘輿，無人臣禮，為大不敬。匡執法守正，反下于理，臣恐聖化由是而弛。帝雖赦匡，猶左轉良為即丘長。

國立編譯館稿紙

議郎出長縣為左遷

後・吳良傳：以良為議郎，永平中，車駕近出，而信陽侯陰就干突禁衛，車府令徐匡鉤就車，收御者送獄。詔書譴匡，匡乃自繫。良上言曰：「信陽侯就倚恃外戚，干犯乘輿，無人臣禮，為大不敬。匡執法守正，反下于理，臣恐聖化由是而弛。」帝雖赦匡，猶左轉良為即丘長。[一]

[一] 范曄：後漢書卷二十七吳良傳，第943頁。

三輔丞　郡丞

後·趙典傳：（兄子）溫字子柔。初為京兆郡丞。[一]注：前書，三輔丞，武帝元鼎四年置，秩六百石。[二]後·桓譚傳：大司空宋弘薦譚，拜議郎、給事中，……出為六安郡丞。[三]後·劉平傳：後舉孝廉，拜濟陰郡丞，太守劉育甚重之，任以郡職。後·謝弼傳：出為廣陵府丞。[四]

[一] 范曄：後漢書卷二十七趙典傳，第949頁。
[二] 范曄：後漢書卷二十八上桓譚傳，第956頁。
[三] 范曄：後漢書卷三十九劉平傳，第1296頁。
[四] 范曄：後漢書卷五十七謝弼傳，第1860頁。

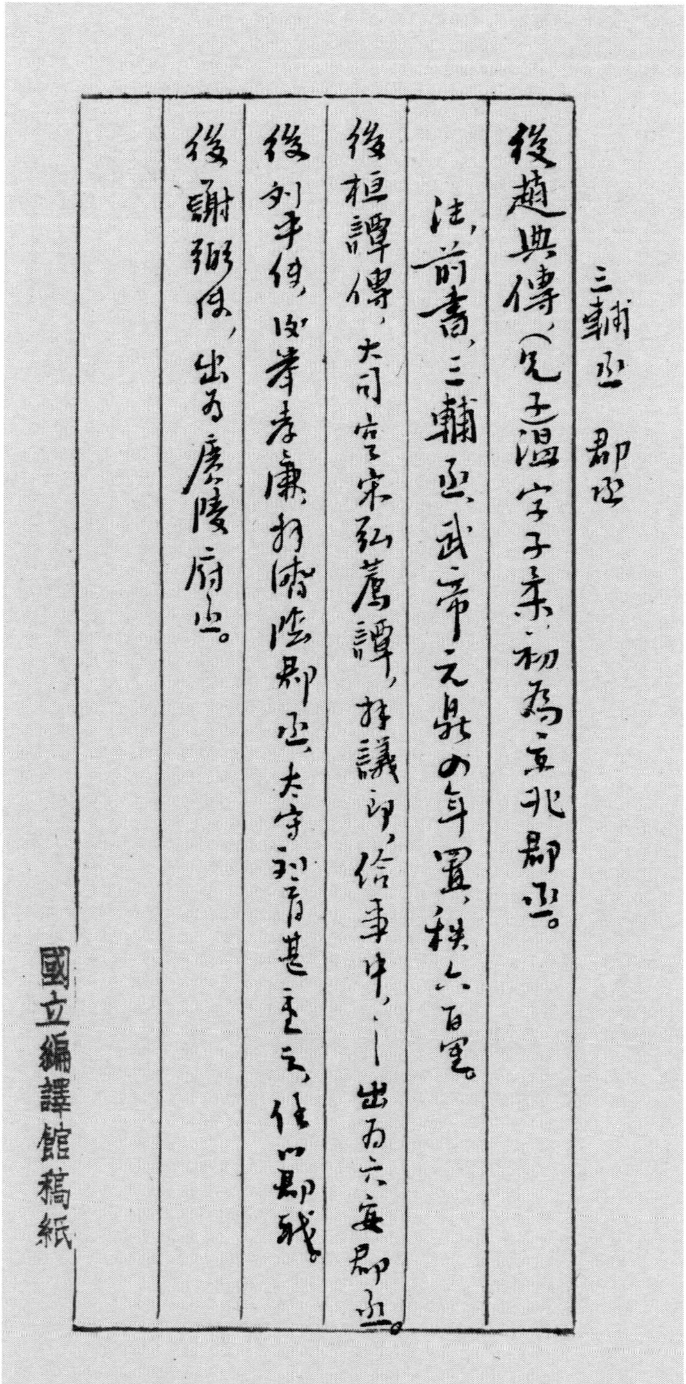
三輔丞　郡丞
後趙典傳，（兄子）溫字子柔，初為京兆郡丞。
注，前書，三輔丞，武帝元鼎四年置，秩六百石。
後桓譚傳，大司空宋弘薦譚，拜議郎，給事中，……出為六安郡丞。
後劉平傳，後舉孝廉，拜濟陰郡丞，太守劉育甚重之，任以郡職。
後謝弼傳，出為廣陵府丞。
國立編譯館稿紙

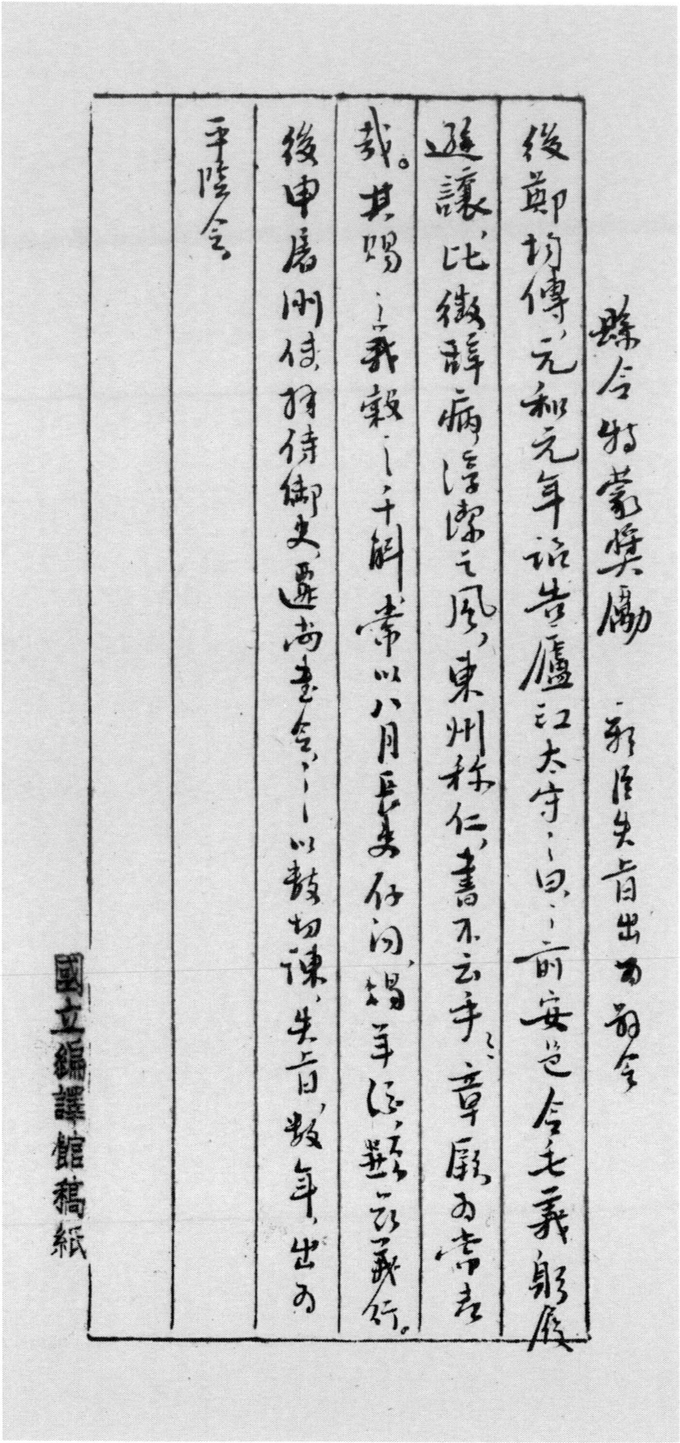
縣令特蒙獎勵　郎臣失旨出為縣令

後鄭均傳，元和元年詔告廬江太守……曰……前安邑令毛義躬履遜讓，比徵辭病，淳潔之風，東州稱仁，書不云乎……章厥有常吉哉。其賜……義穀……千斛，常以八月長吏存問，賜羊酒，顯茲異行。

後申屠剛傳，拜侍御史，遷尚書令……以數切諫，失旨，數年，出為平陰令

國立編譯館稿紙

縣令特蒙獎勵　郎臣失旨出為縣令

後・鄭均傳：元和元年，詔告廬江太守……曰：「……前安邑令毛義，躬履遜讓，比徵辭病，淳潔之風，東州稱仁。書不云乎：『章厥有常，吉哉！』其賜……義穀各千斛，常以八月長吏存問，賜羊酒，顯茲異行。」[一]後・申屠剛傳：拜侍御史，遷尚書令……以數切諫失旨，數年，出為平陰令。[二]

[一] 范曄：後漢書卷二十七鄭均傳，第946頁。

[二] 范曄：後漢書卷二十九申屠剛傳，第1016頁。

司隸掾屬

後・馮衍傳：尋為司隸從事。[一]後・鮑永傳：建武十一年，徵為司隸校尉……乃辟扶風鮑恢為都官從事。[二]

[一]范曄：後漢書卷二十八上馮衍傳，第978頁。

[二]范曄：後漢書卷二十九鮑永傳，第1020頁。

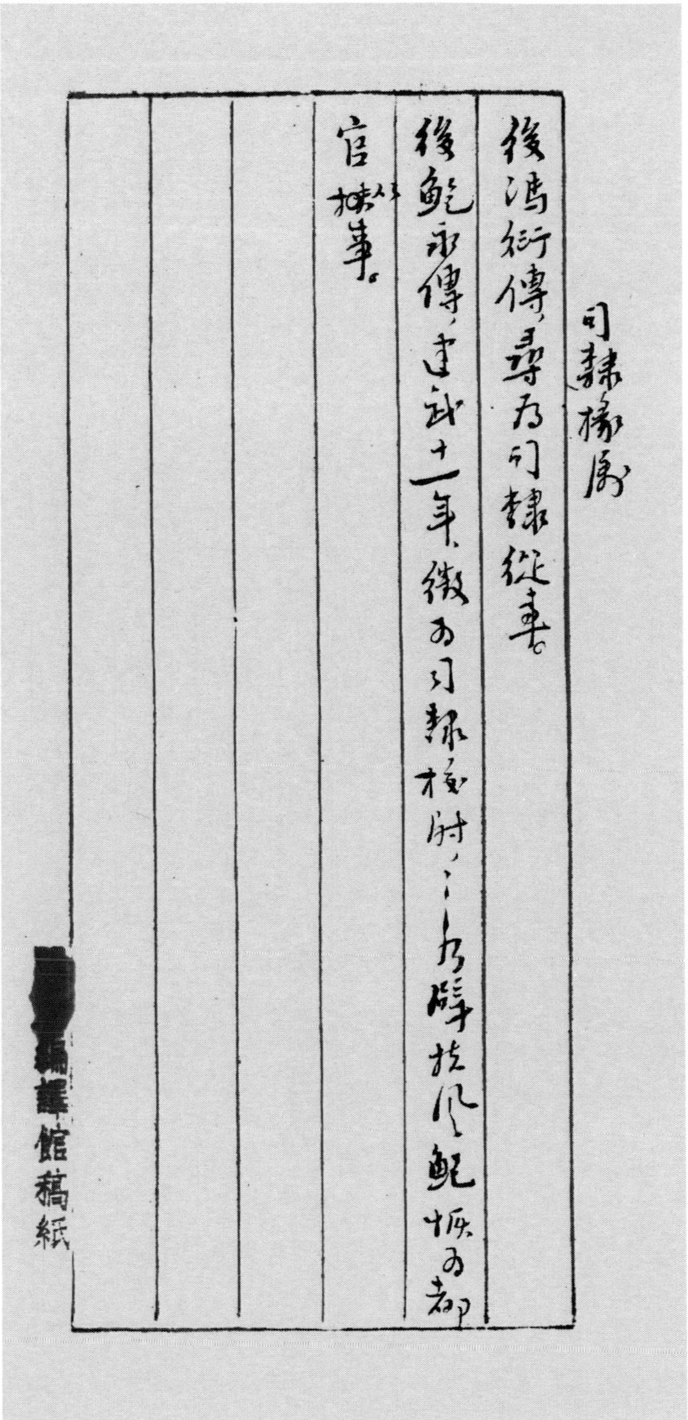
司隸掾屬

後馮衍傳，尋為司隸從事

後鮑永傳，建武十一年，徵為司隸校尉，乃辟扶風鮑恢為都

官從事。

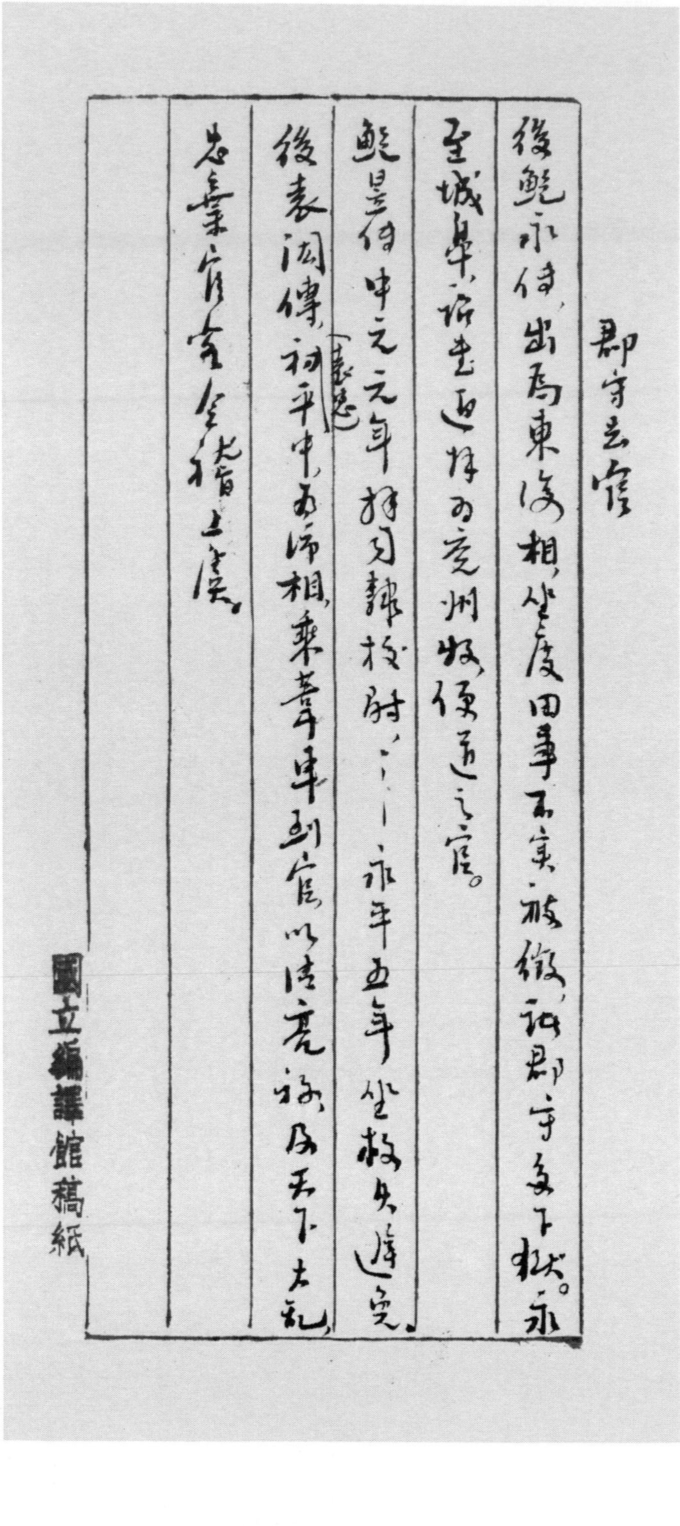

郡守去官

後鮑永傳，出為東海相，坐度田事不實，被徵，諸郡守多下獄。永至城皋，詔書逆拜為兗州牧，便道之官。

鮑昱傳，中元元年，拜司隸校尉，……永平五年，坐救火遲，免。

後袁閎傳，（袁忠）初平中，為沛相，乘葦車到官，以清亮稱。及天下大亂，忠棄官客會稽上虞。

國立編譯館稿紙

郡守去官

後·鮑永傳：出為東海相。坐度田事不實，被徵，諸郡守多下獄。永至城皋，詔書逆拜為兗州牧，便道之官。[一]鮑昱傳：中元元年，拜司隸校尉……永平五年，坐救火遲，免。[二]後·袁閎傳：（袁忠）初平中，為沛相，乘葦車到官，以清亮稱。及天下大亂，忠棄官客會稽上虞。[三]

[一] 范曄：後漢書卷二十九鮑永傳，第1020頁。

[二] 范曄：後漢書卷二十九鮑昱傳，第1022頁。

[三] 范曄：後漢書卷四十五袁閎傳，第1526頁。

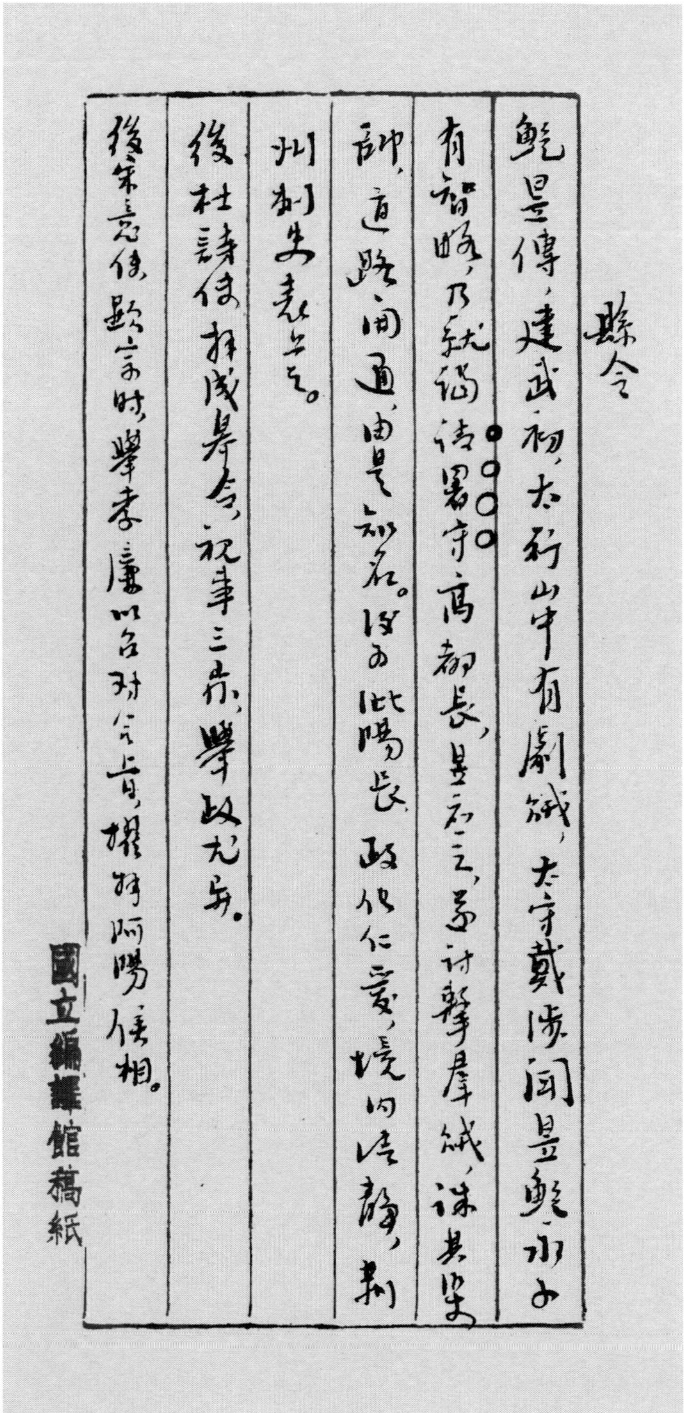

縣令

鮑昱傳，建武初，太行山中有劇賊，太守戴涉聞昱鮑永子有智略，乃就謁，請署守高都長，昱應之，遂討擊群賊，誅其渠帥，道路開通，由是知名。後為泚陽長，政化仁愛，境內清靜，荆州刺史表上之。

後杜詩傳，拜成皋令，視事三歲，舉政尤異。

後宋意傳，顯宗時，舉孝廉，以召對合旨，擢拜阿陽侯相。

國立編譯館稿紙

縣令

鮑昱傳：建武初，太行山中有劇賊，太守戴涉聞昱鮑永子，有智略，乃就謁，請署守高都長。昱應之，遂討擊群賊，誅其渠帥，道路開通，由是知名。後為泚陽長，政化仁愛，境內清淨。荆州刺史表上之。[一]後・杜詩傳：拜成皋令，視事三歲，舉政尤異。[二]後・宋意傳：顯宗時舉孝廉，以召對合旨，擢拜阿陽侯相。[三]

[一] 范曄：後漢書卷二十九鮑昱傳，第1022頁。
[二] 范曄：後漢書卷三十一杜詩傳，第1094頁。
[三] 范曄：後漢書卷四十一宋意傳，第1414頁。

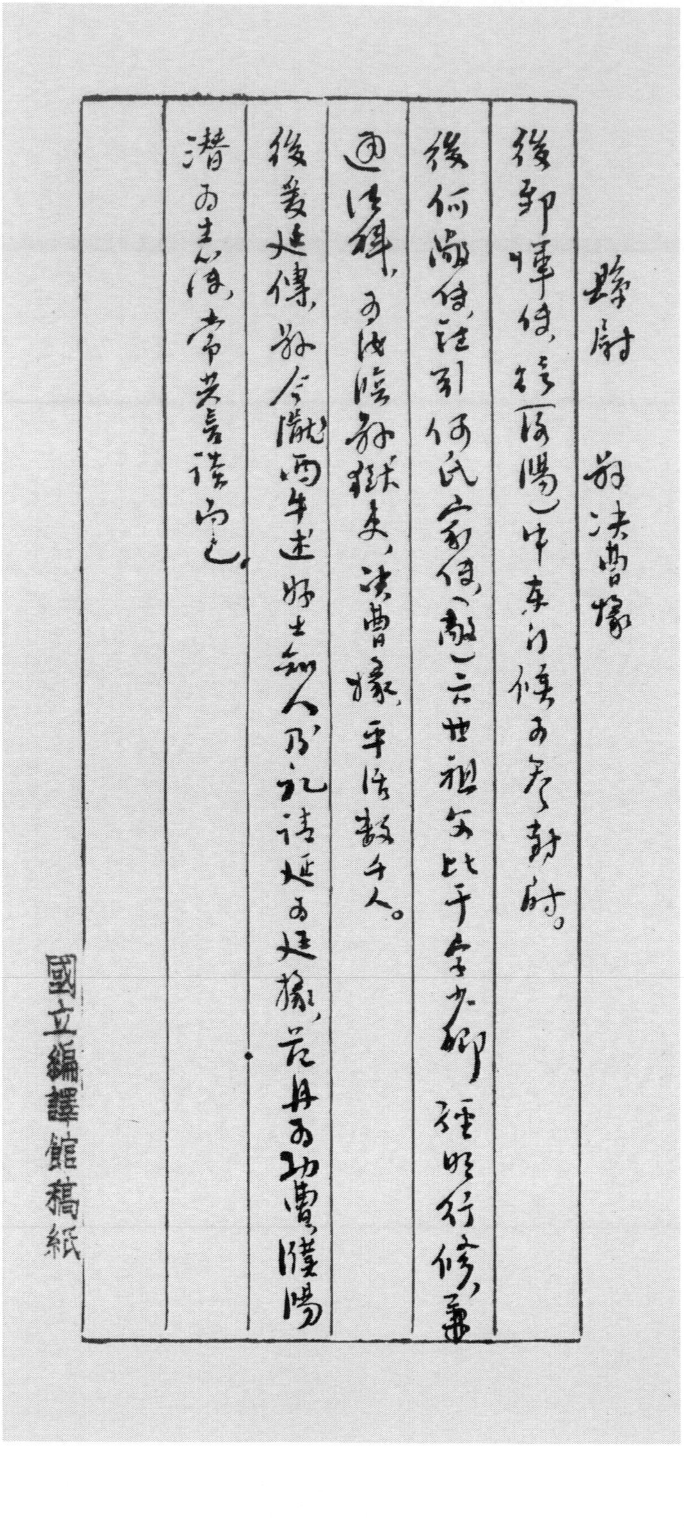
縣尉　縣決曹掾
後郅惲傳，貶（洛陽）東中門候為參封尉。
後何敞傳注引何氏家傳（敞）：六世祖父比干，字少卿，經明行修，兼通法律，為汝陰縣獄吏、決曹掾，平活數千人。
後爰延傳，縣令隴西牛述好士知人，乃禮請延為廷掾，范丹為功曹，濮陽潛為主簿，常共言談而已。
國立編譯館稿紙

縣尉　縣決曹掾

後·郅惲傳：貶（洛陽）東中門候為參封尉。[一]後·何敞傳注引何氏家傳（敞）：「六世祖父比干，字少卿，經明行修，兼通法律。為汝陰縣獄吏決曹掾，平活數千人。」[二]後·爰延傳：縣令隴西牛述好士知人，乃禮請延為廷掾，范丹為功曹，濮陽潛為主簿，常共言談而已。[三]

[一] 范曄：後漢書卷二十九郅惲傳，第1031頁。

[二] 范曄：後漢書卷四十三何敞傳，第1480頁。

[三] 范曄：後漢書卷四十八爰延傳，第1618頁。

郡守修水利

鮑昱傳：拜汝南太守。郡多陂池，歲歲決壞，年費常三千餘萬。昱乃上作方梁石洫，水常饒足，溉田倍多，人以殷富。[一]後·循吏·任延傳：河西舊少雨澤，乃為置水官吏，修理溝渠，皆蒙其利。[二]後·循吏·王景傳：遷廬江太守……郡界有楚相孫叔敖所起芍陂稻田。景乃驅率吏民，修起蕪廢，教用犁耕，由是墾辟倍多，境內豐給。[三]

[一] 范曄：後漢書卷二十九鮑昱傳，第1022頁。

[二] 范曄：後漢書卷七十六循吏 任延傳，第2463頁。

[三] 范曄：後漢書卷七十六循吏 王景傳，第2466頁。

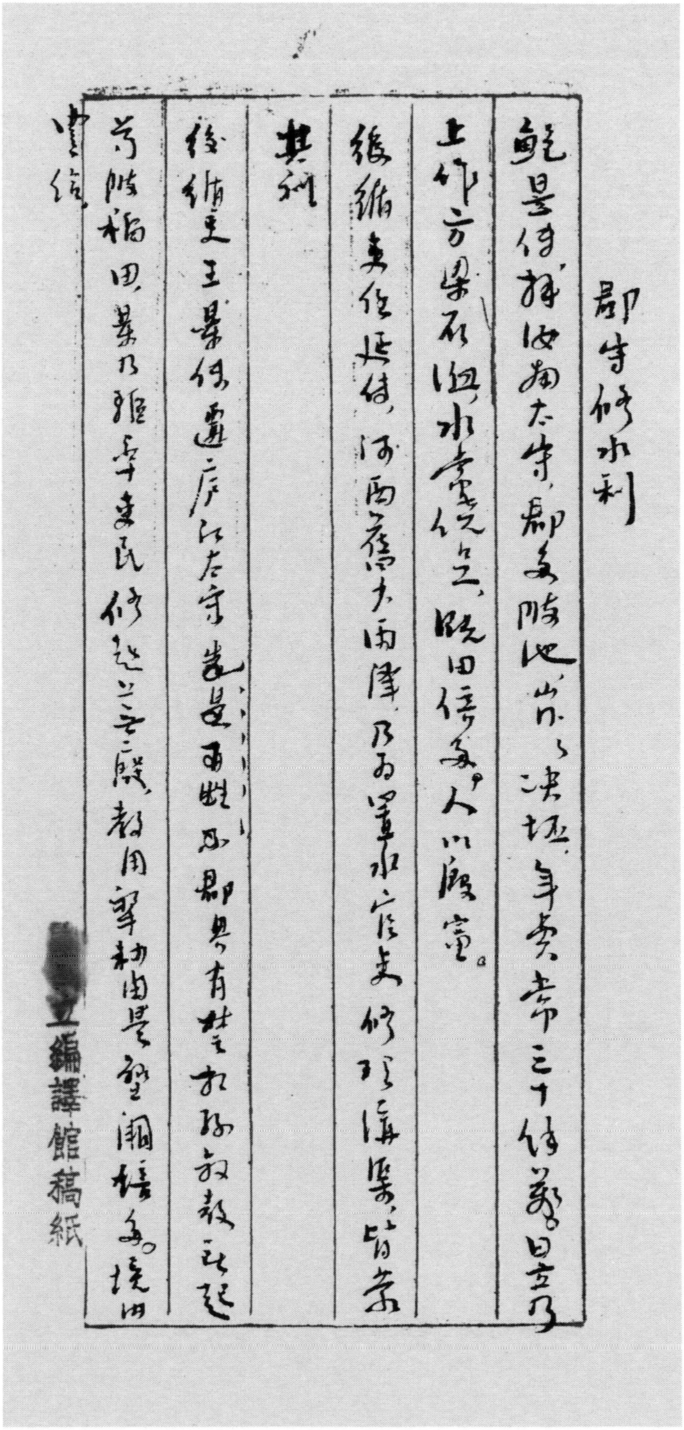
郡守修水利
鮑昱傳，拜汝南太守，郡多陂池，歲歲決壞，年費常三千餘萬，昱乃
上作方梁石洫，水常饒足，溉田倍多，人以殷富。
後循吏任延傳，河西舊少雨澤，乃為置水官吏，修理溝渠，皆蒙
其利
後循吏王景傳，遷廬江太守，[illegible]郡界有楚相孫叔敖起
芍陂稻田，景乃驅率吏民，修起蕪廢，教用犁耕，由是墾闢倍多，境內
豐給
編譯館稿紙

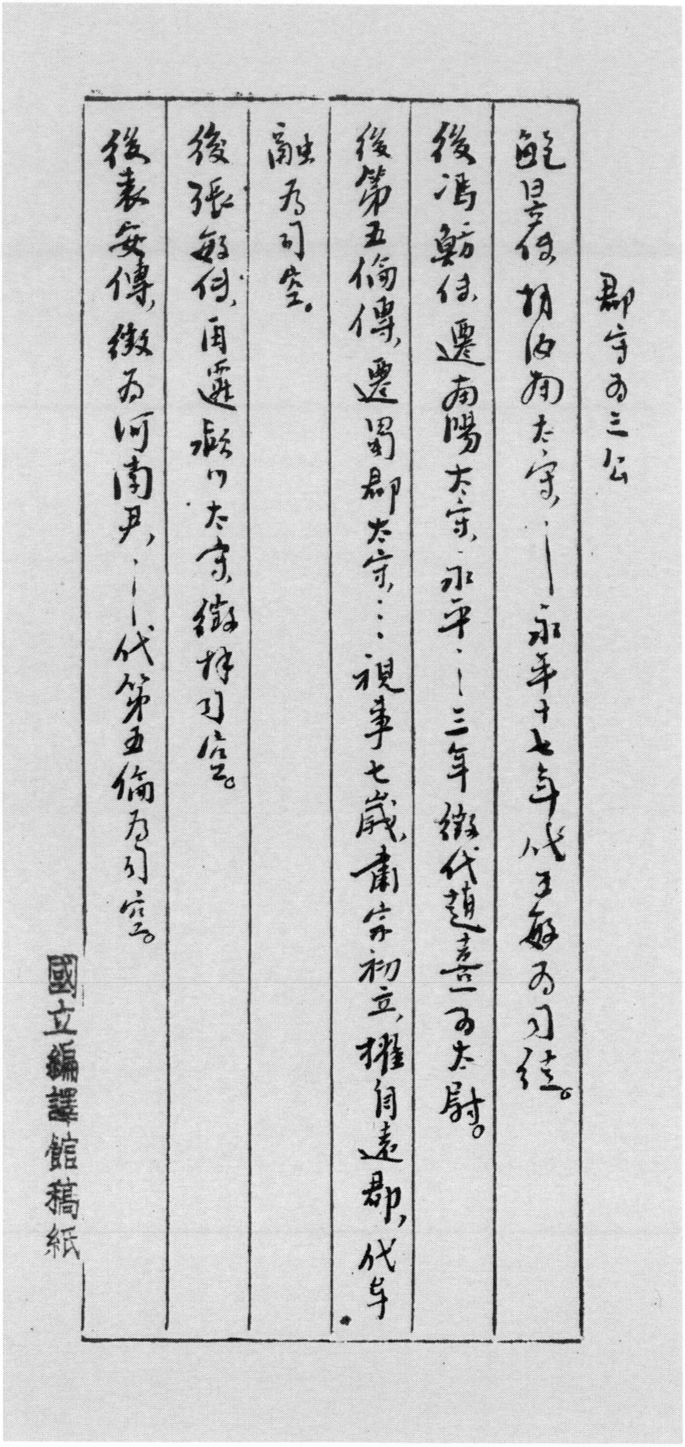
郡守為三公
鮑昱傳，拜汝南太守，……永平十七年代王敏為司徒。
後馮魴傳，遷南陽太守，永平……三年徵代趙熹為太尉。
後第五倫傳，遷蜀郡太守……視事七歲，肅宗初立，擢自遠郡，代牟
融為司空。
後張敏傳，再遷潁川太守，徵拜司空。
後袁安傳，徵為河南尹，……代第五倫為司空。
國立編譯館稿紙

郡守為三公

鮑昱傳：拜汝南太守……永平十七年，代王敏為司徒。[一] 後・馮魴傳：遷南陽太守，永平……三年，徵代趙憙為太尉。[二] 後・第五倫傳：遷蜀郡太守……視事七歲，肅宗初立，擢自遠郡，代牟融為司空。[三] 後・張敏傳：再遷潁川太守。徵拜司空。[四] 後・袁安傳：徵為河南尹，……代第五倫為司空。[五]

[一] 范曄：後漢書卷二十九鮑昱傳，第1022頁。
[二] 范曄：後漢書卷三十三馮魴傳，第1153頁。
[三] 范曄：後漢書卷四十一第五倫傳，第1398頁。
[四] 范曄：後漢書卷四十四張敏傳，第1504頁。
[五] 范曄：後漢書卷四十五袁安傳，第1518頁。

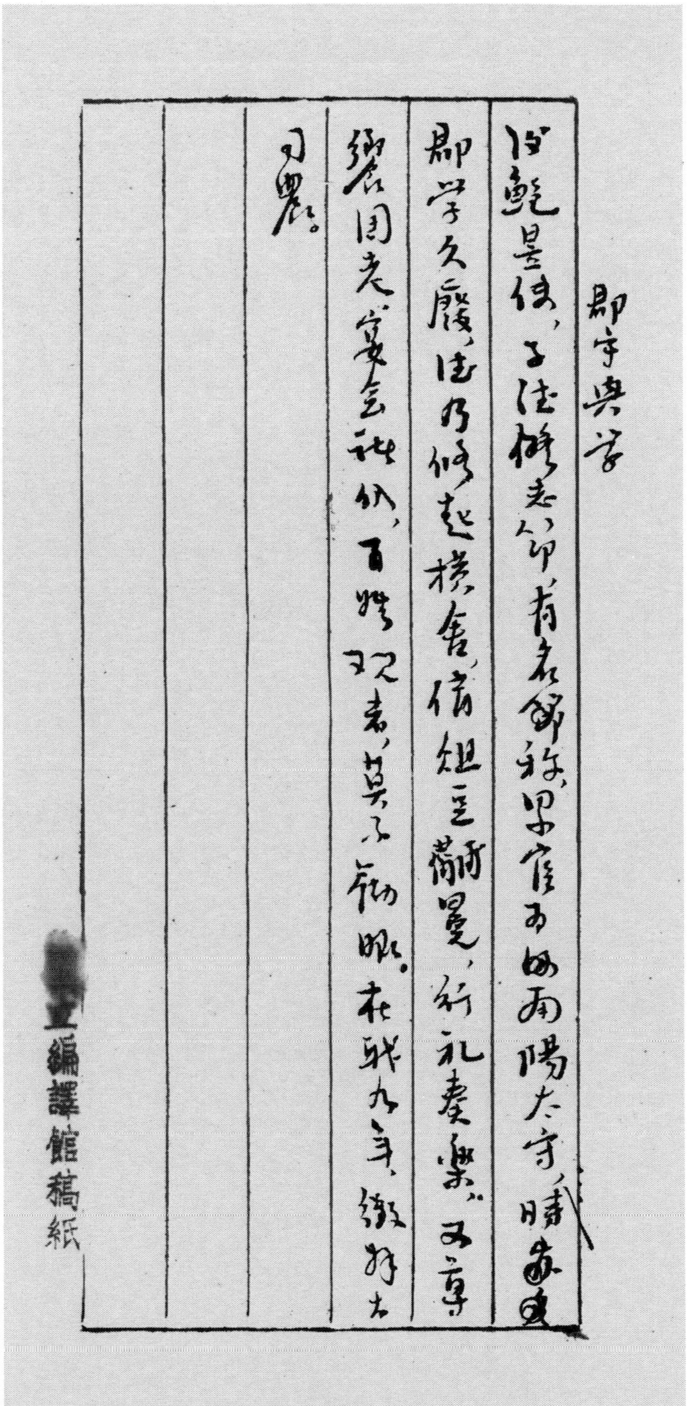

郡守興學

後鮑昱傳，子德修志節，有名稱，累官為南陽太守。時郡學久廢，德乃修起橫舍，備俎豆黻冕，行礼奏樂。又尊饗國老，宴會諸儒。百姓觀者，莫不勸服。在職九年，徵拜大司農。

編譯館稿紙

郡守興學

後·鮑昱傳：子德，修志節，有名稱，累官為南陽太守。時郡學久廢，德乃修起橫舍，備俎豆黻冕，行礼奏樂。又尊饗國老，宴會諸儒。百姓觀者，莫不勸服。在職九年，徵拜大司農。[一]

[一] 范曄：後漢書卷二十九鮑昱傳，第1023頁。

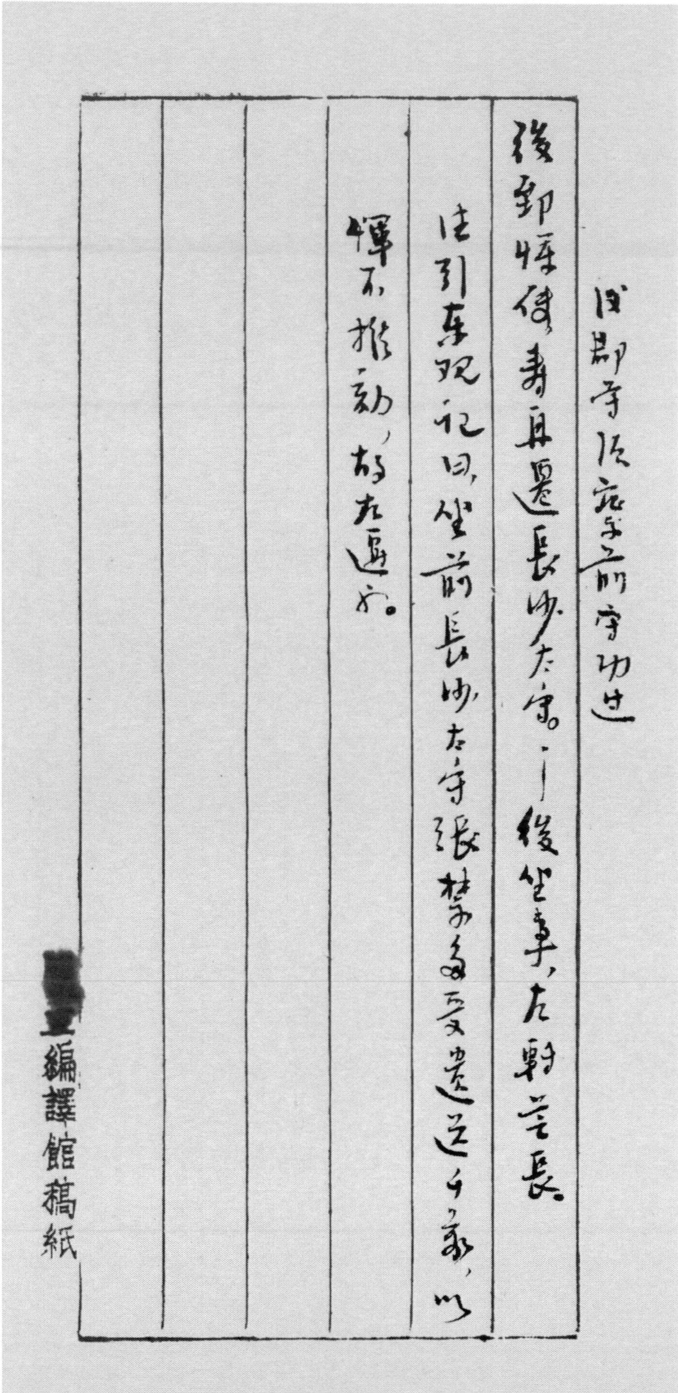
後郡守須察前守功過
後郅惲傳：再遷長沙太守。……後坐事，左轉芒長
注引東觀記曰，坐前長沙太守張禁多受遺送千萬，以
惲不推劾，故左遷也。
[redacted]編譯館稿紙

後郡守須察前守功過

後・郅惲傳：惲再遷長沙太守……後坐事左轉芒長。

注引東觀記曰：「坐前長沙太守張禁多受遺送千萬，以惲不推劾，故左遷」也。[一]

[一] 范曄：後漢書卷二十九郅惲傳，第1032頁。

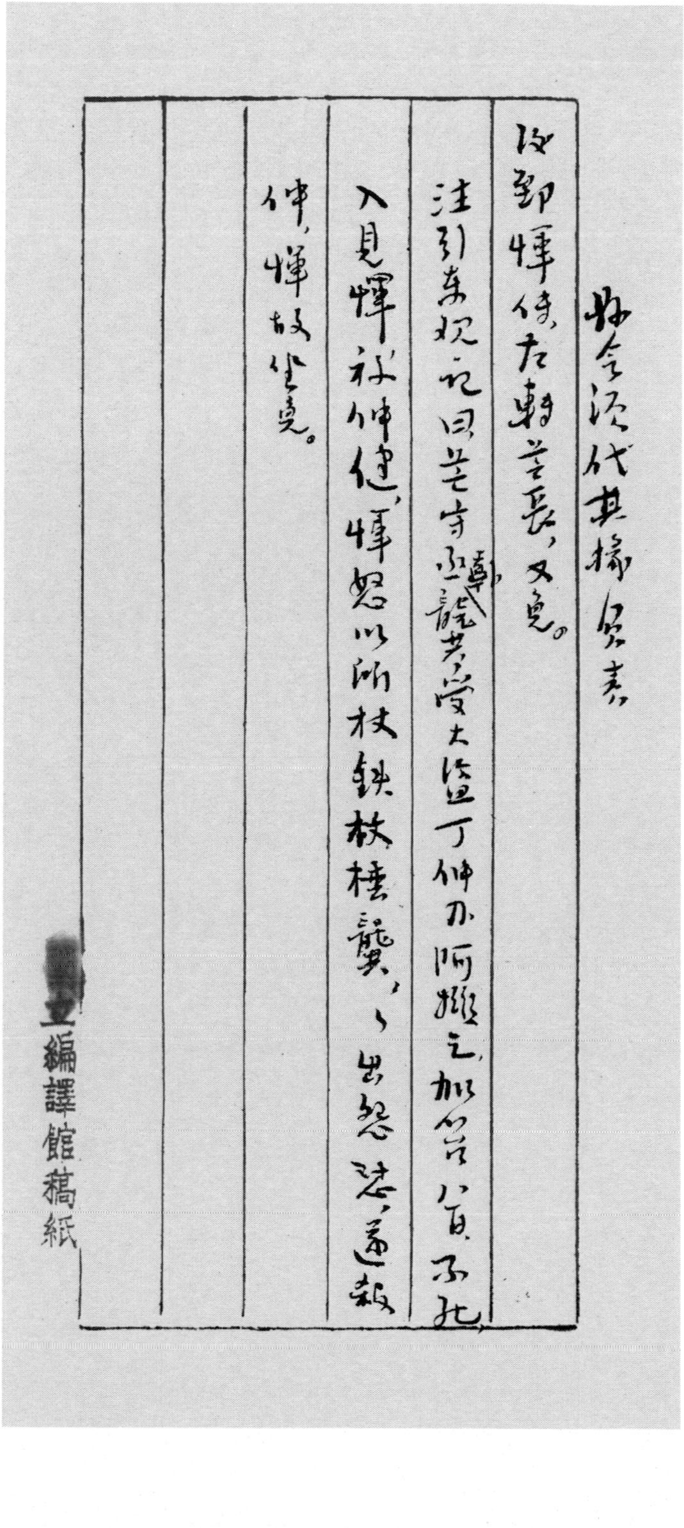

縣令須代其掾負責

後·郅惲傳：左轉芒長，又免。[一]注引東觀記曰：「芒守丞韓龔受大盜丁仲錢，阿擁之，加笞八百，不死，入見惲，稱仲健。惲怒，以所杖鐵杖捶龔。龔出怨懟，遂殺仲，惲故坐免。」

[一] 范曄：後漢書卷二十九郅惲傳，第1032頁。

牧守選舉責在三公

後·郎顗傳：陽嘉二年正月，公車徵顗，顗乃詣闕拜章曰：「……今選舉牧守，委任三府。長吏不良，既咎州郡，州郡得失，豈得不歸責舉者？而陛下崇之彌優，自下慢事愈甚，所謂大網疏，小網數。」[一]

[一] 范曄：後漢書卷三十下郎顗傳，第1056頁。

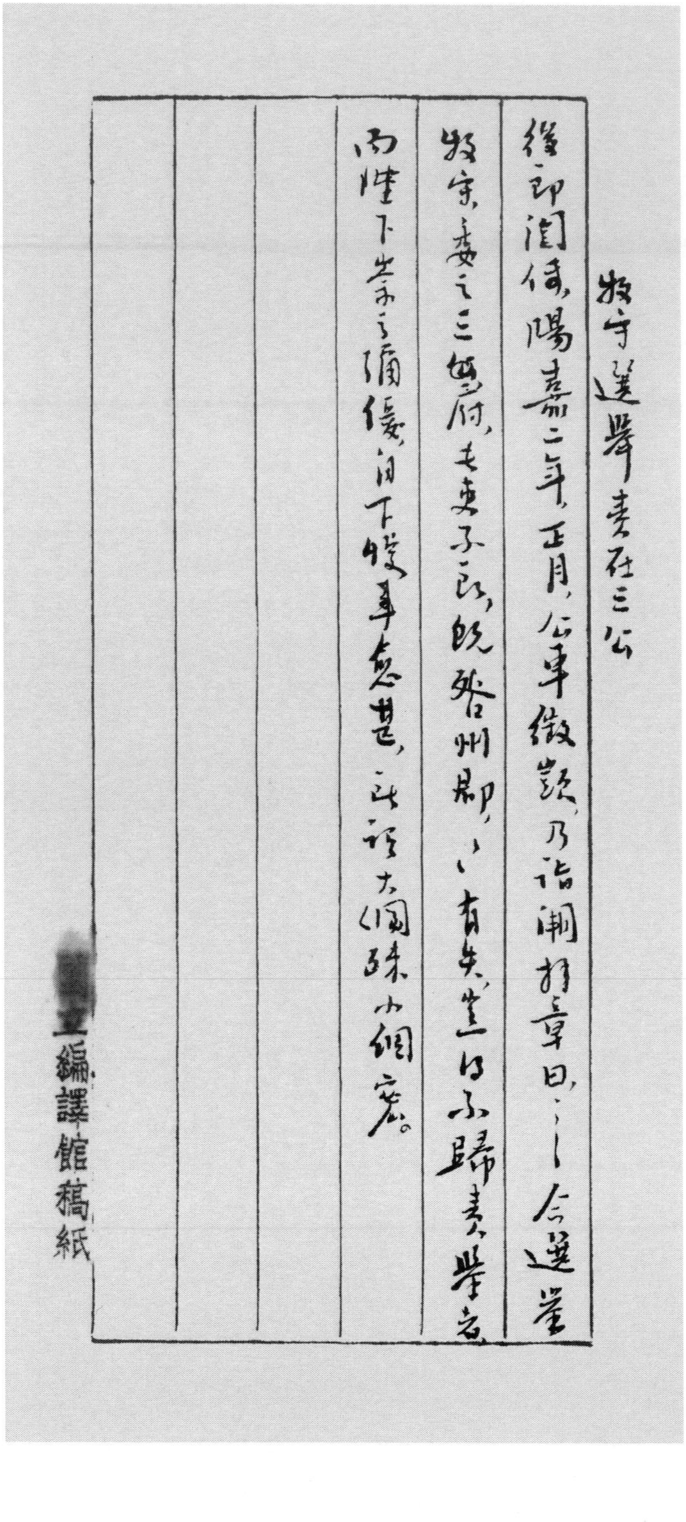
牧守選舉責在三公
後郎顗傳，陽嘉二年，正月，公車徵顗，乃詣闕拜章曰：……今選舉
牧守委之三府，長吏不良，既咎州郡，州郡有失，豈得不歸責舉者
而陛下崇之彌優，自下慢事愈甚，所謂大網疏，小網密。
編譯館稿紙

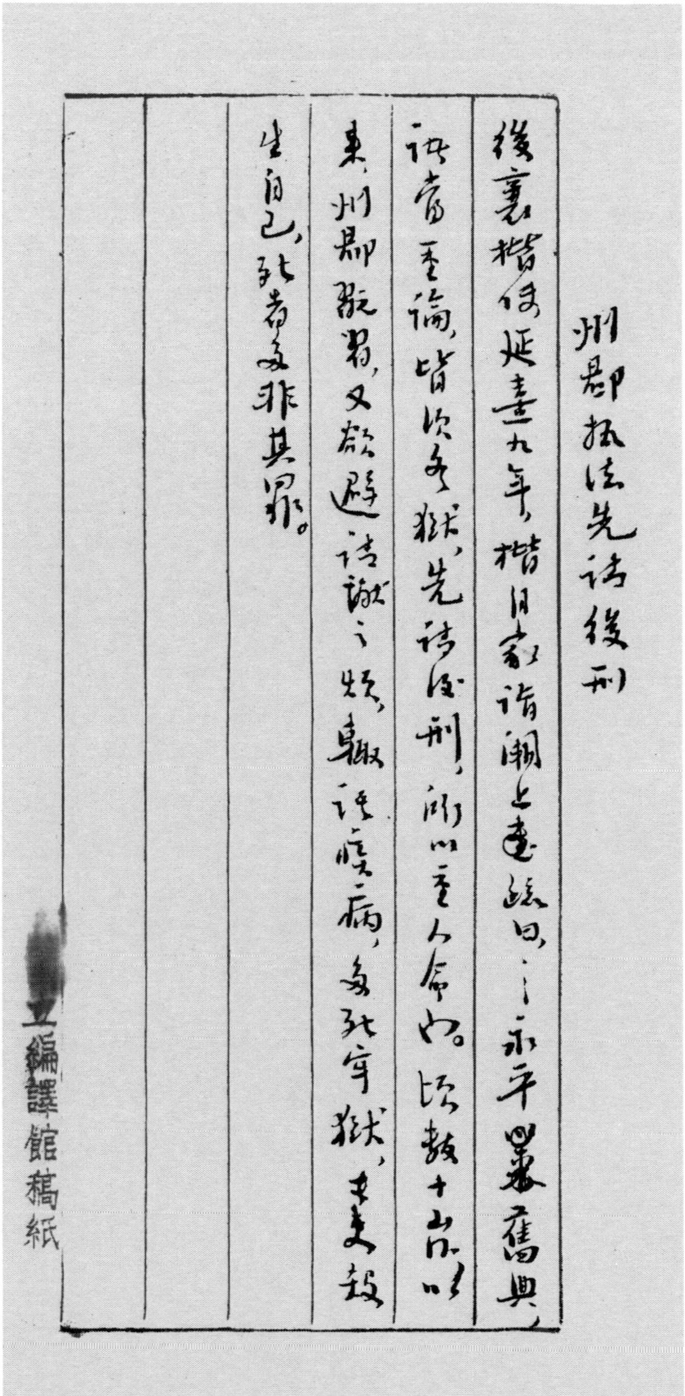
州郡執法先請後刑

後襄楷傳：延熹九年，楷自家詣闕上疏曰：……永平舊典，諸當重論，皆須冬獄，先請後刑，所以重人命也。頃數十歲以來，州郡翫習，又欲避請讞之煩，輒託疾病，多死牢獄，長吏殺生自己，死者多非其罪。

立編譯館稿紙

州郡執法先請後刑

後·襄楷傳：延熹九年，楷自家詣闕上疏曰：「……永平舊典，諸當重論皆須冬獄，先請後刑，所以重人命也。頃數十歲以來，州郡翫習，又欲避請讞之煩，輒托疾病，多死牢獄。長吏殺生自己，死者多非其罪。」[一]

[一] 范曄：後漢書卷三十下襄楷傳，第1076頁。

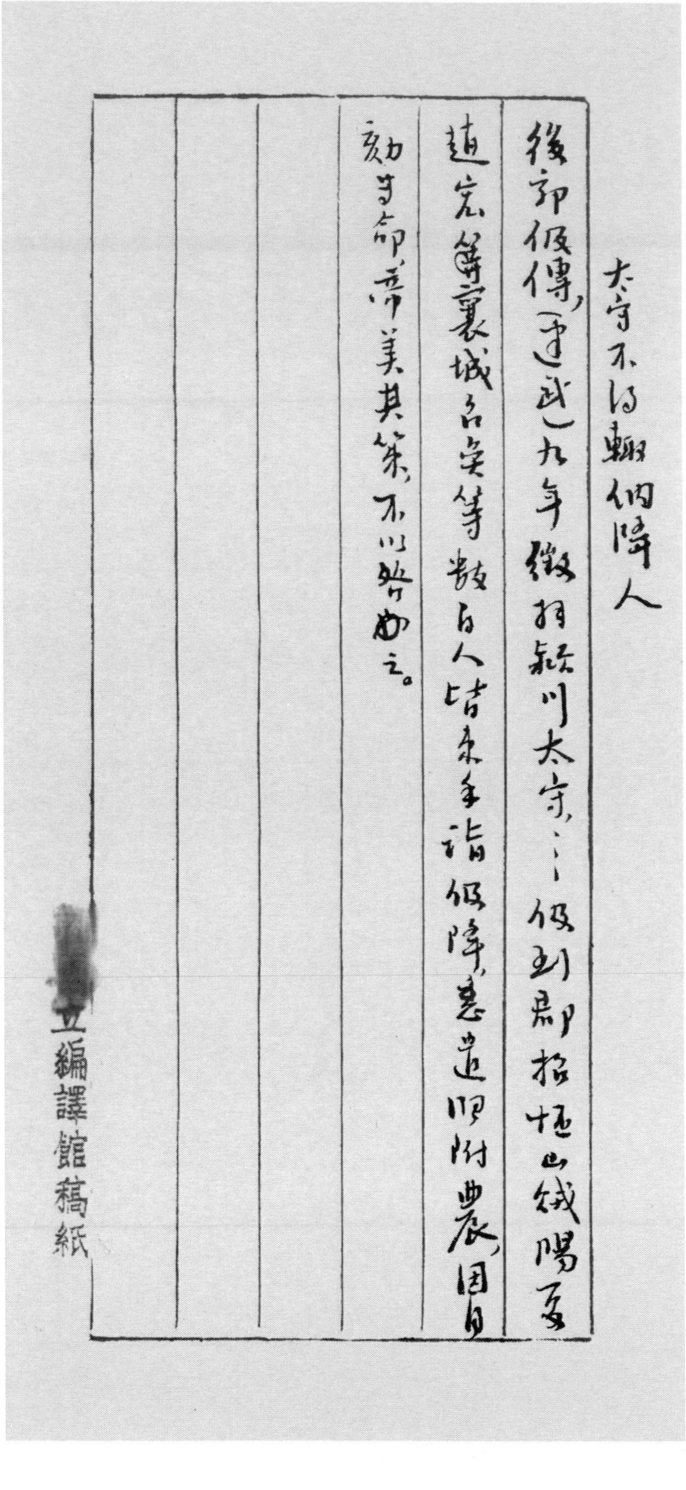
太守不得輒納降人
後郭伋傳，(建武)九年徵拜穎川太守，……伋到郡招懷山賊陽夏
趙宏、襄城召吳等數百人，皆束手詣伋降，悉遣歸附農，因自
劾專命，帝美其策，不以咎之。

太守不得輒納降人

後·郭伋傳：（建武）九年，徵拜潁川太守……伋到郡，招懷山賊陽夏趙宏、襄城召吳等數百人，皆束手詣伋降，悉遣歸附農。因自劾專命，帝美其策，不以咎之。[一]

[一] 范曄：後漢書卷三十一郭伋傳，第1092頁。

州牧行部　太守行部

後·郭伋傳：調伋為并州牧……始至行部，到西河美稷。[一]後·鄭弘傳：弘少為鄉嗇夫，太守第五倫行春。[二]注：太守常以春行所主縣，勸人農桑，振救乏絕。見續漢志，又還淮陰太守。[三]注，謝承書曰：「弘消息徭賦，政不煩苛。行春天旱，隨車致雨。」周章傳：初仕郡為功曹……從太守行春。[四]後·劉平傳：拜全椒長。政有恩惠，……刺史、太守行部，獄無系囚，人自以得所，不知所問，唯班詔書而去。[五]

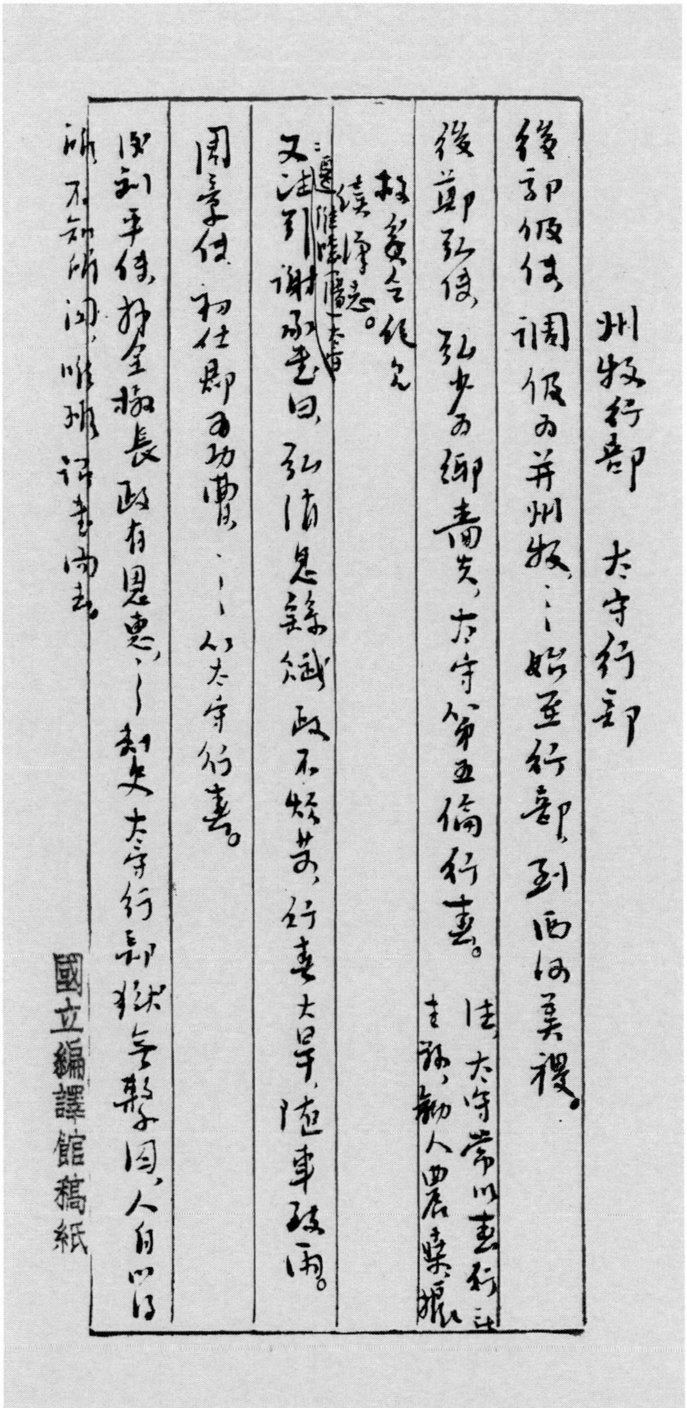
州牧行部　太守行部
後郭伋傳：調伋為并州牧……始至行部，到西河美稷。
後鄭弘傳：弘少為鄉嗇夫，太守第五倫行春。注，太守常以春行主縣，勸人農桑，振救乏絕。見續漢志。
又還淮陰太守。注，謝承書曰：弘消息徭賦，政不煩苛，行春天旱，隨車致雨。
周章傳：初仕郡為功曹……從太守行春。
後劉平傳：拜全椒長，政有恩惠，……刺史太守行部，獄無系囚，人自以得所，不知所問，唯班詔書而去。
國立編譯館稿紙

[一]范曄：後漢書卷三十一郭伋傳，第1092頁。
[二]范曄：後漢書卷三十三鄭弘傳，第1154頁。
[三]范曄：後漢書卷三十三鄭弘傳，第1155頁。
[四]范曄：後漢書卷三十三周章傳，第1157頁。
[五]范曄：後漢書卷三十九劉平傳，第1296頁。

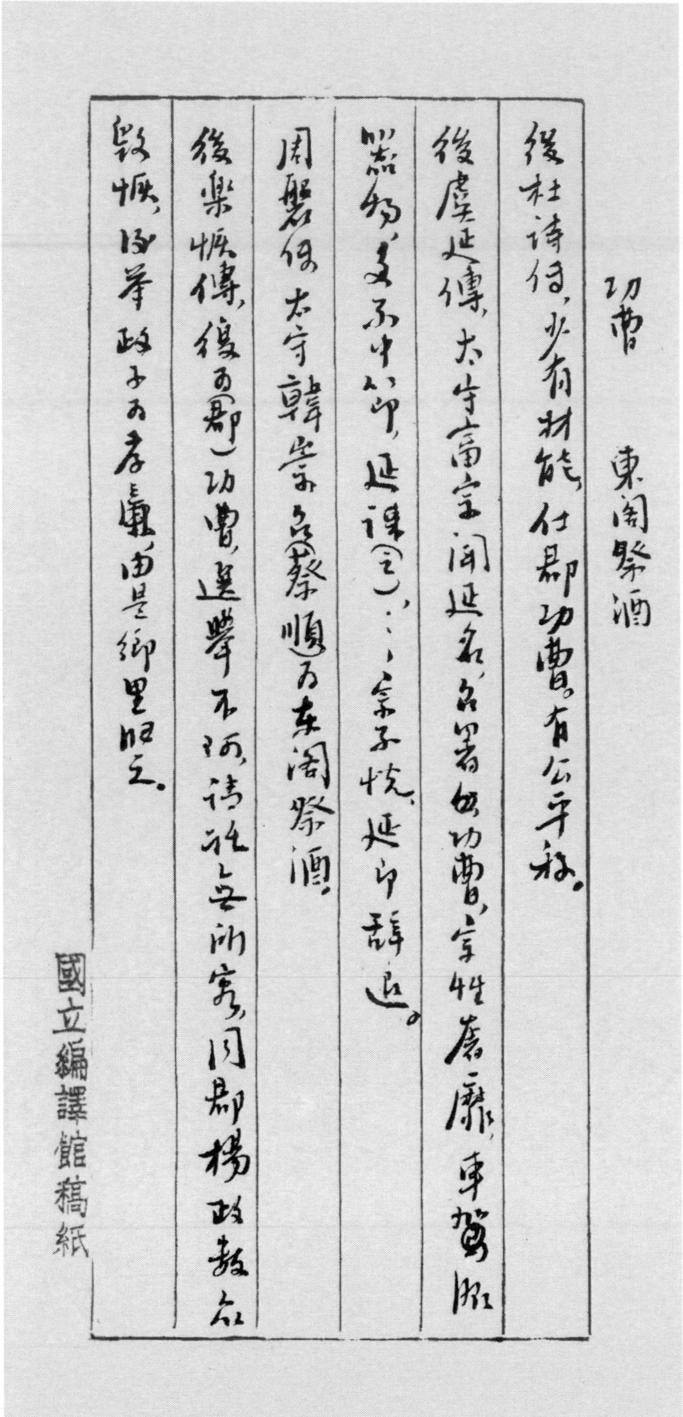
功曹　東閣祭酒

後杜詩傳，少有材能，仕郡功曹。有公平稱。

後虞延傳，太守富宗聞延名，召署功曹，宗性奢靡，車服

器物，多不中節，延諫(之)……宗不悅，延即辭退。

周磐傳，太守韓崇召(蔡)順為東閣祭酒，

後樂恢傳，復為(郡)功曹，選舉不阿，請托無所容，同郡楊政數众

毀恢，後舉政子為孝廉，由是鄉里歸之。

國立編譯館稿紙

功曹　東閣祭酒

後·杜詩傳：少有才能，仕郡功曹，有公平稱。[一]後·虞延傳：太守富宗聞延名，召署功曹。宗性奢靡，車服器物，多不中節。延諫之，……宗不悅，延即辭退。[二]周磐傳：太守韓崇召（蔡順）為東閣祭酒。[三]後·樂恢傳：復為（郡）功曹，選舉不阿，請托無所容。同郡楊政數众毀恢，後舉政子為孝廉，由是鄉里歸之。[四]

[一] 范曄：後漢書卷三十一杜詩傳，第1094頁。

[二] 范曄：後漢書卷三十三虞延傳，第1151頁。

[三] 范曄：後漢書卷三十九周磐傳，第1312頁。

[四] 范曄：後漢書卷四十三樂恢傳，第1477頁。

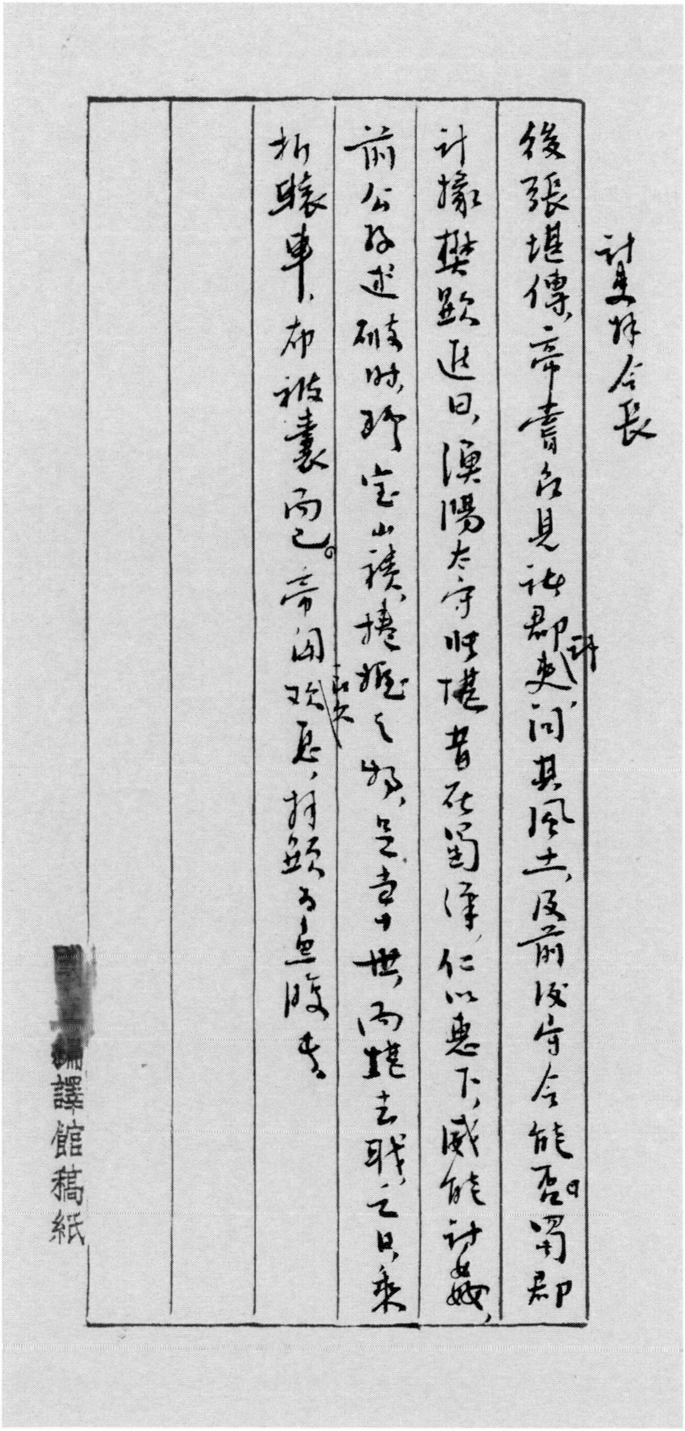

計吏拜令長

後張堪傳，帝嘗召見諸郡計吏，問其風土及前後守令能否。蜀郡計掾樊顯進曰，漁陽太守張堪昔在蜀，其仁以惠下，威能討姦，前公孫述破時，珍寶山積，捲握之物，足富十世，而堪去職之日，乘折轅車，布被囊而已。帝聞歎息，拜顯為魚復長。

計吏拜令長

後·張堪傳：帝嘗召見諸郡計吏，問其風土及前後守令能否。蜀郡計掾樊顯進曰：「漁陽太守張堪昔在蜀，其仁以惠下，威能討姦。前公孫述破時，珍寶山積，捲握之物，足富十世，而堪去職之日，乘折轅車，布被囊而已。」帝聞，良久歎息，拜顯為魚復長。[一]

[一] 范曄：後漢書卷三十一張堪傳，第1100—1101頁。

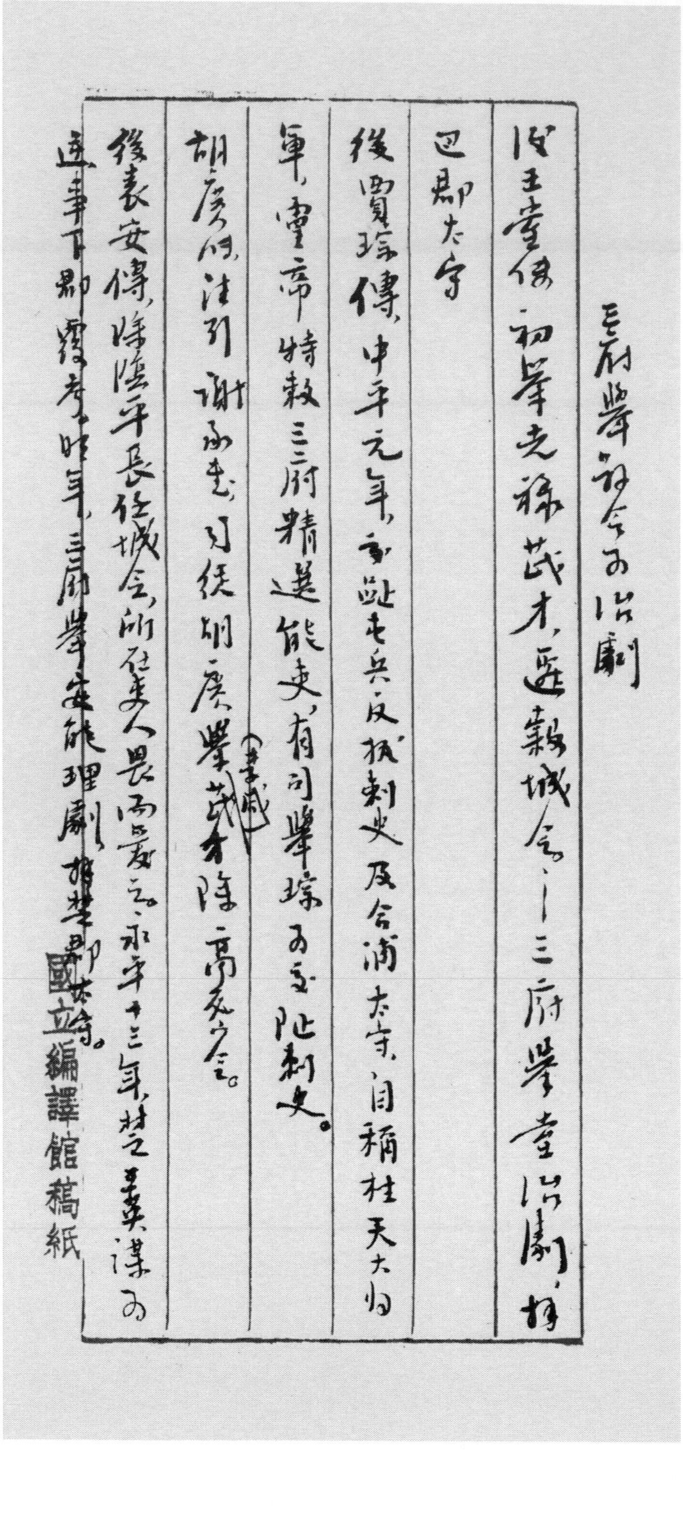
三府舉縣令為治劇
後王堂傳：初舉光祿茂才，遷穀城令，……三府舉堂治劇，拜巴郡太守。
後賈琮傳：中平元年，交阯屯兵反，執刺史及合浦太守，自稱柱天大將軍。靈帝特敕三府精選能吏，有司舉琮為交阯刺史。
胡廣傳注引謝承書曰：司徒胡廣舉茂才（茂才）除高密令。
後袁安傳：除陰平長、任城令，所在吏人畏而愛之。永平十三年，楚王英謀為逆，事下郡覆考。明年，三府舉安能理劇，拜楚郡太守。
國立編譯館稿紙

三府舉縣令為治劇

後·王堂傳：初舉光祿茂才，遷穀城令，……三府舉堂治劇，拜巴郡太守。[一]後·賈琮傳：中平元年，交阯屯兵反，執刺史及合浦太守，自稱「柱天將軍」。靈帝特敕三府精選能吏，有司舉琮為交阯刺史。[二]胡廣傳：注引謝承書曰：「司徒胡廣舉茂才，除高密令。」[三]後·袁安傳：除陰平長、任城令，所在吏人畏而愛之。永平十三年，楚王英謀為逆，事下郡覆考。明年，三府舉安能理劇，拜楚郡太守。[四]

[一] 范曄：後漢書卷三十一王堂傳，第1105頁。
[二] 范曄：後漢書卷三十一賈琮傳，第1111頁。
[三] 范曄：後漢書卷四十四胡廣傳，第1511頁。
[四] 范曄：後漢書卷四十五袁安傳，第1517頁。

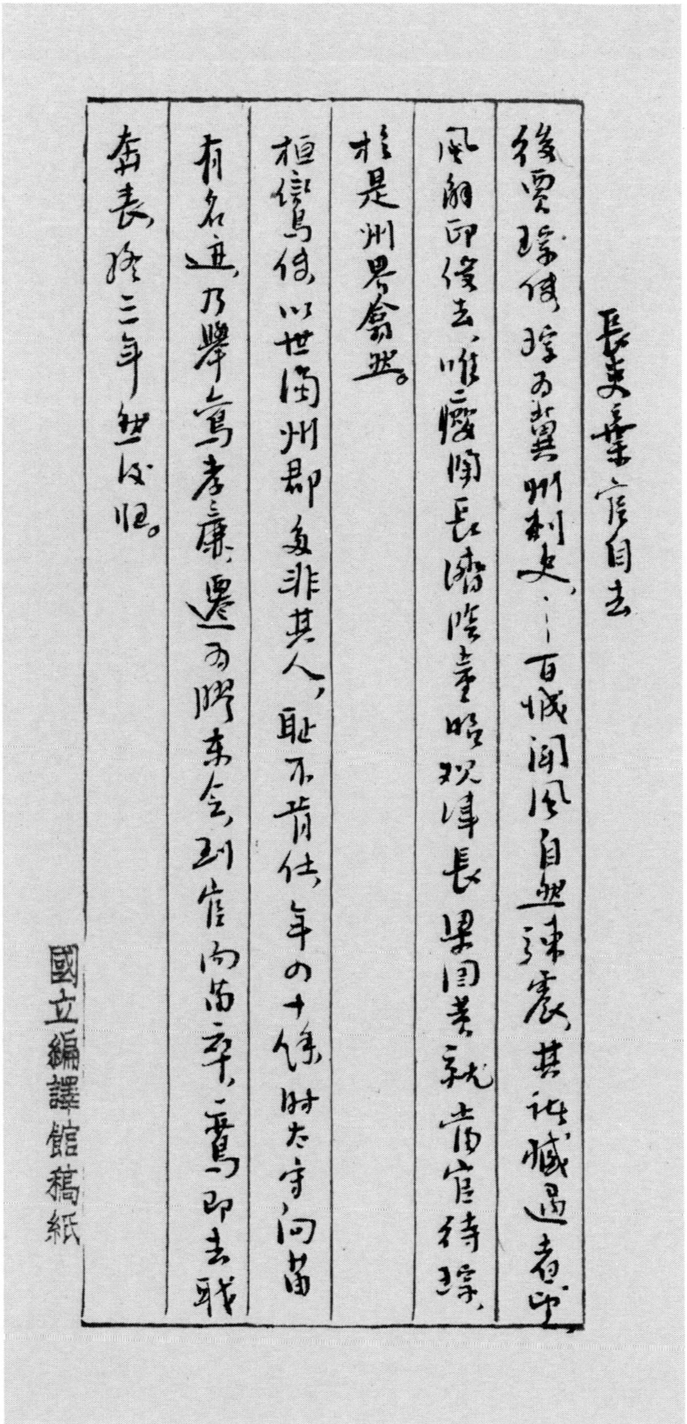
長吏棄官自去

後賈琮傳，琮為冀州刺史……百城聞風自然竦震，其諸臧過者，望風解印綬去，唯瘿陶長濟陰董昭、觀津長梁國黃就當官待琮，於是州界翕然。

桓鸞傳，以世濁，州郡多非其人，恥不肯仕，年四十餘，時太守向苗有名迹，乃舉鸞孝廉，遷為膠東令，到官而苗卒，鸞即去職奔喪，終三年然後歸。

國立編譯館稿紙

長吏棄官自去

後·賈琮傳：琮為冀州刺史……百城聞風，自然竦震。其諸臧過者，望風解印綬去，唯瘿陶長濟陰董昭、觀津長梁國黃就當官待琮，於是州界翕然。[一]桓鸞傳：以世濁，州郡多非其人，恥不肯仕。年四十餘，時太守向苗有名迹，乃舉鸞孝廉，遷為膠東令。始到官而苗卒，鸞即去職奔喪，終三年然後歸。[二]

[一] 范曄：後漢書卷三十一賈琮傳，第1112頁。

[二] 范曄：後漢書卷三十七桓鸞傳，第1259頁。

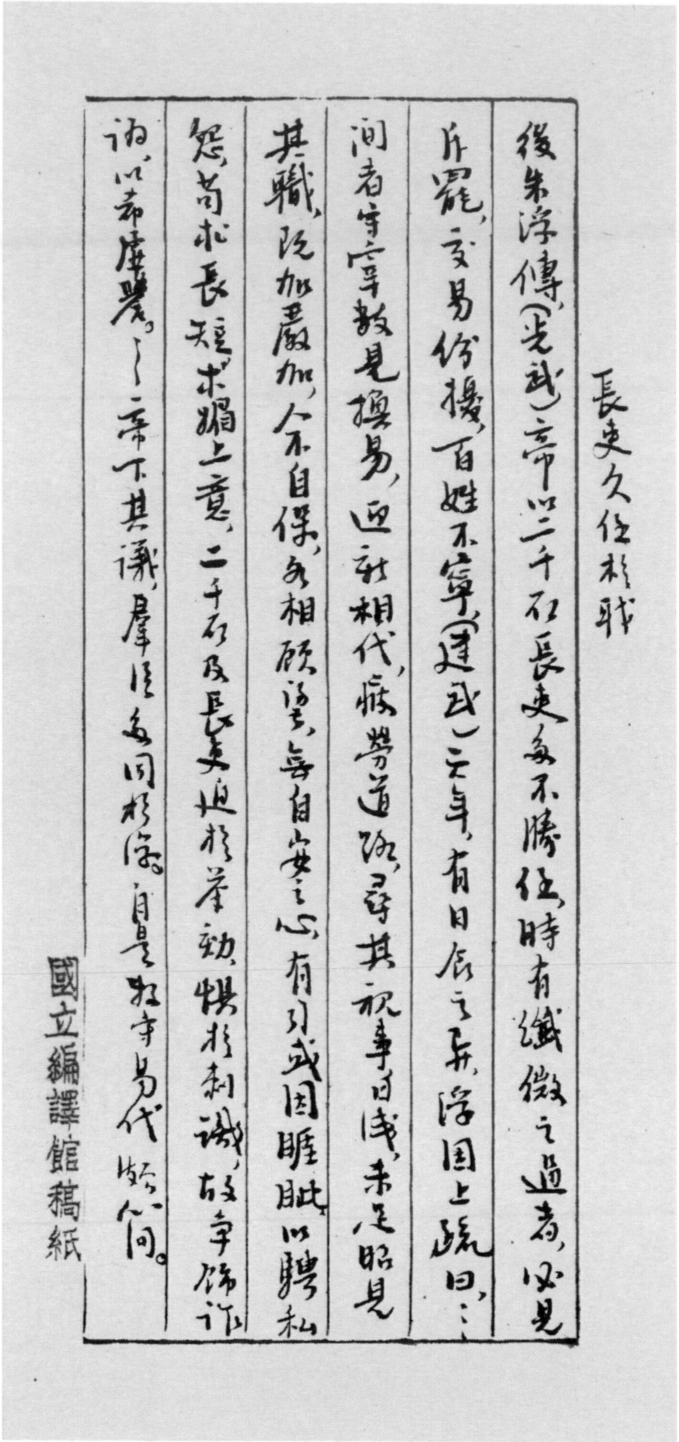
長吏久任於職

後朱浮傳(光武)帝以二千石長吏多不勝任，時有纖微之過者，必見斥罷，交易紛擾，百姓不寧。(建武)六年，有日食之異，浮因上疏曰：……間者守宰數見換易，迎新相代，疲勞道路。尋其視事日淺，未足昭見其職，既加嚴切，人不自保，各相顧望，無自安之心。有司或因睚眦以騁私怨，苟求長短，求媚上意。二千石及長吏迫於舉劾，懼於刺譏，故爭飾詐偽，以希虛譽。……帝下其議，羣臣多同於浮，自是牧守易代頗簡。

國立編譯館稿紙

長吏久任於職

後・朱浮傳：（光武）帝以二千石長吏多不勝任，時有纖微之過者，必見斥罷，交易紛擾，百姓不寧。（建武）六年，有日食之異，浮因上疏曰：「……間者守宰數見換易，迎新相代，疲勞道路。尋其視事日淺，未足昭見其職，既加嚴切，人不自保，各相顧望，無自安之心。有司或因睚眦以騁私怨，苟求長短，求媚上意。二千石及長吏迫於舉劾，懼於刺譏，故爭飾詐偽，以希虛譽……」帝下其議，羣臣多同於浮，自是牧守易代頗簡。[一]

[一] 范曄：後漢書卷三十三朱浮傳，第1141頁。

長吏罷免先下三司

後・朱浮傳：舊制，州牧奏二千石長吏不任位者，事皆先下三公，三公遣掾史案驗，然後黜退。(光武)帝時用明察，不復委任三府，而權歸刺舉之吏。浮復上疏曰：「……即位以來，不用舊典，信刺舉之官，黜鼎輔之任，至於有所劾奏，便加免退，覆案不關三府，罪譴不蒙澄察。陛下以使者為腹心，而使者以從事為耳目，是為尚書之平，決於百石之吏，故羣下苛刻，各自為能。兼以私情容長，憎愛在職，皆競張空虛，以要時利，故有罪者心不厭服，無咎者坐被空文，不可經盛衰，貽後王也。」[一]

[一] 范曄：後漢書卷三十三朱浮傳，第1143頁。

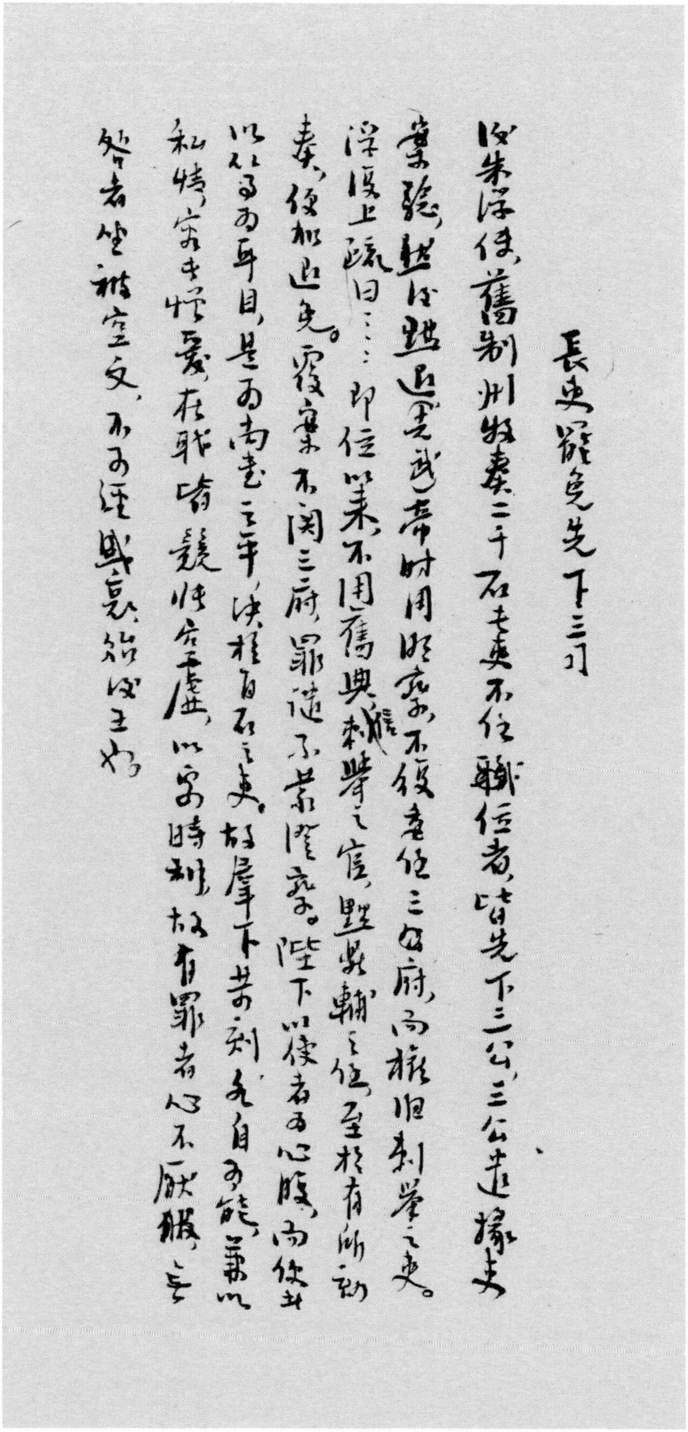

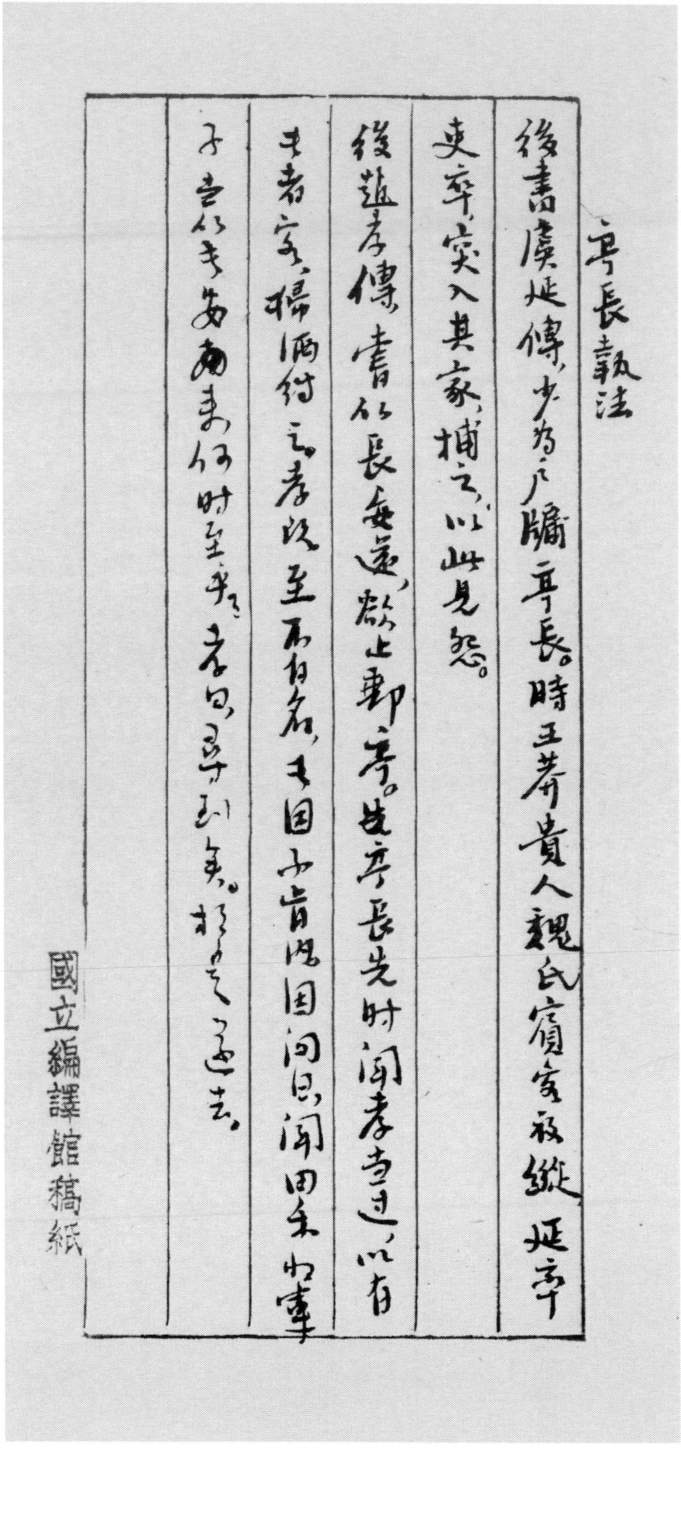
亭長執法
後書虞延傳少為戶牖亭長時王莽貴人魏氏賓客放縱延率吏卒突入其家捕之以此見怨
後趙孝傳嘗從長安還欲止郵亭亭長先時聞孝當過以有長者客掃灑待之孝既至不自名長不肯內因問曰聞田禾將軍子當從長安來何時至乎孝曰尋到矣於是遂去
國立編譯館稿紙

亭長執法

後書·虞延傳：少為戶牖亭長。時王莽貴人魏氏賓客放縱，延率吏卒突入其家捕之，以此見怨。[一]後·趙孝傳：嘗從長安還，欲止郵亭。亭長先時聞孝當過，以有長者客，掃灑待之。孝既至，不自名，長不肯內，因問曰：「聞田禾將軍子當從長安來，何時至乎？」孝曰：「尋到矣。」於是遂去。[二]

[一] 范曄：後漢書卷三十三虞延傳，第1150頁。

[二] 范曄：後漢書卷三十九趙孝傳，第1299頁。

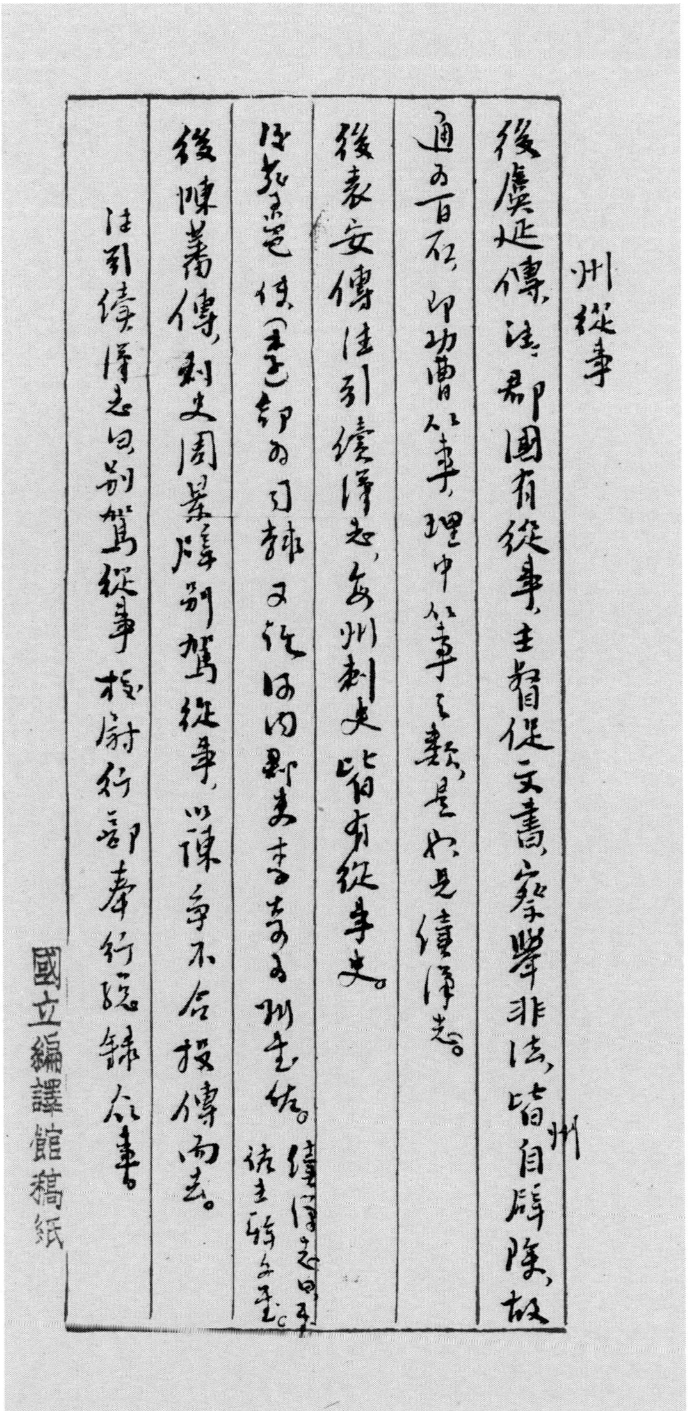
州從事
後虞延傳注：郡國有從事，主督促文書，察舉非法，皆州自辟除，故通為百石，即功曹從事、理中從事之類是也。見續漢志。
後袁安傳注引續漢志：每州刺史皆有從事史。
後蔡邕傳：（李）部為司隸，又托河內郡吏李奇為州書佐。
續漢志曰：書佐主幹文書。
後陳蕃傳：刺史周景辟別駕從事，以諫爭不合，投傳而去。
注引續漢志曰：別駕從事，校尉行部奉引，錄眾事。

州從事

後·虞延傳：注，郡國有從事，主督促文書，察舉非法，皆州自辟除，故通為百石，即功曹從事、理中從事之類是也。見續漢志也。[一]後·袁安傳：注引續漢志曰：「每州刺史皆有從事史。」[二]後·蔡邕傳：（李）部為司隸，又托河內郡吏李奇為州書佐；續漢志曰：「書佐，主幹文書。」[三]後·陳蕃傳：刺史周景辟別駕從事，以諫爭不合，投傳而去。注引，續漢志曰：「別駕從事，校尉行部奉引，總錄众事。」[四]

[一] 范曄：後漢書卷三十三虞延傳，第1154頁。
[二] 范曄：後漢書卷四十五袁安傳，第1517頁。
[三] 范曄：後漢書卷六十下蔡邕傳，第2001頁。
[四] 范曄：後漢書卷六十六陳蕃傳，第2159頁。

尚書郎補地方官

後・鄭弘傳：建初，為尚書令。舊制，尚書郎限滿補縣長令史丞尉。弘奏以為台職雖尊，而酬賞甚薄，至於開選，多無樂者，請使郎補千石，令史為長。帝從其議。（劉歆曰，案文少一令字，但云千石不知何官，但云史不合上文。[一]後・儒林傳・高詡傳：光武即位，大司空宋弘薦詡，徵為郎，除符離長。[二]

[一] 范曄：後漢書卷三十三鄭弘傳，第1155頁。

[二] 范曄：後漢書卷七十九下儒林傳・高詡傳，第2569頁。

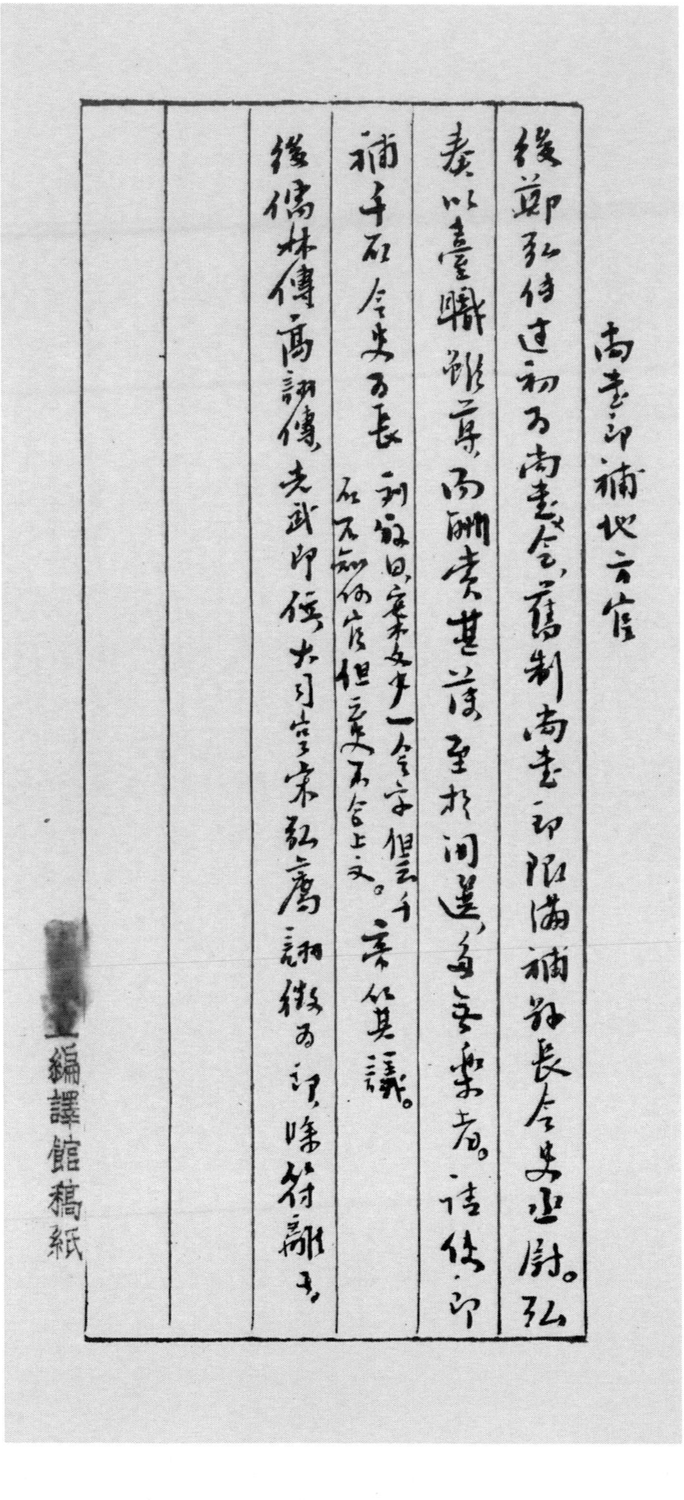
尚書郎補地方官

後鄭弘傳建初為尚書令。舊制尚書郎限滿補縣長令史丞尉。弘奏以臺職雖尊而酬賞甚薄至於開選，多無樂者。請使郎補千石令史為長。劉攽曰案文少一令字但云千石不知何官但云史不合上文。帝從其議。

後儒林傳高詡傳光武即位大司空宋弘薦詡徵為郎除符離長。

編譯館稿紙

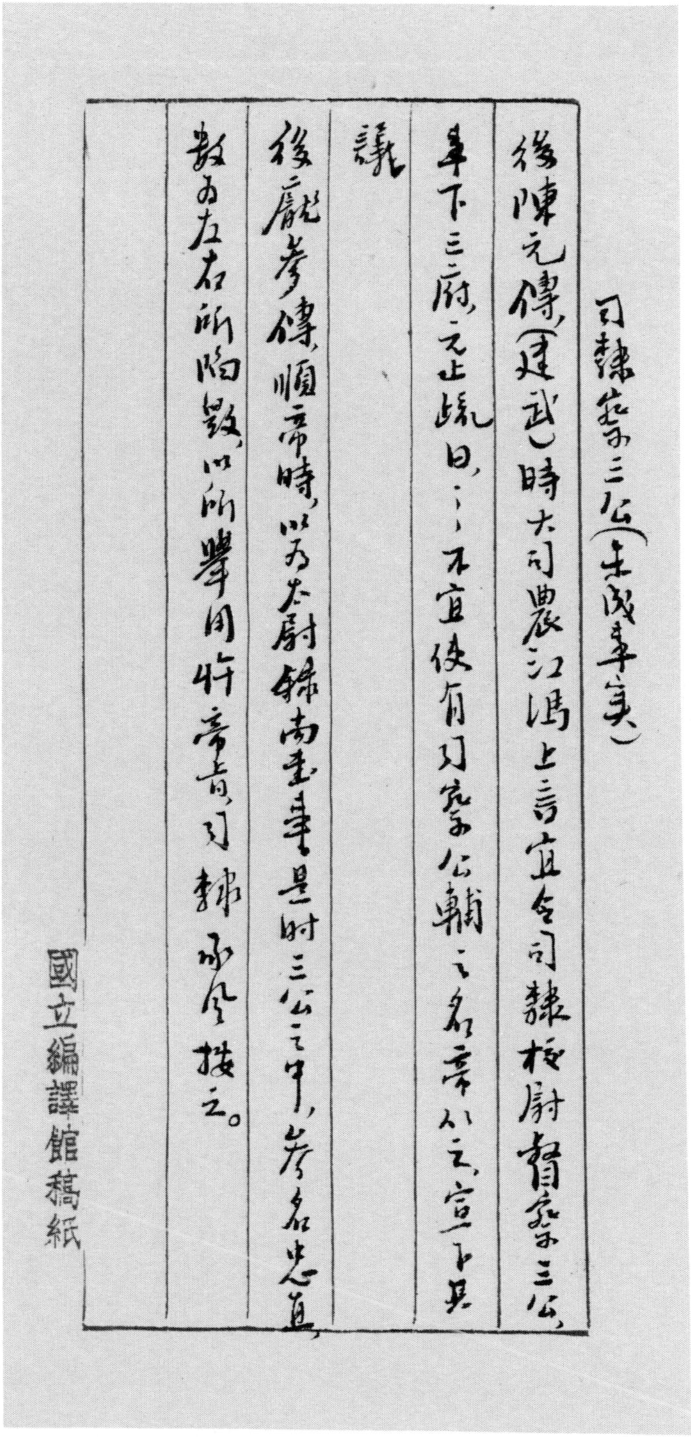
司隸察三公（未成事實）

後陳元傳，(建武)時大司農江馮上言宜令司隸校尉督察三公，事下三府，元上疏曰，……不宜使有司察公輔之名，帝從之，宣下其議。

後龐參傳，順帝時，以為太尉錄尚書事，是時三公之中，參名忠直，數為左右所陷毀，以所舉用忤帝旨，司隸承風按之。

國立編譯館稿紙

司隸察三公（未成事實）

後・陳元傳：（建武）時大司農江馮上言，宜令司隸校尉督察三公。事下三府。元上疏曰：「……不宜使有司察公輔之名」。帝從之，宣下其議。[一]後・龐參傳：順帝時，以為太尉，錄尚書事。是時三公之中，參名忠直，數為左右所陷毀，以所舉用忤帝旨，司隸承風案之。[二]

[一]范曄：後漢書卷三十六陳元傳，第1233頁。

[二]范曄：後漢書卷五十一龐參傳，第1691頁。

鄉佐　市長　郡守令可捕案令長

後・張宗傳：王莽時，為縣陽泉鄉佐。[一]續漢書曰：「鄉佐，主佐鄉收稅賦。」後・陳球傳：注引謝承書曰：「禹舉孝廉，辟公府，洛陽市長。」[二]後・李雲傳：洛陽市長沐茂、郎中上官資並上疏請雲。[三]後・黨錮・杜密傳：三遷太山太守、北海相。其宦官子弟為令長有姦惡者，輒捕案之。行春到高密縣，見鄭玄為鄉佐，知其異器，即召署郡職。[四]

［一］范曄：後漢書卷三十八張宗傳，第1275頁。

［二］范曄：後漢書卷五十六陳球傳，第1835頁。

［三］范曄：後漢書卷五十七李雲傳，第1852頁。

［四］范曄：後漢書卷六十七黨錮杜密傳，第219

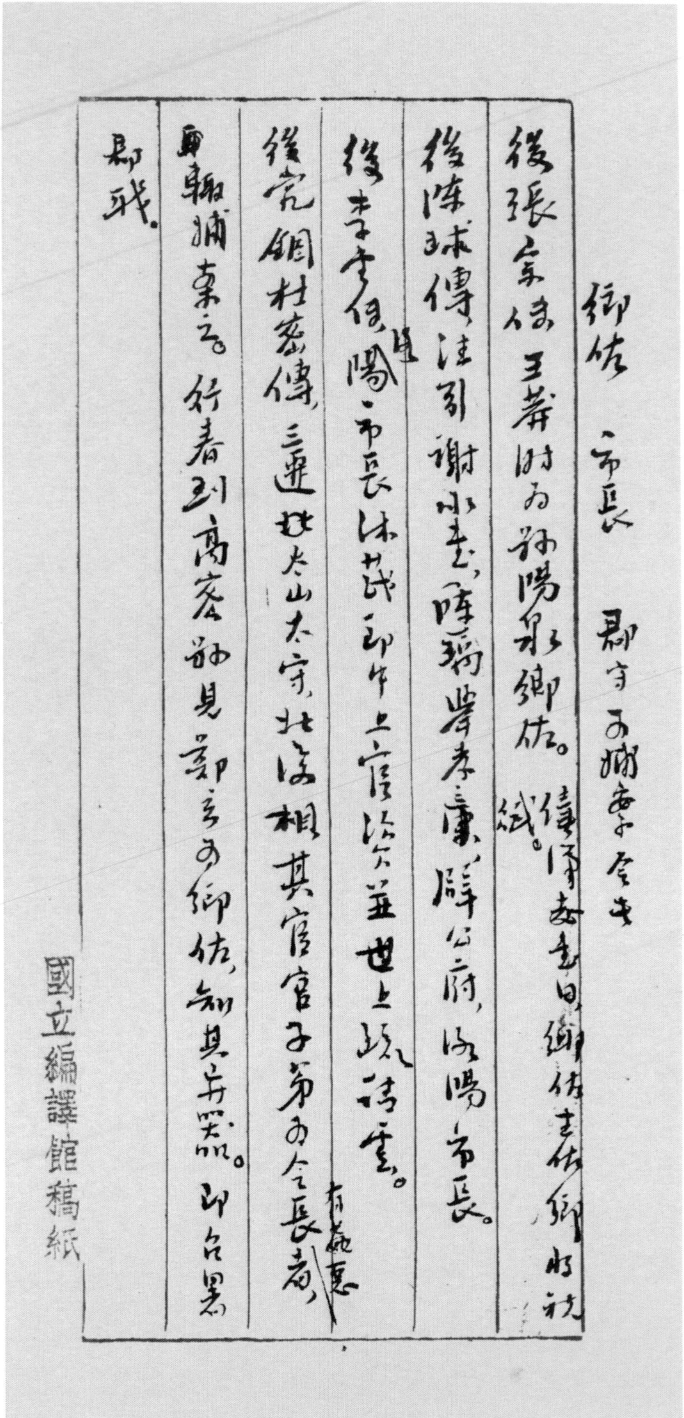

鄉佐　市長　郡守令可捕案令長

後張宗傳：王莽時為縣陽泉鄉佐。續漢書曰：鄉佐主佐鄉收稅賦。

後陳球傳注引謝承書：陳瑀舉孝廉，辟公府，洛陽市長。

後李雲傳：洛陽市長沐茂、郎中上官資並上疏請雲。

後黨錮杜密傳：三遷太山太守，北海相。其宦官子弟為令長有姦惡，

輒捕案之。行春到高密縣，見鄭玄為鄉佐，知其異器，即召署

郡職。

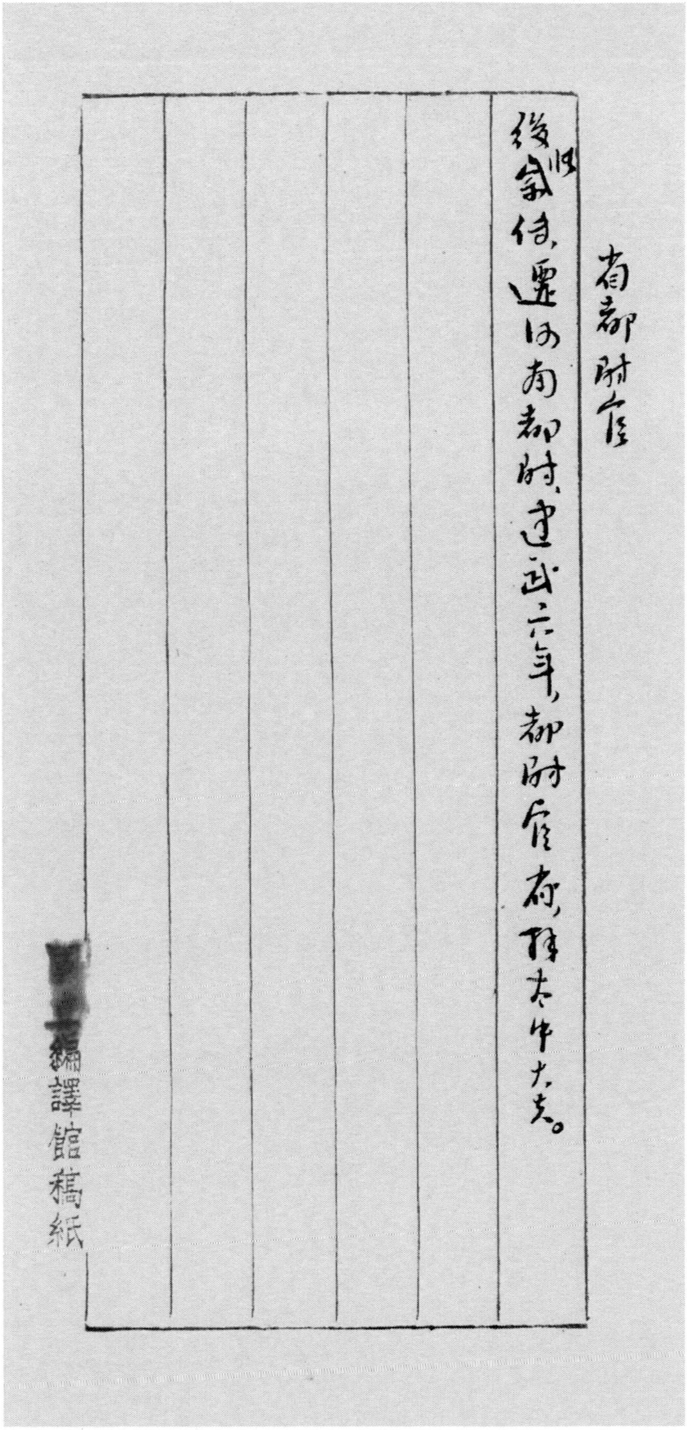
省都尉官
後漢張宗傳，遷河南都尉，建武六年，都尉官省，拜太中大夫。

省都尉官

後・張宗傳：遷河南都尉。建武六年，都尉官省，拜太中大夫。[一]

[一] 范曄：後漢書卷三十八張宗傳，第1276頁。

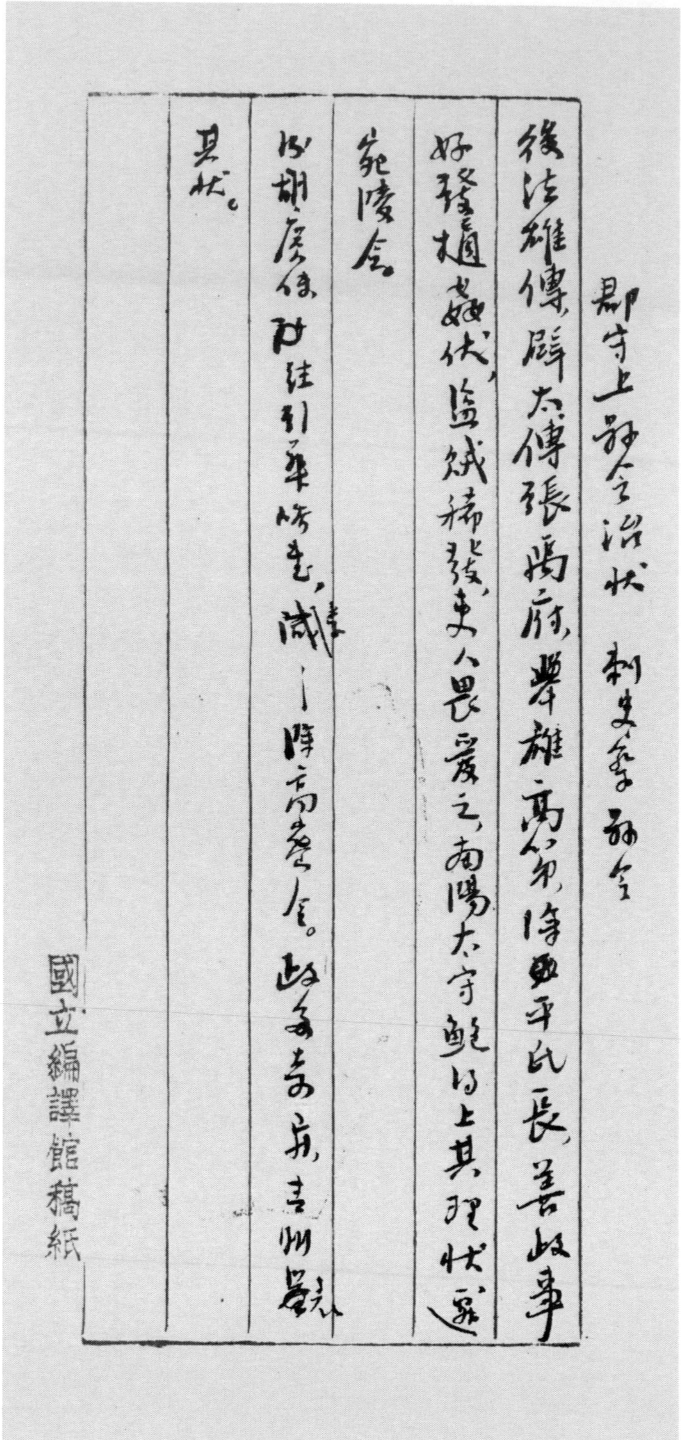
郡守上縣令治狀　刺史察縣令
後法雄傳，辟太傅張禹府，舉雄高第，除平氏長，善政事
好發擿姦伏，盜賊稀發，吏人畏愛之，南陽太守鮑得上其理狀，遷
宛陵令
後胡廣傳注引華嶠書，咸……除高密令。政多奇異，青州表
其狀。
國立編譯館稿紙

郡守上縣令治狀　刺史察縣令

後·法雄傳：辟太傅張禹府，舉雄高第，除平氏長。善政事，好發擿姦伏，盜賊稀發，吏人畏愛之。南陽太守鮑得上其理狀，遷宛陵令。[一]後·胡廣傳：注引謝承書曰：「咸……除高密令，政多奇異，青州表其狀。」[二]

[一]范曄：後漢書卷三十八法雄傳，第1276頁。
[二]范曄：後漢書卷四十四胡廣傳，第1511頁。

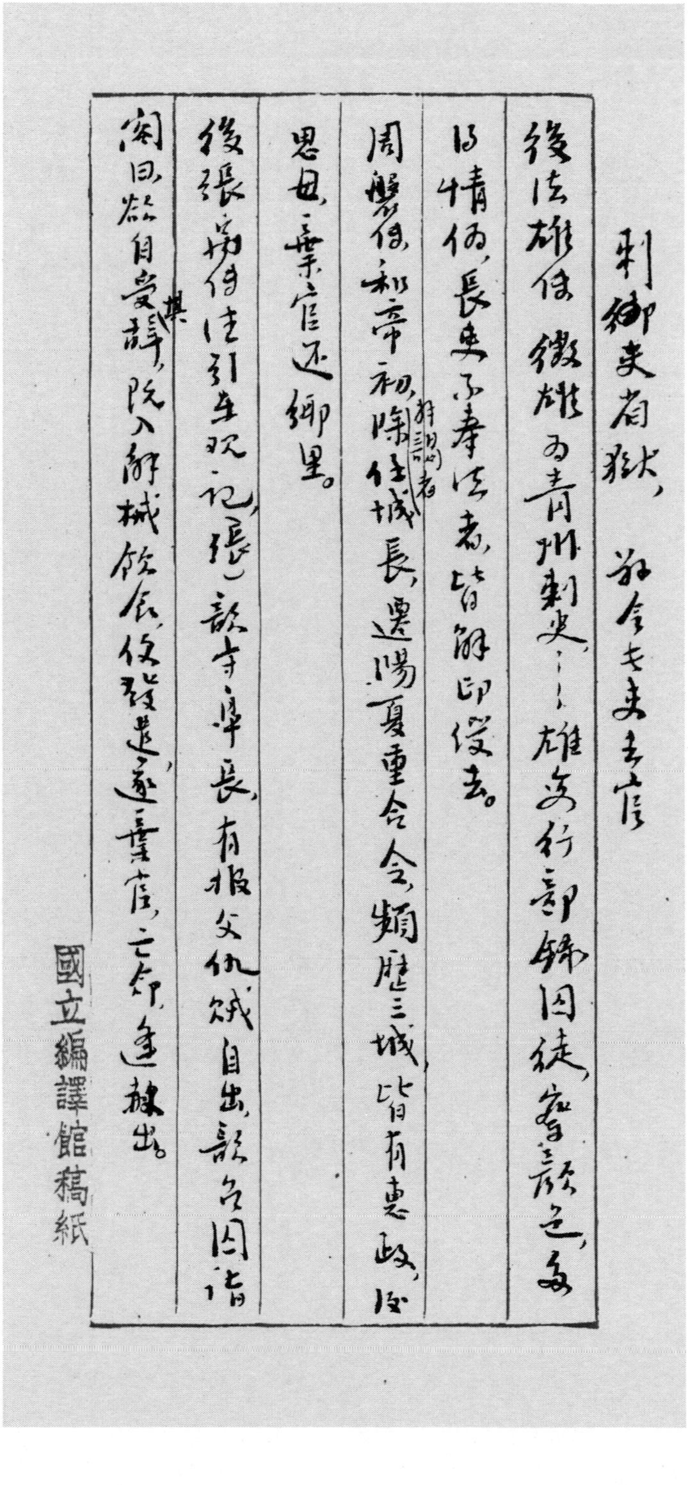
刺御史省獄，　縣令長吏去官
後法雄傳　徵雄為青州刺史……雄每行部錄囚徒，察顏色，多得情偽，長吏不奉法者，皆解印綬去。
周磐傳和帝初，拜謁者，除任城長，遷陽夏重合令，頻歷三城，皆有惠政，後思母，棄官還鄉里。
後張禹傳注引東觀記：「張」歆守皋長，有報父仇賊自出，歆召囚詣閤曰「欲自受其辭」，既入，解械飲食，便發遣，遂棄官亡命，逢赦出。
國立編譯館稿紙

刺史省獄　縣令長吏去官

後・法雄傳：徵雄為青州刺史，……雄每行部，錄囚徒，察顏色，多得情偽，長吏不奉法者皆解印綬去。[一]周磐傳：和帝初，拜謁者，除任城長，遷陽夏、重合令，頻歷三城，皆有惠政。後思母，棄官還鄉里。[二]後・張禹傳：注引東觀記曰：「歆守皋長，有報父仇賊自出，歆召囚詣閤，曰：『欲自受其辭。』既入，解械飲食，便發遣，遂棄官亡命。逢赦出」。[三]

[一] 范曄：後漢書卷三十八法雄傳，第1277頁。
[二] 范曄：後漢書卷三十九周磐傳，第1311頁。
[三] 范曄：後漢書卷三十九張禹傳，第1497頁。

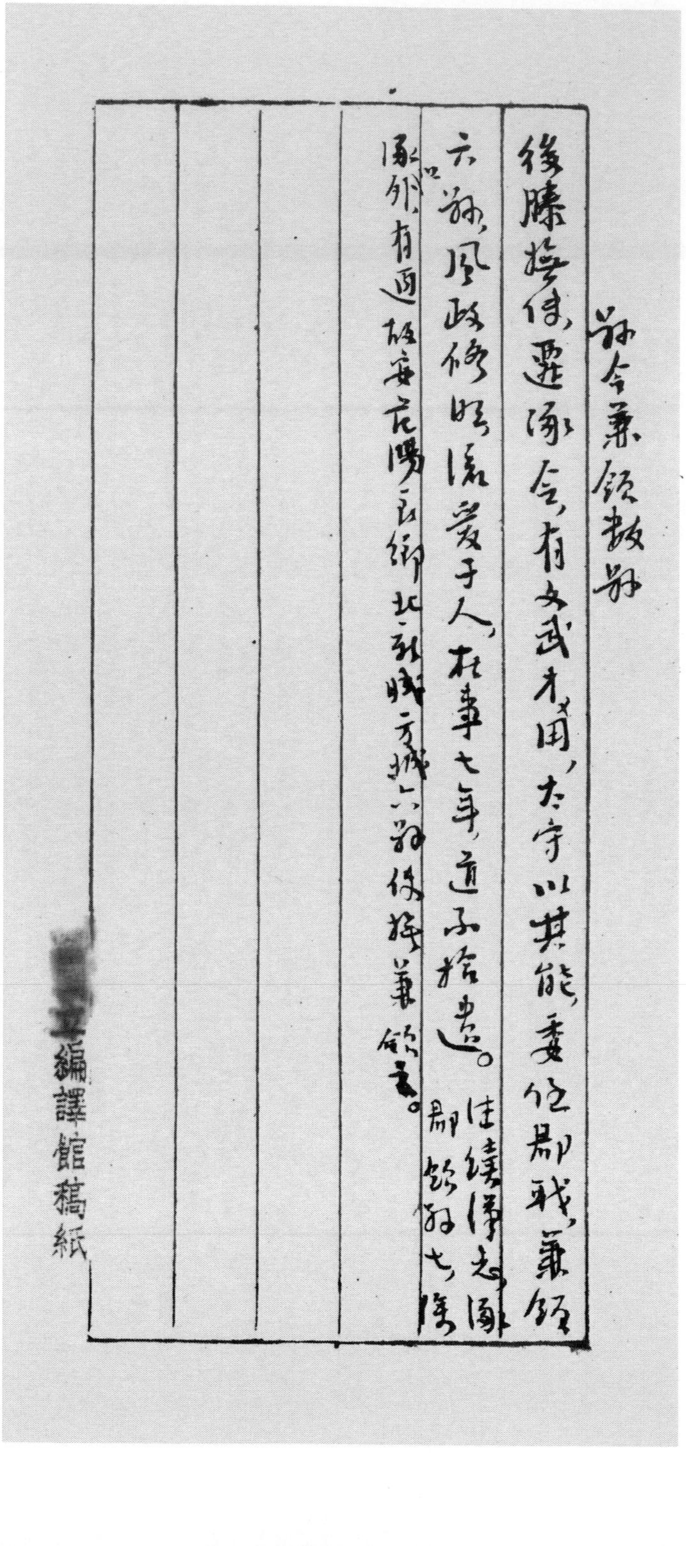
縣令兼領數縣
後滕撫傳，遷涿令，有文武才用，太守以其能，委任郡職，兼領六縣，風政修明，流愛于人，在事七年，道不拾遺。注續漢志涿郡領七縣，除涿以外，有遒故安范陽良鄉北新城方城六縣，使撫兼領之。
[redacted]編譯館稿紙

縣令兼領數縣

後・滕撫傳：遷為涿令，有文武才用。太守以其能，委任郡職，兼領六縣。風政修明，流愛于人，在事七年，道不拾遺。[一]注：續漢志涿郡領七縣，除涿以外，有遒、故安、范陽、良鄉、北新城、方城六縣，使撫兼領之。

[一] 范曄：後漢書卷三十八滕撫傳，第1279頁。

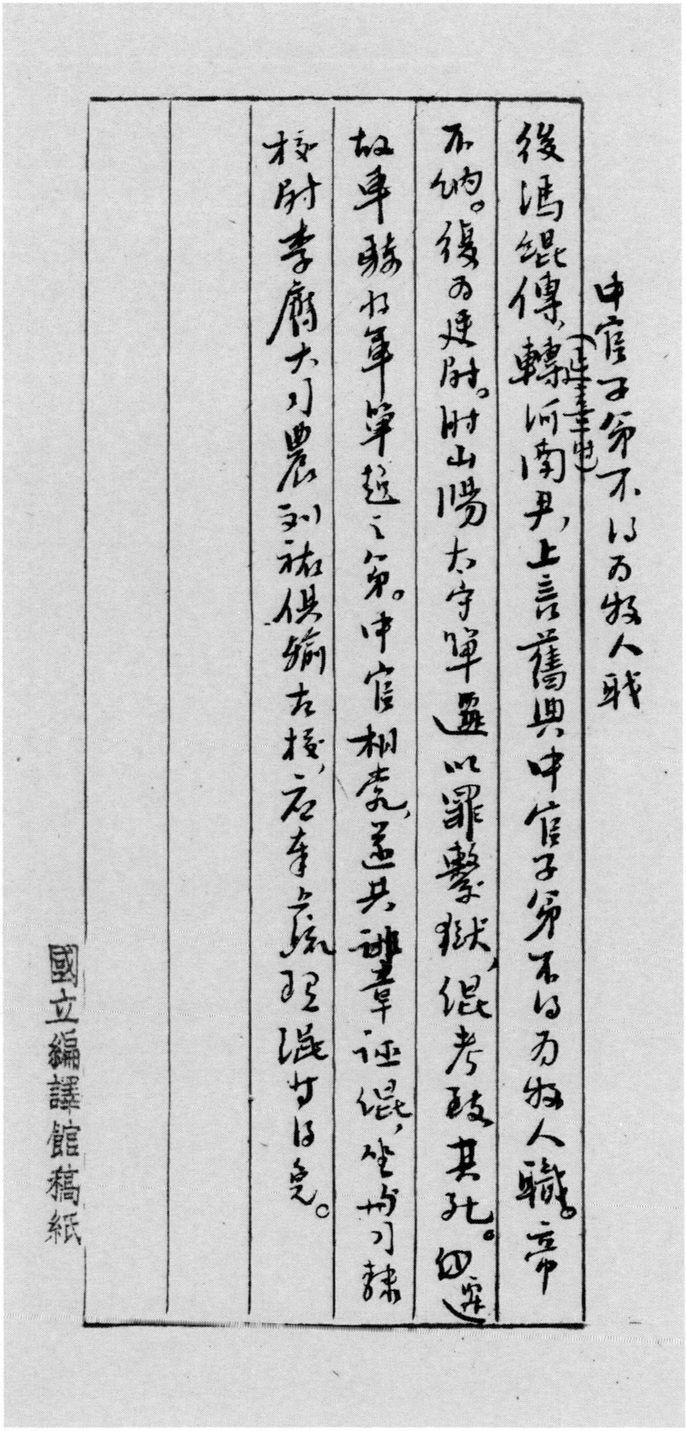
中官子弟不得為牧人職

後馮緄傳，轉（延熹時）河南尹，上言舊典中官子弟不得為牧人職。帝不納。復為廷尉。時山陽太守單遷以罪繫獄，緄考致其死。遷，故車騎將軍單超之弟。中官相黨，遂共誹章誣緄，坐與司隸校尉李膺、大司農劉祐俱輸左校，應奉上疏理緄等得免。

國立編譯館稿紙

中官子弟不得為牧人職

後·馮緄傳：（延熹時）轉河南尹。上言「舊典，中官子弟不得為牧人職」，帝不納。復為廷尉。時山陽太守單遷以罪系獄，緄考致其死。遷，故車騎將軍單超之弟，中官相黨，遂共誹章誣緄，坐與司隸校尉李膺、大司農劉祐俱輸左校。應奉上疏理緄等，得免。[一]

[一] 范曄：後漢書 卷三十八馮緄傳，第1284頁。

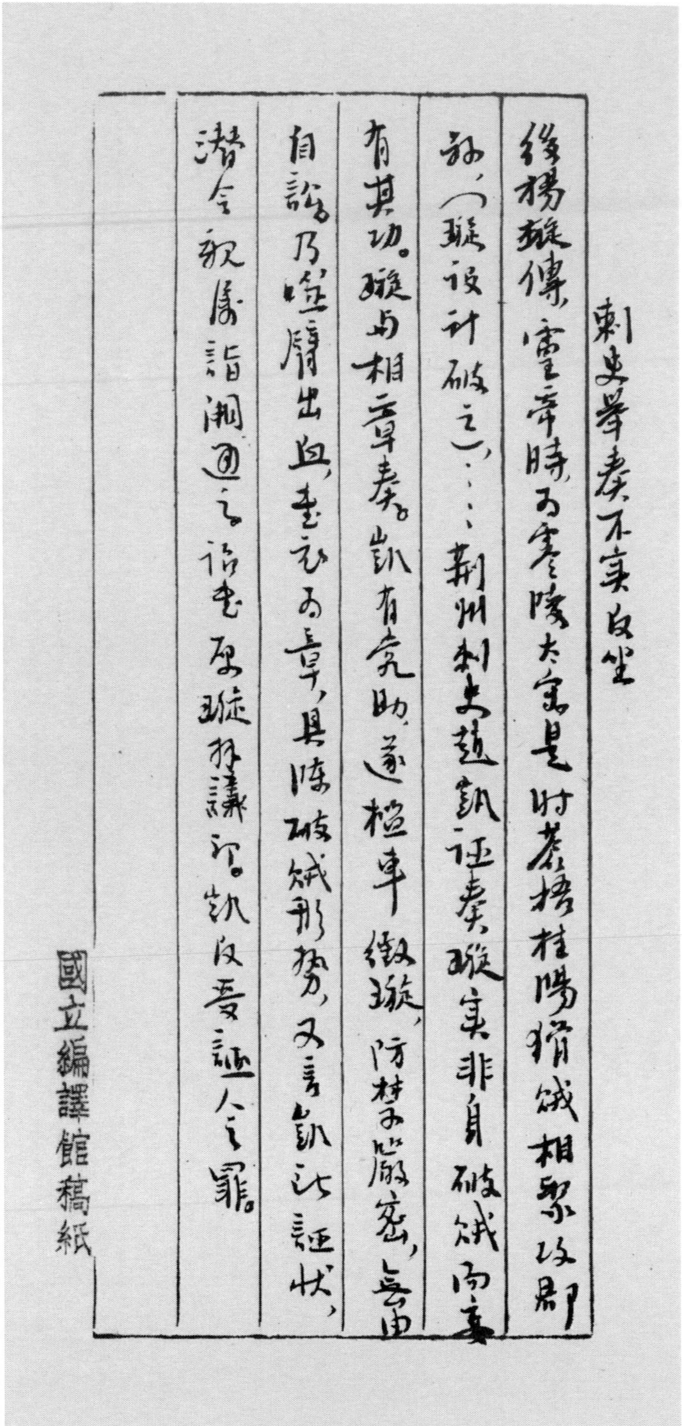
刺史舉奏不實反坐

後・楊琁傳，靈帝時為零陵太守。是時蒼梧桂陽猾賊相聚攻郡縣，（琁設計破之）……荆州刺史趙凱誣奏琁實非身破賊而妄有其功。琁與相章奏，凱有黨助，遂檻車徵琁，防禁嚴密，無由自訟，乃噬臂出血，書衣為章，具陳破賊形勢，又言凱所誣狀，潛令親屬詣闕通之。詔書原琁，拜議郎，凱反受誣人之罪。

國立編譯館稿紙

刺史舉奏不實反坐

後・楊琁傳：靈帝時為零陵太守。是時蒼梧、桂陽猾賊相聚，攻郡縣，（琁設計破之），……荆州刺史趙凱，誣奏琁實非身破賊，而妄有其功。琁與相章奏，凱有黨助，遂檻車徵琁。防禁嚴密，無由自訟，乃噬臂出血，書衣為章，具陳破賊形勢，及言凱所誣狀，潛令親屬詣闕通之。詔書原琁，拜議郎，凱反受誣人之罪。[一]

[一] 范曄：後漢書卷三十八楊琁傳，第1288頁。

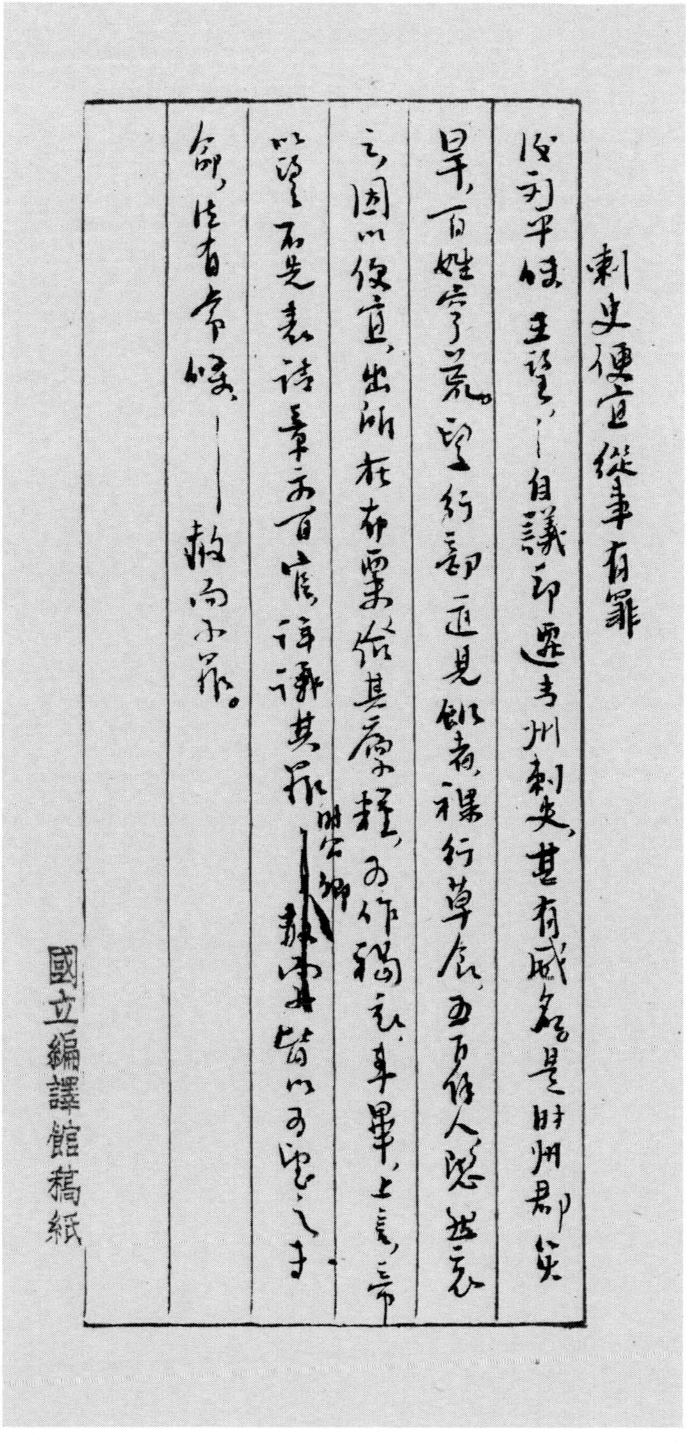

刺史便宜從事有罪

後·劉平傳：王望……自議郎遷青州刺史，甚有威名。是時州郡災旱，百姓窮荒，望行部，道見飢者，裸行草食，五百餘人，愍然哀之，因以便宜出所在布粟，給其廩糧，為作褐衣。事畢上言，帝以望不先表請，章示百官，詳議其罪。時公卿皆以為望之專命，法有常條……赦而不罪。[一]

[一] 范曄：後漢書卷三十九劉平傳，第1297頁。

太守坐臧禁錮二世

後·劉愷傳：安帝初，清河相叔孫光坐臧抵罪，遂增錮二世，釁及其子。是時居延都尉范邠復犯臧罪，詔下三公、廷尉議。司徒楊震、司空陳褒、廷尉張皓議依光比。愷獨以為「春秋之義，『善善及子孫，惡惡止其身』，所以進人於善也。尚書曰：『上刑挾輕，下刑挾重。』如今使臧吏禁錮子孫，以輕從重，懼及善人，非先王詳刑之意也。」有詔：「太尉議是。」[一]

[一] 范曄：後漢書卷三十九劉平傳，第1308—1309頁。

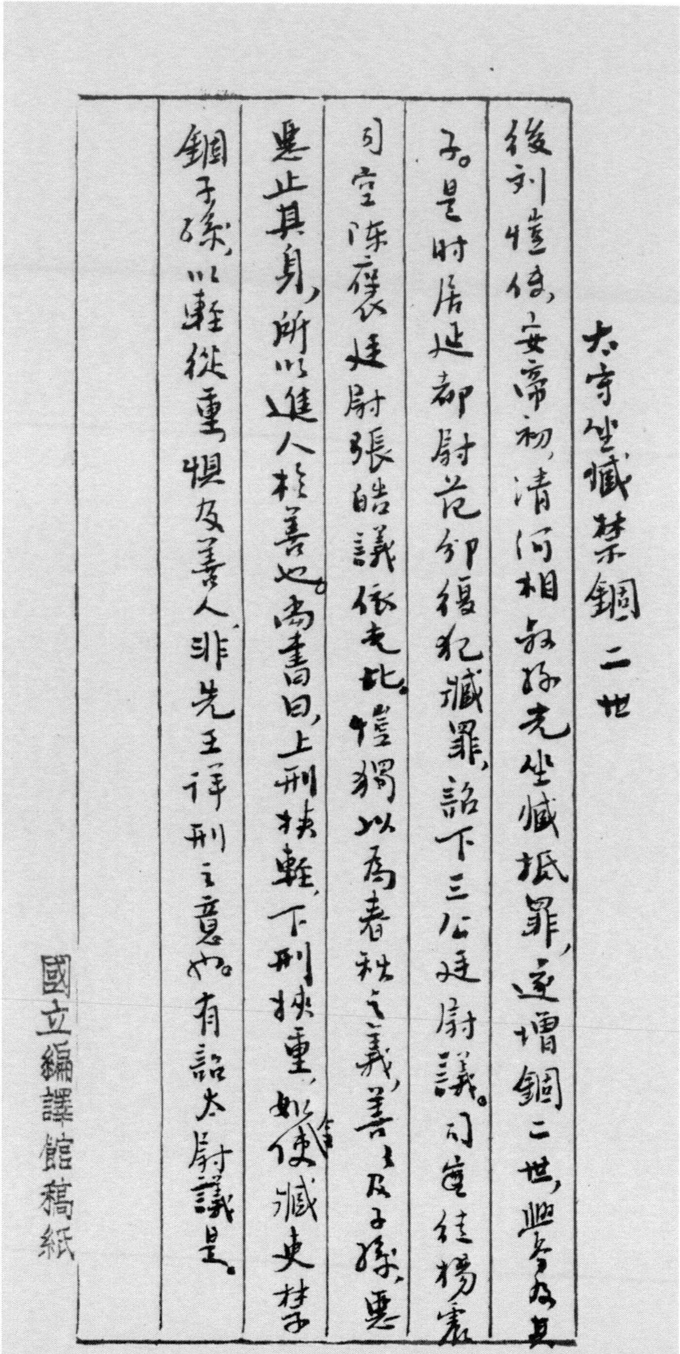
太守坐臧禁錮二世
後劉愷傳，安帝初，清河相叔孫光坐臧抵罪，遂增錮二世，釁及其子。是時居延都尉范邠復犯臧罪，詔下三公廷尉議。司徒楊震司空陳褒廷尉張皓議依光比。愷獨以為春秋之義，善善及子孫，惡惡止其身，所以進人於善也。尚書曰，上刑挾輕，下刑挾重，如今使臧吏禁錮子孫，以輕從重，懼及善人，非先王詳刑之意也。有詔太尉議是。
國立編譯館稿紙

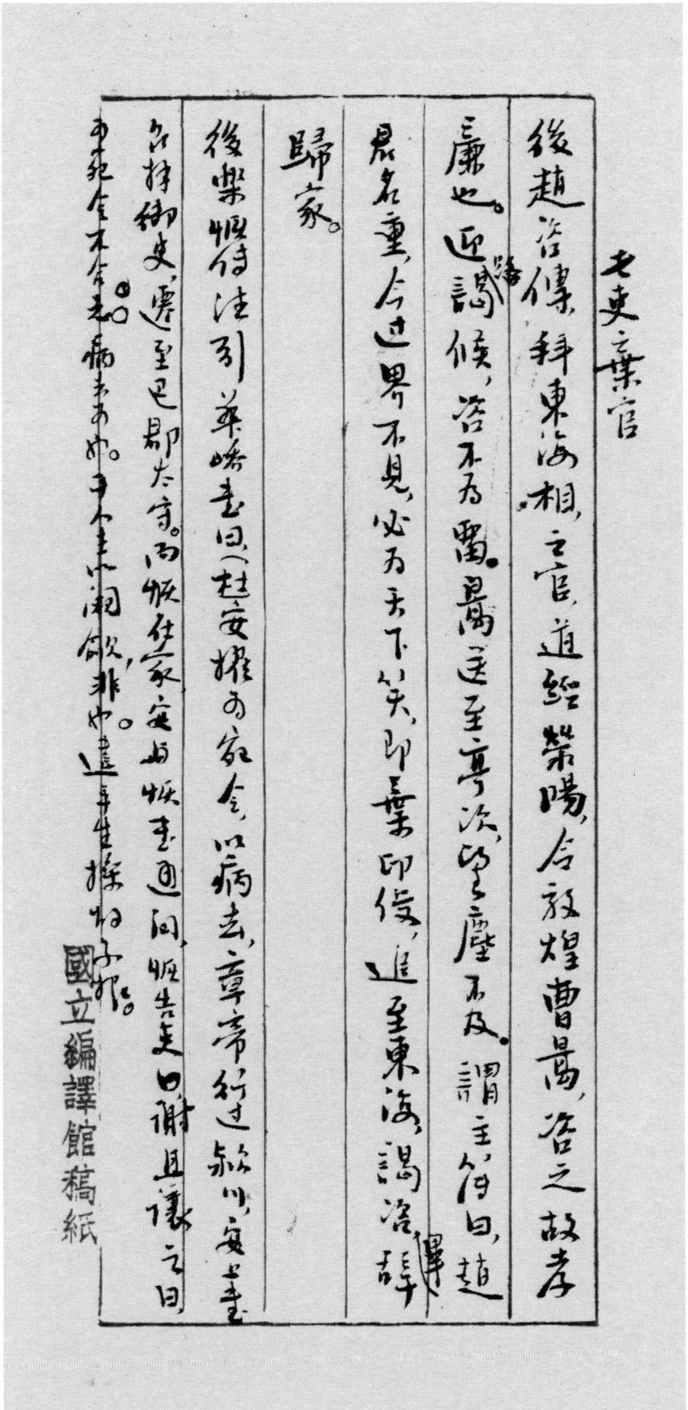

長吏棄官

後趙咨傳，拜東海相，之官，道經滎陽，令敦煌曹暠，咨之故孝廉也。迎路謁候，咨不為留。暠送至亭次，望塵不及，謂主簿曰，趙君名重，今過界不見，必為天下笑，即棄印綬，追至東海，謁咨，辭畢歸家。

後樂恢傳注引華嶠書曰，杜安擢為宛令，以病去，章帝行過潁川，安上書召拜御史，遷至巴郡太守。而恢在家，安與恢書通問，恢告吏口謝，且讓之曰為宛令不合志，病去可也。干人主以闚覦，非也。違平生操，故不報。

國立編譯館稿紙

長吏棄官

後・趙咨傳：拜東海相。之官，道經滎陽，令敦煌曹暠，咨之故孝廉也，迎路謁候，咨不為留。暠送至亭次，望塵不及，謂主簿曰：「趙君名重，今過界不見，必為天下笑！」即棄印綬，追至東海。謁咨畢，辭歸家。[一]後・樂恢傳：注引華嶠書曰：「安擢為宛令，以病去。章帝行過潁川，安上書，召拜御史，遷至巴郡太守。而恢在家，安與恢書通問，恢告吏口謝，且讓之曰：『為宛令不合志，病去可也。干人主以闚覦，非也。違平生操，故不報。』」[二]

[一] 范曄：後漢書卷三十九趙咨傳，第1314頁。

[二] 范曄：後漢書卷四十三樂恢傳，第1478頁。

鄉嗇夫　市丞

後·第五倫傳：倫後為鄉嗇夫，平徭賦，理怨結，得人歡心。[一]後·張酺傳：（竇）景怒，遣緹騎侯海等五百人毆傷（河陽）市丞。[二]後·周景傳：注引蔡質漢儀曰：「延熹中，京師遊俠有盜發順帝陵，賣御物於市，市長追捕不得。」[三]後·爰延傳：（縣）令史昭以為鄉嗇夫，仁化大行，人但聞嗇夫，不知郡縣。[四]後·吳祐傳：嗇夫孫性私賦民錢，市衣以進其父。[五]

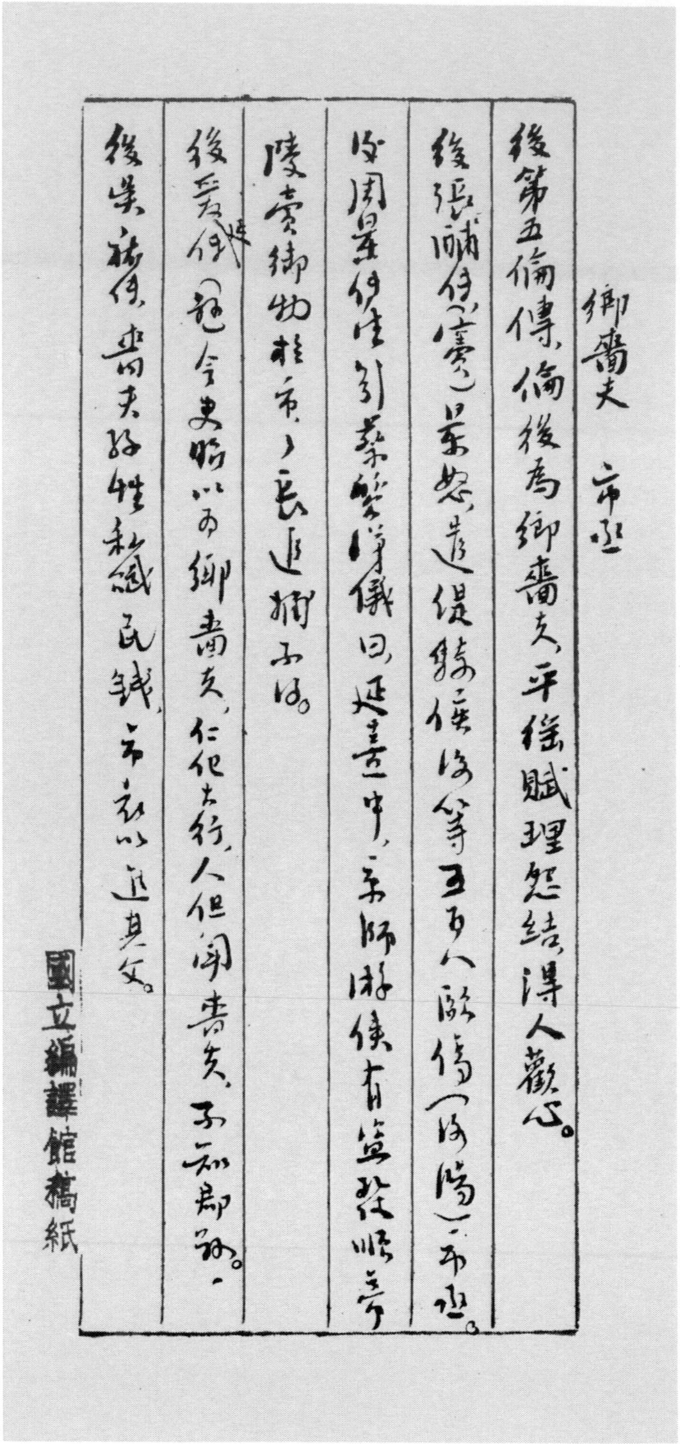
鄉嗇夫　市丞
後第五倫傳，倫後為鄉嗇夫，平徭賦，理怨結，得人歡心。
後張酺傳（竇）景怒，遣緹騎侯海等五百人毆傷（河陽）市丞。
後周景傳注引蔡質漢儀曰：延熹中，京師遊俠有盜發順帝陵，賣御物於市，市長追捕不得。
後爰延傳（縣）令史昭以為鄉嗇夫，仁化大行，人但聞嗇夫，不知郡縣。
後吳祐傳　嗇夫孫性私賦民錢，市衣以進其父。
國立編譯館稿紙

[一] 范曄：後漢書卷四十一第五倫傳，第1396頁。
[二] 范曄：後漢書卷四十五張酺傳，第1531頁。
[三] 范曄：後漢書卷四十五周景傳，第1538頁。
[四] 范曄：後漢書卷四十八爰延傳，第1618頁。
[五] 范曄：後漢書卷六十四吳祐傳，第2101頁。

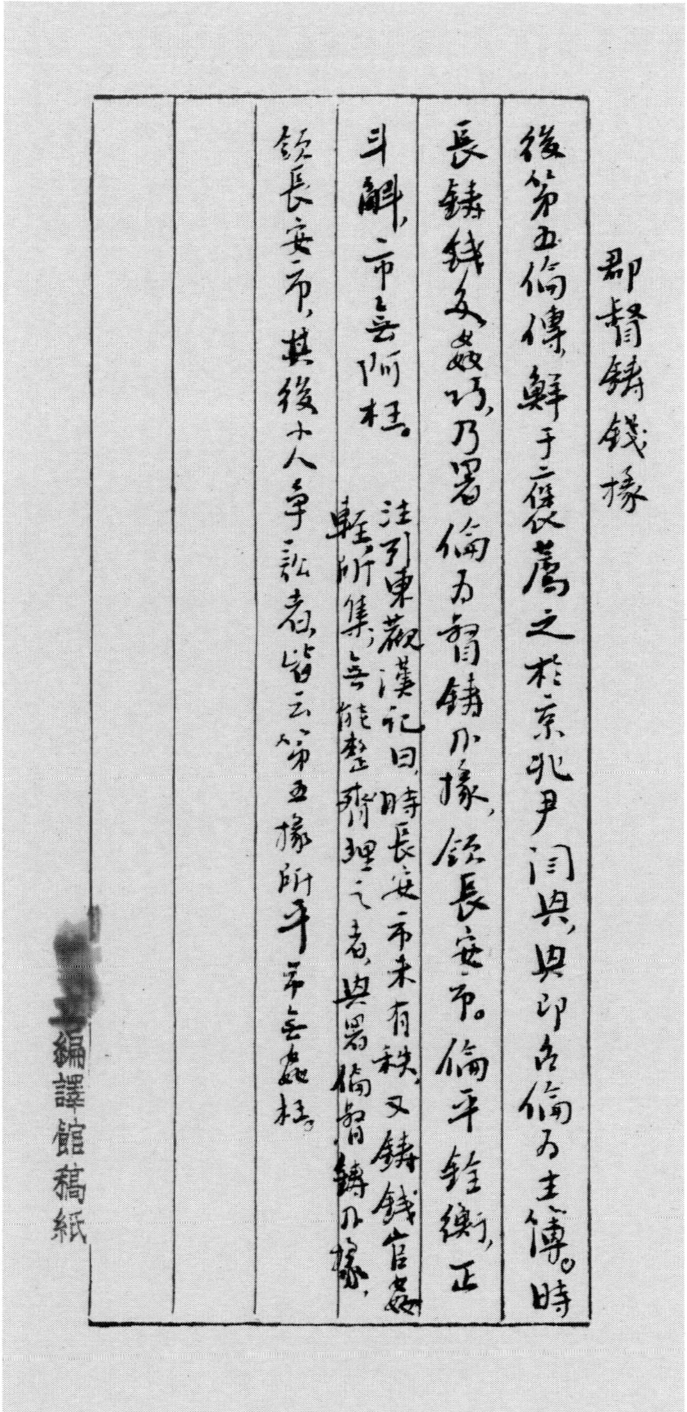

郡督鑄錢掾

後·第五倫傳：鮮于褒薦之於京兆尹閻興，興即召倫為主簿。時長安鑄錢多姦巧，乃署倫為督鑄錢掾，領長安市。倫平銓衡，正斗斛，市無阿枉。注引東觀記曰：「時長安市未有秩，又鑄錢官姦軌所集，無能整齊理之者。興署倫督鑄錢掾，領長安市。其後小人爭訟，皆云『第五掾所平，市無姦枉。』」[一]

[一] 范曄：後漢書卷四十一第五倫傳，第1396頁。

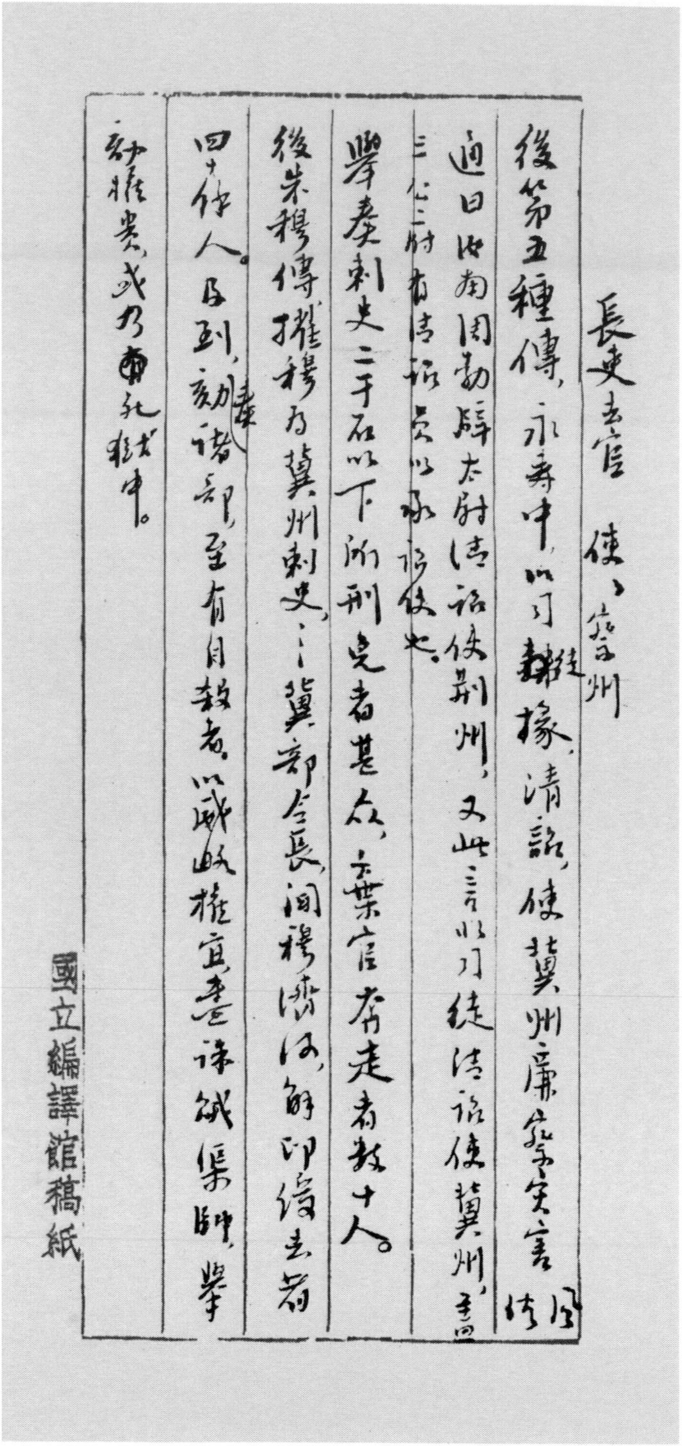
長吏去官　使〻察州
後第五種傳，永壽中，以司徒掾清詔，使冀州廉察灾害，
適曰汝南周勃辟太尉清詔使荆州，又此言以司徒清詔使冀州，蓋
三公府有清詔員以承詔使也。
舉奏刺史二千石以下所刑免者甚众，棄官奔走者數十人。
後朱穆傳擢穆為冀州刺史，〻〻冀部令長聞穆濟河，解印綬去者
四十餘人。及到，劾奏諸郡，至有自殺者，以威略權宜，盡誅賊渠帥，舉
劾權貴，或乃死獄中。
國立編譯館稿紙

長吏去官　使使察州

後·第五種傳：永壽中，以司徒掾清詔使冀州，廉察灾害。舉奏刺史、二千石以下，所刑免甚众，棄官奔走者數十人。[一]風俗通曰：「汝南周勃辟太尉清詔，使荆州」。又此言以司徒清詔使冀州，蓋三公府有清詔員以承詔使也。廉，察也。後·朱穆傳：擢穆為冀州刺史……冀部令長聞穆濟河，解印綬去者四十餘人。及到，奏劾諸郡，至有自殺者。以威略權宜，盡誅賊渠帥。舉劾權貴，或乃死獄中。[二]

[一] 范曄：後漢書卷四十一第五種傳，第1403頁。

[二] 范曄：後漢書卷四十三朱穆傳，第1470頁。

刺史可收案太守

後·第五種傳：遷兗州刺史。中常侍單超兄子匡為濟陰太守，負勢貪放，種欲收舉，未知所使。會聞從事衛羽素抗厲，乃召羽具告之，謂曰：「聞公不畏彊禦，今欲相委以重事，若何？」對曰：「願庶幾於一割。」羽出，遂馳至定陶，閉門收匡賓客親吏四十餘人，六七日中，糾發其臧五六千萬。種即奏匡，並以劾超。[一]

[一]范曄：後漢書卷四十一第五種傳，第1404頁。

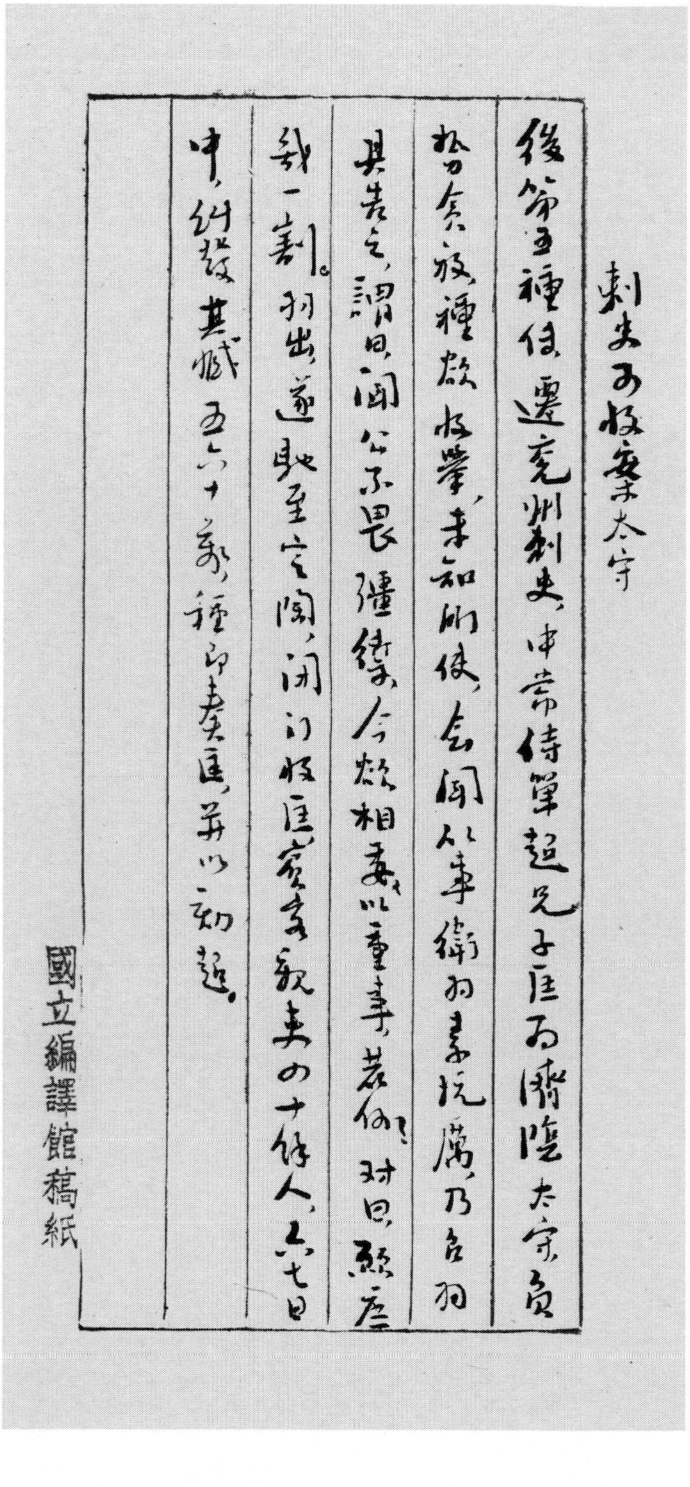
刺史可收案太守
後第五種傳，遷兗州刺史，中常侍單超兄子匡為濟陰太守，負勢貪放，種欲收舉，未知所使，會聞從事衛羽素抗厲，乃召羽具告之，謂曰，聞公不畏彊禦，今欲相委以重事，若何？對曰，願庶幾於一割。羽出，遂馳至定陶，閉門收匡賓客親吏四十餘人，六七日中，糾發其臧五六千萬，種即奏匡，並以劾超。
國立編譯館稿紙

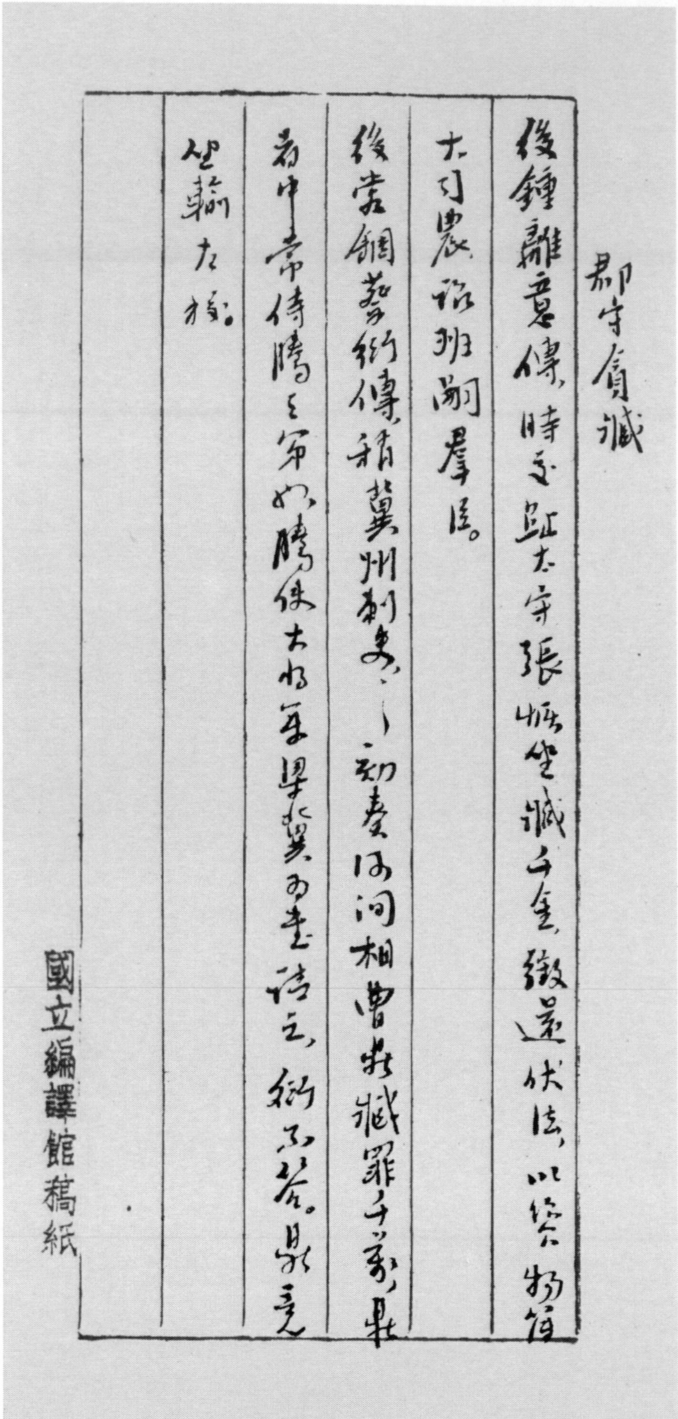
郡守貪臧
後鍾離意傳，時交趾太守張恢坐臧千金，徵還伏法，以資物簿入大司農，詔班賜羣臣。
後黨錮蔡衍傳，稍遷冀州刺史……劾奏河間相曹鼎臧罪千萬，鼎者中常侍騰之弟也，騰使大將軍梁冀爲書請之，衍不答。鼎竟坐輸左校。
國立編譯館稿紙

太守貪臧

後·鍾離意傳：時交阯太守張恢，坐臧千金，徵還伏法，以資物簿入大司農。詔班賜羣臣。[一]後·黨錮·蔡衍傳：稍遷冀州刺史……劾奏河間相曹鼎臧罪千萬。鼎者，中常侍騰之弟也。騰使大將軍梁冀為書請之，衍不答，鼎竟坐輸作左校。[二]

[一]范曄：後漢書卷四十一鍾離意傳，第1407頁。

[二]范曄：後漢書卷六十七黨錮蔡衍傳，第2209頁。

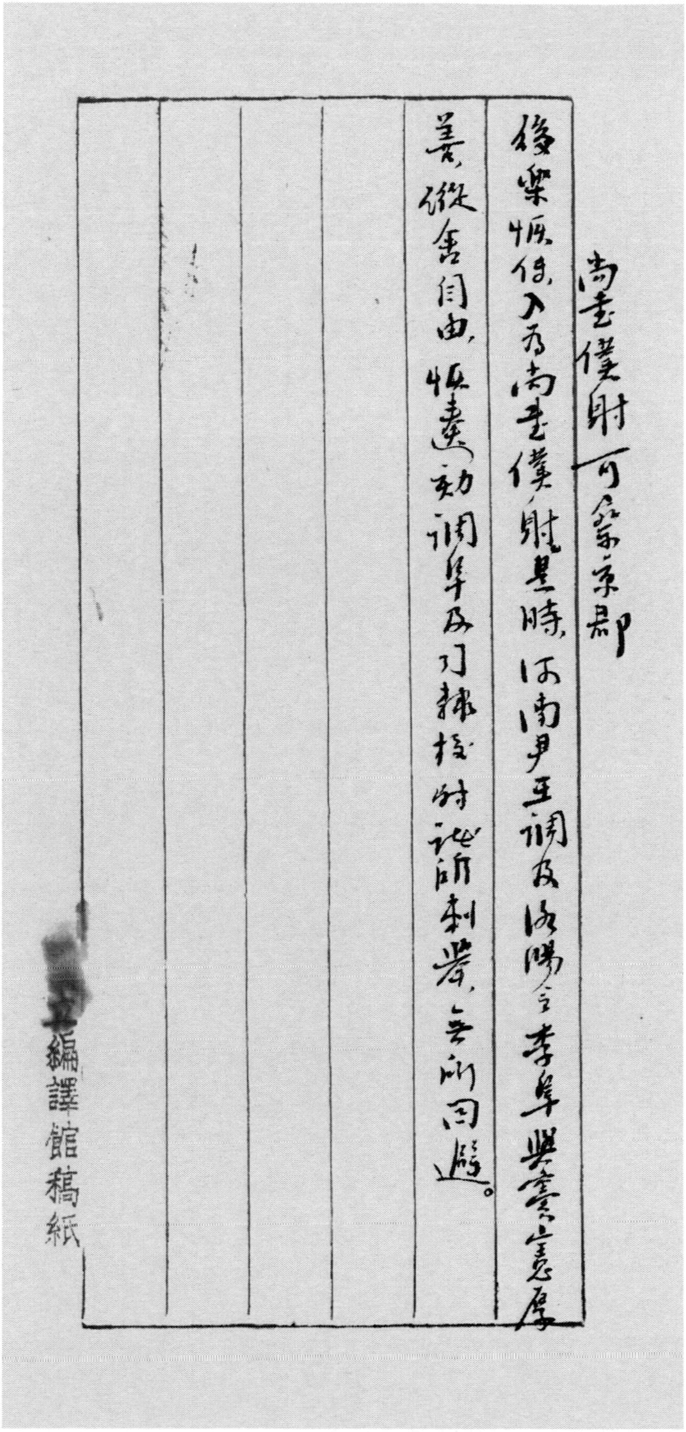
尚書僕射可察京郡

後樂恢傳，入為尚書僕射。是時，河南尹王調及洛陽令李阜與竇憲厚善，縱舍自由，恢奏劾調、阜及司隸校尉，諸所刺舉，無所回避。

編譯館稿紙

尚書僕射可察京郡

後・樂恢傳：入為尚書僕射。是時河南尹王調、洛陽令李阜與竇憲厚善，縱舍自由。恢劾奏調、阜，並及司隸校尉。諸所刺舉，無所回避。[一]

[一]范曄：後漢書卷四十三樂恢傳，第1478頁。

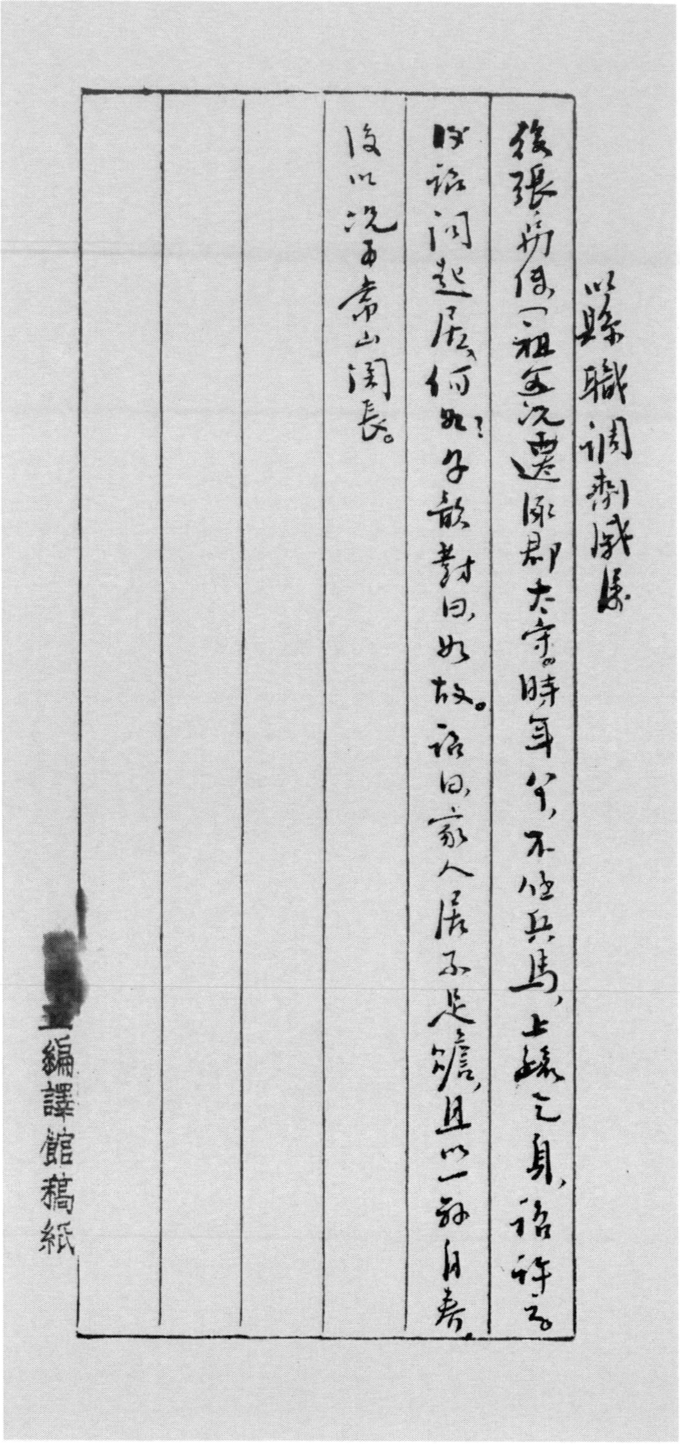

以縣職調劑戚屬

後張禹傳：（祖父）況還涿郡太守，時年八十，不任兵馬，上疏乞身，詔許之。

後詔問起居何如？子歆對曰，如故。詔曰，家人居不足贍，且以一縣自養，

復以況為常山關長。

編譯館稿紙

以縣職調劑戚屬

後·張禹傳：（祖父）況還涿郡太守，時年八十，不任兵馬，上疏乞身，詔許之。後詔問起居何如？子歆對曰：「如故」。詔曰：「家人居不足贍，且以一縣自養。」復以況為常山關長。[一]

[一]范曄：後漢書卷四十四張禹傳，第1496頁。

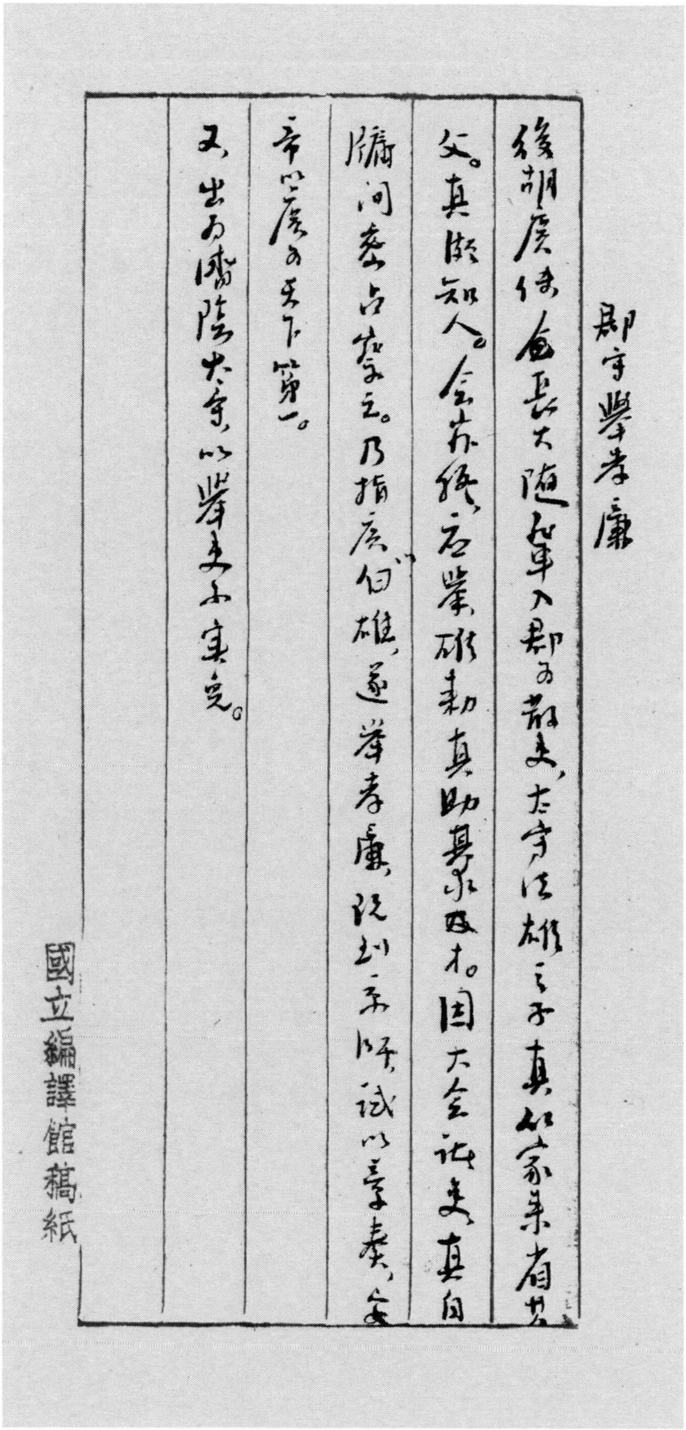
郡守舉孝廉

後胡廣傳：長大隨輩入郡為散吏，太守法雄之子真從家來省其父。真頗知人。會歲終應舉，雄敕真助其求才。因大會諸吏，真自於牖間密占察之。乃指廣白雄，遂舉孝廉。既到京師，試以章奏，安帝以廣為天下第一。又出為濟陰太守，以舉吏不實免。

國立編譯館稿紙

郡守舉孝廉

後·胡廣傳：長大，隨輩入郡為散吏。太守法雄之子真，從家來省其父。真頗知人。會歲終應舉，雄敕助求其才。雄因大會諸吏，真自於牖間密占察之，乃指廣以白雄，遂察孝廉。既到京師，試以章奏，安帝以廣為天下第一。[一]又，出為濟陰太守，以舉吏不實免。[二]

[一] 范曄：後漢書卷四十四胡廣傳，第1505頁。

[二] 范曄：後漢書卷四十四胡廣傳，第1509頁。

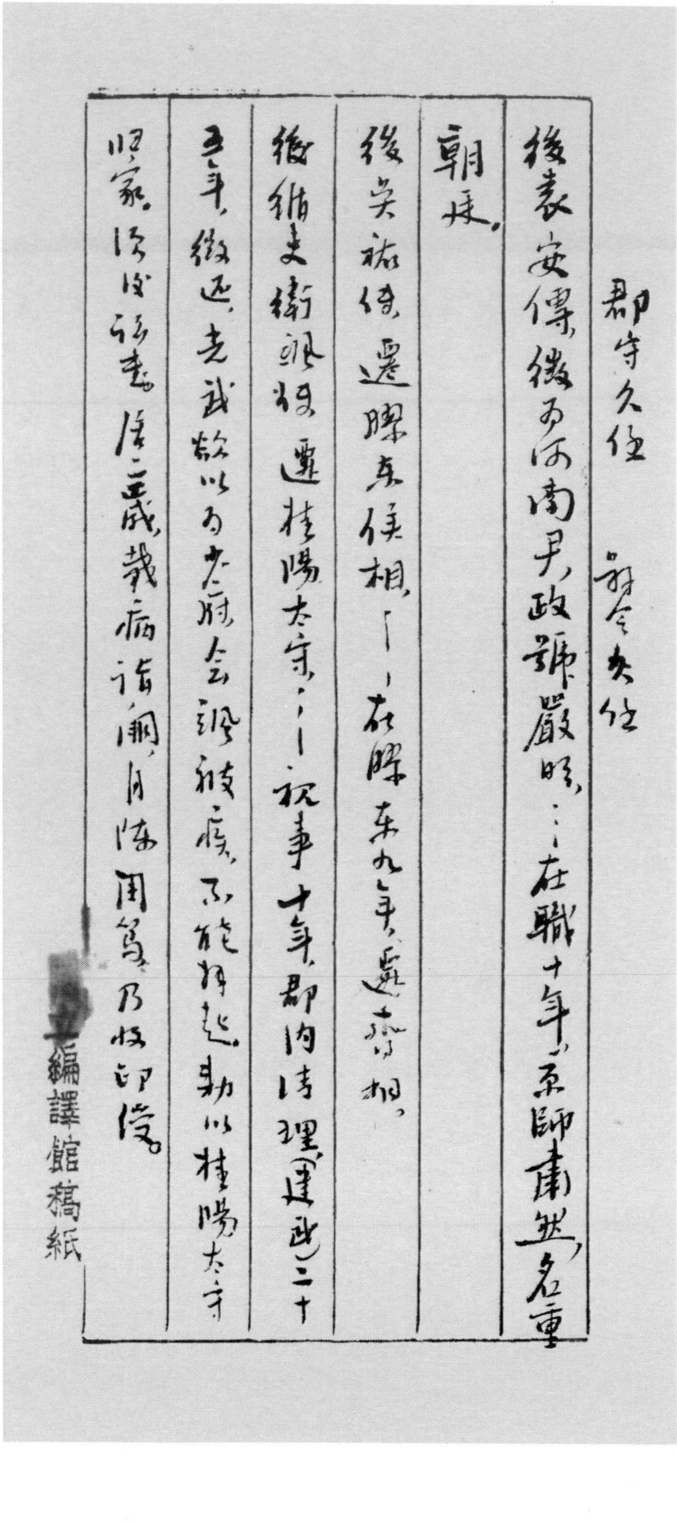
郡守久任　縣令久任

後袁安傳，徵為河南尹，政號嚴明，……在職十年，京師肅然，名重朝廷。

後吳祐傳，遷膠東侯相，……在膠東九年，遷齊相。

後循吏衛颯傳，遷桂陽太守，……視事十年，郡內清理，(建武)二十五年，徵還，光武欲以為少府，會颯被疾，不能拜起，勅以桂陽太守歸家，須後詔書。居二歲，載病詣闕，自陳困篤，乃收印綬。

郡守久任　縣令久任

後·袁安傳：徵為河南尹。政號嚴明，……在職十年，京師肅然，名重朝廷。[一]後·吳祐傳：遷膠東侯相……在膠東九年，遷齊相。[二]後·循吏·衛颯傳：遷桂陽太守……視事十年，郡內清理。(建武)二十五年，徵還。光武欲以為少府，會颯被疾，不能拜起，敕以桂陽太守歸家，須後詔書。居二歲，載病詣闕，自陳困篤，乃收印綬。[三]

[一] 范曄：後漢書卷四十五袁安傳，第1518頁。　[二] 范曄：後漢書卷六十四吳祐傳，第2101頁。

[三] 范曄：後漢書卷七十六循吏·衛颯傳，第2459頁。

司隸察三公

後·袁安傳：徵為河南尹……元和二年，武威太守孟雲上書：「北虜既已和親，而南部復往抄掠，北單于謂漢欺之，謀欲犯邊。宜還其生口，以安慰之。」詔百官議朝堂。公卿皆言夷狄譎詐，求欲無厭，既得生口，當復妄自誇大，不可開許。安獨曰：「北虜遣使奉獻和親，有得邊生口者輒以歸漢，此明其畏威，而非先違約也。雲以大臣典邊，不宜負信于戎狄，還之足示中國優貸，而使邊人得安，誠便。」司徒桓虞改從安。太尉鄭弘、司空第五倫皆恨之。弘因大言激勵虞曰：「諸言當還生口者，皆為不忠。」虞廷叱之，倫及大鴻臚韋彪各作色變容，司隸校尉舉奏，安等皆上印綬謝。[一]

[一] 范曄：後漢書卷四十五袁安傳，第1518頁。

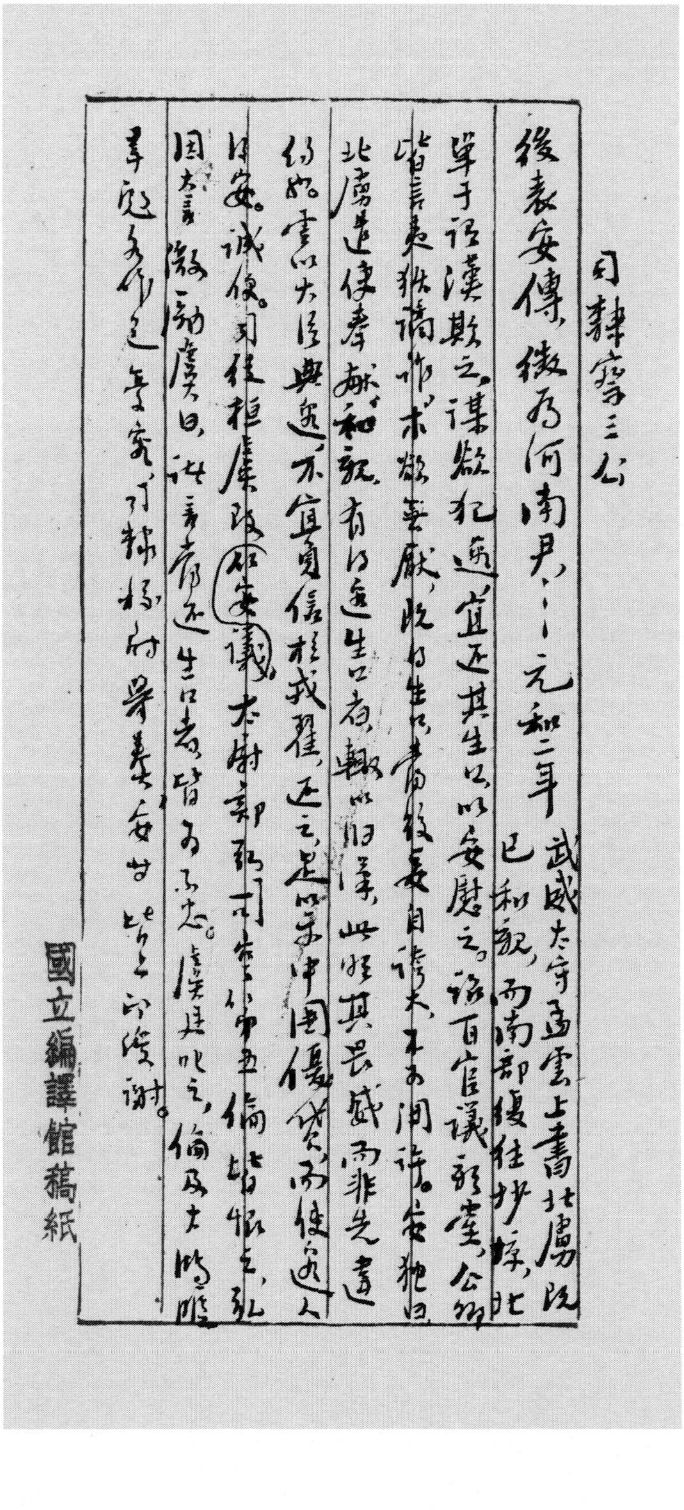

郡掾

後・袁閎傳：（袁）祕，為郡門下議生。黃巾起，祕從太守趙謙擊之，軍敗，祕與功曹封觀等七人以身扞刃，皆死於陳，謙以得免。詔祕等門閭號曰「七賢」。注引謝承書曰「祕字永寧。封觀與主簿陳端、門下督范仲禮、賊曹劉偉德、主記史丁子嗣、記室史張仲然、議生袁祕等七人擢刃突陳，與戰並死」也。[一]後・張酺傳：出為東郡太守，……遂擢用（郡吏王青）極右曹，注引漢官儀曰：「督郵、功曹，郡之極位。」[二]

［一］范曄：後漢書卷四十五袁閎傳，第1527頁。

［二］范曄：後漢書卷四十五張酺傳，第1530頁。

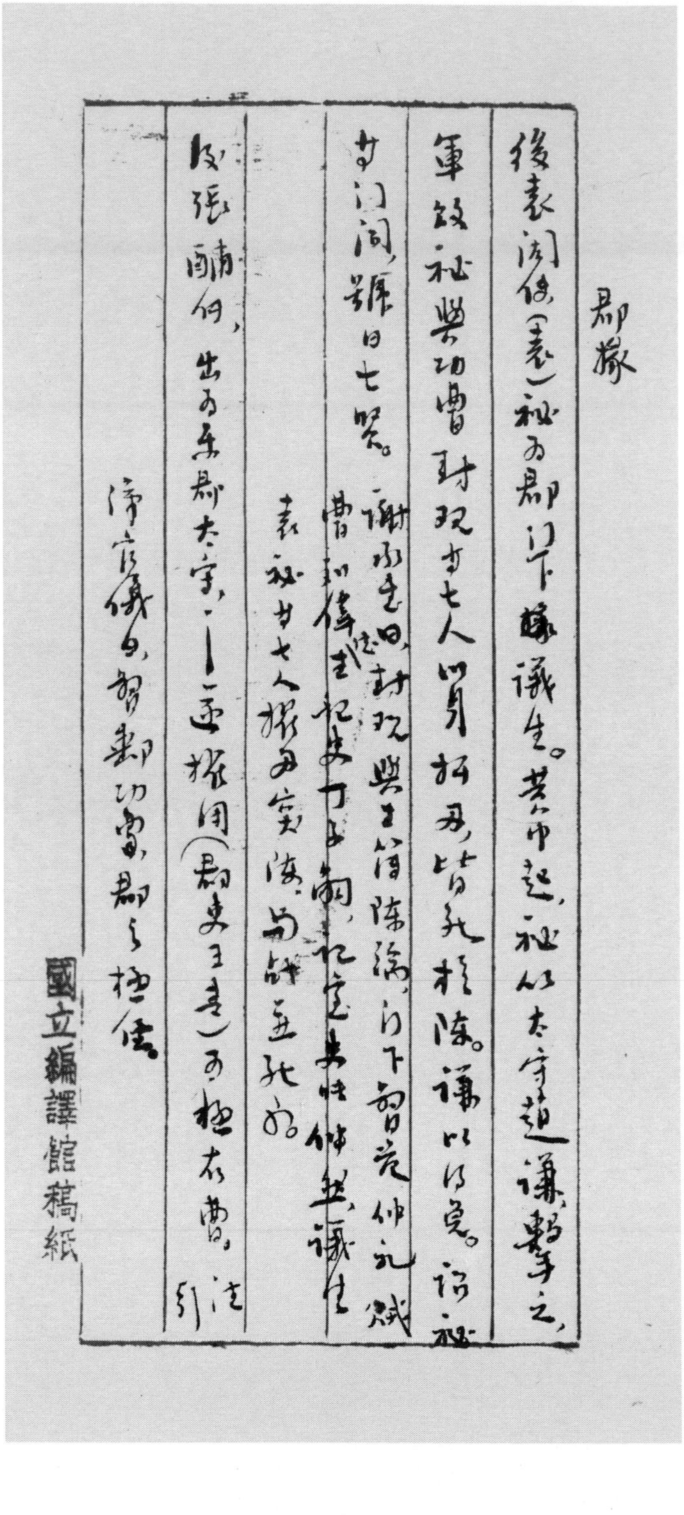
郡掾
後袁閎傳(袁)祕為郡門下掾議生。黃巾起，祕從太守趙謙擊之，
軍敗，祕與功曹封觀等七人以身扞刃，皆死於陳。謙以得免。詔祕
等門閭，號曰七賢。謝承書曰，封觀與主簿陳端，門下督范仲禮，賊
曹劉偉德，主記史丁子嗣，記室史張仲然，議生
袁祕等七人擢刃突陳，與戰並死。
後張酺傳，出為東郡太守，……遂擢用(郡吏王青)為極右曹。注引
漢官儀曰，督郵功曹，郡之極位。
國立編譯館稿紙

郡功曹　決曹

後·韓棱傳：初為郡功曹，太守葛興中風，病不能聽政，棱陰代興視事，出入二年，令無違者。興子嘗發教欲署吏，棱拒執不從，因令怨者章之。事下案驗，吏以棱掩蔽興病，專典郡職，遂致禁錮。[一]後·郭躬傳：父弘，習小杜律。太守寇恂以弘為決曹掾，斷獄至三十年，用法平。諸為弘所決者，退無怨情，郡內比之東海于公。[二]

[一] 范曄：後漢書卷四十五韓棱傳，第1524頁。

[二] 范曄：後漢書卷四十六郭躬傳，第1543頁。

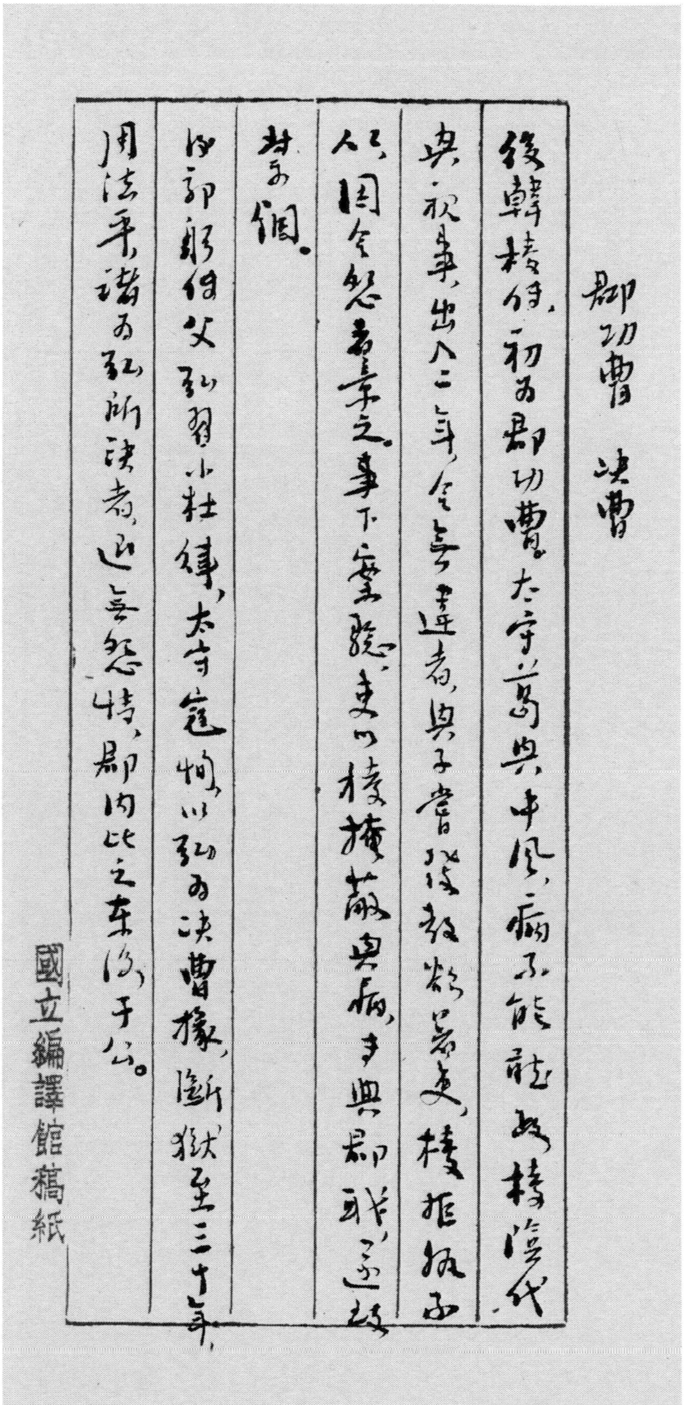

郡功曹　決曹

後韓棱傳，初為郡功曹，太守葛興中風，病不能聽政，棱陰代興視事，出入二年，令無違者，興子嘗發教欲署吏，棱拒執不從，因令怨者章之，事下案驗，吏以棱掩蔽興病，專典郡職，遂致禁錮。

後郭躬傳，父弘習小杜律，太守寇恂以弘為決曹掾，斷獄至三十年，用法平，諸為弘所決者，退無怨情，郡內比之東海于公。

國立編譯館稿紙

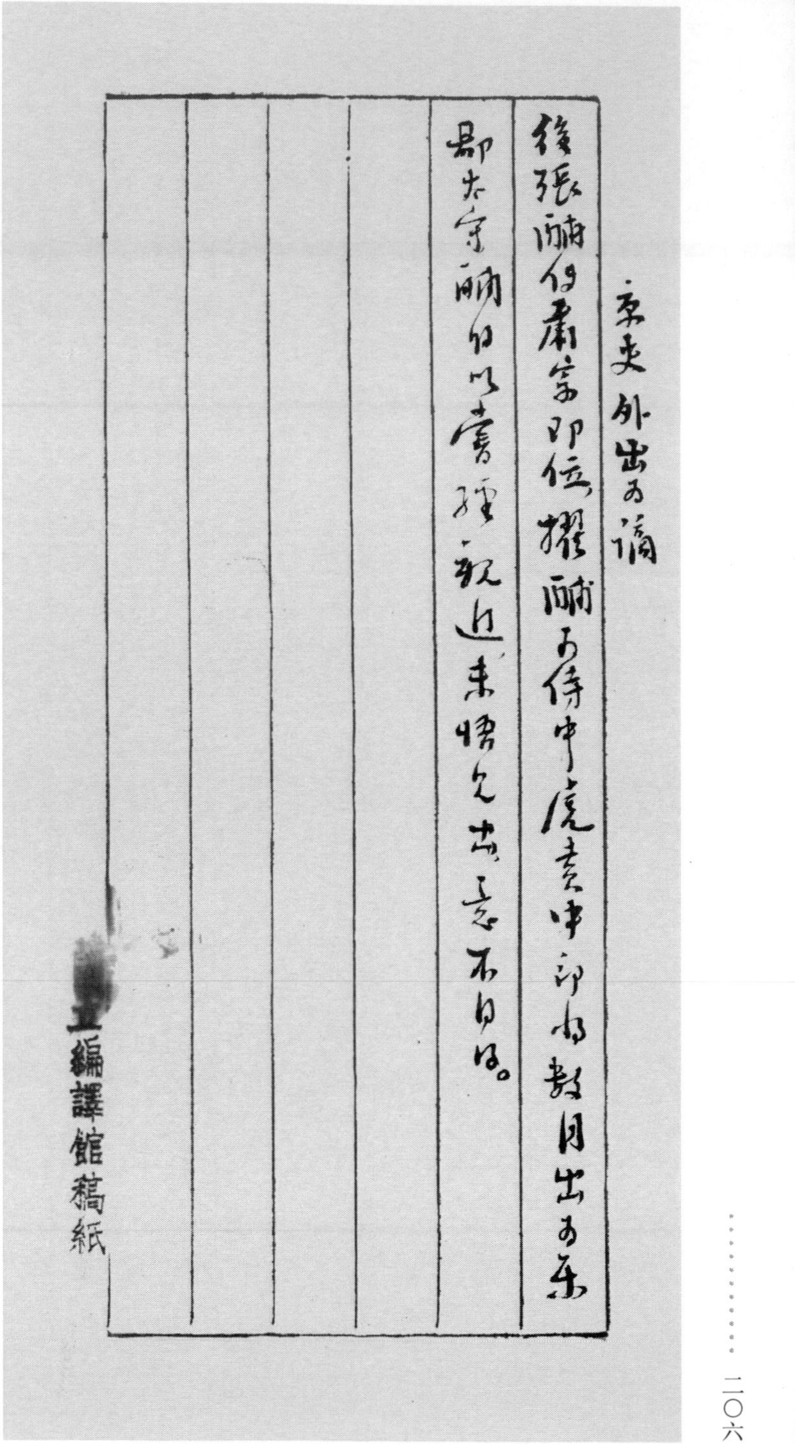
京吏外出為謫
後張酺傳肅宗即位，擢酺為侍中虎賁中郎將數月出為東
郡太守酺自以嘗經親近未悟見出意不自得。
編譯館稿紙

京吏外出為謫

後·張酺傳：肅宗即位，擢酺為侍中、虎賁中郎將。數月，出為東郡太守。酺自以嘗經親近，未悟見出，意不自得。[一]

[一] 范曄：後漢書卷四十五張酺傳，第1529頁。

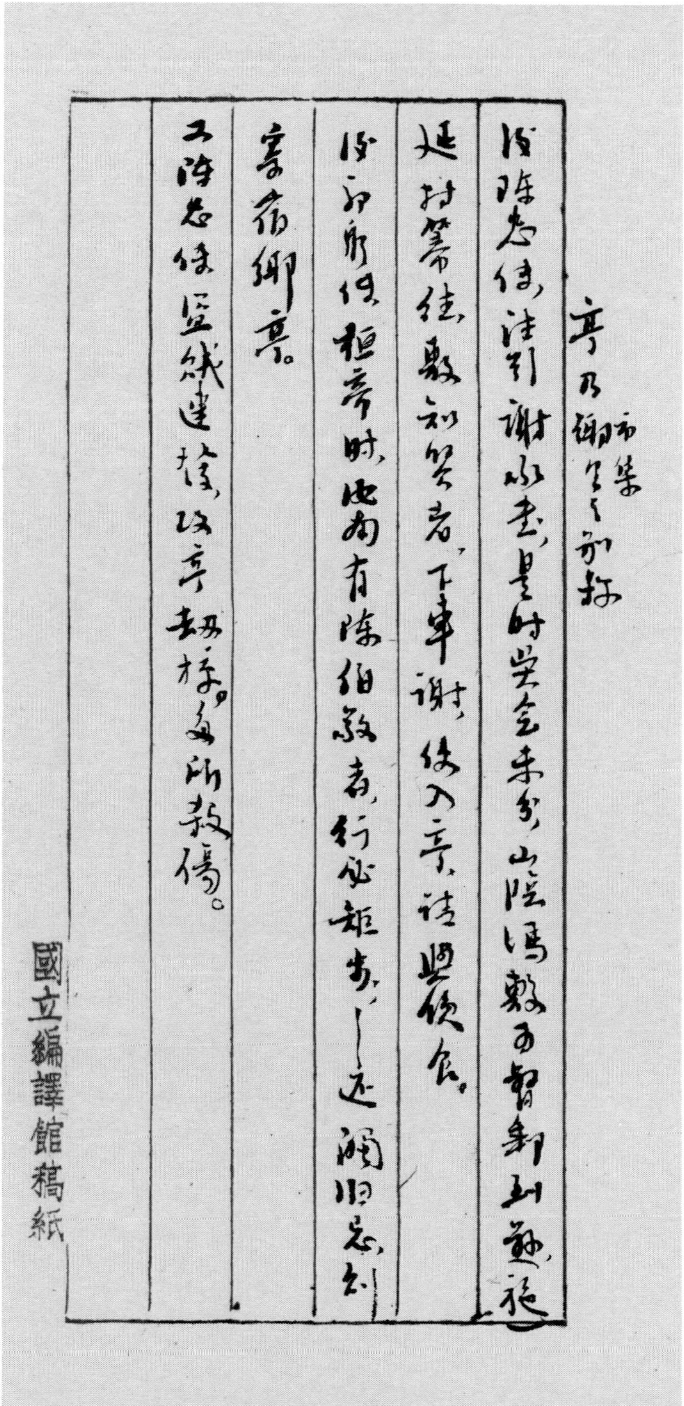

亭乃鄉里市集別稱

後陳忠傳注引謝承書是時吳會未分山陰馮敷為督郵到縣

延持箒往敷知賢者下車謝使入亭請與飲食

後郭躬傳桓帝時汝南有陳伯敬者行必矩步……還觸歸忌則

寄宿鄉亭。

又陳忠傳盜賊連發攻亭劫掠多所殺傷。

國立編譯館稿紙

亭乃鄉里市集別稱

後·陳忠傳：注引謝承書：是時吳、會未分，山陰馮敷為督郵，到縣，延持箒往，敷知其賢者，下車謝，使入亭，請與飲食。[一]後·郭躬傳：桓帝時，汝南有陳伯敬者，行必矩步，……還觸歸忌，則寄宿鄉亭。[二]又陳忠傳：盜賊連發，攻亭劫掠，多所傷殺。[三]

[一] 范曄：後漢書卷四十六陳忠傳，第1558頁。

[二] 范曄：後漢書卷四十六郭躬傳，第1546頁。

[三] 范曄：後漢書卷四十六陳忠傳，第1558頁。

郡決曹掾、從事、治中

後·應奉傳：為郡決曹史，行部四十二縣，錄囚徒數百千人。及還，太守備問之，奉口說罪系姓名，坐狀輕重，無所遺脫，時人奇之。[一]後·王充傳：刺史董勤辟為從事，轉治中。[二]後·陳禪傳：州辟治中從事。注引續漢志曰，每州有持中從事也。[三]後·吳祐傳：後舉孝廉，將行，郡中為祖道，祐越壇共小史雍丘黃真歡語移時，與結友而別。[四]

[一] 范曄：後漢書卷四十八應奉傳，第1607頁。

[二] 范曄：後漢書卷四十九王充傳，第1630頁。

[三] 范曄：後漢書卷五十一陳禪傳，第1684頁。

[四] 范曄：後漢書卷六十四吳祐傳，第2100頁。

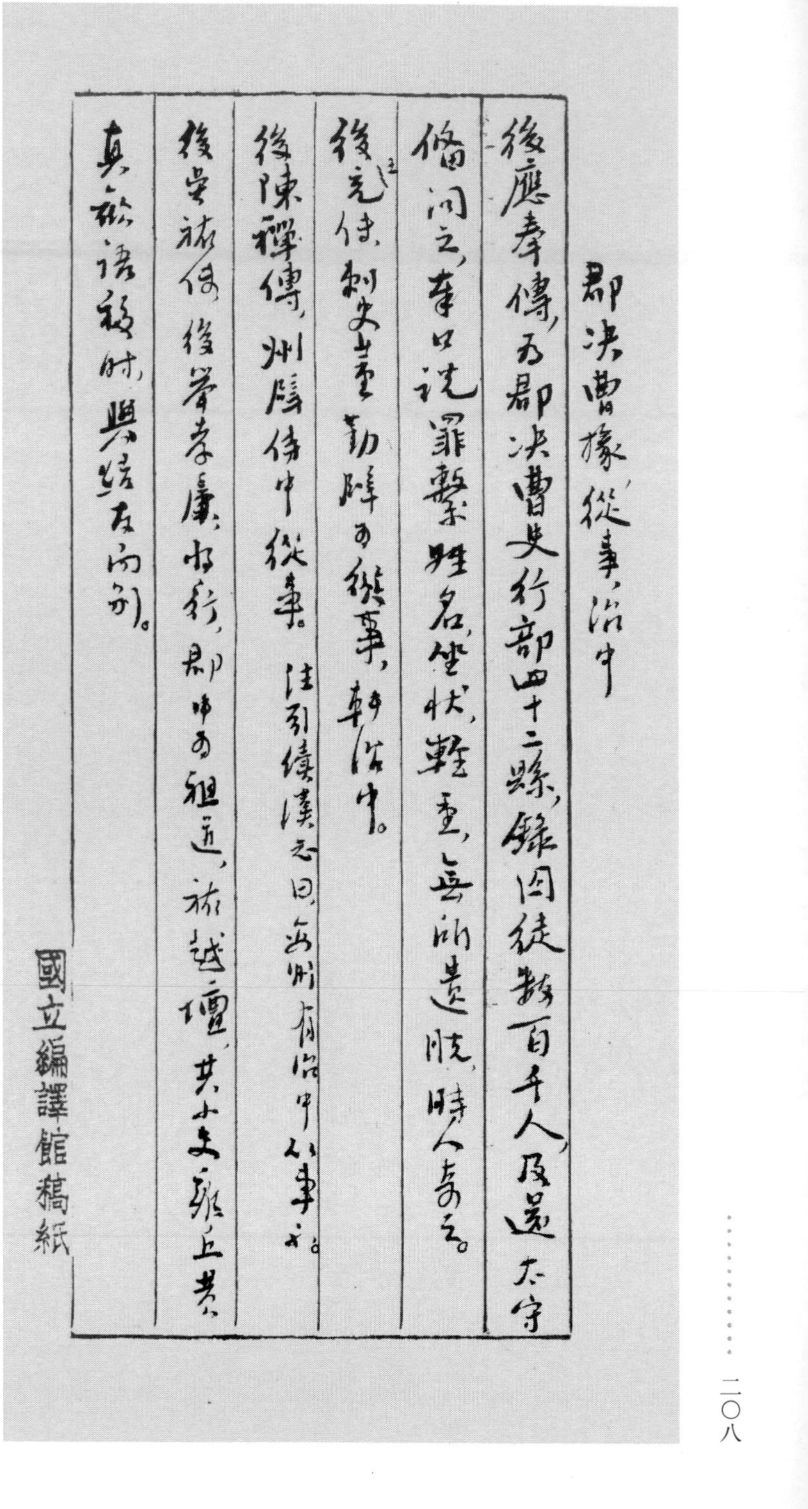
郡決曹掾，從事，治中
後應奉傳，為郡決曹史，行部四十二縣，錄囚徒數百千人，及還，太守備問之，奉口說罪繫姓名，坐狀，輕重，無所遺脫，時人奇之。
後充傳，刺史董勤辟為從事，轉治中。
後陳禪傳，州辟治中從事。注引續漢志曰，每州有治中從事云。
後吳祐傳，後舉孝廉，將行，郡中為祖道，祐越壇，共小史雍丘黃真歡語移時，與結友而別。
國立編譯館稿紙

仲長統論東漢政治

法誡篇，光武皇帝慍數世之失權，忿強臣之竊命，矯枉過直，政不任下，雖置三公，事歸台閣。自此以來，三公之職，備員而已；然政有不理，猶加譴責。而權移外戚之家，寵被近習之豎，親其黨類，用其私人，內充京師，外布列郡，顛倒賢愚，貿易選舉，疲駑守境，貪殘牧民，撓擾百姓，忿怒四夷，招致乖叛，亂離斯瘼。怨氣並作，陰陽失和，三光虧缺，怪異數至，蟲螟食稼，水旱為災，此皆戚宦之臣所致然也。反以策讓三公，至於死免，乃足為叫呼蒼天，號咷泣血者也。〔一〕

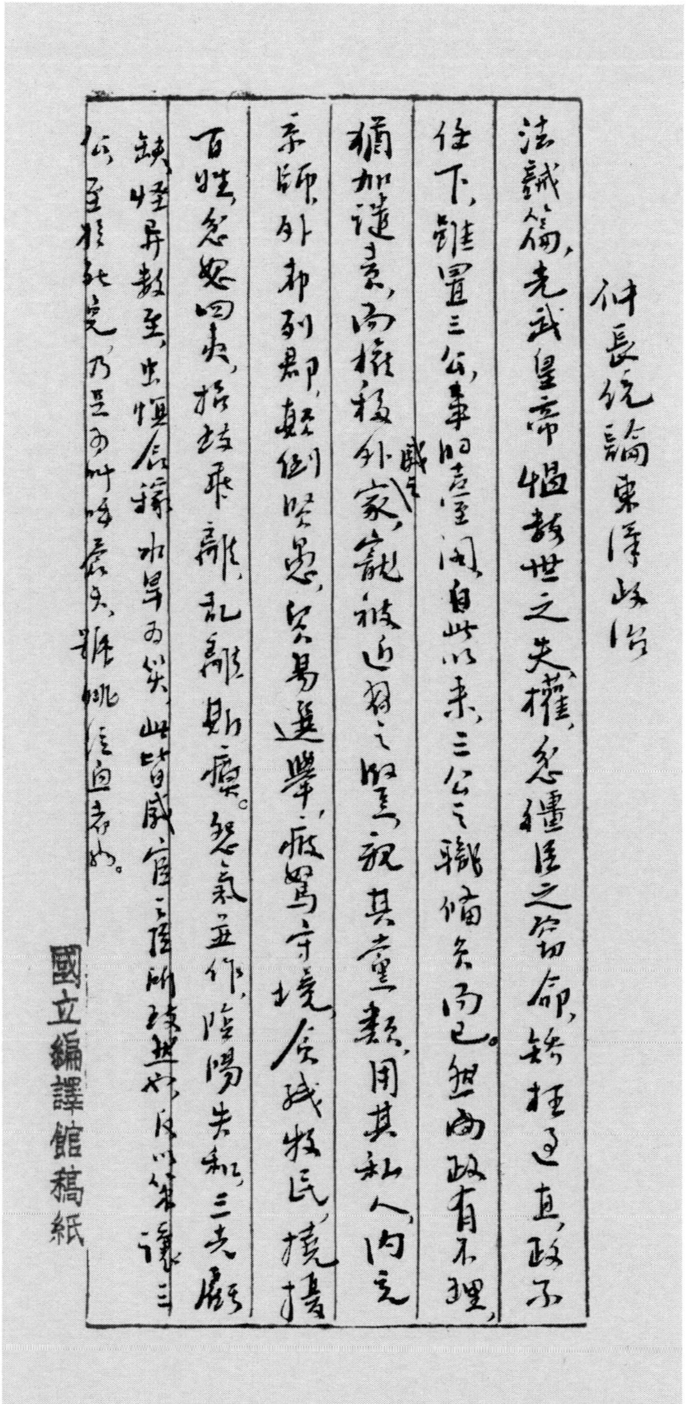
仲長統論東漢政治

法誡篇，光武皇帝慍數世之失權，忿彊臣之竊命，矯枉過直，政不任下，雖置三公，事歸台閣，自此以來，三公之職，備員而已。然而政有不理，猶加譴責，而權移外戚之家，寵被近習之豎，親其黨類，用其私人，內充京師，外布列郡，顛倒賢愚，貿易選舉，疲駑守境，貪殘牧民，撓擾百姓，忿怒四夷，招致乖叛，亂離斯瘼。怨氣並作，陰陽失和，三光虧缺，怪異數至，蟲螟食稼，水旱為災，此皆戚宦之臣所致然也，反以策讓三公，至於死免，乃足為叫呼蒼天，號咷泣血者也。

國立編譯館稿紙

〔一〕范曄：後漢書卷四十九仲長統傳，第1657頁。

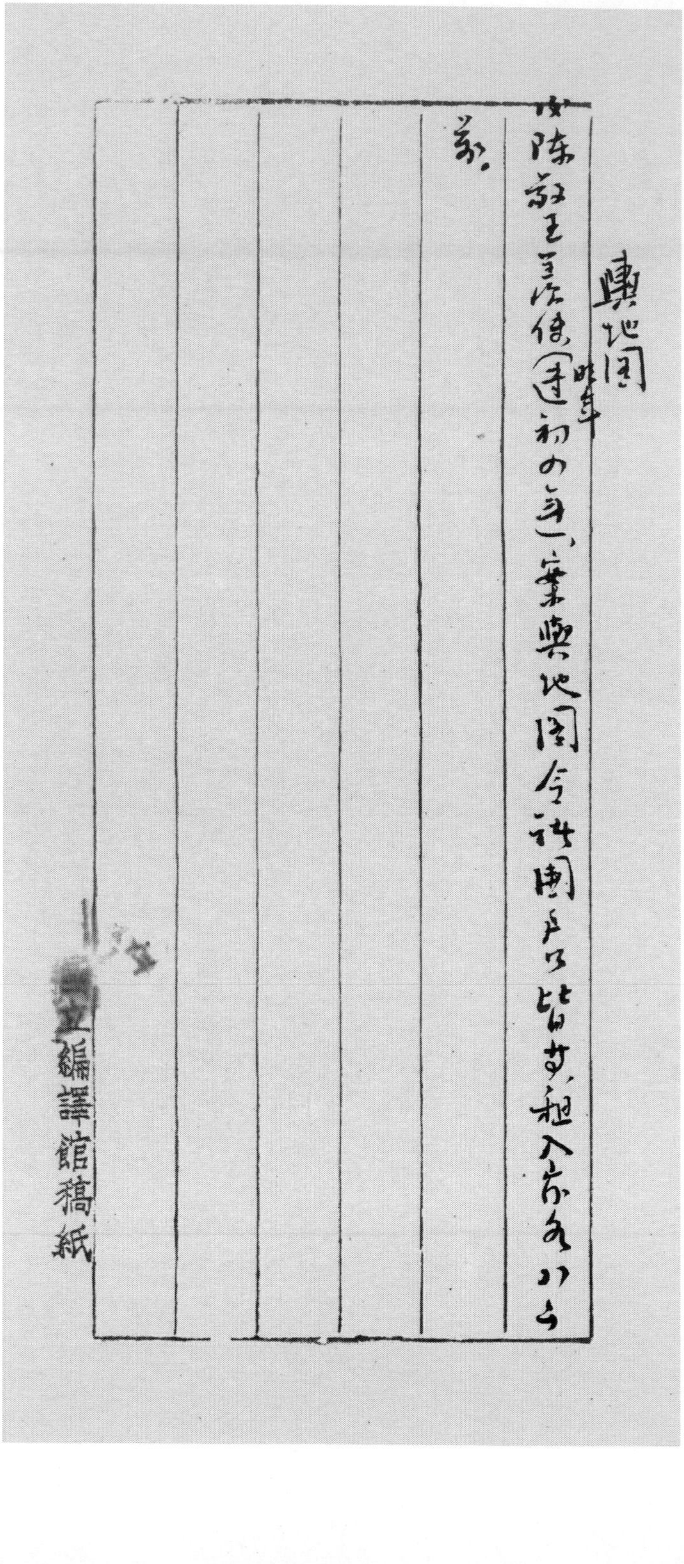

輿地圖
後陳敬王羨傳(建初四年)明年,案輿地圖令諸國戶口皆等,租入歲各八千萬。
國立編譯館稿紙

輿地圖

後·陳敬王羨傳:(建初四年),明年,案輿地圖,令諸國戶口皆等,租入歲各八千萬。[一]

[一]范曄:後漢書卷五十陳敬王羨傳,第1667頁。

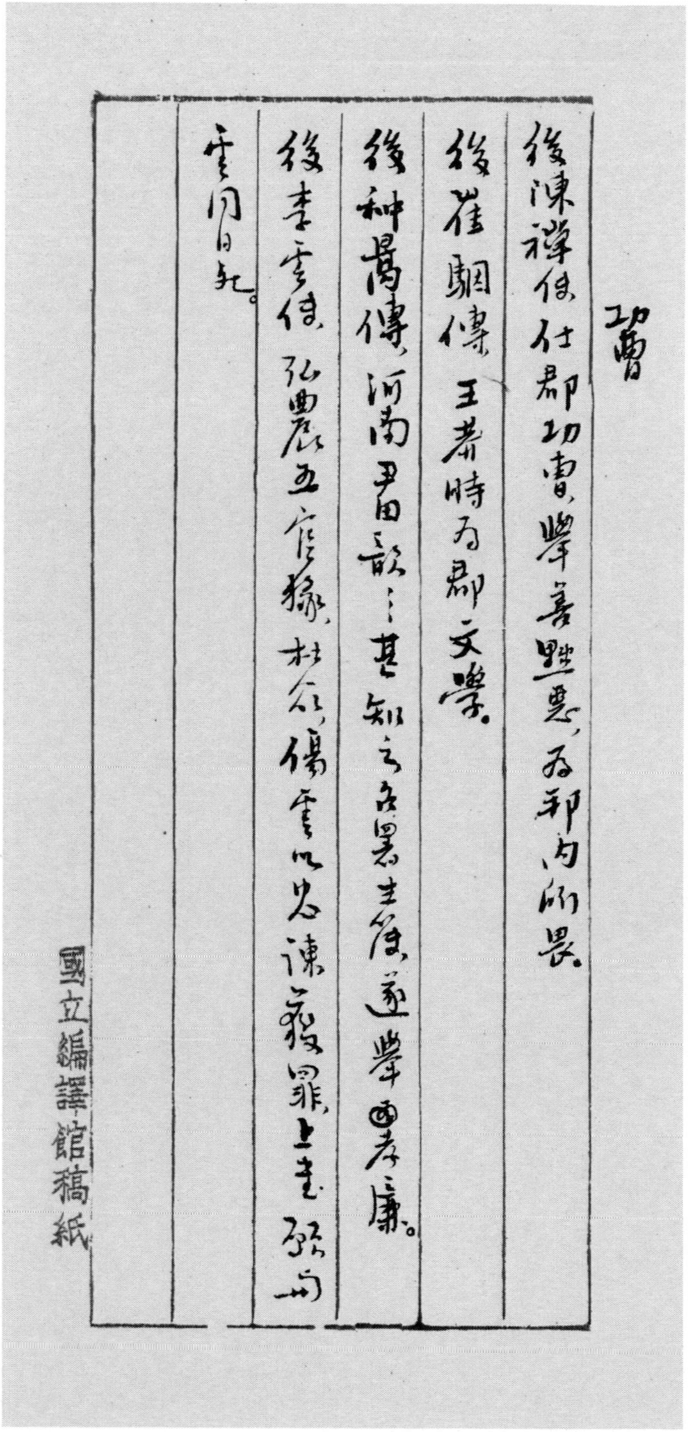
功曹

後陳禪傳，仕郡功曹，舉善黜惡，為邦內所畏。

後崔駰傳　王莽時為郡文學。

後种暠傳，河南尹田歆……甚知之，召署主簿，遂舉孝廉。

後李雲傳　弘農五官掾，杜众，傷雲以忠諫獲罪，上書願與雲同日死。

國立編譯館稿紙

功曹

後·陳禪傳：仕郡功曹，舉善黜惡，為邦內所畏。[一]後·崔駰傳：王莽時為郡文學。[二]後·种暠傳：河南尹田歆……甚知之，召署主簿，遂舉孝廉。[三]後·李雲傳：弘農五官掾杜众傷雲以忠諫獲罪，上書願與雲同日死。[四]

[一] 范曄：後漢書卷五十一陳禪傳，第1684頁。

[二] 范曄：後漢書卷五十二崔駰傳，第1703頁。

[三] 范曄：後漢書卷五十六种暠傳，第1826頁。

[四] 范曄：後漢書卷五十七李雲傳，第1852頁。

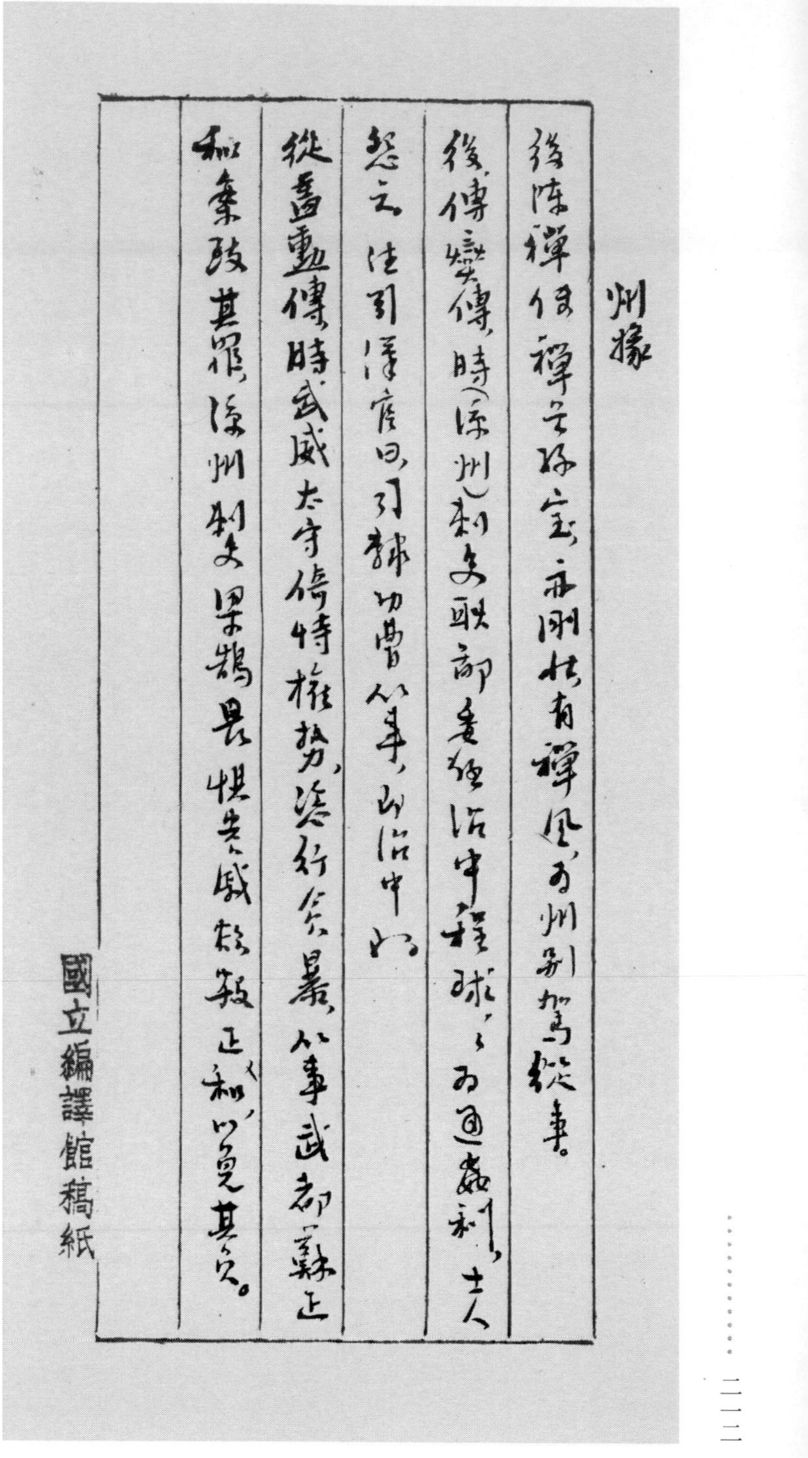
州掾
後陳禪傳：禪曾孫寶，亦剛壯有禪風，為州別駕從事。
後傳燮傳：時(涼州)刺史耿鄙委任治中程球，球為通姦利，士人
怨之。注引漢官曰：司隸功曹從事，即治中也。
從蓋勳傳：時武威太守倚恃權勢，恣行貪暴，從事武都蘇正
和案致其罪，涼州刺史梁鵠畏懼貴戚，欲殺正和，以免其負。
國立編譯館稿紙

州掾

後·陳禪傳：禪曾孫寶，亦剛壯有禪風，為州別駕從事。[一]後·傅燮傳：時（縣州）刺史耿鄙委任治中程球，球為通姦利，士人怨之。[二]注引漢官曰：「司隸功曹從事，即持中也。」後·蓋勳傳：時武威太守倚恃權勢，恣行貪橫，從事武都蘇正和案致其罪。涼州刺史梁鵠畏懼貴戚，欲殺正和以免其負。[三]

[一] 范曄：後漢書卷五十一陳禪傳，第1686頁。
[二] 范曄：後漢書卷五十八傅燮傳，第1877頁。
[三] 范曄：後漢書卷五十八蓋勳傳，第1879頁。

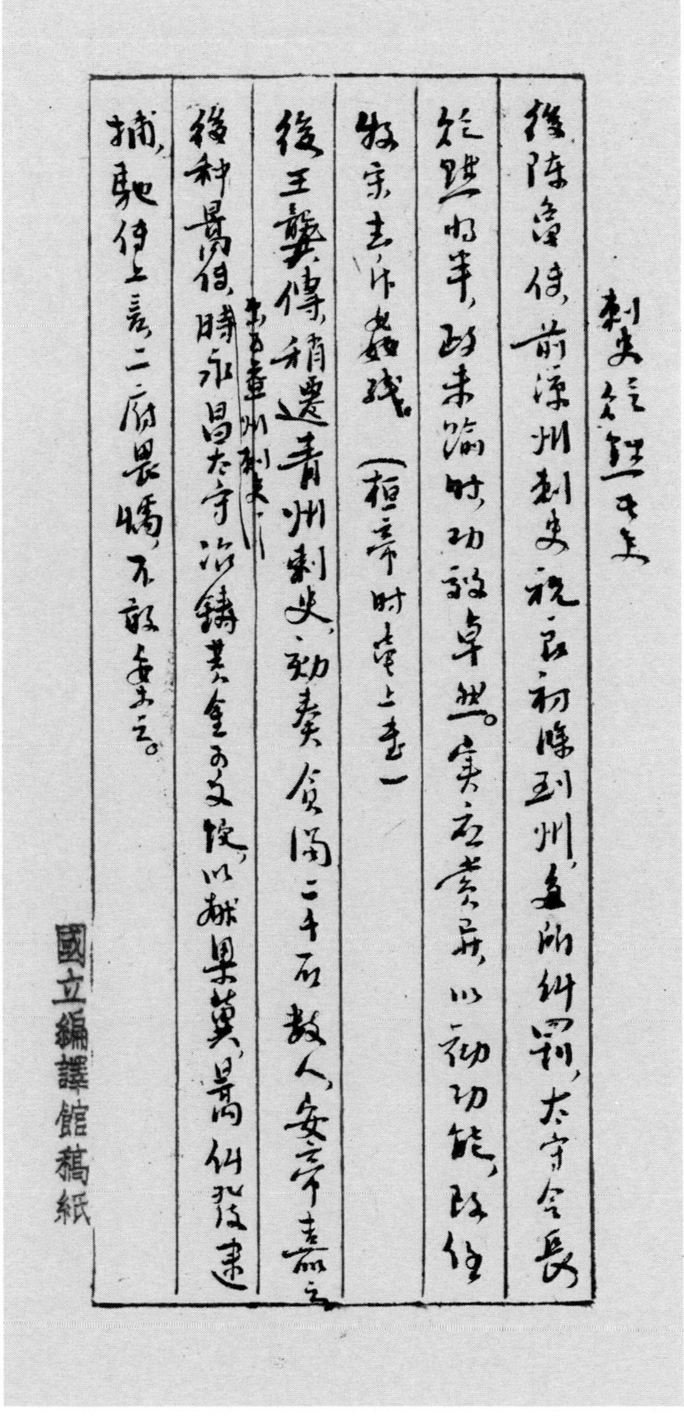
刺史貶黜長史
後陳龜傳，前涼州刺史祝良，初除到州，多所糾罰，太守令長貶黜將半，政未逾時，功效卓然。實應賞異，以勸功能，改任牧守，去斥姦殘（桓帝時常上書）
後王龔傳，稍遷青州刺史，劾奏貪濁二千石數人，安帝嘉之
後种暠傳，出為益州刺史，時永昌太守冶鑄黃金為文蛇，以獻梁冀，暠糾發逮捕，馳傳上言，二府畏懦，不敢案之。
國立編譯館稿紙

刺史貶黜長史

後・陳龜傳：前涼州刺史祝良，初除到州，多所糾罰，太守令長，貶黜將半，政未逾時，功效卓然。實應賞異，以勸功能，改任牧守，去斥姦殘。（桓帝時常上書）[一]後・王龔傳：稍遷青州刺史。劾奏貪濁二千石數人，安帝嘉之。[二]後・种暠傳：出為益州刺史……時永昌太守冶鑄黃金為文蛇，以獻梁冀，暠糾發逮捕，馳傳上言，而二府畏懦，不敢案之。[三]

[一] 范曄：後漢書卷五十一陳龜傳，第1693頁。

[二] 范曄：後漢書卷五十六王龔傳，第1819頁。

[三] 范曄：後漢書卷五十六种暠傳，第1827頁。

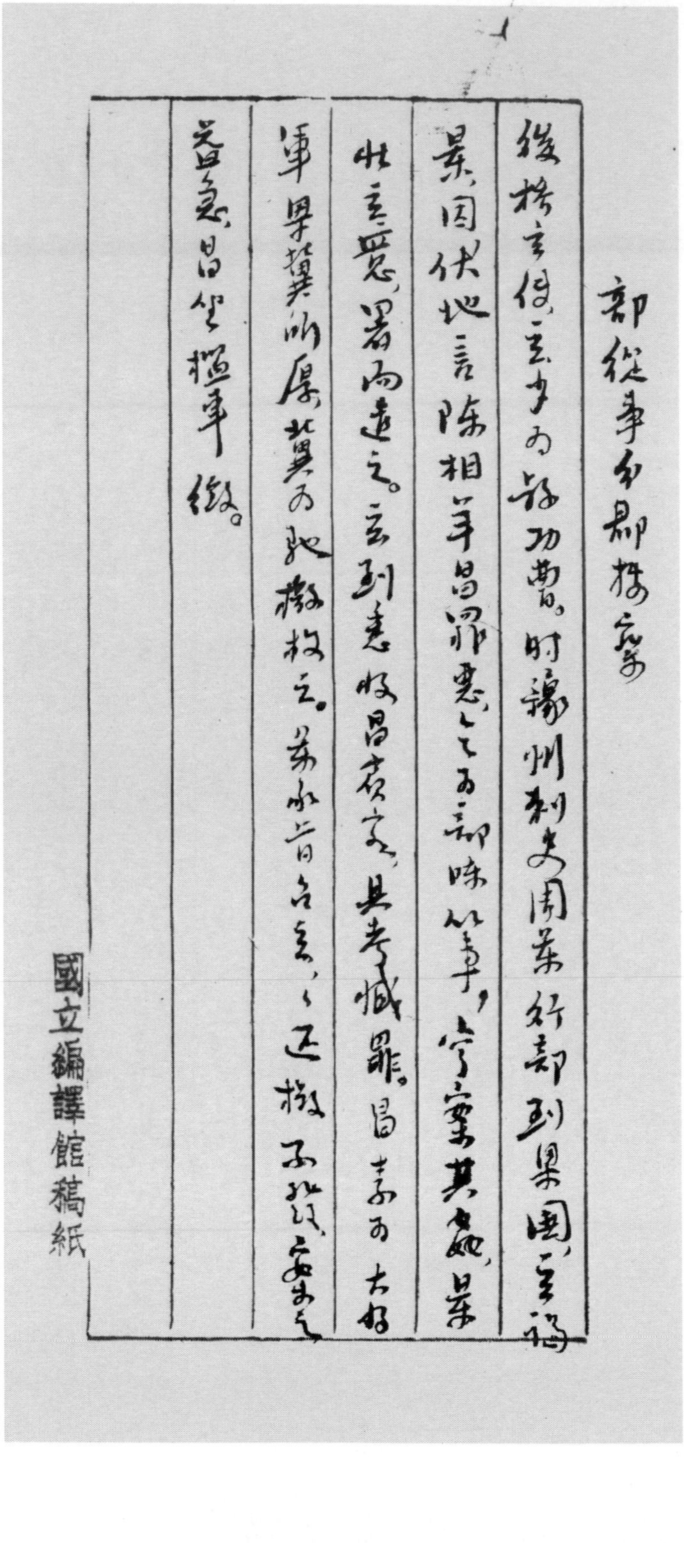

部從事分郡按察

後橋玄傳：玄少為縣功曹。時豫州刺史周景行部到梁國，玄謁
景，因伏地言陳相羊昌罪惡，乞為部陳從事，窮案其姦，景
壯玄意，署而遣之。玄到，悉收昌賓客，具考臧罪。昌素為大將
軍冀所厚，冀為馳檄救之。景承旨召玄，玄還檄不發，案
之益急。昌坐檻車徵。

國立編譯館稿紙

部從事分郡按察

後・橋玄傳：玄少為縣功曹。時豫州刺史周景行部到梁國，玄謁景，因伏地言陳相羊昌罪惡，乞為部陳從事，窮案其奸。景壯玄意，署而遣之。玄到，悉收昌賓客，具考臧罪。昌素為大將軍冀所厚，冀為馳檄救之。景承旨召玄，玄還檄不發，案之益急。昌坐檻車徵。[一]

[一] 范曄：後漢書卷五十一橋玄傳，第1695頁。

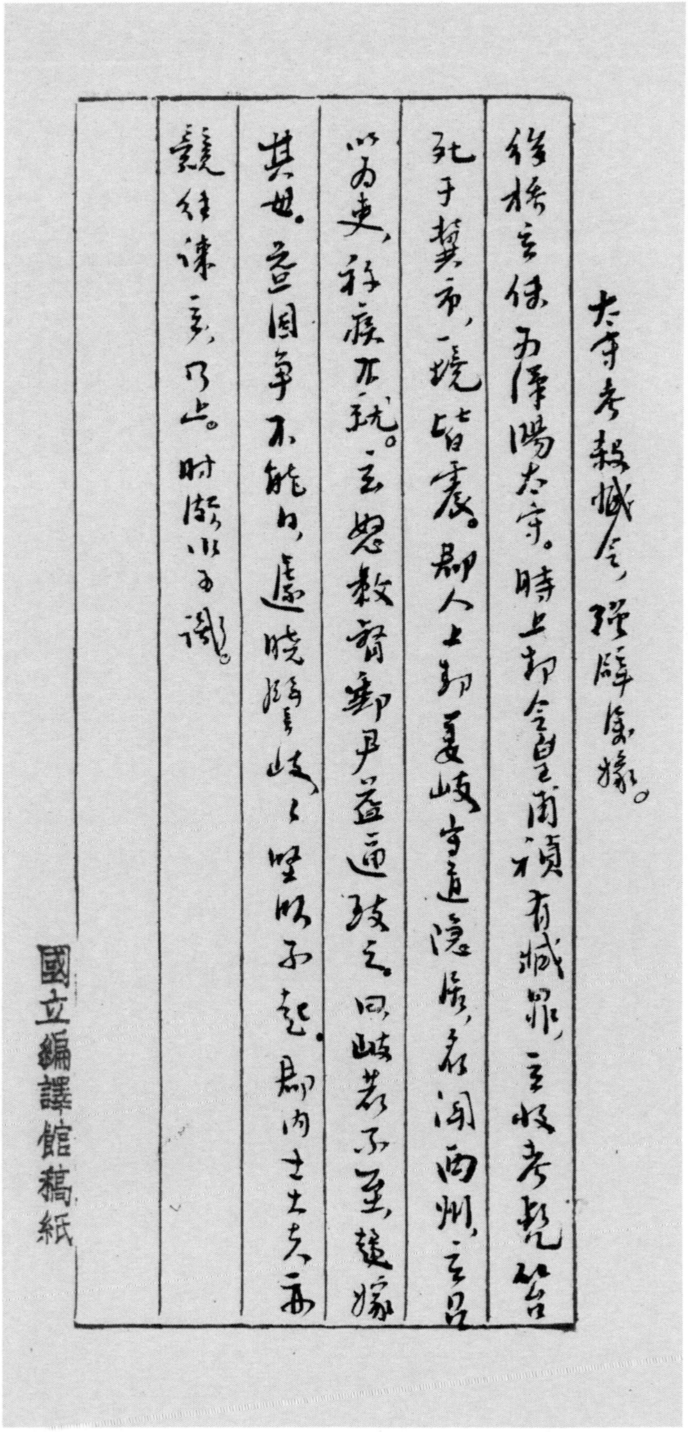

太守考殺臧令，強辟縣掾。

後橋玄任漢陽太守。時上邽令皇甫禎有臧罪，玄收考髡笞死于冀市，一境皆震。郡人上邽姜岐守道隱居，名聞西州。玄召以為吏，稱疾不就。玄怒，敕督郵尹益逼致之，曰：岐若不至，趣嫁其母。益固爭不能得，遽曉譬岐，岐堅臥不起。郡內士大夫亦競往諫，玄乃止。時頗以為譏。

國立編譯館稿紙

太守考殺臧令、強辟縣掾

後·橋玄傳：為漢陽太守。時上邽令皇甫禎有臧罪，玄收考髡笞，死于冀市，一境皆震。郡人上邽姜岐，守道隱居，名聞西州。玄召以為吏，稱疾不就。玄怒，敕督郵尹益逼致之，曰：「岐若不至，趣嫁其母。」益固爭不能得，遽曉譬岐。岐堅臥不起。郡內士大夫亦競往諫，玄乃止。時頗以為譏。〔一〕

〔一〕范曄：後漢書卷五十一橋玄傳，第1695頁。

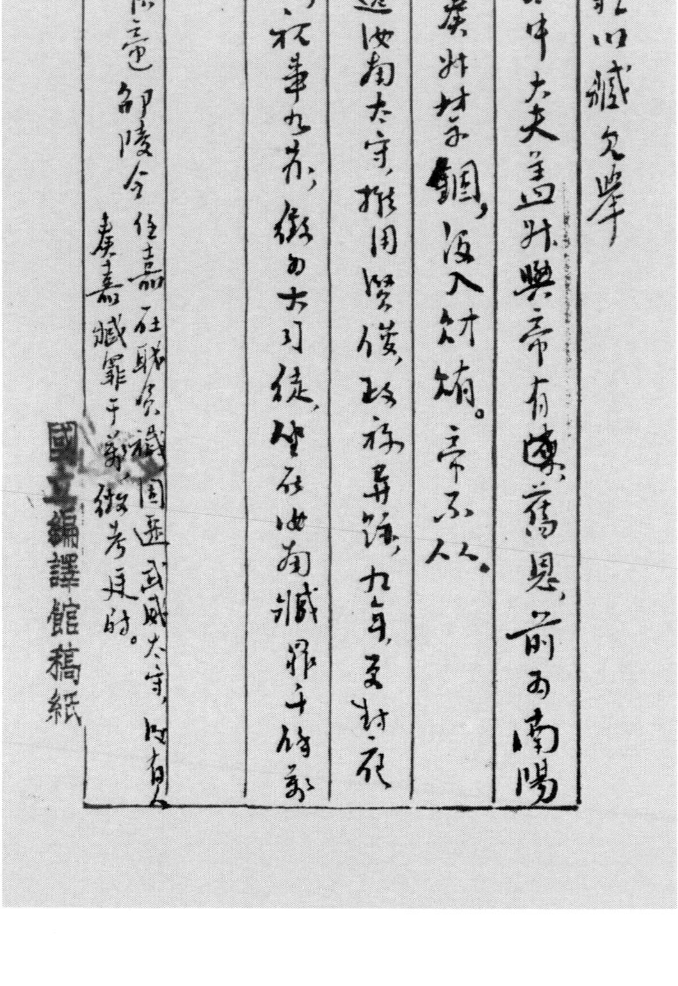
太守去職賴以臧見舉
後·橋玄傳：（桓帝）時，太中大夫蓋升與帝有舊恩，前爲南陽太守，臧數億以上。玄奏免升，禁錮，沒入財賄。帝不從。
後·儒林傳·歐陽歙傳：還汝南太守。推用賢俊，政稱異跡。九年，更封夜侯。歙在郡，教授數百人，視事九歲，徵爲大司徒。坐在汝南臧罪千餘萬發覺，下獄。
後·儒林傳·楊倫傳：是時（順帝）邵陵令任嘉在職貪穢，因遷武威太守，後有司奏嘉臧罪千萬，徵考廷尉。

太守去職賴以臧見舉

後·橋玄傳：（桓帝）時太中大夫蓋升與帝有舊恩，前為南陽太守，臧數億以上。玄奏免升，禁錮，沒入財賄。帝不從。[一]後·儒林·歐陽歙傳：還汝南太守。推用賢俊，政稱異跡。九年，更封夜侯。歙在郡，教授數百人，視事九歲，徵為大司徒。坐在汝南藏罪千餘萬發覺下獄。[二]後·儒林·楊倫傳：是時（順帝）邵陵令任嘉在職貪穢，因遷武威太守，後有司奏嘉臧罪千萬，徵考廷尉。[三]

[一] 范曄：後漢書卷五十一橋玄傳，第1696頁。

[二] 范曄：後漢書卷七十九上儒林·歐陽歙傳，第2556頁。

[三] 范曄：後漢書卷七十九上儒林·楊倫傳，第2564頁。

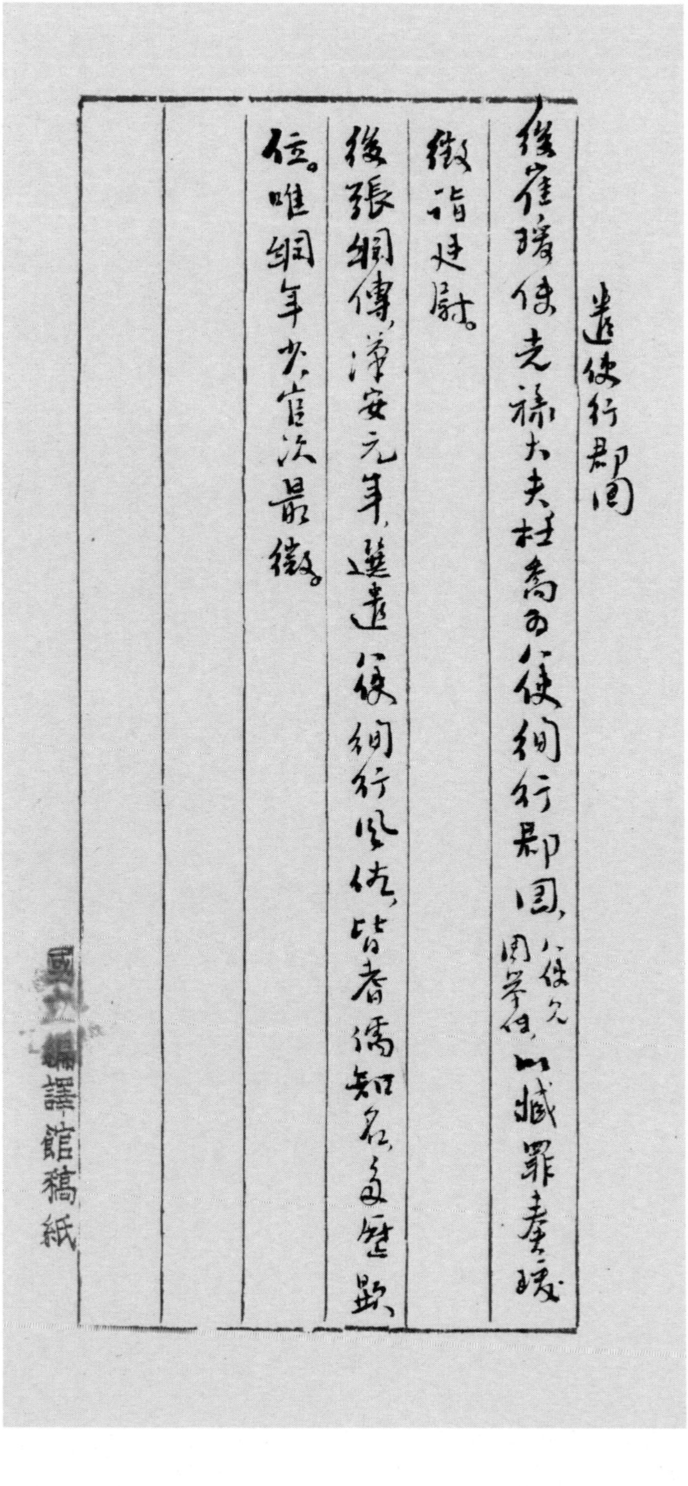
遣使行郡國
後崔瑗傳，光祿大夫杜喬為八使，徇行郡國，八使見周舉傳，以臧罪奏瑗，徵詣廷尉。
後張綱傳，漢安元年，選遣八使徇行風俗，皆耆儒知名，多歷顯位。唯綱年少，官次最微。
國立編譯館稿紙

遣使行郡國

後・崔瑗傳：光祿大夫杜喬為八使，徇行郡國，以臧罪奏瑗，征詣廷尉。八使見周舉傳。[一]後・張綱傳：漢安元年，選遣八使徇行風俗，皆耆儒知名，多歷顯位，唯綱年少，官次最微。[二]

[一]范曄：後漢書卷五十二崔瑗傳，第1724頁。
[二]范曄：後漢書卷五十六張綱傳，第1817頁。

郡守就家封拜

後·姜肱傳：中常侍曹節等專執朝事，新誅太傅陳蕃、大將軍竇武，欲借寵賢德，以釋众望，乃白徵肱為太守。肱得詔，……乃隱身遁命，遠浮海濱。[一]後·皇甫規傳：時太山賊叔孫無忌侵亂郡縣，中郎將宗資討之未服。公車特徵規，拜太山太守。[二]

[一]范曄：後漢書卷五十三姜肱傳，第1750頁。

[二]范曄：後漢書卷六十五皇甫規傳，第2132頁。

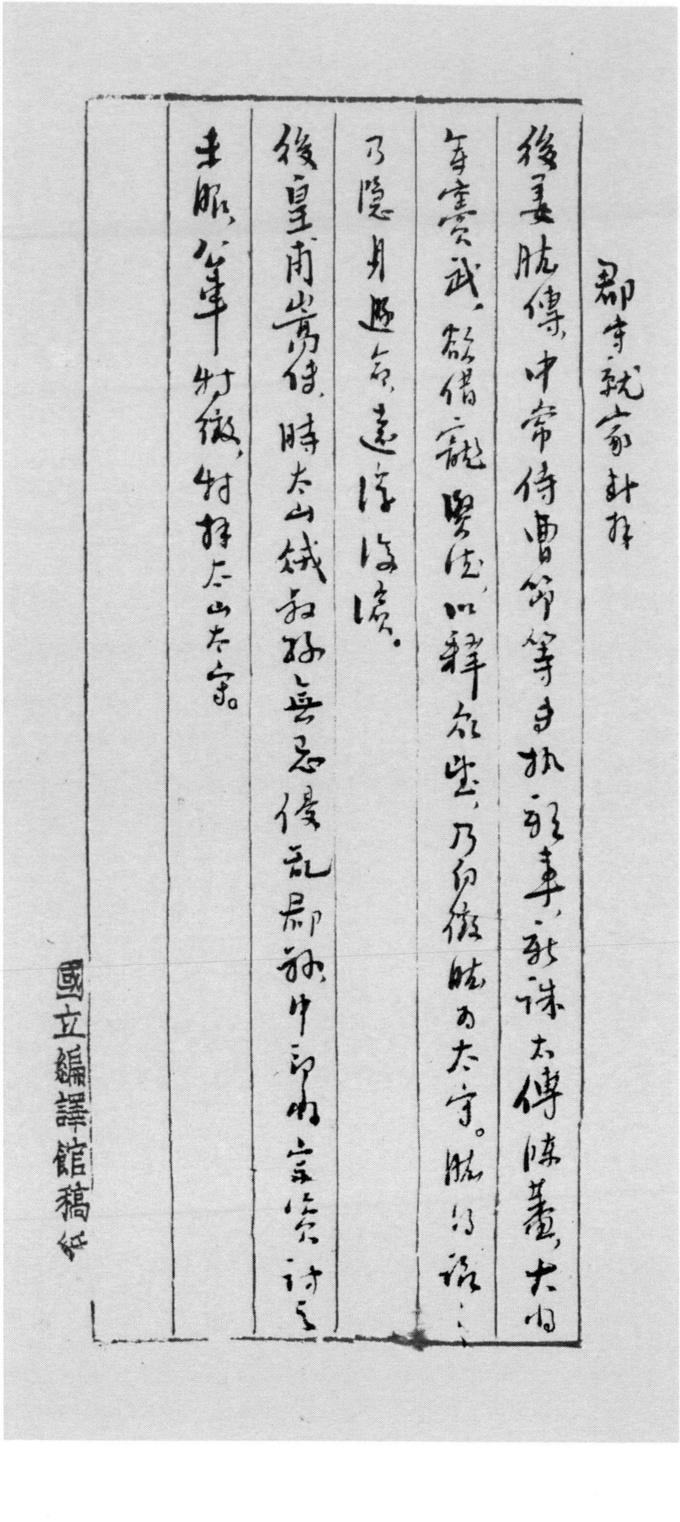
郡守就家封拜
後姜肱傳，中常侍曹節等專執朝事，新誅太傅陳蕃、大將軍竇武，欲借寵賢德，以釋衆望，乃白徵肱為太守。肱得詔，：
乃隱身遁命，遠浮海濱。
後皇甫規傳，時太山賊叔孫無忌侵亂郡縣，中郎將宗資討之未服，公車特徵，特拜太山太守。
國立編譯館稿紙

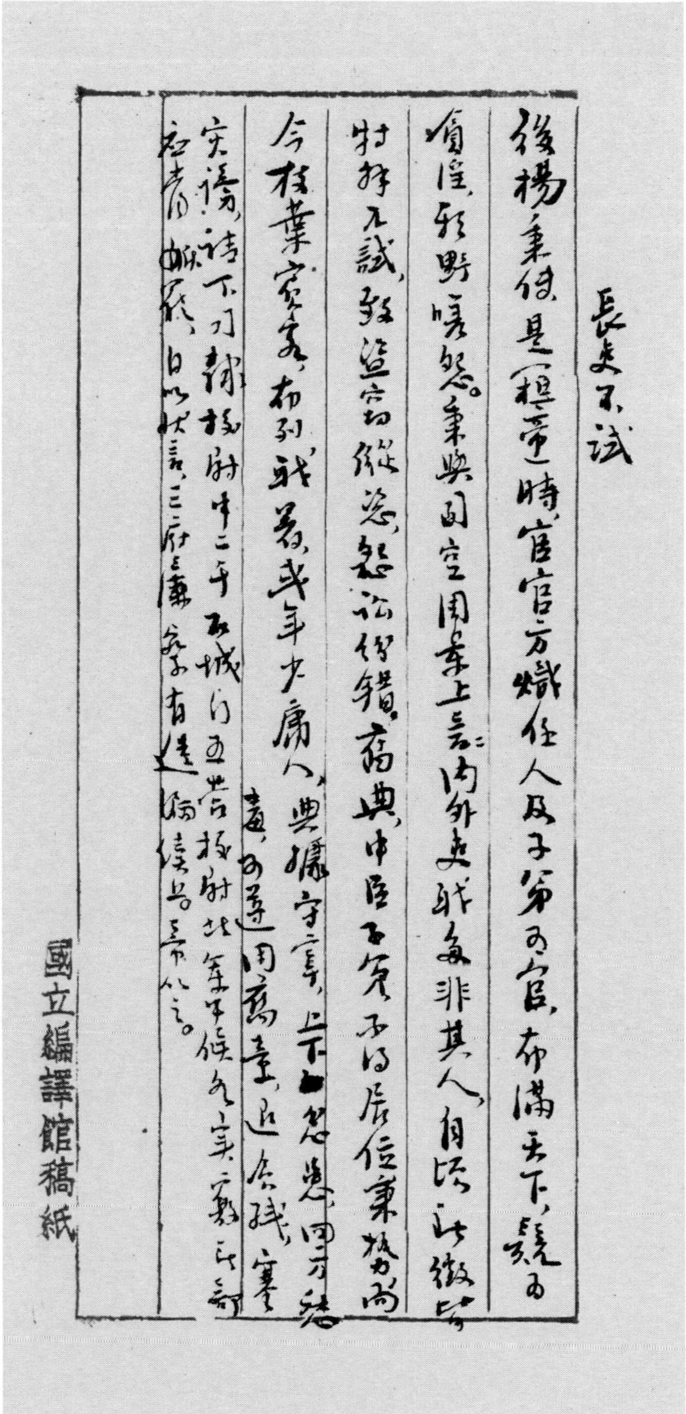
長吏不試
後楊秉傳：是（桓帝）時，宦官方熾，任人及子弟為官，布滿天下，競為貪淫，朝野嗟怨。秉與司空周景上言：「內外吏職，多非其人，自頃所徵，皆特拜不試，致盜竊縱恣，怨訟紛錯。舊典，中臣子弟不得居位秉勢，而今枝葉賓客，布列職署，或年少庸人，典據守宰，上下忿患，四方愁毒。可遵用舊章，退貪殘，塞灾謗。請下司隸校尉、中二千石、城門五營校尉、北軍中候，各實覈所部，應當斥罷，自以狀言，三府廉察有遺漏，續上。」帝從之。

長吏不試

後·楊秉傳：是（桓帝）時宦官方熾，任人及子弟為官，布滿天下，競為貪淫，朝野嗟怨。秉與司空周景上言：「內外吏職，多非其人，自頃所徵，皆特拜不試，致盜竊縱恣，怨訟紛錯。舊典，中臣子弟不得居位秉勢，而今枝葉賓客布列職署，或年少庸人，典據守宰，上下忿患，四方愁毒。可遵用舊章，退貪殘，塞灾謗。下司隸校尉、中二千石、城門五營校尉、北軍中候，各實覈所部，應當斥罷，自以狀言，三府廉察有遺漏，續上。」帝從之。[一]

[一] 范曄：後漢書卷五十四楊秉傳，第1772頁。

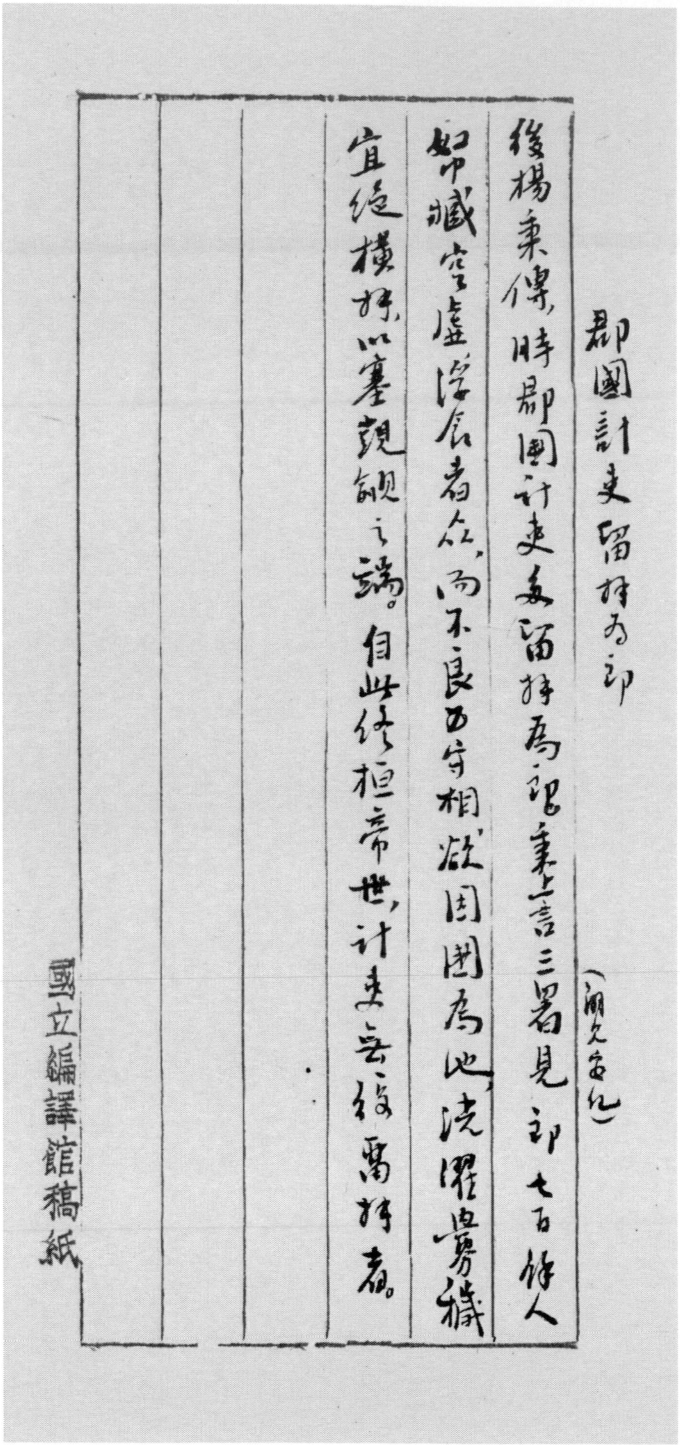
郡國計吏留拜為郎

後楊秉傳，時郡國計吏多留拜為郎，秉上言三署見郎七百餘人，帑臧空虛，浮食者众，而不良守相欲因國為池，澆濯釁穢，宜絕橫拜，以塞覬覦之端。自此終桓帝世，計吏無復留拜者。

國立編譯館稿紙

郡國計吏留拜為郎

後・楊秉傳：時郡國計吏多留拜為郎，秉上言三署見郎七百餘人，帑臧空虛，浮食者众，而不良守相欲因國為池，澆濯釁穢。宜絕橫拜，以塞覬覦之端。自此終桓帝世，計吏無復留拜者。[一]

[一]范曄：後漢書卷五十四楊秉傳，第1772頁。

以謠言進退長史

後・劉陶傳：光和五年，詔公卿以謠言舉刺史、二千石為民蠹害者。時太尉許馘、司空張濟承望內官，受取貨賂，其宦者子弟賓客，雖貪汙穢濁皆不敢問，而虛糾邊遠小郡清脩有惠化者二十六人。吏人詣闕陳訴，（陳）耽與議郎曹操上言：「公卿所舉，率黨其私，所謂放鴟梟而囚鸞鳳。」其言忠切，帝以讓馘、濟，由是諸坐謠言徵者悉拜議郎。[一]

[一]范曄：後漢書卷五十七劉陶傳，第1851頁。

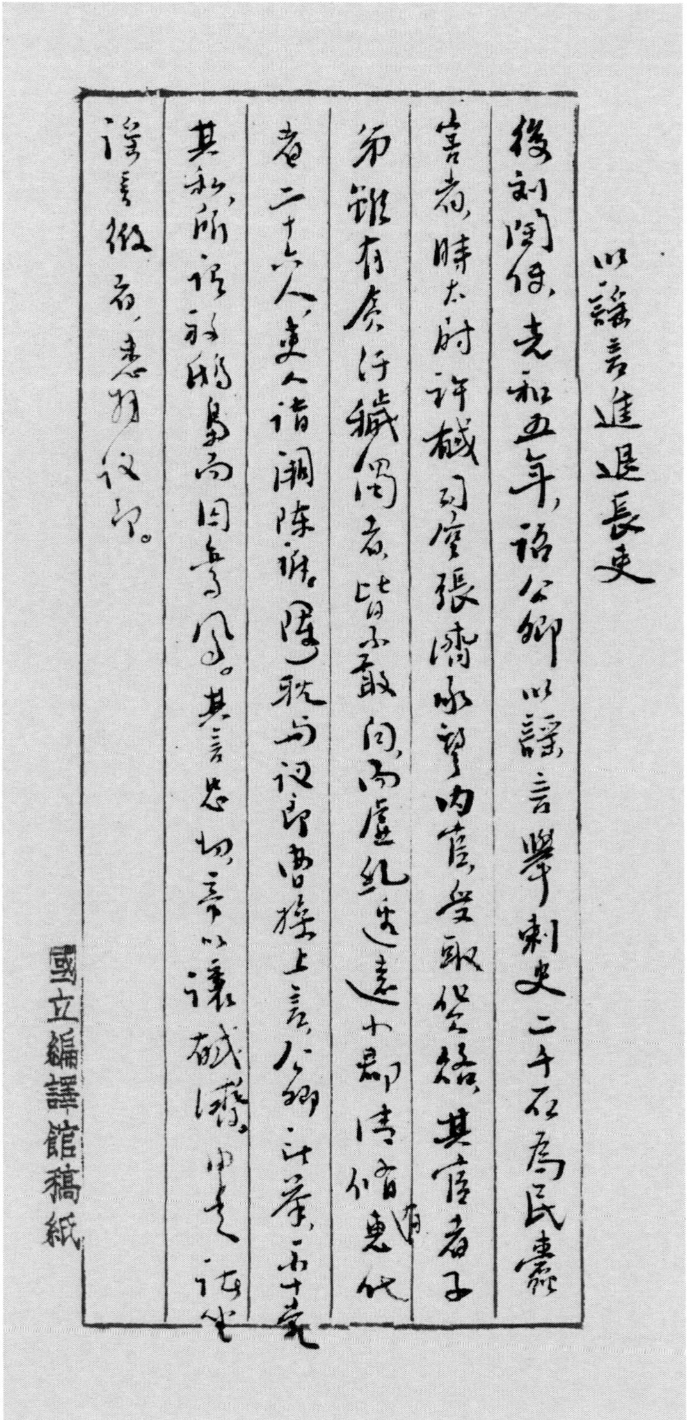
以謠言進退長史
後劉陶傳：光和五年，詔公卿以謠言舉刺史二千石為民蠹害者，時太尉許馘、司空張濟承望內官，受取貨賂，其宦者子弟，雖有貪汙穢濁者，皆不敢問，而虛糾邊遠小郡清脩有惠化者二十六人。吏人詣闕陳訴，陳耽與議郎曹操上言，公卿所舉，率黨其私，所謂放鴟梟而囚鸞鳳。其言忠切，帝以讓馘、濟，由是諸坐謠言徵者悉拜議郎。
國立編譯館稿紙

郡守劾縣令

後·蓋勳傳：拜京兆尹。時長安令楊党，父為中常侍，恃勢貪放，勳案得其臧千餘萬。貴戚咸為之請，勳不聽，具以事聞，并連党父。有詔窮案，威震京師。[一]後·李固傳：注引謝承書：遷(趙)戒南陽太守。糾豪傑，恤吏人，奏免中官貴戚子弟為令長貪濁者。[二]

[一] 范曄：後漢書卷五十八蓋勳傳，第1882頁。

[二] 范曄：後漢書卷六十三李固傳，第2086頁。

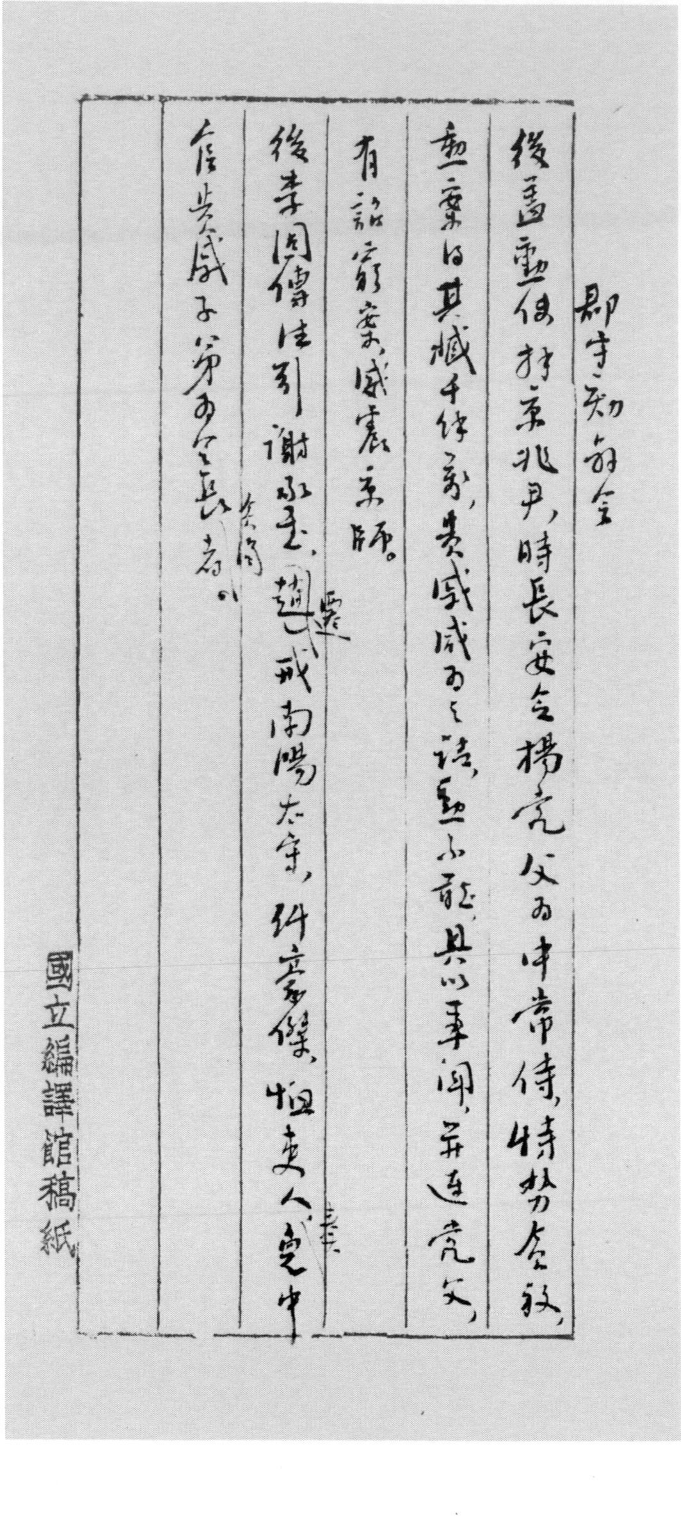
郡守劾縣令
後蓋勳傳，拜京兆尹，時長安令楊党父為中常侍，恃勢貪放，
勳案得其臧千餘萬，貴戚咸為之請，勳不聽，具以事聞，并連党父，
有詔窮案，威震京師。
後李固傳注引謝承書：遷(趙)戒南陽太守，糾豪傑，恤吏人，奏免中
官貴戚子弟為令長貪濁者。
國立編譯館稿紙

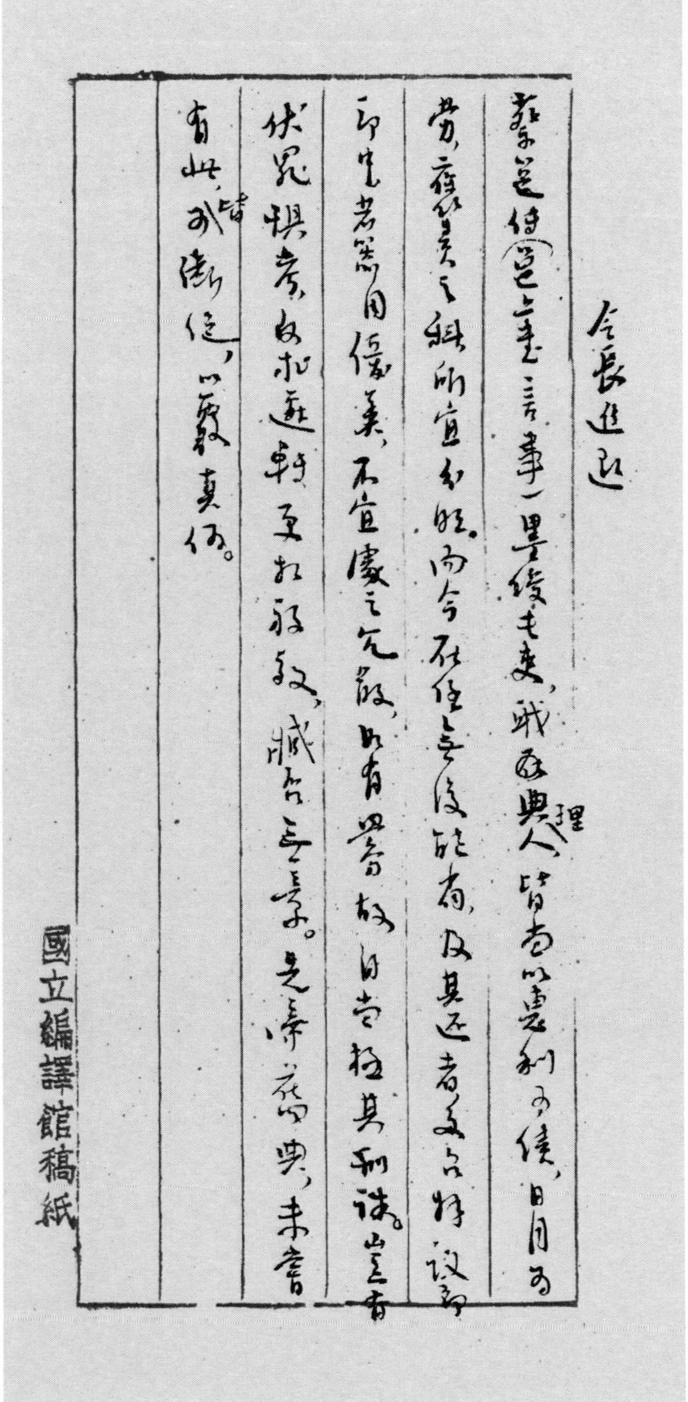
令長進退

蔡邕傳（邕上書言事）墨綬長吏，職典理人，皆當以惠利為績，日月為勞，褒責之科，所宜分明，而今在任無復能省，及其還者，多召拜議郎、郎中，若器用優美，不宜處之冗散，如有釁故，自當極其刑誅。豈有伏罪懼考，反求遷轉，更相放效，臧否無章。先帝舊典，未嘗有此，皆可斷絕，以核真偽。

國立編譯館稿紙

令長進退

蔡邕傳：（邕上書言事）墨綬長吏，職典理人，皆當以惠利為績，日月為勞。褒責之科，所宜分明。而今在任無復能省，及其還者，多召拜議郎、郎中。若器用優美，不宜處之冗散。如有釁故，自當極其刑誅。豈有伏罪懼考，反求遷轉，更相放效，臧否無章？先帝舊典，未嘗有此。可皆斷絕，以核真偽。[一]

[一]范曄：後漢書卷六十下蔡邕傳，第1997頁。

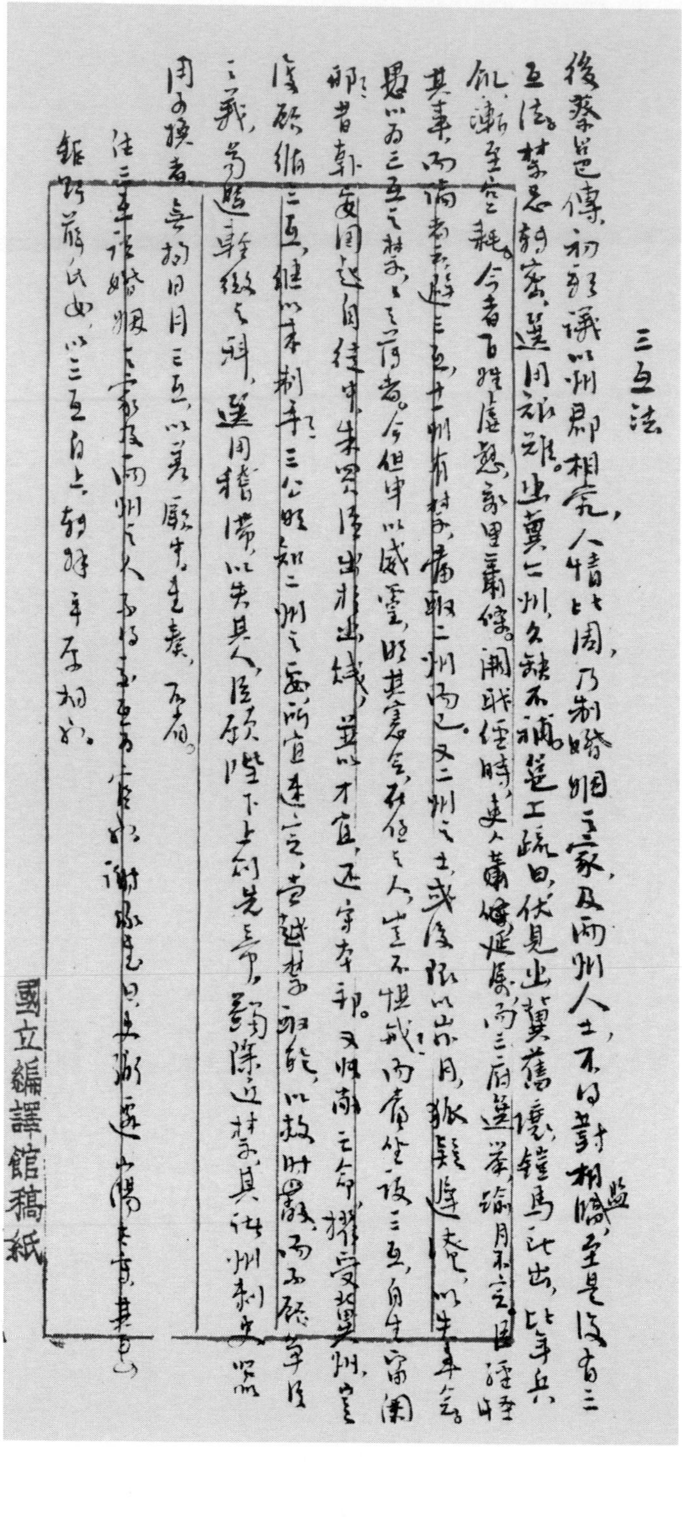
三互法

後蔡邕傳，初朝議以州郡相黨，人情比周，乃制婚姻之家及兩州人士不得對相監臨，至是復有三互法，禁忌轉密，選用艱難。幽冀二州久缺不補。邕上疏曰，伏見幽冀舊壤，鎧馬所出，比年兵飢，漸至空耗。今者百姓虛懸，萬里蕭條，闕職經時，吏人延屬，而三府選舉，逾月不定。臣經怪其事，而論者云避三互。十一州有禁，當取二州而已。又二州之士，或復限以歲月，狐疑遲淹，以失事會。愚以為三互之禁，禁之薄者，今但申以威靈，明其憲令，在任之人豈不戒懼，而當坐設三互，自生留闕邪。昔韓安國起自徒中，朱買臣出於幽賤，並以才宜，還守本邦。又張敞亡命，擢授劇州。豈復顧循三互，繼以末制乎。三公明知二州之要，所宜速定，當越禁取能，以救時敝，而不顧爭臣之義，苟避輕微之科，選用稽滯，以失其人。臣願陛下上則先帝，蠲除近禁，其諸州刺史器用可換者，無拘日月三互，以差厥中。書奏，不省。

注三互，謂婚姻之家及兩州人不得交互為官也。謝承書曰史弼遷山陽太守，其妻鉅野薛氏女，以三互自上，轉拜平原相。

三互法

後‧蔡邕傳：初，朝議以州郡相黨，人情比周，乃制婚姻之家及兩州人士不得對相監臨。至是復有三互法，禁忌轉密，選用艱難。幽、冀二州，久缺不補。邕上疏曰：「伏見幽、冀舊壤，鎧馬所出，比年兵飢，漸至空耗。今者百姓虛縣，萬里蕭條，闕職經時，吏人延屬，而三府選舉，逾月不定。臣經怪其事，而論者云『避三互』。十一州有禁，當取二州而已。又二州之士，或復限以歲月，狐疑遲淹，以失事會。愚以為三互之禁，禁之薄者，今但申以威靈，明其憲令，在任之人豈不戒懼，而當坐設三互，自生留闕邪？昔韓安國起自徒中，朱買臣出於幽賤，並以才宜，還守本邦。又張敞亡命，擢授劇州。豈復顧循三互，繼以末制乎？三公明知二州之要，所宜速定，當越禁取能，以救時敝。而不顧爭臣之義，苟避輕微之科，選用稽滯，以失其人。臣願陛下上則先帝，蠲除近禁，其諸州刺史器用可換者，無拘日月三互，以差厥中。」書奏不省。注：三互謂婚姻之家及兩州人不得交互為官也。謝承書曰：「史弼遷山陽太守，其妻鉅野薛氏女，以三互自上，轉拜平原相」，是也。[一]

[一] 范曄：後漢書卷六十下蔡邕傳，第1990頁。

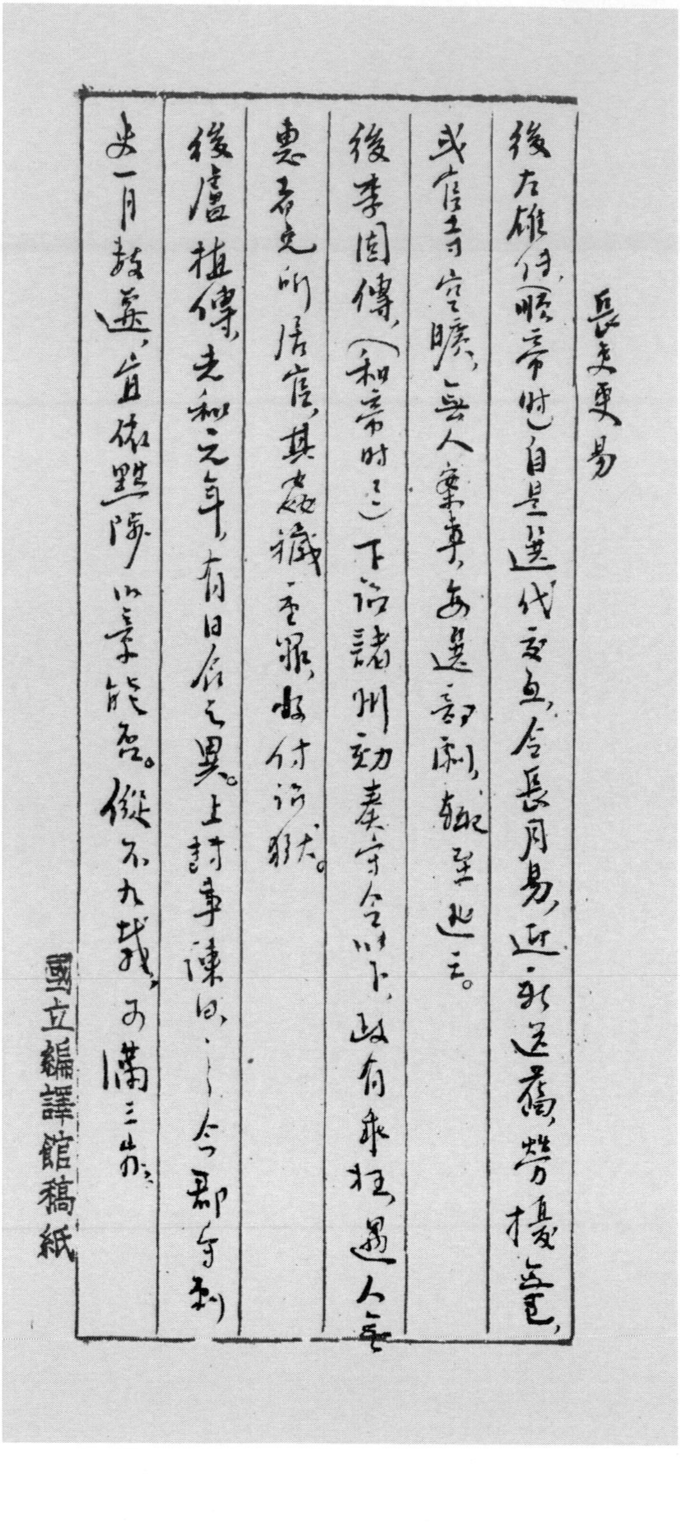

長吏更易

後・左雄傳：（順帝時）自是選代交互，令長月易，迎新送舊，勞擾無已，或官寺空曠，無人案事，每選部劇，（輒）〔乃〕至逃亡。〔一〕後・李固傳：（和帝時）下詔諸州劾奏守令以下，政有乖枉，遇人無惠者，免所居官；其姦穢重罪，收付詔獄。〔二〕後・盧植傳：光和元年，有日食之異，植上封事諫曰「……今郡守刺史一月數遷，宜依黜陟，以章能否，縱不九載，可滿三歲。」〔三〕

〔一〕范曄：後漢書卷六十一左雄傳，第2019頁。
〔二〕范曄：後漢書卷六十三李固傳，第2082頁。
〔三〕范曄：後漢書卷六十四盧植傳，第2117頁。

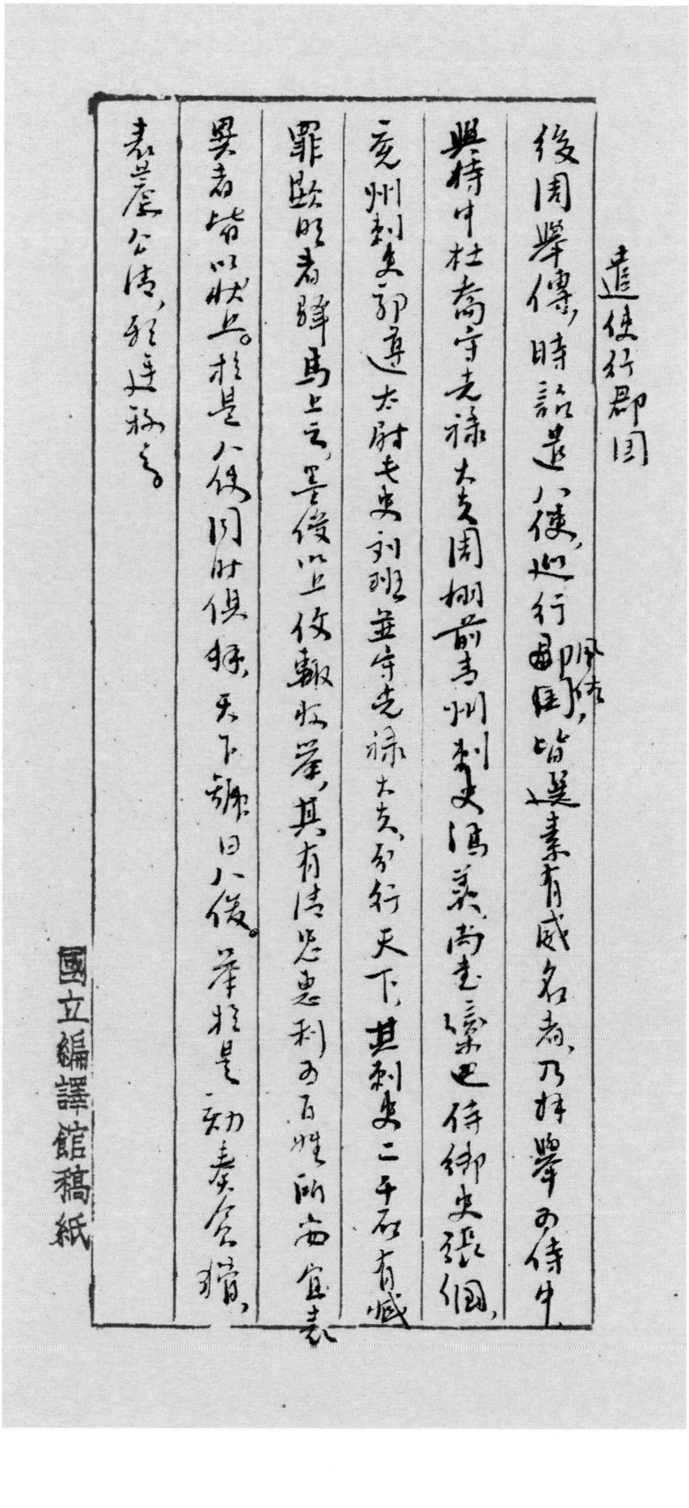
遣使行郡國
後周舉傳，時詔遣八使，巡行郡國風俗，皆選素有威名者，乃拜舉為侍中，
與侍中杜喬守光祿大夫周栩前青州刺史馮羨，尚書欒巴，侍御史張綱，
兗州刺史郭遵太尉長史劉班並守光祿大夫，分行天下，其刺史二千石有臧
罪顯明者驛馬上之，墨綬以下便輒收舉，其有清忠惠利為百姓所安宜表
異者皆以狀上。於是八使同時俱拜，天下號曰八俊。舉於是劾奏貪猾，
表薦公清，朝廷稱之。
國立編譯館稿紙

遣使行郡國

後・周舉傳：時詔遣八使巡行風俗，皆選素有威名者。乃拜舉為侍中，與侍中杜喬、守光祿大夫周栩、前青州刺史馮羨、尚書欒巴、侍御史張綱、兗州刺史郭遵、太尉長史劉班，並守光祿大夫，分行天下。其有刺史、二千石有臧罪顯明者，驛馬上之；墨綬以下，便輒收舉。其有清忠惠利，為百姓所安，宜表異者，皆以狀上。於是八使同時俱拜，天下號曰「八俊」。舉於是劾奏貪猾，表薦公清，朝廷稱之。[一]

[一] 范曄：後漢書卷六十一周舉傳，第2029頁。

長吏棄官

後・荀淑傳：出補朗陵侯相。莅事明理，稱為神君。頃之，棄官歸。[一]後・陳寔傳：再遷除太丘長……以沛相賦斂違法，乃解印綬去。[二]後・李固傳：出為廣漢洛令，至白水關，解印綬，還漢中。[三]後・杜喬傳：（楊）匡還平原令。時國相徐曾，中常侍璜之兄也，匡恥與接事，托疾牧豕云。[四]

[一] 范曄：後漢書卷六十二荀淑傳，第2049頁。
[二] 范曄：後漢書卷六十二陳寔傳，第2066頁。
[三] 范曄：後漢書卷六十三李固傳，第2078頁。
[四] 范曄：後漢書卷六十三杜喬傳，第2094頁。

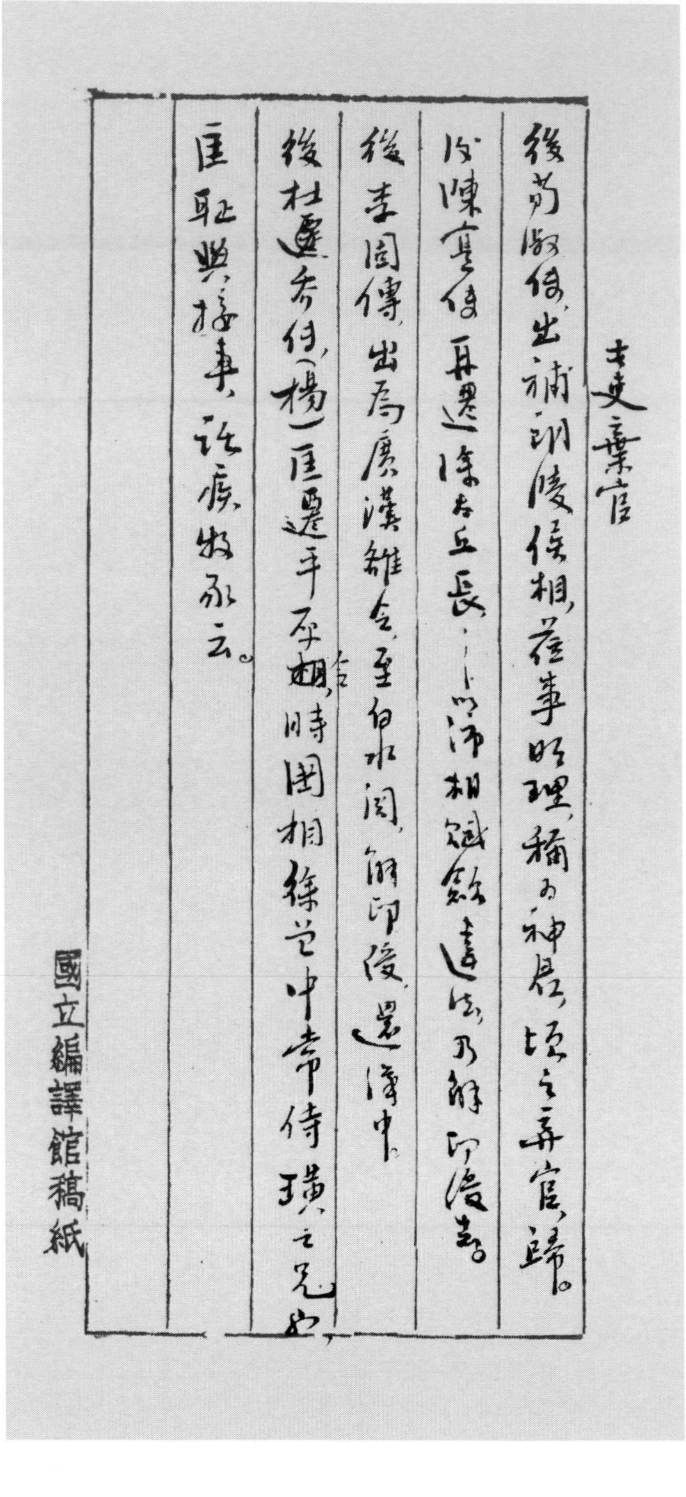
長吏棄官
後荀淑傳，出補朗陵侯相，莅事明理，稱為神君，頃之棄官，歸。
後陳寔傳 再遷除太丘長……以沛相賦斂違法，乃解印綬去。
後李固傳，出為廣漢雒令，至白水關，解印綬，還漢中。
後杜喬傳，（楊）匡還平原令，時國相徐曾，中常侍璜之兄也，
匡恥與接事，託疾牧豕云。
國立編譯館稿紙

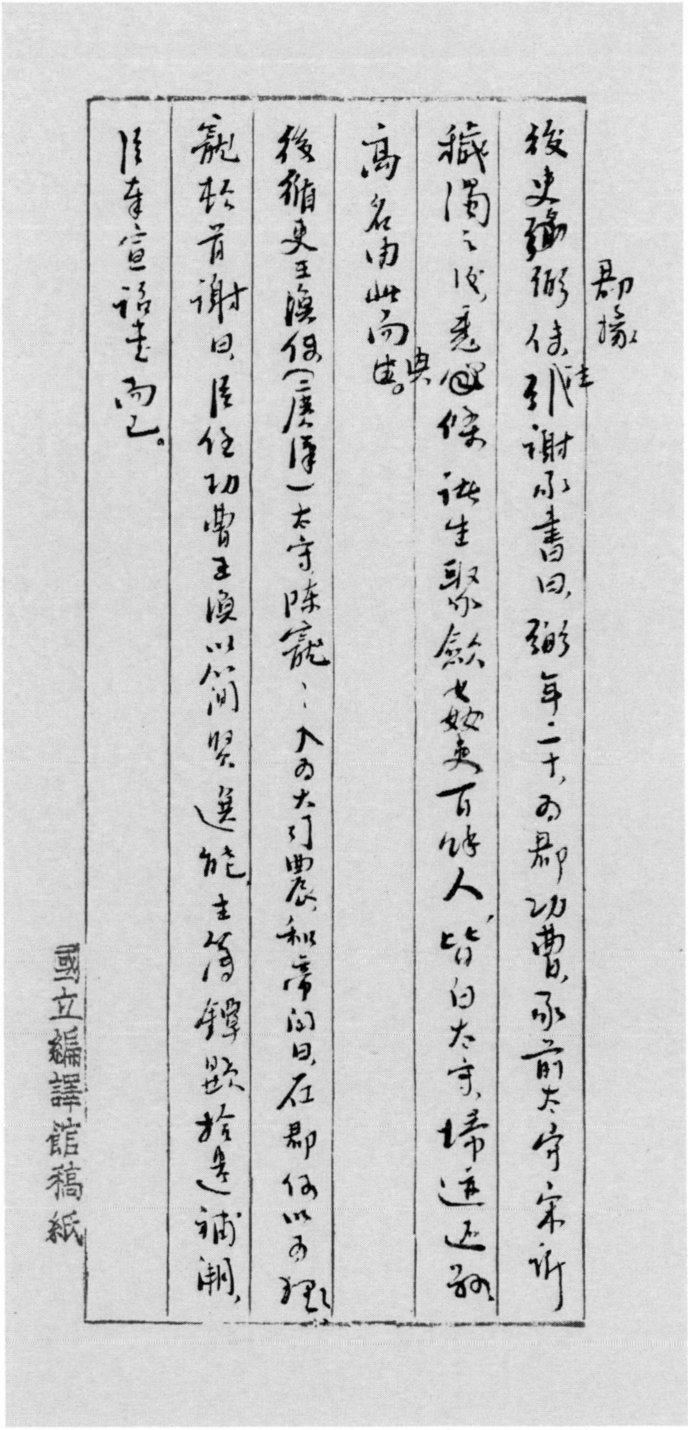
郡掾
後史弼傳注引謝承書曰，弼年二十，為郡功曹，承前太守宋訢穢濁之後，悉條諸生聚斂姦吏百餘人，皆白太守，埽迹還縣，高名由此而興。
後循吏王渙傳（廣漢）太守陳寵……入為大司農。和帝問曰，在郡何以為理，寵頓首謝曰，臣任功曹王渙以簡賢選能，主簿鐔顯拾遺補闕，臣奉宣詔書而已。
國立編譯館稿紙

郡掾

後·史弼傳：注引謝承書曰：「弼年二十為郡功曹，承前太守宋訢穢濁之後，悉條諸生聚斂姦吏百餘人，皆白太守，埽迹還縣，高名由此而興。」[一]後·循吏·王渙傳：（廣漢）太守陳寵，……入為大司農。和帝問曰：「在郡何以為理？」寵頓首謝曰：「臣任功曹王渙以簡賢選能，主簿鐔顯拾遺補闕，臣奉宣詔書而已」。[二]

[一] 范曄：後漢書卷六十四史弼傳，第2108頁。

[二] 范曄：後漢書卷七十六循吏·王渙傳，第2468頁。

州從事劾奏郡守

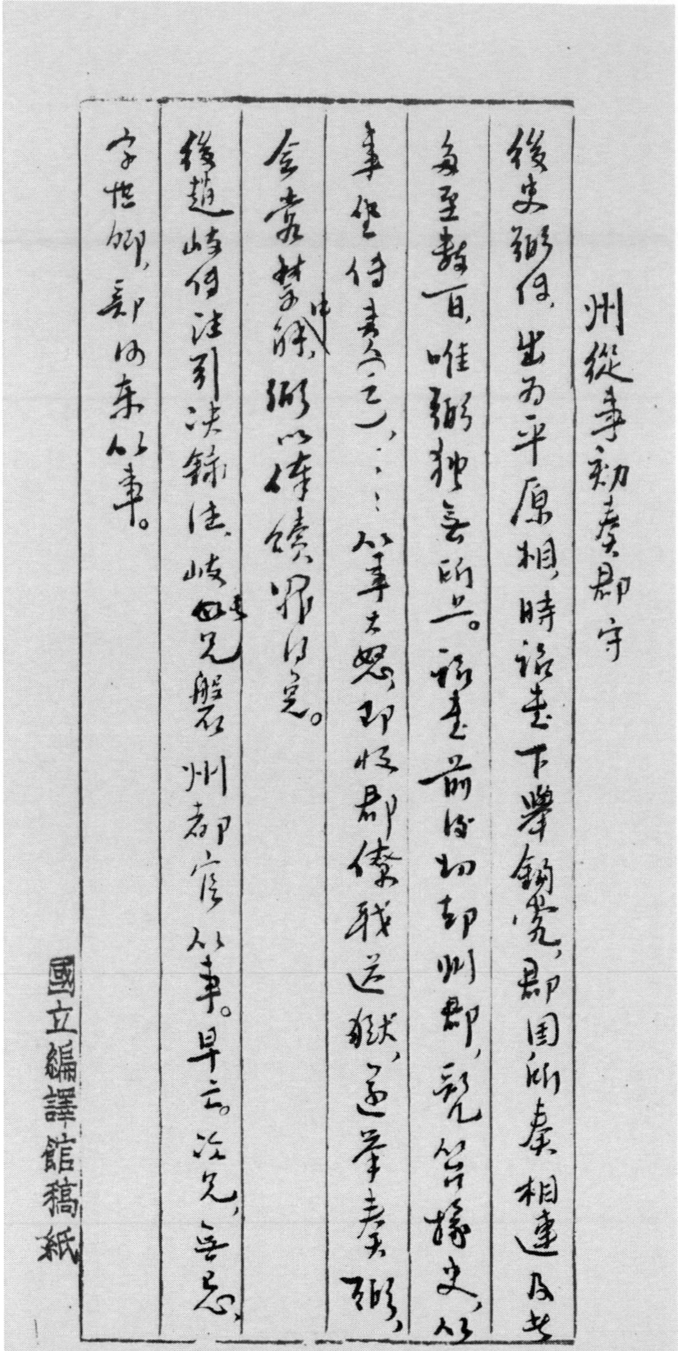

州從事劾奏郡守

後史弼傳，出為平原相，時詔書下舉鉤黨，郡國所奏相連及者多至數百，唯弼獨無所上。詔書前後切却州郡，髡笞掾史，從事坐傳責（之）……從事大怒，即收郡僚職送獄，遂舉奏弼，會黨禁中解，弼以俸贖罪得免。

後趙岐傳注引決錄注，岐長兄磐，州都官從事。早亡。次兄，無忌，字世卿，部河東從事。

國立編譯館稿紙

後·史弼傳：出為平原相。時詔書下舉鉤黨，郡國所奏相連及者多至數百，唯弼獨無所上。詔書前後切却州郡，髡笞掾史。從事坐傳責（之），……從事大怒，即收郡僚職送獄，遂舉奏弼。會黨禁中解，弼以俸贖罪得免。[一]

後·趙岐傳：注引決錄注曰：「岐長兄磐，州都官從事，早亡。次兄無忌，字世卿，部河東從事。」[二]

[一] 范曄：後漢書卷六十四史弼傳，第2110頁。

[二] 范曄：後漢書卷六十四趙岐傳，第2123頁。

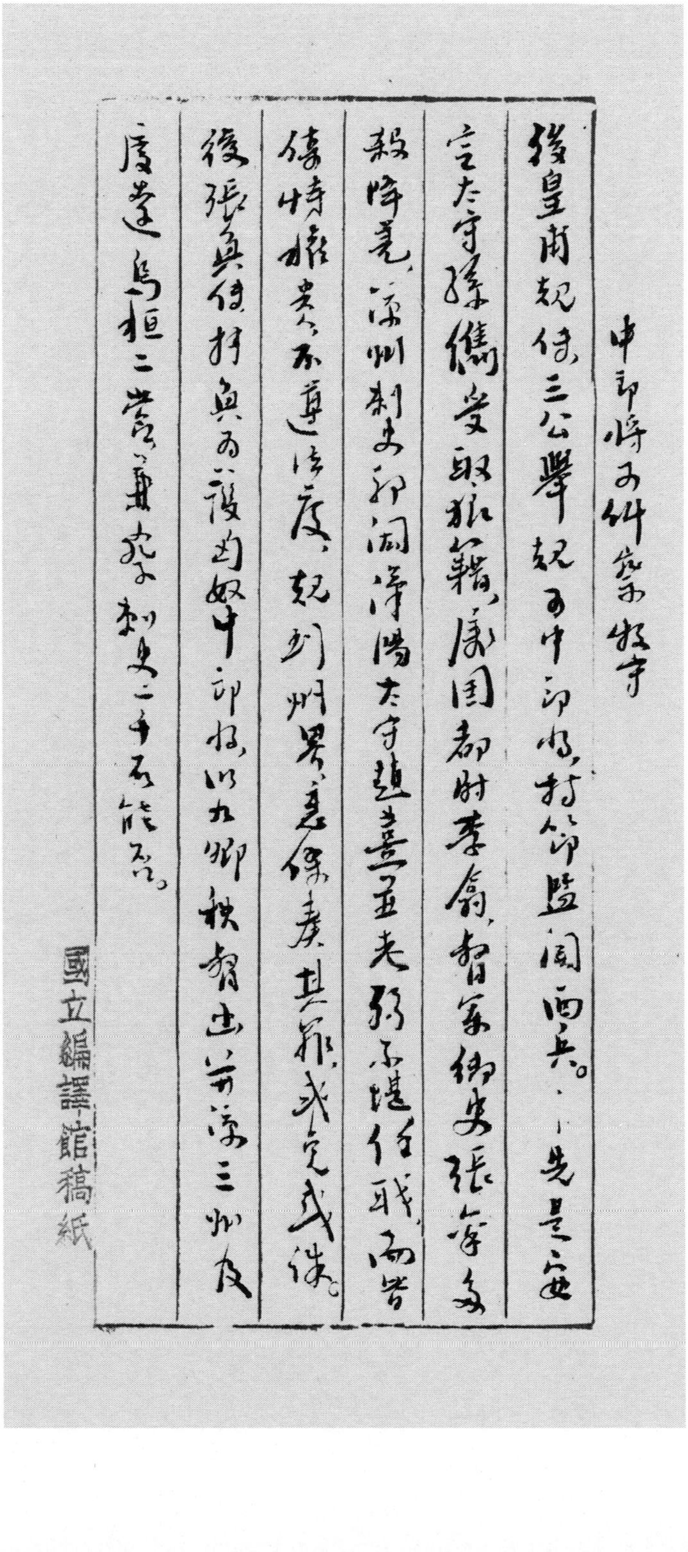
中郎將可糾察牧守

後皇甫規傳，三公舉規為中郎將，持節監關西兵。……先是安定太守孫儁受取狼籍，屬國都尉李翕，督軍御史張稟多殺降羌，涼州刺史郭閎，漢陽太守趙熹並老弱不堪任職，而皆倚恃權貴，不遵法度，規到州界，悉條奏其罪，或免或誅。後張奐傳，拜奐為護匈奴中郎將，以九卿秩督幽并涼三州及度遼烏桓二營，兼察刺史二千石能否。

國立編譯館稿紙

中郎將可糾察牧守

後·皇甫規傳：三公舉規為中郎將，持節監關西兵，……先是安定太守孫儁受取狼籍，屬國都尉李翕、督軍御史張稟多殺降羌，涼州刺史郭閎、漢陽太守趙熹並老弱不堪任職，而皆倚恃權貴，不遵法度。規到州界，悉條奏其罪，或免或誅。[一]後·張奐傳：拜奐為護匈奴中郎將，以九卿秩督幽、并、涼三州及度遼、烏桓二營，兼察刺史、二千石能否[二]

[一]范曄：後漢書卷六十五皇甫規傳，第2133頁。

[二]范曄：後漢書卷六十五張奐傳，第2139頁。

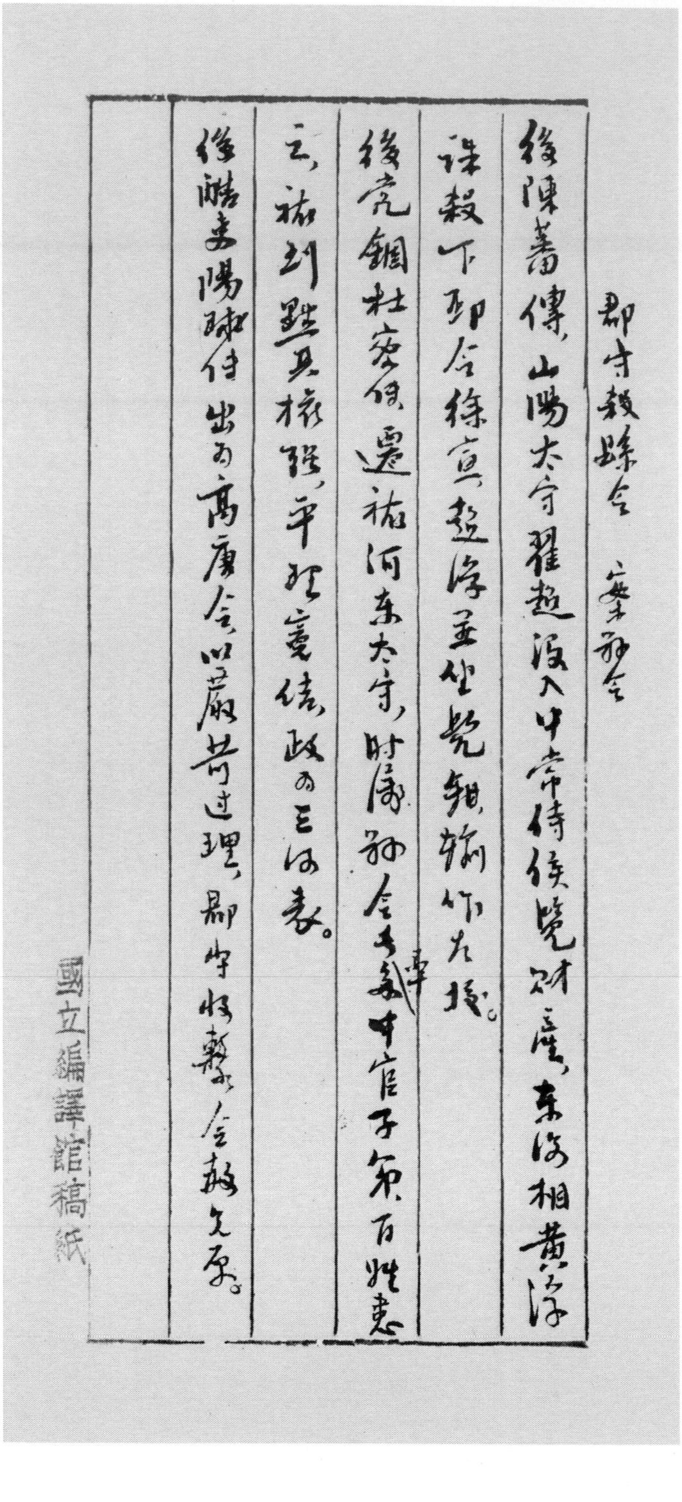
郡守殺縣令　案縣令
後陳蕃傳，山陽太守翟超沒入中常侍侯覽財產，東海相黃浮誅殺下邳令徐宣，超浮並坐髡鉗，輸作左校。
後黨錮杜密傳，遷祐河東太守，時屬縣令長率多中官子弟，百姓患之，祐到，黜其權強，平理冤結，政為三河表。
後酷吏陽球傳，出為高唐令，以嚴苛過理，郡守收舉，會赦見原。
國立編譯館稿紙

郡守殺縣令　案縣令

後・陳蕃傳：山陽太守翟超，沒入中常侍侯覽財產，東海相黃浮，誅殺下邳令徐宣，超、浮並坐髡鉗，輸作左校。[一]後・黨錮・杜密傳：遷祐河東太守。時屬縣令長率多中官子弟，百姓患之。祐到，黜其權強，平理冤結，政為三河表。[二]後・酷吏・陽球傳：出為高唐令，以嚴苛過理，郡守收（繫）〔舉〕，會赦見原。[三]

［一］范曄：後漢書卷六十六陳蕃傳，第2164頁。
［二］范曄：後漢書卷六十七黨錮・杜密傳，第2199頁。
［三］范曄：後漢書卷七十七酷吏・陽球傳，第2498頁。

州從事

後．陳蕃傳：（朱）震字伯厚，初為州從事，奏濟陰太守單匡臧罪，并連匡兄中常侍車騎將軍超。桓帝收匡下廷尉，以譴超，超詣獄謝。三府諺曰：「車如雞栖馬如狗，疾惡如風朱伯厚。」[一]

[一]范曄：後漢書卷六十六陳蕃傳，第2171頁。

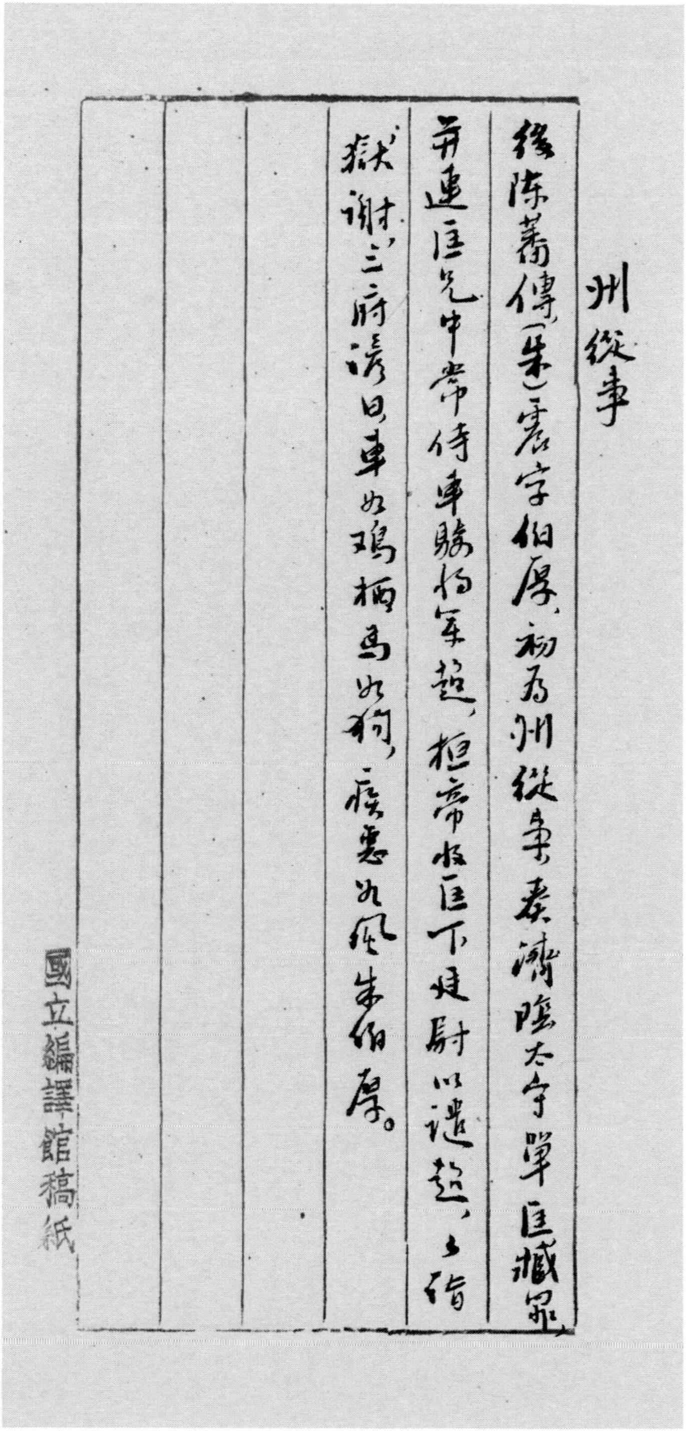
州從事

後陳蕃傳（朱）震字伯厚，初為州從事奏濟陰太守單匡臧罪并連匡兄中常侍車騎將軍超，桓帝收匡下廷尉以譴超，超詣獄謝，三府諺曰車如雞栖馬如狗，疾惡如風朱伯厚。

國立編譯館稿紙

刺史將兵

後・王允傳：中平元年，黃巾賊起，特選拜豫州刺史。辟荀爽、孔融等為從事，上除禁黨。討擊黃巾別帥，大破之。[一]後・酷吏・李章傳：出為琅邪太守。時北海安丘大姓夏長思等反，遂囚太守處興，而據營陵城。章聞，即發兵千人，馳往擊之。掾吏止章曰：「二千石行不得出界，兵不得擅發。」章按劍怒曰：「逆虜無狀，囚劫郡守，此何可忍！若坐討賊而死，吾不恨也。」遂引兵安丘城下，……帝悉以所得班勞吏士。[二]

[一] 范曄：後漢書卷六十六王允傳，第2172頁。

[二] 范曄：後漢書卷七十七酷吏・李章傳，第2493頁。

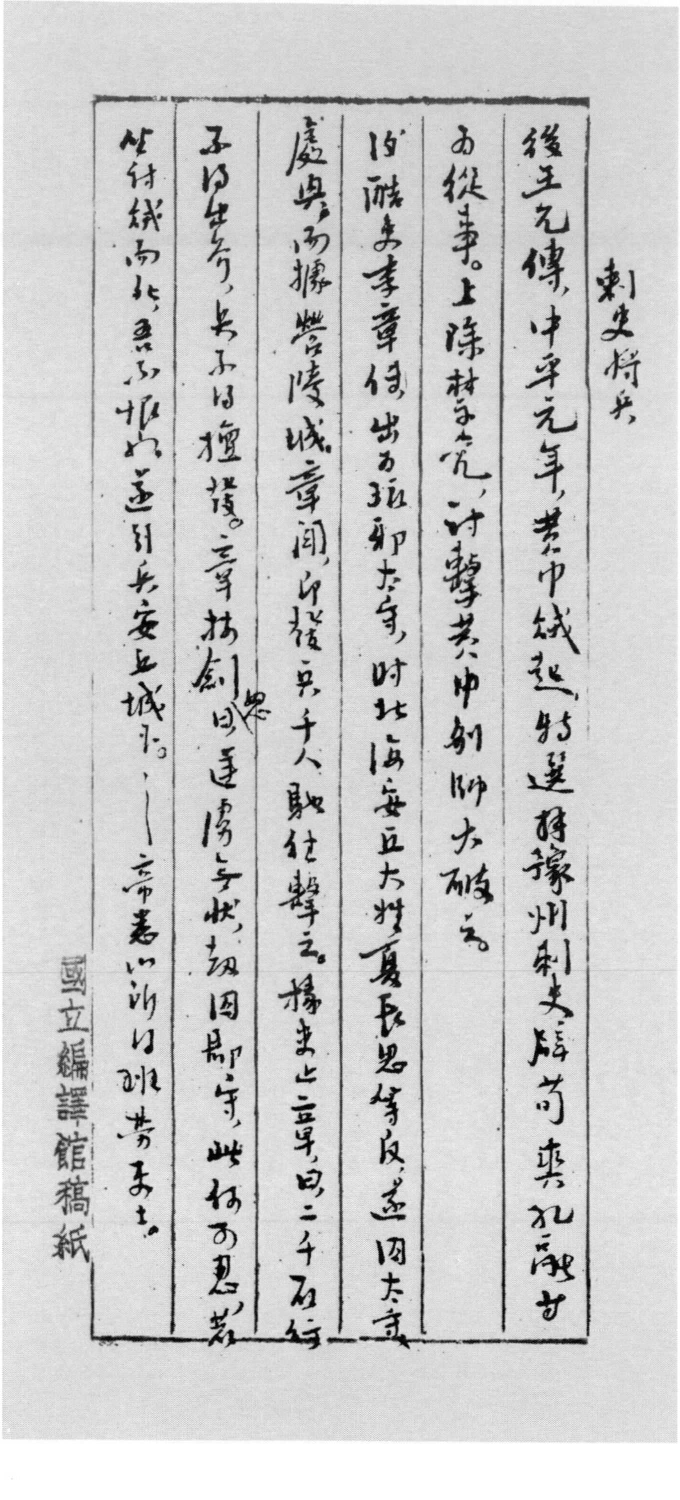
刺史將兵
後王允傳，中平元年，黃巾賊起，特選拜豫州刺史，辟荀爽孔融等為從事。上除禁黨，討擊黃巾別帥大破之。
後酷吏李章傳，出為琅邪太守，時北海安丘大姓夏長思等反，遂囚太守處興而據營陵城，章聞，即發兵千人，馳往擊之。掾吏止章曰，二千石行不得出界，兵不得擅發。章按劍怒曰，逆虜無狀，囚劫郡守，此何可忍，若坐討賊而死，吾不恨也。遂引兵安丘城下，……帝悉以所得班勞吏士。
國立編譯館稿紙

縣令棄官　清詔使

後·王允傳：（允）見誅害，……唯故吏平陵令趙戩棄官營喪。[一]後·黨錮·李膺傳：再遷青州刺史。守令畏威明，多望風棄官。[二]後·黨錮·宗慈傳：後為脩武令。時太守出自權豪，多取貨賂，慈遂棄官去。[三]又范滂傳：時冀州饑荒，盜賊羣起，乃以滂為清詔使，案察之。滂登車攬轡，慨然有澄清天下之志。及至州境，守令自知臧汙，望風解印綬去。其所舉奏，莫不厭塞众議。[四]

[一] 范曄：後漢書 卷六十六王允傳，第2177頁。

[二] 范曄：後漢書 卷六十七黨錮·李膺傳，第2191頁。

[三] 范曄：後漢書卷六十七黨錮·宗慈傳，第2202頁。

[四] 范曄：後漢書卷六十七范滂傳，第2203—2204頁。

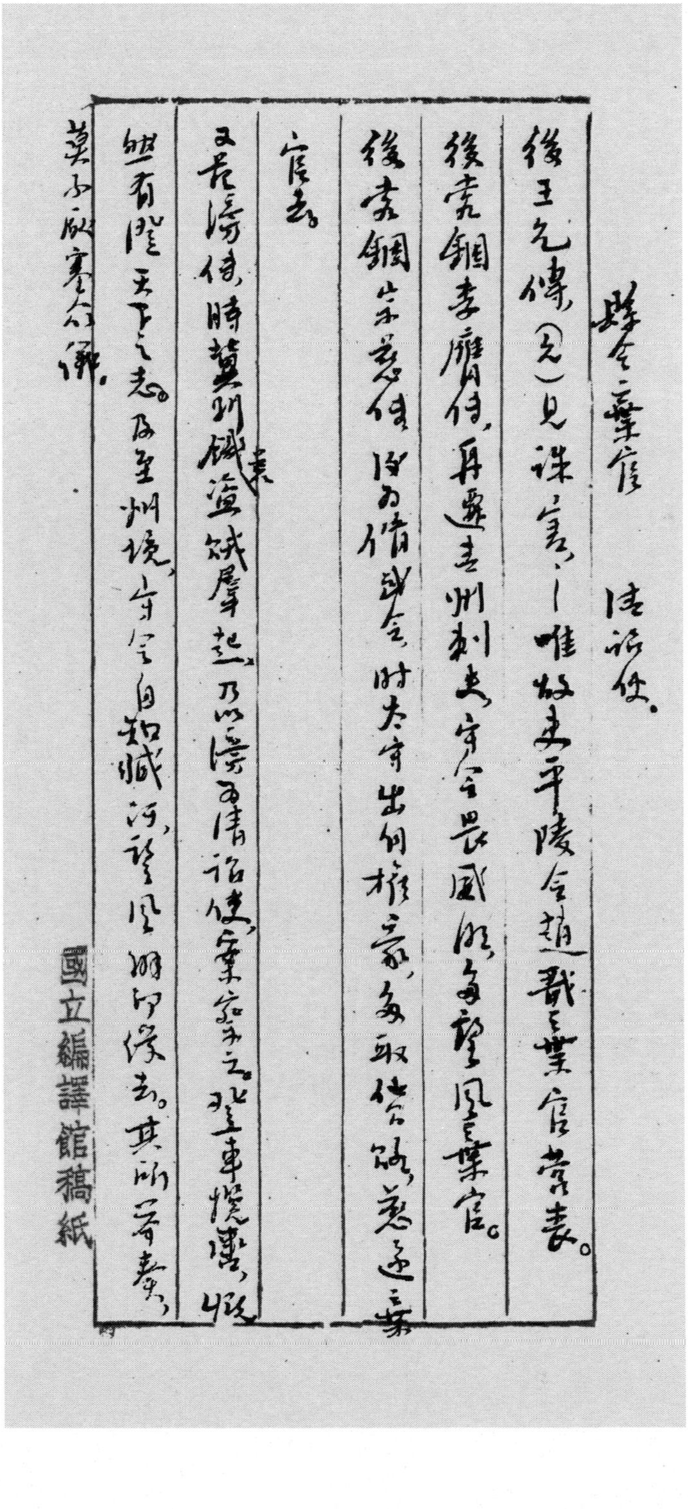
縣令棄官　清詔使

後王允傳(允)見誅害，……唯故吏平陵令趙戩棄官營喪。

後黨錮李膺傳，再遷青州刺史，守令畏威明，多望風棄官。

後黨錮宗慈傳，後為脩武令，時太守出自權豪，多取貨賂，慈遂棄官去。

又范滂傳，時冀州饑荒，盜賊羣起，乃以滂為清詔使，案察之。滂登車攬轡，慨然有澄清天下之志。及至州境，守令自知臧汙，望風解印綬去。其所舉奏，莫不厭塞众議。

國立編譯館稿紙

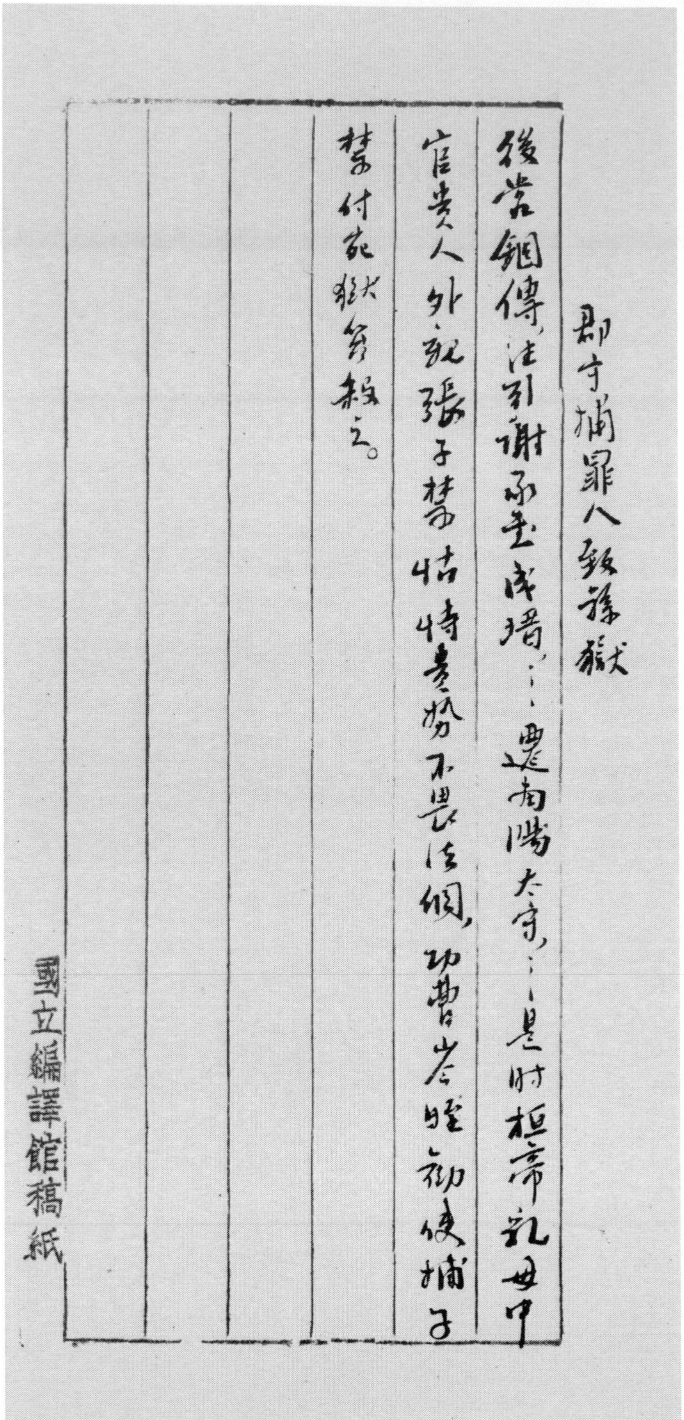
郡守捕罪人致縣獄

後黨錮傳，注引謝承書成瑨，……遷南陽太守，……是時桓帝乳母中官貴人外親張子禁怙恃貴勢不畏法綱，功曹岑晊勸使捕子禁付宛獄笞殺之。

國立編譯館稿紙

郡守捕罪人致縣獄

後·黨錮傳：注引謝承書曰：「成瑨，……遷南陽太守……是時桓帝乳母、中官貴人外親張子禁，怙恃貴勢，不畏法綱，功曹岑晊勸使捕子禁付宛獄，笞殺之。」[一]

[一] 范曄：後漢書卷六十七黨錮傳，第2186頁。

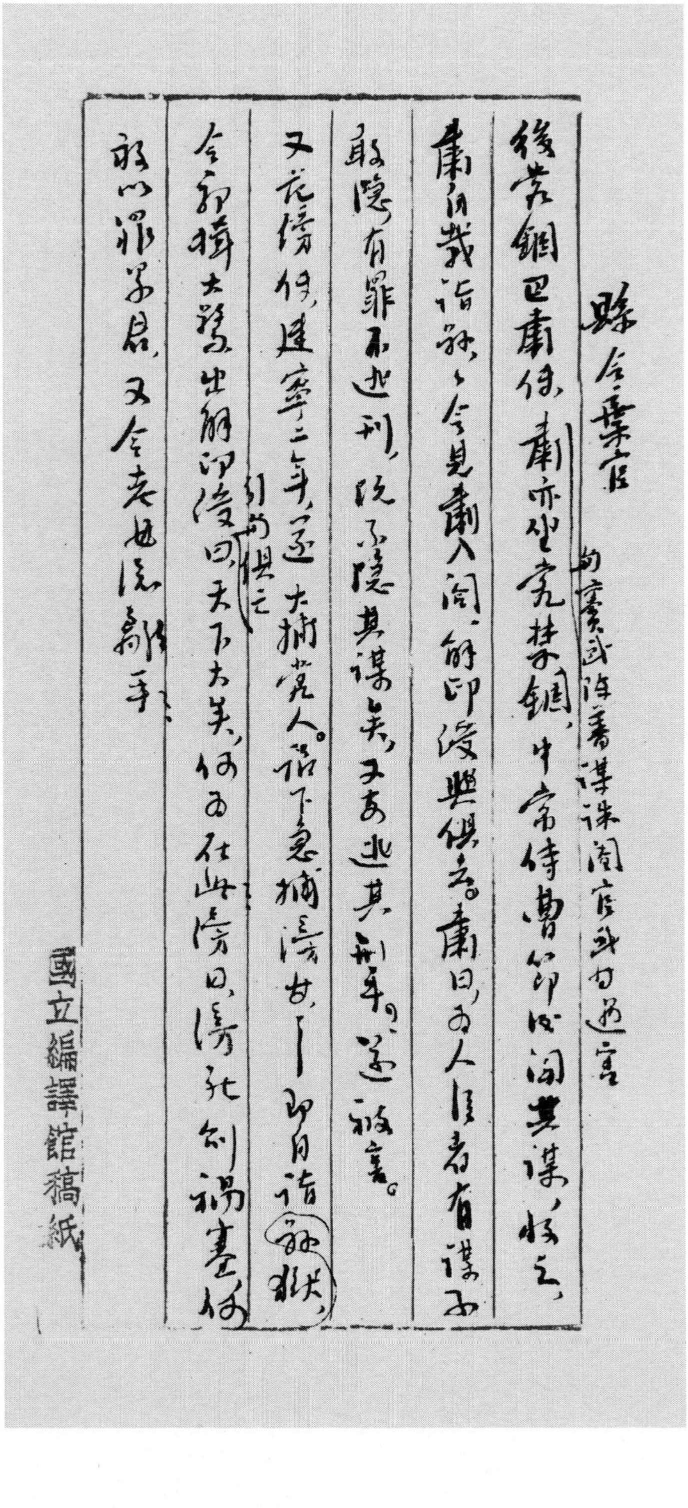
縣令棄官
後黨錮巴肅傳，肅亦坐黨禁錮，與竇武陳蕃謀誅閹官，武等遇害，中常侍曹節後聞其謀，收之，肅自載詣縣，縣令見肅，入閣，解印綬與俱去。肅曰，為人臣者有謀不敢隱，有罪不逃刑，既不隱其謀矣，又敢逃其刑乎。遂被害。
又范滂傳，建寧二年，遂大捕黨人。詔下急捕滂等，……即自詣獄，令郭揖大驚，出解印綬，引與俱亡，曰，天下大矣，何為在此。滂曰，滂死則禍塞，何敢以罪累君，又令老母流離乎。
國立編譯館稿紙

縣令棄官

後・黨錮・巴肅傳：「與竇武、陳蕃等謀誅閹官，武等遇害，肅亦坐黨禁錮。中常侍曹節後聞其謀，收之。肅自載詣縣。縣令見肅，入閤解印綬與俱去。肅曰：『為人臣者，有謀不敢隱，有罪不逃刑。既不隱其謀矣，又敢逃其刑乎？』遂被害。」[一]又范滂傳：「建寧二年，遂大誅黨人，詔下急捕滂等……即自詣獄。縣令郭揖大驚，出解印綬，引與俱亡。曰：『天下大矣，子何為在此？』滂曰：『滂死則禍塞，何敢以罪累君，又令老母流離乎！』」[二]

[一] 范曄：後漢書卷六十七黨錮・巴肅傳，第2203頁。

[二] 范曄：後漢書卷六十七范滂傳，第2207頁。

縣令棄官

後·黨錮·孔昱傳：補洛陽令，以師喪棄官，[一]又檀敷傳：以郡守非其人，棄官去。[二]又循吏·劉寵傳：除東平陵令，以仁惠為吏民所愛。母疾，棄官去。[三]後·儒林·周澤傳：（孫堪）嘗為縣令，謁府，趨步遲緩，門亭長譴堪御史，堪便解印綬去，不之官。[四]又文苑·崔琦傳：後除為臨濟長，不敢之職，解印綬去。[五]

[一] 范曄：後漢書卷六十七黨錮·孔昱傳，第2213頁。

[二] 范曄：後漢書卷六十七檀敷傳，第2215頁。

[三] 范曄：後漢書卷七十六循吏·劉寵傳，第2477頁。

[四] 范曄：後漢書卷七十九下儒林·周澤傳，第2579頁。

[五] 范曄：後漢書卷八十上文苑·崔琦傳，第2623頁。

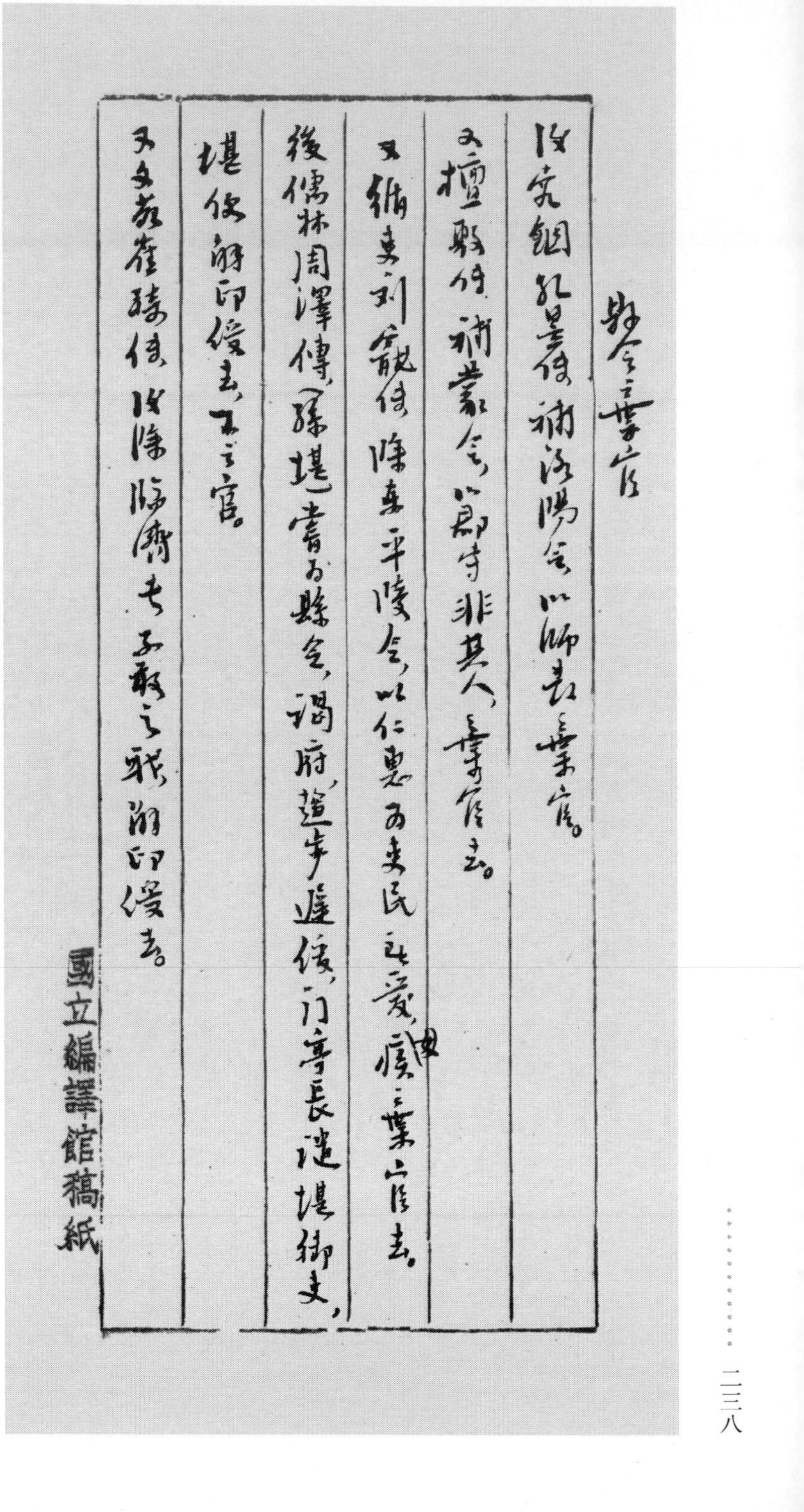
縣令棄官
後黨錮孔昱傳：補洛陽令，以師喪棄官。
又檀敷傳：補蒙令，以郡守非其人，棄官去。
又循吏劉寵傳：除東平陵令，以仁惠為吏民所愛，母疾，棄官去。
後儒林周澤傳：（孫堪）嘗為縣令，謁府，趨步遲緩，門亭長譴堪御史，
堪便解印綬去，不之官。
又文苑崔琦傳：後除為臨濟長，不敢之職，解印綬去。
國立編譯館稿紙

荊州刺史比司隸校尉

後．陳蕃、竇武傳：初，桓帝巡狩南陽，以胡騰為護駕從事。公卿貴戚車騎萬計，徵求費役，不可勝極。騰上言：「天子無外，乘輿所幸，即為京師。臣請以荊州刺史比司隸校尉，臣自同都官從事。」帝從之。自是肅然，莫敢妄有干欲。[一]

[一] 范曄：後漢書卷六十九竇武傳，第2245頁。

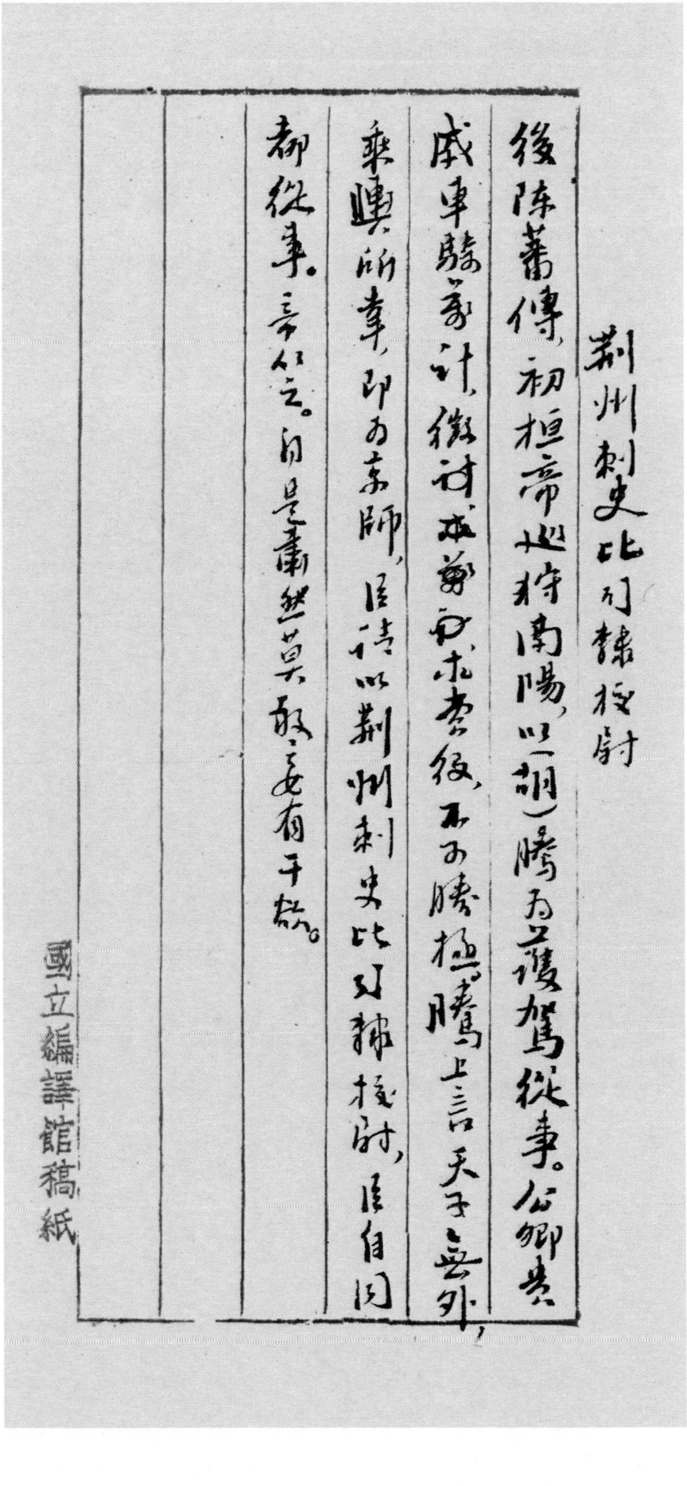

荆州刺史比司隸校尉

後陳蕃傳，初桓帝巡狩南陽，以(胡)騰為護駕從事。公卿貴戚車騎萬計，徵求費役，不可勝極。騰上言天子無外，乘輿所幸，即為京師，臣請以荊州刺史比司隸校尉，臣自同都從事。帝從之。自是肅然莫敢妄有干欲。

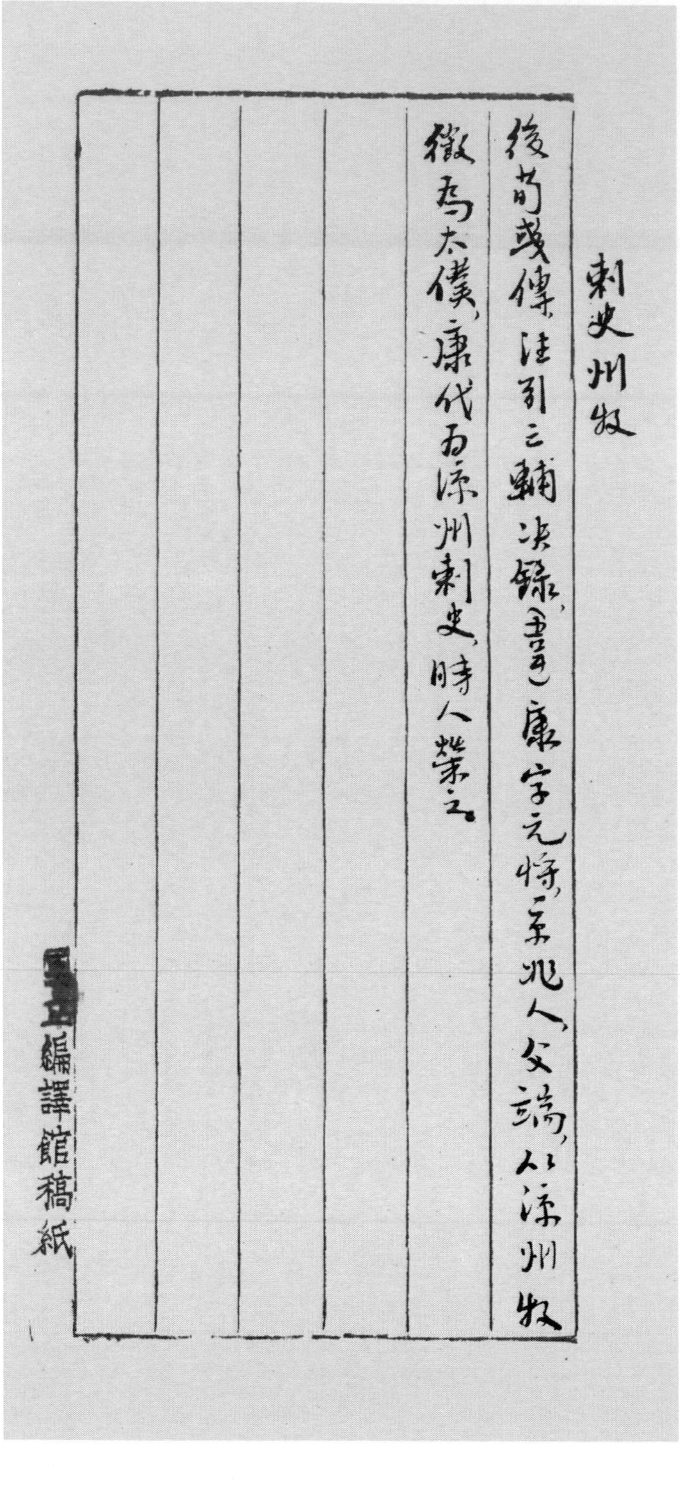
刺史州牧

後荀彧傳，注引三輔決錄，(韋)康字元將，京兆人，父端，從涼州牧徵為太僕，康代為涼州刺史，時人榮之。

編譯館稿紙

刺史州牧

後·荀彧傳：注引三輔決錄(韋)康字元將，京兆人。父端，從涼州牧徵為太僕，康代為涼州刺史，時人榮之。[一]

[一] 范曄：後漢書卷七十荀彧傳，第2285頁。

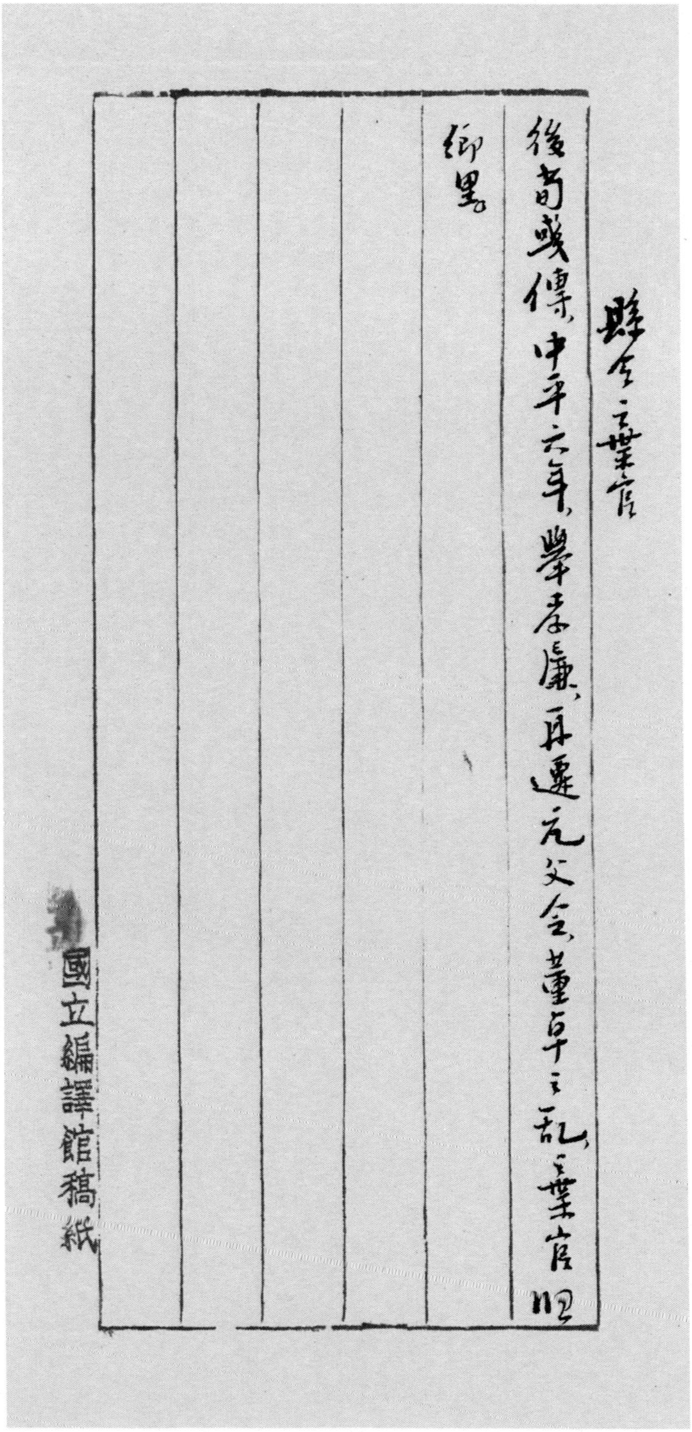
縣令棄官
後荀彧傳，中平六年，舉孝廉，再遷亢父令，董卓之亂，棄官歸
鄉里

縣令棄官

後・荀彧傳：中平六年，舉孝廉，再遷亢父令。董卓之亂，弃官歸鄉里。[一]

[一]范曄：後漢書卷七十荀彧傳，第2281頁。

州兵馬掾

後·董卓傳：為州兵馬掾，常徼守塞下。[一]

[一]范曄：後漢書卷七十二劉表傳，第2319頁。

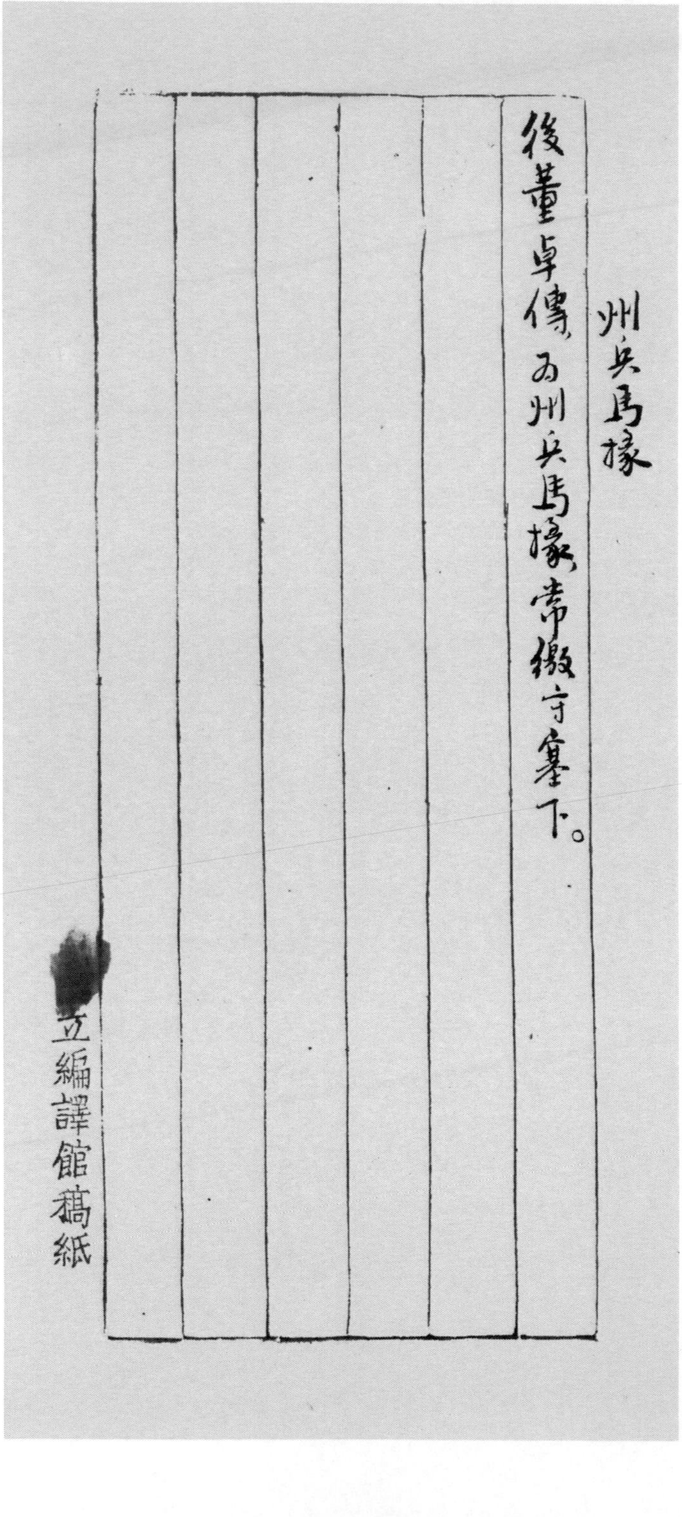
州兵馬掾
後董卓傳，為州兵馬掾，常徼守塞下。

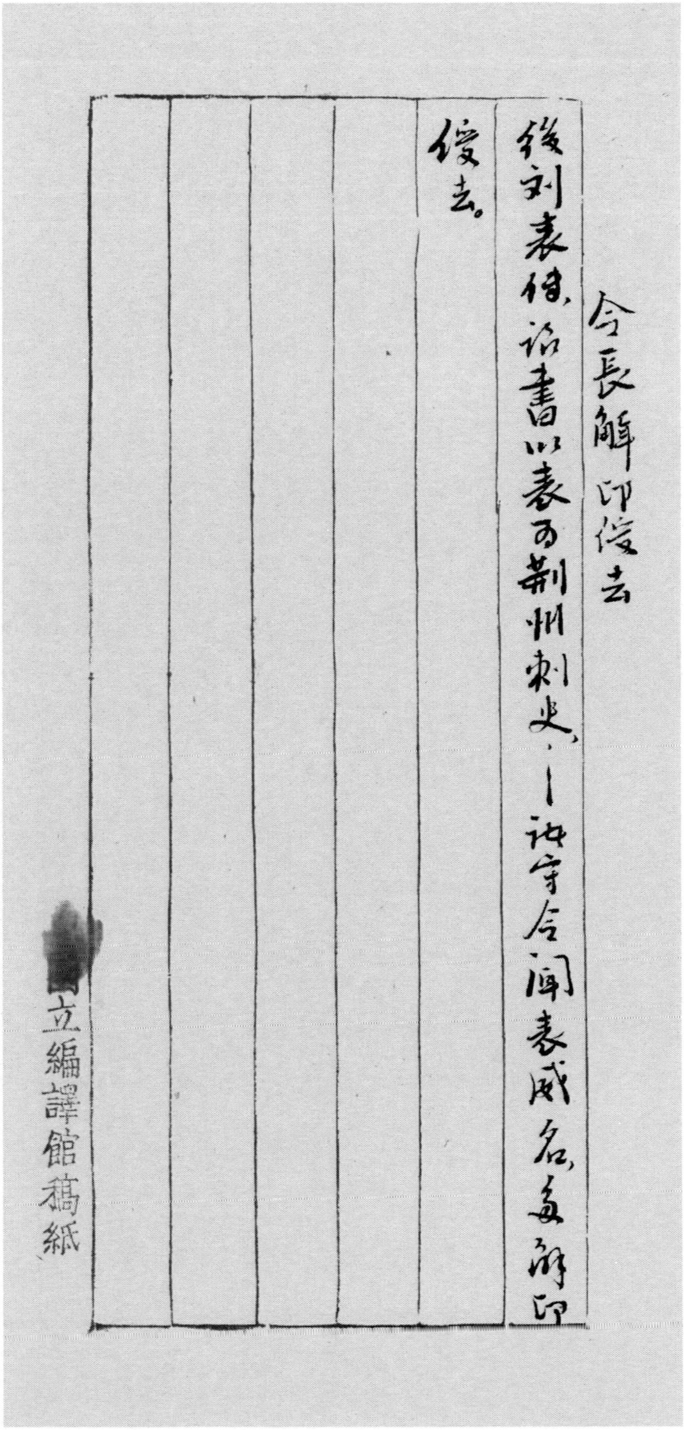
令長解印綬去
後劉表傳，詔書以表為荊州刺史，……諸守令聞表威名，多解印綬去。
立編譯館稿紙

令長解印綬去

後·劉表傳：詔書以表為荊州刺史……諸守令聞表威名，多解印綬去。[一]

[一] 范曄：後漢書卷七十四下劉表傳，第2419頁。

州牧帶使

後·劉焉傳：（益）州大吏趙韙等貪璋溫仁，立為刺史。詔書因以璋為監軍使者，領益州牧。[一]

[一] 范曄：後漢書卷七十五劉焉傳，第2433頁。

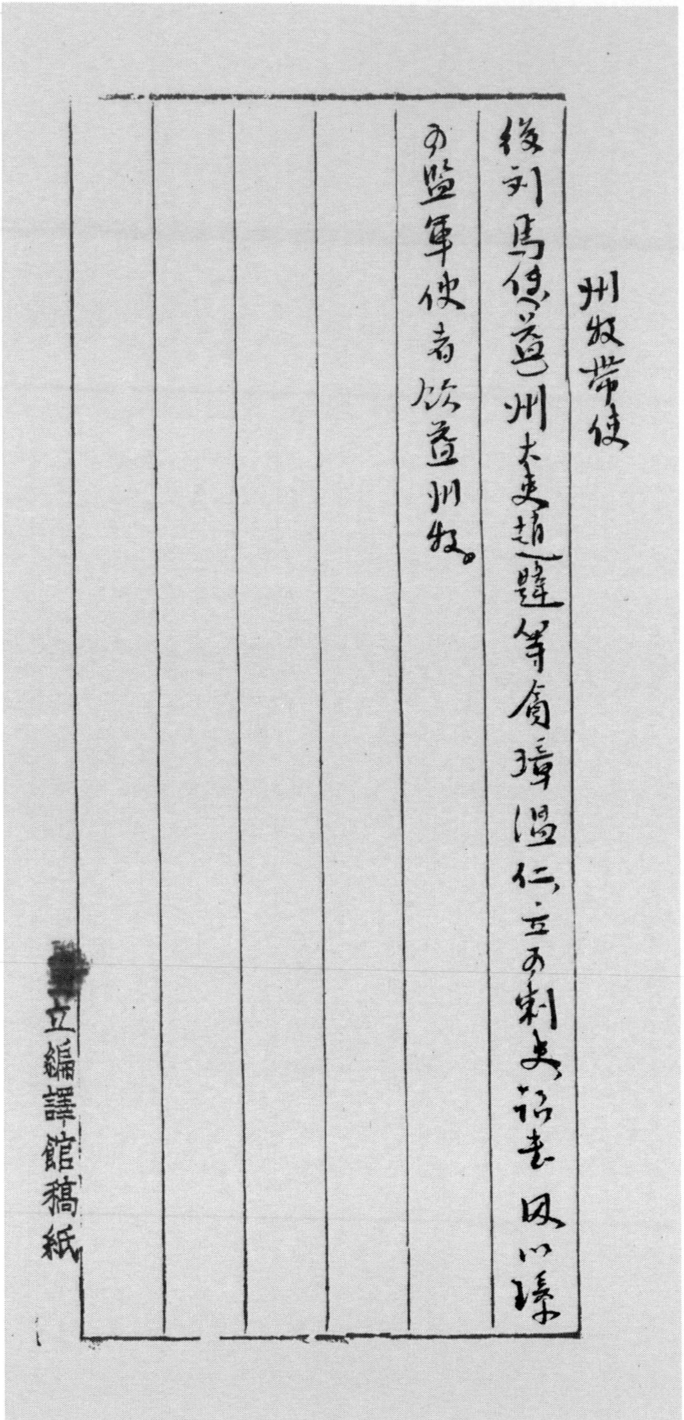
州牧帶使
後刘焉傳益州大吏趙韙等貪璋溫仁，立為刺史。詔書因以璋為監軍使者，領益州牧。

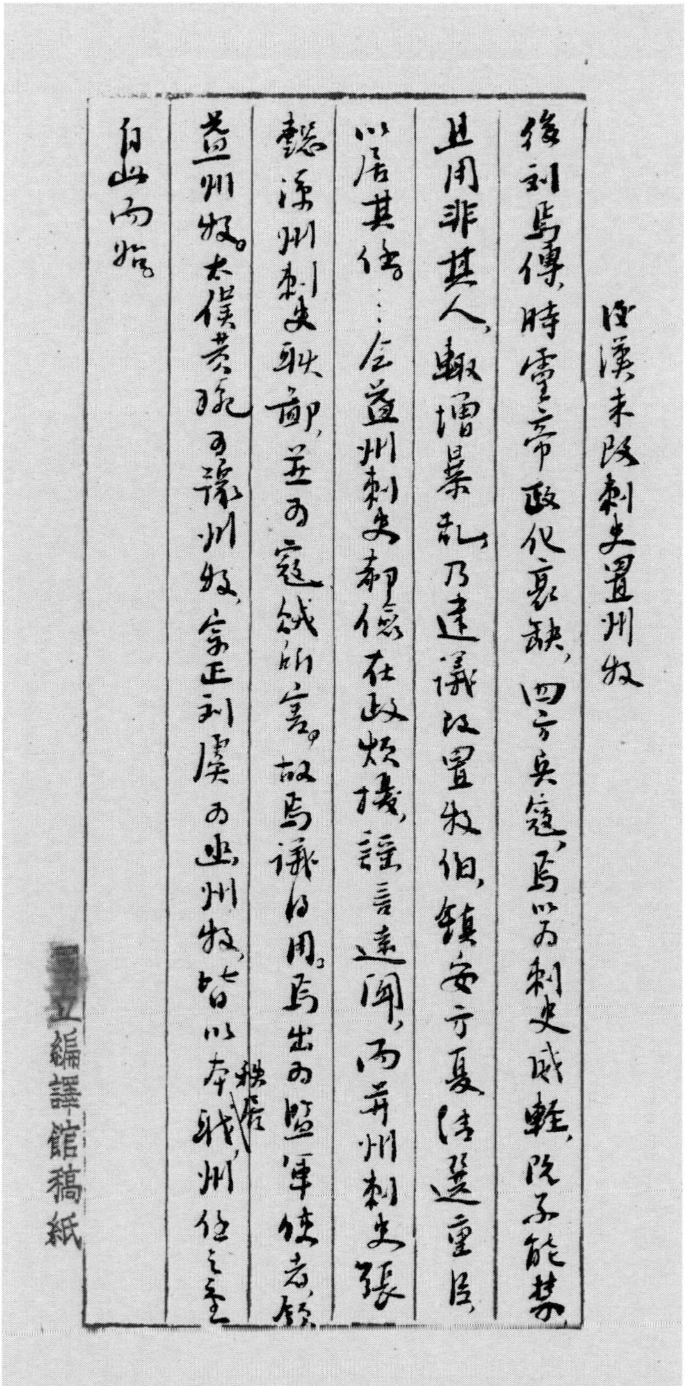

後漢末改刺史置州牧

後劉焉傳，時靈帝政化衰缺，四方兵寇，焉以為刺史威輕，既不能禁，且用非其人，輒增暴亂，乃建議改置牧伯，鎮安方夏，清選重臣，以居其任……會益州刺史郗儉在政煩擾，謠言遠聞，而并州刺史張懿、涼州刺史耿鄙並為寇賊所害，故焉議得用。焉出為監軍使者，領益州牧，太僕黃琬為豫州牧，宗正劉虞為幽州牧，皆以本秩居職，州任之重，自此而始

後漢末改刺史置州牧

後・劉焉傳：時靈帝政化衰缺，四方兵寇，焉以為刺史威輕，既不能禁，且用非其人，輒增暴亂，乃建議改置牧伯，鎮安方夏，清選重臣，以居其任……會益州刺史郗儉在政煩擾，謠言遠聞，而并州刺史張懿、涼州刺史耿鄙並為寇賊所害，故焉議得用。出焉為監軍使者，領益州牧，太僕黃琬為豫州牧，宗正劉虞為幽州牧，皆以本秩居職。州任之重，自此而始。[一]

[一] 范曄：後漢書卷七十五劉焉傳，第2431頁。

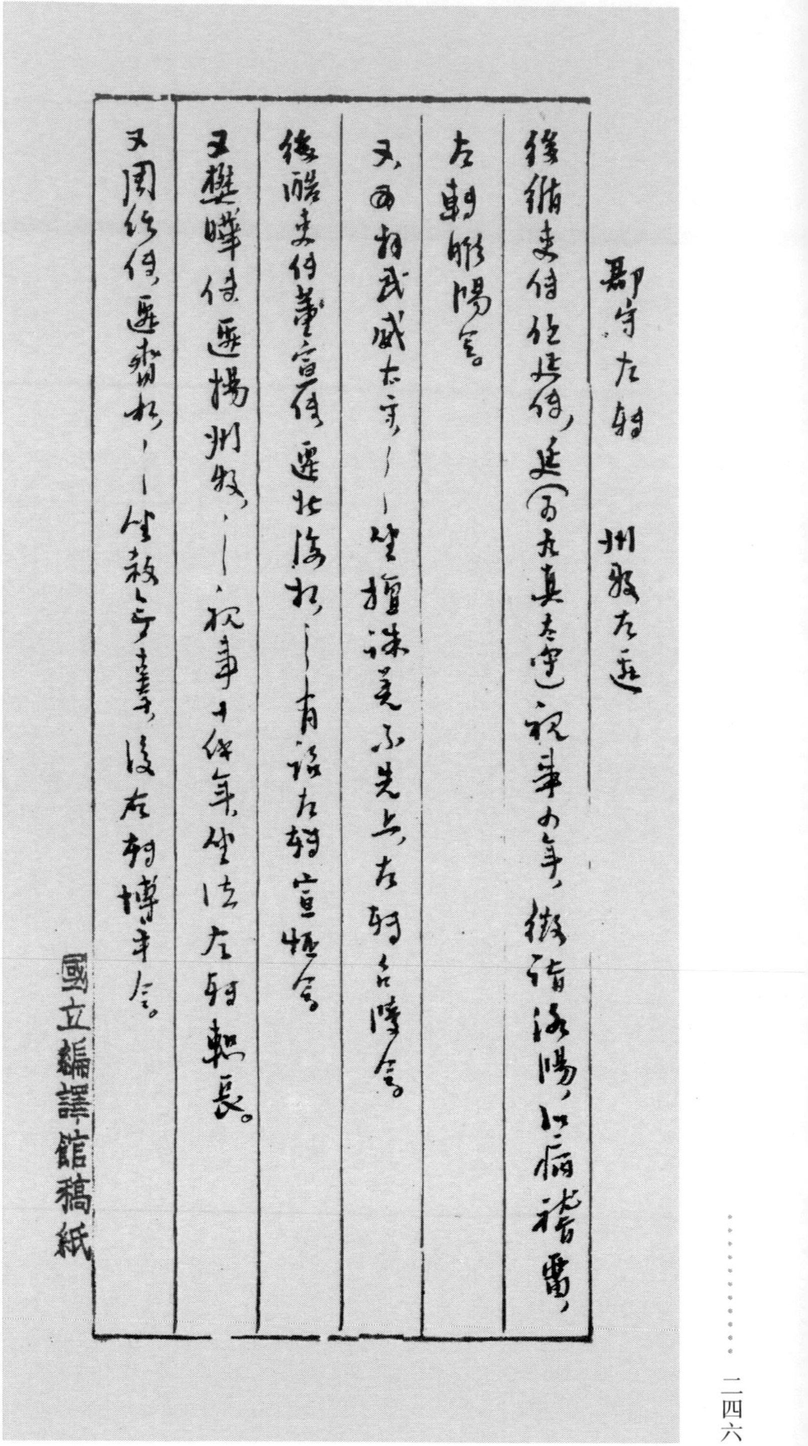
郡守左轉 州牧左遷
後循吏傳任延傳，延（爲九真太守）視事四年，徵詣洛陽，以病稽留，
左轉睢陽令
又爲武威太守……坐擅誅羌不先上，左轉召陵令
後酷吏傳董宣傳 遷北海相……有詔左轉宣懷令
又樊曄傳 遷揚州牧，……視事十餘年，坐法左轉軹長。
又周紆傳 遷齊相……坐殺無辜，復左轉博平令。
國立編譯館稿紙

郡守左轉 州牧左遷

後·循吏傳·任延傳：延（為九真太守）視事四年，徵詣洛陽，以病稽留，左轉睢陽令。[一]又拜武威太守，……坐擅誅羌不先上，左轉召陵令。[二]後·酷吏傳·董宣傳：遷北海相，……有詔左轉宣懷令。[三]又樊曄傳：遷揚州牧，……視事十餘年，坐法左轉軹長。[四]又周紆傳：遷齊相，……坐殺無辜，復左轉博平令。[五]

[一] 范曄：後漢書卷七十六循吏·任延傳，第2462頁。
[二] 范曄：後漢書卷七十六循吏·任延傳，第2462頁。
[三] 范曄：後漢書卷七十七酷吏·董宣傳，第2489頁。
[四] 范曄：後漢書卷七十七樊曄傳，第2491頁。
[五] 范曄：後漢書卷七十七周紆傳，第2493頁。

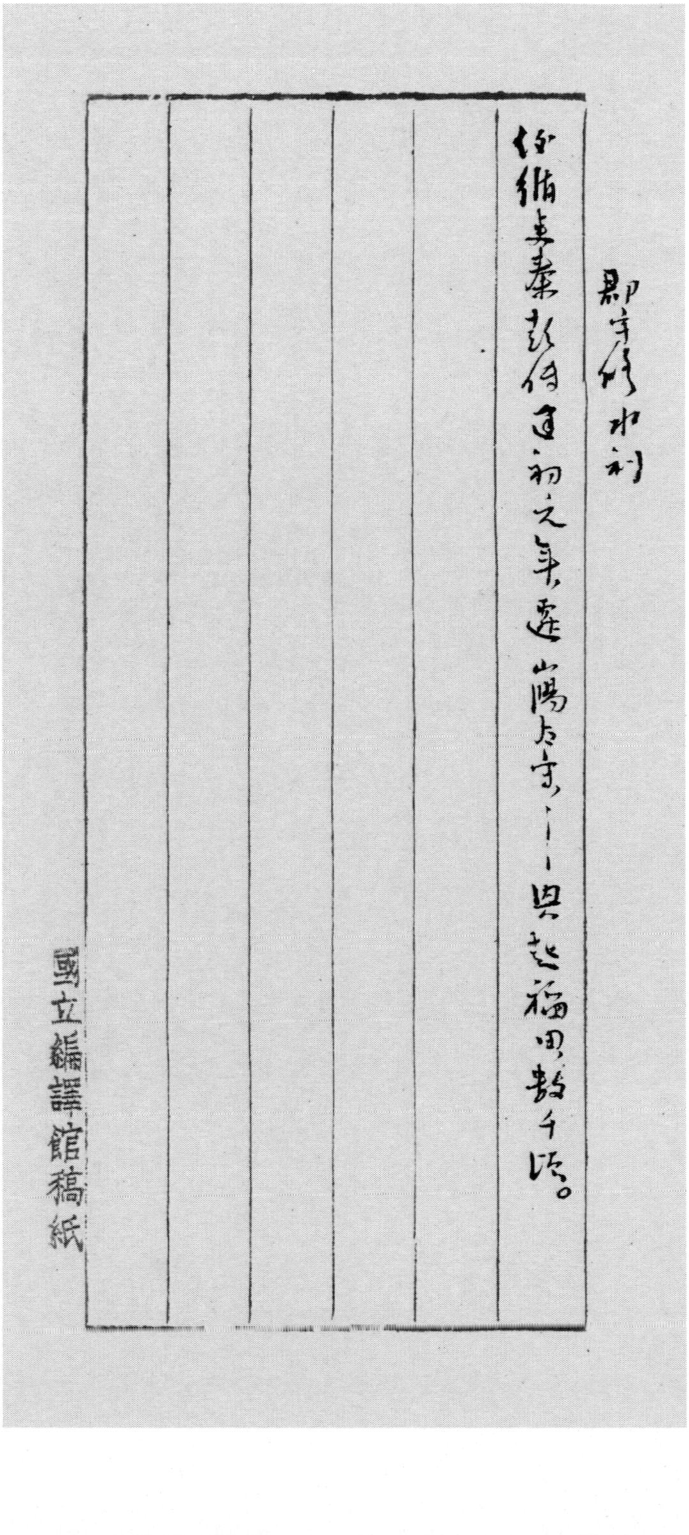
郡守修水利
後循吏秦彭傳　建初元年遷山陽太守……興起稻田數千頃。
國立編譯館稿紙

郡守修水利

後・循吏・秦彭傳：建初元年，遷山陽太守……興起稻田數千頃。[一]

[一]范曄：後漢書卷七十六循吏・秦彭傳，第2467頁。

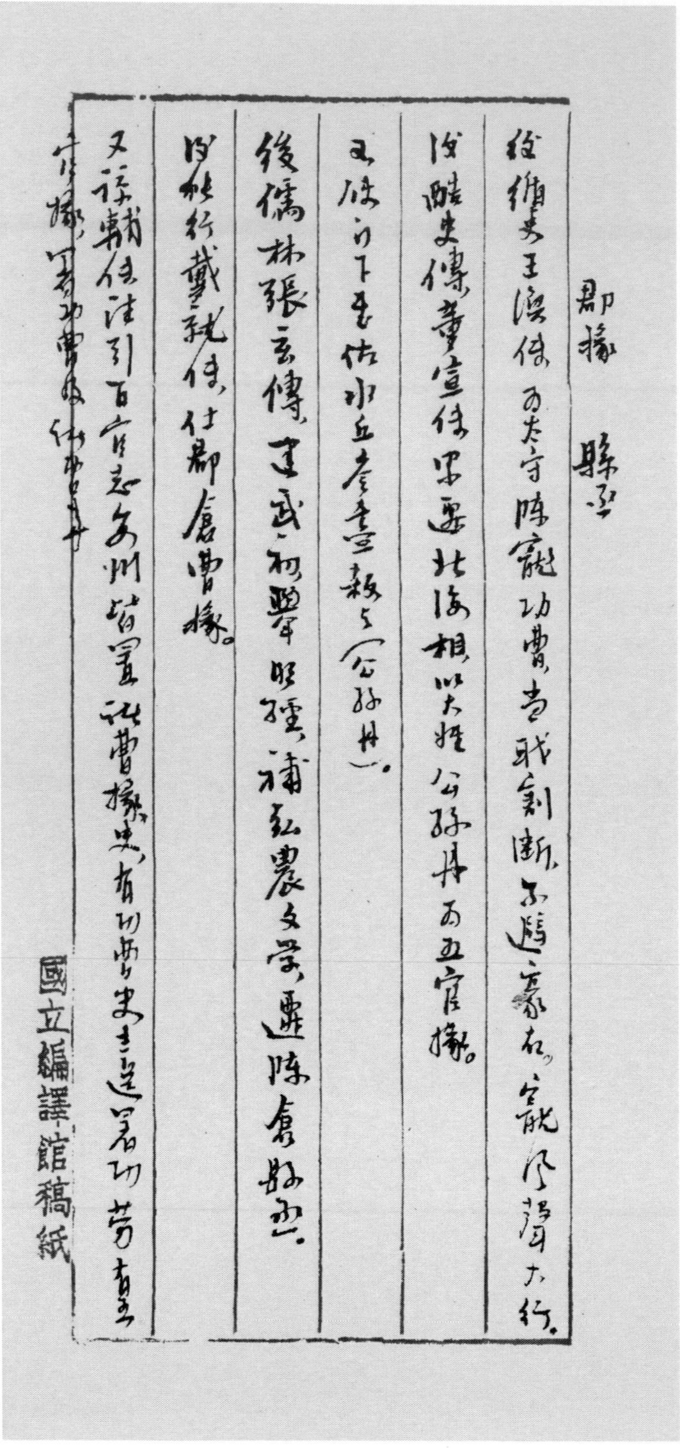

郡掾　縣丞

後·循吏·王渙傳：為太守陳寵功曹，當職割斷，不避豪右。寵風聲大行。[一]後·酷吏·董宣傳：累遷北海相。到官，以大姓公孫丹為五官掾。[二]又使門下書佐水丘岑盡殺之（公孫丹）。[三]後·儒林·張玄傳：建武初，舉明經，補弘農文學，遷陳倉縣丞。[四]後·獨行·戴就傳：仕郡倉曹掾。[五]又，諒輔傳：注引百官志曰：「每州皆置諸曹掾史，有功曹史，主選署功勞。有五官掾，署功曹及諸曹事。」[六]

[一] 范曄：後漢書卷七十六循吏·王渙傳，第2468頁。
[二] 范曄：後漢書卷七十七酷吏·董宣傳，第2489頁。
[三] 范曄：後漢書卷七十七酷吏·董宣傳，第2489頁。
[四] 范曄：後漢書卷七十九下儒林·張玄傳，第2581頁。
[五] 范曄：後漢書卷八十一獨行·戴就傳，第2691頁。
[六] 范曄：後漢書卷八十一諒輔傳，第2695頁。

茂才除令

後·循吏·王渙傳：州舉茂才，除溫令。[一]又，孟嘗傳：後策孝廉，舉茂才，拜徐令。[二]又，第五訪傳：仕郡為功曹，察孝廉，補新都令。[三]又，劉矩傳：舉孝廉。稍遷雍丘令。[四]又，劉寵傳：以明經舉孝廉，除東平陵令。[五]又，童恢傳：（恢弟翊）乃就孝廉，除須昌長。[六]

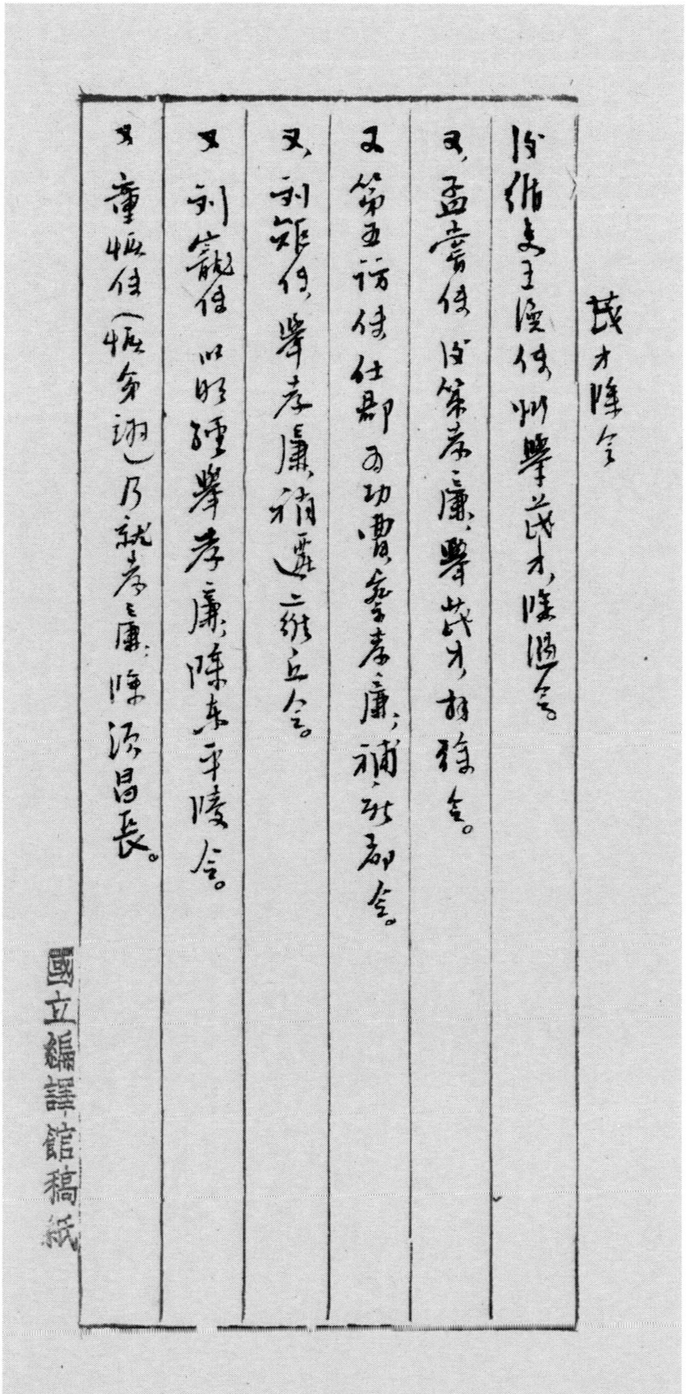
茂才除令
後循吏王渙傳，州舉茂才，除溫令。
又，孟嘗傳，後策孝廉，舉茂才，拜徐令。
又，第五訪傳，仕郡為功曹，察孝廉，補新都令。
又，劉矩傳，舉孝廉，稍遷雍丘令。
又，劉寵傳，以明經舉孝廉，除東平陵令。
又，童恢傳（恢弟翊）乃就孝廉，除須昌長。

[一] 范曄：後漢書卷七十六循吏·王渙傳，第2468頁。

[二] 范曄：後漢書卷七十六孟嘗傳，第2473頁。

[三] 范曄：後漢書卷七十六第五訪傳，第2475頁。

[四] 范曄：後漢書卷七十六劉矩傳，第2476頁。

[五] 范曄：後漢書卷七十六循吏·劉寵傳，第2477頁。

[六] 范曄：後漢書卷七十六童恢傳，第2482頁。

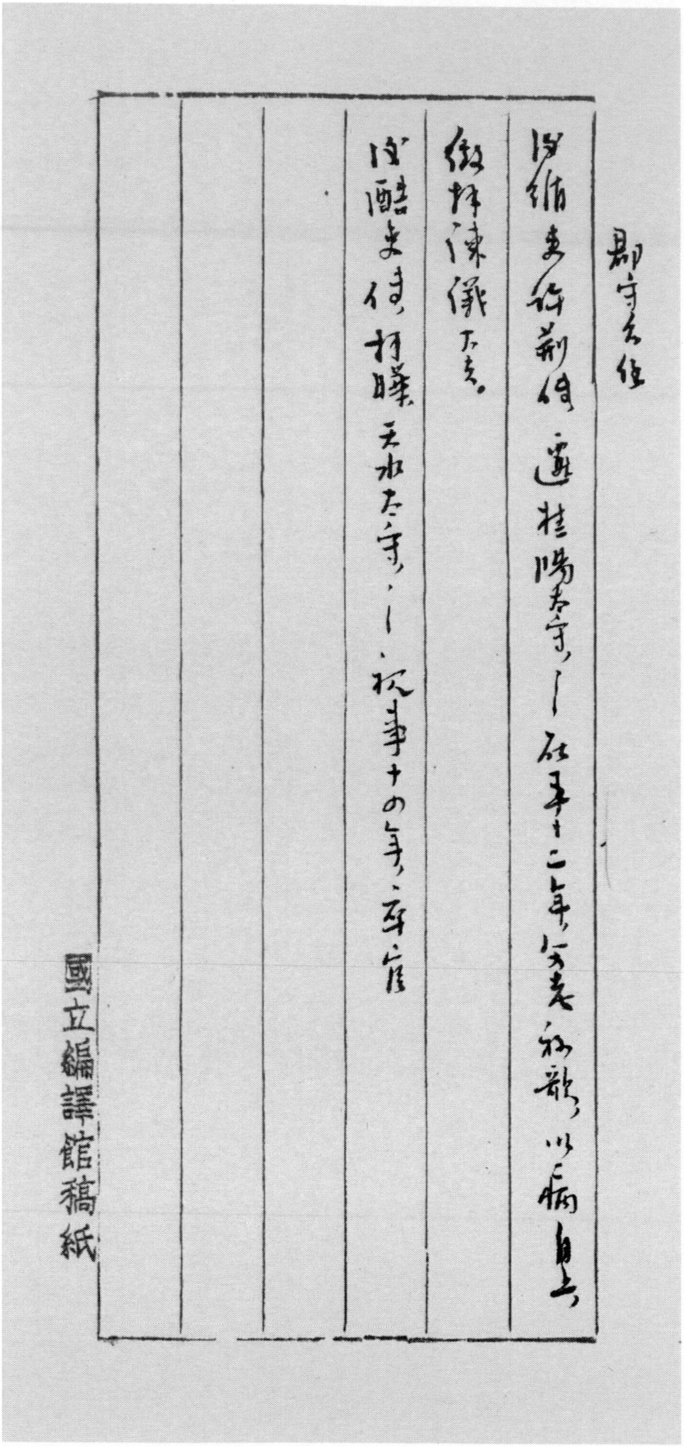
郡守久任
後循吏許荆傳 遷桂陽太守……在事十二年，父老稱歌，以病自上
徵拜諫議大夫。
後酷吏傳 拜曄天水太守……視事十四年，卒官
國立編譯館稿紙

郡守久任

後·循吏·許荆傳：遷桂陽太守……在事十二年，父老稱歌。以病自上，徵拜諫議大夫。[一]後·酷吏傳：拜曄為天水太守……視事十四年，卒官。[二]

[一]范曄：後漢書卷七十六循吏·許荆傳，第2472頁。

[二]范曄：後漢書卷七十七酷吏·樊曄傳，第2491頁。

郡守久任　郡守去職後尤帶郡印

後·循吏·衛颯傳：遷桂陽太守……視事十年，郡內清理。（建武）二十五年，徵還。光武欲以為少府，會颯被疾，不能拜起，敕以桂陽太守歸家，須後詔書。居二歲，載病詣闕，自陳困篤，乃收印綬。〔一〕又任延傳：為河內太守。視事九年，病卒。〔二〕

〔一〕范曄：後漢書卷七十六循吏·衛颯傳，第2459頁。

〔二〕范曄：後漢書卷七十六循吏·任延傳，第2463頁。

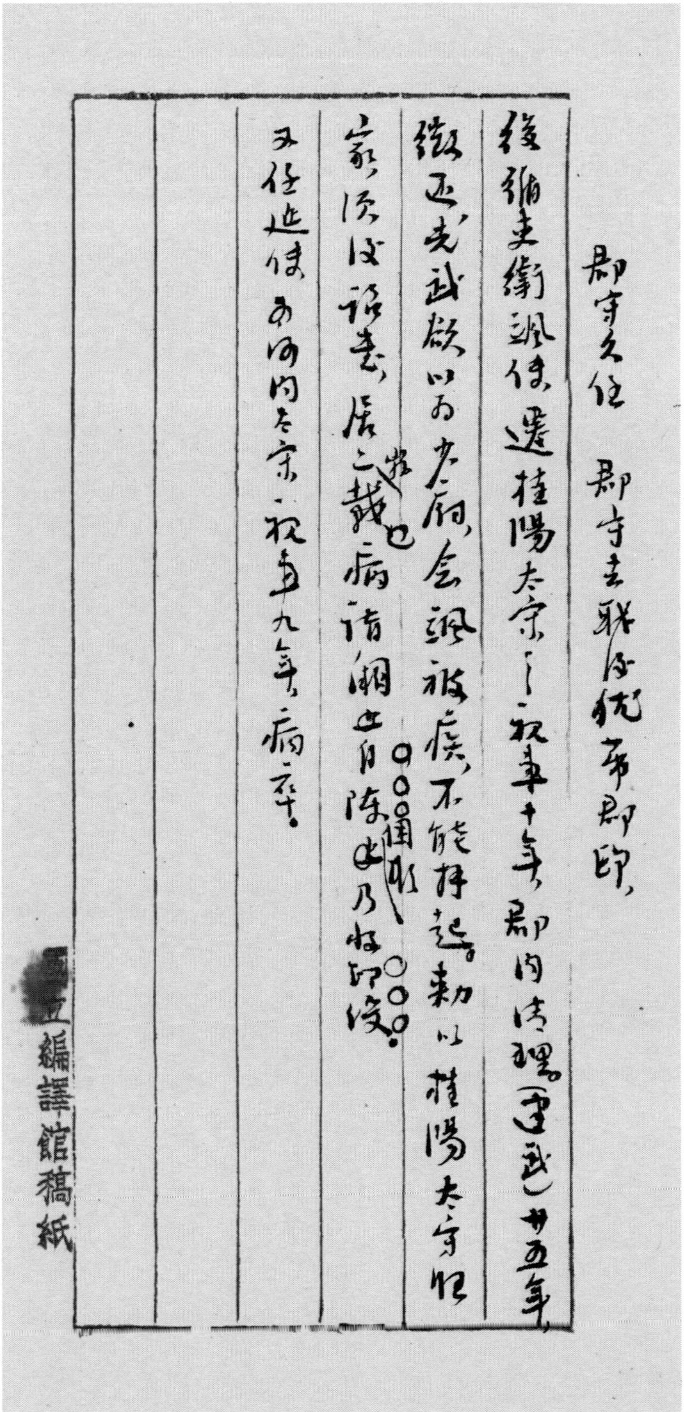
郡守久任　郡守去職後猶帶郡印
後循吏衛颯傳：遷桂陽太守……視事十年，郡內清理。(建武)廿五年，徵還。光武欲以為少府，會颯被疾，不能拜起，勑以桂陽太守歸家，須後詔書。居二歲，載病詣闕，自陳困篤，乃收印綬。又任延傳：為河內太守……視事九年，病卒。

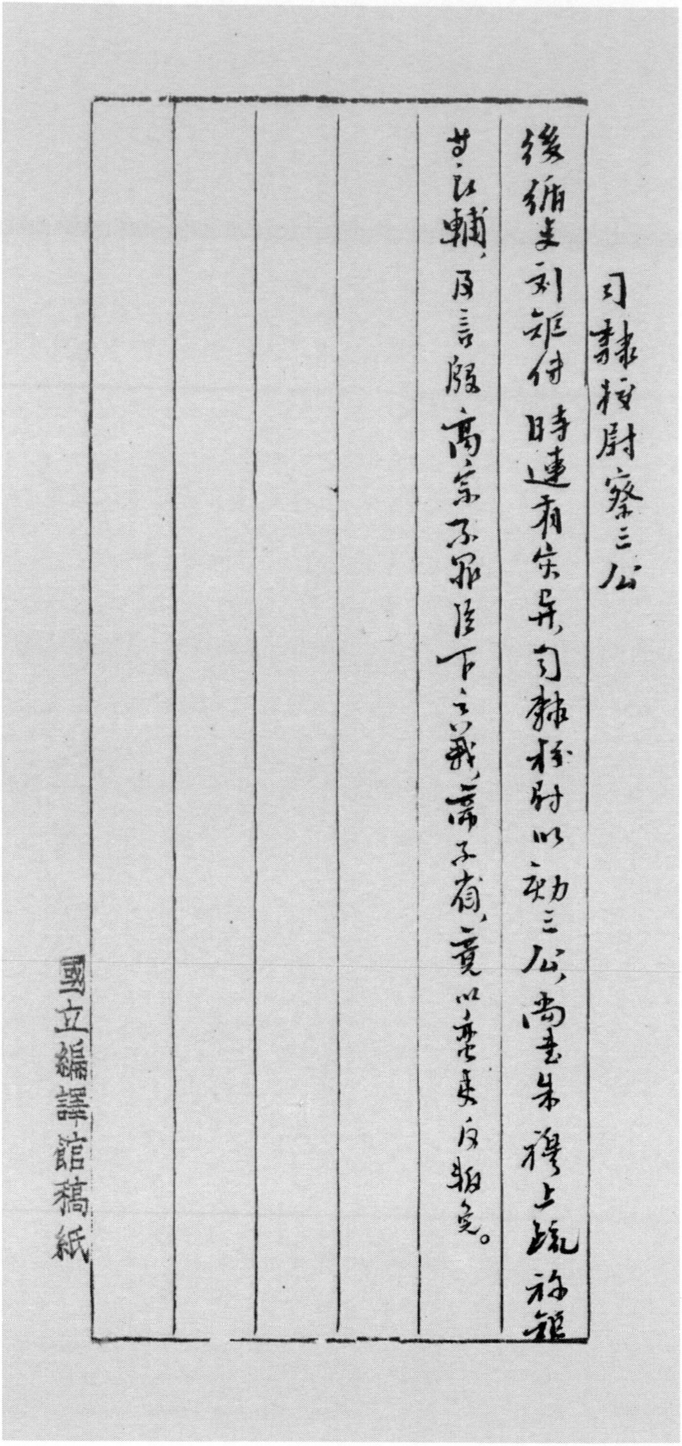
司隸校尉察三公

後循吏劉矩傳 時連有灾異，司隸校尉以劾三公，尚書朱穆上疏稱矩等良輔，及言殷高宗不罪臣下之義，帝不省，竟以蠻夷反叛免。

國立編譯館稿紙

司隸校尉察三公

後·循吏·劉矩傳：時連有灾異，司隸校尉以劾三公。尚書朱穆上疏，稱矩等良輔，及言殷湯、高宗不罪臣下之義。帝不省，竟以蠻夷反叛免。[一]

[一]范曄：後漢書卷七十六循吏·劉矩傳，第2477頁。

亭传　亭長主辭訟

後・循吏・劉寵傳：嘗出京師，欲息亭舍，亭吏止之曰：「整頓灑埽，以待劉公，不可得也。」寵無言而去，時人稱其長者。[一]又，仇覽傳：為蒲亭長。勸人生業，為制科令，至於果菜為限，雞豕有數，農事既畢，乃令子弟群居，還就黌學。其剽輕游恣者，皆役以田桑，嚴設科罰。躬助喪事，賑恤窮寡。期年稱大化。覽初到亭，人有陳元者，獨與母居，而母詣覽告元不孝。[二]

[一] 范曄：後漢書卷七十六循吏・劉寵傳，第2479頁。

[二] 范曄：後漢書卷七十六仇覽傳，第2480頁。

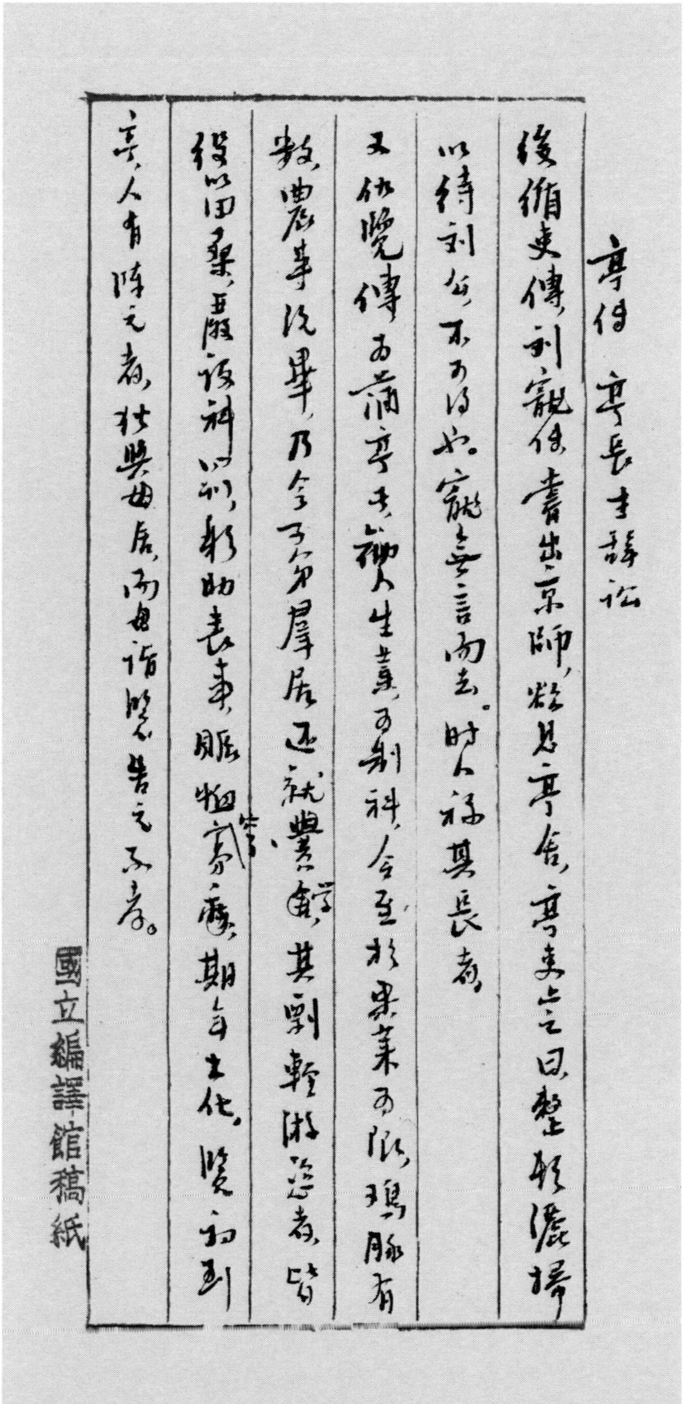
亭传　亭長主辭訟
後循吏傳，劉寵傳：嘗出京師，欲息亭舍，亭吏止之曰：整頓灑埽
以待劉公，不可得也。寵無言而去。時人稱其長者
又仇覽傳：為蒲亭長，勸人生業，為制科令，至於果菜為限，雞豕有
數，農事既畢，乃令子弟群居，還就黌學，其剽輕游恣者，皆
役以田桑，嚴設科罰，躬助喪事，賑恤窮寡，期年稱大化。覽初到
亭，人有陳元者，獨與母居，而母詣覽告元不孝。
國立編譯館稿紙

即拜縣令　徵拜縣令

後·儒林傳·劉昆傳：建武五年，舉孝廉，不行，遂逃，教授於江陵。光武聞之，即除為江陵令。[一]後·獨行傳·索盧傳：初署郡門下掾……建武六年，徵為洛陽令。[二]

[一] 范曄：後漢書卷七十九上儒林·劉昆傳，第2550頁。

[二] 范曄：後漢書 卷八十一獨行·索盧傳，第2674頁。

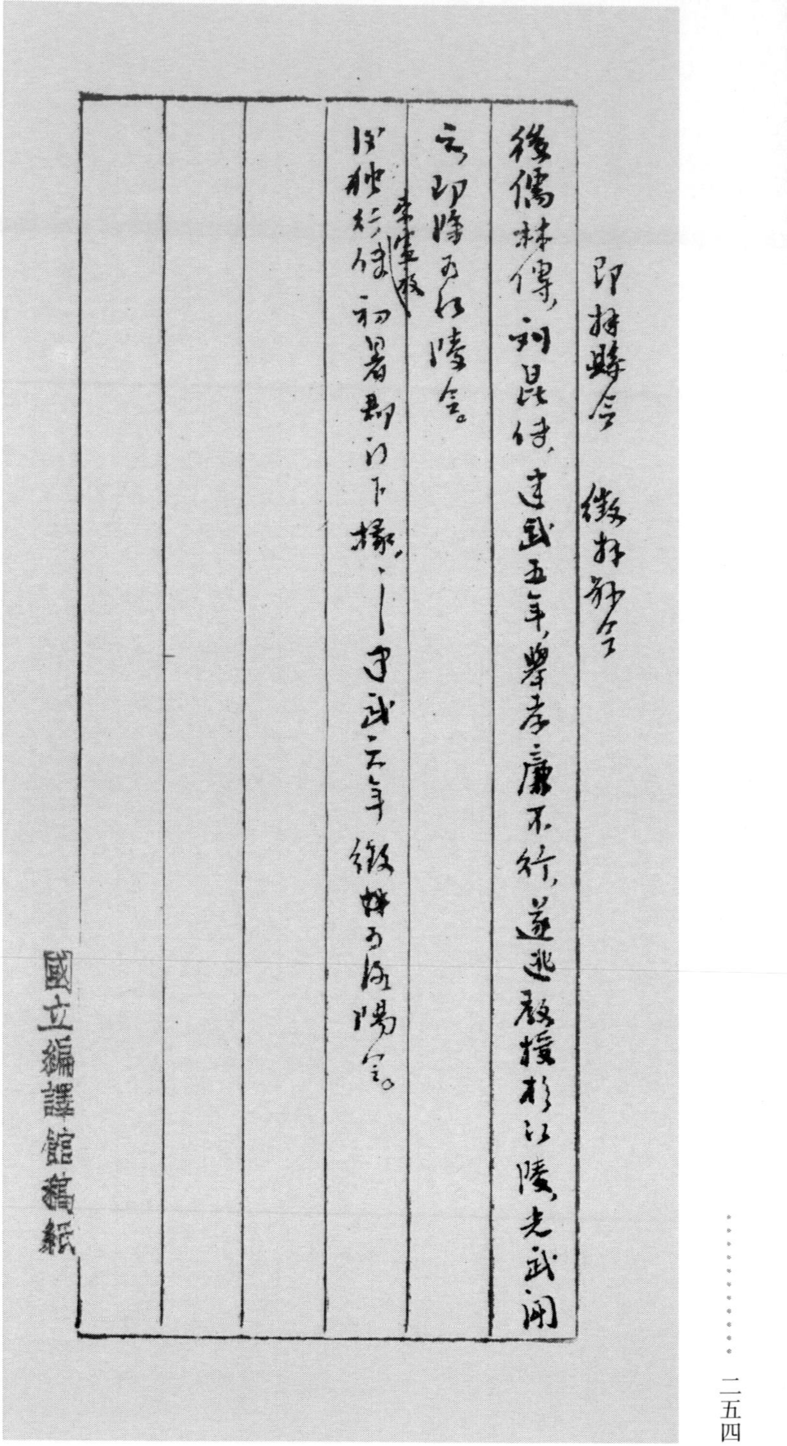
即拜縣令　徵拜縣令
後儒林傳，劉昆傳，建武五年，舉孝廉不行，遂逃，教授於江陵，光武聞
之，即除為江陵令。
後獨行傳，初署郡門下掾，……建武六年，徵拜為洛陽令。

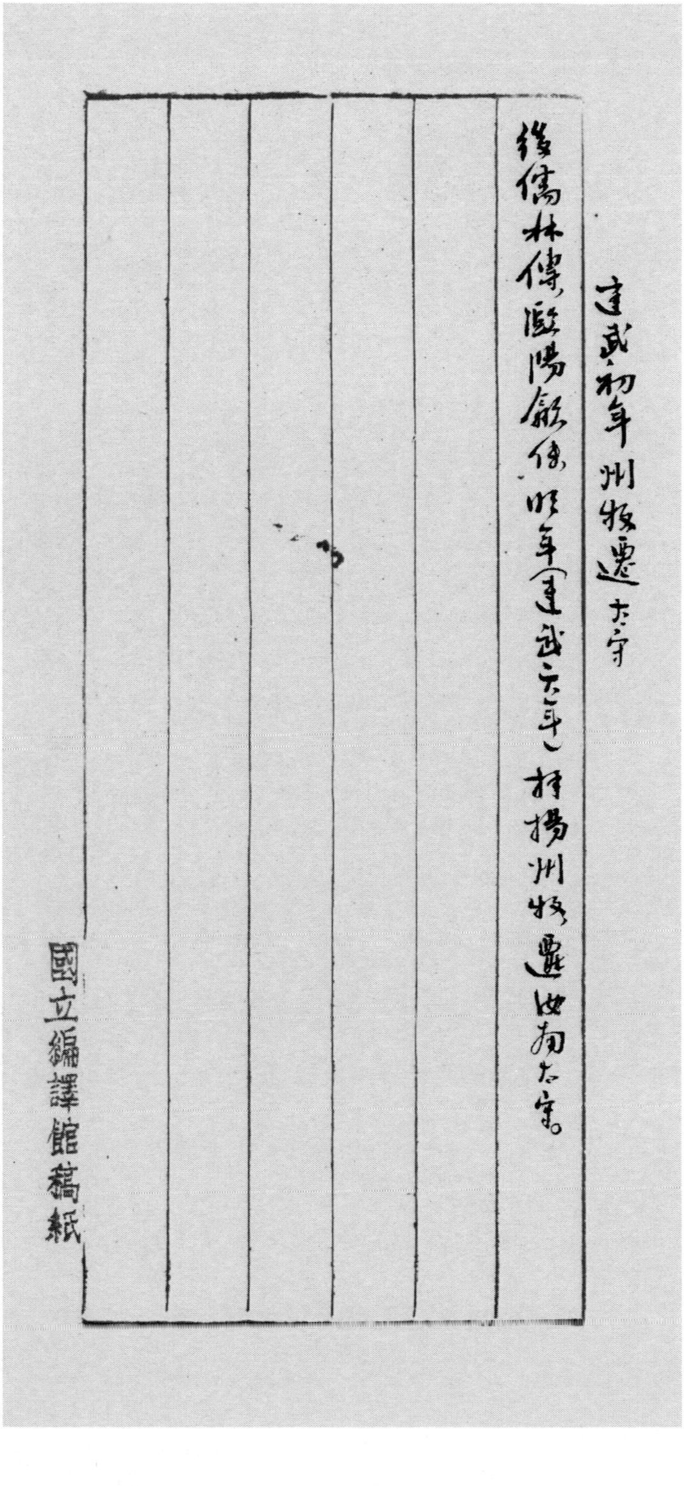
建武初年州牧遷太守
後儒林傳，歐陽歙傳，明年（建武六年）拜揚州牧，遷汝南太守。
國立編譯館稿紙

建武初年州牧遷太守

後·儒林傳·歐陽歙傳：明年（建武六年），拜揚州牧，遷汝南太守。[一]

[一] 范曄：後漢書卷七十九上儒林·歐陽歙傳，第2555頁。

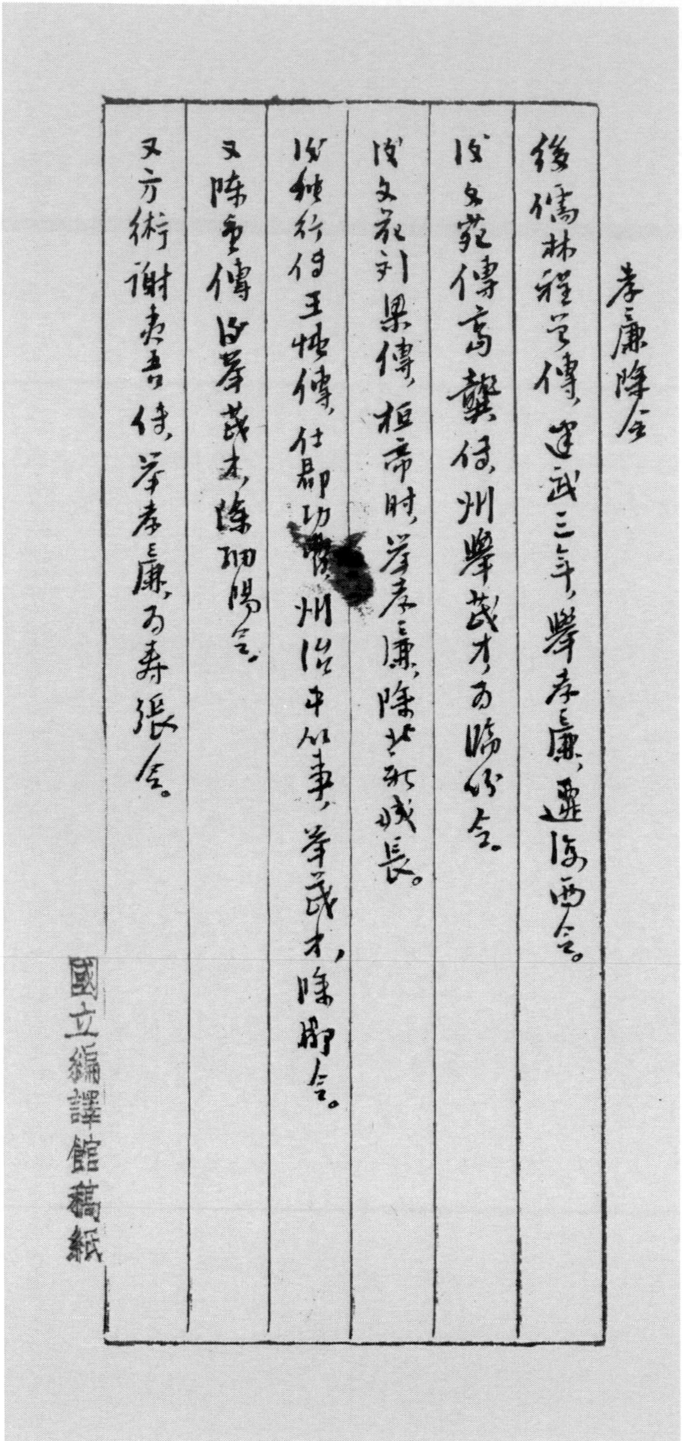
孝廉除令
後儒林程曾傳，建武三年，舉孝廉，遷海西令。
後文苑傳葛龔傳，州舉茂才，為臨汾令。
後文苑劉梁傳，桓帝時，舉孝廉，除北新城長。
後獨行傳王忳傳，仕郡功曹，州治中從事，舉茂才，除郿令。
又陳重傳，後舉茂才，除細陽令。
又方術謝夷吾傳，舉孝廉，為壽張令。
國立編譯館稿紙

孝廉除令

後·儒林·程曾傳：建(武)〔初〕三年，舉孝廉，遷海西令。〔一〕後·文苑傳·葛龔傳：州舉茂才，為臨汾令。〔二〕

後·文苑·劉梁傳：桓帝時，舉孝廉，除北新城長。〔三〕後·獨行傳·王忳傳：仕郡功曹，州治中從事。舉茂才，除郿令。〔四〕後·陳重傳：後舉茂才，除細陽令。〔五〕後·方術·謝夷吾傳：舉孝廉，為壽張令。〔六〕

〔一〕范曄：後漢書卷七十九下儒林·程曾傳，第2581頁。
〔二〕范曄：後漢書卷八十上文苑·葛龔傳，第2618頁。
〔三〕范曄：後漢書卷八十下文苑·劉梁傳，第2639頁。
〔四〕范曄：後漢書卷八十一獨行·王忳傳，第2681頁。
〔五〕范曄：後漢書卷八十一陳重傳，第2687頁。
〔六〕范曄：後漢書卷八十二上方術·謝夷吾傳，第2713頁。

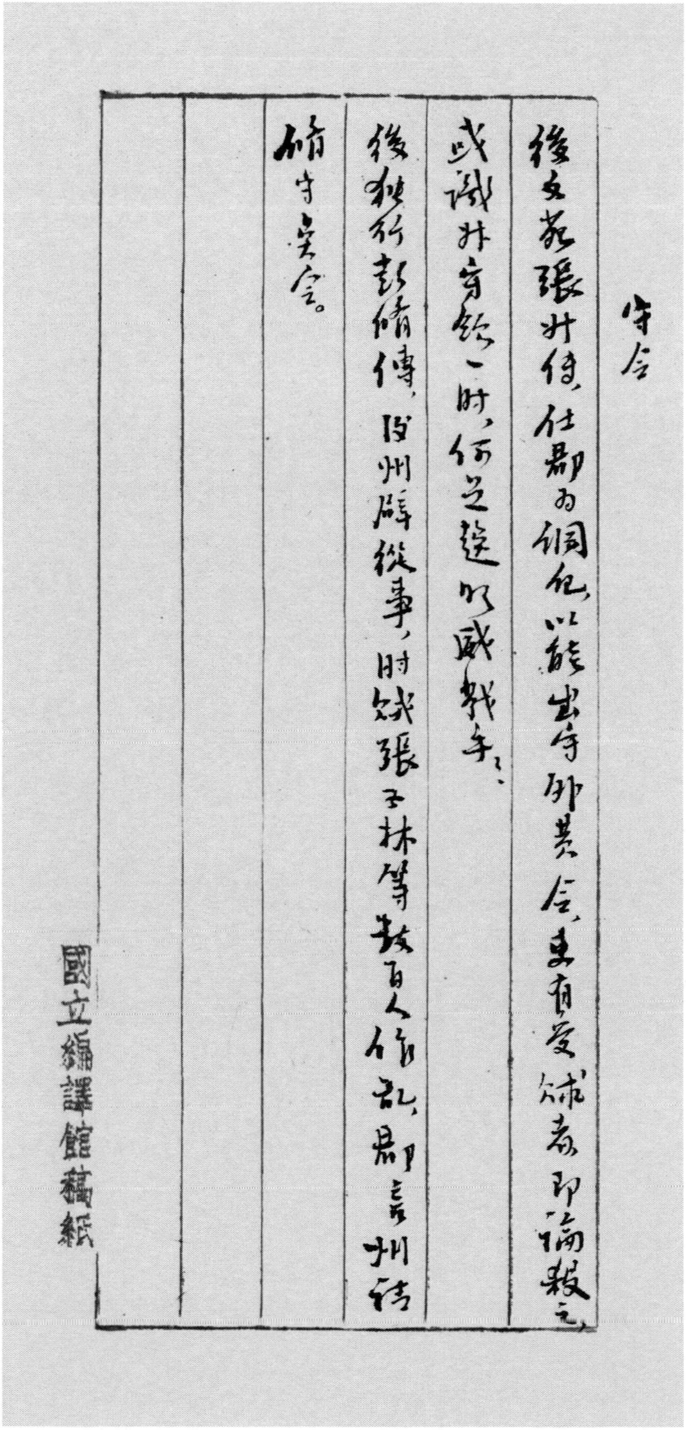

守令
後文苑張升傳，仕郡為綱紀，以能出守外黃令，吏有受賕者，即論殺之
或譏升守領一時，何足趨明威戮乎？
後獨行彭脩傳，後州辟從事，時賊張子林等數百人作亂，郡言州請
脩守吳令。

守令

後·文苑·張升傳：仕郡為綱紀。以能出守外黃令。吏有受賕者，即論殺之。或譏升守領一時，何足趨明威戮乎？[一]後·獨行·彭脩傳：後州辟從事。時賊張子林等數百人作亂，郡言州，請脩守吳令。[二]

[一] 范曄：後漢書卷八十下文苑·張升傳，第2627頁。

[二] 范曄：後漢書卷八十一獨行·彭脩傳，第2674頁。

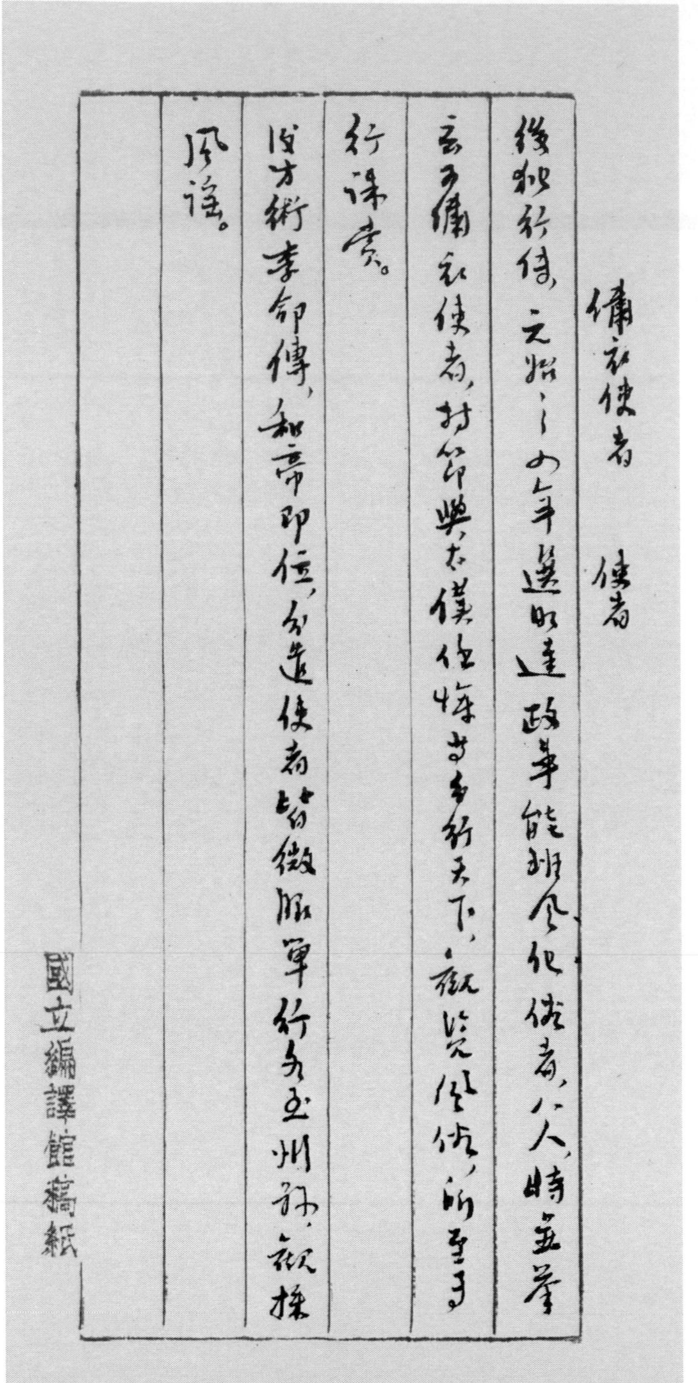

繡衣使者　使者

後獨行傳，元始：：四年選明達政事能班化風俗者，八人，時並舉
玄為繡衣使者，持節與太僕任惲等分行天下，觀覽風俗，所至專
行誅賞。
後方術李郃傳，和帝即位，分遣使者皆微服單行各至州縣，觀採
風謠。

國立編譯館稿紙

繡衣使者　使者

後·獨行傳：元始……四年，選明達政事能班化風俗者八人。時並舉玄，為繡衣使者，持節，與太僕(任)〔王〕惲等分行天下，觀覽風俗，所至專行誅賞。[一]後·方術·李郃傳：和帝即位，分遣使者，皆微服單行，各至州縣，觀采風謠。[二]

[一] 范曄：後漢書卷八十一獨行·譙玄傳，第2667頁。

[二] 范曄：後漢書卷八十二上方術上·李郃傳，第2717頁。

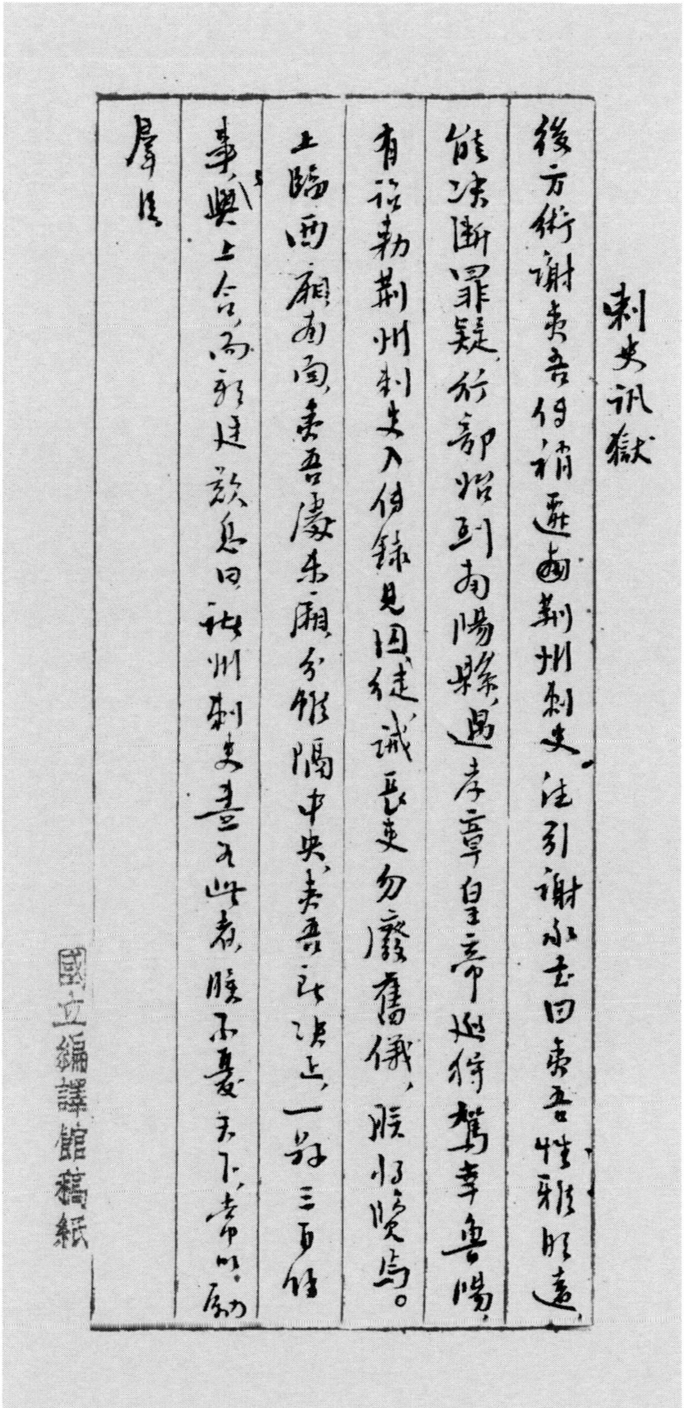
刺史訊獄

後方術謝夷吾傳稍遷荊州刺史注引謝承書曰夷吾性雅明遠能決斷罪疑行部始到南陽縣遇孝章皇帝巡狩駕幸魯陽有詔勅荊州刺史入傳錄見囚徒誡長吏勿廢舊儀朕將覽焉。上臨西廂南面夷吾處東廂分帷隔中央夷吾所決正一縣三百餘事與上合而朝廷歎息曰諸州刺史盡如此者朕不憂天下常以勵羣臣

刺史訊獄

後·方術·謝夷吾傳：稍遷荊州刺史。注引謝承書曰：「夷吾雅性明遠，能決斷罪疑。行部始到南陽縣，遇孝章皇帝巡狩，駕幸魯陽，有詔敕荊州刺史入傳錄見囚徒，誡長吏『勿廢舊儀，朕將覽焉』。上臨西廂南面，夷吾處東廂，分帷隔中央。夷吾所決正一縣三百餘事，事與上合。而朝廷歎息曰：『諸州刺史盡如此者，朕不憂天下。』常以勵羣臣。」[一]

[一] 范曄：後漢書卷八十二上方術·謝夷吾傳，第2713頁。

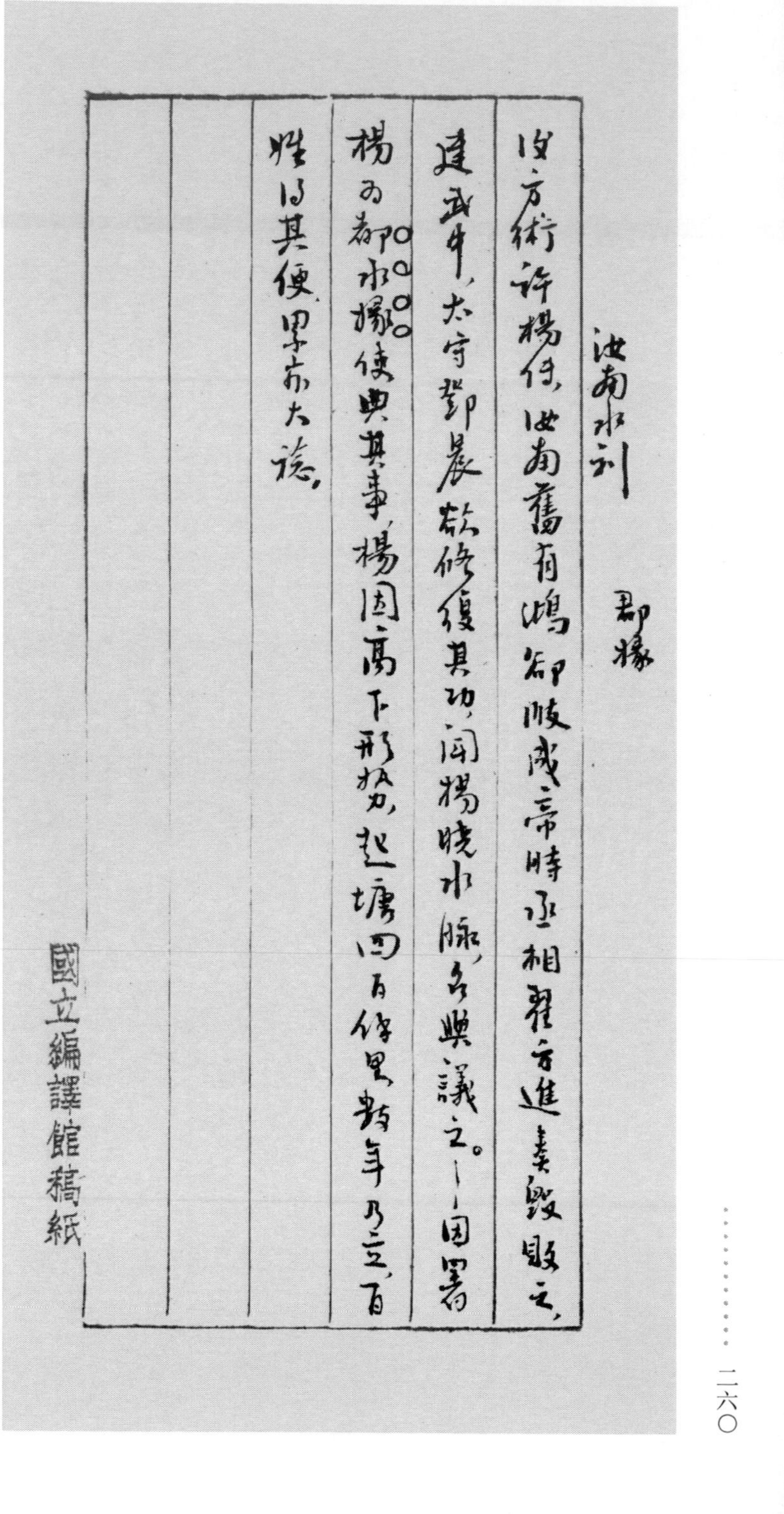
汝南水利　郡掾

後方術許楊傳，汝南舊有鴻郤陂，成帝時丞相翟方進奏毀敗之，
建武中，太守鄧晨欲修復其功，聞楊曉水脈，召與議之。……因署
楊為都水掾，使典其事，楊因高下形勢，起塘四百餘里，數年乃立，百
姓得其便，累歲大稔，

汝南水利　郡掾

後·方術·許楊傳：汝南舊有鴻郤陂，成帝時，丞相翟方進奏毀敗之。建武中，太守鄧晨欲修復其功，聞楊曉水脈，召與議之……因署楊為都水掾，使典其事。楊因高下形勢，起塘四百餘里，數年乃立。百姓得其便，累歲大稔。[一]

[一] 范曄：後漢書卷八十二上方術·許楊傳，第2710頁。

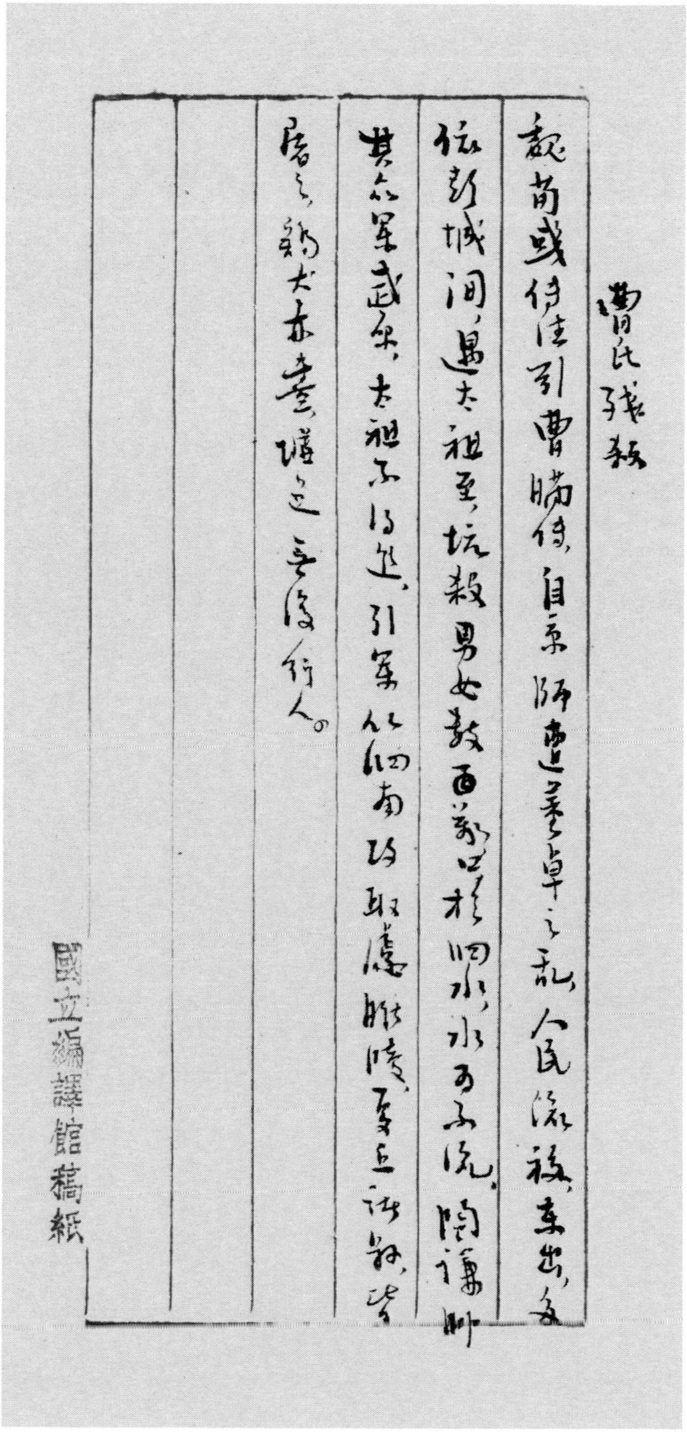
曹氏殘殺
魏荀彧傳注引曹瞞傳自京師遭董卓之亂人民流移東出多依彭城間遇太祖至坑殺男女數萬口於泗水水為不流陶謙帥其衆軍武原太祖不得進引軍從泗南攻取慮睢陵夏丘諸縣皆屠之雞犬亦盡墟邑無復行人。

曹氏殘殺

魏·荀彧傳：注引曹瞞傳云：「自京師遭董卓之亂，人民流移東出，多依彭城間。遇太祖至，坑殺男女數萬口於泗水，水為不流。陶謙帥其众軍武原，太祖不得進。引軍從泗南攻取慮、睢陵、夏丘諸縣，皆屠之；雞犬亦盡，墟邑無復行人。」[一]

[一] 陳壽：三國志·魏書卷十荀彧傳，中華書局，1959年，第310頁。

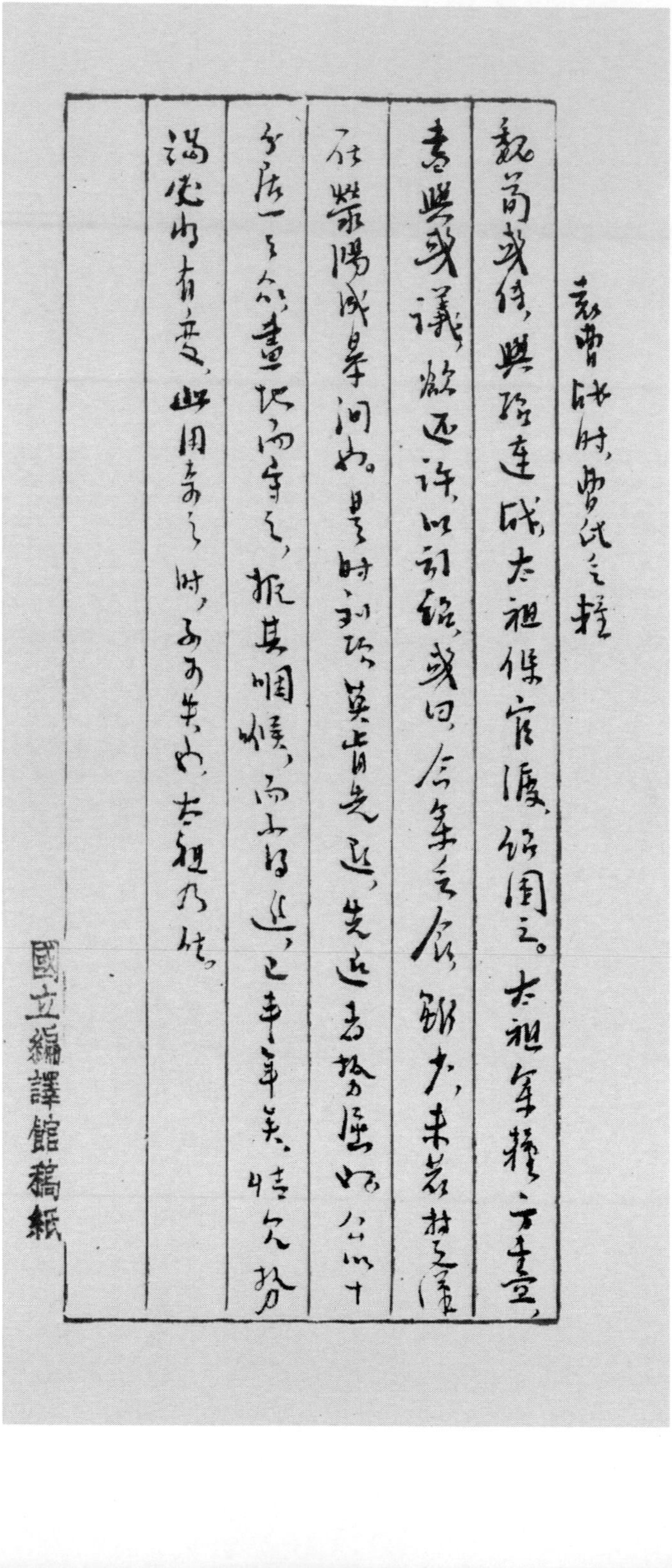
袁曹戰時曹氏之糧
魏荀彧傳，與紹連戰，太祖保官渡，紹圍之。太祖軍糧方盡，書與彧議，欲還許以引紹，彧曰，今軍食雖少，未若楚漢在滎陽成皋間也。是時劉項莫肯先退，先退者勢屈也。公以十分居一之眾，畫地而守之，扼其咽喉，而不得進，已半年矣。情見勢竭，必將有變，此用奇之時，不可失也。太祖乃住。
國立編譯館稿紙

袁曹戰時曹氏乏糧

魏・荀彧傳：與紹連戰。太祖保官渡，紹圍之。太祖軍糧方盡，書與彧，議欲還許以引紹。彧曰：「今軍食雖少，未若楚、漢在滎陽、成皋間也。是時劉、項莫肯先退，先退者勢屈也。公以十分居一之众，畫地而守之，扼其(咽)喉而不得進，已半年矣。情見勢竭，必將有變，此用奇之時，不可失也。」太祖乃住。[一]

[一] 陳壽：三國志・魏書卷十荀彧傳，第314頁。

尚書郎出補縣令

魏・華歆傳：為尚書郎。董卓遷天子長安，歆求出為下邽令。[一] 魏・王朗傳：以通經，拜郎中，除菑丘長。師太尉楊賜，賜薨，棄官行服。[二]

[一] 陳壽：三國志・魏書卷十三華歆傳，第401頁。

[二] 陳壽：三國志・魏書卷十三王朗傳，第406頁。

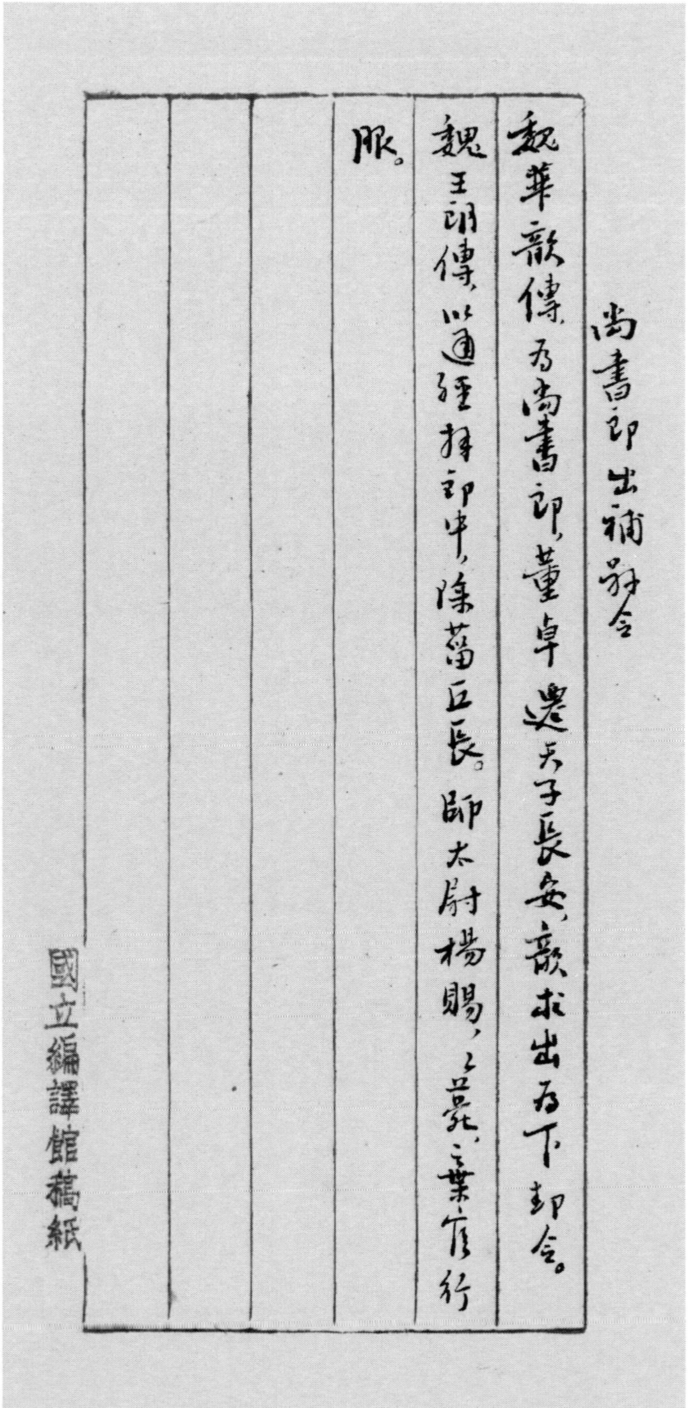

尚書郎出補縣令

魏華歆傳，為尚書郎，董卓遷天子長安，歆求出為下邽令。

魏王朗傳，以通經拜郎中，除菑丘長。師太尉楊賜，賜薨，棄官行服。

國立編譯館稿紙

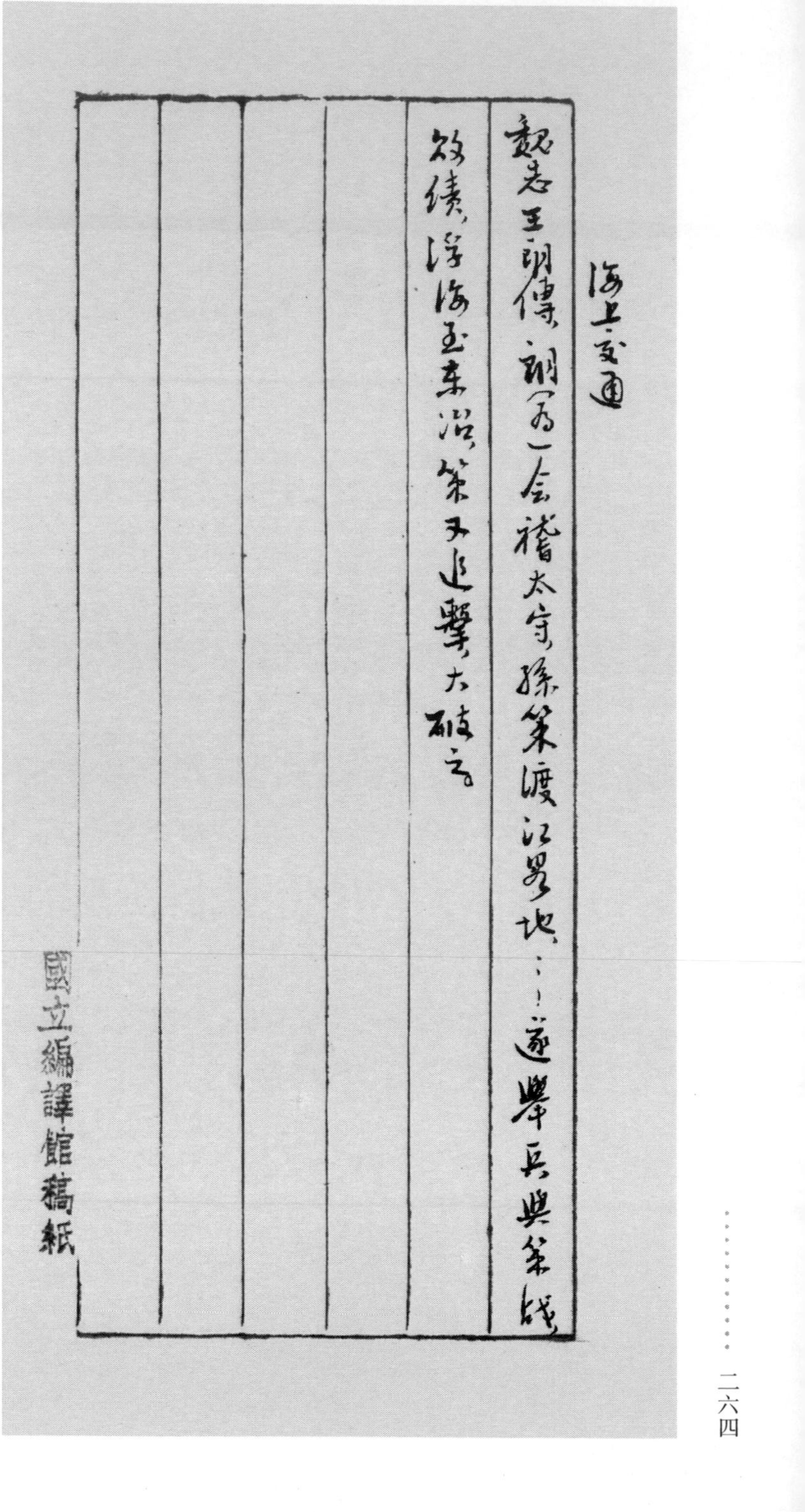

海上交通

魏志王朗傳，朗(為)會稽太守，孫策渡江略地……遂舉兵與策戰，敗績，浮海至東冶，策又追擊，大破之

國立編譯館稿紙

海上交通

魏志·王朗傳：朗（為）會稽太守。孫策渡江略地……遂舉兵與策戰，敗績，浮海至東冶。策又追擊，大破之。[一]

[一]陳壽：三國志·魏書卷十三王朗傳，第407頁。

洛陽人戶單盡　冀州人丁

魏・鍾繇傳：自天子西遷，洛陽人民單盡，繇徙關中民，又招納亡叛以充之，數年間，民戶稍實。[一]魏・崔琰傳：太祖破袁氏，領冀州牧，辟琰為別駕從事，謂琰曰：「昨案戶籍，可得三十萬众，故為大州也。」[二]

[一] 陳壽：三國志・魏書卷十三鍾繇傳，第393頁。

[二] 陳壽：三國志・魏書卷十二崔琰傳，第367頁。

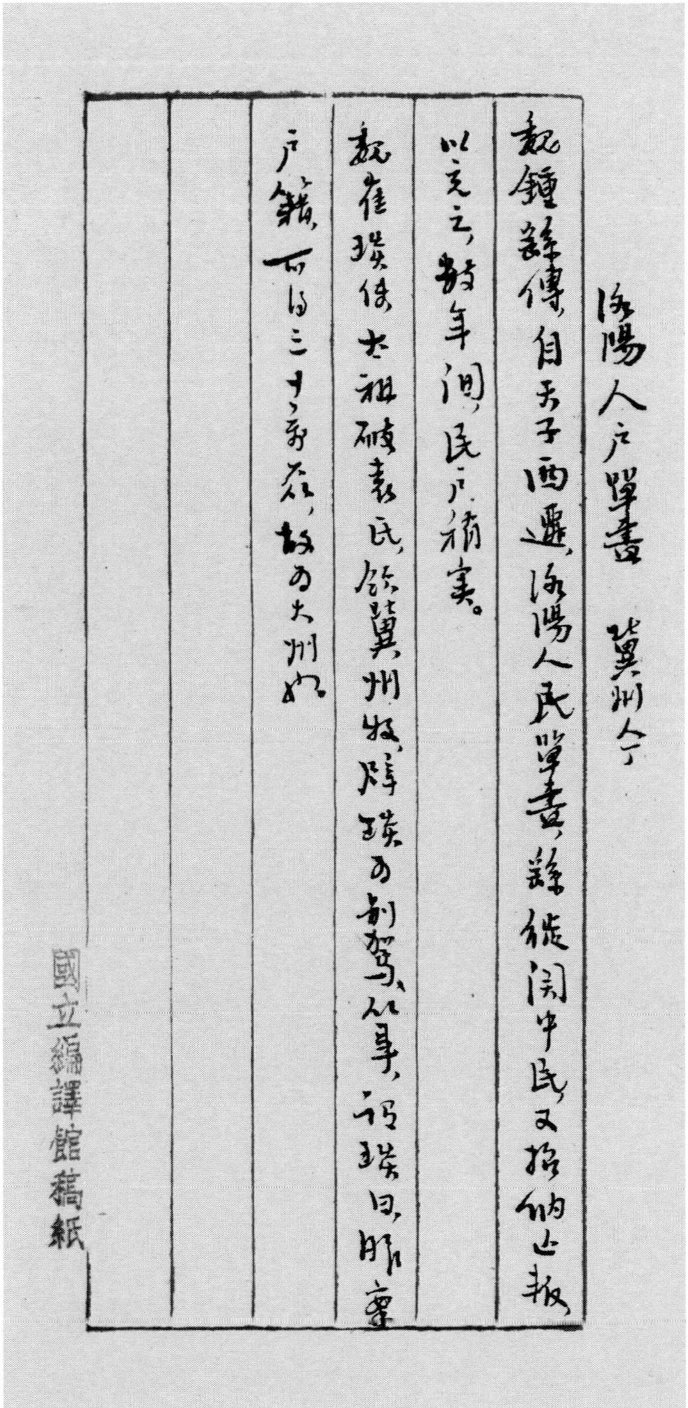
洛陽人戶單盡　冀州人丁
魏鍾繇傳，自天子西遷，洛陽人民單盡，繇徙關中民，又招納亡叛
以充之，數年間，民戶稍實。
魏崔琰傳，太祖破袁氏，領冀州牧，辟琰為別駕從事，謂琰曰，昨案
戶籍，可得三十萬衆，故為大州也
國立編譯館稿紙

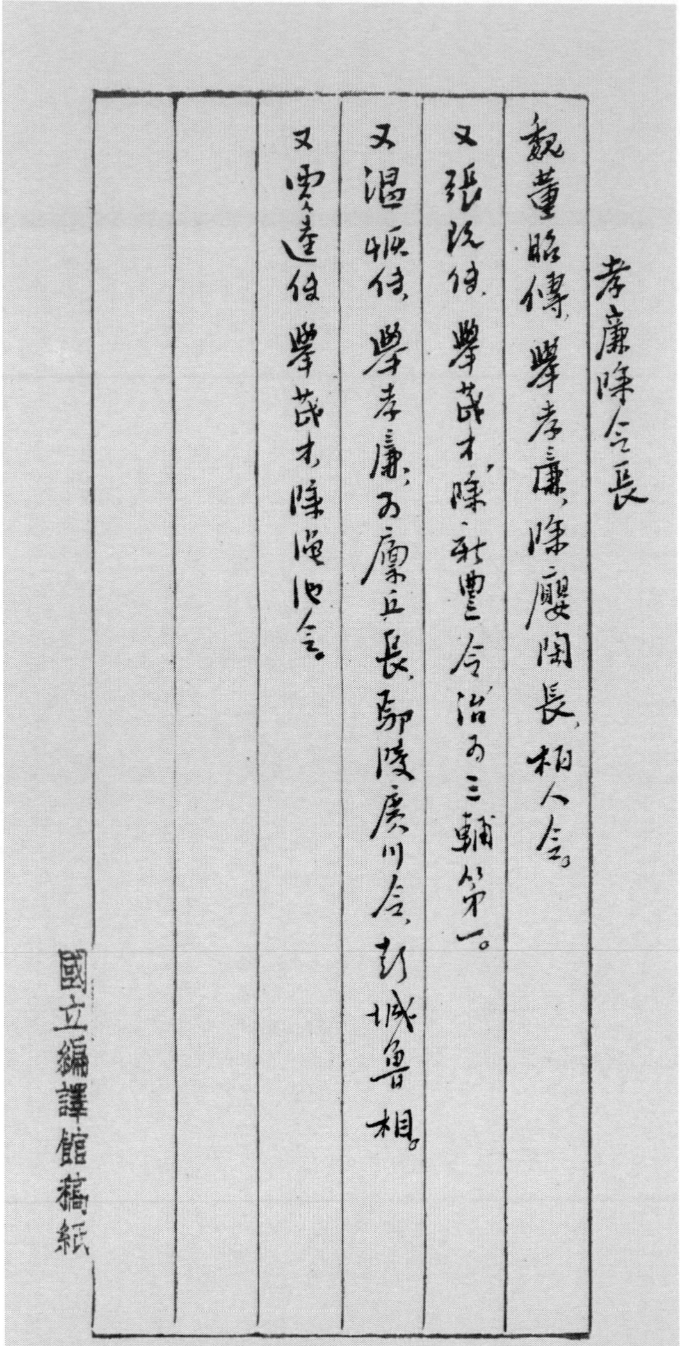
孝廉除令長
魏董昭傳，舉孝廉，除廮陶長，柏人令。
又張既傳，舉茂才，除新豐令，治為三輔第一。
又溫恢傳，舉孝廉，為廩丘長，鄢陵廣川令，彭城魯相。
又賈逵傳，舉茂才，除澠池令。
國立編譯館稿紙

孝廉除令長

魏·董昭傳：舉孝廉，除廮陶長、柏人令。[一]又張既傳：舉茂才，除新豐令，治為三輔第一。[二]又溫恢傳：舉孝廉，為廩丘長，鄢陵、廣川令，彭城、魯相。[三]又賈逵傳：舉茂才，除澠池令。[四]

[一]陳壽：三國志·魏書卷十四程昱傳，第436頁。

[二]陳壽：三國志·魏書卷十五張既傳，第472頁。

[三]陳壽：三國志·魏書卷十五溫恢傳，第478頁。

[四]陳壽：三國志·魏書卷十五賈逵傳，第480頁。

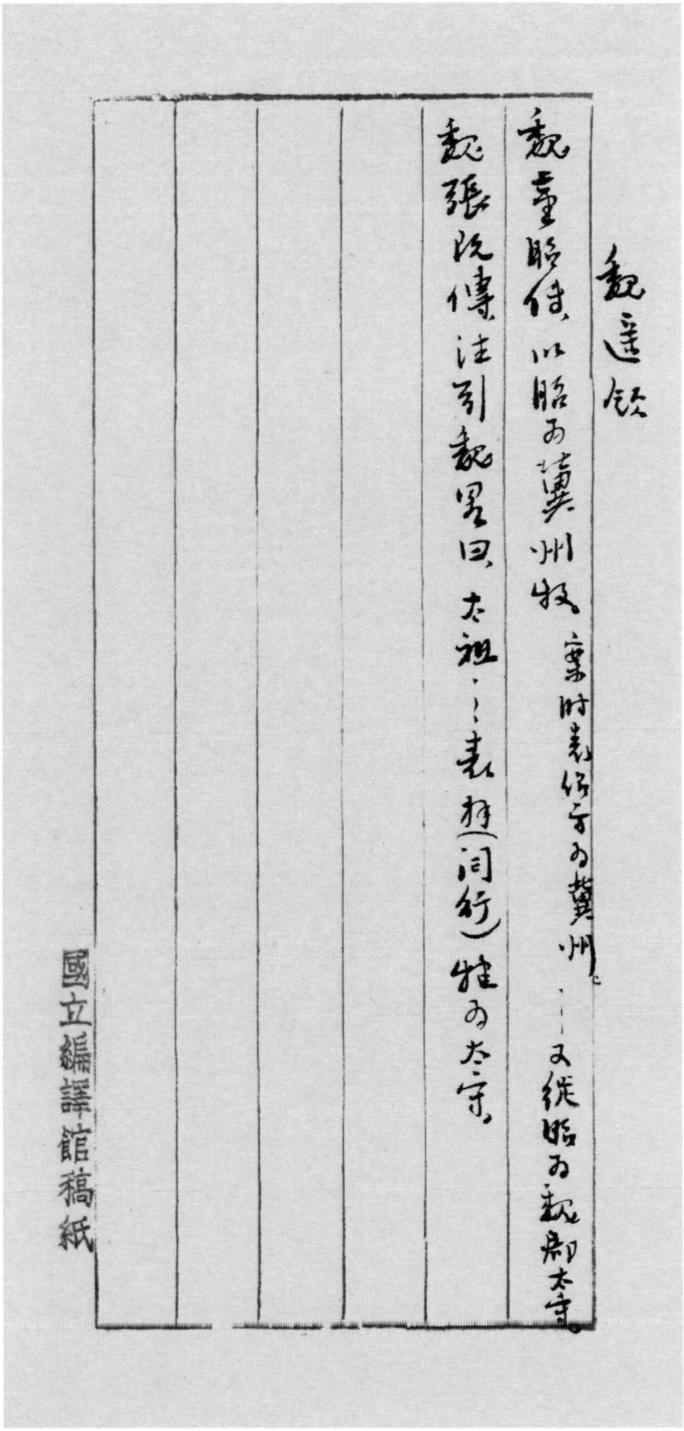
魏遙領

魏董昭傳，以昭為冀州牧（案時袁紹方為冀州）……又徙昭為魏郡太守。

魏張既傳注引魏略曰，太祖……表拜（間行）犍為太守

國立編譯館稿紙

魏遙領

魏·董昭傳：以昭為冀州牧。（案時袁紹方為冀州）……又徙昭為魏郡太守。[一]

魏·張既傳：注引魏略曰：「太祖……表拜（閒行）犍為太守。」[二]

[一] 陳壽：三國志·魏書卷十四董昭傳，第438頁。

[二] 陳壽：三國志·魏書卷十五張既傳，第476頁。

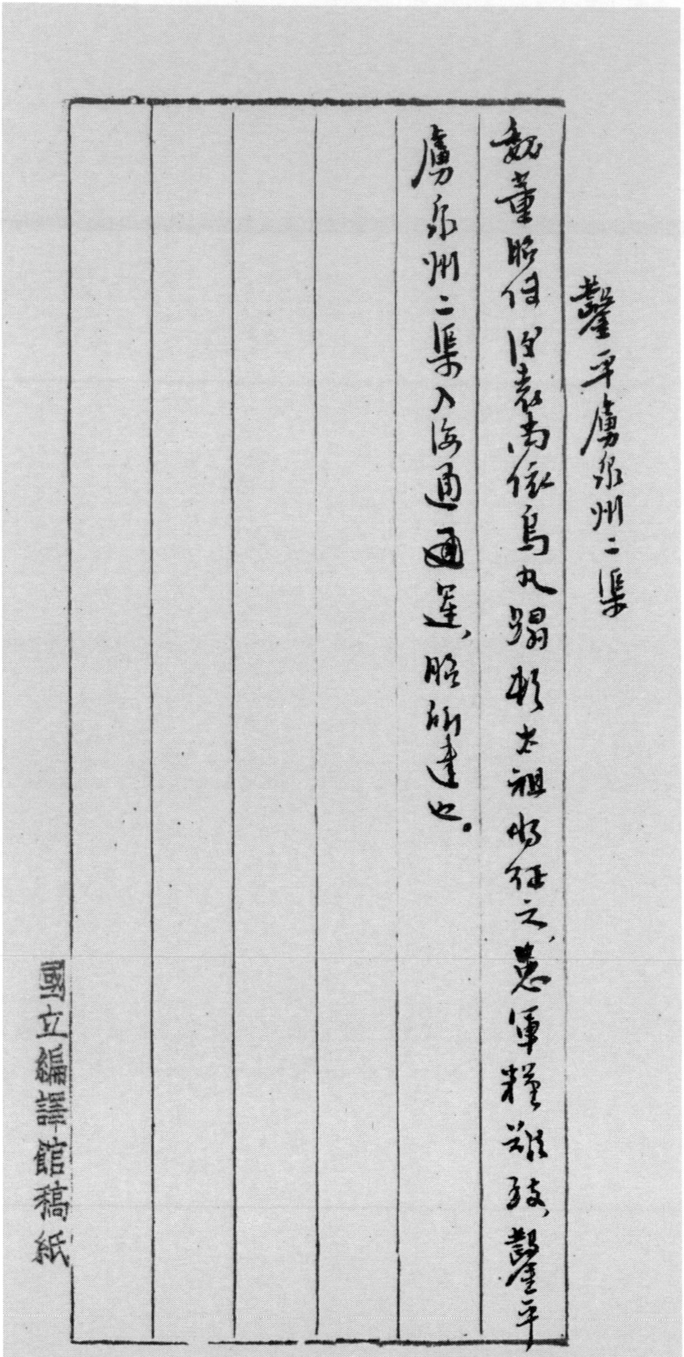
鑿平虜泉州二渠
魏董昭傳：後袁尚依烏丸蹋頓，太祖將征之，患軍糧難致，鑿平虜泉州二渠入海通運，昭所建也。
國立編譯館稿紙

鑿平虜泉州二渠

魏・董昭傳：後袁尚依烏丸蹋頓，太祖將征之。患軍糧難致，鑿平虜、泉州二渠入海通運，昭所建也。[一]

[一] 陳壽：三國志・魏書卷十四董昭傳，第439頁。

魏時人戶

魏·蔣濟傳：景初中，外勤征役，內務宮室，怨曠者多，而年穀饑儉。濟上疏曰：「陛下方當恢崇前緒，光濟遺業，誠未得高枕而治也。今雖有十二州，至於民數，不過漢時一大郡。二賊未誅，宿兵邊陲，且耕且戰，怨曠積年。宗廟宮室，百事草創，農桑者少，衣食者多，今其所急，唯當息耗百姓，不至甚弊。弊劮之民，儻有水旱，百萬之衆，不為國用。」[一]

[一] 陳壽：三國志·魏書卷十四蔣濟傳，第453頁。

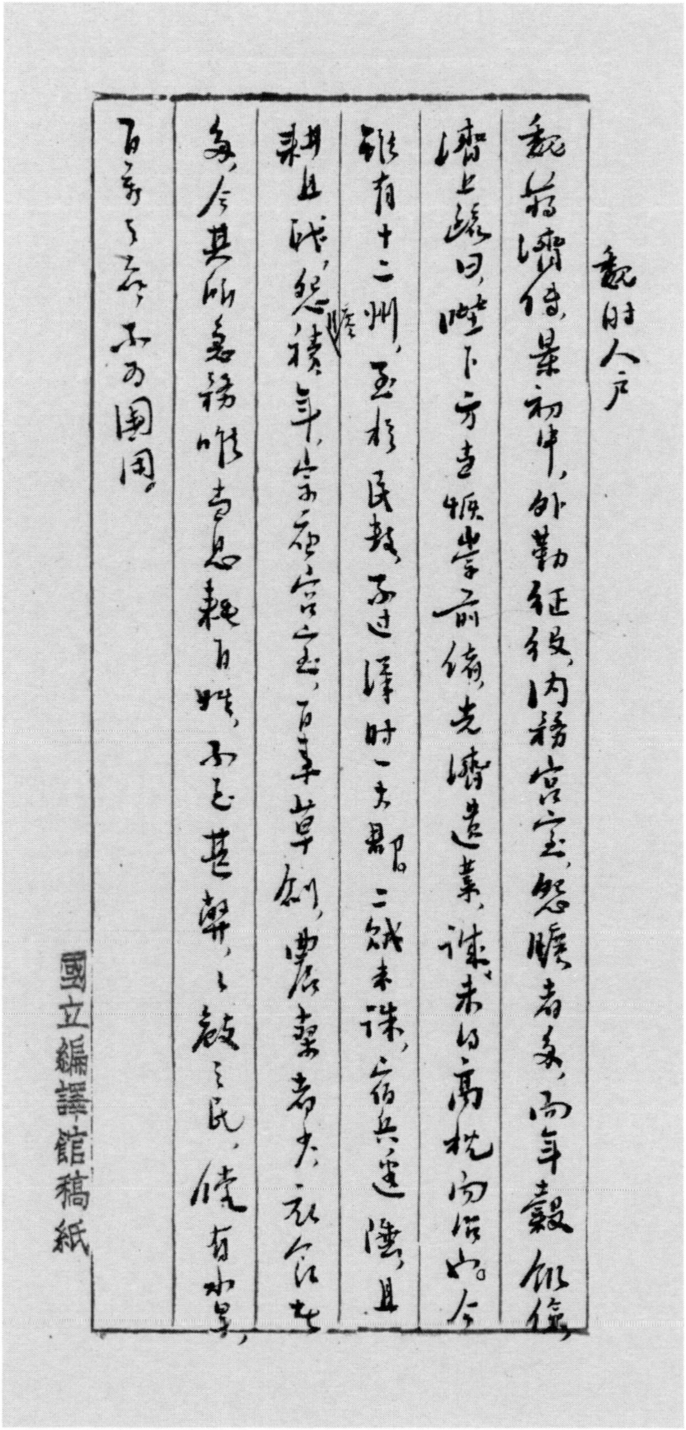

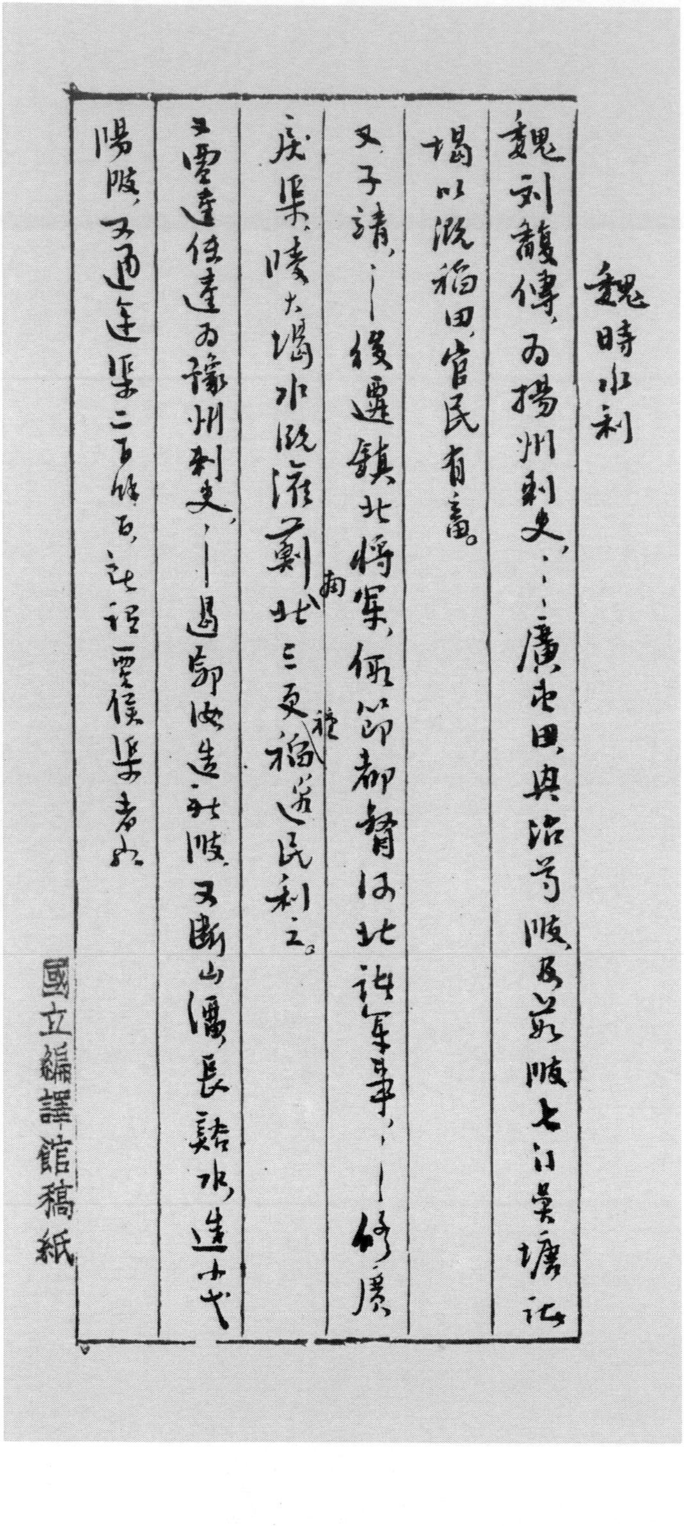
魏時水利

魏劉馥傳，為揚州刺史，……廣屯田，興治芍陂及茹陂七門吳塘諸堨以溉稻田，官民有畜。

又子靖，……後遷鎮北將軍，假節都督河北諸軍事，……修廣戾陵渠大堨，水溉灌薊南北，三更種稻，邊民利之。

又賈逵傳，為豫州刺史，……遏鄢汝，造新陂，又斷山溜長谿水，造小弋陽陂，又通運渠二百餘里，所謂賈侯渠者也。

國立編譯館稿紙

魏時水利

魏·劉馥傳：為揚州刺史……廣屯田，興治芍陂及茹陂、七門、吳塘諸堨以溉稻田，官民有畜。[一]又子靖，……後遷鎮北將軍，假節都督河北諸軍事……修廣戾陵渠大堨，水溉灌薊南北，三更種稻，邊民利之。[二]又賈逵傳：逵為豫州刺史……遏鄢、汝，造新陂，又斷山溜長谿水，造小弋陽陂，又通運渠二百餘里，所謂賈侯渠者也。[三]

[一] 陳壽：三國志·魏書卷十五劉馥傳，第463頁。
[二] 陳壽：三國志·魏書卷十五劉馥傳，第464—465頁。
[三] 陳壽：三國志·魏書卷十五賈逵傳，第482頁。

州請別駕有時須待朝命

魏・王基傳：青土初定，刺史王淩特表請基為別駕，後召為秘書郎，淩復請還。頃之，司徒王朗辟基，淩不遣。朗書劾州曰：「凡家臣之良，則升于公輔，公臣之良，則入于王職，是故古者侯伯有貢士之禮。今州取宿衛之臣，留秘閣之吏，所希聞也。」淩猶不遣。淩流稱青土，蓋亦由基協和之輔也。[一]

[一] 陳壽：三國志・魏書卷二十七王基傳，第750頁。

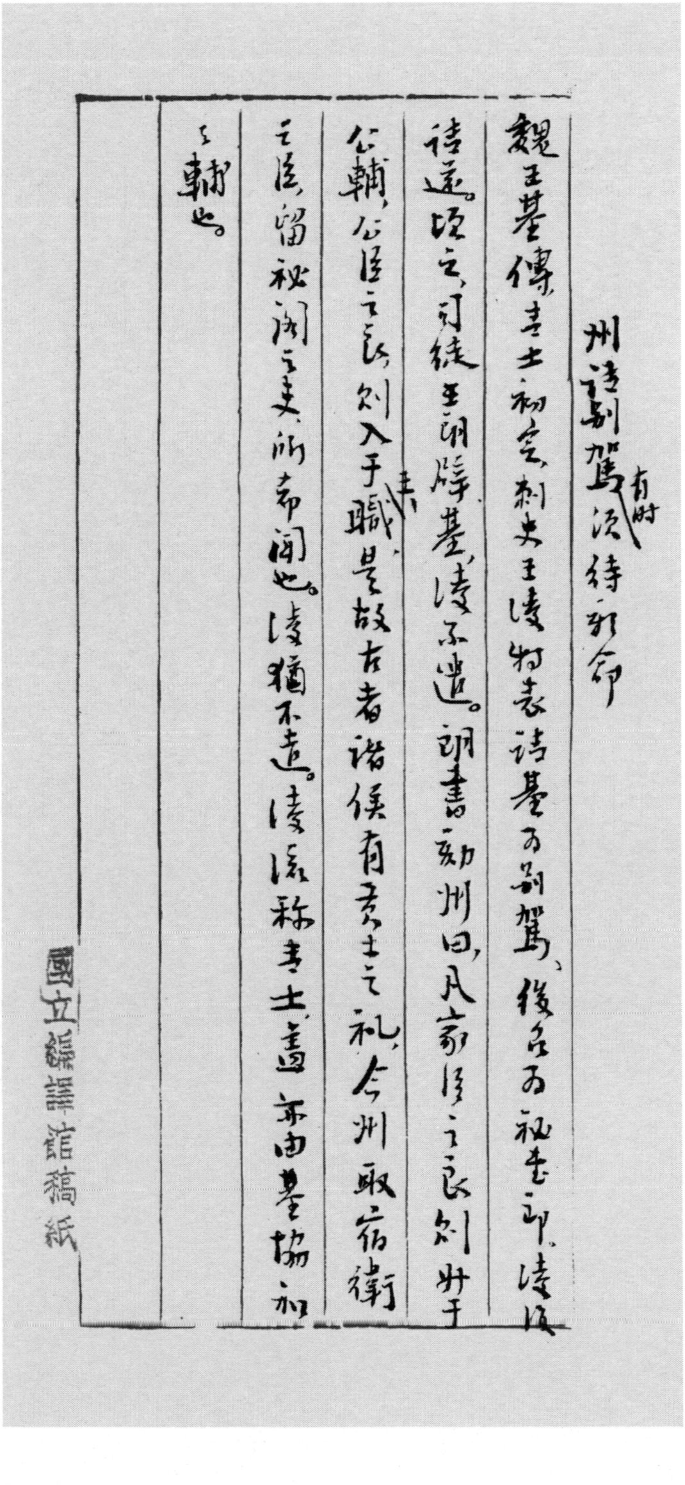
州請別駕有時須待朝命

魏王基傳青土初定，刺史王淩特表請基為別駕，後召為秘書郎，淩復請還。頃之，司徒王朗辟基，淩不遣。朗書劾州曰，凡家臣之良，則升于公輔，公臣之良，則入于王職，是故古者諸侯有貢士之禮，今州取宿衛之臣，留秘閣之吏，所希聞也。淩猶不遣。淩流稱青土，蓋亦由基協和之輔也。

國立編譯館稿紙

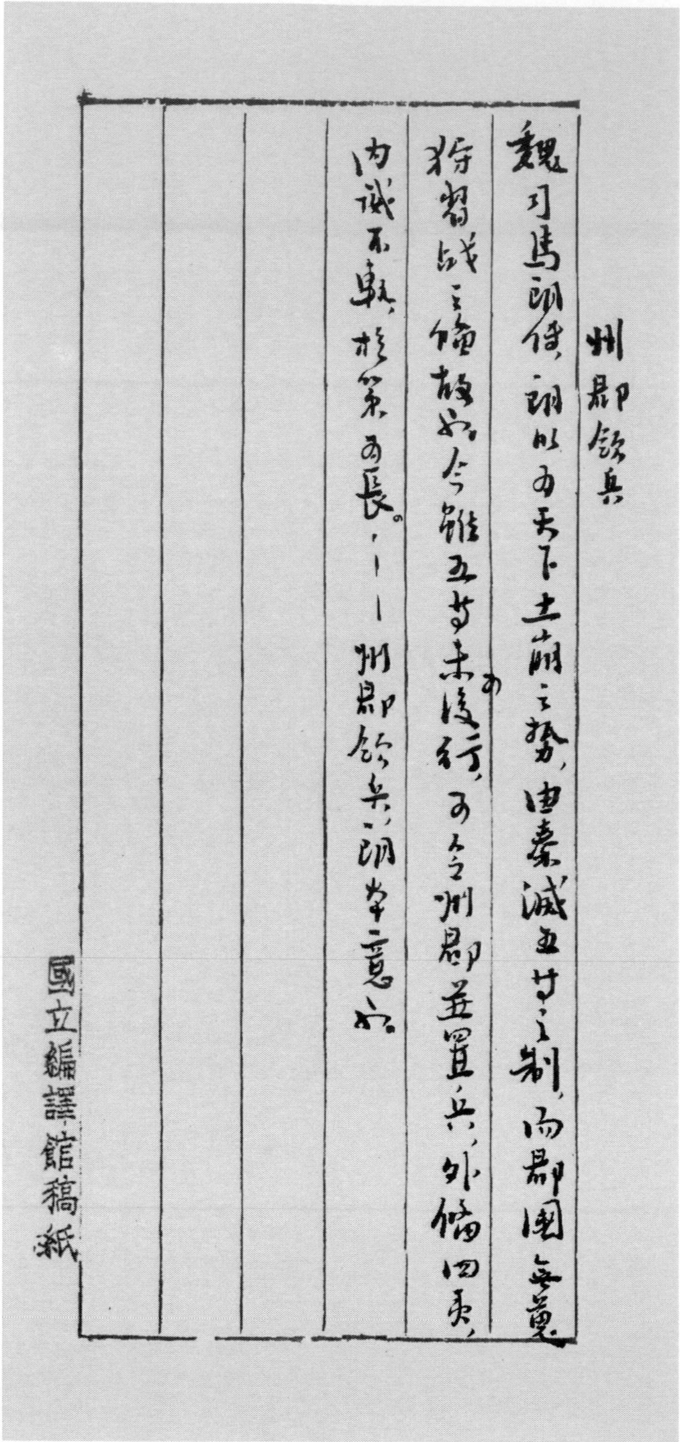

州郡領兵

魏司馬朗傳，朗以為天下土崩之勢，由秦滅五等之制，而郡國無蒐狩習戰之備故也。今雖五等未可復行，可令州郡並置兵，外備四夷，內威不軌，於策為長。……州郡領兵，朗本意也。

州郡領兵

魏·司馬朗傳：朗以為天下土崩之勢，由秦滅五等之制，而郡國無蒐狩習戰之備故也。今雖五等未可復行，可令州郡並置兵，外備四夷，內威不軌，於策為長……州郡領兵，朗本意也。[一]

[一] 陳壽：三國志·魏書卷十五司馬朗傳，第467頁。

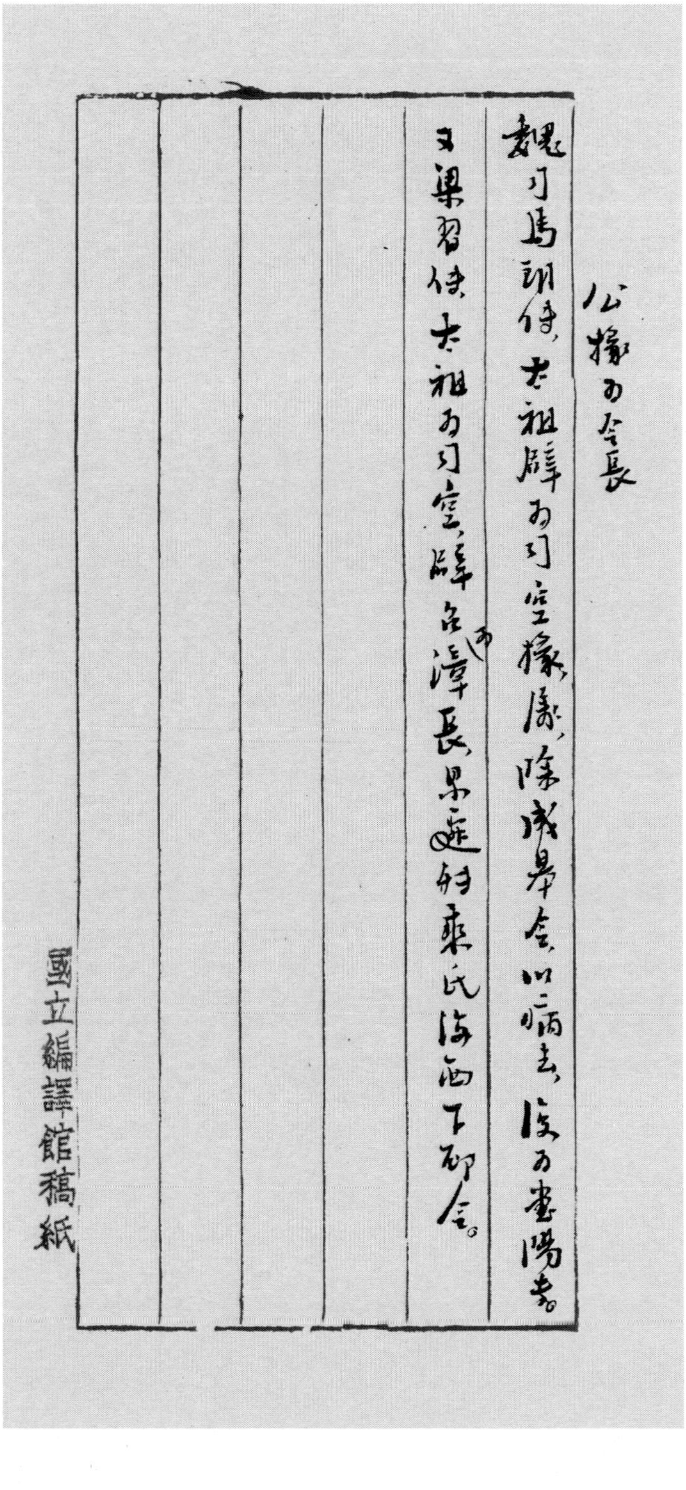

公掾為令長

魏司馬朗傳，太祖辟為司空掾屬，除成皋令，以病去，復為堂陽長。

又梁習傳，太祖為司空，辟為漳長，累遷乘氏海西下邳令。

國立編譯館稿紙

公掾為令長

魏·司馬朗傳：太祖辟為司空掾屬，除成皋令，以病去，復為堂陽長。[一]又梁習傳：太祖為司空，辟召為漳長，累轉乘氏、海西、下邳令。[二]

[一]陳壽：三國志·魏書卷十五司馬朗傳，第467頁。

[二]陳壽：三國志·魏書卷十五梁習傳，第469頁。

州掾領州

魏・梁習傳：并土新附，習以別部司馬領并州刺史……更拜為真。[一]

[一] 陳壽：三國志・魏書卷十五梁習傳，第469頁。

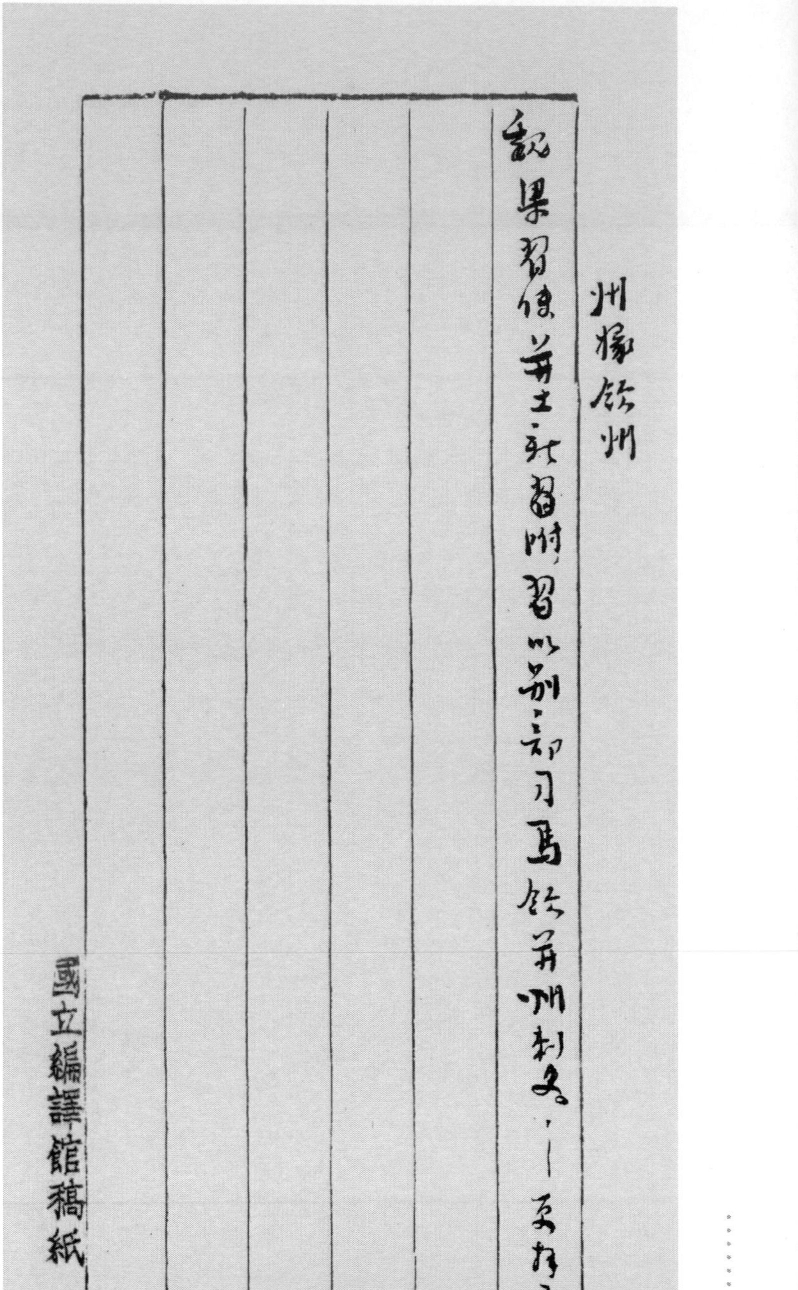

州掾領州

魏梁習傳：并土新附，習以別部司馬領并州刺史……更拜為真。

國立編譯館稿紙

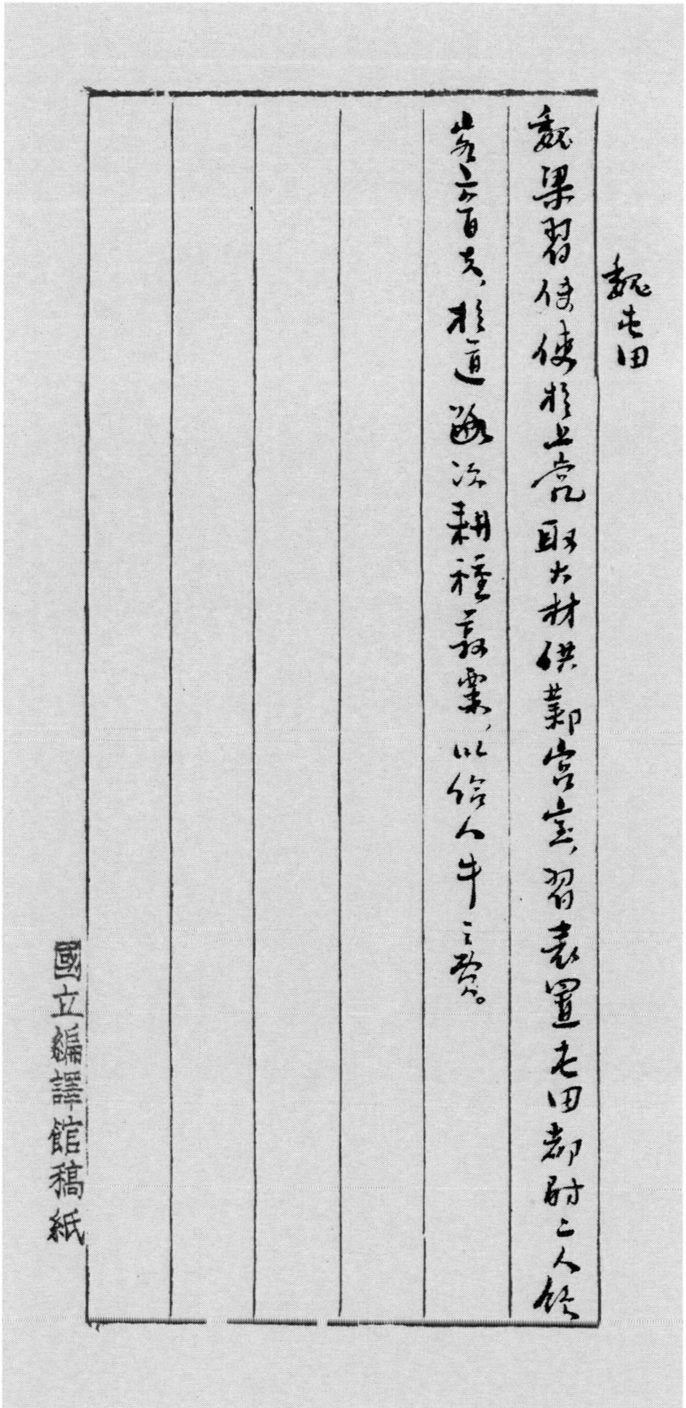
魏屯田
魏梁習傳使於上黨取大材供鄴宮室，習表置屯田都尉二人，領客六百夫，於道次耕種菽粟，以給人牛之費。
國立編譯館稿紙

魏屯田

魏·梁習傳：取大材供鄴宮室。習表置屯田都尉二人，領客六百夫，於道次耕種菽粟，以給人牛之費。[一]

[一] 陳壽：三國志·魏書卷十五梁習傳，第469頁。

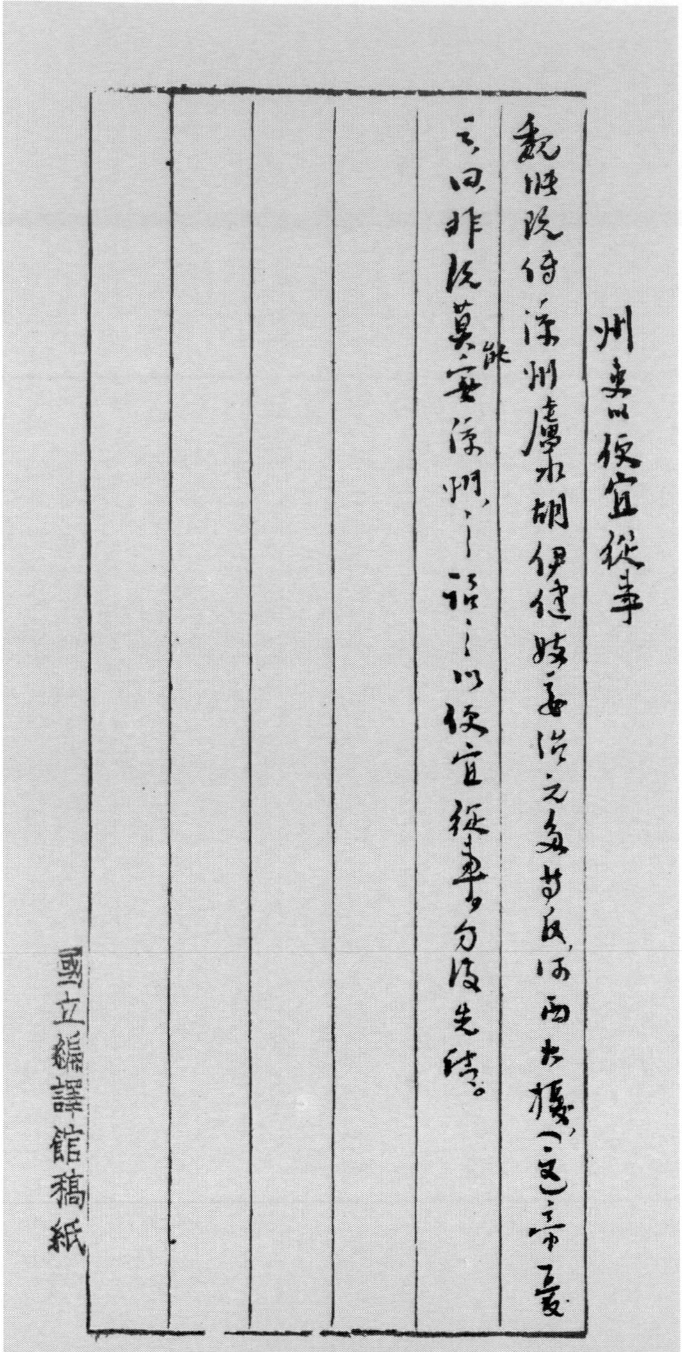

州吏以便宜從事

魏張既傳涼州盧水胡伊健妓妾治元多等反，河西大擾，（文）帝憂之曰非既莫能安涼州……詔……以便宜從事，勿復先請。

州吏以便宜從事

魏・張既傳：涼州盧水胡伊健妓妾、治元多等反，河西大擾。（文）帝憂之，曰：「非既莫能安涼州。」……詔……，以便宜從事。勿復先請。[一]

[一] 陳壽：三國志・魏書卷十五張既傳，第474頁。

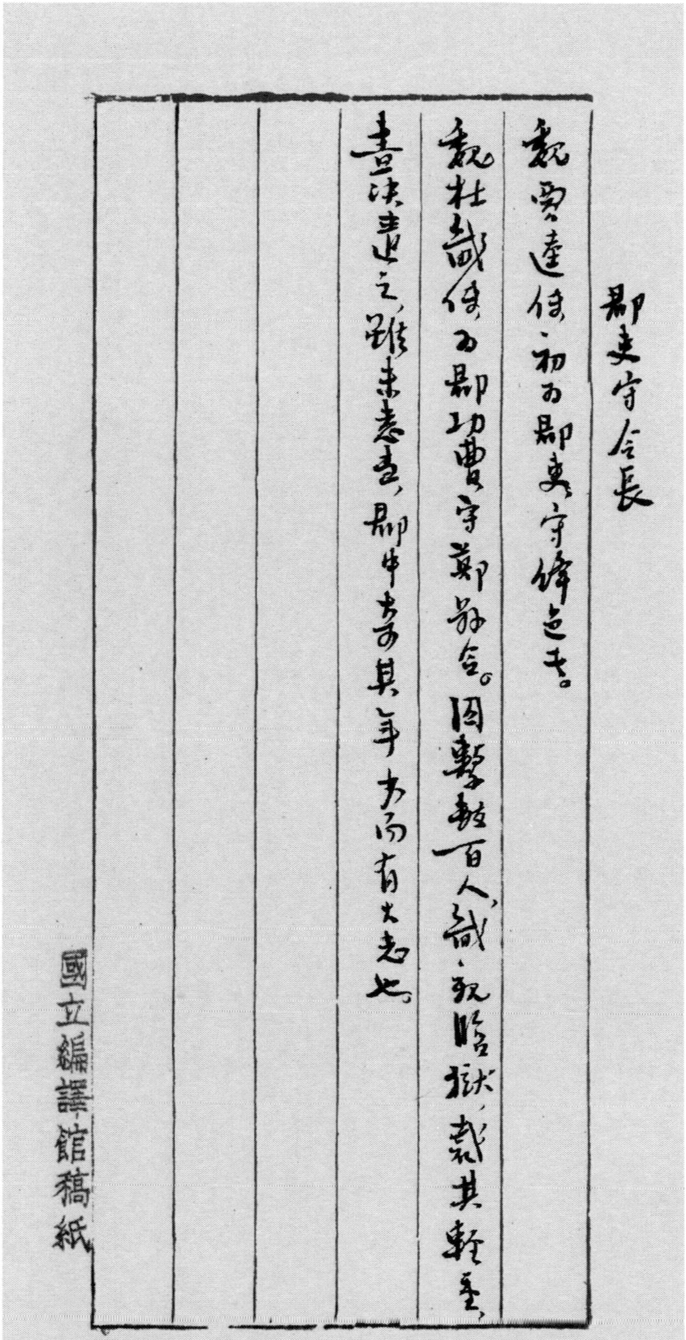

郡吏守令長

魏賈逵傳，初為郡吏，守絳邑長。

魏杜畿傳，為郡功曹，守鄭縣令。囚繫數百人，畿親臨獄，裁其輕重，盡決遣之，雖未悉當，郡中奇其年少而有大志也。

國立編譯館稿紙

郡吏守令長

魏・賈逵傳：初，為郡吏，守絳邑長。[一]魏・杜畿傳：為郡功曹，守鄭縣令。縣囚繫數百人，畿親臨獄，裁其輕重，盡決遣之，雖未悉當，郡中奇其年少而有大意也。[二]

[一]陳壽：三國志・魏書卷十五賈逵傳，第479頁。

[二]陳壽：三國志・魏書卷十六杜畿傳，第493頁。

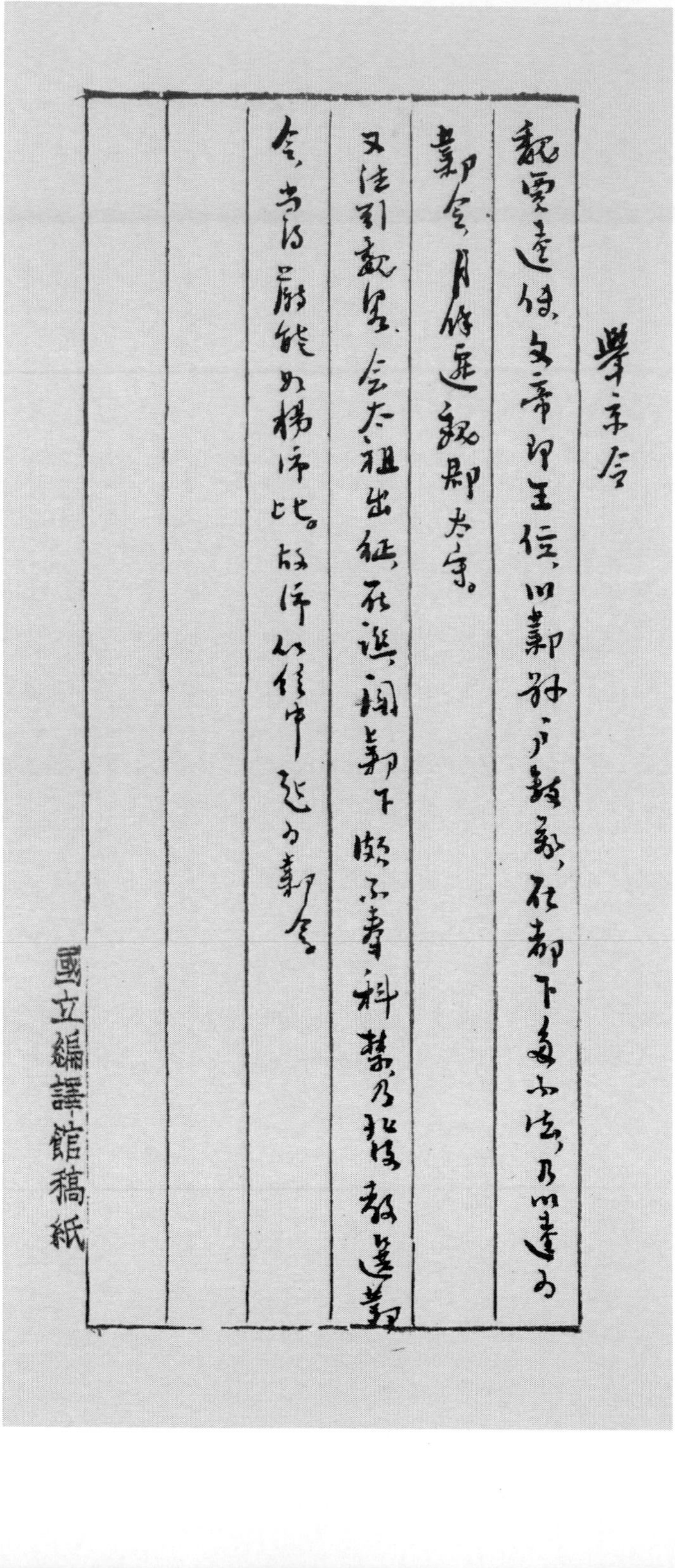
舉京令
魏賈逵傳，文帝即王位，以鄴縣戶數萬，在都下，多不法，乃以逵為
鄴令。月餘，遷魏郡太守。
又注引魏略。會太祖出征，在譙，聞鄴下頗不奉科禁，乃發教選鄴
令，當得嚴能如楊沛比。故沛從徒中起為鄴令
國立編譯館稿紙

舉京令

魏·賈逵傳：文帝即王位，以鄴縣戶數萬在都下，多不法，乃以逵為鄴令。月余，遷魏郡太守。[一]又注引魏略，會太祖出征在譙，聞鄴下頗不奉科禁，乃發教選鄴令，當得嚴能如楊沛比，故沛從徒中起為鄴令。[二]

[一] 陳壽：三國志·魏書卷十五賈逵傳，第482頁。

[二] 陳壽：三國志·魏書卷十五賈逵傳，第486頁。

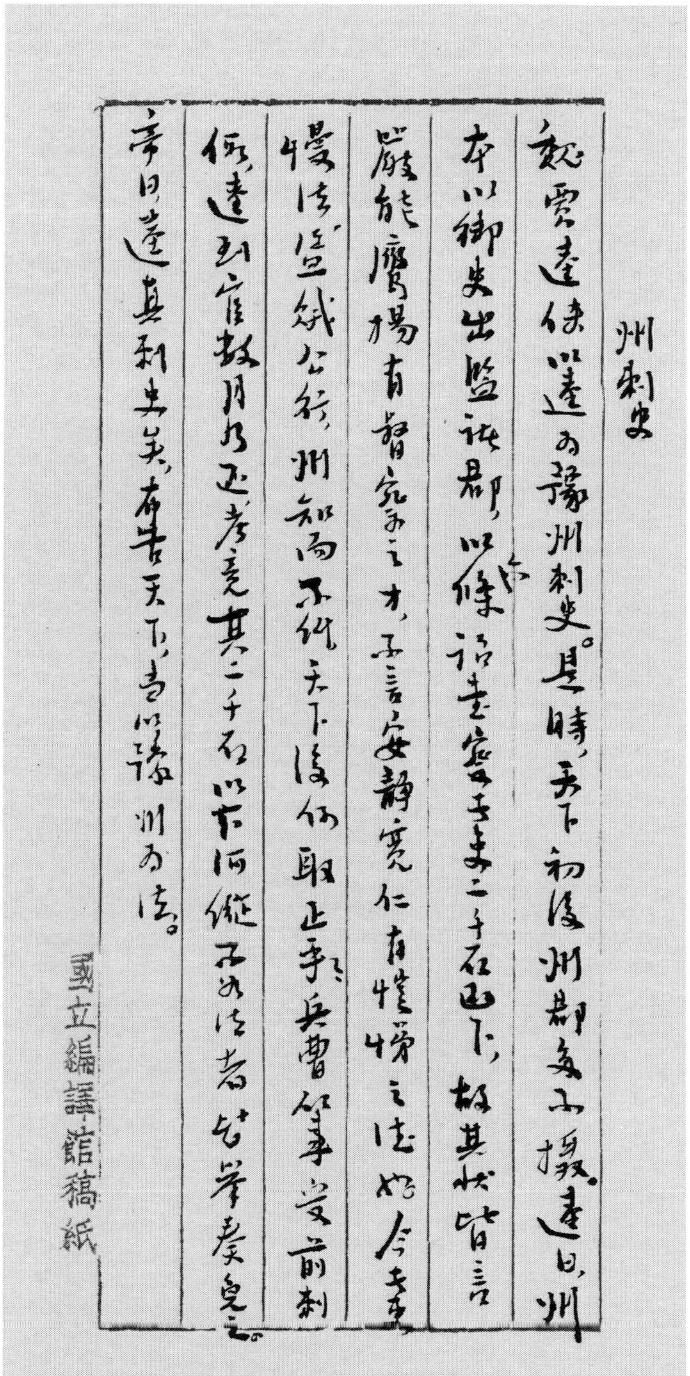
州刺史

魏賈逵傳以逵為豫州刺史。是時，天下初復，州郡多不攝。逵曰，州本以御史出監諸郡，以六條詔書察長史二千石已下，故其狀皆言嚴能鷹揚有督察之才，不言安靜寬仁有愷悌之德。今長吏慢法，盜賊公行，州知而不糾，天下復何取正乎。兵曹從事受前刺史假，逵到官數月乃還，考竟其二千石以下阿縱不如法者，皆舉奏免之。帝曰，逵真刺史矣。布告天下，當以豫州為法。

州刺史

魏·賈逵傳：以逵為豫州刺史。是時天下初復，州郡多不攝。逵曰：「州本以御史出監諸郡，以六條詔書察長吏二千石已下，故其狀皆言嚴能鷹揚有督察之才，不言安靜寬仁有愷悌之德也。今長吏慢法，盜賊公行，州知而不糾，天下復何取正乎？」兵曹從事受前刺史假，逵到官數月，乃還；考竟其二千石以下阿縱不如法者，皆舉奏免之。帝曰：「逵真刺史矣。」布告天下，當以豫州為法。[一]

[一] 陳壽：三國志·魏書卷十五賈逵傳，第482頁。

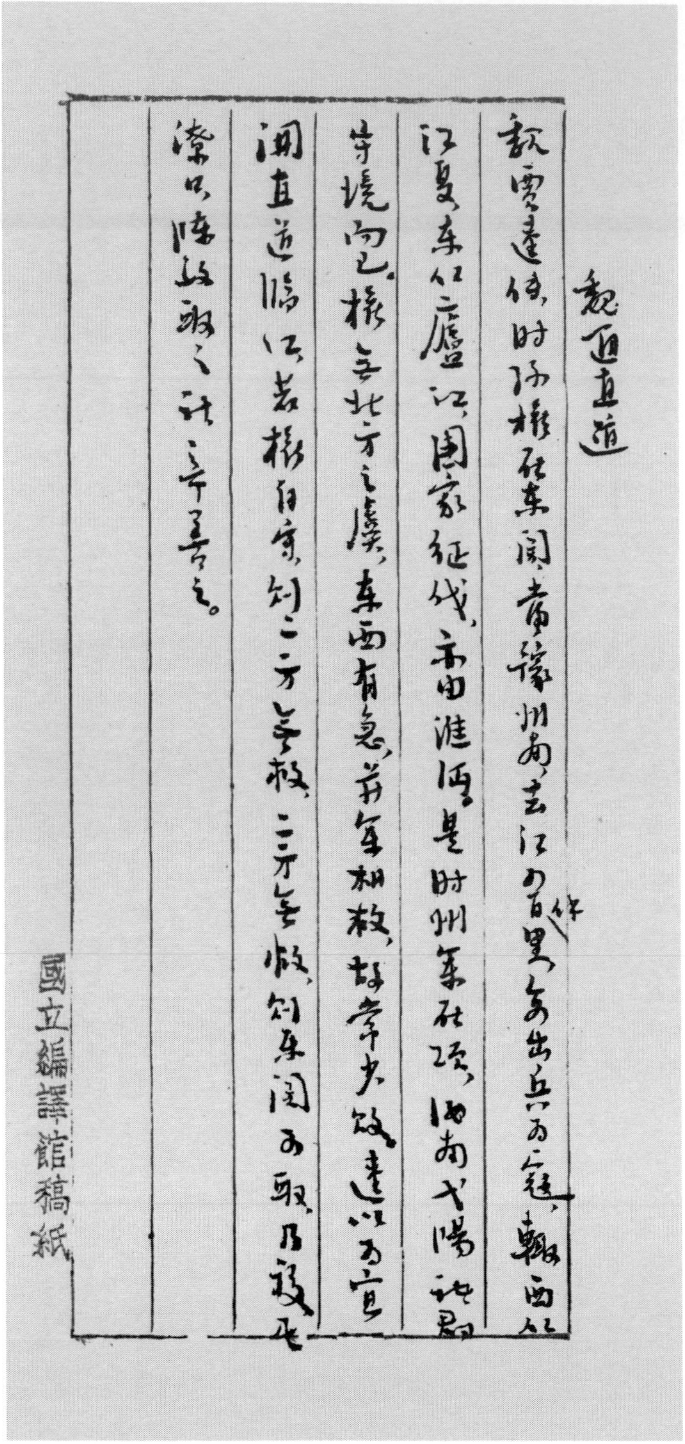

魏通直道

魏·賈逵傳：時孫權在東關，當豫州南，去江四百餘里。每出兵為寇，輒西從江夏，東從廬江。國家征伐，亦由淮、沛。是時州軍在項，汝南、弋陽諸郡，守境而已。權無北方之虞，東西有急，并軍相救，故常少敗。逵以為宜開直道臨江，若權自守，則二方無救；若二方無救，則東關可取。乃移屯潦口，陳攻取之計，帝善之。[一]

[一]陳壽：三國志·魏書卷十五賈逵傳，第483頁。

州刺史

魏·劉馥傳：評曰：自漢季以來，刺史總統諸郡，賦政于外，非若曩時司察之而已。[一]

[一]陳壽：三國志·魏書卷十五劉馥傳，第487頁。

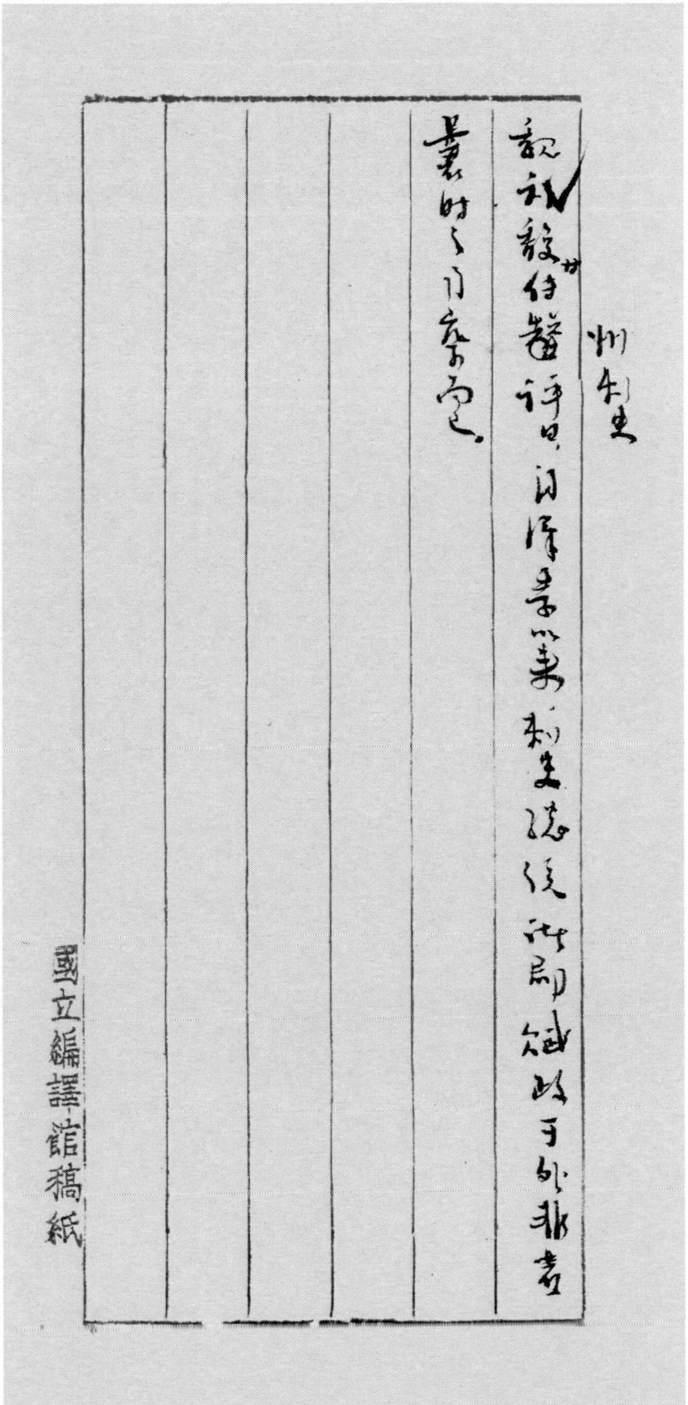
州刺史

魏劉馥傳評曰自漢季以來刺史總統諸郡賦政于外非若曩時司察之而已

國立編譯館稿紙

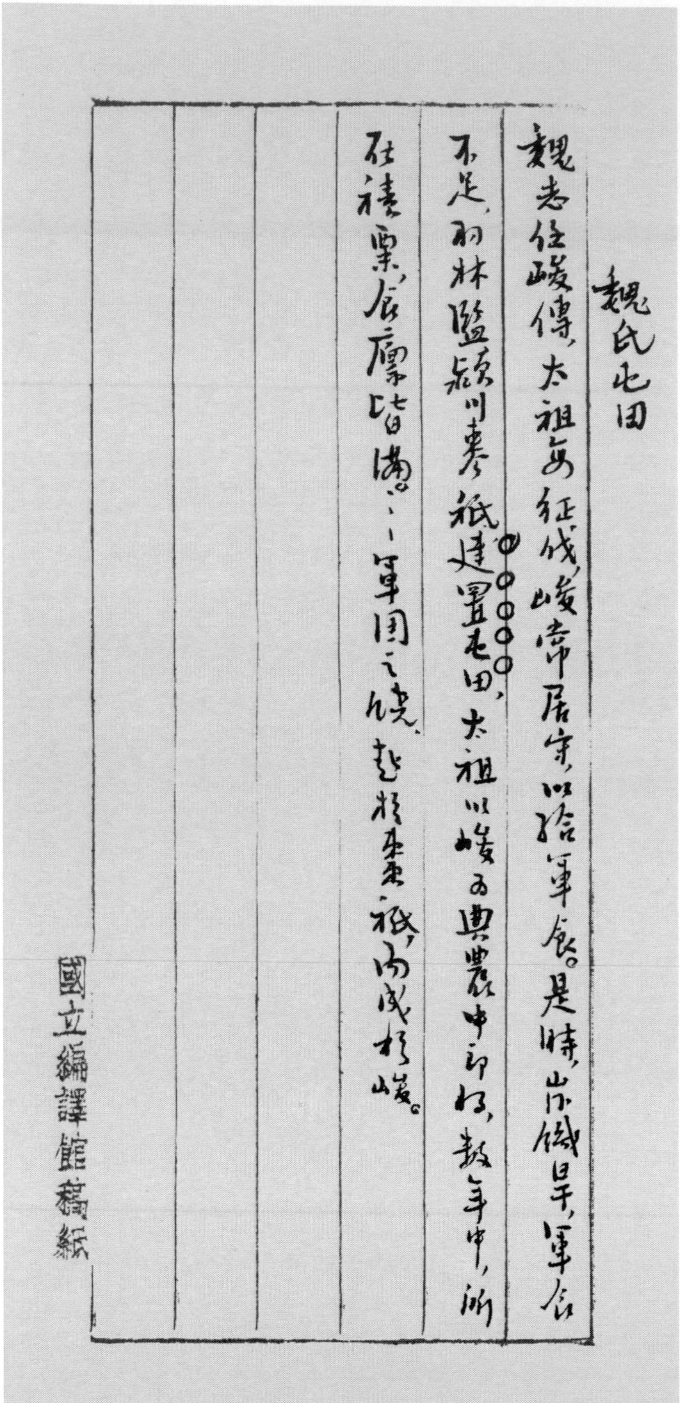
魏氏屯田

魏志任峻傳，太祖每征伐，峻常居守，以給軍食。是時，歲饑旱，軍食不足，羽林監潁川棗祗建置屯田，太祖以峻為典農中郎將，數年中，所在積粟，倉廩皆滿……軍國之饒，起於棗祗，而成於峻。

國立編譯館稿紙

魏氏屯田

魏志·任峻傳：太祖每征伐，峻常居守以給軍。是時，歲饑旱，軍食不足，羽林監潁川棗祗建置屯田，太祖以峻為典農中郎將，數年中所在積粟，倉廩皆滿……軍國之饒，起於棗祗而成於峻。[一]

[一] 陳壽：三國志·魏書卷十六任峻傳，第489頁。

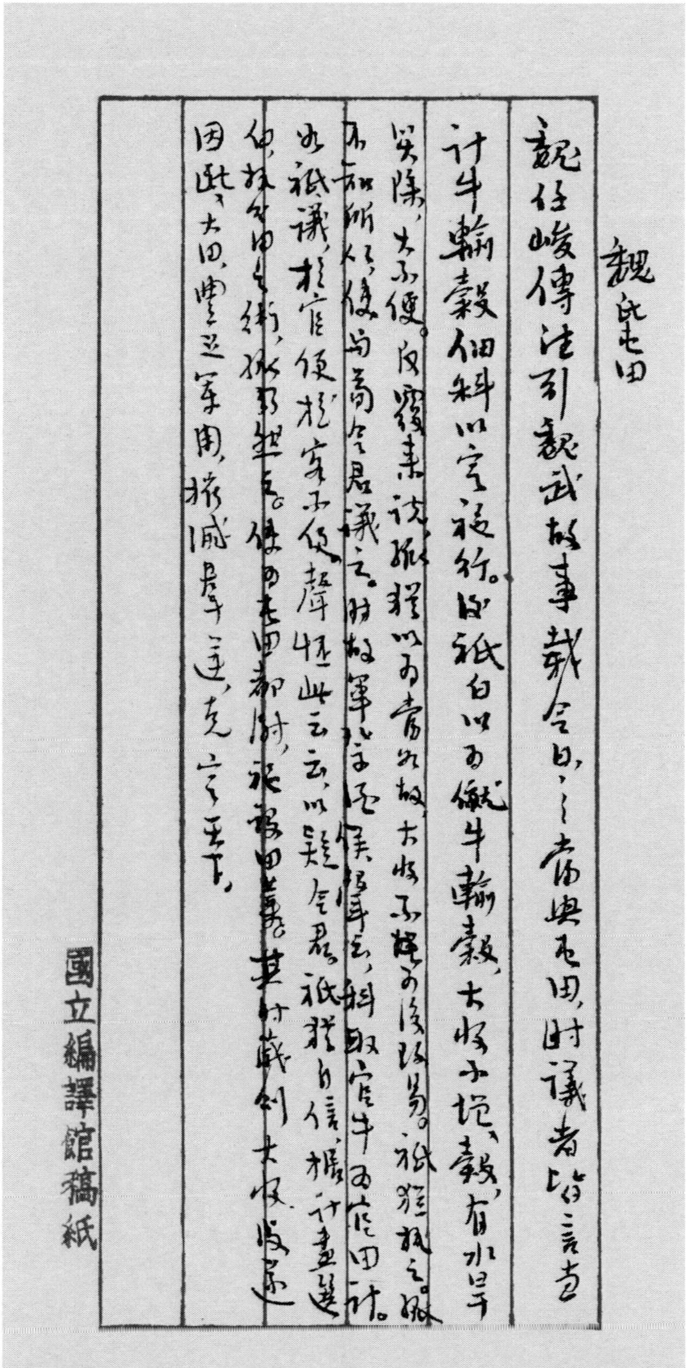
魏氏屯田
魏任峻傳注引魏武故事載令曰：「……當興屯田，時議者皆言當計牛輸穀，佃科以定。施行後，祇白以為僦牛輸穀，大收不增穀，有水旱災除，大不便。反覆來說，孤猶以為當如故，大收不可復改易。祇猶執之，孤不知所從，使與荀令君議之。時故軍祭酒侯聲云：『科取官牛，為官田計。如祇議，於官便，於客不便。』聲懷此云云，以疑令君。祇猶自信，據計畫還白，執分田之術。孤乃然之，使為屯田都尉，施設田業。其時歲則大收，後遂因此大田，豐足軍用，摧滅羣逆，克定天下。」
國立編譯館稿紙

魏氏屯田

魏·任峻傳：注引，魏武故事載令曰：「……當興立屯田，時議者皆言當計牛輸穀，佃科以定。施行後，祇白以為僦牛輸穀，大收不增穀，有水旱災除，大不便。反覆來說，孤猶以為當如故，大收不可復改易。祇猶執之，孤不知所從，使與荀令君議之。時故軍祭酒侯聲云：『科取官牛，為官田計。如祇議，於官便，於客不便。』聲懷此云云，以疑令君。祇猶自信，據計畫還白，執分田之術。孤乃然之，使為屯田都尉，施設田業。其時歲則大收，後遂因此大田，豐足軍用，摧滅羣逆，克定天下。」[一]

[一] 陳壽：三國志·魏書卷十六任峻傳，第490頁。

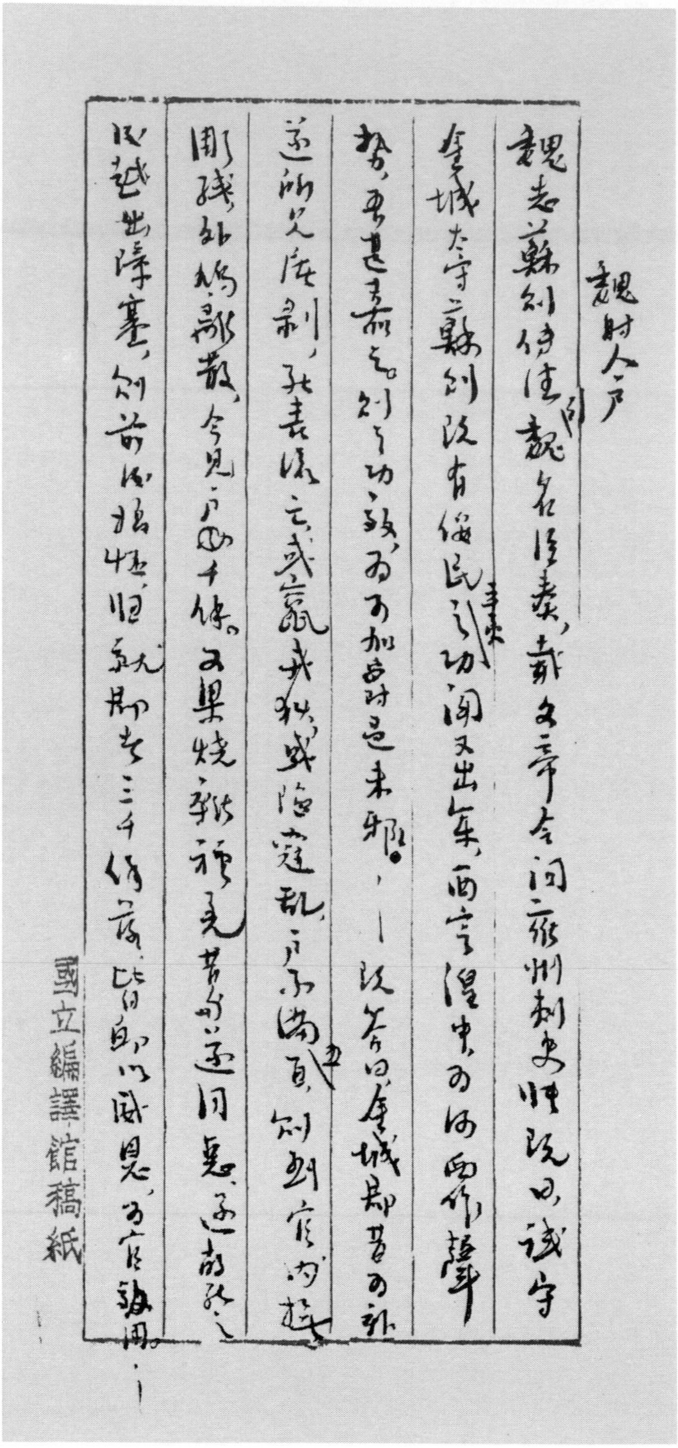
魏時人戶
魏志蘇則傳注引魏名臣奏載文帝令問雍州刺史張既曰：試守金城太守蘇則，既有綏民平夷之功，聞又出軍，西定湟中，為河西作聲勢，吾甚嘉之。則之功效，為可加爵邑未邪。……既答曰：金城郡昔為韓遂所見屠剝，死喪流亡，或竄戎狄，或蹈寇亂，戶不滿五百。則到官，內撫凋殘，外鳩離散，今見戶千餘。又梁燒雜種羌，昔與遂同惡，遂斃之後，越出障塞，則前後招懷，歸就郡者三千餘落，皆卹以威恩，為官效用。……
國立編譯館稿紙

魏時人戶

魏志·蘇則傳：注引魏名臣奏載文帝令問雍州刺史張既曰：「試守金城太守蘇則，既有綏民平夷之功，聞又出軍西定湟中，為河西作聲勢，吾甚嘉之。則之功效，為可加爵邑未邪？」……既答曰：「金城郡，昔為韓遂所見屠剝，死喪流亡，或竄戎狄，或蹈寇亂，戶不滿五百。則到官，內撫凋殘，外鳩離散，今見戶千餘。又梁燒雜種羌，昔與遂同惡，遂斃之後，越出障塞。則前後招懷，歸就郡者三千餘落，皆卹以威恩，為官效用。」[一]

[一] 陳壽：三國志·魏書卷十六蘇則傳，第491頁。

曹魏屯田

魏・倉慈傳：建安中，太祖開募屯田於淮南，以慈為綏集都尉。[一]

[一] 陳壽：三國志 魏書卷十六倉慈傳，第512頁。

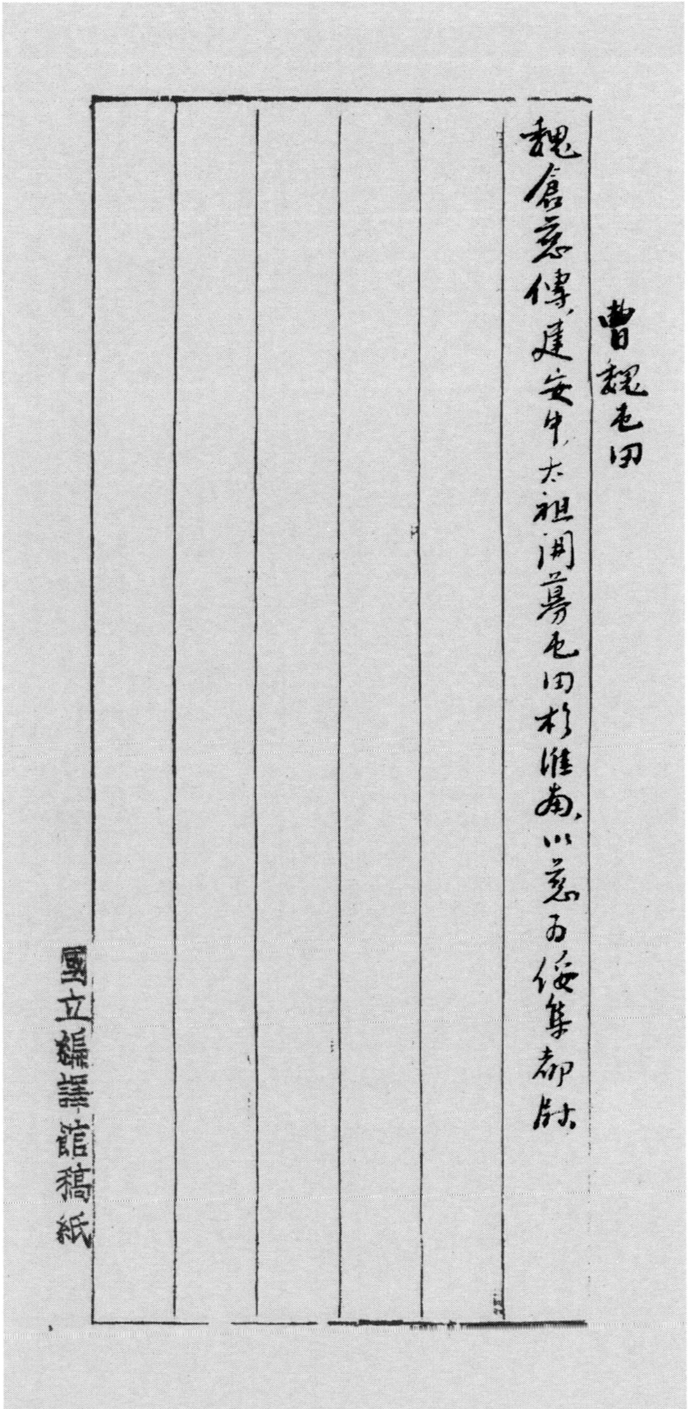
曹魏屯田
魏倉慈傳，建安中，太祖開募屯田於淮南，以慈為綏集都尉
國立編譯館稿紙

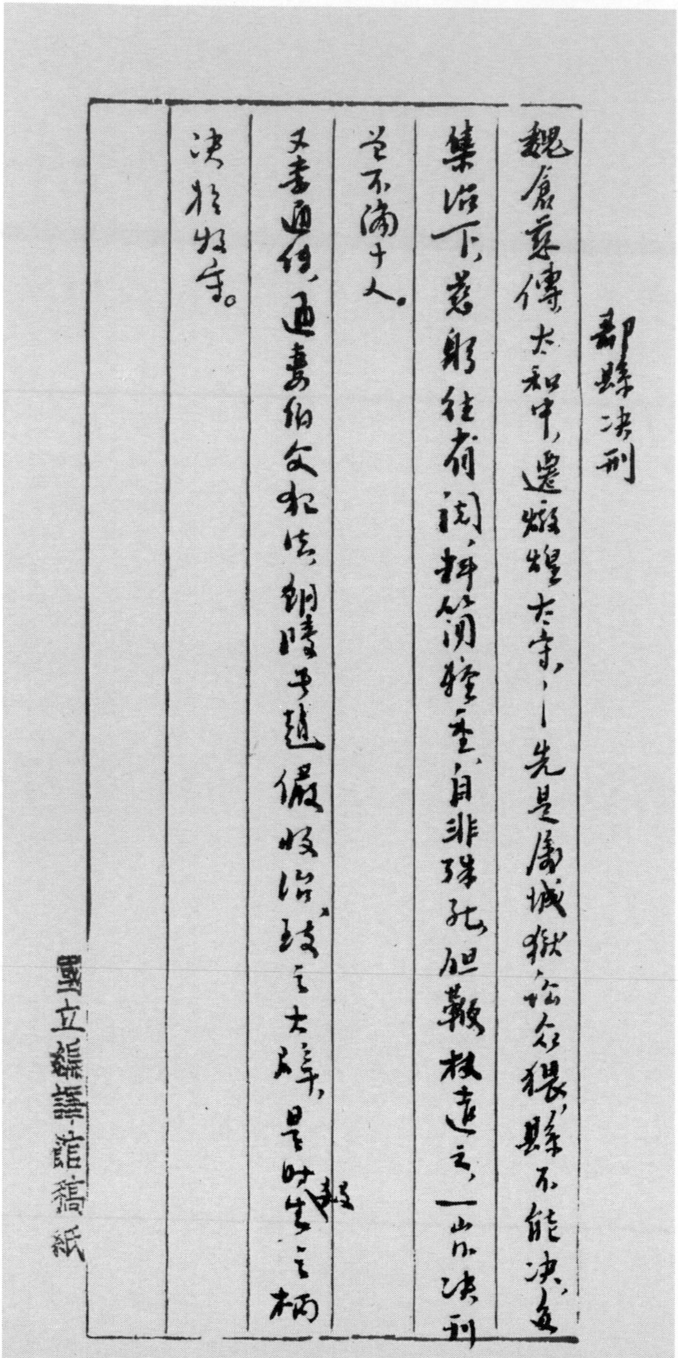
郡縣決刑
魏倉慈傳：太和中，遷燉煌太守，……先是屬城獄訟众猥，縣不能決，多集治下，慈躬往省閱，料簡輕重，自非殊死，但鞭杖遣之，一歲決刑曾不滿十人。
又李通傳：通妻伯父犯法，朗陵長趙儼收治，致之大辟，是時殺生之柄決於牧守。
國立編譯館稿紙

郡縣決刑

魏·倉慈傳：太和中，遷燉煌太守……先是屬城獄訟众猥，縣不能決，多集治下；慈躬往省閱，料簡輕重，自非殊死，但鞭杖遣之，一歲決刑曾不滿十人。[一]又李通傳：通妻伯父犯法，朗陵長趙儼收治，致之大辟。是時殺生之柄，決於牧守。[二]

[一] 陳壽：三國志·魏書卷十六倉慈傳，第512頁。

[二] 陳壽：三國志·魏書卷十八李通傳，第535頁。

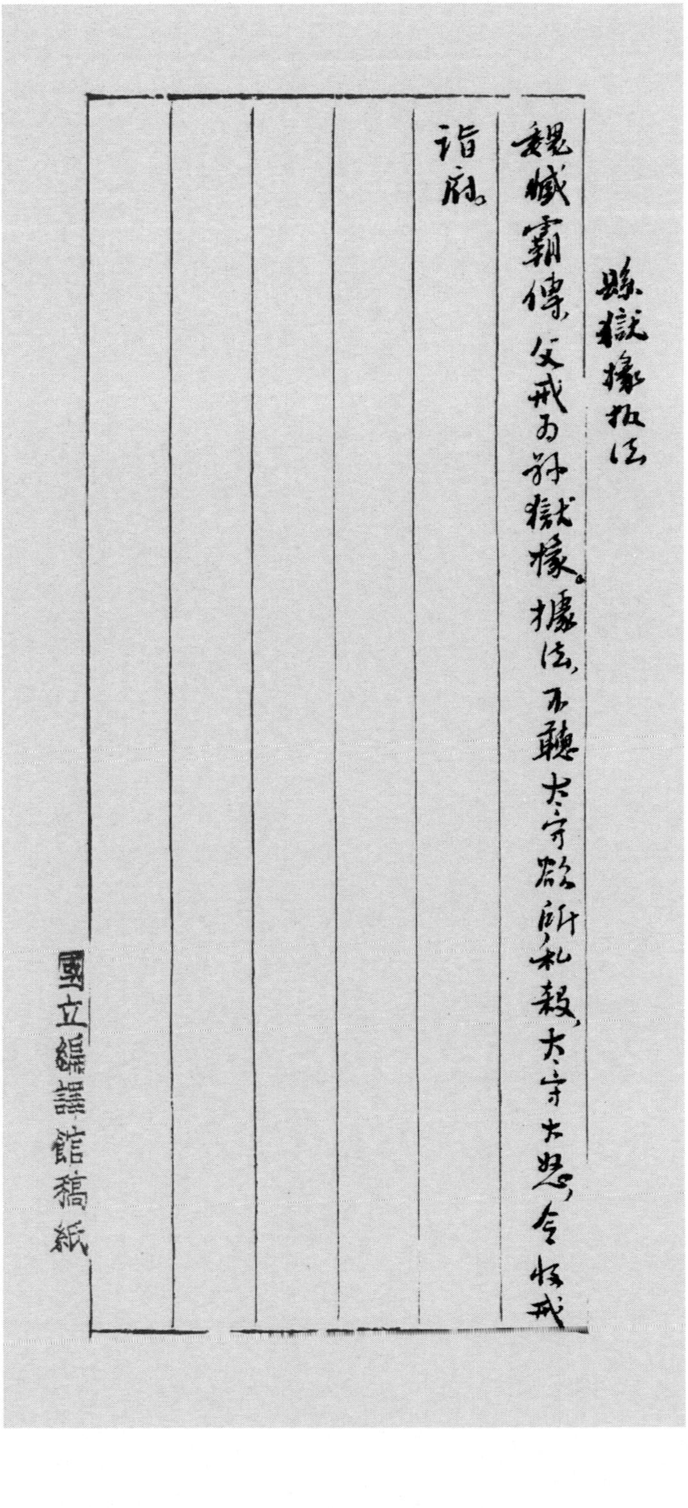
縣獄掾執法

魏臧霸傳，父戒為縣獄掾。據法，不聽太守欲所私殺，太守大怒，令收戒

詣府。

國立編譯館稿紙

縣獄掾執法

魏·臧霸傳：父戒，為縣獄掾，據法不聽太守欲所私殺。太守大怒，令收戒詣府。[二]

[二] 陳壽：三國志·魏書卷十八臧霸傳，第536頁。

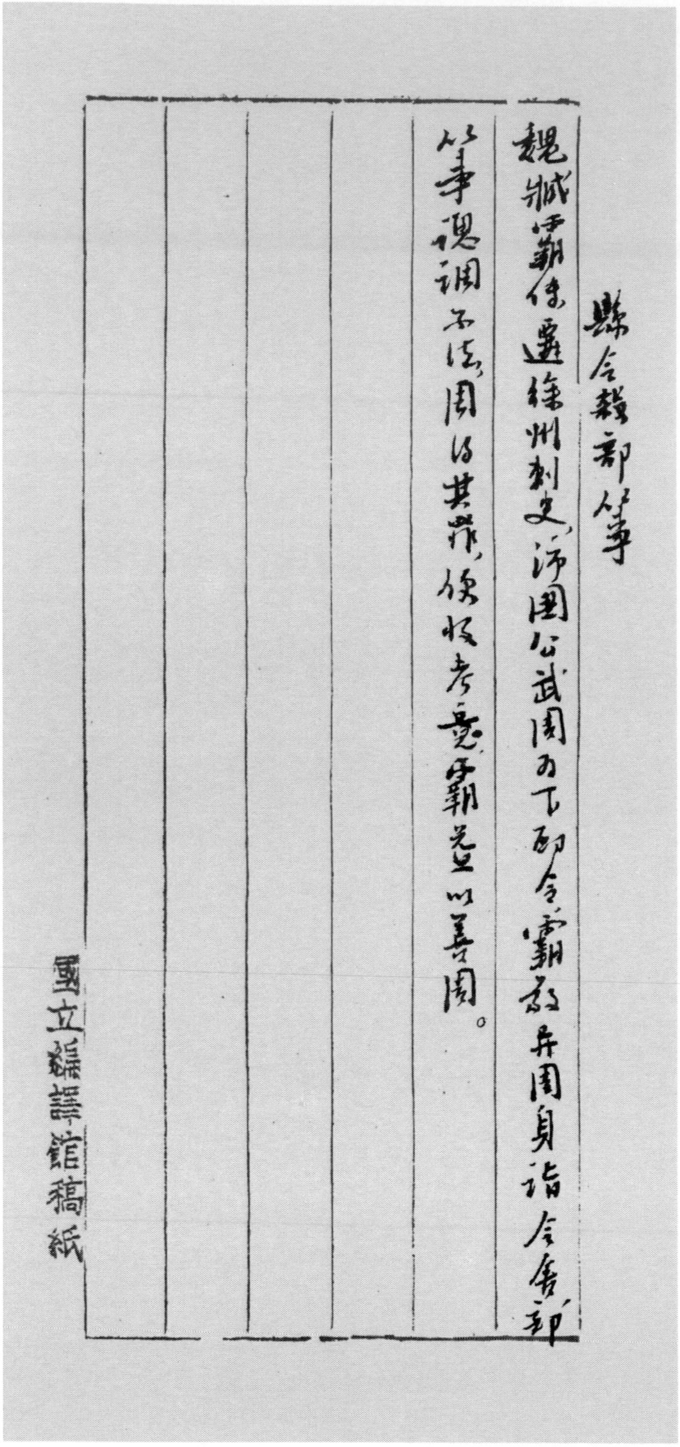
縣令殺部從事

魏臧霸傳：遷徐州刺史，沛國公武周為下邳令，霸敬異周，身詣令舍，部從事謥詷不法，周得其罪，便收考竟，霸益以善周。

國立編譯館稿紙

縣令殺部從事

魏・臧霸傳：遷徐州刺史。沛國公武周為下邳令，霸敬異周，身詣令舍。部從事謥詷不法，周得其罪，便收考竟，霸益以善周。[一]

[一] 陳壽：三國志・魏書卷十八臧霸傳，第537頁。

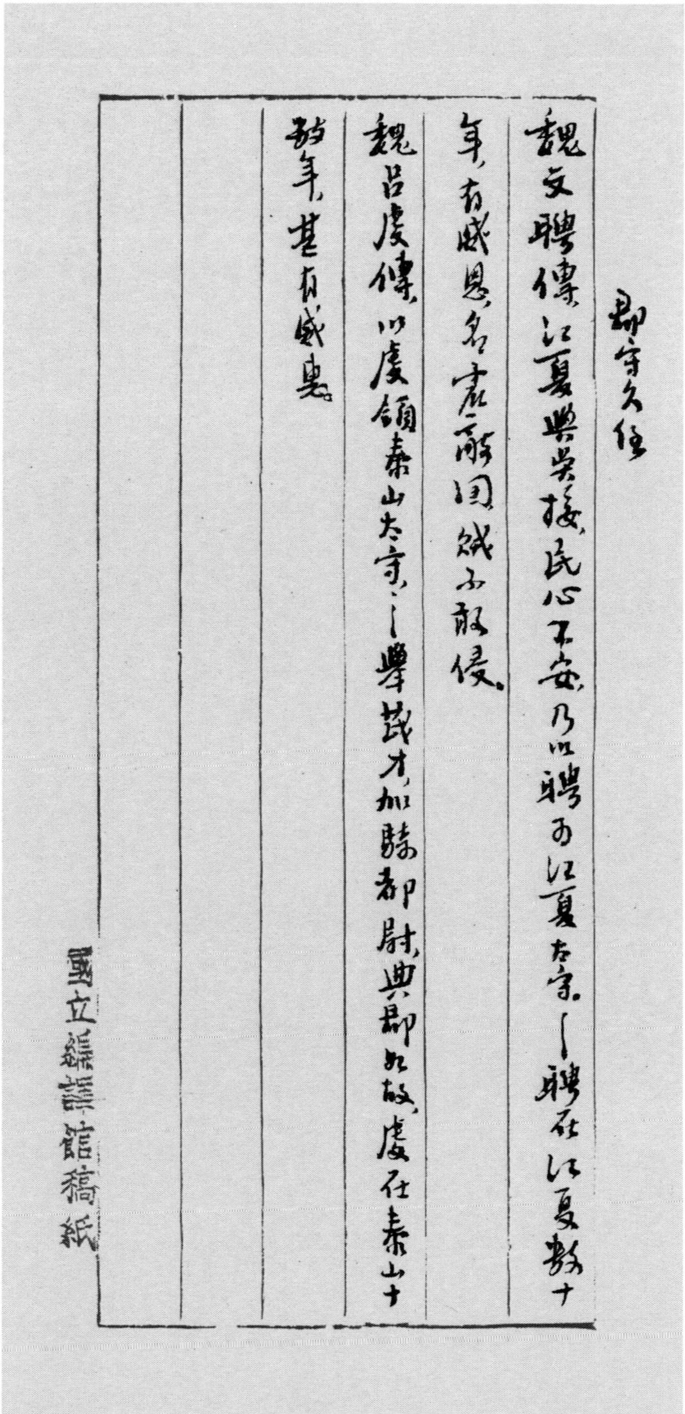
郡守久任

魏文聘傳，江夏與吳接，民心不安，乃以聘為江夏太守，……聘在江夏數十年，有威恩，名震敵國，賊不敢侵。

魏呂虔傳，以虔領泰山太守，……舉茂才，加騎都尉，典郡如故，虔在泰山十數年，甚有威惠。

國立編譯館稿紙

郡守久任

魏·文聘傳：江夏與吳接，民心不安，乃以聘為江夏太守，……聘在江夏數十年，有威恩，名震敵國，賊不敢侵。[一]魏·呂虔傳：以虔領泰山太守……舉茂才，加騎都尉，典郡如故。虔在泰山十數年，甚有威惠。[二]

[一] 陳壽：三國志·魏書卷十八文聘傳，第539頁。

[二] 陳壽：三國志·魏書卷十八呂虔傳，第540頁。

郡掾　州掾

魏·呂虔傳：遷徐州刺史，加威虜將軍。請琅邪王祥為別駕，民事一以委之，世多其能任賢。[一]魏·龐淯傳：初以涼州從事守破羌長。[二]魏·閻溫傳：以涼州別駕守上邽令。[三]

[一] 陳壽：三國志·魏書卷十八呂虔傳，第541頁。

[二] 陳壽：三國志·魏書卷十八龐淯傳，第547頁。

[三] 陳壽：三國志·魏書卷十八閻溫傳，第550頁。

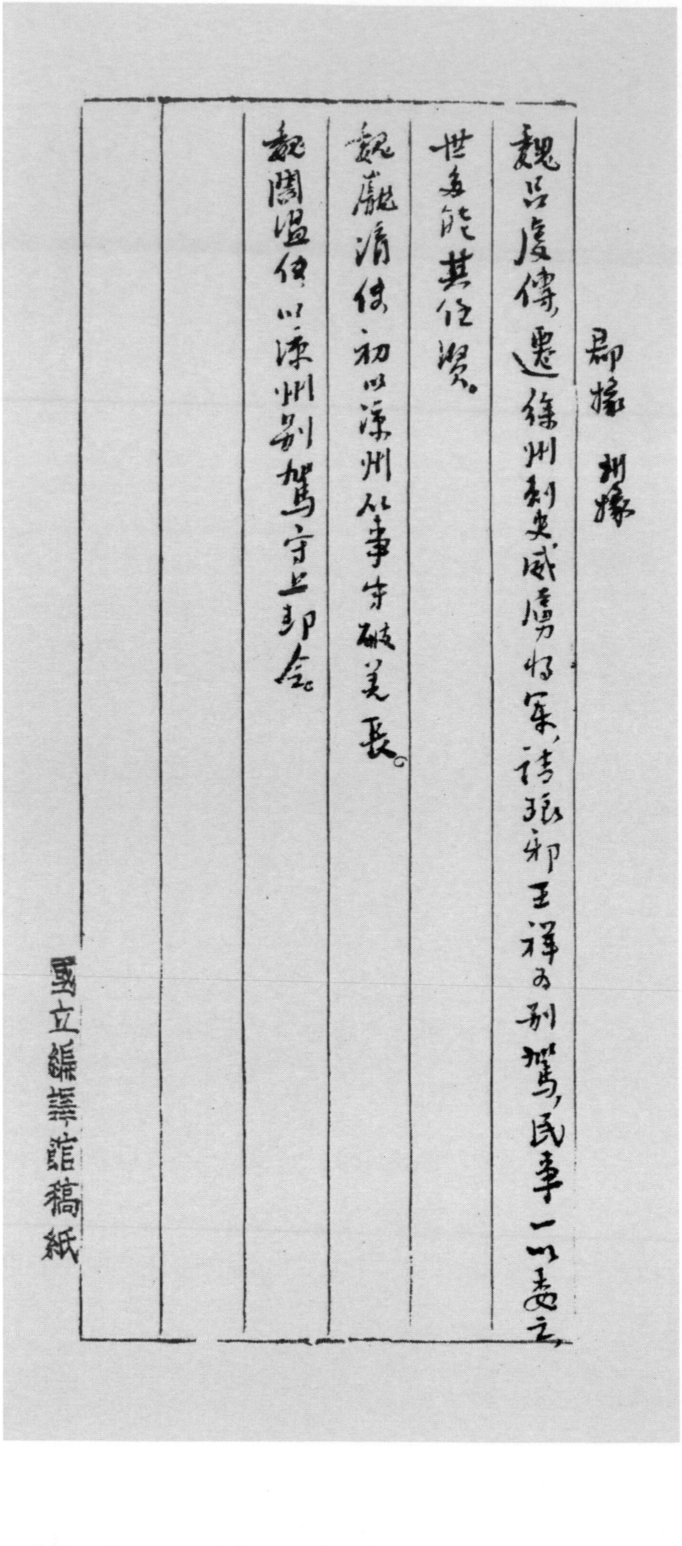
郡掾　州掾
魏呂虔傳，遷徐州刺史，威虜將軍，請琅邪王祥為別駕，民事一以委之
世多能其任賢。
魏龐淯傳，初以涼州從事守破羌長。
魏閻溫傳，以涼州別駕守上邽令。
國立編譯館稿紙

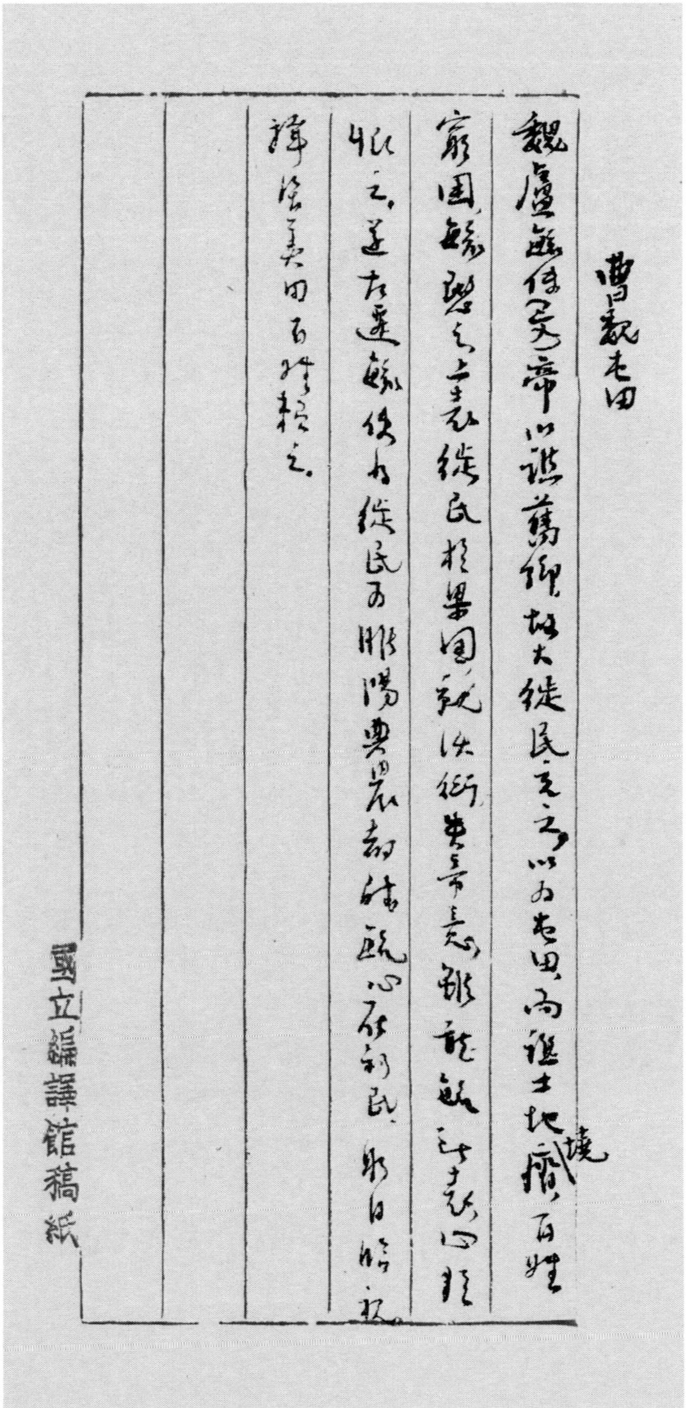
曹魏屯田
魏盧毓傳（文）帝以譙舊鄉故大徙民充之以為屯田而譙土地墝瘠百姓
窮困毓愍之上表徙民於梁國就沃衍失帝意雖聽毓所表心猶
恨之遂左遷毓使將徙民為睢陽典農校尉毓心在利民躬自臨視
擇居美田百姓賴之
國立編譯館稿紙

曹魏屯田

魏·盧毓傳：（文）帝以譙舊鄉，故大徙民充之，以為屯田。而譙土地墝瘠，百姓窮困，毓愍之，上表徙民於梁國就沃衍，失帝意。雖聽毓所表，心猶恨之，遂左遷毓，使將徙民為睢陽典農校尉。毓心在利民，躬自臨視，擇居美田，百姓賴之。[一]

[一] 陳壽：三國志·魏書卷二十二盧毓傳，第651頁。

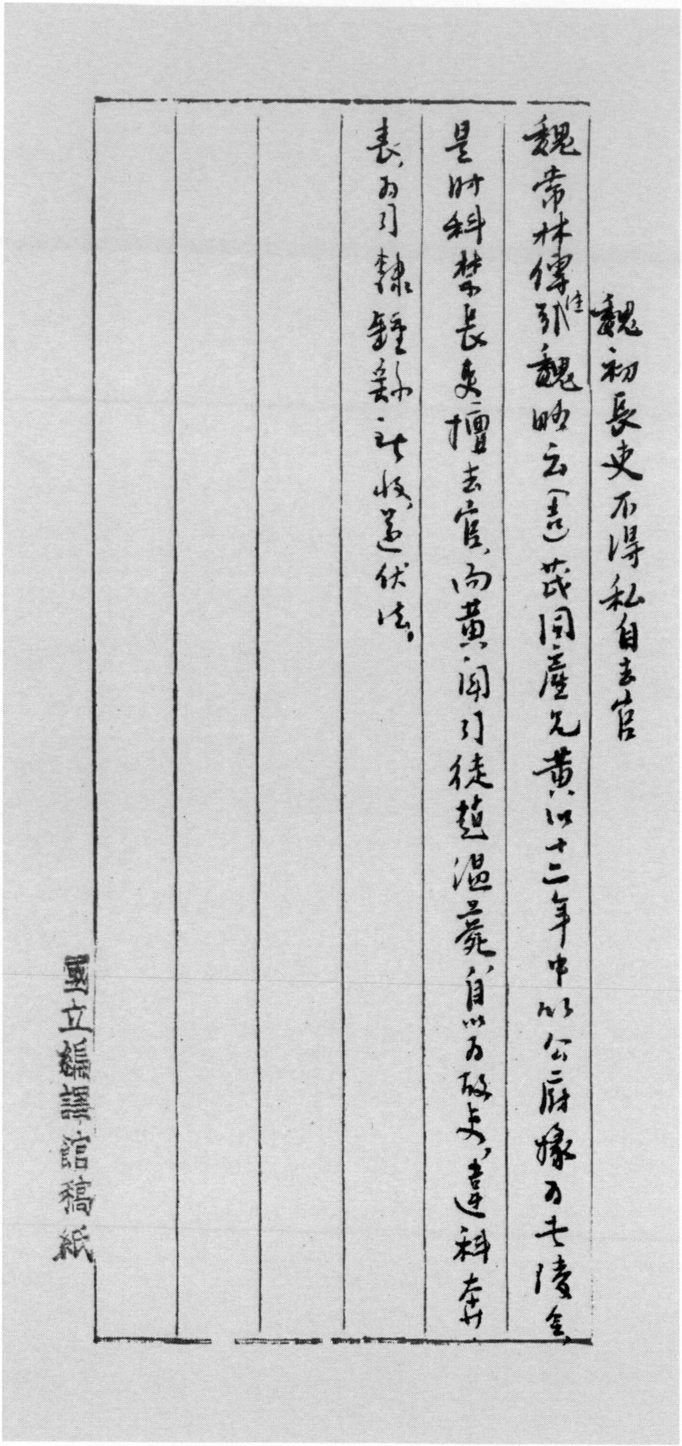
魏初長吏不得私自去官
魏常林傳注引魏略云(吉)茂同產兄黃，以十二年中從公府掾為長陵令。
是時科禁長吏擅去官，而黃聞司徒趙溫薨，自以為故吏，違科奔
喪，為司隸鍾繇所收，遂伏法。
國立編譯館稿紙

魏初長吏不得私自去官

魏·常林傳：注引魏略云：「(吉)茂同產兄黃，以十二年中從公府掾為長陵令。是時科禁長吏擅去官，而黃聞司徒趙溫薨，自以為故吏，違科奔喪，為司隸鍾繇所收，遂伏法。」[一]

[一] 陳壽：三國志·魏書卷二十三常林傳，第661頁。

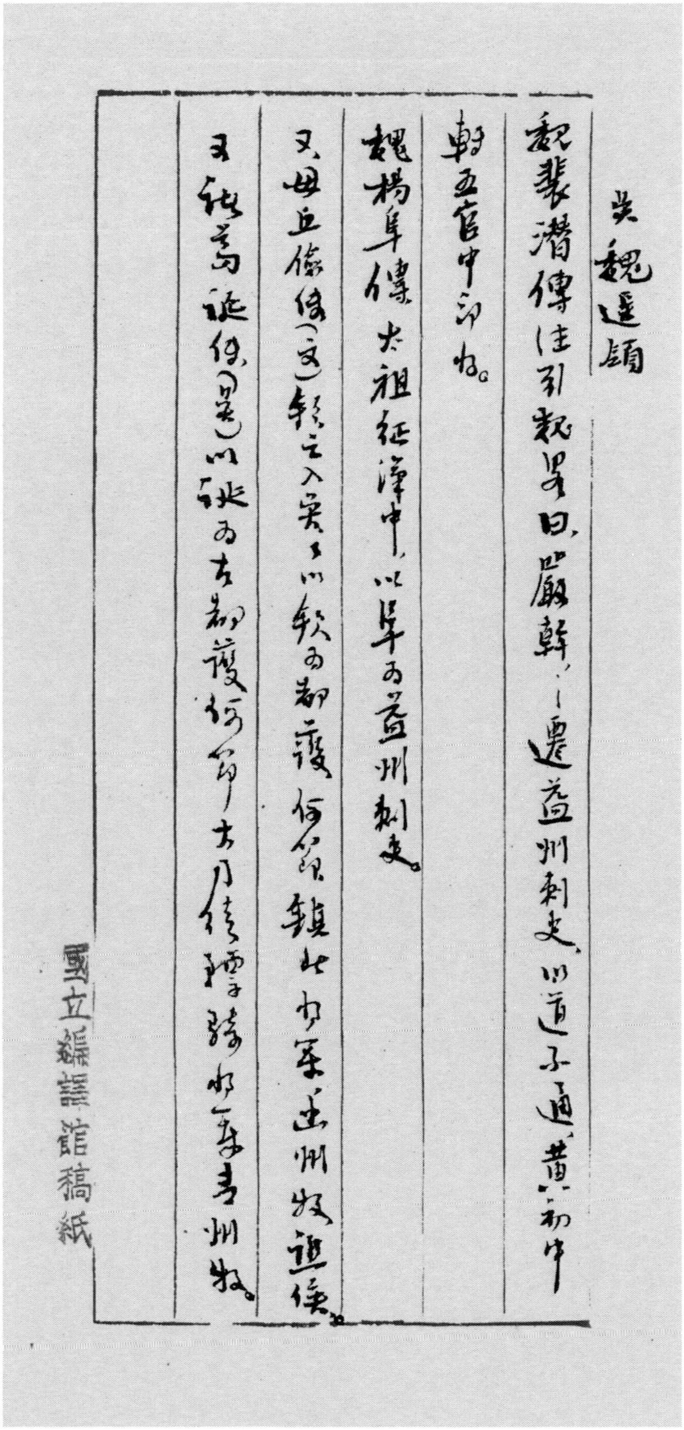
吳魏遙領
魏裴潛傳注引魏略曰：嚴幹，……遷益州刺史，以道不通，黃初中轉五官中郎將。
魏楊阜傳 太祖征漢中，以阜為益州刺史。
又毌丘儉傳（文）欽亡入吳，吳以欽為都護、假節、鎮北大將軍、幽州牧、譙侯。
又諸葛誕傳（吳）以誕為左都護、假節、大司徒、驃騎將軍、青州牧。

吳魏遙領

魏·裴潛傳：注引魏略曰：「嚴幹，……遷益州刺史，以道不通，黃初中，轉為五官中郎將。」[一]魏·楊阜傳：太祖征漢中，以阜為益州刺史。[二]又毌丘儉傳：（文）欽亡入吳，吳以欽為都護、假節、鎮北大將軍、幽州牧、譙侯。[三]又諸葛誕傳：（吳）以誕為左都護、假節、大司徒、驃騎將軍、青州牧。[四]

[一] 陳壽：三國志·魏書卷二十三裴潛傳，第674頁。
[二] 陳壽：三國志·魏書卷二十五楊阜傳，第704頁。
[三] 陳壽：三國志·魏書卷二十八毌丘儉傳，第768頁。
[四] 陳壽：三國志·魏書卷二十八諸葛誕傳，第770頁。

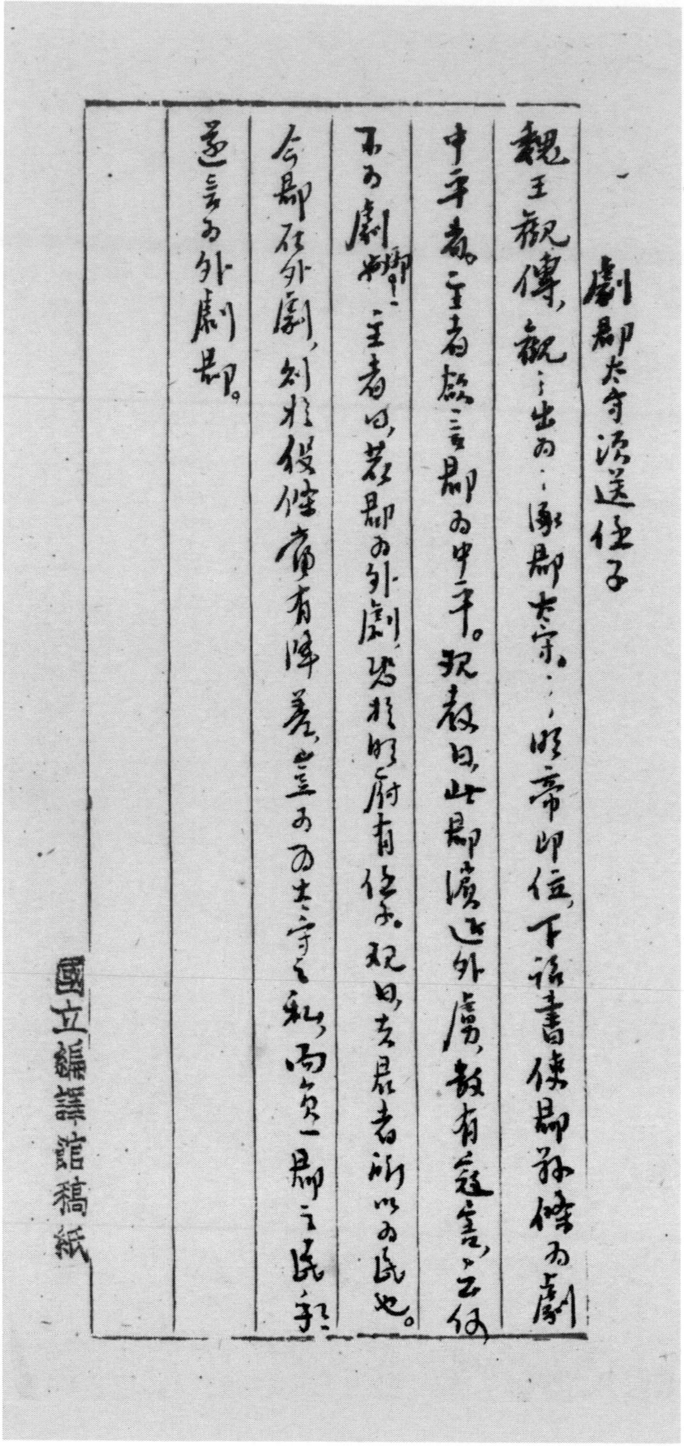
劇郡太守須送任子

魏王觀傳，觀……出為……涿郡太守……明帝即位，下詔書使郡縣條為劇中平者。主者欲言郡為中平。觀教曰，此郡濱近外虜，數有寇害，云何不為劇郡？主者曰，若郡為外劇，恐於明府有任子。觀曰，夫君者所以為民也。今郡在外劇，則於役條當有降差，豈可為太守之私，而負一郡之民乎？遂言為外劇郡。

國立編譯館稿紙

劇郡太守須送任子

魏·王觀傳：觀……出為……涿郡太守……明帝即位，下詔書使郡縣條為劇、中、平者。主者欲言郡為中平，觀教曰：「此郡濱近外虜，數有寇害，云何不為劇邪？」主者曰：「若郡為外劇，恐於明府有任子。」觀曰：「夫君者，所以為民也。今郡在外劇，則於役條當有降差。豈可為太守之私而負一郡之民乎？」遂言為外劇郡。[一]

[一] 陳壽：三國志·魏書卷二十四王觀傳，第693頁。

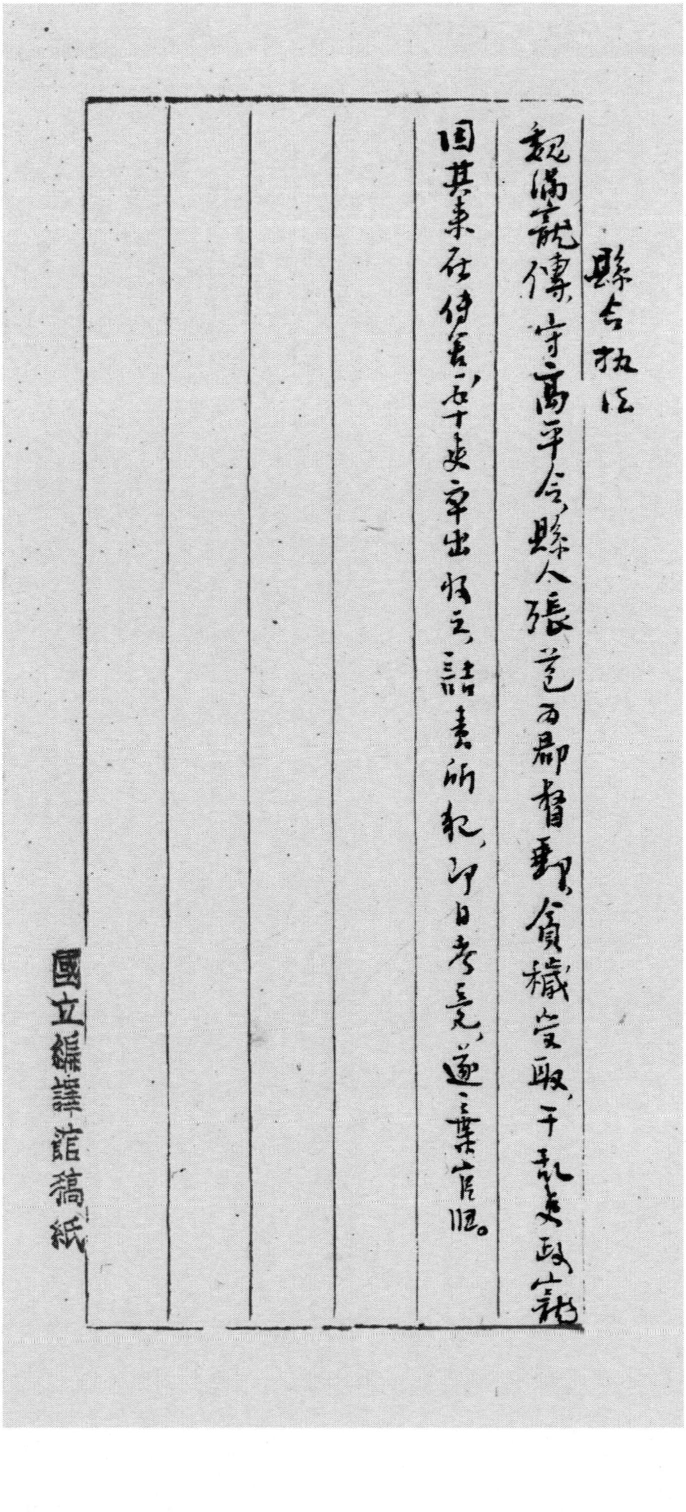
縣令執法
魏滿寵傳：守高平令，縣人張苞為郡督郵，貪穢受取，干亂吏政。寵
因其來在傳舍，率吏卒出收之，詰責所犯，即日考竟，遂棄官歸。

縣令執法

魏・滿寵傳：守高平令。縣人張苞為郡督郵，貪穢受取，干亂吏政。寵因其來在傳舍，率吏卒出收之，詰責所犯，即日考竟，遂棄官歸。[一]

[一] 陳壽：三國志・魏書卷二十六滿寵傳，第721頁。

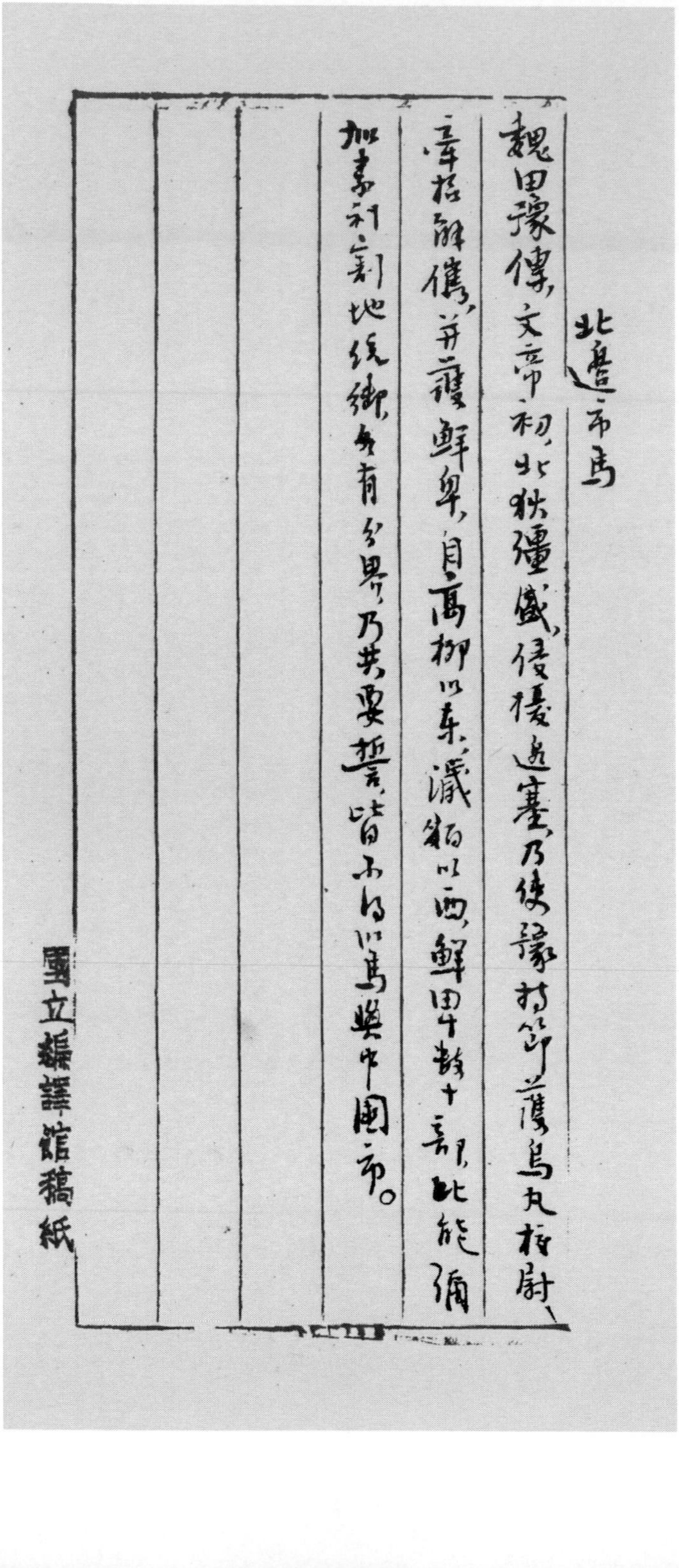

北邊市馬

魏田豫傳，文帝初，北狄彊盛，侵擾邊塞，乃使豫持節護烏丸校尉、牽招解儁，并護鮮卑，自高柳以東，濊貊以西，鮮卑數十部，比能彌加素利割地統御，各有分界，乃共要誓，皆不得以馬與中國市。

國立編譯館稿紙

北邊市馬

魏·田豫傳：文帝初，北狄彊盛，侵擾邊塞，乃使豫持節護烏丸校尉，牽招、解儁并護鮮卑。自高柳以東，濊貊以西，鮮卑數十部，比能、彌加、素利割地統御，各有分界；乃共要誓，皆不得以馬與中國市。[一]

[一] 陳壽：三國志·魏書卷二十六田豫傳，第727頁。

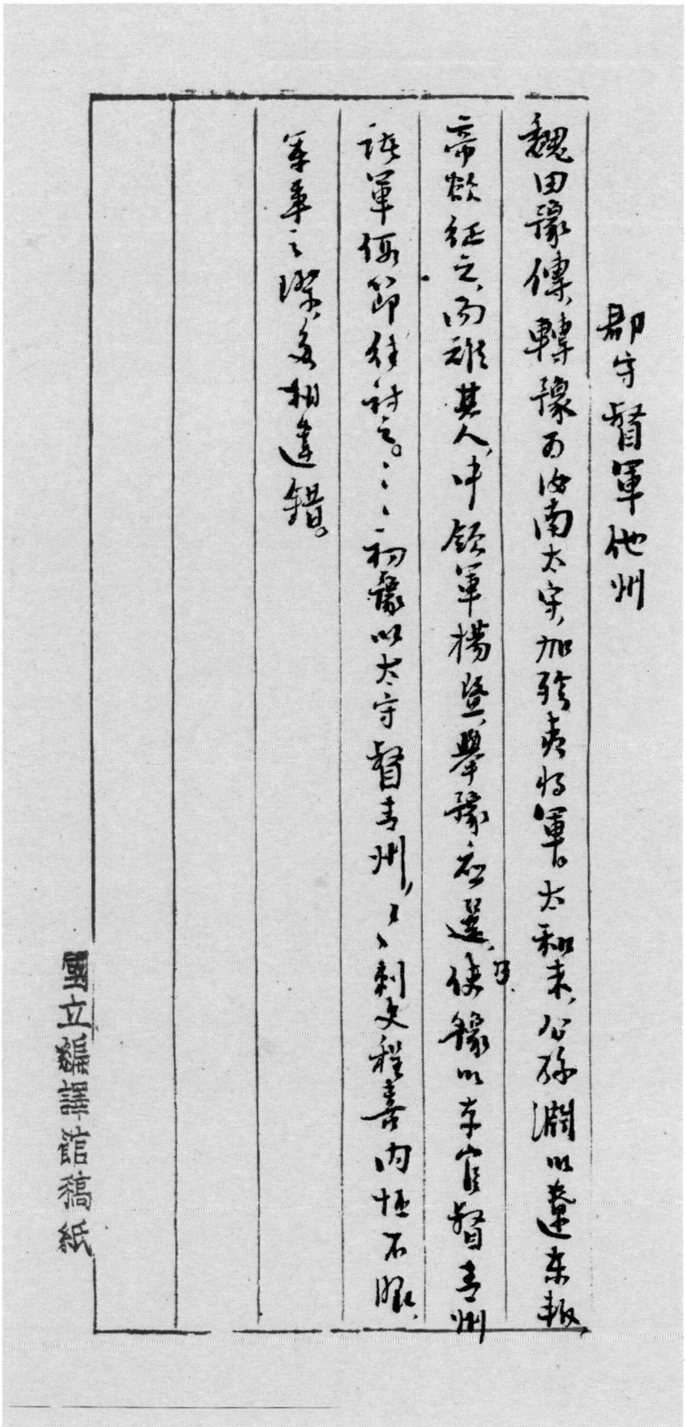
郡守督軍他州
魏田豫傳，轉豫爲汝南太守，加殄夷將軍。太和末，公孫淵以遼東叛，帝欲征之而難其人，中領軍楊暨舉豫應選，使豫以本官督青州
諸軍，假節，往討之。……初，豫以太守督青州，青州刺史程喜內懷不服，
軍事之際，多相違錯。

郡守督軍他州

魏·田豫傳：轉豫爲汝南太守，加殄夷將軍。太和末，公孫淵以遼東叛，帝欲征之而難其人，中領軍楊暨舉豫應選。乃使豫以本官督青州諸軍，假節，往討之。……初，豫以太守督青州，青州刺史程喜內懷不服，軍事之際，多相違錯。[一]

[一] 陳壽：三國志·魏書卷二十六田豫傳，第728頁。

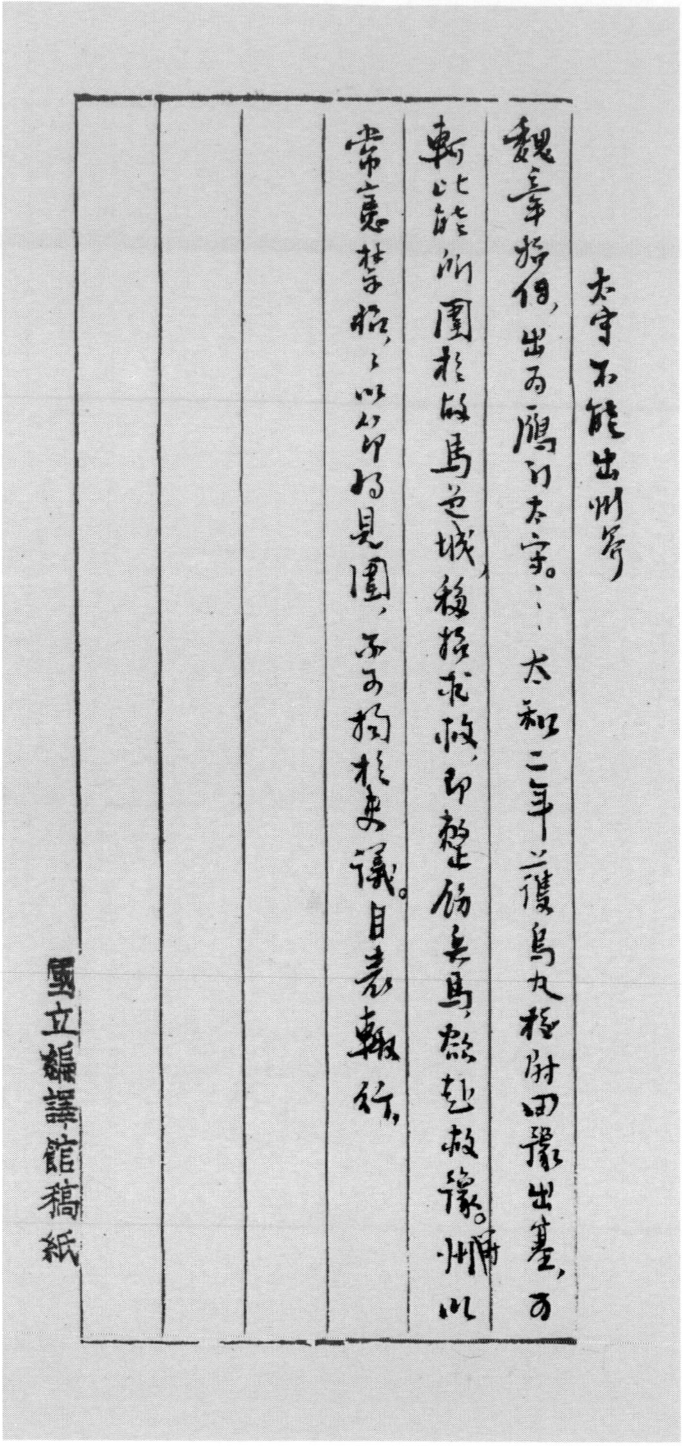

太守不能出州界

魏牽招傳，出為雁門太守。……太和二年，護烏丸校尉田豫出塞，為軻比能所圍於故馬邑城，移招求救，即整飭兵馬，欲赴救豫。并州以常憲禁招，招以為節將見圍，不可拘於吏議，自表輒行。

國立編譯館稿紙

太守不能出州界

魏·牽招傳：出為雁門太守……太和二年，護烏丸校尉田豫出塞，為軻比能所圍於故馬邑城，移招求救。招即整勒兵馬，欲赴救豫。并州以常憲禁招，招以為節將見圍，不可拘於吏議，自表輒行。[二]

[二] 陳壽：三國志·魏書卷二十六牽招傳，第732頁。

領刺史為真　試守縣令

魏・郭淮傳：擢領雍州刺史，封射陽亭侯，五年為真。[一]又徐邈傳：試守奉高令。[二]

[一]陳壽：三國志・魏書卷二十六郭淮傳，第734頁。

[二]陳壽：三國志・魏書卷二十七徐邈傳，第739頁。

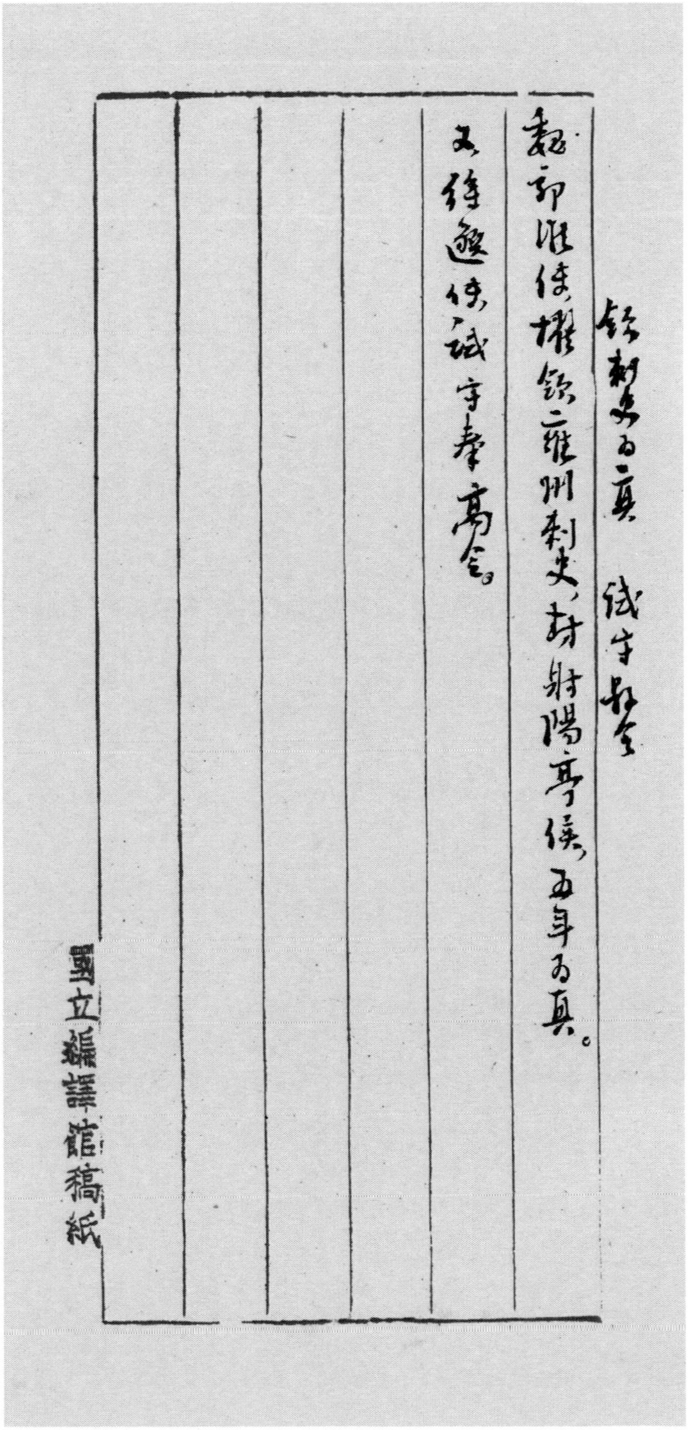
領刺史為真　試守縣令

魏郭淮傳，擢領雍州刺史，封射陽亭侯，五年為真。

又徐邈傳，試守奉高令。

國立編譯館稿紙

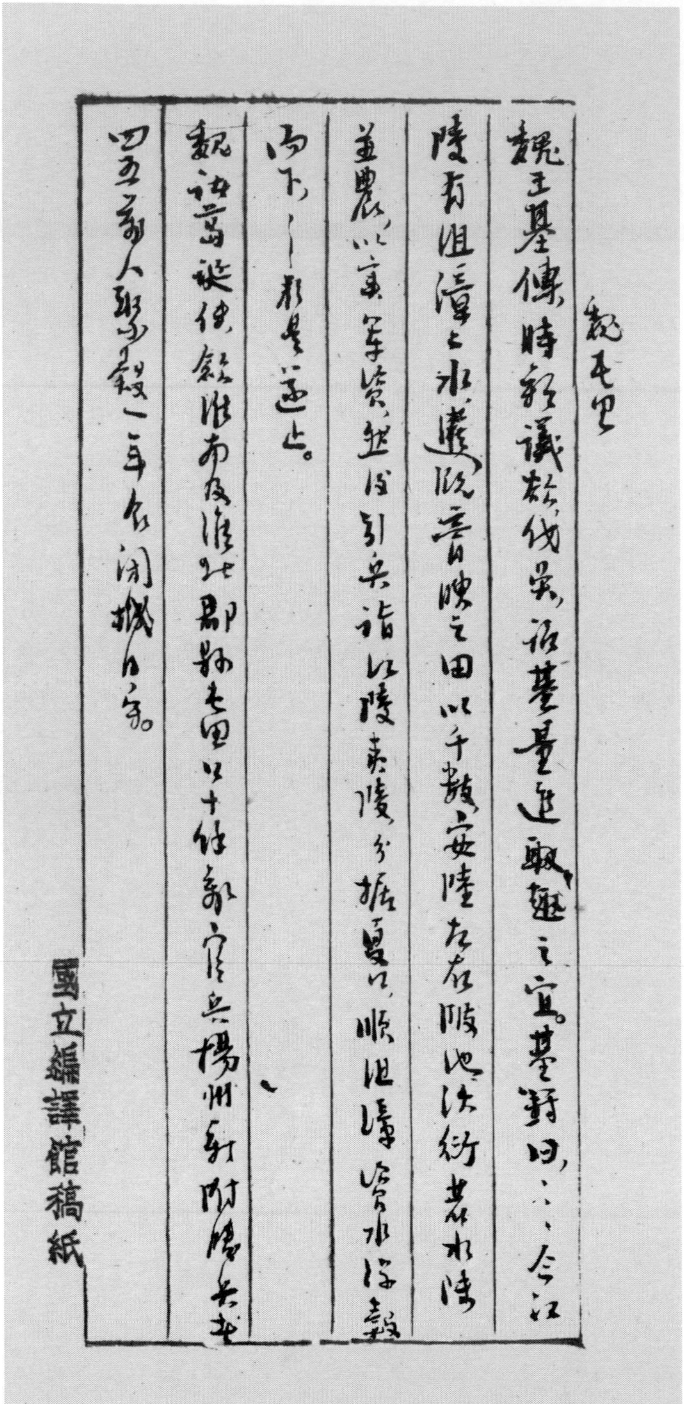
魏屯田
魏王基傳，時朝議欲伐吳，詔基量進趣之宜。基對曰，……今江陵有沮漳二水，溉灌膏腴之田以千數，安陸左右陂池沃衍，若水陸並農，以實軍資，然後引兵詣江陵夷陵，分據夏口，順沮漳資水浮穀而下……於是遂止。
魏諸葛誕傳，斂淮南及淮北郡縣屯田口十餘萬官兵，揚州新附勝兵者四五萬人，聚穀足一年食，閉城自守。

魏屯田

魏・王基傳：時朝廷議欲伐吳，詔基量進趣之宜。基對曰：「……今江陵有沮、漳二水，溉灌膏腴之田以千數。安陸左右，陂池沃衍。若水陸並農，以實軍資，然後引兵詣江陵、夷陵，分據夏口，順沮、漳，資水浮穀而下……」於是遂止。[一]魏・諸葛誕傳：斂淮南及淮北郡縣屯田口十餘萬官兵，揚州新附勝兵者四五萬人，聚穀足一年食，閉城自守。[二]

[一] 陳壽：三國志・魏書卷二十七王基傳，第752頁。[二] 陳壽：三國志・魏書卷二十七諸葛誕傳，第770頁。

史念海讀史札記：

文獻中的歷史解讀，探索漢朝歷史文化

作　　者：王雙懷
發 行 人：黃振庭
出 版 者：崧燁文化事業有限公司
發 行 者：崧燁文化事業有限公司
E-mail：sonbookservice@gmail.com
粉 絲 頁：https://www.facebook.com/sonbookss/
網　　址：https://sonbook.net/
地　　址：台北市中正區重慶南路一段 61 號 8 樓
8F., No.61, Sec. 1, Chongqing S. Rd., Zhongzheng Dist., Taipei City 100, Taiwan
電　　話：(02)2370-3310
傳　　真：(02)2388-1990
印　　刷：京峯數位服務有限公司
律師顧問：廣華律師事務所 張珮琦律師

定　　價：420 元
發行日期：2024 年 06 月第一版
◎本書以 POD 印製

國家圖書館出版品預行編目資料

史念海讀史札記：文獻中的歷史解讀，探索漢朝歷史文化 / 王雙懷 著 . -- 第一版 . -- 臺北市：崧燁文化事業有限公司 , 2024.06
面；　公分
POD 版
ISBN 978-626-394-437-4(平裝)
1.CST: 史料 2.CST: 漢代
622　　113008234

電子書購買

爽讀 APP

臉書